Klaus von Beyme

Vergleichende Politikwissenschaft

Klaus von Beyme

Vergleichende Politikwissenschaft

VS VERLAG

Bibliografische Information der Deutschen Nationalbibliothek
Die Deutsche Nationalbibliothek verzeichnet diese Publikation in der
Deutschen Nationalbibliografie; detaillierte bibliografische Daten sind im Internet über
<http://dnb.d-nb.de> abrufbar.

1. Auflage 2010

Lektorat: Frank Schindler

VS Verlag für Sozialwissenschaften ist eine Marke von Springer Fachmedien.
Springer Fachmedien ist Teil der Fachverlagsgruppe Springer Science+Business Media.
www.vs-verlag.de

Umschlaggestaltung: KünkelLopka Medienentwicklung, Heidelberg
Gedruckt auf säurefreiem und chlorfrei gebleichtem Papier
Printed in the Netherlands

ISBN 978-3-531-16807-4

Inhaltsverzeichnis

I. Theorievergleiche

1. Historische Entwicklung der Vergleichenden Politikwissenschaft

Einleitung

Die Entwicklung der vergleichenden Politikwissenschaft ist in vier Hauptphasen eingeteilt worden (Chilcote 1994: 58):

- Die prä-paradigmatische Phase, die noch nicht von einem theoretischen Ansatz dominiert wurde.
- Die paradigmatische Phase, in der die wissenschaftliche „community" einer dominanten Theorie anhing.
- Es folgte eine Phase der Krise
- und endete in einer Phase der „wissenschaftlichen Revolution".

Diese unkritische Übernahme der Paradigmen-Theorie von Thomas Kuhn ist jedoch in den Sozialwissenschaften im allgemeinen und in der vergleichenden Politikwissenschaft im besonderen schwerlich zu vertreten. Die meisten Phasen dieses Spezialbereichs sind „prä-paradigmatisch" gewesen. Nie hat ein „approach" die gesamte Politikwissenschaft erfasst. Chilcote war sich darüber im klaren, dass die Untergliederung in:

- traditionale Phase,
- behavioralistische Phase,
- und post-behavioralistische Phase

dem Kuhnschen Paradigmen-Begriff nicht voll entspricht. Die „behavioralistische Phase" kam einem Paradigma am nächsten – aber auch nur in den USA. Traditionale, historisch-institutionelle Ansätze waren aber selbst in Amerika neben dem Behavioralismus noch immer weit verbreitet. Die Klassifikation wirkt ethnozentrisch, da es in Europa nie eine Dominanz des behavioralistischen Ansatzes gegeben hat. Um die Differenzen der Ansätze in den verschiedenen Phasen nicht zu verschleiern, scheint es mir sinnvoll, auch die vergleichende Politikwissenschaft in drei Phasen zu untersuchen:

- die lange Phase der Prä-Moderne,
- die Phase der klassischen Moderne,
- die Ära postmoderner Theorieansätze.

1. Vergleiche in der prämodernen Phase

Die Vergleiche in den Schriften politischer Philosophen waren seit Aristoteles hochspekulativ und normativ. Meist wirkten sie ethno-zentrisch und setzten den Vergleich „empirisch-anekdotisch“ ein. Selten wurde ein systematischer Vergleich kontrolliert im Zeitverlauf angewandt. Die vergleichende Politikwissenschaft verdankte ihren Nachbarwissenschaften viel: der Philosophie seit den alten Griechen und Römern, dem Staatsrecht von Bodin bis Mohl und Bryce und der Politischen Ökonomie von Smith, Ricardo und Bentham bis Marx und Mill. Im 19. Jahrhundert trat die Soziologie hinzu, ein umstrittener Ausdruck für die Gesellschaftslehre, den Auguste Comte prägte. Sie half der Politikwissenschaft, sich aus den Klauen der Jurisprudenz zu befreien und sich in eine moderne „Sozialwissenschaft“ zu transformieren. Mill war vor allem für die Methodologie des Vergleichs bahnbrechend.

Am Anfang der Neuzeit kam Machiavelli einem modernen sozialwissenschaftlichen Ansatz vergleichsweise am nächsten, der den normativen Gehalt möglichst klein hielt. Spätere Vergleiche haben vor allem das eigene System unter dem Deckmantel der Beschreibung eines fernen Landes kritisiert wie Montesquieus „Lettres persanes“ (1721) oder die Kritik in einer Art Utopie versteckt wie James Harrington in dem Werk „Oceana“ (1656). Einer der ersten umfassenden Vergleiche stammte von einem Schriftsteller in der Tradition Machiavellis, Traiano Boccalini (1614: 1) in seinen „Ragguagli di parnaso“. Dort wurde eine „università de' politici“ vor Apoll auf den Parnass zu zitiert, um Rechenschaft über die wichtigsten politischen Systeme der Zeit abzulegen. Trotz vieler nützlicher Einsichten litt das Werk an dem blinden Hass des Italieners gegen die „imperiale Macht“ der Spanier, die sich in Italien bemerkbar machte. Von Machiavellis „Discorsi“ (1513) bis zu Montesquieus „Considérations sur les causes de la grandeur des Romains et de leur décadence » (1734) kam es zu historischen Vergleichen, welche die «Gleichzeitigkeit des Ungleichzeitigen » betonten. Die Vergleiche mit den Gründen für den Niedergang Roms – den zeitgenössischen Systemen zur Warnung geschildert – litten darunter, dass sie die historischen Unterschiede nicht würdigten und letztlich normativ blieben, ohne zu einer kritischen Methodologie des Vergleichs vorzustoßen.

Vergleiche in der vormodernen politischen Literatur haben sich lange der Tyrannei des Aristoteles und seiner Regimelehre unterworfen, die sich an der Zahl der Herrschenden ausrichtete. Sie zielten auf die ganze *„polity“* ab und waren normativ gehalten. Neue Typologien, die über die Klassifikationen der alten Griechen hinaus entwickelt wurden, erwiesen sich nicht immer als logisch konsistent. Montesquieus Dreiteilung von Monarchie, Republik und Despotie, bei der die dritte Kategorie im Gegensatz zur Zahl der Herrscher die Art der Ausübung von Herrschaft zum Erkenntnisgegenstand machte, wandte Kriterien an, die auf unterschiedlichen Ebenen lagen. Schon Voltaire mokierte sich über diese Typologie, die ihm so logisch vorkam, wie die kirchlichen Geburtsregister mit ihren Kategorien „männlich, weiblich, unehelich“.

Der Entscheidungsprozess wurde meist von konstanten Typen der Regierungsformenlehre deduziert, aber nur selten wissenschaftlich als *„politics“* analysiert, die unter Konflikt zustande kommt. Konflikte wurden als Untergangsphänomene wahrgenommen. Machiavelli war eine rühmliche Ausnahme, als er den Konflikt der Parteien im alten Rom nicht für den Anfang vom Untergang, sondern als Bedingung der Freiheit des Systems wertete. Frühneuzeitliche Theorien der Herrschaft suchten nach Herrschaftstechniken, welche die Konflikte minimierten. Dass eine gute Politik dazu nötig sei, wurde zwar normativ immer wieder konstatiert. Aber konkrete Maßnahmen, die *„policies,"* welche die Zufriedenheit der Bürger steigerten, kamen nur selten ins Visier. Einige Utopien wie Harringtons „Oceana" (1656) waren eine löbliche Ausnahme, bei der sogar Empfehlungen für eine sinnvolle Politik abgegeben wurden. Die Theorie der Staatsräson bei den Machiavellisten wie Giovanni Botero (1589, 1948: 58ff) – die eine Art jesuitischen Wohlfahrtsmachiavellismus repräsentierte – ging weit über Machiavellis Voreingenommenheit für Außen- und Militärpolitik hinaus. Es wurden sogar Elemente der Wohlfahrtspolitik in verschiedenen Staaten skizziert, um die Bedingungen von politischer Stabilität zu erforschen.

Im 19. Jahrhundert kam es als Reaktion auf die französische Revolution zu evolutionistischen Theorien der Geschichte, die dem exakten Vergleich ebenfalls nicht zuträglich waren. Die Politikwissenschaft verfiel in das Gegenteil der diachronen Vergleiche: es wurden evolutionistische Stadienlehren entwickelt, die Vergleiche des Ungleichzeitigen nicht erlaubten. Jedes historische Ereignis schien „einmalig". Ein historisierender Relativismus vermied weitgehend wissenschaftliche Schlüsse und Werturteile – außer, wenn die unterstellte Evolution nicht „pfadgerecht" abzulaufen schien. Immerhin erkannte ein älterer Pionier der historischen Methode wie Droysen (1858, 1960: 163) bereits, dass ohne implizite Vergleiche keine sinnvolle Hypothese in einem „Ozean von Faktoren und Motivationen" unter den historischen Akteuren gefunden werden konnte. Dennoch taten sich komparative Historiker im Zeitalter des Historismus schwer. Otto Hintze mit seinen differenzierten Typologien der Entwicklung historischer Institutionen blieb ein Außenseiter in seinem Fach, das auf Haupt- und Staatsaktionen in der Ereignisgeschichte geeicht war. Selbst ein soziologisch gestimmter Historiker wie Ernst Troeltsch (1922, 1961: 191) hat Vergleiche nur akzeptiert, wenn sie „ihren methodologischen und heuristischen Charakter" bewahrten.

Darüber hinaus implizierte der Historismus ideologische Gefahren. Im Zeitalter des aufkommenden Nationalismus waren selbst hoch entwickelte Systeme überzeugt von ihrem insularen „Sonderweg" wie Großbritannien. Nur Frankreich hielt an einem universalistischen Anspruch fest und verhielt sich so, als ob seine Institutionen für alle modernen Staaten Geltung entwickeln müssten. Der amerikanische „Exzeptionalismus" wurde bis ins 20. Jahrhundert ideologisiert. Die marginalen Staaten wie Spanien (bis in die Generation von 1898) und Russland (bis zu den Neoslawophilen und Eurasiern vor und nach der Oktoberrevolution) schwelgten in Theorien ihrer Besonderheit. In Russland erlebten diese Ansätze nach dem Untergang des Kommunismus sogar eine Renaissance. Deutschland pflegte eine Sonderwegsideologie, die einerseits einen mystifizierten Kulturbegriff der technischen Zivilisation der westlichen Vorreiter der Moderne entgegenstellte, und andererseits den Parlamentarismus französischer oder britischer Prägung, der von Radikalen und Liberalen in ganz Europa als Vorbild gepriesen wurde, mit dem „deutschen Konstitutionalismus" konfrontierte. Er hatte Anhängerschaft vor allem in den deutsch-sprachigen Ländern, aber auch bei Minderheiten der konservativen Publizistik von Schweden bis Italien (v. Beyme 2002: 949ff).

Der evolutionistische Ansatz trat jedoch nicht in allen Fällen national verengt auf. Seit Tocqueville (1961: 5, 12) gab es eine Minderheit unter den historischen Schriftstellern, die unter den Bedingungen der Modernisierung eine „neue politische Wissenschaft" forderten, welche bestimmte soziale Entwicklungen bearbeitete, die sich mit hoher Wahrscheinlichkeit in allen modernen Gesellschaften ereignen würden. Die USA waren für Tocqueville nur ein Vorwand oder wenigstens eine gute Gelegenheit, die Gefahren der Ausbreitung von Gleichheit und Demokratie im amerikanischen Ausmaß zu benennen. Ein Pionier der sozialwissenschaftlichen Methodenlehre wie John Stuart Mill (1840, 1859: 62) hat bei einer Besprechung des Werkes seines Freundes Tocqueville bereits moniert, dass der Autor „has bound up in one abstract idea the whole of tendencies of modern commercial society, and given them one name – democracy". Dies war ein bahnbrechender Präzedenzfall in der Geschichte der Buchbesprechungen, in dem die Reste einer teleologischen Geschichtsauffassung in der vergleichenden Sozialwissenschaft gebrandmarkt wurden.

Evolutionistische Ansätze haben die Entwicklung häufig von einem Faktor angetrieben gesehen: der Bevölkerungsentwicklung bei Malthus oder der Entwicklung der Produktivkräfte, die jeweils veraltete Produktionsverhältnisse sprengen, bei Marx. Biologistische Modelle wie das von Darwin – das im Sozialdarwinismus auch in der Politikwissenschaft einflussreich wurde – konkurrierten mit ökonomistischen Modellen des Marxismus und anderen sozialistischen Theorien. Bei Herbert Spencer gingen diese Ansätze eine Synthese ein, die zu differenzierteren Sozialanalysen vorstießen. Auch in laizistischen Gedankengebäuden nisteten sich Stadienlehren ein, die wie gesunkenes Kulturgut der christlichen Reiche-Lehren wirkten. Bei Auguste Comte – in der von ihm als Begriff erfundenen „Soziologie" – waren es drei Stadien (theologisches, metaphysisches und positives Stadium), bei Herbert Spencer waren es zwei Stadien, die angeblich alle Länder durchlaufen mussten. Bei Marx waren es drei Stadien, wobei die Ausbeutergesellschaften – vor allem von Engels in seinem Drang zur handfesten Vergröberung Marxscher Gedanken – noch einmal unterteilt wurden in: Sklavenhaltergesellschaften, Feudalismus und Kapitalismus. Der später dogmatisierte „Historische Materialismus" endete daher mit fünf Stadien der Entwicklung. Marx hat erst in der Kritik des Gothaer Programms (1875) die sozialistische Übergangsphase noch von der Endphase des Kommunismus abgetrennt, um den Kommunismus nicht mit allzu kurzfristigen überhöhten Erwartungen zu belasten.

Spätere theoretische Paradigmen schienen in den vergleichenden Evolutionslehren bereits angelegt: Darwin beeinflusste Theorien des Funktionalismus, Marx hatte von Hegel die dialektische Methode übernommen, die noch im 20. Jahrhundert zu einer wichtigen metatheoretischen Position auch in der Politikwissenschaft wurde. Spencer wurde im Rückblick oft als ein Vorläufer der Systemtheorie eingestuft – nicht nur von Talcott Parsons. In den großen evolutionistischen Entwürfen wurde der Vergleich oft unsystematisch vorgenommen und blieb „empirisch-anekdotisch", zum jeweiligen Beleg einer Hypothese. Je breiter angelegt die Sozialtheorie war, umso mehr neigte sie dazu, nur nach Ähnlichkeiten der Evolution in verschiedenen Systemen zu suchen. John Stuart Mill (1843, 1959: 253) hatte als gemäßigter Utilitarier den wachesten Sinn dafür, dass es beim Vergleich sowohl um Ähnlichkeiten (*method of agreement*) als um

Differenzen (*method of difference*) gehen konnte. Im Zeitalter der historisierenden Großtheorien musste die Differenzmethode besonders gefördert werden, um die vorschnelle Vereinahmung der Vielfalt von Erscheinungen durch uniformisierende Globaltheorien zu mildern. Erst im 20. Jahrhundert wurden kontrollierte Vergleiche mit *„most distant"* oder *„most similar designs"* eingesetzt.

2. Der Vergleich bei den Denkern der klassischen Moderne

a. Vergleich als kontrolliertes Experiment

Es gibt keinen Konsens unter den Wissenschaftshistorikern, wann die klassische Moderne beginnt. In der Literaturwissenschaft umfasste sie weite Teile des 19. Jahrhunderts. In den Sozialwissenschaften wurde die Periode der Moderne meist dort angesetzt, wo die historisierenden Evolutionsschemen überwunden schienen. Die globalen Sozial- und Staatswissenschaften begannen sich auszudifferenzieren – nicht zuletzt unter den Etiketten Soziologie und Politikwissenschaft. Eine vergleichende Politikwissenschaft im modernen Sinne konnte erst entstehen, als die älteren Nachbarwissenschaften allgemeine Staatslehre, Politische Ökonomie oder allgemeine Geschichte aufhörten, die Politikwissenschaft mit zu verwalten. Es zeigte sich mit der Ausdifferenzierung der Sozialwissenschaften, dass der Vergleich in der Politikwissenschaft die größte Rolle spielte. Es gab zwar ein Untergebiet *„comparative economics"*, aber es spielte angesichts des Modellplatonismus und dem Drang zu rational choice-Ansätzen eine geringere Rolle. In der Soziologie drohte sich in der Zeit des Behavioralismus die Entwicklung sogar auf eine „Soziographie auf Bundesebene" zu reduzieren, wie der Soziologe Wilhelm Emil Mühlmann einmal beklagt hat. Die allgemeine Staatslehre war – mehr noch als die französische – über Deutschland hinaus einflussreich. Das galt selbst für die Gründungsväter der amerikanischen Politikwissenschaft. Francis Lieber war ein preußischer Flüchtling, der an der Columbia University in New York lehrte und Einfluss auf die politikwissenschaftlichen Anfänge der USA ausübte. Die zweite Generation amerikanischer Politikwissenschaftler – inklusive Woodrow Wilson – haben die „teutonischen" Staatstheorien bereits abgelehnt. Ein Pionier der Gruppentheorie wie Arthur F. Bentley (1908, 1949: XIX) wandte sich nach Studien in Berlin und Freiburg ab von den *„spooks in the grain fields"*, die er in der Metaphysik-trächtigen deutschen Staatslehre witterte. In Chicago wurden daher nicht mehr die Staaten Hauptgegenstand des Vergleichs, sondern die Gruppen. Deduktive Elemente des Vergleichs mussten der empirischen Induktion weichen. In Großbritannien hat Harold Laski im Gildensozialismus ein Pendant zu einer vergleichenden Theorie der Politik entwickelt, die anti-etatistisch gegen die zeitweilige Dominanzen von Hegelianischen Staatsideen in der britischen Wissenschaft bei Bernard Bosanquet und Thomas Hill Green gerichtet war, die ihrerseits den verflachten englischen Utilitarismus satt hatten. In Wellen kamen immer einmal wieder deutsche Einflüsse in der amerikanischen vergleichenden Politikwissenschaft zum Vorschein, etwa wenn Charles Merriam (1934, 1950: 73) befürchtete, dass ökonomische Einrichtungen die politischen verdrängen könnten. „Entpolitisierung" (depoliticization) wurde auf Deutsch als Gefahr für die modernen Systeme zitiert. Niemals aber haben sich die amerikanischen Komparatisten dem Dezisionismus in der deutschen Theorie der 20er Jahre bei Carl Schmitt, Jünger oder Heidegger zugewandt, sondern allenfalls einem Aktivismus auf der Basis eines demokratischen Pragmatismus gehuldigt.

Spencers Evolutionismus war in den angelsächsischen Ländern einflussreich gewesen. Moderne Sozialtheoretiker haben sich daher an ihm gerieben wie noch Talcott Parsons (1961: 3): „Spencer is dead, but who killed him and how?" Spencer war nicht getötet sondern vergessen worden, wie so viele historische Stadientheoretiker des 19. Jahrhunderts, vor allem Auguste Comte. Aber auch Parsons hat sich noch vor Spencer in einer Fußnote verneigt: „Not, of course, that nothing in his thought will last. It is his social theory as a total structure that is dead". Die frühen Systemtheoretiker waren einerseits von der totalen Struktur der Gesellschaft bei Spencer fasziniert, andererseits mussten sie die Subsysteme stärker autonom denken – und das war entscheidend auch für die Entstehung einer unabhängigen Politikwissenschaft. Am schärfsten waren zweifellos die Kritischen Rationalisten und Neo-Positivisten gegen den Historizismus, den Karl R. Popper von Platon bis ins 19. Jahrhundert als Quasi-Religionen verfolgte. Charles Merriam und andere Gründungsväter der amerikanischen Politikwissenschaft waren etwas milder gestimmt und sahen einen gewissen Fortschritt in Ansätzen, die historisch-komparativ arbeiteten und nicht mehr normativ und deduktiv wie die älteren Politiktheorien über 2000 Jahre.

An der Wende zum 20. Jahrhundert haben drei große sozialwissenschaftliche Theoretiker in drei Ländern – die jeweils die anderen zwei Sprachen kannten und einander gleichwohl nicht zur Kenntnis nahmen – bei allen Unterschieden eine ähnliche Stoßrichtung entfaltet, wie Parsons (1961) als erster zusammenfassend feststellte. Die klassische Moderne bei Sozialwissenschaftlern wie Durkheim, Max Weber und Pareto war durch einige theoretische Innovationen geeint:

- *Geschichte wurde nicht mehr mit Evolution identifiziert.* Es gab kein Ziel, kein Telos der Geschichte mehr. Insofern wurde der 2000 Jahre alte Topos seit der Antike *„historia magistra vitae"* aufgegeben. Geschichte diente nicht mehr als Lehrbuchsammlung für kommende Generationen. Die monokausalen Evolutionstheorien wurden durch multikausale Verursachungsanalysen ersetzt. Dennoch hatten die drei Großen noch eine „unabhängige Variable", die sie hinter der modernen Entwicklung sahen: Bei Weber war es der occidentale Rationalismus und die Bürokratie, bei Durkheim die Arbeitsteilung, die – nach einer neuen Stadienlehre – von der mechanischen zur organischen Solidarität in der Gesellschaft führen soll, und bei Pareto waren es die Zyklen des Aufstiegs und Niedergangs der Eliten.
- *Theorie und Praxis waren strikt zu trennen,* während vor allem Marx und Engels, aber auch andere – meist sozialistische – Theoretiker sich zu direktem politischen Engagement aufgerufen fühlten. Das hinderte wenigstens Weber und Pareto nicht, sich als Parlamentskandidaten zur Verfügung zu stellen. Eine „wertfreie Wissenschaft" wurde als Mittel zur Stärkung der Autonomie der Wissenschaft entdeckt – einerseits gegen staatliche Einflüsse, andererseits gegen die Zudringlichkeit der eigenen

politischen Freunde, soweit man sich selbst in die politische Arena begab. Der Philosophenkönig, der Weisheit und Handlung verbindet, galt als überwunden.

- *Die Sphären der Subsysteme der Gesellschaft wurden autonom und begrifflich getrennt.* Auch das politische System konnte nicht mehr hoffen, die gesamte Gesellschaft zu steuern, auch wenn einzelne Wissenschaftler von Karl Mannheim bis Freyer immer wieder einmal Theorien in diese Richtung entwickelten. Carl Schmitt war der Theoretiker im Umkreis der „Konservativen Revolution", der mit seinem Dezisionismus am stärksten „das Politische" noch einmal gegen die dominant gewordene Ökonomie in Stellung zu bringen versuchte. Spätestens nach dem Scheitern der faschistischen Systeme und des Nationalsozialismus hat niemand ernsthaft mehr einen solchen Versuch gewagt. Allenfalls in der Planungsdebatte der 60er und 70er Jahre lebte noch etwas von dieser Hoffnung auf eine steuerungsfähige Zentralinstanz unter demokratischen Vorzeichen wieder auf.
- *Wertfreie Wissenschaft sollte vergleichend und theoriegeleitet sein.* Bloße Typologien von Institutionen reichten bei den Pionieren der Komparatistik von James Bryce bis Carl J. Friedrich nicht mehr aus.

Dabei musste das Verhältnis von Theorie und Typologie neu durchdacht werden. Manche älteren Theoretiker haben ihre Typologien als Theorie verstanden. Aber die Typologien waren nicht mehr als Abstraktionen über die politische Wirklichkeit nach einigen formalen Kriterien. Einige Theorien, die einem besonderen Ansatz nahe standen, wie der Funktionalismus, haben Theorie und Methode verwischt. In anderen Fällen wie beim Behavioralismus hat die strikte Methode die Theorie überwuchert und verarmen lassen. Rational Choice hat in der letzten Zeit ähnliche Tendenzen entwickelt. Einige Typologien waren vergleichend nur in sehr indirekter Weise. Selbst Max Webers berühmte Einteilung legitimer Herrschaften war nicht ganz frei von Relikten der alten Debatte „Einmaligkeit vs. Vergleichbarkeit", weil die „Idealtypen" die Einmaligkeit „individualisierter Totalitäten" mit ihren gesteigert auftretenden Merkmalen suggerierten. Gelegentlich wurden noch sequentielle Typen in vergleichenden Studien angeboten, wie in Crane Brintons „Anatomy of Revolutions" (1937), die aber von den meisten Historikern nicht akzeptiert worden sind.

Die vergleichende Politikwissenschaft der Moderne sollte nicht mit dem Behaviorismus identifiziert werden, wie gelegentlich in der amerikanischen Literatur. Selbst die weniger rigide Form des *Behavioralismus*, die sich in der Politikwissenschaft durchsetzte und in Amerika in den 1960er Jahren die Diskussion beherrschte, wurde bald mit anderen „approaches" kombiniert. So glichen der Behavioralismus sein Theoriedefizit und der Funktionalismus seinen Theorieüberschuss durch Synergien beider Ansätze häufig aus – vor allem in der *Political-Culture-Forschung*. Funktionalistische Ganzheitserwägungen erwiesen sich aber nicht immer als vereinbar mit dem strikt individualistischen Ansatz des Behavioralismus. Die Pioniere der vergleichenden Politischen Kulturforschungen, Almond und Verba (1963: 52, 68), hatten bereits einige Bedenken, ob die komparativen Survey-Studien erlauben würden, die „Uniformität eines psychologischen Typs" in einem ganzen Land zu entdecken. Um die Resultate nicht zur verzerren, empfahlen die Autoren, sich auf Verhalten und „*attitudes*" zu beschränken, die von der Struktur der Situation stark determiniert wurde. Der Behavioralismus ging von einem ziemlich mechanistischen Stimulus-Response-Schema des Verhaltens aus. Der Funktionalismus hingegen war in der Nähe organischer Modelle anzusiedeln. Mit der holistischen Einstellung der Systemtheorien kamen Begriffe wie *„purpose of a system"* in die Debatte, die eigentlich mit dem Individualismus dieses Ansatzes nicht vereinbar waren. Beide Ansätze blieben jedoch nicht dogmatisch, so dass ihre Kooperation möglich wurde.

Der Behavioralismus hat mit David Easton (1965: 7) im „Framework of Political Analysis" die Annahmen dieser Synthese formuliert:

- Regelmäßigkeiten des politischen Verhaltens sollten in Generalisierungen oder gar in einer Theorie ausgedrückt werden.
- Die Validität dieser Generalisierungen musste einem Test unterliegen. Entgegen der Popperschen Orthodoxie, die nur „Falsifikation" von Hypothesen zuließ, war „Verifikation" möglich.
- Techniken der Suche und Interpretation von Daten mussten entwickelt werden.
- Quantifikation und Messung hatten in der Datenverarbeitung Vorrang.
- Ethische Bewertung der Fakten musste von der wissenschaftlichen Erklärung geschieden werden.
- „Reine Wissenschaft" in der Erklärung von Verhalten musste der Anwendung dieses Wissens vorausgehen.
- Interdisziplinäre Integration der Politikforschung mit anderen Sozialwissenschaften sollte angestrebt werden.

Erst als die Politikwissenschaft gut etabliert wurde – in Europa erst nach dem Zweiten Weltkrieg – hat die Unterdisziplin „comparative politics" in den Departments of Political Science eine dominante Position erlangt. Die bekanntesten Theoretiker des Faches kamen aus der vergleichenden Politikforschung, und im „Ranking" standen meist Komparatisten an der Spitze (Somit/Tanenhaus 1964: 66; Falter/Klingemann 1998). In der Politikwissenschaft stammten nach 1945 unter den „top ten" im Ranking durch deutsche Kollegen des Faches die meisten aus der Komparatistik (ein Italiener, ein Holländer, ein Deutscher, alle anderen Amerikaner), nur einer kam aus der Internationalen Politik. Die neue Weltsituation nach 1945 hat dazu beigetragen: Die wachsende Aufmerksamkeit, welche die Dritte Welt erforderte, schaffte Bedarf an Transformationstheorien vom Traditionalismus zur Moderne – und diese ließen sich nur durch Komparatisten liefern.

Die Subdisziplin der vergleichenden Wissenschaft spielte in keinem der Nachbarfächer eine annähernd wichtige Rolle. Gleichwohl war das Gebiet nicht unumstritten, da die Traditionen der Makrotheorie in einzelnen Ländern die Haltung zum Vergleich beeinflussten. Es konkurrierten:

- die *historisch-institutionelle Tradition* von Max Weber. Weber hat exzessiv alle großen Kulturen erforscht, um vergleichbare Elemente zu finden – vor allem in seiner Religionssoziologie.

- Die entgegengesetzte Tradition, die von Herbert Spencer beeinflusst war, gipfelte in der Soziologie von Émile Durkheim (1950: 137). Er akzeptierte keine Subdisziplin vergleichende Soziologie, denn jede Sozialwissenschaft war für ihn komparativ per se (la sociologie même). *Systemtheorien* in allen Sozialwissenschaften haben diese Ansicht mehr oder weniger prononciert vertreten, am stärksten die autopoietische Variante von Niklas Luhmann (1970: 25, 46), als er über die strukturalfunktionale Systemtheorie von Parsons hinaus ging: „Der Systemvergleich hängt nicht von einer ‚Ähnlichkeit' der Systeme oder gar ihrer einzelnen Handlungen ab. Ähnlichkeit im Erfahrungsbereich gilt nicht, wie in der Ontologie, als Index der Seinsgleichheit. Das Interesse an einem Systemvergleich besteht gerade darin, Unähnliches als äquivalent auszuweisen. Das setzt eine einheitliche funktionale Theorie und strenge Identität der Bezugsgesichtspunkte voraus." Der *Vergleich funktionaler Äquivalenzen* hat in der Praxis zu erstaunlichen Schlüssen bei Luhmann geführt – wenn er etwa das Einparteiensystem im Kommunismus als funktionales Äquivalent des demokratischen Mehrparteiensystems ansah. In der Ökonomie wurde die früher historische Orientierung auf dem Kontinent aufgegeben und durch mathematische Modelle ersetzt. Diese Neigung zu funktionalen Äquivalenten führte in einer Variante der Systemtheorie zu einer Bevorzugung des *„most different systems design"* (Przeworski/Teune 1970: 31ff). Die Suche nach funktionalen Äquivalenten ist nicht zuletzt durch die Ethnologie vorangetrieben worden. Viele Erscheinungen konnten nicht durch Diffusion und direkte Einflüsse erklärt werden, sodass der Funktionalismus konstruierte, dass ähnliche Erscheinungen in ganz verschiedenen Gesellschaften ohne Kontakt miteinander auftreten können.

Wo die Modellorientierung in anderen Sozialwissenschaften Einzug hielt, war der Vergleich gleichsam gegenstandslos geworden. Vergleiche erscheinen besessen von Realitäten und Fakten. Sie schienen zu vergessen, wozu – nach dieser Konzeption – die Wissenschaft eigentlich dienen soll, nämlich der Vorausschau und Planung für mögliches Handeln. Ein Zweig der Politikwissenschaft übernahm diesen ökonomischen Ansatz. Anthony Downs (1957: 21) schätzte die Prognosefähigkeit höher als die Fähigkeit, die politische Realität zu beschreiben: „Theoretical models should be tested primarily by the accuracy of their predictions rather than by the reality of their assumptions". Diese verbale Orientierung an den exakten Prognosen hat nicht dazu geführt, dass die vergleichende Politikwissenschaft in diesem Bereich erfolgreich gewesen ist. Wenn bei Wahlprognosen maximal 5-6% Irrtumsmargen anfallen, ist das vergleichsweise gut und jedenfalls besser als naturwissenschaftliche Wettervoraussagen. Bei längerfristigen Makroprozessen hat die Politikwissenschaft jedoch weder die Studentenrebellion, noch die Ölkrise, den Aufstieg des neuen Nationalismus und Fundamentalismus oder den Zusammenbruch des Kommunismus vorausgesagt. Die wenigen Autoren, die das voraussahen, gaben die falschen Gründe an: Amalrik (1970) einen sowjetisch-chinesischen Krieg, Carrère d'Encausse (1978) den Zerfall der Sowjetunion durch einen Aufstand der Ethnien. Es bildete sich daher in der Komparatistik ein Konsens heraus, dass makrotheoretische Prognosen allenfalls „informed guesswork" sein können. Für die Funktionalisten konnte die Evolution – im Gegensatz zu den historistischen Systemtheoretikern des 19. Jahrhunderts wie Spencer – nur ex post facto rekonstruiert werden. Auch von Naturwissenschaftlern verlangt man nicht, dass sie das Wetter des nächsten Jahres exakt voraussagen. Bei längerfristigen Trendprognosen über den Klimawandel lagen die Naturwissenschaftler kaum richtiger als die vergleichenden Politikwissenschaftler in ihren Prognosen zum Weltsystem.

b. Vom Vergleich von „polity" und „politics" zum Vergleich der „policies"

In den 1970er und 1980er Jahren wurde der alte Institutionalismus endgültig durch die Politikfeldanalyse überwunden. Die Komparatistik konnte sich aber nicht in bloße vergleichende Aggregatdatenanalyse auflösen, wie sie die Soziologie seit Durkheims bahnbrechender Studie über den „Selbstmord" (1897) vielfach gepflegt hat. In der Politikwissenschaft konnte man sich nicht mit der Feststellung begnügen, dass Religionen oder Wirtschaftsformationen Einfluss auf den output von politischen Systemen haben. Die Frage, welche diese Spezialwissenschaft legitimieren sollte, lautete: „*Does politics matter*?" Der politische Hyperaktivismus der Zeit der Studentenrebellion war verflogen. Eine linkssozialdemokratisch angehauchte Planungseuphorie war seit der Ölkrise 1973 zunehmend auf gesellschaftliche Widerstände gestoßen. Die großen meta-theoretischen Debatten zwischen dem Kritischen Rationalismus und dem Neo-Marxismus wurden aufgegeben. Wissenschaftler beider Strömungen konnten sich zunehmend auf die Notwendigkeit konzentrieren, konkrete Resultate der Staatstätigkeit zu analysieren. Eine frühe Einsicht lautete: „The state is better described by its policies than by its principles and alleged norms of individual choice and preference" (Ashford 1977: 572).

Der behavioralistische Ansatz der 1950er und 1960er Jahre hat vorwiegend mit Umfragestudien unter Individuen gearbeitet. Er war daher weniger offen für transnationale Vergleiche. Ihn störte bei makrokomparatistischen Studien schon die kleine Zahl der Fälle, die zur Verfügung standen. Dieser Umstand hat die Behavioralisten in Studien von zahlreichen Gemeinden oder Stadtteilen in der kalifornischen Bay Area oder in New York getrieben (Sharpe/Newton 1984: 218). Das Resultat war ein neuer Parochialismus, den man als „Westside Story" der vergleichenden Politikforschung bezeichnen könnte. Die bahnbrechenden Studien verglichen Krankenhausverwaltungen und Schuldistrikte in West-Side-New York. Als Mittellösung wurde den Komparatisten die Konzentration auf die Untereinheiten nationaler Systeme angeboten (Przeworski/ Teune 1970). Transnationale Vergleiche wurden nicht zuletzt von Emigranten und Amerikanern, die in Europa Studien getrieben hatten, angeboten. Heidenheimer/Heclo/ Adams (1975: V) bekamen daher zu Recht den Preis für die beste Publikation in der Politikwissenschaft. Sie definierten: „Comparative public policy is the cross-national study of how, why, and to what effect government policies are developed". Dieser Ansatz war nicht konkurrenzlos: Die Quasi-Eastonians der Schule von Dye (1966), Hofferbert und anderen warfen der Heidenheimer-Heclo-Schule ihren Deskriptivismus vor, der nicht zu einer allgemeinen Theorie vordringen könne. Die eigene Theorie hatte der Spätbehavioralismus durch eine Synergie mit den Funktionalisten in der Systemtheorie gleichsam „erschlichen". Die comparative public policy-studies teilten mit den liberalisierten Ausläufern des Neo-Marxismus eine Art Modernisierungstheorie: Entwicklungsstufen waren wichtiger als politische Charakteristika der verglichenen Systeme. Um die Fälle möglichst vergleichbar zu halten, wurden die Effizienzvergleiche gern auf den amerikanischen Föderalismus angewandt. Harold Wilensky (1975: XIII) vertrat die Hypothese, dass die wirtschaftliche Entwicklung über die Sozialsysteme entscheidet: „Economic growth and its demographic and bureaucratic outcomes are the two causes of the general welfare states". Nur aus Europa stammende Komparatisten wie Anthony King (1973: 423) hielten noch dagegen, dass system-tragende Ideen und Konzeptionen mindestens so wichtig seien wie ökonomische Entwicklungsstufen, um die Performanz der Staatstätigkeit zu erklären. Ein Kompromiss bot sich bei Eliten-Studien an, weil diese erlaubten, die handlungs-anleitenden Ideen der Führungskräfte zu berücksichtigen. Die Entdeckung des Korporatismus in Europa in den 1970er Jahren hat den Eliten-Ansatz mit der Analyse der tragenden Interessengruppen verbunden, um von der institutionalistischen Überbetonung der Parteien abzurücken. Die Heidenheimer-Heclo-Schule hatte das Verdienst, die politischen Institutionen immer mit zu berücksichtigen und sie nicht auf die Funktion einer „black box" zu reduzieren, in deren Interna der Forscher nicht eindringen kann, aber auch für die Analyse des Politikergebnisses nicht einzudringen braucht. Sie vermied zugleich, die Generalisierungen einer „kultur-gebundenen Erklärung", zu der einige Ansätze der politischen Kultur-Forschung neigten.

Seit dem Ende der Planungseuphorie wurde das Stadium der *Implementation* zunehmend als wichtig erkannt. Pauschale *input-output*-Analysen nach dem Vorbild der Ökonomen wurden verfeinert. Der *„within-put"* wurde entdeckt – und er kam nicht von außerhalb des Entscheidungssystems, sondern von den anscheinend untergeordneten Chargen der Verwaltung. Damit wurden auch die Erklärungen, die das Politikergebnis auf eine politische Kultur oder eine bestimmte Institutionen-Konstellation wie Korporatismus oder Konkordanzdemokratie reduzierte, verfeinert. Generalisierungen über das Verhältnis von Entscheidungssystem und policy-output wurden seit Theodore Lowis (1964) Ansatz in Frage gestellt. Lowi neigte seinerseits zunächst zu der Übertreibung: *„Policy determines politics."* Aber sein Ansatz wurde fruchtbar durch die Differenzierung der Entscheidungen, die in einem System jeweils ganz verschiedene *„output patterns"* erzeugen kennen. Er unterschied zunächst regulative, distributive und redistributive Politik. Später hat er die „constituent policy" entdeckt, die sich auf die Schaffung neuer Einrichtungen bezog. Wieder wurde ein altes Problem virulent: Die Typen hatten keine logische Konsistenz. Der Verfasser hat daher versucht, zwei Obergruppen wie „regulative Maßnahmen" (mit den Untergruppen: repressive, regulative und extensive Gesetze) und „distributive Maßnahmen" (mit den Untergruppen protektive, distributive und redistributive Gesetze) einzusetzen, um den quantitativen Vergleich zu erleichtern (v. Beyme 1998: 6).

Die festen Policy-Typen wurden sehr bald durch den *Netzwerk-Ansatz* aufgeweicht. Als neuer Slogan kam auf: *„Network determines policy"*. Diese Erweiterung von Lowis Ansatz war freilich nicht sehr radikal: Beide Ansätze haben den policy output vor allem durch die Tätigkeit von Interessengruppen und anderen Einflussgrößen in den „cosy triangles", die sich in Deutschland zu „ungemütlichen Fünfecken" erweiterten, weil zu den Ausschuss-Politikern, Interessengruppen und Verwaltungsbeamten noch die föderalistischen Einheiten und die Medien hinzutraten.

Lange war ein institutionell-genetischer Ansatz vom Behavioralismus verpönt gewesen. Plötzlich wurde die *Pfadabhängigkeit* politische Prozesse entdeckt. Anreiz dazu boten die Erfahrungen mit dem Scheitern vieler gutgemeinter Reformen in den 1970er Jahren. Restriktionen durch historische Entwicklungspfade und institutionelle Barrieren schienen für die handelnden Politiker nur schmale „Korridore" für die Reform zu eröffnen. „*Windows of opportunity*" wurden zur Herausforderung für das Handeln der politischen Eliten.

3. Der Vergleich in post-modernen Theorien

Das Paradigma der Postmoderne wird meist nicht als völlig neue Phase angesehen. Vielfach gilt die Postmoderne als ein reflektiertes Stadium der klassischen Moderne mit einer neuen Sichtweise. Es kann nicht mit dem Postmaterialismus oder mit einzelnen sozialen Prozessen wie weitere Differenzierung und Individualisierung gleichgesetzt werden. Gleichwohl haben die alten Schichtungsschemen der Erklärung von Machtverhältnissen an Überzeugungskraft eingebüßt, und die „*Lebensstile*" und „*sozialen Milieus*" haben an Bedeutung gewonnen. Die ökologische Welle führte anfangs zu einer Variante der Modernitätstheorie, nach der die alten Institutionen wie die Parteien langsam durch eine Bewegungsgesellschaft und die „*neuen sozialen Bewegungen*" ausgehöhlt werden. Es zeigte sich jedoch bald, dass die Bewegungen nur etwas durchsetzten, wenn sie sich an die etablierten Institutionen anpassten und auch die alten Parteien für ihre Anliegen mobilisierten. Die neuen sozialen Bewegungen erwiesen sich als stark beim „*agenda setting*". Bei der Durchsetzung und Implementation waren sie auf die herkömmlichen Institutionen angewiesen.

Der Postmodernismus hat das Denken in Termini eines Konstruktivismus gestärkt. Die Durkheimsche Annahme, dass jede Sozialwissenschaft per se komparativ sei, wurde vor allem von autopoietischen Systemtheoretikern übernommen, die befürchteten, dass eine elaborierte vergleichende Methode einen neuen Ontologismus nach sich ziehen würde. Aber Durkheim war noch kein Konstruktivist. „Le fait social", war für ihn noch ein soziales Faktum. Autopoietische Theorien waren nicht mehr mit „Fakten" beschäftigt. In der Gesellschaft ohne Zentrum ging es um die Analyse der verschiedenen Codes der Subsysteme der Gesellschaft. In der Politik war das bei Luhmann die Dichotomie Regierung und Opposition. Die Code-Idee wies Bezüge zu Carl Schmitts dichotomischem Denken auf, war aber die gleichsam demokratisierte Variante des alten Freund-Feind-Denkens. Die Subsysteme konnten einander in dieser Konzeption nur noch „beobachten", aber nicht mehr aktiv beeinflussen. Man kann in dieser Beobachtung natürlich eine Art Vergleich sehen, aber der Hauptimpetus der Komparatistik ging verloren, wenn man den Vergleich nicht nur als Glasperlenspiel zur Erkenntnisvermehrung ansah, sondern mit ihm – wie der Mainstream der Politikwissenschaft das will – auch etwas bewirken möchte.

Bei Foucault (1969, 1986) gab es in der „Archäologie des Wissens" wenigstens noch archäologische Vergleiche, die nach weiterer Pluralisierung der Diskurse drängte. Das Denken in Fragmenten, das viele postmoderne Theorien vertraten, machte den kontrollierten Vergleich der klassischen Moderne nicht mehr möglich. Die autopoietischen Theorien kamen der Pathologie in der Biologie recht nahe, in der allenfalls gesunde und degenerierte Zellen des Organismus verglichen wurden.

Fazit: Politische Einflüsse auf die Entwicklung der vergleichenden Politikwissenschaft

Theorien und Methoden ereignen sich nicht wie ein Blitz aus heiterem Himmel. Wenn es einen Blitz gab, so handelte es sich um ein säkulares Ereignis, das die vergleichende Methode modifizierte. Nach 1945 hat die amerikanische Weltgeltung die Notwendigkeit einer vergleichenden Politikwissenschaft befördert. Der Fokus hat sich von den klassischen Institutionen der drei Gewalten auf die intermediären Institutionen wie Parteien und Interessengruppen verschoben. Die unerwartete weltweite Jugendrebellion 1968 schien der neuen Methoden des Behavioralismus nicht mehr zu bedürfen. Ein neuer Normativismus und ein Wandel der Themen zur „politischen Ökonomie" waren die Folge. Was als „Parlamentarismuskritik" begann, weitete sich zu einer neo-marxistischen Vista auf spätkapitalistische Gesellschaften aus. Als die Revolte verebbte, kam es zu einem neuen Minimalkonsens zwischen dem liberalen Mainstream und den Neo-Marxisten auf der Basis der Policy-Analyse. Dieser Kompromiss wurde nicht zuletzt durch ein weiteres politisches Ereignis ermöglicht, das niemand vorhergesehen hatte: die Ölkrise von 1973. Sie stärkte das Interesse an policy-orientierten Studien, um einen Weg aus der Krise zu finden.

Das nächste Großevent war der Zusammenbruch des Kommunismus. Die Komparatisten entdeckten alte institutionelle Methoden im „*constitutional engineering*" wieder. Neue Übertreibungen hielten in die Literatur Einzug wie: „We are all institutionalists now" (Pierson/Skocpol 2002: 706). Ein „*rational choice institutionalism*" erforschte seit Jon Elster, Claus Offe und Adam Przeworski die Optionen der alten und neuen Eliten im Übergang zur Demokratie. Neu war an dieser Transformation die Gleichzeitigkeit eines Wandels von der Diktatur zur Demokratie und von der Plan- zur Marktwirtschaft. Gelegentlich wurden Versatzstücke aus Biologie und Physik, etwa in *Chaos-Theorien,* eingesetzt. Diese blieben aber meistens metaphorisch (Marks 1992). Interdisziplinarität wurde jedoch vom neuen Komparatismus mehr denn je verlangt. Rational Choice schien diese Interdisziplinarität zu verkörpern. Nach einer Ansicht begann der rational choice-Institutionalism als „reiner Diebstahl", der seine analytischen Werkzeuge aus der Mathematik, der operation research und der Ökonomie bezog (Shepsle 2006: 19). Der Ansatz hatte jedoch den Vorteil, auf jedes Verhalten anwendbar zu sein – von der Motivation der Mafia bis zu den Motiven einer Mutter Teresa. Gegen die Annahmen der Autopoietiker wurden Akteursansätze damit wieder hoffähig. Der strikt individualistische Ansatz wurde bald aufgegeben, und das Instrumentarium wurde auch auf kollektive Einheiten wie Gruppen, Eliten und ganze Staaten angewandt. Der neue Ansatz war freilich gerade unter Komparatisten nicht unumstritten, wegen seiner analytischen Rigorisität und seiner Vereinfachungen, welche den „Kontext" nicht berücksichtigten. „Kontext" wurde bald zum neuen Schlüsselwort für vergleichende Studien in der Ära des Postmodernismus, die von einzelnen Ländern ausgingen, die sie über Zeit auf einer Ebene mittlerer Abstraktionsweite verglichen.

Theorien der Wege zur Modernität in der Tradition von Barrington Moore (1966) waren plötzlich nicht mehr brauchbar. Die Stadien, die noch Philippe Schmitter einsetzte, wie Liberalisierung, Demokratisierung und „Konsolidierung" waren vielfach nicht nachweisbar. Manche postdiktatorischen Systeme demokratisierten sich nur halb und blieben *„defekte Demokratien"* (Merkl u. a. 2003). Andere konsolidierten sich nicht – oder taten dies auf neo-autoritäre Weise. Die anfänglichen Vergleiche Osteuropas mit der Transformation südeuropäischer Systeme waren wenig erhellend. Einmal waren die südeuropäischen Diktaturen schon Marktwirtschaften gewesen, zum anderen wurden sie rascher in die Europäische Union aufgenommen, sodass die Konsolidierung gesicherter war. Immerhin sind auch viele osteuropäische Systeme von Estland bis Bulgarien überraschend schnell in der EU zugelassen worden, gelegentlich, ehe sie wirklich alle Kriterien erfüllten wie Rumänien und Bulgarien.

Nicht nur die Europäisierung, sondern auch die *Globalisierung* machte die Differenz zu früheren Transformationsprozessen aus – etwa denen nach dem 1. Weltkrieg. Als der autopoietische Theoretiker Maturana behauptete, dass kein Land wirklich kommunistisch werden könne, weil das Weltsystem vom Kapitalismus dominiert werde, schien das eine seltsame Übertreibung. Im Rückblick erwies sie sich jedoch als zutreffend. Inzwischen ist kein alternatives System mehr in Sicht. Die Theoretiker der alten Linken wie Hardt und Negri (2002: 48) haben im „Empire" eine nicht zentrierte Struktur entdeckt, die kaum angreifbar erscheint – auch nicht durch Anti-Amerikanismus wie in der alten Protestbewegung. Die „imperiale Maschine" lässt einen externen Standpunkt nicht mehr zu. Kommunikative Produktion und imperative Legitimation können nicht mehr von einander getrennt werden. Der einzige Trost in dieser selbstreferentiell gewordenen Linken bleibt die Selbsttröstung der Postmoderne mit Foucault: „Jede Macht enthält bereits ihre Gegenmacht". Dass dies mehr wird als ein paradoxes Bonmot, erfordert freilich die analytische Anstrengung der vergleichenden Politikwissenschaft, die der postmodernen Auflösung der Realität in Diskurse fremd geworden ist.

Literatur

Almond, Gabriel A./Verba, Sidney: The Civic Culture. Political Attitudes and Democracy in Five Nations. Princeton, Princeton University Press, 1963.

Amalrik, A. A.: Kann die Sowjetunion das Jahr 1984 erleben? Zürich, Diogenes, 1970.

Ashford, Douglas: Political Science and policy studies: Toward a structural solution. Policy Studies Journal, 1977, No 5: 570-583.

Bentley, Arthur F.: The process of government. A study of social pressures. Evanston/Ill., Principia Press of Illinois, 1949.

v. Beyme, Klaus: Der Vergleich in der Politikwissenschaft. München, Piper, 1988.

v. Beyme, Klaus: The Legislator: German Parliament as a Centre of Political Decision-making. Aldershot, Ashgate, 1998.

v. Beyme, Klaus: Politische Theorien im Zeitalter der Ideologien. Wiesbaden, Westdeutscher Verlag, 2002.

Boccalini, Traiano: Ragguagli di parnaso. Centuria prima. Mailand, Battista Bidelli, 1614.

Botero, Giovanni: Della ragion di stato. Turin, UTET, 1589, reprint 1948.

Carrère d'Encausse, Hélène: L'empire éclaté. Paris, Flammarion, 1978.

Chilcote, Ronald H.: Theories of comparative politics. Boulder, Westview, 1994 2. Aufl.

Daalder, Hans, (Hrsg.): Comparative European Politics. The Story of a Profession. London, Pinter, 1997.

Downs, Anthony: An Economic Theory of Democracy. New York, Harper and Row, 1957.

Droysen, Johann Gustav: Historik. Darmstadt, Wissenschaftliche Buchgesellschaft, 1858, 1969 reprint.

Durkheim, Émile : Les règles de la méthode sociologique. Paris, PUF, 1950, 11. Aufl.

Dye, Thomas R.: Politics, economics, and the public: Policy outcomes in the American states. Chicago, Rand McNally, 1966.

Easton, David: A Framework for Political Analysis. Englewood Cliffs, Prentice-Hall, 1965.

Falter, Jürgen/Klingemann, Hans-Dieter: Die deutsche Politikwissenschaft im Urteil der Fachvertreter. In: Greven, Michael Th. (Hrsg.): Demokratie eine Kultur des Westens? Wiesbaden, Westdeutscher Verlag, 1998: 306-341.

Foucault, Michel: Archäologie des Wissens. Frankfurt, Suhrkamp, 1986, 2. Aufl.

Friedrich, Carl J.: Man and his government. New York, McGraw-Hill, 1963.

Hancock, M. Donald: Comparative Public Policy. In: Finifter, Ada (Hrsg.): Political Science. The State of the Discipline. Washington, American Political Science Association, 1983: 283-308.

Hardt, M./Negri, Antonio: Empire. Die neue Weltordnung. Frankfurt, Campus, 2002.

Heidenheimer, Arnold J., Heclo, Hugh, Adams, Carolyn T.: Comparative public policy: the politics of social choice in Europe and America. New York, St. Martin's Press, 1975.

Keman, Hans, (Hrsg.): Comparative Politics. New Directions in Theory and Method. Amsterdam, VU University Press, 1993.

King, Anthony: Ideas, institutions, and the policies of government: A comparative analysis. British Journal of Political Science, 1973, 3: 291-313, 409-423.

Küchenhoff, Erich: Möglichkeiten und Grenzen begrifflicher Klarheit in der Staatsformenlehre. Berlin, Duncker & Humblot, 1967.

Lowi, Theodore: American business, public policy, case studies, and political theory. World Politics, 1964, XVI: 677-715.

Luhmann, Niklas: Soziologische Aufklärung. Köln, Westdeutscher Verlag, 1970.

Mair, Peter: Comparative Politics. An Overview. In: Goodin, Robert E./Klingemann, Hans-Dieter (Hrsg.), A New Handbook of Political Science. Oxford, Oxford University Press, 1998[2]: 309-335.

Marks, Garry: Rational sources of chaos in democratic transition. American Behavioral Scientist, 1992, 35: 397-421.

Merkel, Wolfgang et al.: Defekte Demokratie. Vol. 1. Theorie. Opladen, Leske & Budrich, 2003.

Merriam, Charles E.: Political Power. Glencoe/Ill. Free Press, 1934, 1950.

Mill, John Stuart: A System of Logic. London, Longman, 1843, 1959.

Mill, John Stuart: M. de Tocqueville and Democracy in America. In: Dissertations and Discussions. Vol. 2, London. John W. Parker, 1859.

Moore, Barrington: Social Origins of Dictatorship and Democracy. Boston, Beacon Press, 1966.

O'Donnell, Guillermo/Schmitter, Philippe (Hrsg.): Transitions from Authoritarian Rule. Baltimore, Johns Hopkins University Press, 1986.

Parsons, Talcott: The Structure of Social Action. Glencoe/Ill., Free Press, 1937, 1961, 2. Aufl.

Pierson, P./Skocpol, Theda: Historical institutionalism in contemporary political science. In: Katznelson/Miller, H. V. (eds.): Political Science: State of the Discipline. New York, Norton, 2002: 693-721.

Przeworski, Adam/Teune H.: The Logic of Comparative Inquiry. New York, Wiley, 1970.

Ragin, Ch. C.: The Comparative Method. Moving beyond qualitative and quantitative strategies. Berkeley, University of California Press, 1987, 1989.

Sartori, Giovanni: Comparing and Miscomparing. Journal of Theoretical Politics, 1991, 3: 243-257.

Shepsle, Kenneth A.: Rational Choice Institutionalism. In: Rhodes, R. A. W. et al. (eds.), Political Institutions. Oxford, Oxford University Press, 2006: 23-38.

Somit, Albert/Tanenhaus, Albert: American Political Science. A Profile of a Discipline. New York, Atherton, 1964.

Tocqueville, Alexis de: De la démocratie en Amérique. Œuvres complètes. Paris, Gallimard, 1961, vol. 1.1.

Troeltsch, Ernst: Der Historismus und seine Probleme. Aalen, Scientia, 1922, reprint 1961.

Wilensky, Harold: The welfare state and equality: Structural and ideological roots of public expenditures. Berkeley, University of California Press, 1975.

2. Die antagonistische Partnerschaft: Geschichtswissenschaft und Politikwissenschaft

1. Phasen der Konsolidierung des neuen Faches Politikwissenschaft

Die Zeitschrift „Geschichte und Gesellschaft" hat sich immer um die Synergie-Effekte der Sozialwissenschaften bemüht. Die „Gründerväter" hatten keine Probleme, auch die Geschichtswissenschaft als Sozialwissenschaft zu verstehen. Das schien zur Entstehungszeit der Zeitschrift eine außerordentlich fortschrittliche Position. In der ersten Phase der Kooperation in den 50er Jahren gab es wenige Historiker, wie Hans Mommsen (Mommsen 1962), welche das neue Fach ernst nahmen und nach gegenseitiger Befruchtung suchten. In einer zweiten Phase der Politisierung der Sozialwissenschaften trat vereinzelt die Vorstellung auf, dass Geschichte zeitgemäß als Politikwissenschaft gepflegt werden könne (Bergmann 1979). Mit der kulturalistischen Wende der Sozialwissenschaften in der dritten Phase, der Ära des Postmodernismus, wurde die Betonung der „Gesellschaftsgeschichte" mit ihrem Schwerpunkt auf Sozialstrukturen und Institutionen als konservative Position gebrandmarkt. Unlängst hörte man in einer Diskussion von Hans-Ulrich Wehler als dem „Kardinal Ratzinger der Sozialgeschichte" sprechen (Rüdiger Bubner). Hätte der Ironiker gewusst, dass Ratzinger bald Papst werden würde, wäre diese Sottise vielleicht unterlassen worden. Im Verteidigungskampf gegen die Subjektivierung der Analysen, die sich seit der Hinwendung zur „oral history" zunehmend in schwer fassbare „Diskursstrukturen" verflüchtigten, kann die Sozialgeschichte der Sympathie der benachbarten Sozialwissenschaften gewiss sein. Gerade die Politikwissenschaft, welche die behavioralistische Revolte der 50er und 60er Jahre überlebt hat, die einst die Institutionen und bloßes Verhalten auflösen wollte, wurde durch den aufgeklärten Neo-Institutionalismus immer wieder auf Sozialstrukturen und politische Institutionen zurück verwiesen.

Die Politikwissenschaft hat die Fieberkurven der Nachkriegsgeschichte weit stärker durchlitten als die Geschichtswissenschaft. Politikwissenschaft profitierte bis 1960 davon, dass sie als „Demokratiewissenschaft" nicht zuletzt bei der „Reeducation" der Gesellschaft und in der Gymnasiallehrerausbildung gebraucht wurde. „*Historia – magistra vitae*" war nie in gleichem Maße ein Leitmotiv wie „Politik als Anleitung zur Schaffung mündiger Bürger". In der zweiten Phase der Politisierung bildeten sich drei methodologisch-theoretische Lager in der Politikwissenschaft heraus, die sich in ganzen Instituten verschanzten: die normativ-ontologische Richtung, der kritisch-rationalistische Mainstream und die Adaption der Frankfurter Schule als „kritische Politikwissenschaft". Die von der kritischen Theorie unscharf als positivistisch bezeichnete Mitte musste in deduktiv-empirische und induktiv-generalisierende Ansätze unterteilt werden. Die Mehrheit der an Theoriedebatten uninteressierten Politologen gehört gleichsam ohne bewusste Option zur zweiten Variante. Die „Trias-Narretei" wurde später scharf angegriffen. Am schärfsten von Wolf-Dieter Narr, in dessen Werk (Narr 1969: 41ff.) diese Typologie zum ersten Male popularisiert wurde. Sie blieb stark an die deutsch-sprachige Literatur gebunden, auch wenn es in Amerika Pendants einer kritischen Politikwissenschaft gab, die aber eher unter dem Begriff „radical" auftrat und sich lose in einem „caucaus“ der American Political Science Association als Fraktion formierte. Sie hat vor allem bei der Herausbildung der „policy-orientierten Politikwissenschaft“ eine wichtige Rolle gespielt.

Die schematische Dreiteilung grundsätzlich verschiedener Theorietypen diente eine Weile der Differenzierung von Schulen und Instituten. Der linke Flügel hätte das Fach Politikwissenschaft am liebsten in einer marxistischen „Politischen Ökonomie“ aufgehen lassen. Aber er befand sich selbst am Otto-Suhr-Institut in der Minderheit. Mit der Studentenrevolution geriet das Fach Politikwissenschaft in eine Krise. Die „Deutsche Vereinigung für Politische Wissenschaft“ (DVPW) wurde gespalten. In der „Deutschen Gesellschaft für Politikwissenschaft“, erst 1983 gegründet, als der Pulverdampf ideologischer Grabenkämpfe sich eigentlich schon verzogen hatte, sammelten sich eher konservativ-liberale Politologen. Nicht wenige von ihnen waren „zeithistorisch“ orientiert, während die behavioralistischen Szientisten in der DVPW blieben, auch wenn ihnen der Klamauk der Linken auf einigen Tagungen missfiel.

So weit reichende Friktionen blieben der Geschichtswissenschaft erspart. Auch dort gab es vereinzelte Fahnenschwenker einer „Kritischen Geschichtswissenschaft in emanzipatorischer Absicht“ (Groh 1973). Für die Kooperation mit Nachbardisziplinen war der Untertitel wichtiger: „Überlegungen zu einer Geschichtswissenschaft als Sozialwissenschaft“. Die Geschichtswissenschaft wurde in diesen Konflikten durch die handwerklichen Regeln der historischen Methode zusammen gehalten. Der theoretische Ansatz beim handelnden Individuum musste in der Geschichtswissenschaft weniger durch einen Gegen-Dogmatismus der Popper-Albert-Schule untermauert werden, weil er für eine narrative Geschichtsforschung selbstverständlich schien, auch wenn sich immer wieder Kollektivbegriffe wie „Staaten“ oder „Nationen“ als handelndes Movens in die Darstellung einschlichen.

Auch das Entlarvungspathos der Linken hat sich unter Historikern später vollzogen, etwa in der Kritik von Theodor Schieder oder Werner Conze hinsichtlich ihrer Rolle im Dritten Reich. In der Politikwissenschaft war prima vista soviel Diskontinuität, dass Fellow-traveller des Nationalsozialismus seltener gefunden wurden. Aber auch „Ausgebürgerte“ wie Ernst Jäckh, Arnold Bergstraesser oder Adolf Grabowky, drei Gründungsväter einer erneuerten Politikwissenschaft im Nachkriegsdeutschland, wurden als zeitweilig „angebräunte“ entlarvt (Eisfeld 1991). In der Spätphase wurden selbst einige liberale Demokratietheoretiker wie Carl Joachim Friedrich und sein Lehrer Alfred Weber für die beginnenden dreißiger Jahre schon fast in die Nähe der „konservativen Revolution“ gerückt (Lietzmann 1999).

2. „Altes“ und „neues Fach“ – ein Konkurrenzverhältnis in der Methodendebatte

Politikwissenschaft wurde aus den USA nach dem zweiten Weltkrieg reimportiert. „Reimportiert“, weil im 19. Jahrhundert deutsche Emigranten wie Francis Lieber die deutsche Staatslehre zur „political science“ verselbständigt hatten. Die wörtliche Übersetzung von „Political Science“ hat dem neuen Fach vielfach geschadet, weil das Adjektiv „Politisch“ eine politisierte Staatsbürgerkunde suggerierte. Die altehrwürdige Geschichtswissenschaft hat das neue Fach argwöhnisch beäugt. Es hat der Politikwissenschaft wenig genutzt, dass sie sich bei einzelnen Theoretikern wie Eric Voegelin (Voegelin 1965: 13) als die älteste Wissenschaft überhaupt deklarierte. Voegelin legte aber Wert auf die Feststellung, dass es sich bei der Gründung einer „Neuen Wissenschaft von der Politik“ nicht um eine literarische Renaissance von antiken Theorien handele. Es ging ihm um die Wiederherstellung des Sinnes von Wissenschaft (*episteme*) im Gegensatz zu (politischen) Meinungen (*doxai*). Aber der Lehrstoff der Epigonen zeigte die Begrenztheit des „neuen Ansatzes“ im Geist von Platon und Aristoteles. Es diente der Professionalisierung des Faches wenig, wenn man anfangs bei einigen Normativisten Examen mit Kenntnisse über klassische politische Theorien plus aktueller Kenntnissen aus der „Frankfurter Allgemeinen Zeitung“ machen konnte.

Fruchtbarer wurde die Kooperation von Politikwissenschaft und Geschichtswissenschaft, als die Cambridge-Schule in England mit John G. A. Pocock (Pocock 1993) und Quentin Skinner (Skinner 1978) die abgehobenen Höhenwanderungen der Theoriegeschichte aufgaben und zu einer Verbindung der Theorien mit dem politischen Handeln vorstießen. Sprachtheorien und Begriffsgeschichte wirkten dabei ebenfalls integrierend, denn abstrakte Theorien und konkretes Handeln waren durch Sprache verbunden (Rosa 1994: 199). Der politische Kontext von Theorien wurde wieder stärker herausgestellt und konnte nicht ohne die Hilfe der Historiker deutlich gemacht werden. Eine „Kulturgeschichte des Sozialen“ hat später sogar die Lesepraktiken und den Massenkonsum von Bürgern und ihre Veränderung des Meinungsklimas und der Politik ins Blickfeld gerückt (Darton 1985). Die Sozialgeschichte der politischen Ideen konnte vor allem für den Zeitraum nach 1789 sogar zu quantitativen Analysen über Verbindungen von politischen Positionen und politischer Theoriebemühung vorstoßen (Bleeck 2001: 129ff; v. Beyme 2002: 935ff.).

Das Verhältnis von Geschichts- und Politikwissenschaft konnte nicht immer konfliktfrei sein. Neue Fächer haben es immer schwer – das ging der Agrochemie eines Justus von Liebig einst nicht anders. Noch im 19. Jahrhundert haben Historiker (Treitschke) oder Juristen (von Mohl bis Jellinek und noch später in der „allgemeinen Staatslehre“) die Politik in Eigenregie betreut. Dass die Theorie der Politik in andere Bereiche abwanderte, konnten Historiker verschmerzen. Aber immer weitere Gebiete, die früher von Historikern mit betreut wurden, sind durch die Sozial- und Wirtschaftswissenschaften angeeignet worden. Es wurde befürchtet, dass der Historie „kein genuines Erkenntnisobjekt“ mehr übrig bleibe. Man musste sich damit trösten, dass die Nachbarwissenschaften „historisch imprägniert“ blieben (Koselleck 1971: 3f.). Aber genau dies trat nicht ein. Es kam zu einer beispiellosen Enthistorisierung der Sozialwissenschaften. Die Ökonomie arbeitete am Abbau ihres Image als „Politische Ökonomie“, zumal die Marxisten den archaischen Ausdruck zum politisierten Fahnenschwenken missbrauchten. Es gab in wirtschaftswissenschaftlichen Fakultäten meist noch einen Wirtschaftshistoriker. Er diente als Alibi, damit die Kernzunft sich immer ungenierter in eine mathematisierte Ökonometrie flüchten konnte. Ehe es zum Rückschlag kam und eine institutionen-orientierte Wirtschaftswissenschaft gegensteuerte, hat allenfalls der Fachvertreter für Wirtschaftspolitik noch Auskunft über konkretes Geschehen im Wirtschaftsleben geben können. Ähnliches trat in der Soziologie ein. Über einer losen

Konföderation von Bindestrich-Soziologien schwebten die „general theories" – von der funktionalistischen Systemtheorie bis zu den kritisch-dialektischen Schulen. Nur die Politikwissenschaft – solange sie nicht von der rational-choice-Methode absorbiert wurde wie zu Zeiten in Amerika – konnte sich nicht den gleichen Grad der Enthistorisierung leisten wie die Nachbardisziplinen.

Der mögliche politologische Bundesgenosse der Historiker im Methodenkonflikt schien in den 50er Jahren noch nicht recht bündnisfähig. Der politisierte Reeducation-Auftrag des neuen Faches in Deutschland machte die Disziplin, „die anderen die Federn ausrupft und sich damit schmückt" (Jürgen von Kempski), nicht respektabler. Noch immer ist die Politikwissenschaft als eine seltene Ausnahme unter den „harten Fächern" an der Ausbildung der Sozialkundelehrer maßgeblich beteiligt. In einigen Ländern hat sie sogar eine Monopolstellung in diesem Bereich erlangt, die angesichts der Vielfalt der Aspekte, die in den Schulen behandelt werden müssen, kaum noch angemessen erscheint. Der Ansatz einer „Lehre vom guten politischen Leben" beherrschte in den süddeutschen Ländern eine Weile die Ausbildung der Sozialkundelehrer. Für die theoretische Professionalisierung des Faches spielte sie eine abnehmende Rolle Die normativen Theorien der praktischen Philosophie und des Neo-Aristotelismus wurden in der Politikwissenschaft von empirischen Theorien der Politik verdrängt. Das hinderte freilich Kultusbürokratien nicht, immer wieder nach einem besseren Sozialkundeunterricht im Geist einer normativen Demokratietheorie zu rufen, wenn die Rechtsextremisten wieder einmal Erfolge bei einer Landtagswahl hatten. Aber von solchen politischen Kurzzeitschwankungen der Wissenschaftsentwicklung im Anwendungsbereich waren Geschichtslehrer ebenfalls betroffen.

Das neue Fach Politikwissenschaft, das in den 50er Jahren nach Ansicht verschreckter Historiker „auf den Bajonetten" der Besatzungsmächte gegründet worden war, hatte anfangs noch keine klare methodische Struktur. Es war so vielfältig wie die Herkunftsfächer der bekanntesten Gründerväter des Faches, die von der Geschichte (Theodor Eschenburg), über die Volkswirtschaftslehre (Carl J. Friedrich), die Rechtswissenschaft (Ernst Fraenkel) bis zur Philosophie (Dolf Sternberger) reichten. Wichtige Exponenten auf politikwissenschaftlichen Lehrstühlen wie Karl Dietrich Bracher, Waldemar Besson oder Gilbert Ziebura wurden überwiegend als Zeithistoriker wahrgenommen. Ex-Historiker konnten sich zu Politologen am schnellsten mausern, wenn sie die historische Analyse mit normativen Theorien verbanden (Hans Maier, Kurt Sontheimer).

3. Methodische Annäherungen der Politikwissenschaft und der Geschichtswissenschaft

Auf dem Weg der Modernisierung der Wissenschaften und der Öffnung für neue empirische Methoden kam es zu Synergie-Effekten zwischen den Sozial- und Geschichtswissenschaften. Hans-Ulrich Wehler (Wehler 1971; Wehler 1975) erwarb besondere Verdienste in der Heranführung der Historiker an soziologische und psychologische Paradigmen. Für einige Fortschritte im Umgang mit Geschichte schien man aber kaum auf die sozialwissenschaftliche Konkurrenz und ihre methodischen Beiträge angewiesen zu sein.

Vier wichtige Differenzierungsleistungen hat die Entwicklung der Gesellschaftstheorien seit dem 19. Jahrhundert erbracht:

(1) *Die Trennung von Evolution und Geschichte* ist durch die Historiographie des 19. Jahrhunderts bereits geleistet worden – zum Teil ohne Kenntnis der sozialtheoretischen Literatur, die es dazu auch schon gab. Dass Hegel bei der Aufnahme in die Preußische Akademie an Savigny und den Historikern scheiterte, könnte als Beleg angesehen werden.

(2) *Die Trennung von Theorie und Praxis* war für Historiker längst selbstverständlich gewesen, auch wenn Mommsen, Treitschke oder Meinecke sich immer wieder zu politischen Fragen äußerten. An historischen Gedenktagen sind Historiker in Sonntagsreden mit guten Ratschlägen aus der Geschichte auch nach dem zweiten Weltkrieg gelegentlich wieder aufgetreten, obwohl Koselleck (Koselleck 1989: 38ff.) und andere die Vorstellung der *„historia magistra vitae"* für längst überholt hielten.

In diesem Bereich gibt es bis heute noch Meinungsverschiedenheiten zwischen Geschichts- und Politikwissenschaft. Der aktualitätsbesessene Politikwissenschaftler hat diese zweite Differenzierungsleistung der Theorie zum Teil wieder über Bord geworfen. Im Gegensatz zur Historie muss das Fach seine Nützlichkeit vielfach in der Politikberatung erweisen. Nach einer Umfrage unter deutschen Politikwissenschaftlern gaben Dreiviertel der Interviewten an, schon einmal in der Politikberatung tätig gewesen zu sein (Landfried 1986: 104). Selbst wenn viele von den Interviewten die Bedeutung dieser Tätigkeit überschätzten, wird man verallgemeinern können, dass die Historiker-Kollegen zur gleichen Zeit seltener in der Politikberatung auftauchten und gegen eine solche Aktualisierung ihres Wissens vermutlich sogar methodische Bedenken hätten. Letztlich aber spielten beide Disziplinen in diesem Bereich eine marginale Rolle im Vergleich zu Juristen und Wirtschaftswissenschaftlern. Auch wenn dies nur als vorauseilender Gehorsam gegenüber möglichen Auftraggebern in der Politikberatung erscheint, orientieren sich viele Politologen in den Bindestrich-Politiken und „policies" an Akteuren, die Handlungsanleitung suchen. Systematische Wissenschaften als Handlungswissenschaften haben gelegentlich überhöhte Ansprüche geltend gemacht: „Der systematische Wissenschaftler tritt von vornherein mit dem Anspruch auf, im Prinzip dasselbe leisten zu können wie die jeweils ‚Besten' des fraglichen Gegenstandsbereiches. Es bestehen also hier bestenfalls graduelle, nicht prinzipielle Unterschiede" (Seifert 1971: 156). Eine solche Hybris käme wohl keinem Historiker in den Sinn! Geschichte als „magistra vitae" wird nicht mehr geglaubt. Politische Wissenschaft – oder gar der altertümliche Ausdruck „wissenschaftliche Politik", der in Lehramtscurricula noch umherspukt – als „Lehrmeisterin der Politiker" wird noch vielfach erhofft.

(3) *Die Anerkennung der Autonomie unterschiedlicher Handlungssphären in den Subsystemen der Gesamtgesellschaft* ist durch die Weber-Rezeption in der Systemtheorie auch in der Geschichtswissenschaft ohne Vermittlung der Nachbardisziplinen vorangeschritten.

Jedes Subsystem hat nach Luhmann seinen eigenen Code. Manchmal ist dieser höchst umstritten, etwa wenn Luhmann für die Kunst den überholten Gegensatz „Schön – hässlich" zugrunde legt. Geschichtswissenschaftliche Arbeiten können vermutlich mit der Schematisierung von Codes wenig anfangen. „Regierung und Opposition" für die Politik kann ohnehin allenfalls für die Zeit seit der französischen Revolution nützlich sein. Aber auch Historiker haben die Resistenz von Subsystemen gegen Einflüsse von Nachbarsystemen erkannt, vor allem bei der abnehmenden Steuerungsfähigkeit der Politik gegenüber der Wirtschaft.

(4) Eine letzte Innovation, die von den Sozialwissenschaften getragen wurde, war der *vergleichende Ansatz*. In diesem Bereich hat die Politikwissenschaft besondere Kompetenzen erworben. Die vergleichende Lehre von Wirtschafts- oder Rechtssystemen spielt in den Nachbardisziplinen nicht annähernd die gleiche Rolle wie in der Politologie. Wichtiger als der quantitative Aspekt im Curriculum ist der qualitative Aspekt, dass eigenständige politikwissenschaftliche Theorien ganz überwiegend in der vergleichenden Systemforschung entstanden. Der vergleichende Ansatz war in der Historiographie von Lamprecht bis Hintze immer gepflegt worden. Er blieb aber vielen Historikern des Mainstreams eher suspekt, weil die Differenz von Geschichte und Evolution wieder eingeebnet zu werden drohte. Nach dem zweiten Weltkrieg wurde die vergleichende Methode von Historikern, die sich nicht bei positivistischer Ereignisgeschichte aufhielten, zunehmend wieder eingesetzt (Puhle 1979: 119ff.). Wie hätte man sonst Modernisierungsgeschichte überhaupt treiben können?

„Im Streit der Fakultäten" bahnte sich nach dem zweiten Weltkrieg ein Kompromiss an: Die Politikwissenschaft war für Zeiträume bis etwa 30 Jahre zurück zuständig. Sie durfte mit gedruckten Quellen, Interviews und öffentlichen Verlautbarungen vorlieb nehmen, die dem klassischen Historiker – der auf amtliche Quellen in ordentlichen Archiven geeicht war – suspekt erscheinen mussten. Noch verdächtiger wurde eine neue Wissenschaft, die ihre Quellen selbst fabrizierte – etwa durch Umfragen. In der Nachkriegszeit war der Kompromiss leicht zu respektieren: Zeithistoriker haben den Politikwissenschaftlern die Nachkriegsgeschichte überlassen. Inzwischen hat die schiere Chronologie diesen historischen Kompromiss überrollt: Die Quellen der Nachkriegsgeschichte wurden zugänglich. Selbst Quellen in den untergegangenen Diktaturen wurden benutzbar und machten etwa die Sowjetologen mit ihrem Anspruch auf besonderes Wissen um die „Arcana imperii" einer fremden politischen Kultur über Nacht funktionslos.

Einige Sozialwissenschaftler wie Ralf Dahrendorf (Dahrendorf 1967: 217) verkündeten nicht ohne Überheblichkeit, dass die theoretische Soziologie „keinen Respekt vor der Geschichte" habe. Da die Politikwissenschaft im Vergleich zur Soziologie immer ein geringeres theoretisches Abstraktionsniveau pflegte, war diese Arroganz hier schwächer ausgeprägt, obwohl auch für sie galt, dass sie sich nicht in erster Linie an der Chronologie orientiert. Auch für politikwissenschaftliche Theorien traf zu, dass sie ein kategoriales Bezugssystem darstellten, von dem weitere analytische Kategorien deduziert werden. Aber die Politologie war nie so dogmatisch auf die Popperschen Grundsätze verpflichtet, die in historischen Aussagen nur „Quasi-Theorien" erkennt, die weniger die

Frage „warum?" als die Frage „wie" beantworten. Allenfalls der Funktionalismus wurde eine Weile zum erbitterten Gegenspieler der historischen Methode, da er in funktionalen Äquivalenten dachte. Die Leistung einer Institution für den Erhalt eines politischen Systems kann nach diesem Ansatz unter Umständen auch von einer ganz anderen Einrichtung erbracht werden, als die historische Kausalitätsanalyse unterstellt. Was in einem Land die Verfassungsgerichtsbarkeit als Schranke gegenüber von leichtfertigen Mehrheitsentscheidungen leistet, kann in einem anderen Land – wie der Schweiz – das Erfordernis einer doppelten Mehrheit im Parlament und im Referendum erbringen.

Die Geschichtswissenschaft war trotz der Ausbreitung sozialwissenschaftlicher Methoden in ihren Reihen weiterhin überwiegend an einmaligen Zusammenhängen interessiert. Gesetzmäßigkeiten, wie sie die Sozialwissenschaften suchten, wurden von reflektierten Historikern nicht geleugnet. Aber sie interessierten nur als Mittel, Einzelzusammenhänge besser zu verstehen. Sozialwissenschaftliche Theorien wie Modernisierungs- oder Revolutionstheorien wurden so zu Hilfswissenschaften für die Geschichtswissenschaft. Umgekehrt war die Geschichtswissenschaft für die Politikwissenschaft zur Vorklärung gewisser historischer Fakten eine unentbehrliche „Hilfswissenschaft". Der Ausdruck ist nicht diskriminierend gemeint. Es gibt keine feste Hierarchie von Wissenschaften. Jede Wissenschaft ist autonom und hat zugleich subsidiäre Funktionen als Hilfswissenschaft für andere Disziplinen.

Geschichtswissenschaft und Politikwissenschaft blieben nicht nur durch die Moden der theoretischen Paradigmen-Entwicklung verbunden. Sie hatten aus der Sicht der Politik auch viel speziellere Beziehungen. Es gibt keine andere Sozialwissenschaft, in der die „Geschichte der politischen Theorien" die gleiche Rolle im Curriculum und im Prüfungsstoff spielt, während die Geschichte der ökonomischen „Dogmen" längst zur Randdisziplin für „Märchenklausuren" geworden ist. Gewichtiger noch erscheint, dass in der Politikwissenschaft der historisch-genetische Ansatz neben dem institutionellen, dem behavioralistischen, dem funktionalistischen, dem vergleichenden und dem Rational-Choice-Ansatz immer eine wichtige Rolle spielte.

Die Theoriebildung in den Sozialwissenschaften vollzog sich zwischen den Polen Handlungs- und Systemtheorien auf der X-Achse und zwischen Makro- und Mikro-Ebene auf der Y- Achse (Beyme 1996: 346). Die Bandbreite der praktizierten Ansätze ist aber in der Politikwissenschaft größer. Sie steht auch stärker unter dem Einfluss der Soziologie als Zulieferer für Makrotheorien. Die Politikwissenschaft konnte daher nicht auf eine Ansatzhöhe fixiert werden. Die Vorstellung: „ein Fach, eine Methode, eine bevorzugte Untersuchungseinheit", die auch die klassische Historiographie pflegte, ist als ontologische Weltauffassung überholt worden. Die Erkenntnisobjekte stehen nicht wie Fixsterne am Himmel. Die Politikwissenschaft optierte ganz überwiegend für Handlungstheorien und Akteursansätze – ähnlich wie die Geschichtswissenschaft. Auch in der Reduktion historischer Komplexität nähern sich Geschichts- und Politikwissenschaft vielfach an: Beide teilen die Vorliebe für eine Meso-Ebene des Geschehens, die zwischen großen gesellschaftlichen Konstellationen liegt, die mit Makrotheorien angegangen wurden, und dem individuellen Geschehen im strikten Sinn, mit dem sich Psychologen und soziologische Mikrotheoretiker beschäftigen.

4. Individualisierende Akteursorientierung in beiden Wissenschaften

Mit dem Behavioralismus, der in den 50er Jahren und dem Rational Choice-Ansatz, der in den 90er Jahren in der amerikanischen Politikwissenschaft dominierte, hat der historische Ansatz ein strikt individualistisches Vorgehen gemeinsam. Ereignisse und Institutionen müssen letztlich als Produkt der Intentionen und Handlungen individueller Akteure nachgewiesen werden. Kollektivbegriffe wie „der Staat" haben idealiter keinen Zutritt zu einer strikt historisch-genetischen Analyse. Da aber die Komplexität aller Handlungen niemals aufgeschlüsselt werden und nicht jeder Begriff bis zu seinen Ursprüngen zurück verfolgt werden kann, haben auch die neo-positivistischen Gralshüter im Kampf gegen metaphysische Kollektivbegriffe wie Hans Albert eingeräumt, dass die historische Methode zu Kollektivbegriffen Zuflucht nehmen muss (Albert 1990: 227). Umgekehrt wurde ein Teil der Politikwissenschaftler der quantifizierenden Vereinfachung müde, die über die Länder hinweg rechnete. Etwa in der Debatte um mangelnde Reformfähigkeit von Systemen wurde die „Pfadabhängigkeit" von Institutionen entdeckt (Lehmbruch 2002). Vor allem dem deutschen Bundesstaat wurde die „Ur-Sünde" Bismarcks vorgerechnet, der die schönen konföderalen und pluralistischen Traditionen eines „consociationalism" – im Geist von Johannes Althusius – in der Reichsgründung überging und preußischen Unitarismus über die erneuerte Reichstradition stülpte. Dabei drohten sich freilich ex-post-facto-Werturteile einzuschleichen, die historisch problematisch waren. Ein „authentischer Föderalismus", wie er den Bundesstaatstheoretikern der Moderne vorschwebt, hätte 1871 nur entstehen können, wenn Bismarck das siegreiche Preußen aufgelöst hätte. Wäre es denkbar gewesen, den deutschen Fürsten, die zum Teil widerwillig in den Krieg gegen Frankreich gezogen waren, nicht ihr Trostpflaster für die Entmachtung im kaiserlichen Bundesrat zu gewähren? Wohl kaum. Aber ungeachtet a-historischer Urteile blieb die Einsicht des aufgeklärten Neo-Institutionalismus verdienstvoll, dass historische Weichenstellungen lange anhaltende Nachwirkungen entfalten. Beim Föderalismus galt das für die Anfänge der Bundesrepublik ebenso wie für die Schaffung der Weimarer Reichsverfassung. Theorien der Pfadabhängigkeit helfen erklären, warum die Reformfähigkeit des Institutionensystems vergleichsweise gering blieb. Die Bundesratskonzeption wurde viel kritisiert, aber kaum jemand plädiert offen für ihre Abschaffung. Auch angebliche historische Fehlentwicklungen können Wirkungen entfalten, die unter neuen Gegebenheiten schon wieder „funktional" wirken. Die Entscheidungskosten im deutschen Bundesrat sind hoch, aber gefundene Kompromisse erweisen sich als dauerhafter als in Systemen mit Parlamentssouveränität der Volkskammer.

Mit der sozialwissenschaftlichen Theoretisierung, welche vor der Geschichtswissenschaft nicht Halt machte und die Hans-Ulrich Wehler mit der Zeitschrift „Geschichte und Gesellschaft" kräftig gefördert hat, schienen herkömmliche historiographische Kunstformen wie die Biographie fast so obsolet wie in den Sozialwissenschaften. Einige kulturhistorisch orientierte Sozialwissenschaftler haben schon früh die biographische Methode als Hilfsmittel zur Erforschung von sozialem Bewusstsein eingesetzt und sie neben die Momentaufnahmen der Survey-Studien als Quelle gesetzt (Sczepanski 1967: 556f.; Rowny/Graham 1969). In der Elitenforschung hat die biographische Methode schon immer eine wichtige Rolle auch für die Politikwissenschaft gespielt (Edinger 1964). Die kulturalistische Wende hat diese Entwicklung in Geschichts- und Politikwissenschaft verstärkt.

In der Politikwissenschaft schien diese Entwicklung eine Besonderheit zu sein, weil kein Fach – außer der Soziologie – so stark von theoretisch-ideologischen Grabenkämpfen zerrissen war. Nach dem die ideologisierten Schlachten der 68er Generation um eine „grand theory" – hier kritischer Rationalismus, Funktionalismus und Behavioralismus, dort dialektische Theorien – abebbten, trafen sich Dialektiker und Funktionalisten in einer auf Politikfelder orientierten Mehrebenen-Analyse. Dies wurde vielfach als Sieg des technokratischen „Positivismus" interpretiert. Aber diese Sicht verkannte, wie viele Elemente der kritischen Theorien – auf eine meso-theoretische Ebene gesenkt – in die Policy-Analyse eingingen. Normative Ansätze waren wieder gefragt, weil Politikziele nicht nur beschrieben, sondern auch normativ-theoretisch postuliert und durch normative Setzungen implementiert werden mussten. Die Mehrebenenanalyse, die ihre Anregungen vor allem vom Kölner Max-Planck-Institut und von der Bielefelder Schule der Sozialwissenschaften erhielt, entdeckte – wie einst die Dialektiker – überall Unvereinbarkeiten von Handlungslogiken und Steuerungscodes. Nur von einer pauschalen „Kapitallogik" wurde nicht mehr gesprochen. Auch von „Widersprüchen" sprach man nicht gern – aber die Eigendynamiken der Teilsysteme entwickelten sich im Bielefelder Sprachduktus der Luhmann-Schule rasch zum funktionalen Äquivalent marxistischer Widerspruchslehren. Handlungszwänge und Systemlogiken richteten sich auch gegen die besten Intentionen politischer Akteure. Ihnen wurden nur noch schmale „Handlungskorridore" eingeräumt, nachdem die Planungseuphorie der sozial-liberalen Koalition verflogen war.

Diese Entwicklungen haben die Historiker anscheinend nur peripher gestreift. Dennoch zeigte sich, dass auch die Geschichtswissenschaft auf der Suche nach neuen Themen immer stärker in die Politikfelder der Vergangenheit einstieg – vor allem die Sozialpolitik (Kocka 1986). Mit der kulturalistischen Wende hat die Geschichtswissenschaft – nicht nur um Nischen von bisher nicht behandelten Gegenständen für Doktoranden und Habilitanden zu finden – eine ähnliche Ausdifferenzierung der Bindestrich-Historien erlebt wie die Politikwissenschaft im Bereich der Politikfelder der Staatstätigkeit.

Wissenschaften können sich immer weniger durch einen „Gegenstand" definieren, den sie „exklusiv" verwalten. Sie gleichen darin der Entwicklung in den bildenden Künsten, in denen das Sujet im herkömmlichen Sinne abhanden kam. Geschichte ist nicht die einzige Wissenschaft, die Temporalstrukturen erforscht. Philosophie, Sozialwissenschaften und Physik interessieren sich für das gleiche Thema unter den spezifischen Fragestellungen ihrer Wissenschaften. Längst trifft nicht mehr zu, dass Historiker mit statischen Begriffen operieren wie „Ständestaat" oder „Merkantilismus". Die Sozialwissenschaftler haben anfangs unter Einfluss der frühen Systemtheorien ebenfalls statische Typologien eingesetzt. Sie haben sich aber zunehmend den dynamischen Ablaufmodellen zugewandt, die von sozialwissenschaftlich orientierten Historikern – vor allem in Amerika – entwickelt wurden. Die Wissenschaften driften immer weiter auseinander – und werden zugleich durch methodische Bande immer enger verknüpft.

Daher haben die alten Grundsatzdebatten um die Dignität der Fächer im Streit der Fakultäten ihren ontologischen und ideologischen Charakter weitgehend verloren.

Literatur

Albert, Hans: Methodischer Individualismus und historische Analyse. In: Acham, Karl/Schulze, Wilfried (Hrsg.): Theorie der Geschichte. Band 6: Teil und Ganzes. München, DTV, 1990: 219-239.

Bergmann, Jürgen, u. a. (Hrsg.): Geschichte als politische Wissenschaft. Stuttgart, Klett-Cotta, 1979.

v. Beyme, Klaus: Theorie der Politik im 20. Jahrhundert. Von der Moderne zur Postmoderne. Frankfurt, Suhrkamp, 1991, erweiterte 4. Aufl. 2007.

v. Beyme, Klaus: Die Politischen Theorien der Gegenwart. Wiesbaden, Westdeutscher Verlag, 2000. 8.Aufl.

v. Beyme, Klaus: Politische Theorien im Zeitalter der Ideologien. 1789 – 1945. Wiesbaden, Westdeutscher Verlag, 2002.

Bleek, Wolfgang: Geschichte der Politikwissenschaft in Deutschland. München, Beck, 2001.

Dahrendorf, Ralf: Pfade aus Utopia. München, Piper, 1967.

Darnton, Robert: The Forbidden Best-Sellers of Prerevolutionary France. New York, Norton, 1985.

Edinger, Lewis J.: Political Science and Political Biography. Journal of Politics, 1964: 423-439.

Eisfeld, Werner: Ausgebürgert und doch angebräunt. Deutsche Politikwissenschaft 1920-1945. Baden-Baden, Nomos, 1991.

Groh, Dieter: Kritische Geschichtswissenschaft in emanzipatorischer Absicht. Überlegungen zu einer Geschichtswissenschaft als Sozialwissenschaft. Stuttgart, Kohlhammer, 1973.

Kocka, Jürgen: Sozialgeschichte. Göttingen, Vandenhoeck & Ruprecht, 19862.

Koselleck, Reinhart: Wozu noch Historie? Historische Zeitschrift 1971: 1-18.

Koselleck, Reinhart: Vergangene Zukunft. Zur Semantik geschichtlicher Zeiten. Frankfurt, Suhrkamp, 1989.

Landfried, Christine: Politikwissenschaft und Politikberatung. In: v. Beyme, Klaus (Hrsg.): Politikwissenschaft in der Bundesrepublik Deutschland. Entwicklungsprobleme einer Disziplin. (PVS-Sonderheft 17). Opladen, Westdeutscher Verlag, 1986: 100-115.

Lehmbruch, Gerhard: Der unitarische Bundesstaat. Pfadabhängigkeit und Wandel. In: Benz, Arthur/Lehmbruch, Gerhard (Hrsg.): Föderalismus. Analysen in entwicklungsgeschichtlicher und vergleichender Perspektive. Wiesbaden, Westdeutscher Verlag, 2002: 53-110.

Lietzmann, Hans J.: Politikwissenschaft im Zeitalter der Diktaturen. Die Entwicklung der Totalitarismustheorie Carl Joachim Friedrichs. Opladen, Westdeutscher Verlag, 1999.

Mommsen, Hans: Zum Verhältnis von politischer Wissenschaft und Geschichtswissenschaft in Deutschland. Vierteljahreshefte für Zeitgeschichte 1962: 341-372.

Narr, Wolf-Dieter: Theoriebegriffe und Systemtheorie. Stuttgart, Kohlhammer, 1969.

Nitschke, August: Historische Verhaltensforschung. Stuttgart, Ulmer, 1981.

Pocock, John G. A.: Die andere Bürgergesellschaft. Zur Dialektik von Tugend und Korruption. Frankfurt, Campus, 1993.

Puhle, Hans J.: Theorien in der Praxis des vergleichenden Historikers. In: J. Kocka/Th. Nipperdey (Hrsg.): Theorie und Erzählung in der Geschichte. München, DTV, 1979: 119-136.

Rosa, Hartmut: Ideengeschichte und Gesellschaftstheorie. Politische Vierteljahresschrift 1994, Jg. 35, H. 2: 197-223.

Rowny, Don K./Graham, James Q. (Hrsg.): Quantitative History. Homewood/Ill.,Dorsay Press, 1969.

Seifert, Helmut: Die Hermeneutik und die historische Methode. In: Einführung in die Wissenschaftstheorie. München, Beck, 1971.

Skinner, Quentin: The Foundations of Modern Political Thought. 2 Bände. Cambridge, Cambridge University Press, 1978.

Szczepanski, Jan: Die biographische Methode. In: König, René (Hrsg.): Handbuch der empirischen Sozialforschung. Stuttgart, Ende, 1967: 551-569.

Voegelin, Eric: Die Neue Wissenschaft der Politik. München, Pustet, 1959, 1965, 2. Aufl.

Wehler Hans-Ulrich: Modernisierungstheorie und Geschichte. Göttingen, Kiepenheuer & Witsch, 1975.

Wehler, Hans-Ulrich (Hrsg.): Geschichte und Psychoanalyse. Köln, Kiepenheuer & Witsch, 1971.

3. Kooperation und Konflikt – Synergien zwischen Sozial- und Naturwissenschaften

Einleitung

Charles Percy Snow hat 1956 die These von den *„zwei Kulturen"* in die Welt gesetzt. Geistes- und Sozialwissenschaften wurden in permanentem Konflikt mit den Naturwissenschaften gesehen. Ein Wissenschaftssoziologe wie Rudolf Stichweh (2008: N 7) hat die letzte pointierte Kritik an dieser These vorgelegt. Immer gab es Kooperation zwischen Geistes- und Naturwissenschaften, und in neuerer Zeit ist das interdisziplinäre Milieu so stark geworden, dass es zu einem unablässigen Austausch zwischen Konzepten, Abstraktionen, Theorien und Methoden kam, auch wenn es gelegentlich noch Verdrängungswettbewerbe um Ressourcen gibt.

Das Thema „Kooperation und Konflikt" ist in der Geschichte politischer Theorien vielfach *in bewusster oder unbewusster Kooperation* mit biologischen Theorien behandelt worden.

- Naturwissenschaftliche Theorien haben zunächst weitgehend *religiös gefärbte Konstrukte von Sozialtheorien* verarbeitet.
- Je mehr Eigenständigkeit sie entwickelten, umso mehr wurde die *Sozialtheorie abhängig vom Fortschritt naturwissenschaftlicher Theorien.* Etwa um 1800 wurden gleich zwei Geschichten neu entdeckt: die des Menschen und die der Natur. Damit relativierte sich der eigene Standpunkt.
- *Hegels Entwicklungsgeschichte* der vier Reiche war noch *kontinuierlich und teleologisch.*
- *Darwins Entwicklungsgeschichte entdeckte Zufälle, Brüche* und Diskontinuitäten, welche die Geschichte entwickelte. Der einstige Theologiestudent verlor den Glauben an den großen zielgerichteten göttlichen Plan und wagte zunächst kaum, seine eigenen Gedanken zu veröffentlichen. Natur erhebt sich über Kultur, das Angeborene über das Erworbene.

Daher werden zunächst die Symbiosen zweier Theoriesysteme aufgezeigt und dann erst die Anwendungen an die konkrete Analyse von Gesellschaft und Politik entwickelt.

1. Symbiosen von biologischen und sozialen Theorien

In der Theoriegeschichte galt Kooperation meist als der höhere Begriff, und Konflikt war das eher unerwünschte. Dazwischen lag der Wettbewerb, der erst mit Durchsetzung des Kapitalismus positiv bewertet wurde. Konflikt schien lange als unchristlich.

Die historisch orientierte Anthropologie, wie sie der Holländer Karel van Schaik, Direktor des Anthropologischen Instituts in Zürich entwickelte, fand, dass vor etwa 2 Millionen Jahren die Menschen die Affen übertrumpften. Sie hatten ein viermal größeres Hirn als andere Primaten, konnten trotzdem sich schneller vermehren, um die Art zu erhalten. Ihr Geheimnis: Kooperation verbesserte das soziale Lernen. Gemeinsames Brutgeschäft gab den Weibchen die Gelegenheit, nach 2 Jahren schon wieder ein Junges zu bekommen, wo andere Großtiere 8 Jahre brauchten (Michel 2008: 44).

Romantische Verklärung der Natur erwies sich als voreilig: Auch in der Natur geht es nach menschlichen Begriffen nicht moralisch zu. Wir haben von den Biologen gelernt, dass die Kooperationsformen in der Natur vielfältig sind. Wie beim Menschen können sie bis zu *Betrug und Täuschung* gehen wie bei den Fallenblumen, wo Blumen die Insekten für eine Weile gleichsam als Geisel nehmen. Diese erweisen sich als nicht lernfähig und fliegen zur nächsten Fallenblume. Der Mensch ist zwar vielfach auch ziemlich töricht und taperte noch unlängst von einem ersten Weltkrieg in einen zweiten hinein. Aber trotz dieser haarsträubenden Fehlkalkulationen ist der Mensch um Rationalität und Lernfähigkeit bemüht. Dazu gehört auch der Versuch des menschlichen Geistes, von der Natur zu lernen und diese harmonisch zu deuten.

- Bei dem ersten bedeutenden Theoretiker der Politik in Deutschland, *Nikolaus Cusanus* (1400-1464), wurden die Gegensätzlichkeiten und Widersprüche auf der Erde in einer durch Vernunft erfassten *coincidentia oppositorum – Koinzidenz des Entgegengesetzten* – in eine Art Weltformel in Harmonie gebracht.
- Neben dieser quasi-dialektischen Theorie gab es immer auch *organizistische Lehren,* welche die Gesellschaft mit dem menschlichen Körper verglichen. Ein römischer Konsul soll Widerspenstige mit dem Gleichnis von Haupt und Gliedern zur Rückkehr nach Rom bewegt haben. Harmonie wurde mit biologischen Analogien suggeriert.

Kooperation und Konflikt wurden in sozialen und politischen Theorien vielfach biologistisch interpretiert und zwar in sechs Stufen, welche die Lernfähigkeit des Menschen zeigen:

(1) *Frühabsolutistischer Biologismus. Machiavelli* schrieb im „Principe" (1986, Kap. XVIII: 135), dass Tiere mit bloßer Gewalt, Menschen aber mit Gesetzen versuchten, sich durchzusetzen: „Daher muss ein Fürst es verstehen, von der Natur des Tieres und von der des Menschen den rechten Gebrauch zu machen". Bei den Tieren sind Vorbilder: der schlaue Fuchs, der die Schlingen erkennt und der Löwe, der die Wölfe erschreckt.

(2) *Absolutistische Einhegung des Konflikts.* Mit der neuzeitlichen Lehre des Gesellschaftsvertrags wurde der vorgesellschaftliche Naturzustand vielfach in biologischen Metaphern beschrieben. *Thomas Hobbes* (1984: 96) zeichnete ein Horrorszenario vom Naturzustand, denn vor der Existenz einer Regierungsgewalt würde eine derartige Konkurrenz unter den egoistischen Individuen herrschen, dass das Leben „einsam, armselig, ekelhaft, tierisch und kurz" wäre. In Zeiten des Bürgerkriegs kann dieser Naturzustand jederzeit wieder eintreten. Bei *Spinoza* (1955: 273) wurde unter Recht und Gesetz der Natur die Bestimmung abgeleitet, dass die großen Fische die kleineren fressen, weil die Macht der Natur Gottes Macht selber ist. Schon Paulus habe unter der

Herrschaft der Natur keine Sünde anerkannt. Das natürliche Recht wurde in dieser Lehre nicht durch gesunde Vernunft, sondern durch *Begierde und Macht* bestimmt. Aus dieser Anthropologie folgte, dass ein Verzicht von Möglichkeiten notwendig ist.

- *Hobbes* forderte in Bürgerkriegszeiten den bedingungslosen Verzicht zugunsten eines absoluten Herrschers.
- *Spinoza* hingegen fand eine demokratische Gesellschaft, die nach Mehrheiten entscheidet, wünschenswerter (ebd. 282).
- Aber auch Theoretiker, die *Pioniere der Friedenspolitik* waren wie *Kant*, hingen wie viele liberale Theorien keinem Modell der Kooperation um jeden Preis an. Kants Geschichtsmodell, das er *gegen Herder* entwickelte, war ein Konfliktmodell. Antagonismus war für Kant notwendig angesichts der *„ungeselligen Geselligkeit der Menschen"* (Werke VI, Darmstadt, 1964: 37): „Der Mensch will Eintracht; aber die Natur weiß besser, was für seine Gattung gut ist: sie will Zwietracht". Bemerkenswert an dieser Sentenz war der Rekurs auf „die Natur" bei einem Denker der das „freie Menschsein" so stark zur Grundlage seiner Philosophie gemacht hatte.

(3) *Rechtsstaatliches Denken im 19. Jahrhundert* hat sich seit der französischen Revolution von älteren *Naturrechtskonstruktionen* gelöst und den Rechtsstaat auf positivem Recht basieren lassen. Gegen solche rationalistischen Ordnungsmodelle, die gleichsam zeitlos gedacht waren, sind evolutionistisch-historische Entwicklungsmodelle gesetzt worden.

In der Frühzeit der Naturwissenschaften ist die Natur vielfach in Analogie zur menschlichen Gesellschaft erklärt worden. Im Darwin-Jubiläums-Jahr wurde häufig darauf hingewiesen, dass dieser Theorietransfer bis ins 19. Jahrhundert vorgenommen wurde. *Malthus* (1989: 15) ging davon aus, dass eine geometrische Bevölkerungszunahme nicht mehr durch linear wachsende Nahrungsmittelproduktion kompensiert werden könne. Darwin übertrug den *„struggle for existence"* bei Malthus auf die Natur: „Lebewesen werden zu Objekten der Evolution, die eine unbestechliche Warenkontrolle einem Bio-Ranking unterwirft. Der heutige Sozialdarwinismus macht im Grund nichts anderes, als die frühkapitalistische Wirtschaftsideologie über eine wissenschaftliche Theorie wieder auf die Gesellschaft zurückzuspiegeln – und ihr damit scheinbar zu einem naturgesetzlichen Fundament zu verhelfen" (Neffe 2008: 29). Malthus wie Darwin hatten Theologie studiert und die calvinistische Prädestinationslehre ein bisschen naturwissenschaftlich korrigiert.

- *Malthus* war gegen jeden Sozialtransfer an die Armen, weil sie nur wieder Kinder kriegen und die Armut vergrößern würden.
- *Darwin* drückte sich milder aus, als er den Armen riet, auf Vermehrung zu verzichten. Solche Vorurteile gegen die Ausnutzung des Sozialsystems durch die Unterprivilegierten sind heute auch außerhalb calvinistischer Religionstraditionen noch nicht ganz ausgestorben.

Die Folgen für die Sozialtheorien waren fatal: Kooperation kam zu kurz – Konflikt schien naturgesetzlich vorzuherrschen. Der *Sozialdarwinismus* grassierte vor allem in konservativen Theorien. Marx (MEW Bd. 23: 661) hat gegen die Lehre von Malthus – nach der sich die Lohnentwicklung und soziale Lage der Arbeiter nach Populationsgesetzen richtete – im „Kapital" Stellung genommen und die „industrielle Reservearmee" als abhängig von den Verwertungsbedürfnissen des Kapitals statt von der Bevölkerungsentwicklung erklärt. Auch hier dominierte der Konflikt, aber nicht der biologische Existenzkampf und das Überleben der Fittesten, sondern der ökonomische *Klassenkampf zwischen Arm und Reich.*

Bis zu *Nietzsche* (KSA I: 380) kam es immer wieder zu Vergleichen von Mensch und Tier. Aber nicht mehr alle Menschen waren letztlich tierhaft wie bei Hobbes. Nur Philosophen, Künstler und Heilige hatten für ihn letztlich den Stand des „wahrhaften Menschen" erreicht. Die Masse blieb „tierisch". Im Gegensatz zu Rousseau wurde bei Nietzsche (KSA VI: 150) der Ruf „Zurück zur Natur" jedoch nicht als „Zurückgehn, sondern ein Hinaufkommen" interpretiert. Obwohl Nietzsche (KSA 13: 315ff) einen Willen zur Macht unterstellte, der häufig allzu politisch interpretiert worden ist, schrieb er im Frühjahr 1888 ein „Anti-Darwin-Kapitel", in dem er leugnete, dass die unbewusste Selektion zu einer Fortentwicklung der Gattung führe. Er dichtete sogar (KSA 11: 317) voller Bissigkeit, weil Darwin angeblich den Unterschied zwischen Mensch und Tier einebne:

> „Dieser braven Engeländer,
> Mittelmäßige Verständer
> Nehmt ihr als ‚Philosophie'?
> Darwin neben Goethe setzen
> Heißt die Majestät verletzen,
> majestatem genii".

Aber Darwin ist einseitig interpretiert worden. Auch bei Darwin gab es trotz der Betonung der individuellen Durchsetzungskraft Möglichkeiten der Kooperation von Individuen derselben Gattung wie von verschiedenen Arten (Axelrod 1984: 20).

(4) *Systemtheoretische Analogien zur Biologie im 20. Jahrhundert.* Die prämoderne evolutionistische Sozialtheorie, wie sie vor allem *Herbert Spencer* entwickelte, der einst ein Radikaler gewesen ist, wurde in der klassischen Moderne von eher systemorientierten Sozialtheorien abgelöst, die bewusst anti-organizistisch auftraten. Der Pionier der Systemtheorie *Talcott Parsons* (1961: 3) schrieb: „Spencer ist tot. Aber wer tötete ihn und wie?" Es wurde freilich entdeckt, dass der Grundbegriff der *Differenzierung*, den er anwandte, auch aus der Biologie stammte. Parsons (1951: 72) hat die *Kooperation* wieder entdeckt. Sie ist eine engere Möglichkeit für individuelle Aktivitäten als der Austausch. Ein System kooperativer Beziehungen wurde bei ihm *Organisation* genannt. Der Grundbegriff der Organisation hatte immer wieder zwischen mechanistischen und organizistischen Auffassungen hin und her geschwankt.

(5) In der *autopoietischen Systemtheorie* der Postmoderne – dem dritten großen Paradigma sozialer Theorien – fühlten sich die Sozialwissenschaften seit *Prigogines* Slogan

„Vom Sein zum Werden“ als Mittlerin zwischen Natur- und Geisteswissenschaften. *Kant* hatte schon in der „Kritik der Urteilskraft“ (B 291) die innere Zweckmäßigkeit der Natur erklärt, ohne auf die „Zweckmäßigkeit der Zwecke“ zu rekurrieren. Der Naturzweck wurde als „organisiertes und sich selbst organisierendes Wesen“ definiert. Kant ging noch von der „unerforschlichen Eigenschaft“ der Produktion und Selbstproduktion aus. Die Autopoiesis glaubte hingegen, die unerforschliche Eigenschaft endlich erkannt zu haben.

Bei *Maturana und Varela* (1985: 182, 190) wurde eine nicht-animistische Auffassung von Lebewesen angestrebt. Lebende Systeme wurden durch ihre Organisation definiert. Selbstproduktion und Selbsterneuerung autopoietischer Systeme kommen niemals zum Stillstand. Sie wurde nicht mehr als blindwütiger Prozess begriffen, der notfalls jede Absurdität produziert und dessen Lebensfähigkeit in einem darwinistischen Lebenskampf entschieden wird wie in der prä-modernen Evolutionstheorie. Die Autopoiese brach mit der neo-darwinistischen Evolutionstheorie, welche die *Selektion durch Umweltfaktoren* ins Zentrum gerückt hatte. *Interne Ordnungsprinzipien* dominierten in der neuen Debatte. *Äußere Umweltfaktoren* setzen nur minimale Grenzen. Ein optimaler Anpassungsprozess lässt sich nicht mehr ausmachen, sondern es gibt nur alternative Strategien des Überlebens. Für die politische Theorie waren diese Sozialtheorien, die aus den Naturwissenschaften kamen, attraktiv, weil sie Freiheiten von Individuen und Systemen gegenüber blindwütiger Determinierung versprachen.

(6) Wissenschaftliche Kooperationstheorien auf der Basis von *Rational Choice und Spieltheorien* tauchten auf, als die Sozialwissenschaften sich immer stärker auf die Naturwissenschaften ausrichteten. Ein Fehler der Übernahme von biologischen Metaphern in die politische Theorie war gewesen, dass die Entwicklung als Anpassung und Selektion von Populationen und ganzen Spezies zugeschrieben wurde. Daher ist *Kooperation als Adaption* fehl-interpretiert worden. Der ursprünglich individualistische Ansatz bei Darwin gilt heute als stichhaltiger (Axelrod 2005:80). Zwei Theoreme wurden eingebaut:

- *Kooperation und gruppenorientiertes Verhalten,* wenn Individuen hinreichend nah verwandt sind – bis zur Selbstaufopferung bei der Arbeiterin unter den Honigbienen.
- *Eingeschränkter Wettbewerb.*

Kooperation gibt es auch bei Nicht-Verwandten wie bei Pilzen und Algen, die eine Flechte bilden. Normalerweise sind diese *Symbiosen* ungestört, gelegentlich aber kommt es zum Antagonismus. Dies geschieht bei individuellem Abweichen vom erwarteten Verhalten, etwa bei Betrug. Den gibt es auch bei relativ niedrigen Lebewesen. Aber wir haben gelernt, dass Korallen die Algen, wenn sie überhand nehmen, vernichten.

Eine *Tit for tat-Strategie,* die auf Gegenseitigkeit gegründete Kooperation ist extrem robust. Für den evolutionären Prozess braucht man mehr als ein differentielles Wachstum der Erfolgreichen – eine Quelle der Variation von neuen Dingen, die ausprobiert werden.

- In der biologischen Genetik wird die Variation durch *Mutation und Rekombination von Genen* mit jeder Generation bereitgestellt.
- In sozialen Prozessen kann die Variation mittels *Lernen durch Versuch und Irrtum* eingeführt werden.

Für die Evolution der Kooperation ist keine Freundschaft erforderlich. Auch Feinde können lernen, auf Gegenseitigkeit gestützte Kooperation zu entwickeln. Dauerhaftigkeit eines berechnenden Kalküls ist wichtiger als Freundschaft.

Die Kooperation kann auf unterschiedlichen Prinzipien beruhen wie

- Tausch
- Kompromiss
- Überzeugung. Letztere ist durch Ideologien bei Gleichgesinnten leicht, umso schwieriger wird sie bei antagonistischen Gruppierungen.

Menschen verfügen im Gegensatz zu den Tieren über größere *Voraussicht*, um den sonst blinden Evolutionsprozess zu beschleunigen. Robert Axelrod (2005: 170), ein Pionier der Kooperationstheorie in den Sozialwissenschaften, veranstaltete Computer-Turniere:

- In der ersten Runde waren die professionellen Spieltheoretiker wenig besser als der Durchschnitt.
- In der zweiten Runde waren Spieltheoretiker besser als andere, weil sie Erfahrungen der ersten Runde besser verwertet hatten.

Die Kooperation zwischen biologischen und politischen Theorien ist selbst in der empirischen Forschung beim Zusammenhang von *Kriegshäufigkeit und Demographie* in jüngster Zeit *neo-malthusianisch* geworden. Aber die Ungleichgewichtsthesen sind differenzierter als bei Malthus geworden. Furore machte die *Youth Bulge-Hypothese* von Heinsohn (2003: 11), nach der bewaffenete Konflikte entstehen, wenn Arbeitslosigkeit, Chancenlosigkeit und Unterdrückung der Sexualität sich in übersteigerten Idealismus umsetzt, der das eigene Leben gering achtet. Lenins These „je schlimmer desto besser" (*tem chuže tem luče)* je ärmer die Leute, umso besser für die Revolution, erwies sich als falsch. Die jungen Männer zwischen 15 und 30 ohne Perspektive sind gut ausgebildet und nicht unternährt. Empirische Überprüfungen (Wagschal u. a. 2008: 354ff) haben den Zusammenhang von der Größe der Jugendkohorte und dem Ausmaß der Gewalt relativiert. Die These schien richtig in Ländern wie Irak, Sudan, Israel, Russland, Nigeria oder Kolumbien – nicht hingegen in Sambia, Botswana, Mosambik oder Bhutan. Monokausale Erklärungen, die medienwirksam eine „Master-Variable" proklamieren, haben die intervenierenden Variablen vernachlässigt. Die Konflikthäufigkeit nimmt ab

- bei großem Wachstum,
- bei Migrationsmöglichkeiten
- und makabrer Weise auch bei zahlreichen Fällen von AIDS.

2. Anwendungen kooperativer Theorien auf die Politik

Kooperation in der Politik findet in zwei Ebenen statt:

- in der Innenpolitik
- und in der Außenpolitik.

a) Innenpolitik

In der Innenpolitik sind die Formen unübersichtlich geworden. Politikwissenschaftler stellten Ende des 20. Jahrhunderts eine säkulare Entwicklung fest, seit die Staatsmacht erodiert und Gesellschaftsmacht seit der Bildung großer multinationaler Korporationen und der Gegenmacht der neuen sozialen Bewegungen wächst:

- *government* (Regierung)
- wird durch *governance* ersetzt, die eine Mischung von Entscheidungen staatlicher und nichtstaatlicher Akteure in losen Policy-Netzwerken darstellt.

Das voreilig ausgerufene Ende des Staates stört dabei weniger als die Beeinträchtigungen der Demokratie. Die Verhandlungen zwischen staatlichen und ökonomischen Akteuren, Umweltverbänden und Bürgergruppen finden jenseits der Institutionen des Parlaments statt (Wolff 2004: 220). Parlamentarische Entscheidungen finden in „ungemütlichen Fünfecken" statt, bestehend aus: Parlamentariern, Verwaltungsleuten, Parteieliten, Interessengruppen und Medien, föderativen Gebilden, rechtlichen Revisionsinstanzen wie Verfassungsgerichte.

Die neuen sozialen Bewegungen fördern trotz ihrer demokratischen Rhetorik das Übergewicht der Exekutiven. Die Verwaltung wird zunehmend gestärkt. Gesetzliche Regelungen etwa zu den Emissionen werden nicht selten von Verwaltungen mit Firmen umgangen: Eine Firma erklärt, dieses Jahr schaffen wir keine 5% Reduktion, wir werden später 7,5% leisten und das Versäumte nachholen. Die Verwaltung stimmt zu – der Gesetzgeber kann die vielen Arrangements nicht kontrollieren, und nur bei grobem Missbrauch kommt es zu rechtlichen Auseinandersetzungen.

Innenpolitik wird zudem mehr und mehr Außenpolitik durch die EU. In der Umwelt- und Agrarpolitik sind Dreiviertel aller Regelungen in Brüssel ausgedacht worden und werden im Bundestag nur abgenickt. Verbände, die in Berlin scheitern, gehen nach Brüssel, sammeln Pressure für eine europäische Regelung, die dann auf Berlin und andere Hauptstädte „herabregnet" und übernommen werden muss (v. Beyme 1997).

Wir sind stolz auf den Föderalismus und sprachen bei einer Phase vom *kooperativen Föderalismus*. Es gibt ihn aber eigentlich nur noch in der Schweiz und in den USA, wo *horizontale Verhandlungen* überwiegen. In Deutschland entstand seit der ersten großen Koalition mit den Gemeinschaftsaufgaben zwischen Bund und Ländern eine *Politikverflechtung*. Je weniger Kompetenzen den Ländern übrigblieben, umso mehr wirkten sie gleichsam als Interessengruppe nicht nur über den Bundesrat in zentralen Entscheidungen mit. Die Politikverflechtung ist intransparent und immobil und verhinderte größere Reformen. Die *Föderalismusreform* hat dies Dickicht etwas gelichtet und die Kompetenzen wieder stärker getrennt. Dabei entstand neuer Kooperationsbedarf, etwa in der Bildungspolitik, die den Ländern noch stärker überwiesen wurde, die aber den Standort Deutschland mit ihrer Diversität gefährdet. Eine Sechs- oder Achtklassen Grundschule wird so unmöglich, obwohl sie als sinnvoll gilt. Fritz Scharpf hat eine *Politikverflechtungsfalle* festgestellt. Sie ist vor allem einmal in der jüngsten Geschichte durchbrochen worden bei der deutschen Einigung: Der Bund griff in föderale Rechte wie beim Aufbau von Kulturdenkmälern ein, weil die Länder nicht zahlen wollten und schickte zehntausende Experten zum Aufbau einer neuen Verwaltung. Dauerhaft waren diese Innovationen des Durchgriffs in östliche Länder nicht. Es entstanden auch keine originellen Mischformen des Handelns. Schäuble, der wichtigste Akteur in der Einigungspolitik, hatte gesagt, dass nicht alles uniformiert werden müsse, aber die DDR-Unterhändler wollten kaum Sonderregelungen. Die kollektiven Praxen der DDR waren nicht so übel, auch nach westlichem Urteil, aber die Ärzte wollten Freiheit und Verdienst wie im Westen. So kam es eigentlich nur zur Erweiterung des Verwaltungsgebiets der alten Bundesrepublik (Czada in: Voigt 1995: 210). Wohlmeinende Kolonisation übertrumpfte die Kooperation. Nicht wenige von uns haben mitgewirkt, in DDR-Universitäten die alten Kader nach Anhörungen und Schriftenkontrolle auszuschalten, wenige Unbelastete zu dulden und Mengen von westlichen Junggelehrten auf die Lehrstühle zu hieven.

Das eigentliche Demonstrationsobjekt der Kooperation zur Eindämmung von Konflikten liegt jedoch in der internationalen Politik.

b) Internationale Politik

Der Mensch entwickelte Kultur und immer neue kooperative Formen. Sie beschränkten sich nicht auf die Individuen, sondern auf kollektive Gruppen und schließlich sogar auf die Staaten. Kooperation ist in der internationalen Politik moralisch noch positiver besetzt als in der Innenpolitik. In der europäischen Geschichte lassen sich mehrere Modelle der Kooperation und Konfliktbegrenzung aufzeigen:

(1) Der *Reichgedanke im Mittelalter*. Alle Völker unterstanden der Theorie nach in einem hierarchisch geordneten von Gott eingesetzten Reich einem Kaiser.

(2) Schon im Spätmittelalter haben entwickeltere Völker als die Deutschen seit *John of Salisbury* bemängelt, dass ein so rohes und ungebildetes Volk, das sich nicht einmal selbst regieren kann, die Reichsgewalt anmaße und anderen Völkern Vorschriften mache. Nationalstaaten entstanden und gewannen für ihre Kirchen im *Gallikanismus* oder *Anglikanismus* starke Unabhängigkeit von Rom und der Katholischen Kirche. Nur den Deutschen gelang auf Grund der Schwäche der Zentralgewalt kein „*Germanikismus*" – was einer der Gründe für die Reformation werden sollte. Ein System der Nationalstaaten entstand, das Reich wurde im 30jährigen Krieg zum Spielball ausländischer Mächte

– vor allem von Schweden und Frankreich. Die fünf Großmächte der *Pentarchie* wechselten: Schweden und Spanien schieden aus, Preußen und Russland stiegen auf. Allianzen wurden geschlossen und gekündigt. Ein mörderisches Bäumchen-Wechsele-Dich-Spiel entstand.

Die Resultate waren manchmal zufällig: Preußen wurde gerettet, weil Zarin Elisabeth starb und Zar Peter ein Friedrich-Fan war. Polen hingegen wurde widerrechtlich von Russland, Österreich und Preußen aufgeteilt und verschwand für 150 Jahre von der Landkarte. Das zeigte im Gegensatz zu biologischen Modellen: Nicht jede Kooperation ist moralisch gut und profitabel für alle Beteiligten. 1648 wurde im Westfälischen Frieden die Koexistenz der Religionen und ihrer Staaten nach dem Prinzip *„cuius regio – eius religio"* organisiert, in einer Zeit des Absolutismus, als die Fürsten noch die Religion im Staat bestimmen durften. Einige Staaten säuberten brutal und vertrieben die Andersgläubigen wie Frankreich die Hugenotten und Österreich die Salzburger Lutheraner. Andere Staaten waren toleranter wie Preußen, die ihrer Bevölkerung den lutherischen Glauben ließen, als die Dynastie zum Calvinismus übertrat.

Es mussten dauerhafte Friedenslösungen gesucht werden. In den Theorien der Politik wurden zunehmend Konzepte für die Friedenspolitik von *Hugo Grotius* und dem *Abbé St. Pierre* bis zu *Kant* seit dem Westfälischen Frieden 1648 entwickelt. Das System der Pentarchie zerbrach im ersten Weltkrieg. Die Verlierer flüchteten in die Diktaturen wie Russland, Italien, Deutschland und Japan. Erst nach dem Zweiten Weltkrieg entstand eine neue Ordnung:

(3) *Die bipolare Weltordnung zweier Hegemonialmächte* brachte nach 1945 neue Globalkonzepte wie die friedliche Koexistenz hervor.

(4) Neuerdings zeichnet sich ein *multipolares System* ab. Die USA sind noch stärkste Macht, aber nicht mehr Welthegemon. Bush hat den Niedergang besiegelt, und Obama kann ihn verzögern aber nicht aufhalten.

Trotz der theoretischen Anpassungen an die Zeitläufte waren viele Theorien bis ins 19. – etwa bei *Heinrich von Treitschke* – und ins 20. Jahrhundert bei *Hans Morgenthau* weiterhin Theorien der *Machtpolitik*, die nicht an dauerhafte Friedensordnungen glaubten. Bis heute gibt es eine Theorie der internationalen Beziehungen, die einst von Hans Morgenthau (geboren in Coburg) in Amerika unter dem Erbe einer deutschen Schule der Machtpolitik und dem Eindruck eines Europa der Diktaturen entwickelt wurde, den Realismus mit der Annahme einer anarchischen Machtkonkurrenz. Gegen sie wurden andere Theorien wie der *Funktionalismus* von *David Mitrany* und der *Neofunktionalismus* von *Ernest Haas* entwickelt, mit der Annahme, dass in der Staatenwelt zunehmend föderative Prozesse zu mehr Kooperation, Frieden und schließlich zu *supranationalen Gebilden* führten. Diese moralisch orientierten Theorien haben sich in der Realität nicht immer bewährt. Es mussten daher differenzierte Theorien zwischenstaatlicher Kooperation entwickelt werden. Sie gehen heute nicht mehr nur von Akteuren wie Staaten aus, sondern zeigen, dass es viele Akteure gibt:

- Interessengruppen,
- internationale Organisationen und Nichtregierungsorganisation (NGOs), gelegentlich sind sie gegen Staaten tätig. Spektakulär wurden sie, wenn sie als Gegner von Multinationalen Korporationen auftraten, wie Greenpeace gegen Brent-Spar (Frantz/Martens 2006: 127).
- Eine Weltorganisation wie die UNO, die nach dem Ende des Ost-Westkonflikts zunehmend friedensstiftende Missionen organisiert.

Es gibt eine Vielfalt von Formen zwischenstaatlicher Kooperation, mit denen sich die einseitig ausgerichteten Kooperationsmöglichkeiten in der biologischen Welt nicht messen können:

- Ad-hoc-Vereinbarungen,
- Allianzen,
- Integration, durch Gewohnheit gebildete Verhaltensregeln oder Konventionen.
- *Regime* sind die institutionalisierte und geregelte Form zwischenstaatlicher Zusammenarbeit (Müller 1993: 1).
- Am engsten ist die Kooperation in *Konföderationen* wie der EU. Einige möchten sie bereits zu einem *Staatenverbund* weiterentwickeln, wie Paul Kirchhof, aber das Wort wird allenfalls in skandinavischen Ländern nachahmbar (statsförbundet). Ins Englische oder Französische würde das unweigerlich wieder als confederation oder confédération übersetzt.

Kooperation entsteht aus der Erfahrung, dass die Handlungsmöglichkeit einzelner Staaten begrenzt ist, weil die Ressourcen und die Macht ungleich verteilt sind. Kooperation ist so allgemein wie die Machtpolitik und Selbsthilfestrategie.

Nullsummenspiele, wo einer alles gewinnt, schließen Kooperation aus. Sie sind aber selten in den internationalen Beziehungen, wie Rom sie einst gegenüber Karthago verfolgte, als Cato sein berüchtigtes *„ceterum censeo"* sprach: *„Cartaginem esse delendam"*. Sogar Deutschland wurde nach zwei verlorenen Weltkriegen nur amputiert und entmachtet. Aber selbst Stalin war der Ansicht: „Die Hitlers kommen und gehen, das deutsche Volk aber bleibt bestehen". Selten wurde noch das Ziel verfolgt, dass ein Staat ganz verschwinden müsse, wie Israel in der Ideologie der Hamas und des Iran.

Kooperation modifiziert die eignen Wünsche in Richtung der antizipierten Wünsche des Gegenspielers. Die Kooperationstheorie kann keine Universal-Theorie sein, sie ergänzt sich mit Konflikttheorien und Kriegsursachenforschung. Sie variiert zudem nach Anwendungsfeldern. Kooperation gibt es eher in der Erdölpolitik als in der Militärpolitik, wo Grundwerte und Ideologien eine größere Rolle spielen als ökonomisches Kalkül. Der Westen bildete sich ein, keine Ideologie zu haben. Aber unter Bush Jr. dominierte seit 9/11 2001 eine fatale Mischung von Missionsgedanken in der Weltpolitik und Neoliberalismus in der globalisierten Weltökonomie. Es zeigte sich zunehmend: Kooperationsformen können nicht nach Belieben am „Geschichtsbuffet abgeholt werden wie kalte oder warme Würstchen", um ein Wort von *Rosa Luxemburg* über Reform und Revolution zu verballhornen. Kooperationen wirken zudem nicht wie in der Biologie im rechtsfreien Raum, sondern sind von Traditionen und rechtlichen Konventionen vorgeprägt. Die Kooperationen verlaufen nicht in „gleicher Augenhöhe" – auch nicht zwischen den USA und den verbündeten europäischen Staaten, denn es gibt noch immer eine Hegemonie. Als diese bröckelte, kam es in den USA zum Konflikt zwischen den *Konservativen* von Reagan bis Bush Jun. diese Hegemonie wieder herzustellen und dem realistischen Ansatz durch Unilateralismus, zu huldigen und den *Liberalen,* die ein Regime der Kooperation aufbauen wollten, in dem auch Amerika multilateral zur globalen Kooperation in der Umweltpolitik, Energiepolitik, Nichtverbreitung von Atomwaffen, Entwicklungspolitik und Menschenrechtspolitik bereit wurde. Die Regime in vielen Politikfeldern waren keine raffinierte Politik der USA, um ihre Hegemonie zu bewahren – auch wenn die USA sich vielfach nicht unterordneten. Von *Obama* wird hier mehr Kooperation erwartet.

Die Hegemonie wurde nach dem Ende des bipolaren Systems, als der kommunistische Hegemon in Moskau desintegrierte, vorübergehend im Westen sogar stärker, sodass die Illusion in Washington entstehen konnte, es bleibe alles beim alten. Erst seit 9/11 2001 und dem Finanz-Crash 2008 kam es zum Niedergang der Hegemonie. Ohne die Sorge vor diesem Prozess wäre Obama nie gewählt worden. Neue Akteure verlangten Mitsprache, und die alten Akteure – z. B. in Europa – werden selbstbewusster und effektiver, solange sie mit einer Zunge sprechen, wie unlängst bei der Konferenz über das Weltfinanzsystem.

Der wichtigste differenzierte Ansatz, wie er in Amerika von *Nye und Keohane* entwickelt wurde, war die *Theorie der Regime*. Regime klingt im Deutschen vergleichweise autoritär, ist aber inhaltlich nicht so gemeint. Es entstand eine Mischung von formellen und informellen Bestandteilen der Kooperation. Die Staaten, die eine institutionalisierte Kooperation eingingen, änderten auf die Dauer ihr Verhalten und ihre innere Struktur (Müller 1993: 17). Ein *liberaler Institutionalismus* entwickelt sich. Fortschritt erscheint möglich. Regime sind Institutionen geringerer Materialität und institutioneller Verdichtung. Die ökonomische Theorie wurde einflussreicher für die politische Theorie als die traditionellen biologischen Modelle. In der Spieltheorie wurde erkannt – selbst für die Mikro-Ökonomie – dass Unilateralismus keine optimale Nutzenmaximierung für einzelne Akteure bringt und sogar in die Katastrophe führen kann, wie im Irak- und im Afghanistan-Konflikt. Die Hypothesen lauten: Über *absolute Güter, die knapp sind,* ist am leichtesten Einigkeit zu erzielen (z. B. saubere Umwelt). *Mittelkonflikte* sind immer wieder möglich, etwa, ob Sicherheit eher über Abrüstung oder über Abschreckung zu erreichen ist. Man denke an den Alleingang Bushs mit der Raketenabwehr in Polen und Tschechien, die Obama das Danaergeschenk einbrachten, dass die Russen Mittelstreckenraketen bei Königsberg (Kaliningrad) aufstellen wollten. Wir hoffen zurzeit auf Obamas Verhandlungsmacht.

Auch die Industrieländer haben erst langsam zur Kooperation gefunden. Immer wieder gab es Theoretiker, die den schnellen einseitigen Schlag zur Militärdoktrin erhoben wie von *Clausewitz, Moltke, Schlieffen* oder *Douhet*. Erst nach dem mörderischen Krimkrieg, der zur Gründung des Roten Kreuzes führte, gab es eine Welle offizieller Bemühungen um Frieden und Kriegsverhütung. Die Haager Konvention und der Haager Gerichtshof blieben jedoch lange unwirksam. Die Sicherheitspolitik führte nach

Rüstungswettläufen immer wieder zu Kooperation aufgrund von hohen Rüstungskosten, welche die Schmerzgrenze überschritten, zivilem Nachholbedarf, der Forderung nach Ausgleich des Haushalts. Die Kriegsgefahr im Nuklearzeitalter stärkte die Bereitschaft zu Rüstungsbeschränkungen. Einst verkündete Chruschtschow die Devise: „Amerika einholen und überholen". Seine Überziehung sowjetischer Möglichkeiten im Kubakonflikt führte zu seinem Sturz 1964. Die Sowjetunion litt darunter, dass sie „kaputt gerüstet" werden sollte, und sah zunehmend ihre Wirtschaft ruiniert, was die Kooperationsbereitschaft stärkte. Vor dem Ende des Systems kam es zu neuen Kooperationsformen im Ost-Westkonflikt – mit einem Gleichgewicht des Schreckens.

Bahnbrechend waren:

- der begrenzte Teststoppvertrag,
- der Weltraumvertrag,
- das Rote Telefon,
- Salt I und II (1972, 1979),
- der ABM-Vertrag (1972) über Begrenzungen der Atomwaffen.
- Der Vertrag über Mittelstreckenraketen (1987), welche diese beseitigten waren wichtige Schritte.
- Unterbrochen wurde diese Politik von einer Selbsthilfe-Ära 1979 – 1985 und der Reagan-Doktrin, ausgelöst durch die sowjetische Intervention in Afghanistan, von der die Amerikaner zu wenig gelernt haben.

Bei Verhandlungen war schwer aufzurechnen, da kein Konsens bestand, was risikoreicher ist: die sowjetischen schweren landgestützten Raketen oder die amerikanischen Marschflugkörper (Müller 1993: 145). Dennoch kam es zu einem Regime der kooperativen Sicherheit. Es kam zur Kooperation, obwohl der internationale Klassenkampf noch immer von der Sowjetunion propagiert wurde, aber er beschränkte sich auf die Dritte Welt, die „Länder der Sozialistischen Orientierung" nach sowjetischer Terminologie. Nach wenigen Jahren waren viele davon nicht mehr sozialistisch, vor allem Ägypten nach Nasser. Nur Kuba blieb Moskau-treu, ohne den Castrismus aufzugeben. Dieser Schwebezustand zwischen Konflikt und Kooperation wurde in der sowjetischen Propaganda „*Koexistenz*" genannt. Der Ausdruck bedeutete: Langfristig hatte der Kapitalismus – meist Imperialismus genannt – keine Chance. Mittelfristig schien aber eine begrenzte Kooperation nötig. Die Sowjetunion übersah den „Fluch der guten Tat, die fortzeugend gutes muss gebären", um Shakespeare umzudichten: Die Koexistenz führte in den Eliten zu Aufweichungen und zu einer Art „Sozialdemokratisierung". Daher wurde kein Schuss abgeben, als das Empire zusammenbrach, und es wurde nicht – wie am Platz des Himmlischen Friedens in Peking – ein Massaker unter den Protestierern angerichtet. Das Prinzip *Glasnost*, das Gorbatschow von der westlichen Konzeption einer demokratischen Öffentlichkeit übernahm, hat 1985-91 schließlich die Diktatur und ihre Perestroika untergraben, obwohl Gorbatschow das System nicht ruinieren wollte. Seine Maßnahmen blieben aber halbherzig. Er hätte vor allem zwei Dinge tun müssen, um das System zu retten: einen echten Föderalismus schaffen, und ein Mehrparteiensystem zulassen, wie es selbst Ata Türk in der Türkei einmal versucht hat.

Zwei Faktoren machen Kooperation heute sogar schwerer als in der Zeit eines „Gleichgewichts des Schreckens". Die USA haben den Zusammenbruch der Sowjetunion dazu benutzt, um unilateral als Welthegemonialmacht aufzutreten, die selbstherrlich definierte, wer ein *„Schurkenstaat"* ist und wo interveniert werden musste. Die Kooperationskultur begann Schaden zu nehmen. Die USA haben sich nicht an den ABM-Vertrag gehalten und ihn 2001 gekündigt. Selbst die ausrangierten Sprengköpfe sind noch eine Gefahr, falls sie in falsche Hände von Terroristen gelangen. 2002 hat Bush jun. eine *präventive Kriegführung* zur offiziellen strategischen Doktrin erhoben. Dem Fehlurteil über Vernichtungswaffen im Irak folgte der Fehlschlag in der Befriedung des Landes, wie Helmut Schmidt (2008: 329) nicht ohne stille Häme anmerkte. Die Russische Föderation war geschwächt und hechelte dem Welthegemonen hinterher. In gewisser Weise war die Kooperation mit dem Kommunismus in Russland leichter als mit einem Nachfolgesystem, das zwischen Anarchie (Ära Jelcin) und Autokratie (Ära Putin) hin und her schwankte. Der Kommunismus war in den 80er Jahren verlässlich und weniger sprunghaft geworden. Seit Putin wirkte der russische Komplex über den Niedergang des sowjetischen Empires, das Putin für die „größte politische Katastrophe des 20. Jahrhunderts" erklärte. Er führte zu Nadelstichirritationen wie in Georgien. Die exkommunistischen Systeme und die GUS-Staaten haben Angst vor der verkappten Sammlung russischer Erde, wie sie in Abchasien und Süd-Ossetien begann. Estland fürchtet bereits die russische Unterwanderung von Narwa, wo 90% Russen wohnen und über die Hälfte der Einwohner einen russischen Pass hat. Die Annahme fremder Pässe ist von Ungarn bis zu den ehemaligen Sowjetrepubliken eine neue Möglichkeit, eine *„Irridenta"* zu schaffen. Aber noch ist kein russischer Garibaldi auf der Krim gelandet, obwohl die Duma die zu 70% von Russen bewohnte Krim zum russischen Territorium erklärt hat – aber russische Übergriffe können für die Zukunft nicht ausgeschlossen werden. Konservative möchten durch Kooperation die ex-sowjetischen Gebiete schützen und denken an eine NATO-Mitgliedschaft für Georgien und die Ukraine – ein gefährliches Spiel, das alte Kooperationsregeln verletzt, die verwundeten Großmächten immer eine Einflusssphäre zur Wahrung des Gesichts ließen. Die USA und die neuen EU-Mitglieder im Osten haben Ende 2008 zunehmenden Druck auf Deutschland ausgeübt, der NATO-Erweiterung zuzustimmen. Condoleeza Rice hat gegiftet: „Deutschland wäre niemals in die NATO aufgenommen worden, wenn wir uns damals dem russischen Druck gebeugt hätten" – eine moralische Erpressung, die zudem a-historisch ist, denn die Bundesrepublik war nicht sowjetische Einflusszone.

Noch gefährlicher als der Ost-West-Konflikt ist zur Zeit der *Nord-Süd-Konflikt*. Die angeblich post-hegemoniale Phase der Weltpolitik bedeutet auch hier nicht, dass es keine hegemonialen Züge mehr gibt. *Industriestaaten des Nordens* haben eine stärkere Stellung als *Agrarstaaten des Südens,* die keine Druckmittel besitzen. Entwicklungshilfen für die Dritte Welt werden gelegentlich als „Kosmetik des Gewissens" angesehen. Wichtiger wären faire Preise für die Produkte der Dritten Welt. Entwicklungsregime sind nicht frei von Ungerechtigkeiten. Es gibt keine Sanktionen zur Beitragszahlung in internationalen Organisationen. Die USA haben sich jahrelang ihren Verpflichtungen gegenüber der UNO entzogen. Der *Müll-Kolonialismus* ist ein Beispiel für unkooperatives Verhalten, da die „Basler Konvention" Müll-Export südlich des 60. Breitengrads verbietet, aber asymmetrische Kooperation aus Geldnot macht sie noch immer möglich. In der Dritten Welt kam es nicht zu Sicherheitsregimen, zumal die Staatenbildung unvollkommen ist, wie sich in Ost-Kongo unter Rebellenführer Nkunda zeigte, der sich als Retter des Kongo und Nachfolger von Lumumba aufspielte. Er mordete mit Unterstützung von Zigarettenherstellern, Hotelbesitzern, Sicherheitsdiensten und einer internationalen Fan-Gemeinde – die UNO blieb machtlos (Bühler 2008: 16). Ein gewisser Entwicklungsstand ist wohl Vorbedingung für eine dauerhafte Kooperation. Gleichwohl gab es nicht nur negative Entwicklungen in der Kooperationspolitik. Die Kredite des *Internationalen Währungsfonds* (IWF) haben die Lage der Dritten Welt verbessert, und ohne die Internationalen Organisationen hätten die G 77 keinen Einfluss, weil die Interessen in der Dritten Welt keineswegs identisch sind.

Die *friedensstiftenden Missionen* scheinen heute die große Chance einer globalen Kooperationspolitik zu sein, welche die Konflikte in der dritten Welt zu minimieren versucht. Sie werden vor allem bei drei Konfliktarten eingesetzt, auf die sich die Mehrheit der UNO einigen kann:

- bei mörderischen Bürgerkriegen (Somalia, Kongo),
- Genocid (Sudan),
- Annexionen eines Staats (Kuwait durch den Irak unter Saddam Hussein).

Aber auch unterhalb dieser Schwellen gibt es Missionen.

Sie sind erfolgreich vor allem, wenn eine Großmacht vermittelt, wie die USA zwischen Syrien und Israel auf den Golanhöhen *(United Nations Disengagement Observer Mission).* Sie sind weniger erfolgreich, wenn viele Akteure mitwirken wie der Iran, Syrien und moslemische Kämpfer aus vielen Ländern im Südlibanon, wo nur eine prekäre Waffenruhe erreicht worden ist *(United Nations Interim Force in Lebanon)* (Rödel 2009). Ganz erfolglos sind sie dort, wo die Soldaten mental auf einer Stufe mit den Rebellen stehen und im Kongo Geschäfte mit ihnen machten. Zwei Probleme haben die Weltfriedensmissionen:

Die reichen Länder des Nordens finanzieren 17000 Blauhelme im Kongo aus Uruguay, Nepal, Marokko, Senegal, Indien und Pakistan, die keinen Zusammenhalt haben. Sie sind schlecht ausgerüstet und können nicht alles tun, was sie sollten: Zivilisten retten, Kindersoldaten demobiliseren, und Rebellen bekämpfen (Böhm 2008: 3). Es gibt ein mühsames *„learning by doing"*, denn in Srebrenica oder Ruanda, Darfur und Somalia sind die Missionen gescheitert, auch wenn die UNO sich zur „Schutzverantwortung" bekennt. Die EU-Staaten waren zeitweilig mehr an der Piratenbekämpfung vor der somalischen Küste interessiert, als an der Eindämmung des Völkermords auf dem Festland. Es bleibt beim *„Peacekeeping zweiter Klasse"*, vor allem, seit in der Weltfinanzkrise das Geld knapp wurde. Hauptproblem dieser Art von Friedenspolitik im Weltmaßstab sind die USA, die vielfach bestimmten, wo von wem interveniert wurde. Die Alliierten der USA waren vielfach in einer Zwickmühle wie Deutschland zeigte. Deutschland hat sich einmal im Irak verweigert, weil sonst die Koalition Schröder-

Fischer geplatzt wäre. Aber die Bundesregierung hat sich von den USA in den Afghanistan-Konflikt drängen lassen, obwohl sie Zweifel an dem Erfolg der Mission hatte, nachdem selbst eine brutal vorgehende Sowjetunion einst in diesem Land gescheitert ist. Deutschland wurde zum Komplizen völkerrechtswidriger Interventionen, bei denen kein Beschluss des UN-Sicherheitsrats vorlag wie in Bosnien und im Kosovo, wo Amerika eingriff, weil Europa zögerte. Altbundeskanzler Helmut Schmidt (2008: 326) schrieb in seinem Bestseller „Außer Dienst“: „Nicht wenige der in den siebziger und achtziger Jahren als pazifistische Friedenskämpfer hervorgetretenen Wortführer sind in den späten neunziger Jahren unversehens zu gewaltbereiten Interventionisten geworden ... Die Bomben auf Belgrad haben gezeigt, wie schnell aus einer sogenannten humanitären Intervention eine brachiale Verfolgung eigener Machtinteressen wird – das kommt dabei heraus, wenn man anfängt, sich einzumischen“. Eine künftige deutsche Kooperationspolitik im Dienste des Friedens wird den Bundestag grundsätzlicher definieren lassen müssen, wann eine Mitwirkung der Bundeswehr geboten ist, und wird die Bundeswehr auf eine Berufsarmee umstellen müssen, die für ständige Interventionen hinreichend vorbereitet ist. Kooperationspolitik kann mit dem innerstaatlichen Demokratieprinzip in Konflikt geraten. Deutsche Regierungen werden darauf Rücksicht nehmen müssen, dass die deutsche Bevölkerung aufgrund unserer Geschichte am wenigsten zu Interventionskriegen bereit ist. Als Roosevelt Ende 1944 gefragt wurde, warum er deutsche Städte weiter bombardiere, obwohl der Krieg faktisch schon gewonnen sei, sagte er, das diene dazu, den Deutschen eine Lektion zu erteilen, dass sie noch in 100 Jahren keine Lust mehr verspürten, zu den Waffen zu greifen. Die hundert Jahre sind noch nicht verstrichen, aber Bush hatte das vergessen. In der EU werden wir uns auf eine gemeinsame Haltung einigen müssen und nicht wie jetzt mit Frankreich und Italien uns vor Einsätzen drücken und mit Polen und Briten darum streiten, warum wir uns heraushalten.

Im Januar 2009 hat sich eine einmalige Situation durch den Krieg im Gaza-Streifen entwickelt: Alle Welt wollte vermitteln, die USA, die EU und einzelne europäische Staaten. Sarkozy, Steinmeier und Kanzlerin Merkel reisten ohne Unterlass, und manche Vermittlungsversuche waren ein Kalkül im vorgezogenen Wahlkampf 2009. Der deutsche Außenminister Steinmeier machte Ortsbesichtigungen und erlebte Bombenexplosionen in unmittelbarer Nähe. Niemals ging die Kooperation der Vermittler so weit, dass Vermittler sich selbst in Gefahr brachten. Die Erfolgsaussichten dieser Vermittlungen erscheinen gering, solange die westliche Welt nicht bereit ist, Sanktionen gegen beide Konfliktparteien zu erwägen. Die UN fassten im Sicherheitsrat eine Resolution, die sofortige Waffenruhe verlangte, und gleichwohl wurde diese von Hamas wie von Israel zunächst abgelehnt (SZ 10./11. 1. 09: 1). Hamas gab sich selbstgerecht: Nie in der Geschichte wurden gegen ein besetztes und unterdrücktes Volk auch noch internationale Sanktionen angewandt. Aber verschwiegen wurde, dass diesmal Hamas mit dem Raketenkrieg begann. Trotz dieses kurzfristigen Misserfolges zeigten sich jedoch bereits langfristige Erfolge: Hamas wird von den arabischen Mächten zunehmend zur Ordnung gerufen, Israel kommt unter Druck. Die Einsicht verbreitet sich, dass das Israel – Palästina – Problem nur gelöst werden kann, wenn man die größeren Probleme dahinter löst: insbesondere die Aufgabe von der Idee der „*Schurkenstaaten*“, d. h. dass man auch mit dem Iran verhandelt. Die Schar der Vermittler zwischen den Fronten erweiterte sich: Zwischen Gazastreifen und Ägypten sollen die Tunnel des Waffenschmuggels von EU-Kräften ausgetrocknet werden, und Deutschland bietet eine Technik dafür an. Die deutsche Außenpolitik darf sich in der „Konkurrenz der Helfer" um Soziales kümmern: alternative Beschäftigung für die Waffenschmuggler unter den Beduinen. Ein weiterer Erfolg blieb kaum bemerkt: Russland akzeptierte EU-Kontrolleure an der ukrainischen Grenze, um den Gas-Zustrom zu kontrollieren und ein erfreulicher Ansehenszuwachs für die EU in Bereichen, wo die Akteure lieber nicht die UNO oder gar die NATO involviert sehen wollen. Nicht nur die Großmächte müssen eingebunden werden, sondern auch die *regionalen Mittelmächte*. Es kursiert das treffende Bonmot: „Ohne Ägypten gibt es im Nahen Orient keinen Krieg – ohne Syrien keinen Frieden".

Konklusion

Kooperation bleibt in der Politik auf Konflikt bezogen – es gibt keine dauerhaften Symbiosen wie in der Pflanzen- und Tierwelt, wo die strikte Unterscheidung zwischen Zoologie und Botanik angesichts der zahlreichen Kooperationsformen lebender Organismen nicht mehr zu gelten scheint. Aber Kooperation und Konflikt werden wie bei den Krallenaffen im Gleichgewicht zu halten versucht. Bei den Affen gibt es unter Verwandten 3 Minuten Vorleistung beim Lausen und Kraulen, bei Nichtverwandten allenfalls die Hälfte. Auf den Menschen übertragen heißt das: Vorleistungen im eigenen ideologischen Lager oder Bündnis sind leichter zu erreichen als gegenüber dem Konfliktpartner.

Solche populären Analogien zwischen Menschen und Tieren in unseren Feuilletons im Darwin-Jahr dürfen nicht überdehnt werden, denn Menschen haben Institutionen für die Dauer geschaffen, die flexibler und freier wirken als im Termitenstaat:

- In der Innenpolitik gilt noch überwiegend das Gewaltmonopol des Staates. Hier kommt es bei Konflikten meist zu begrenzten Regelverletzungen.
- In der Außenpolitik ist Gewalt noch immer nicht verschwunden, wenn auch überwiegend mit Pressionen unterhalb der Gewaltstufe gearbeitet wird wie: Boykott, Abbruch diplomatischer Beziehungen, Infiltration und Spionage, Propagandakampagnen, Prozesse vor internationalen Gerichten.

In der Biologie kann man Kooperationen nur beschreiben, aber nicht bewerten. Kooperationen von Menschen hingegen sind anders: Nicht jede Kooperation ist positiv zu werten: in der Innenpolitik kann sie durch korporative Verhandlungen oder durch Politikverflechtung im Föderalismus zu Immobilismus und Reformunfähigkeit führen. Hier müssen mehr institutionalisierter Konflikt und Wettbewerb wieder eingebaut werden, zumal die Demokratie durch heimliche Kooperation leidet. In der Außenpolitik ging Kooperation der Starken häufig auf Kosten der Schwachen: Man denke an die polnische Teilung durch Russland, Österreich und Preußen. Der Vorgang erinnerte doch wieder an biologische Vorbilder wie die zwei Affen, die sich die Weibchen teilen, nachdem sie den Leitaffen vertrieben haben. Die Beurteilung von Kooperationsverhältnissen unterliegt bei Menschen im Gegensatz zu Tieren ideologischen Einschätzungen. Kooperation wird in der Welt nicht bei allen Menschen gut gefunden: In Afghanistan erscheint sie fast allen EU-Mitgliedern gut, den Stämmen Afghanistans, die überwiegend verzankt sind, aber erscheint die UNO-Kooperation wie eine imperialistische Aggression, gegen die sich die Stämme immer wieder in Attentaten solidarisieren.

Idealiter sollte unter Menschen nach Kant *Geheimdiplomatie* nicht mehr stattfinden. Manchmal ist sie aber – vor allem in der Dritten Welt – auch heute noch unvermeidlich: Die USA bombardierten gelegentlich Bergnester in Pakistan. Die Kooperation mit dem pakistanischen Präsidenten führte zu der stillen Vereinbarung: Wir dulden es, aber protestieren pro forma lautstark. Es gibt zudem *stille Kooperationen über Zeit* wie heute zwischen China und den USA. Ein Wirtschaftsexperte witzelte unlängst: Zwischen beiden Staaten geht es zu wie in meiner Ehe: „Ich produziere, meine Frau gibt das Geld aus, China produziert, Amerika kauft die Produkte auf Pump und verschuldet sich". Gleichwohl empfinden beide Seiten diese stille Symbiose befriedigend, und sie ist ganz sicher besser als der latente Kalte Krieg, der einst wegen Taiwan zwischen den beiden Ländern herrschte. Im Ganzen kann man selbst bei wenig erfolgreichen oder gar unmoralischen und schädlichen Formen der Zusammenarbeit das Bonmot umfunktionieren, das Churchill einmal über die Demokratie gesagt hat: Kooperation ist die schlechteste aller Verkehrsformen zwischen den Staaten, abgesehen von allen Alternativen. Diese Alternativen wären schlimmer als überschaubare Ungerechtigkeiten, die in bestehenden Kooperationen noch bestehen, nämlich Anarchie und Rückfall in offene Gewalt.

Literatur

Axelrod, Robert: Die Evolution der Kooperation. München, Oldenbourg, 2005, 6.Aufl.

v. Beyme, Klaus: Der Gesetzgeber. Der Bundestag als Entscheidungszentrum. Wiesbaden, Westdeutscher Verlag, 1997.

Biermann; Rafaelo: Verifikation durch Kooperation. Probleme und Perspektiven der Verifikation nuklearer Rüstungskontrollverträge. Bonn, Europa-Verlag, 1990.

Böhm, Andrea: Die Mörder und wir. Der Krieg im Kongo fordert das Weltgewissen heraus. Die Zeit, Nr. 51, 11. Dez. 2008: 3.

Bühler, Alexander: Blutspur eines Generals. Die Zeit. Nr. 48, 2008: 16.

Frantz, Christiane/Martens, Kerstin: Nichtregierungsorganisationen (NGOs). Wiesbaden, VS Verlag, 2006.

Grieco, Joseph: Cooperation among Nations. Ithaca, Cornell University Press, 1990.

Heinsohn, Gunnar: Söhne und Weltmacht. Terror im Aufstieg und Fall der Nationen. Zürich, Orell Füssli, 2003, 2008, 8. Aufl.

Hobbes, Thomas: Leviathan. Frankfurt, Suhrkamp, 1984.

Keohane, Robert/Nye, Joseph S.: Power and Interdependence. World Politics in Transition. Boston, 1977, 1989, 2. Aufl.

Machiavelli, Niccolò: Il Principe. Stuttgart, Reclam, 1986.

Malthus, Thomas: A essay on the principle of popultion. 2 Bde. Cambridge, Cambridge University Press, 1989.

Maturana, H.-R.: Erkennen: Die Organisation und Verkörperung von Wirklichkeit. Braunschweig, Vieweg, 1985, 2. Aufl.

Michael, Kai: Carl van Schaik. Der Anthropologe weiß, warum es den Menschen gelang, ihre Affenverwandtschaft zu übertrumpfen. Die Zeit, Nr. 46, 6. 11. 2008: 44.

Milner, Helen: International Theories of Cooperation among Nations. World Politics, 44, April 1992: 466-496.

Müller, Harald: Die Chance der Kooperation. Regime in den internationalen Beziehungen. Darmstadt, Wissenschaftliche Buchgesellschaft, 1993.

Neffe, Jürgen: Danke Darwin! Die Zeit, 31. Dez. 2008, Nr. 2: 29.

Nietzsche, Friedrich: Kritische Studienausgabe in 15 Bänden München, DTV/de Gruyter, 1988.

Parsons, Talcott: The Social System. Glencoe/Ill., Free Press, 1951.

Parsons, Talcott: The Structure of Social Action. Glencoe/Ill., Free Press, 1961.

Rasch, Dörte: Kooperation im Unitarismus. Frankfurt, Peter Lang, 1983.

Rausch, Ulrike: Grenzüberschreitende Kooperationen. Der kanadisch-US-amerikanische Nordosten und die Oberrheinregion im Vergleich. Opladen Leske & Budrich, 2000.

Rödel, Nadine: Multilaterale Konfliktlösungsansätze im Nahen Ost. Mag. Diss. Heidelberg, 2009.

Rothfeld, Philipa u.a. (Hrsg.): Pathways to Reconciliation. Milton Park, Ashgate, 2008.

Sarasin, Philipp: Nichts bleibt je, wie es ist. Die Zeit, Nr. 3, 8. 1. 2009: 45.

Schmidt, Helmut: Außer Dienst. Eine Bilanz. München, Siedler, 2008.

Spinoza, Baruch de: Theologisch-politischer Traktat. Hamburg, Meiner, 1955, 5. Aufl.

Stichweh, R.: Die zwei Kulturen? Eine Korrektur. FAZ. 3. Dez. 2008: N 7.

Taylor, Michael: the Possibility of Cooperation. Cambridge, Cambridge University Press, 1987.

Voigt, Rüdiger (Hrsg.): Der kooperative Staat. Baden-Baden, Nomos, 1995.

Wagschal, Uwe et. al.: Ein „demografischer Frieden"? Der Einfluss von Bevölkerungsfaktoren auf inner- und zwischenstaatliche Konflikte. Zeitschrift für Politikwissenschaft, 3, 2008: 353-383

Wolff, Franziska: Staatlichkeit im Wandel. Aspekte kooperativer Umweltpolitik. München, Ökom-Verlag, 2004.

4. Zivilgesellschaft – von der vorbürgerlichen zur nachbügerlichen Gesellschaft?

1. „Zivilgesellschaft" und „bürgerliche Gesellschaft" in der politischen Theoriengeschichte

Die Zivilgesellschaft war ursprünglich synonym mit der „politischen Gesellschaft". Der Terminus wurde von *civilis societas* abgeleitet, den Cicero bereits eingeführt hatte. Um 1400 ging er auch in die europäischen Sprachen ein. Er war dabei mit „Minimalstandards" für das Gemeinwesen verbunden:

- Das *ius civilis* in politisch verfassten Gemeinwesen sollte die Bürger schützen;
- *Zivilität und Urbanität* mussten sich gegen barbarische oder vorstädtische Kulturen durchgesetzt haben.

Die Tradition, die von Thomas von Aquin in vielen europäischen Ländern verbindlich gemacht wurde, hat vor allem die Stadtstaaten mit der alten *koinonia politike* oder *societas civilis* gleichgesetzt (Riedel 1979).

Die aristotelische Dogmatik in der Schulphilosophie blieb bis in die frühe Neuzeit erstaunlich stabil. Die Relativierung der Begriffe durch Geschichts- und Gesellschaftsphilosophie, wie sie etwa in der Umbruchs- und Sattelzeit zwischen 1750 und 1850 üblich wurde, hatte die Begriffe noch kaum geändert. Die Zivilgesellschaft mußte nicht spezifiziert werden, solange der Staat sich nicht als Begriff durchgesetzt hatte und zum Bewegung schaffenden Anspruchsbegriff wurde, der andere etablierte Begriffe in die Schranken verwies. *Registrationsbegriffe* zur Beschreibung einer Wirklichkeit wurden erst in der Neuzeit zunehmend von ideologisierten *Erwartungsbegriffen* verdrängt (Koselleck 1989).

In mehreren Begriffskonflikten hat sich der Terminus „Zivilgesellschaft" ausdifferenziert:

1. Machiavelli wird vielfach als Vater der Theorie der Staatsräson angesehen, die zur Beherrschung aller gesellschaftlichen Bereiche das geistige Rüstzeug bereitstellte. Aber erstaunlicherweise brauchte Machiavelli den Begriff Staatsräson nicht. Er merkte nur an, daß es ihm zukomme *„ragionare dello stato"*. Der Staat ist der Gesellschaft im Sinne römisch-republikanischer Mythologie, für die Machiavelli sehr empfänglich war, noch nicht so strikt gegenübergestellt, daß es eines zivilgesellschaftlichen Gegenbegriffs bedurft hätte. Die Gesellschaft bleibt manchmal lebensweltlich-privatistisch als *„vivere civile"* definiert, manchmal hat das *„vivere politico"* oder der *„principato civile"* jedoch auch politische Konnotationen (Machiavelli 1961: 240; Machiavelli 1960: 45ff., 130ff). Erst die *Souveränitätslehre*, die bei Bodin dem Staat ein gewaltiges Übergewicht über die in Stände gegliederte Gesellschaft gab, um den Bürgerkrieg der christlichen Denominationen abzuwenden, führte zur stärkeren Ausdifferenzierung von Staat – definiert durch höchste Souveränität – und Gesellschaft (Bodin 1961: 474). Obwohl Bodin in seinem ausufern-

den Traktat voller widersprüchlicher Referenzen noch reichlich von *„societas civilis"* im älteren Sinn sprach, war doch die Tendenz unverkennbar, die Bürger in ihrer Unterworfenheit unter den Souverän zu egalisieren und das staatlich-administrative System mit höherer Dignität zu umgeben. In einer Linie des Vertragsdenkens, dass Staats- und Herrschaftsvertrag bei Hobbes in eins fallen ließ, wo der Vertrag der Bürger untereinander ein Vertrag zugunsten Dritter wurde, nämlich zugunsten des Souveräns, wurde diese Tendenz noch zugespitzt. Zugleich wird der „possessive Individualismus" gesellschaftlicher Individuen stark betont, der zum Ansatzpunkt liberaler Konzeptionen im Verhältnis von Staat und Gesellschaft werden konnte.

2. Ein zweiter Differenzierungsschub trat mit der Unterscheidung zweier Verträge ein, des Gesellschaftsvertrags (*pactum unionis*) und des Herrschaftsvertrags (*pactum subjectionis*). Der fürstliche Absolutismus der Neuzeit bediente sich dabei der neuen Semantiken. Vom klassischen Feudalismus, in dem der Fürst nur *primus inter pares* mit anderen Ständen war und seine Wahlkapitulation unterzeichnen mußte, über die ständestaatliche Konkurrenz zweier Gewalten: des Fürsten und des Landes, das nach Otto Brunner das Land nicht nur *„repräsentiert"*, sondern das Land *„ist"* bis zur Präponderanz des Monarchen – der *„car tel est notre plaisir"* – die Stände nach Belieben berief oder auflöste, haben sich faktische Entwicklungen vollzogen, die von begrifflichen Veränderungen und Mentalitätswandlungen angekündigt worden waren.

Bei John Locke im „Second Treatise of Government" (1690) ist – wie bei Hobbes – der Naturzustand keine Zivilgesellschaft. Erst mit dem Zusammenschluß „into one Society" entsteht diese. Da der Herrschaftsvertrag die Errichtung von staatlichen Institutionen jedoch auf dem Fuße folgte, kann Locke *„political or civil society"* wie Synonyme behandeln. Manche Interpreten haben eine Marktgesellschaft schon im Naturzustand bei Locke erkennen wollen. Diese zweite Phase des Naturzustandes wäre dann schon eine Frühform der civil society gewesen (Seliger 1968). Zentral hingegen ist die Gleichsetzung von civil und political society, sogar wenn Locke Regierungsformen diskutierte. Die absolute Monarchie war für ihn unvereinbar mit der civil society. Begrifflich abgetrennt von ihr spricht er von den Formen von *civil government*. Aber auch sie waren unvereinbar mit der absoluten Gewalt, und insofern blieb die Differenzierung zweitrangig (Locke 1963: 343ff).

In diesem Sinne wurde die Zivilgesellschaft auch von den amerikanischen Founding Fathers interpretiert. Zivilgesellschaft entsteht nach dem Verlassen des Naturzustandes und bedarf einer rechtlichen dynamischen Regelung des Verhältnisses von Gesellschaft und *„government"* – von Staat wird in der angelsächsischen Tradition kaum gesprochen. Government ist als „treuhänderische" Autonomie verstanden, nicht als ständige Abhängigkeit der Repräsentanten. Eine gewisse Autonomie von der Gesellschaft braucht die Regierung, um Gutes für die Gesellschaft bewirken zu können (The Federalist, 1948: 178ff; Dietze 1960: 114ff). „Government" war schon bei Locke auch konzipiert, um die schrankenlose Aneignung, die in der Endphase des Naturzustands begann, zu begrenzen. Die linken Interpreten haben seit Macpherson jedoch betont, daß de facto die naturrechtlich gedachten Schranken der Aneignung von Privateigentum immer wieder aufgehoben wurden. Im Projekt für Carolina hat Locke ja bekanntlich ohnehin seine marktwirtschaftlichen Ansichten zugunsten eines moderaten Sklavenhaltermodells suspendiert (Euchner 1969: 95).

Selbst auf dem Kontinent begannen Staat und Gesellschaft auseinanderzutreten. Grundbegriff war hier der Terminus *„état"*, aber noch in der Konnotation von Stand/Zustand gebraucht. Montesquieu hat unter korrekter Zitierung von Vorgängern die Unterscheidung von *état civil* und *état politique* verbreiten helfen (Montesquieu 1957). Beide zusammen vereinten sich für Montesquieu im „Geist der Gesetze". Damit kam durch den Absolutismus auch die Bedeutung im Begriff *„zivil"* zu Worte, die wir im Deutschen am ehesten verbinden, nämlich den *Gegensatz zum militärischen*. Daher ist es für viele befremdlich, daß der Ausdruck Zivilgesellschaft in Deutschland gerade in dem Augenblick rezipiert wurde, wo eine militärische Gegenmacht nicht in Sicht war und ungediente Verteidigungsminister in Bonn amtierten. Das Militärmonopol des Staates, das – wie in Preußen – bis zu 80% des Staatshaushaltes verschlang, ließ die societas civilis ihre Antiposition als partialisierte Zivilgesellschaft empfinden. Der einst öffentlich-rechtlich verstandene *status civilis* wird somit zur *Sphäre des Zivilen* verselbständigt. Der Machtverlust der ständisch organisierten Bürger wird kompensiert durch den Erwartungsbegriff, daß die bürgerliche Gesellschaft zum Indikator der Zivilisierung der Völker wurde. Diese „societas" ist aber nicht rein privatistisch konzipiert. Sie ist zwar nicht vordergründig politisch, aber aufklärerisch mit Entwicklungspathos versehen und ein Gradmesser des Fortschritts.

Noch Kant stand in der Tradition eines Denkens der neuzeitlichen Naturrechtstheorie, welche an der Fiktion des Naturzustandes festhielt und eine Entwicklung zur bürgerlichen Gesellschaft als notwendige Überwindung desselben ansah. „In der Metaphysik der Sitten" wurde das öffentliche Recht durch die Dichotomie vom „bürgerlichen Zustand" (*status civilis*) der einzelnen im Volk und des Ganzen, der Beziehung auf seine eigenen Glieder, den Staat (*civitas*), eingeleitet (Kant 1797/98, 1956: 429). Trotz des traditionellen naturrechtlichen Vokabulars waren bei Kant zwei Innovationen bemerkenswert:

- Die Vernunftidee des klassischen Liberalismus führte zu einer *Positivierung des Naturrechts*. Bürgerliche Gesellschaft besteht nur dort, wo der *„gemeinschaftliche Wille"* sich verwirklicht (Kant sagte: „actuiert"). Die Gesellschaft ist nicht die „Ursache", sondern die „Wirkung" dieses Zustandes. Alle herkömmlichen Staatsformen gehören nur „zum Maschinenwesen der Staatsverfassung", die noch aus Gewohnheit Bestand haben – im Gegensatz *„zur wahren Republik* als ein repräsentatives System des Volkes" (ebd. 463ff). Diese eher Rousseauistische als Montesquieusche Deutung führte nicht zu einer Dichotomie von Staat und Gesellschaft, wie sie für die Hegelschule typisch wurde. Diese Deutung ist der Vorstellung einer radikal-demokratisch interpretierten Zivilgesellschaft näher als die angelsächsische Variante. Ihr fehlte freilich die Dimension des *zivilen Ungehorsams*, die seit Thoreaus „Civil disobedience" (1849) in die Debatte um die Zivilgesellschaft Eingang fand, wenn die bestehende Herrschaft ungerecht erschien (Thoreau 1952: 10ff), oder die Fichtesche Begründung eines Revolutionsrechts aus dem Unterschied zwischen Staat und Gesellschaft (Fichte 1973: 10ff). Bei Kant wurde – abweichend von der Lockeschen Tradition – ein Widerstandsrecht expressis verbis ausgeschlossen (Kant 1956: 441).

- Die Positivierung der bürgerlichen Grundrechte führte für Kant notwendig auch zum *Friedenszustand zwischen den Völkern*. Das Völkerrecht – Kant hält den deutschen Ausdruck für unglücklich und zieht den Terminus „Staatenrecht" vor – wird als eine Art Weltzivilgesellschaft, einer „staatsbürgerlichen Gesellschaft" interpretiert (ebd. 446ff).

3. Nachdem sich die politische Sphäre gegenüber der ins Zivile abgedrängten Gesellschaft verselbständigt hatte, schlug die Gesellschaft in Aufklärungs- und Fortschrittstheorien insofern zurück, als sie dem machtpolitischen Staat wichtige Bereiche entwand, die er im Merkantilismus noch zu steuern oder gar zu organisieren versuchte, nämlich die *Wirtschaft*. Adam Ferguson hat in seinem „Essay of the History of Civil Society" (1767) den Begriff der Zivilgesellschaft pointiert mit einer zivilisierten Lebensweise verbunden. Sein einflußreiches Buch wurde noch in „Blackwell's Encyclopedia of Political Thought" wie eine zeitgenössische Quelle als Literatur angegeben (Miller 1991: 77). Die Zivilität der Gesellschaft kommt trotz des Antriebs „Egoismus" der nach *Glück* strebenden Individuen dadurch zustande, daß der Mensch als geselliges Wesen auf den Nächsten angewiesen bleibt (angeblich im Gegensatz zum Tier). Der Hobbesianische Antrieb zur Gesellung aus der *„Furcht"* wurde durch die *„Liebe"* bei den schottischen Moralphilosophen ergänzt (Ferguson 1923: 22). Diese erste umfassende Gesellschaftsgeschichte, welche die „civil society" in ihrem Verhältnis zu den politischen Verfassungen analysierte und Ökonomie, Politik und Gesellschaft noch parallel behandelte, war nicht ohne Einfluß auf die sich ausdifferenzierende *Politische Ökonomie*. Sie sah aber immer noch Politik und Wirtschaft zusammen. Ja, man könnte sagen, sie sah sie präziser zusammen, als das im bis in die frühe Neuzeit dominanten Aristotelismus möglich war, weil dieser die Wirtschaft als Hauswirtschaft (*oikos*) unter einem strengen paternalistischen Regime nicht als gleichberechtigtes Subsystem wertete und die Hauswirtschaften noch nicht zu einer Art „Nationalökonomie" verband. In der Bibel der Marktwirtschaft von Adam Smith: „The Wealth of Nations" (1776) wurde der Terminus zu *„civilized society"* variiert und die Differenzierung bei Ferguson auf wirtschaftliche Arbeitsteilung zugespitzt. Aber noch immer galt das harmonische Nebeneinander von *Konkurrenz* und „co-operation and assistance of great multitudes" (Smith 1965: 14).
4. Die ältere bürgerliche Gesellschaft hat sich nach dem Selbstverständnis der französischen Revolution, das Kant übernahm, zur *staatsbürgerlichen Gesellschaft* konstituiert. In dieser Tradition, vor allem vom jungen Fichte in eine jakobinische Richtung vorangetrieben, hätte man es bei der „bürgerlichen Gesellschaft" als Ausdruck belassen können. Dies gilt um so mehr, wenn die Lobpreiser der modernen kritischen Zivilgesellschaftskonzeption Hegel als den ersten modernen Zivilgesell-

schaftstheoretiker feiern, der es zur Synthese der angelsächsischen und der französisch-radikalen Variante kommen ließ (Cohen/Arato 1995: 91).

Erst mit der Wiederherstellung der Monarchien – auch wenn sie sich verbal zum „Monarchischen Prinzip" und damit vor allem in Deutschland und Rußland zum Neoabsolutismus bekannten – war die Gegenüberstellung von Staat und Gesellschaft sinnvoll. Sie entsprach dem Dualismus der *konstitutionellen Monarchie* und der Konkurrenz der Stände und des Monarchen in der Verfassunggebung und der Gesetzgebung. Die alten Stände waren untergegangen. Die neuen „Landstände" waren zum Teil erfundene Kategorien, um das System zu stabilisieren und keine atomistische Bürgerschaft entstehen zu lassen, die sich wie in der Revolutionszeit in einer volonté générale zu artikulieren trachtete.

Die schottischen Sozialphilosophen hatten den *bourgeois* bereits als Element der civil society stark betont. Die französische Revolution, Kant und Fichte stellten den *citoyen* ins Zentrum der Betrachtung. Um 1800 war der mit politischen Nebenbedeutungen versehene Begriff von „bürgerlicher" oder „ziviler Gesellschaft" der dominante. Erst in Hegels Synthese verengte sich der Begriff „Gesellschaft" nun auf den sozialen Bereich, der dem Staat gegenüber steht. Der politische Machtstaat und die privatisierte Bürgergesellschaft treten auseinander. *„Entzweiung"* ist die Metapher, die vor allem vom Linkshegelianismus später zu revolutionären Konsequenzen weiterentwickelt wurde (Hegel 1970: 339ff; Vogel 1925: 8ff).

Gegen die Entzweiung von Staat und Gesellschaft ließ sich nicht mehr – wie bei Hobbes – die absolute Macht einsetzen, obwohl im „System der Bedürfnisse" bei Hegel die Individuen ähnlich selbstsüchtig konzipiert waren wie bei Hobbes. Bei Hobbes drohte der Bürgerkrieg und erbrachte den Beweis, daß die bürgerliche Gesellschaft dem Staat vorausging. Bei Hegel hingegen setzte die bürgerliche Gesellschaft den Staat begrifflich voraus. Die differenzierte bürgerliche Gesellschaft kann nur existieren, wenn sie den Staat als Selbständiges vor sich hat. Das Allgemeingültige ist mächtiger als die Besonderheit in ihrer Vereinzelung. Die metaphysische Überhöhung des Allgemeingültigen war den angelsächsischen Vorgängern fremd. Bei Hegel wird die bürgerliche Gesellschaft als die „Entwicklung des Geistes" aufgefaßt. Die Ironie der gesellschaftlichen Logik bewirkt, daß die Sittlichkeit sich ständig an ein Extrem der gesellschaftlichen Zersplitterung und der staatlichen Übermacht zu verlieren droht, aber dennoch die Vielfalt in der Einheit immer wieder aufhebt. Diese Einheit aber bleibt abstrakt. Sie beruht nicht auf „freudiger Zustimmung der Individuen" wie in der Theorie des Gemeinwillens bei Kant. Die Versöhnung der Gegensätze ist keine totale, sondern nur eine relative Versöhnung zwischen Subjektivität und Objektivität. Der Marxismus entwickelte den Gedanken weiter, so daß die Versöhnung erst in einer höheren Gesellschaftsformation, der des Kommunismus stattfinden konnte.

Hegel war jedoch kein weltfremder Idealist, der die Dynamik der modernen Erwerbsgesellschaft verkannte. Er sah bereits die Gefahren einer Degenerierung der bürgerlichen Gesellschaft zur *„Bourgeoisgesellschaft"* durch Konzentration des Reichtums in wenigen Händen und „das Herabsinken einer großen Masse unter das Maß einer gewissen Subsistenzweise", das den „Pöbel" erzeugt (Hegel 1970: 244). Pöbel war zu seiner Zeit eine verballhornte Ableitung von *„peuple"*, das als Schimpfwort benutzt wurde. Erst durch den positiv gedeuteten Erwartungsbegriff *„Proletariat"* wurde von Linkshegelianern und Marxisten wieder ein positiver Volksbegriff geschaffen.

So wie in der französischen Revolution die bürgerliche Gesellschaft durch die Universalisierung des Dritten Standes geschaffen wurde, so sollte in einer proletarischen Revolution das Proletariat sich nach der „Expropriation der Expropriateure" zu einem neuen Volk konstituieren, das die Schlacken der bürgerlichen Gesellschaft mit der ersten Phase des Kommunismus, im Sozialismus, abstreifen sollte.

Bei Hegel und den Rechtshegelianern – vor allem bei Lorenz von Stein – hingegen war der Staat berufen, dieser Entzweiung der Gesellschaft mit Polizeigewalt einerseits und Regulierung der Korporationen und Stände andererseits Einhalt zu gebieten.

Die staatszentrierte Typologie von Staat und Gesellschaft blieb in Deutschland bis zu Carl Schmitt dominant. Als der Staat schließlich nach 1945 demokratisch und rechtsstaatlich gebändigt war, hat die Schmittianische Konzeption des Staates als dezisionistischer Maßnahmestaat nur noch in den Sphären unterhalb des Verfassungsstaats, im Verwaltungsstaat über der pluralistischen Gesellschaft fortgelebt, bis das Verwaltungsrecht schließlich sogar auf extrem pluralistische Konzeptionen im „verhandelnden Implementationsstaat" einschwenkte.

2. Zivilgesellschaft als progressiver Erwartungsbegriff

Zivilgesellschaft und *bürgerliche Gesellschaft* haben als Termini seit der französischen Revolution die Entwicklung vieler Grundbegriffe des politischen Lebens genommen. Sie begannen als deskriptiv-typologische Begriffe zur *Analyse sozialer Realität*. Sie wurden in Umbruchszeiten ideologisiert und als *Erwartungsbegriffe* normativ radikalisiert. Schließlich wurden Bewegungsbegriffe entweder so abgeschliffen, daß sie normativ wieder belebt werden mussten, wie der Terminus „civil society" in der angelsächsischen Welt; oder die bürgerliche Gesellschaft in Deutschland schien so stark von bourgeoisen Konnotationen imprägniert, dass der Ausdruck „Zivilgesellschaft" sich für ein Revival besser zu eignen schien. In der angelsächsischen Welt war es ein *survival*, allerdings mit neuen Bedeutungsgehalten. Im deutschen Sprachbereich und in Osteuropa kam es zu einem *revival*, gelegentlich sogar in Gesellschaften, die wenig Tradition einer Zivilgesellschaft in Theorie und Praxis hatten, wie in Rußland.

Radikale Umbrüche und Transformationen haben niemals in der Geschichte verhindern können, dass Restbestände des Denkens des Ancien Régime erhalten blieben. Der „reale Sozialismus" mit seiner Ablehnung der „Bourgeois" hatte Folgen. Auch die postsozialistischen Denker identifizieren sich nicht mit der Tradition Lockes und der amerikanischen Founding Fathers. Allenfalls die Konnotation der *civil disobedience* konnte aus der amerikanischen Geschichte direkt übertragen werden. Die friedlichen Kerzenrevolutionen entsprachen dem gewaltlosen Geist Thoreaus.

Aber auch der Westen blieb von den Umbrüchen nicht unberührt. Lange hatte er sich seit den achtziger Jahren in einen platten Neoliberalismus verstrickt. Nun schien er plötzlich einen Ansatz für ein konsensfähiges normatives Konzept zu erhalten. Zwar hatte der Kommunitarismus mit seiner Suche nach „community“ schon ähnliches vorgedacht. Daß normative Konzepte aber über Nacht geschichtsmächtig werden könnten, haben die Vordenker der Zivilgesellschaft in der osteuropäischen Intelligencija erstmals vorexerziert. Der erstarrten Utopie eines real gewordenen Sozialismus wurde eine konkrete Utopie entgegen gesetzt: die Zivilgesellschaft. Eine der am stärksten bewaffneten ideologischen Großmächte der Weltgeschichte trat ab, ohne einen einzigen Schuss abzugeben. Das Wunder von Jericho, bei dem Trompeten Mauern zum Einsturz gebracht haben sollen, schien klein gegen die Kette von Wundern in Warschau, Leipzig, Prag oder Budapest.

Normative Theorie hat seit Rawls eine Renaissance erfahren. Der *Neo-Kontraktualismus* als „Grammatik des wechselseitigen Anerkennungsmodus der Bürger“ ist zivilgesellschaftlich geworden und verzichtet zunehmend auf ethnische oder staatliche souveränitätstheoretische Stützungslehren. Der *postmoderne Konstruktivismus* erlaubt es, die Vertragstheorie als gedankenexperimentelles Testverfahren einzusetzen, ohne historische Realitätsannahmen oder metaphysische Rechtfertigungslehren zu bemühen. In Konzeptionen der deliberativen und reflexiven Demokratie wird von einem individualistischen Ausgangspunkt die wechselseitige Anerkennung von Rechten und Pflichten der Bürger konstituiert. Die gegenseitige Verpflichtungsleistung ist dabei nicht nur prozedural-konventionalistisch abgesteckt. Seit Rawls sind minimale Vorstellungen einer materialen Gerechtigkeit mit dem Vertragsgedanken verbunden. Empirie und „normativ-prozedurales Ideal“ (Kersting 1996: 354) nähern sich einander an, wenn die normativen Annahmen mit den Regeln einer *Rational-Choice-Theorie* oder gar der *Spieltheorie* zunehmend verbunden werden.

Kommunitarier und Neoliberale bekämpften einander in den 80er Jahren. Aber sie waren einig in der Ablehnung eines bloß empiristischen und antinormativen Bildes der Gesellschaft und ihrer Legitimation. Beide entwickelten jedoch divergente Begriffe von Zivilgesellschaft (Cohen/Arato 1995: 8). Der Neoliberalismus war dabei anti- oder wenigstens minimalstaatlich gesonnen und legte den Akzent auf die bürgerliche Marktwirtschaft. Der Kommunitarismus hat die politische und kulturelle Dimension der Zivilgesellschaft stärker betont und den Staat als Katalysator von Bürgertugenden weniger abgelehnt. Nur selten gingen Neoliberale aber soweit wie die osteuropäischen Ziviltheoretiker, die den Staat schlechthin mit der pervertierten bürokratischen Herrschaft des Systems identifizierten. Da sie den Staat weder erobern noch moralisch verändern konnten, ließen sie ihn links liegen und absentierten sich in einem Konzept der *„Antipolitik“*, welche die beglaubigte Genesis des angelsächsischen Konzepts von Zivilgesellschaft verließ.

Zivilgesellschaft wurde in der empirischen Theoriegeschichte den jeweiligen nationalen Traditionen angepasst. Nur in Deutschland erhielt die Dichotomie Staat und bürgerliche Gesellschaft, verbunden durch ständische intermediäre Organisationen in der Hegel-Schule, ihren Ausdruck als resignative Akzeptierung einer Präponderanz des Staatlichen. Erst in einer postmodernen Gesellschaft mit starker Individualisierung löste sich auch in Deutschland der Begriff aus der staatlichen Umklammerung und wurde zu einer Reflexionsform der modernen Ordnung, die ihre Stabilität und Legitimität aus sich selbst, das heißt aus den Interaktionsbeziehungen der individuellen Subjekte hervorbringt, und nicht mehr auf transzendente Tugendlehren zurückgreifen konnte (Schmalz-Bruns 1995: 125). Diese Interaktionsbeziehungen haben in modernen diskursiven Tugendlehren die bloß *passive Toleranz* gegenüber den Mitmenschen zu verlassen versucht, wie sie in der Lockeschen Konzeption noch überwog, und den *aktiven partizipatorischen Einsatz* für das Wohl der anderen postuliert (Honneth 1993: 269).

Die Erneuerung der *Bürgertugend* sollte als Gegenmittel gegen die Fragmentierung der Politik eingesetzt werden. Bezeichnender Weise haben jedoch nur Immigranten in den USA, wie Hannah Arendt oder MacIntyre, so direkt an antike Konzeptionen angeknüpft, daß sie in der Betätigung der Menschen als „bourgeois", als Wirtschaftsbürger, eine Gefahr für die Tugend der Bürger sahen (Arendt 1974; Arendt 1981). Vor allem in der deutschsprachigen Welt wurde gern hegelianisierend das Reich der *Freiheit* gegen das der *Notwendigkeit* ausgespielt (Walzer 1992: 69).

Die osteuropäische Theorie der Zivilgesellschaft stand – wie ihr marxistisches Gegenbild – stark unter dem Einfluss dieser weltfremden intellektualistischen Weltauffassung. In Osteuropa mag dies eine lässliche Sünde gewesen sein. Der Anti-Realsozialismus der Freiheitsbewegung war hinreichend vom Fortschritts- und Periodisierungsschema des bekämpften Marxismus-Leninismus infiziert. Er wurde zur Verbesserung des Feinderlebnisses häufig als Stalinismus stilisiert, obwohl es sich längst um einen autoritären aber sklerotischen Poststalinismus handelte. Eine bloße Rückkehr zum „Kapitalismus" war unerwünscht. Träume vom „Dritten Weg" zwischen den Gesellschaftsformationen breiteten sich aus. Die politische Realität hingegen war von einer beispiellosen Reethnisierung der Gesellschaft geprägt. Immerhin kam es nur in Ex-Jugoslawien zu einem unzivilen Bürgerkrieg. Die Tschechoslowakei und die Sowjetunion lösten sich relativ zivil auf. Das ist bemerkenswert im Falle Russlands, das traditionell wenig Anteil am zivilgesellschaftlichen Denken hatte. Noch ist kein russischer Garibaldi auf der Krim gelandet, um die russische „Irredenta" zu befreien. Von 23 Grenzen in der GUS sind nur drei nicht ethnisch umstritten, und doch wurde außer in Tschetschenien der ethnische Konflikt bisher zivil ausgetragen. Man sage also nicht, dass die Idee der Zivilgesellschaft – die als Minimalanforderung Gewaltfreiheit bedeutet – nicht selbst im reethnisierten Hexenkessel Osteuropas gewisse Erfolge gezeitigt habe!

Aber auch die westlichen Diskursethiker wie Habermas hatten noch teil an der antiökonomischen Tendenz des zivilgesellschaftlichen Denkens. Das starre Basis-Überbau-Schema der Marxisten war längst dem flexiblen Lebenswelt System-Antagonismus gewichen. Aber die Primärgruppen-Kommunikation der Lebenswelt blieb antiwirtschaftlich. Denn Wirtschaft drängt nach Globalisierung und befördert die Prozesse der Kolonialisierung von Lebenswelt durch Kommerzialisierung und indirekt auch durch Bürokratisierung und Verrechtlichung der Lebensbeziehungen. Wenn in Anlehnung an Cohen und Arato ein Substrat der Zivilgesellschaft gesucht wurde, kamen allenfalls die Organisationen in Frage, die nicht der Wirtschaft dienten und ihre zivilgesellschaftliche Basis in der Lebenswelt hatten. Pluralität, Privatheit und Legalität waren die gewünschten Merkmale (Habermas 1992: 435). Luhmann meinte zwar, dass die Betonung von Zivilgesellschaft und Citizenship nicht so sehr gegen wirtschaftliche Interessen ausgespielt werde, sondern in breiter Front *gegen Organisationen* gerichtet sei, weil Organisationen der Interdependenzunterbrechung in Funktionssystemen dienten (Luhmann 1997: 845). Aber gerade nach der Entdeckung der Institutionen des bürgerlichen Rechtsstaates durch Habermas kann ihm eine generelle Organisationsfeindschaft nicht mehr unterstellt werden. Lediglich einige frühe neue soziale Bewegungen haben sich noch so vernehmen lassen, als ob sie die Gesellschaft – oder die alternative Gesellschaft – gegen den Staat mobilisieren müssten. Parteien als intermediäre Organisationen zwischen Zivilgesellschaft und Politik hatten bei Habermas eine wichtige Mittlerfunktion. Aber den Kern der Zivilgesellschaft können nur jene nicht-staatlichen und nicht-ökonomischen Zusammenschlüsse und Assoziationen auf freiwilliger Basis „bilden, die die Kommunikationsstrukturen der Öffentlichkeit in der Gesellschaftskomponente Lebenswelt verankern". Advokatorisch-humanitäre Organisationen (Habermas 1992: 442) haben nach dieser Konzeption die größeren Aussichten zivilgesellschaftlich zu bleiben. Er setzte sich bewusst von Marx ab, der noch die privatrechtlich konstituierte Ökonomie in die bürgerliche Gesellschaft einschloss. Keine Organisation ist freilich ein für alle Mal zivilgesellschaftlich. Je mehr in privaten Lebensbereichen die vergesellschaftende Kraft kommunikativen Handelns erlahmte, desto leichter lassen sich die „isolierten und entfremdeten Akteure in der beschlagnahmten Öffentlichkeit massenhaft formieren". Hier schimmerte ein Jargon der Hegelschule noch einmal durch. Zivilgesellschaft ist hochgradig gefährdet durch (Habermas 1992: 446):

- *populistische Bewegungen*, die verhärtete Traditionsbestände einer von kapitalistischer Modernisierung gefährdeten Lebenswelt blind verteidigen;
- die „kommunikativ verflüssigte Souveränität des Volkes" muss auf *Einfluss* beschränkt bleiben und sollte *nicht Macht* erwerben (ebd. 446);
- durch Vorstellungen einer *sozialen Revolution* mit einem geschichtsphilosophisch ausgezeichneten Großsubjekt.

Die Zivilgesellschaft wird gleichsam autopoietisch: sie kann sich nur selbst transformieren – nicht die ganze Gesellschaft verändern.

Eine weitere Gefahr zeichnet sich bereits ab: Neoliberale nehmen die Zivilgesellschaft als Konzept gegen einen angeblichen sozialdemokratischen Etatismus in Anspruch. Für Schweden ist von einem „Centre for Post-Collectivist Studies", zu dessen Förderern kein geringerer als Dahrendorf gehört, die Zivilgesellschaft bereits als Gegenbegriff zum schwedischen „Volksheim" (*folkhemmet*) benutzt worden. Jede Gleichmacherei oder Ausdehnung der politischen Sphäre gilt bereits als Attentat auf die Zivilgesellschaft (Rojas 1998: 166).

Eine Konzeption der Zivilgesellschaft auf der Basis der Diskurstheorie, über die sich Habermas, Cohen und Arato zirkulär jeweils „reenforcement" in Zitaten gaben, entwickelte unterschiedliche Feindbilder. Sie reichten von der elitären Demokratie bis zum paternalistischen Wohlfahrtsstaat und griffen auch die liberale Vorstellung an, das Recht habe Vorrang vor der demokratischen Partizipation. Zivilgesellschaft im linken Mainstream grenzt sich somit gegen Staat und Markt, aber auch gegen die intermediäre Welt der Parteien und bürokratischen Großgruppen ab, die in der repräsentativen Demokratie das Feld beherrschen. Die Bürger nehmen in dem Konzept der Zivilgesellschaft ihr Schicksal in die eigene Hand. Der *„Runde Tisch"* war gleichsam das organisatorische Substrat dieses normativen Konzepts in den friedlichen Kerzenrevolutionen.

Dennoch haben die aufgeklärten Diskurse sich gegen den „universellen Verblendungszusammenhang" träger Bürgermehrheiten nicht durchsetzen können. Die deutsche Einigung war eine atypische Transformation, weil die Demokratisierung sich in einem kompletten Institutionentransfer in Zusammenhang mit der Rekonstituierung eines historischen Nationalstaats vollzog. Dennoch bleibt bemerkenswert, wie stark der Anteil der para-staatlichen und gesellschaftlichen Akteure an der Transformation war, weil der Nationalstaat im Bundestag rein kompetenzmäßig vieles gar nicht machen konnte, und im Vergleich zu den Ressourcen an Geld und Knowhow der organisierten gesellschaftlichen Großakteure nicht machen wollte. Weite Bereiche vom Gesundheitssystem bis zur Landwirtschaft wurden daher von gesellschaftlichen Akteuren transformiert. Die zivilgesellschaftlichen Organisationen im engeren Sinn, die advokatorisch und gemeinwohlorientiert auftraten, spielten eine vergleichsweise marginale Rolle. Ein paar Intellektuellenverbände, die von ihren westdeutschen Äquivalenten nicht gleich in toto aufgenommen wurden, waren die letzten organisatorischen Ansatzpunkte einer eigenständigen ostdeutschen Zivilgesellschaft (Lehmbruch 1994; v.Beyme 1994). Wenn in einem Witz der noch traditional-patriotisch gemeinte Ruf der Ostdeutschen „wir sind ein Volk" von einem westdeutschen Witzbold mit „wir auch" beantwortet wurde, lag darin eine paradoxe Wahrheit. Die Organisationsformen des westdeutschen Volkes prägten überwiegend die Transformation Ostdeutschlands. Die zivilgesellschaftlichen Bannerträger blieben nach Verdrängung der runden Tische schmollend zurück mit der Feststellung: „Wir wollten Gerechtigkeit und bekamen den Rechtsstaat" (Bärbel Bohley). Sie übersahen dabei, welcher Fortschritt in einem verlässlichen Rechtsstaat lag.

Zivilgesellschaft ist ein normatives Konzept – daher muss es nicht durch jedes Faktenbeispiel überholt sein. Normative Modelle sind nun einmal nicht empirisch falsifizierbar. Dennoch wird die Kluft zwischen Sein und Sollen, die Kant so stark betont hatte, in der modernen politischen Theorie gerade im Bereich der Zivilgesellschaft eingeebnet. Linke Theoretiker hatten einst den empiristischen Antinormativismus auf die bipolare Konstellation der Welt und den penetranten Antikommunismus zurückgeführt, der alle normativen Kriterien in den Hintergrund treten ließ, „die nicht schon durch die gegebene institutionelle Struktur beider Systeme vorgeprägt waren" (Rödel 1989: 11ff.). Das Ende der Bipolarität schien in der Zivilgesellschaft ein Ost und West verbindendes normatives Konzept wieder möglich zu machen. Und doch trat das Gegenteil des Erwarteten ein: Die normative Theorie kehrte zurück, aber sie hatte sich so weit an die politische Realität der Systeme angenähert, dass sie ihren normativen Impetus verlor, die zwar über politische Ethik wieder nachdenken wollte, aber davor warnte, zeit- und kontextlose Wahrheiten zu verkünden (Goodin 1992: 150). Habermas hatte bereits 1992 beklagt, daß der idealistische Gehalt normativer Theorien im Lauf der Entwicklung unter der Sonne sozialwissenschaftlicher Erkenntnis dahin schmelze. Eine ethische Engführung politischer Diskurse wie im Kommunitarismus der USA (Habermas 1992: 283f.), der sich gelegentlich auf Habermas berief, musste für ihn scheitern, weil die Pluralität der Positionen einen Interessenausgleich brauche, der durch bloß ethische Diskurse nicht zu erreichen sei. Die „Weberisierung" von Habermas` Diskurstheorie hat gemessen an seinem Buchtitel mehr „Faktizität als Geltung" hervorgerufen.

Eine grundsätzliche Systemkritik war auch von Theorien der Zivilgesellschaft kaum noch zu erwarten. Der Minimalkonsens, der in den 90er Jahren entstand, reichte so weit, daß sich unter der Vielfalt der Termini geringfügige Meinungsverschiedenheiten versteckten, ob nun *„Verhandlungsdemokratie"*, *„Zivilgesellschaft"*, *„Netzwerk-Kooperation"* oder *„Subpolitisierung"* zum zentralen Begriff der theoretischen Bemühungen wurde. Die Hoffnung auf eine neuartige Bewegungsgesellschaft hat nicht einmal die Bannerträger der Zivilgesellschaft erreicht. Die Advokaten der reflexiven Demokratie beeilten sich zu erklären, dass normative Gründe nicht taugen, theoretische Modelle gegen analytische und empirische Einsichten zu imprägnieren (Schmalz-Bruns 1995: 153).

Die Postmodernisierung der Reflexion über Zivilgesellschaft hat durch die Selbstbezüglichkeit diskursbereiter Individuen nur noch Evolution aber keine teleologisch gedachte notwendige Entwicklung mehr zugelassen. Der Gesellschaft wurden in der Theorie der Zivilgesellschaft keine mythischen Kräfte mehr zugeschrieben, die Strukturen für eine authentische zivilgesellschaftliche Partizipation jeweils naturwüchsig hervorzubringen. Es entstand eher eine Pattsituation zwischen Zivilgesellschaft und System, da auch die Partizipationsangebote, die der demokratische Staat bereitstellt, unvollkommen sind. Es herrscht eine Art Komplementärverhältnis zwischen beiden Bereichen (Held 1989: 182). Die Räteromantik der letzten großen sozialen Bewegung der klassischen Moderne hatte in der *„Doppelstrategie"* letztlich die Überwindung der Systemwelt angepeilt. In der Mobilisierung der neuen sozialen Bewegungen für die Zivilgesellschaft kam es eher zu einem risikolosen instabilen Gleichgewicht zwischen dem Status quo der Institutionen des Systems und den kreativen gesellschaftlichen Partizipationsformen der Zivilgesellschaft auf der Basis von Lebenswelt.

Zivilgesellschaft gilt nur als relevant, solange sie sich nicht selbst einkapselt und sich auf den politischen Prozess der Demokratie fokussiert (Schmalz-Bruns 1995: 137). Auch bei Ulrich Beck sind die „Gegengifte" gegen die technokratische Risikogesellschaft nur noch homöopathisch dosiert, auch wenn von einer reflexiven, regelverändernden Politik die Rede ist. Die Mittel aber klingen konventionell. Stau und Blockade sind nicht so neu gegenüber „pressure" und Streiks (Beck 1992: 209). Auch Habermas stellte fest, dass die politische Kommunikation der Staatsbürger schließlich in „Beschlüsse legislativer Körperschaften einmünden" müsste (Habermas 1992: 211).

Kein altmarxistisches Bilderverbot hindert die heutigen „utopischen Sozialisten", ihre Modelle einer besseren Gesellschaft auszumalen. Kein neukantianischer Rigorismus kann die Kluft zwischen Sein und Sollen noch erhalten, die über ein Jahrhundert die normative Theorie an der Entfaltung hinderte. Aber mit zunehmender Konkretisierung geht die Norm verloren, die eine andersartige kritische Instanz darstellt, an der eine deformierte soziale Realität gemessen werden kann. Die allzu enge Rückkopplung von Walzers „Sphären der Gerechtigkeit" an existierende soziale Praktiken ist bereits früh gebrandmarkt worden (Cohen 1986). *Status-quo-orientiert* oder konservativ bleibt die normative Idee, je näher sie an die Realität heranrückt. *Normativ leer* bleibt sie, soweit sie den Abstand zwischen Sein und Sollen in weiser Selbstbeschränkung wahrt. Walzer gelingt die Balance relativ gut. Bei Etzioni (Etzioni 1995: 176f.) wird die normative Idee der zivilen Gemeinschaft jedoch zur „Kenntlichkeit" verzerrt, wenn „bürgernahe Polizei" und „neighbourhood watch groups" als das Resultat der großen normativen Idee angeboten werden – ohne selbstkritischen Sinn für die Gefahren einer neuen sozialen Kontrolle, die für die Betroffenen peinlicher sein kann als die notwendig unvollkommene staatliche soziale Kontrolle.

Ein Paradoxon tut sich auf: Erst in der postmodernen Ära der Transformation, in der die liberale Demokratie konkurrenzlos zurückblieb, wurde der Vorwurf wahr, den die Linke in den 60er und 70er Jahren gern gegen jede „bürgerliche" Theoriebemühung schleuderte, dass selbst die normative Theorie nur die phantasiearme Duplizierung einer tristen sozialen und politischen Realität sei. Wie so oft folgt die Wissenschaft der Kunst. Auf der Suche nach der Kunst wird der Betrachter in vielen modernen Ausstellungen nicht mehr aus der Wirklichkeit entführt, sondern seit dem Triumph der Pop Art und der „kitchen-sink-Kunst" auf die Wirklichkeit zurückverwiesen.

3. „Citizenship" als Weg zur neuen Synthese zwischen normativer Theorie und empirischer Forschung

Bleibt die Zivilgesellschaft also letztlich ein kastriertes normatives Konzept für neue soziale Bewegungen? Gegen Habermas` Diskursmodell der Zivilgesellschaft ist eingewandt worden, dass es eine bestimmte Art von Öffentlichkeit unkritisch zur Zivilgesellschaft stilisierte, weil in ihr kommuniziert wird. Damit verbunden ist die Abwertung einer bloß durch Meinungsbefragung extrapolierten Meinung, die nicht öffentlich diskutiert worden ist (Reese-Schäfer 1997: 163). Da auch Habermas nach parlamentarischen Mehrheiten für seine Konzeptionen sucht, wird die politische Elite jedoch die bloße abgefragte öffentliche Meinung ernster nehmen müssen als die Intellektuellen. Die empirischen Befunde zeigen zudem, dass selbst in der politischen Arena in der öffentlich diskutiert wird, die am intensivsten diskutierte Meinung nicht notwendiger Weise die einflussreichste ist. Die Idee blamiert sich immer vor dem Interesse, hatte schon Marx erkannt. Der Aushandlungsprozess der organisierten Interessen zeigt, dass die traditionellen Großorganisationen von Gewerkschaften und Statusgruppen bis zu den Kirchen, die oft von den Bannerträgern der neuen sozialen Bewegungen totgesagt worden sind, noch immer in der Vorhand sind. Eine empirische Studie des Autors über 150 Schlüsselentscheidungen des deutschen Bundestages von 1949 bis 1994 zeigte, dass die zivilgesellschaftlichen Bewegungen nur 14,5% der Interventionen ausmachten, am häufigsten in der Außen- und Sicherheitspolitik (40%) und der Umweltpolitik (24,3%) (v. Beyme 1997: 217). In vielen Bereichen, die den Bürger primär interessieren wie Wirtschaft (2%) und Soziales (9%), sind sie eher marginale Akteure. Allenfalls als Verstärkung humanitärer Anliegen von Statusgruppen, Gewerkschaften und Kirchen sind sie gelegentlich wertvolle Bundesgenossen, die vor allem im Agendasetting via Medien wichtige Dienste leisten können.

Dennoch bleibt die Zivilgesellschaft ein wichtiges normatives Konzept. Sie wird dies vor allem durch den Rekurs auf die Individuen, welche die Zivilgesellschaft konstituieren. Das Korrelat der Zivilgesellschaft als Abstraktum ist der *konkrete Bürger*.

Diesen zu substantivieren gelingt der sonst so Substantiv-freundlichen deutschen Sprache nicht, weil „Bürgertum" gleichsam auf das Äquivalent von „Bourgeoisie" festgelegt erscheint. Daher wird der englische Ausdruck *„citizenship"* oder der französische *„citoyenneté"* in der Debatte benutzt.

Die vorangegangene Analyse hat bereits gezeigt, daß im demokratischen Verfassungsstaat die Regeln nicht einfach durch neue soziale Bewegungen mit noch soviel Berufung auf zivilgesellschaftlichen Goodwill geändert werden können. Wieder mag Amerika als Beispiel dienen. Hier wurde seit langem ein IvI-gap entdeckt, eine Kluft zwischen Idealen und Institutionen. Die Ideale, häufig nicht um den Begriff Zivilgesellschaft, sondern den des *Republicanism* geschart, wurden nicht dazu benutzt, die Institutionen auszuhebeln. Im Gegenteil: Der rechtsstaatliche Rahmen musste wieder in Einklang mit den hehren zivilgesellschaftlichen Prinzipien des Commonwealth gebracht werden. Der Amerikanismus wurde gelegentlich sogar als Zivilttheologie interpretiert (Gebhardt 1976: 148ff; Huntington 1981). Den Europäern ist in der Debatte um die Zivilgesellschaft vielfach der amerikanische Multikulturalismus und Verfassungspatriotismus ohne ethnische Begründung der Nation empfohlen worden. Aber nur idealer Weise gilt für die zivile Gesellschaft: „Alle sind aufgenommen, keiner bevorzugt" (Walzer 1992: 79). In der Realität der alten Nationalstaaten Europas wurden unterschiedliche Prinzipien der Exklusion und Inklusion nacheinander entwickelt: zuerst der *Rechtsstaat*, der alle Bürger und weitgehend auch *Nicht*-Bürger einschloss. Sodann wurde auch bei liberalem Gedankengut die Gleichheit der Bürger durch den *Nationalstaat*, meist gestützt auf Sprache und Kultur, hinzugefügt, um dem rechtstaatlich geschützten Bürger die Motivation zu geben, aktiv an dem Leben der Nation teilzunehmen und notfalls für sie das Leben zu lassen. Der nationale Gedanke drängte somit auf Partizipation aller Bürger im *demokratischen Staat.* Als diese wenigstens im allgemeinen Wahlrecht verwirklicht schien, musste im *Wohlfahrtsstaat* jenes Minimum an sozialer Gleichheit hinzugefügt werden, das für eine erfolgreiche politische Teilnahme unerlässlich war.

Zivilgesellschaftlicher Überschwang kann unterstellen, dass alle Bürger und Nichtbürger, die am Diskurs teilnehmen – auch die, die nicht einmal die Sprache des Gastlandes verstehen – auf allen Ebenen gleich sind. Die Realität der Staaten – die USA nicht ausgeschlossen – zeigt jedoch handfeste Ungleichheiten des Citizenship. Der britische Soziologe Marshall hat als erster eine umfassende Typologie der citizens versucht und unterschied politische, rechtliche und soziale Bürger. Die kulturelle Bürgerschaft wurde in der Postmoderne hinzugefügt und ist partiell im nationalen Subsystem aufgehoben, soweit sie nicht als legaler und demokratisch-partizipatorischer Verfassungspatriotismus abgedeckt erscheint (Marshall 1976). Gleichheit erscheint als gradualistisches Konzept, das in einer Vierfeldermatrix (siehe Matrix) als annähernd vollkommen (*Rechtsgleichheit*) oder ziemlich unvollkommen (*Gleichheit der Rechte im Wohlfahrtsstaat*) ausgewiesen werden kann. Strukturell ungleich sind hingegen die *Nationalbürgerschaft* und auch noch die Gleichheit der Partizipationsrechte im *demokratisch-politischen System.*

Matrix: Gleichheit und Ungleichheit der Citizenships

	Gleichheit	Ungleichheit
weite Inklusion	*Rechtsstaat* Grundrechte, vor allem Habeas-Corpus-Rechte gelten für alle auf einem Territorium Lebenden	*Nationalstaat* Staatsangehörigkeit nur für „Volksangehörige", „jus soli" integrativer als „jus sanguinis"
weitergehende Exklusion	*Wohlfahrtsstaat* Inklusion auch von Immigranten und Asylanten, und selbst für jene, denen Staatsbürgerrechte entzogen wurden	*Demokratischer Staat* Partizipationsrechte nur für Staatsbürger, einzelne Rechte für EU-Bürger, gelegentlich auch kommunales Wahlrecht für Ausländer

Die Ausweitung der Zivilgesellschaft heißt daher vor allem wachsende Inklusion der Menschen, die auf einem Territorium leben, in alle Bereiche des Citizenship. Das Gleichgewicht der vier Säulen des Citizenship ist in den bestehenden Nationalstaaten kaum gegeben. Am stärksten verändert hat sich die Konzeption des nationalen Citizenship. Unter dem Einfluss von weltweiter Migration und vor allem durch die Europäische Integration kommt es zur Ausdehnung der Staatsbürgerschaftsrechte und der demokratischen Partizipationsrechte. Nationale Traditionen spielen aber noch immer eine große Rolle. Die klassischen Einwanderungsstaaten wie die USA, Kanada und Australien haben eine weniger kulturell-traditionale Einstellung zur Staatsbürgerschaft und sind offener für multikulturelle Ideen, auch bei der Integration der länger im Land lebenden Eingewanderten. In anderen Staaten wie in Frankreich, wo die Staatsbürger-Nation traditionell betont wurde, haben sich unter dem Ansturm der Migranten Elemente des *jus sanguinis* zunehmend in die Staatsbürgerschaftspolitik wieder eingeschlichen. In allen europäischen Staaten gleicht sich die Konzeption der sozialstaatlichen Inklusion zunehmend an, während die USA hier nur insofern Ungleichheit walten lassen, als eine lückenlose Inklusion aller in das soziale Sicherungssystem kaum verwirklicht wurde. Die Fortschritte der europäischen Integration drohen vielfach dazu zu führen, dass die Nicht-Gemeinschafts-Bürger zunehmend ausgeschlossen werden. Europäische Inklusion ist nicht mehr nationalstaatlich, aber sie exkludiert die Bürger anderer Kontinente stärker als z.B. die früheren exkolonialen Empires, wie das britische Commonwealth oder die Communauté Française es einst taten. Innerhalb der Gemeinschaft werden weitere Angleichungen durch Diskurs und innereuropäische Migration erwartet (Münch 1993: 95). Einige Theoretiker des Citizenship in der Zivilgesellschaft erhoffen eine Ausdehnung der Citizenship in allen Bereichen auf das Niveau des jeweils fortgeschrittensten europäischen Systems. Zum Beispiel wird es für möglich gehalten, dass sich ein Sinn für europäische Citizenship bei britischen Mittelklasse-Arbeitern entwickeln wird, weil einige Aspekte des Sozialen und der Erziehung auf dem Kontinent stärker betont werden als in Großbritannien (Mehan 1993: 252).

Die von Soziologen immer wieder festgestellte *Individualisierung* der Lebensvollzüge verändert die Identitätsgefühle in allen europäischen Ländern. Für den Nationalstaat gibt es auch in der Europäischen Gemeinschaft noch kein Substitut. In einer der vier Sektoren der Matrix, in den *kulturell-nationalen Systemen* (Horseman/Marshall: 1994: 263ff.) mit ihren Differenzen der Kultur-, Erziehungs- und Medienpolitik, strebt nicht einmal die Europäische Gemeinschaft eine einheitliche Konzeption des Citizenship an. Im sozialen Bereich werden – nicht nur aus Gründen der Differenz wirtschaftlicher Entwicklung – viele Unterschiede bleiben. Die *sozialregulativen Bereiche* (Arbeitsbeziehungen, Sozialversicherung) werden von Brüssel zielstrebig angeglichen. Der *distributive Kern der sozialen Bereiche* wird national bleiben, so dass auch der soziale Citizen trotz einiger Konvergenzen noch lange unterschiedlich sein wird.

Citizenship ist eine Art *symbolische Einheit* verschiedener Rollen der Menschen in den politischen Systemen. Europäisches Citizenship steht bereits in unseren Reisepässen. Aber seine völlige Integration ist ein Traum – und für viele noch nicht einmal ein schöner. Zivilgesellschaft und citizenship entwickeln sich nicht aus einem spontanen *„herrschaftsfreien" Diskurs*. Ein Moment des Macht- und Informationsvorsprungs bleibt auch bei staatlicher Steuerung zugunsten der Zivilgesellschaft erhalten. Daher ist es besser, den Anspruch auf *„täuschungsfreie Kommunikation"* zu reduzieren. Zivilgesellschaft ist ein Konzept der gerechten Gesellschaft mit starken und divergenten nationalen Rechtsordnungen. Die Europäische Gemeinschaft und die ihr angehörenden Staaten können durch verstärkte Inklusion bei Einbürgerungen, Ausweitung der Partizipationsrechte auch für Ausländer und Inklusion der sozial schwachen Nicht-Staatsbürger die Idee der Zivilgesellschaft befördern (O'Neill 1996: 226). Damit dieser Impetus nicht erlahmt, ist der Druck von neuen und nicht mehr ganz neuen sozialen Bewegungen nötig. Beim Agendasetting hat dieser meist rasche Erfolge. Bei der Durchsetzung und Implementation sind die wohlmeinenden Bewegungen jedoch auf den bestehenden Rechtsstaat und seine demokratischen Institutionen weiterhin angewiesen.

Schlussbemerkung

„Zivilgesellschaft" wurde im angelsächsischen Bereich vielfach als „bürgerliche Gesellschaft" übersetzt. Enzyklopädien und eine enzyklopädische Begriffsgeschichte haben das bis in unsere Tage getan. Dennoch hat der angelsächsische Begriff eine bessere Balance zwischen drei Prinzipien und Rechten des Menschen (*l'homme*), des Bürgers (*citoyen*) und des egoistischen Erwerbsbürgers (*bourgeois*) erreicht als die meisten deutschen Theorien der „bürgerlichen Gesellschaft". Seit Hegel leidet der Begriff der bürgerlichen Gesellschaft an einer starken Staatsbezogenheit, die dem angelsächsischen Denken seit Locke fremd war. Diese Tradition – und Relikte der marxistischen Abneigung gegen das „Bürgerliche" – führten zu dem erstaunlichen *„revival"*, das der eigentlich im Deutschen wenig geläufige Begriff „Zivilgesellschaft" seit den achtziger Jahren erlebte.

Die neuen sozialen Bewegungen brauchten begriffspolitisch neue Konzepte. *Begriffskonservative* halten den Terminus „bürgerliche Gesellschaft" noch immer für ausreichend und lehnen das Erwartungs- und Bewegungselement im Ausdruck „Zivilgesellschaft" ab. *Begriffsnominalisten* – wie der Verfasser – sehen keinen Sinn darin, ihre Kraft damit zu vergeuden, in einen angeblich „verluderten Sprachgebrauch" (Hermann Lübbe) „korrigierend einzugreifen" und den durch die Genesis beglaubigten Sinn von Begriffen wiederherzustellen, schon weil diese zu keiner Zeit gänzlich stabil gewesen sind. Ein „nothing-new-under-the-sun approach" ist auch bei der Zivilgesellschaft unangebracht. Aber *Begriffspragmatiker* müssen entschieden darauf hinweisen, daß der Erwartungsbegriff „Zivilgesellschaft" die Gefahr der ideologischen Selbstverblendung mit sich bringt, wenn er in seiner Verwendung nicht akzeptiert, daß die Logik der alten „bürgerlichen Gesellschaft" im Sinne von Locke bis Hegel noch immer wirksam ist.

Der dogmatische Neopositivismus hätte das Konzept der Zivilgesellschaft wahrscheinlich als *Leerformel* bezeichnet. Mit der Akzeptierung normativer Ansätze für die empirische Forschung aber gibt es keinen Grund mehr, diesen normativen Erwartungsbegriff von der Diskussion der Politikwissenschaft auszuschließen. Aber sehr umfassende und gefühlsgeladene Begriffe bedürfen der *Operationalisierung*. Diese kann nach meiner Meinung eher mit dem konkreten Korrelat des Abstraktums Zivilgesellschaft geleistet werden. Das Konzept des *citizen* oder *citoyen* ist seit Marshall hinreichend ausdifferenziert worden, um zum Ansatzpunkt einer konkreten Messung für das Ausmaß zu werden, in dem das normative Postulat der Zivilgesellschaft bereits realisiert worden ist.

Literatur

Arendt, Hannah.: Über die Revolution. München, Piper, 1974.

Arendt, Hannah: Vita activa oder vom tätigen Leben. München, Piper, 1981.

Beck, Ulrich: Die Erfindung des Politischen. Frankfurt, Suhrkamp, 1992.

v. Beyme, Klaus: Der Gesetzgeber. Der Bundestag als Entscheidungszentrum. Opladen, Westdeutscher Verlag. 1957.

v. Beyme, Klaus: Verfehlte Vereinigung – verpaßte Reformen? Zur Problematik der Evaluation der Vereinigungspolitik in Deutschland seit 1989. Journal für Sozialforschung. 24, 1994: 249-269.

v. Beyme, Klaus: Kulturpolitik und nationale Identität. Opladen, Westdeutscher Verlag, 1958.

Bodin, Jean: Six livres de la République. Paris, 1583. Nachdruck: Aalen, Scientia, 1961.

Civil society. In: David Miller u.a. (Hrsg.): The Blackwell Encyclopedia of Political Thought. Oxford, Blackwell 1987, 1991: 77.

Cohen, Jean L./Arato, Andrew: Civil Society and Political Theory. Cambridge/Mass., MIT Press, 1995.

Cohen, Joshua: Michael Walzer: Spheres of Justice. The Journal of Philosophy 1986, 93:457-469.

Dietze, Gottfried: The Federalist. Baltimore, Johns Hopkins Press, 1960.

Etzioni, Amitai: Die Entdeckung des Gemeinsinns. Stuttgart, Schäffler & Pöschel, 1995.

Euchner, Walter: Naturrecht und Politik bei John Locke. Frankfurt, EVA, 1969.

Ferguson, Adam: Abhandlung über die Geschichte der bürgerlichen Gesellschaft. Jena, Gustav Fischer, 1923.

Fichte, Johann Gottlieb: Beitrag zur Berichtigung aller Urteile des Publikums über die französische Revolution (1793). Hamburg, Meiner, 1973.

Gebhardt, Jürgen: Die Krise des Amerikanismus. Revolutionäre Ordnung und gesellschaftliches Selbstverständnis in der amerikanischen Republik. Stuttgart, Klett, 1976.

Goodin, Robert E.: Motivating Political Morality. Oxford, Blackwell, 1992.

Habermas, Jürgen: Faktizität und Geltung. Frankfurt, Suhrkamp, 1992.
Hegel, G.W.F.: Grundlinien der Philosophie des Rechts. Bd. 7. In: Werke in 20 Bänden. Frankfurt, Suhrkamp, 1970.
Held, David: Political Theory and the Modern State. Cambridge, Polity, 1989.
Honneth, Axel: Posttraditionale Gemeinschaften. In: Micha Brumlik/Hauke Brunkhorst (Hrsg.): Gemeinschaft und Gerechtigkeit. Frankfurt, Suhrkamp, 1993.
Horseman, Matthew/Marshall, Andrew: After the Nation State. Citizens, Tribalism and the New World Disorder. New York, Harper Collins, 1994.
Huntington, Samuel: American Politics. The Promise of Disharmony. Cambridge/Mass., Belknap., 1981.
Kant, Immanuel: Werke in sechs Bänden. Hrsg. Wilhelm Weischedel. Darmstadt, Wissenschaftliche Buchgesellschaft, 1956, Bd. 4.
Kersting, Wolfgang: Die politische Philosophie des Gesellschaftsvertrages. Darmstadt, Primus, 1996.
Koselleck, Reinhart: Erfahrungsraum und Erwartungshorizont. In: Ders.: Vergangene Zukunft. Zur Semantik geschichtlicher Zeiten. Frankfurt, Suhrkamp, 1989.
Lehmbruch, Gerhard: Institutionen, Interessen und sektorale Variationen in der Transformationsdynamik der politischen Ökonomie Ostdeutschlands. Journal für Sozialforschung, 34, 1994: 21-44 .
Locke, John: Two Treatises of Government. (Hrsg. Peter Laslett). Cambridge, Cambridge University Press, 1963.
Luhmann, Niklas: Die Gesellschaft der Gesellschaft. Frankfurt, Suhrkamp, 1997.
Machiavelli, Niccolo: Lettere. Mailand, Feltrinelli 1961 (an Francesco Vettori, 9. 4. 1513).
Machiavelli, Niccolo: Discorsi. In: Il principe e Discorsi. Mailand, Feltrinelli, 1960.
Marshall, T.H.: Citizenship and Social Class. In: Ders.: Citizenship and Social Development. Westport/Conn., Greenwood, 1976.
Meehan, Elizabeth: Citizenship and the European Community. London, Sage, 1993.
Montesquieu : De l'esprit des lois (1748) I.3 Paris, Classiques Garnier, Bd. 1, 1957.
Münch, Richard: Das Projekt Europa. Zwischen Nationalstaat, regionaler Autonomie und Weltgesellschaft. Frankfurt, Suhrkamp, 1993.
O'Neill, Onora: Tugend und Gerechtigkeit. Eine konstruktive Darstellung des praktischen Denkens. Berlin, Akademie-Verlag, 1996.
Reese-Schäfer, Walter: Grenzgötter der Moral. Der neuere europäisch-amerikanische Diskurs zur politischen Ethik. Frankfurt, Suhrkamp, 1997.
Riedel, Manfred: Gesellschaft, bürgerliche. In: Otto Brunner, Werner Conze, Reinhart Koselleck (Hrsg.): Geschichtliche Grundbegriffe. Stuttgart, Klett-Cotta 1975, 1979, Bd. 2 : 719-800.
Rödel, Ulrich u.a.: Die demokratische Frage. Frankfurt, Suhrkamp, 1989.
Rojas, Mauricio: The Rise and Fall of the Swedish Model. London, Centre for Post-Collectivist Studies, 1998.
Schmalz-Bruns, Rainer: Reflexive Demokratie. Die demokratische Transformation moderner Politik. Baden-Baden, Nomos, 1995.
Seliger, Martin: The Liberal Politics of John Locke. London, London, Allen & Unwin, 1968.
Smith, Adam: An Inquiry into the Nature and Causes of the Wealth of Nations. New York, Modern Library, 1937, 1965.
The Federalist: London, Every Man's Library, 1911, 1948.

Thoreau, Henry D. (1952): Selected Writings on Nature and Liberty. New York, Liberal Arts Press. (1859), 1952.

Vogel, Paul (1925): Hegels Gesellschaftsbegriff und seine geschichtliche Fortbildung durch Lorenz Stein, Marx, Engels und Lassalle. Berlin, Heise. 1925.

Walzer, Michael: Zivile Gesellschaft und amerikanische Demokratie. Berlin, Rotbuch, 1992.

5. Gemeinwohlorientierung und politische Parteien

1. Der Wandel der Gemeinwohldiskussion in den Sozialwissenschaften

Gemeinwohl und Parteien sind begrifflich Gegensätze. Das Thema in politikwissenschaftlicher Hinsicht zu behandeln, erfordert zunächst das Bekenntnis, dass Politikwissenschaftler im Vergleich zu Juristen überwiegend „Gemeinwohlmuffel" sind. In der Regel sind sie daher auch milder gegenüber den Parteien und ihren Partialinteressen gestimmt. Die Politikwissenschaft ist stark von angelsächsischen Theorien des Antietatismus und einer pluralistischen Konzeption des Gemeinwesens geprägt. In zwei Formen hat die Politikwissenschaft zur Erforschung des Stellenwerts von Gemeinwohldebatten beigetragen:

- durch Teilnahme an der Debatte in der politischen Theorie
- und durch empirische Untersuchung des Stellenwerts des Gemeinwohls in der Politik der Parteien.

Die Gemeinwohldebatte wurde vielfach *sub specie aeternitatis* geführt – ohne Berücksichtigung von Raum und Zeit. Aber ein Vergleich der Grundkonzepte in wichtigen europäischen Demokratien zeigt, dass die Nationen ganz unterschiedliche Konzepte entwickelten. Der Begriff des *Interesses* wurde in den angelsächsischen Ländern bei allen Zweigen vom Stamm des Utilitarismus als mit individualistischen Ansätzen am besten vereinbar gesehen, um eine holistische Gruppen- oder gar Systemmetaphysik zu vermeiden. Dabei hat der Grundbegriff „Interesse" es schwer gehabt, sich durchzusetzen. Auf dem Kontinent gelang es eigentlich erst mit der begrifflichen Trennung von Staat und Gesellschaft, etwa bei Lorenz von Stein. Noch bei Hegel waren Interessen als Gegensatz und Kampf unterbewertet. Nur der allgemeine Stand konnte in Hegels Rechtsphilosophie (§ 205) auch allgemeinen Interessen dienen. Für Bentham (1780, Kap. I,4) war das Gemeinschaftsinteresse (*„interest of the community"*) in einer „fiktiven Einheit" nur die Summe der Interessen der Mitglieder. Die utilitarische Lehre, die bis in moderne Rational-Choice-Ansätze herrscht, huldigt einem Wertrelativismus (Bentham drastisch: „pushpin is as good as poetry"), der nur noch Präferenzordnungen rationaler Einzelakteure durchzurechnen erlaubt. In einer solchen Tradition kann das Bonmot eines genervten Amerikaners gedeihen, dass er seine Pistole entsichere, wenn er vom Gemeinwohl reden höre, weil er unterstellen müsse, dass man ihm mit einer solchen Ideologie nach Freiheit und Eigentum trachte. Bentham hatte immerhin ein „Handbook of rhetorical fallacies" verfasst, das bis hin zu Ogden's „Meaning of the Meaning", Stuart Chase's „Tyranny of words" oder Vance Packard's „Geheime Verführer" zahlreiche Nachfolger hatte. Gemeinwohl gehörte in dieser Tradition, die im sprachtheoretischen Positivismus bei Weldon (1953, 1960: 20) gipfelte, zu jenen Begriffen, die durch drei Illusionen verdächtig wurden:

- die Illusion realer Essenzen,
- die Illusion absoluter Standards
- und die Illusion einer geometrischen Methode zur Entdeckung solcher Wahrheiten.

Die Gemeinwohldebatte wurde damit als bloße *Gemeinwohlrhetorik* fast lächerlich gemacht.

Die Gemeinwohldebatte erweist sich im internationalen Vergleich als *„pfadabhängig“*. Etablierte Traditionen haben auf die Perzeption von Gemeinwohl und Parteien in den verschiedenen nationalen Theorietraditionen eingewirkt. Die Gerechtigkeits- und Gemeinwohlrhetorik der Parteien ist nicht generalisierbar. Sie war immer auch von religiösen Traditionen und Kräfteverhältnissen zwischen Staat und Gesellschaft einzelner Länder geprägt. Wo ein partizipatorisches Demokratieideal den *Gemeinwillen* ins Zentrum rückte, und in dem Rousseau trotz einiger Abstriche glaubte, dass dieser auch Gerechtigkeit und Gemeinwohl erzeuge, falls das Volk nicht irregeführt werde, war klar, wer die Definitionsmacht über das Gemeinwohl hat. Auf dem Kontinent wurde dies lange dem Staat übertragen, der elitär abgehoben über der Kampfarena thronte. Die CDU hat sich als Partei in Deutschland erstmals von der christlichen Soziallehre soweit gelöst, dass sie postulierte, dass Parlament und Regierung das Gemeinwohl zu definieren hätten. Die Annäherung der angelsächsischen-individualistischen Konzeption und der französischen demokratischen Gemeinwille-Konzeption in den westlichen Demokratien hat auch in Deutschland dazu geführt, dass die Gemeinwohl- und Gerechtigkeitsanforderungen häufig auf *Grundwerte* reduziert worden sind.

Das Gemeinwohl ist mit zunehmender Ausdifferenzierung der Subsysteme der Gesellschaft und ihrer Akteure aus der politikwissenschaftlichen Debatte weitgehend verschwunden und führte ein Schattendasein in der politischen Philosophie (Münkler/Fischer 2002: 9) Gemeinwohl gilt als normativer Orientierungspunkt sozialen Handelns. *Gemeinsinn* ist darüber hinaus die Bereitschaft, nach diesem normativen Ideal auch zu handeln. Diese Bereitschaft gründet in einem starken Systemvertrauen, das in der postmodernen fragmentierten Gesellschaft keineswegs selbstverständlich ist. Die Gemeinwohlformel wird trotz der Skepsis vieler Sozialwissenschaftler in der Politik noch immer stark strapaziert. Der bürgerliche Gemeinsinn hat in der wiederbelebten Debatte um die *Zivilgesellschaft* einen neuen Stellenwert erhalten, weil erkannt wurde, dass Entscheidungen und ihre Implementation zusätzlicher Schubkraft durch die Bürger bedürfen, um gesellschaftlich wirksam zu werden. Die Kehrseite ist der Missbrauch einer Gemeinwohlrhetorik durch Parteien und organisierte Interessen, die den Primärbürger mit ihrem organisatorischen Vorsprung und ihrem „knowhow“ zu mediatisieren droht und ihn in Politikverdrossenheit und Zynismus gegenüber der „politischen Klasse“ treiben (Offe 2002: 74). Parteien sind in einer Zwickmühle: Einerseits sind sie im Hinblick auf Wahlen besonders auf die Gemeinwohlrhetorik angewiesen. Andererseits sind sie machtorientiert und müssen an das Machbare denken. Insofern müssen sie mit dem Gemeinwohlappell sparsam umgehen, um den Gemeinsinn ihrer Wähler nicht überzustrapazieren. Interessengruppen benutzen die Gemeinwohlformeln gelegentlich im Außenverhältnis gegenüber der Gesellschaft. Im Inneren müssen sie eher an die nicht-öffentlichen Interessen ihrer Mitglieder appellieren. Bei Parteien spielt die

Gemeinwohlrhetorik schon deshalb eine größere Rolle, weil sie pausenlos Programme oder wenigstens periodisch Wahlplattformen verabschieden. Diese Programme werden in einer Demokratie sorgfältig vorbereitet und pluralistisch diskutiert, was den Missbrauch der Gemeinwohlrhetorik minimiert.

Schon 1965 hat ein aufstrebender Junggelehrter – damals noch Praktiker der Verwaltung und nicht Professor – selbst die bescheidenere Public-Interest-Diskussion in Amerika, wie sie Glendon Schubert in „Public Interest" (1960, 1969) vertrat, für gescheitert erklärt. Geradezu arrogant klang das Fazit: „Die Staatslehre musste stehen bleiben und abwarten, bis die soziologische Theorie nachgereift war". Der junge Mann – der Leser ahnt es bereits – war Niklas Luhmann (1965: 17, 209) in seiner Entzauberung der Grundrechte, die auf ihre soziale Funktion reduziert wurden und eine Ausführungsgesetzgebung ermöglichen, die als fiktives Konstrukt allenfalls den Vorteil mit sich bringt, Juristen problembewusster und faktenbewusster werden zu lassen, als dies die an den Einzelfall gebundene richterliche Entscheidung ermöglicht. Juristen, die auch immer normativ denken müssen, hatten weniger Vorbehalte gegenüber normativen regulativen Grundideen. Die Staatslehre hat daher nicht „abgewartet", wie Luhmann ihr nahe legte. Ganze Festschriften wurden unter dem Titel „Gemeinwohl und Verantwortung" publiziert (Brink/Wolff 2004), wenn ein verdienstvoller Staatsrechtler wie Hans Herbert von Arnim in seinem Kampf gegen die Gemeinwohlvergessenheit der politischen Klasse geehrt werden sollte. Luhmann (2000: 120ff) hat in seinem posthumem Werk über die „Die Politik der Gesellschaft" das Gemeinwohl zur Kontingenzformel erklärt, die an der Unterscheidung von öffentlichen und privaten Interessen festhielt, sah aber im öffentlichen Interesse vor allem eine politische Entscheidung in der Selbstfestlegung des politischen Systems. Solche politischen Entscheidungen waren jedoch eine Paradoxie für Luhmann (2000: 123). Dass private Interessen sich erfolgreich zu öffentlichen erklären, war nichts neues. Der umgekehrte Fall war mit der Reduktion der Steuerungsansprüche des Staates der interessantere: Immer mehr öffentliche Interessen wurden in die Hände privater Akteure gelegt. Die Gemeinwohldebatten waren einst vor allem auf den Gesetzgeber fixiert. Seit der Gesetzgeber durch die Implementation von der Verwaltung in enger Kooperation mit privaten Gruppen mediatisiert worden ist, wird die Grenze zwischen öffentlichen und privaten Interessen immer fließender. So manche gesetzgeberische Leerformel ist erst durch die Interpretation im Licht privater Akteure mit Leben gefüllt worden. Mit zunehmender Entzauberung des Staates und dem wachsenden Gewicht der Implementation über die Gesetzgebung sind ältere Vermutungen, dass Verbände ebenfalls in öffentliche Funktionen hineinwuchsen, nicht von der Hand zu weisen (Teubner 1978: 118) – nicht erst seit das *private interest-government* entdeckt wurde.

Zwei Jahrtausende der moralischen Diskriminierung von Parteien als Faktionen und Interessengruppen, die nicht hierarchisch-korporativ eingebunden sind, als systemfeindlich haben die politische Theorie geprägt. Die politische Praxis begann aus Revolutionsfurcht mit der „Loi Le Chapelier" (1792) und dem „General Combinations Act" (1799), um das Gemeinwohl gegen egoistische organisierte Teilinteressen zu schützen. Mit der Anerkennung von Parteien und Interessengruppen in modernen Demokratien kam es in der politischen Theorie vor allem in Amerika zu einem salto mortale in die völlige Negation einer naturrechtlich verankerten Gemeinwohlvorstellung. Politikwissenschaftler überboten sich in der Behauptung, dass es Gemeinwohl nicht gebe, und dass es zu den „Gespenstern im Kornfeld" zur rechnen sei, welche der Ahnherr der Theorie der Interessengruppen, Arthur F. Bentley (1908), lächerlich machte. Er tat dies nicht ohne Heftigkeit, um seine Erfahrungen mit der Staatsmetaphysik als vormaliger Student an deutschen Hochschulen abzuschütteln und zum amerikanischen Pragmatismus zurückzukehren.

Dennoch wird hier nicht unterstellt, dass das Gemeinwohl nur eine *Leerformel* sei. Es ist vielmehr eine *normative regulative Idee,* die nach Ausgleich der Interessen und nach Mindestanforderungen für eine gerechte Gesellschaft sucht. *Gerechtigkeit* ist daher im angelsächsischen und inzwischen auch im kontinentaleuropäischen Bereich seit der Rawls'schen Welle des Neokontraktualismus der präzisere Terminus. Gemeinwohl hatte lange den Beigeschmack einer Herkunft aus der katholischen Soziallehre und wurde einem hierarchisch gedachten Altkorporatismus zugeordnet, der den calvinistischen Angelsachsen fremd blieb. Blackwell's Enzyklopädie der politischen Theorien (Miller u. a. 1993: 566, 245) verweist die Begriffe *„common good"* oder *„public interest"* in den Beitrag über „Interessen". Die rational-choice-orientierte Einführung in eine „positive politische Theorie" von Riker und Ordeshook (1973: 246) kannte nur noch *public goods* wie „Verteidigung und Leuchttürme", die im Sinne der Wohlfahrtsökonomie auf Pareto-Optimalität getestet wurden. Die Schwierigkeiten der Operationalisierung des Gemeinwohlbegriffs hat daher empirische Forscher bis hin zu Scharpf immer wieder auf mathematisierbare Nutzenkalkulation zurückgreifen lassen (vgl. Reese-Schäfer 1997: 357). Gemeinwohlorientierung und Partialinteressen gelten aber inzwischen im nicht-dogmatischen Rational-Choice-Ansatz als zwei mögliche Handlungsorientierungen von Akteuren.

Das *öffentliche Interesse* (Häberle 1970: 716) wurde in der Rechtswissenschaft als Begriff dem blassen Wort „Gemeinwohl" vorgezogen. Der Terminus war einer der am meisten gebrauchten Formeln in der Rechtsprechung und Verwaltung. Gemeinwohl schien eine monarchisch-absolutistische Formel darzustellen. Das öffentliche Interesse erschien hingegen als seine demokratisierte Form. Wo die Verfassung als öffentlicher Prozess begriffen wurde, stellt sie zugleich eine normative Gemeinwohlordnung dar. Dies führt jedoch paradoxerweise zu einer Positivierung des Gemeinwohlbegriffs, der ihn als normativen Leitbegriff immer mehr aushöhlte. Kein Wunder, dass Peter Häberle beklagte, dass es zwar eine Gemeinwohl-Judikatur in der Rechtsprechung gebe, dass diese aber niemals von der Wissenschaft systematisiert worden sei. Sie ist vermutlich durch den inflationären Wortgebrauch schwer zu systematisieren und verliert sich in der Kasuistik von Einzelfällen. Als „öffentliches Interesse" spielt das Gemeinwohl in der Staatsrechtslehre dennoch eine gewichtige Rolle. Es wurde aber vielfach ökonomisch und verwaltungstechnisch verengt. Gerechtigkeit hatte daher den Vorteil, breiter und tiefer angelegt zu erscheinen.

In Deutschland lassen sich drei Wellen eines normativen Nachdenkens über das Gemeinwohl feststellen. Die Politikwissenschaft im engeren Sinne hat an dieser Renaissance nur einen geringen Anteil, weil die Anregungen zum Teil aus den theoretischeren Nachbarwissenschaften kamen, vor allem aus der politischen Philosophie.

1) Eine Wiederbelebung der *praktischen Philosophie* und des *Naturrechts* nach 1945. In der stärksten Partei gab es einen Flügel, der die *katholische Soziallehre* wieder handlungsanleitend zu machen versuchte. Der *liberale Mainstream*, der eher sozialdemokratisch dachte wie Ernst Fraenkel (1964: 21, 42), vollzog die Synthese mit der angelsächsischen Tradition, die als Gegensatz zwischen Burke und Rousseau apostrophiert wurde. Gemeinwohl war *aposteriorisch* definiert, aber nicht nur Resultante im Interessenkampf. Gemeinwohl wurde zur regulativen Idee, nicht nur Reflex eines Überbaus des uniformierten und reglementierten Gemeinwillens. Der *Ordoliberalismus* und viele andere Strömungen haben die Analogie von Politik und Macht nie sehr weit getrieben und dem Staat das Recht und die Pflicht zuerkannt, einen Ordnungsrahmen „zu verordnen". Die *konservative Staatsrechtslehre* von Forsthoff bis Werner Weber blieb in der Tradition von Lorenz von Stein auf die Hoffnung gegründet, dass der „schlappe Staat" sich „ermanne" und über dem Gruppenkampf Eckpunkte für das Gemeinwohl setze. Die Schmitt-Schule hatte einst den Dezisionismus aufgeklärter Eliten an der Staatsspitze angesetzt. Diese wurde durch das Grundgesetz „durchkonstitutionalisiert". Die Hoffnung auf dezisionistische Spielräume richtete sich nach 1945 daher logischer Weise auf die Verwaltung im *„Maßnahmestaat"* unterhalb der Verfassungsebene und des parlamentarischen Betriebs. Das Paradigma der *Implementation* hat diesen Schwerpunkt später ins Positive gewendet und nicht mehr versucht, die administrative Dezision gegen den ideologisierten parteienstaatlichen Gesetzgeber auszuspielen. Ein Hauch des alten deutschen Etatismus ging auch an *liberalen* Gruppentheoretikern nicht vorbei wie Theodor Eschenburg (1955: 81), der nach dem NS-*Überstaat* den demokratischen *„Unterstaat"* beklagte, der angeblich dazu führte, dass die Bundesrepublik nicht einen Bundesstaat, sondern einen *Gruppenbund* verkörpere.

2) Die Konzeption des Gemeinwohls als einer regulativen Idee, die nicht nur ein Konstrukt ex post facto darstellt, führte schon bei der Fraenkel-Schule zu einer Option für die Gemeinwohlsuche. Die Parteien fanden den kleinsten gemeinsamen Nenner in den *Grundwerten*. Die Suche nach neuen Werten in der Studenten- und Protestbewegung seit 1968 hat die Parteien und Verbände gezwungen, dem gewachsenen Bedürfnis nach Normen der Gemeinschaft wieder Rechnung zu tragen. Seit dem ersten Konjunktureinbruch 1966 war die Gewissheit verflogen, dass das Gemeinwohl durch starke Umverteilungskraft des Staates naturwüchsig garantiert werden konnte. Erhards moralische Appelle an die Gemeinwohlorientierung der Interessen in einer „formierten Gesellschaft" hatten sich als hohl erwiesen. Konkrete Organisation der Konsensfindung musste in Angriff genommen werden und wurde in der *Konzertierten Aktion* und in neokorporativen Strategien gefunden. Im Stabilitätsgesetz (1967) wurden neue das Gemeinwohl fördernde Prozeduren gesetzlich festgeschrieben. Der Wirtschaftsminister glaubte, das Wohlverhalten der Sozialpartner durch Mitwirkung „erkaufen" zu können (v. Arnim 1977: 143). Diese „Gemeinwohlverfahren" bewährten sich vorübergehend in Krisenzeiten. Sie waren aber ungeeignet für „politics as usual" – zumal die Konzertierung durch die Erweiterung der Teilnahmeberechtigung ihrer Schlagkraft beraubt wurde.

Der Grundkonsens der Aufbauzeit schien Mitte der sechziger Jahre zerfallen. Die anstehenden Probleme wurden 1966-69 durch einen organisierten Konsens der Volksparteien in der großen Koalition kompensiert. Äußere Herausforderungen durch den Terrorismus der siebziger Jahre und innere Herausforderungen durch Berufsverbote, Hochschulreform, Änderungen des Demonstrationsrechts und Debatten um die innere Pressefreiheit nach Abhörskandalen zwangen zur normativen Neuorientierung (Schwan 1978: 339).

3) Der *liberale Neokorporatismus* hatte eine neue Form dezenter Staatssteuerung des Verbändewesens begünstigt. Kein Wunder, dass die Privilegierung der Tarifpartner und der großen Klassenorganisationen die Statusgruppen und die Liberalen ohne Zubringeorganisationen verschreckte. Der Neokorporatismus, der eine weile Mode wurde, versandete in der schleichenden Krise einer Erosion der Steuerungsfähigkeit des Staates. Der Regierungswechsel von 1982 hatte die konservativen Statusängste über Nacht zerstreut. Neue Probleme standen an.

4) Die *neoliberale* Welle, die Entstaatlichung, Deregulierung und Privatisierung förderte – wenn sie auch auf dem Kontinent keine Konsequenz à la Thatcher und Reagan hatte – schuf neue soziale Ungleichgewichte. Die Rhetorik des demokratischen Sozialismus mit seinen etatistischen Regulierungsrelikten, bei denen ein Bismarck-Bias für Sozialpolitik als rein staatliche Veranstaltung von den Gegnern unterstellt wurde – kam in vielen Ländern in die Defensive. Eine Welle der Verteidigungsrhetorik gegen den Neoliberalismus dominierte, bis in den neunziger Jahren die totgesagten sozialdemokratischen Parteien in vielen Ländern wieder an die Macht kamen.

Eine neue Gemeinwohldebatte setzte ein. Die Sozialdemokraten bekamen unerwartete Schützenhilfe aus Amerika. Der *Kommunitarismus* hatte dort Front gegen einen unkontrolliert ins Kraut schießenden Liberalismus gemacht. Rawls als Liberaler hatte 1971 eine neue Gerechtigkeitsdebatte entfesselt, an der Europa überwiegend nur rezeptiv teilnahm. Der Nachkriegskonsens hinsichtlich der Gemeinwohldebatte hatte sich prozedural verengt auf Öffentlichkeit, Partizipation aller Bürger und den Zwang, in einer deliberativen Demokratie seine Gründe darzulegen. Nun wurde mit *„justice as fairness"* zunächst nur ein halbherziger Schritt über das prozedurale Verständnis von Gerechtigkeit hinaus gewagt. Aber der neue Egalitarismus der Gerechtigkeit ging weiter als die Chancengleichheit des herkömmlichen Liberalismus und zielte auf Gleichheit in den Ergebnissen ab. Der Kommunitarismus hat gegen die alten *a posteriori*-Definitionen des Pluralismus *a priori* Grundsätze der guten und gerechten Ordnung wieder ins Gespräch gebracht. Erhalten blieb dabei die Kritik am Vorrang der individuellen Rechte. Die Integration über das Recht reichte den Kommunitaristen nicht aus. Sie bestanden auf Gemeinschaftswerten, ohne aber den Rückgriff auf das familiale Ethos eines Tugendstaates oder einer ethnisch verstandenen nationalen Gemeinschaft anzustreben.

Wie in den siebziger Jahren der Kritische Rationalismus zum Gegengewicht gegen den ideologischen Marxismus zur Staatsphilosophie aller Parteien wurde, zuerst der Liberalen dann auch der beiden Volksparteien, so wurde der Kommunitarismus in den achtziger Jahren von den Parteien als Schützenhilfe benutzt, um die stagnierende Gemeinwohl- und Grundwertedebatte wieder zu beleben. Kommunitarier wurden auf

Parteitagen und Programmkommissionen herumgereicht. Je stärker sich Kommunitaristen in konkrete Programme einließen und praktische Modelle förderten wie Etzioni (1995: 245ff), kamen sie zurück zu einer wenig amerikanischen Kritik an der Lobbypolitik, welche die Politik „gekauft" und „verdorben" habe, und gerierten sich als *public interest group*, die für das Gemeinwohl stritten, ohne etwas für sich selbst zu fordern.

Die Gegenreaktion blieb nicht aus. Der Kommunitarimus wurde als sympathischer „Antiliberalismus auf Samtpfoten" verdächtigt (Herzinger 1997: 115), der mit der Gemeinschaftsverherrlichung à la Hannah Arendt in „gleichsam unbeflecktem Gewand zurückkehrt und von deutschen Intellektuellen scheinbar reinen Gewissens wieder aufgegriffen werden kann". Die alte Gegenüberstellung von Gemeinschaft und Gesellschaft seit Tönnies schien mit dieser Bewegung wieder aufzuleben. Theorien der *Zivilgesellschaft* konnten den neuen Idealismus verbrämen. Allenfalls das Korrelat auf der Operationalisierungsebene, die *citizenship* mit der Differenzierung als rechtliche, politische, soziale und kulturelle Bürger, konnte den Druck zu einer neuen Gemeinschaftstyrannei wieder mildern.

2. Empirische Erforschung von Beschwörungen des Gemeinwohls durch die Parteien

Das Gemeinwohl wurde von den Parteien auf drei Ebenen bemüht:

- Bei der Arbeit an Parteiprogrammen, die in Deutschland sehr viel grundsätzlicher ausfielen als angelsächsische Wahlplattformen.
- Bei der Abgrenzung der Parteien gegenüber den Verbänden.
- In der Gesetzgebung, wenn ideologische Konzeptionen um Gestaltung eines Gesetzestextes rangen.

a. Gemeinwohlbeschwörung in den Parteiprogrammen

Parteien erlebten in den Verfassungen der Nachkriegszeit eine Aufwertung durch Klauseln, die ihre Mitwirkung an der Staatswillensbildung beschwor. Die Privilegierung gegenüber anderen gesellschaftlichen Organisationen wurde durch öffentliche Parteienfinanzierung zementiert. Parteien sind schon vom Namen her „*pars*" und daher nicht das Ganze. Das hat einige nicht gehindert, als „Union", „Bewegung", „Rassemblement" und anderen Bezeichnungen volksumspannende Ansprüche zu signalisieren. Die Parteien sind von Schweden bis Italien und Spanien heute partiell staatlich alimentiert und als Akteure der Teilnahme an der staatlichen Willensbildung wenigstens auf eine prozedurale Gemeinwohlkonzeption verpflichtet. Konsequenter Weise konnte es ein Parteiengesetz, nicht aber ein Verbändegesetz geben. Dennoch haben Politikwissenschaftler (Schwan 1986: 861) die Parteien als die wichtigsten Antriebskräfte der konkreten Gemeinwohlverwirklichung angesehen. Soweit sie Politik formulieren und gestalten, sind sie in der Tat am stärksten an jener Resultante im Kräfteparallelogramm beteiligt, die im Nachhinein bei der Entscheidung als das Gemeinwohl angesehen wird. Da es meist eine Opposition gibt, die in vielfacher Hinsicht auf die Entscheidung einwirkt, ist eine Entscheidung im parlamentarischen Parteienstaat vergleichsweise gemeinwohlnäher, als wenn Interessengruppen hinter verschlossenen Türen einen sozialverträglichen Kompromiss ausgehandelt hätten.

Eine positive Hinwendung zur Gemeinwohlrhetorik vollzog sich in der Operationalisierung von Gemeinwohlvorstellungen in einigen *Grundwerten*. In der staatsrechtlichen Diskussion hatte es immer schon mehrere Gemeinwohlgrundwerte gegeben wie Freiheit, Gerechtigkeit, Sicherheit, Frieden und Wohlstand (v. Arnim 1977: 22ff). Ihre Zahl musste in der Selbstdarstellungsrhetorik zur besseren Wirksamkeit für Parteien reduziert werden. Die SPD legte in der neueren Programmatik die Grundwerte: Freiheit, Gerechtigkeit und Solidarität zugrunde. Im Zeitalter der Wiederbelebung von Vertragstheorien seit Rawls wurde der klassische Ausdruck Gemeinwohl wieder verdrängt. Seit Kant entstand jedoch ein Problem: Grundwerte waren nach der aufgeklärten Auffassung der Parteien nicht mehr vom Staat erzeugt, sondern dieser war „der Empfänger der letzten Werte und Grundwerte" (Helmut Schmidt zit. in: Sarcinelli 1979: 51).

Die Gerechtigkeit wurde zum Zentralbegriff der Theoriebemühungen aller Parteien. Aber es herrschten durchaus unterschiedliche Auffassungen von Gerechtigkeit. Ein jüdisch-spanischer Philosoph, Shem-Tov Ibn Falaquera (1225-1295) (1976), hat drei Gerechtigkeitskonzeptionen in eine Fabel gepresst: Zwei Wanderer lassen sich zum Imbiss nieder. Einer hat drei, der andere zwei Brote. Ein Dritter tritt hinzu und begehrt, mit zu essen – gegen gute Bezahlung. Am Ende verabschiedet er sich und gibt fünf Dinar mit der Maßgabe, die beiden sollten sie „gerecht" teilen. Der Inhaber von drei Broten verlangte die gerechte Aufteilung drei zu zwei. Das Modell wurde *aristotelisch* genannt: *jedem das Seine*. Derjenige, der nur zwei Brote eingebracht hatte, erklärte sich für eine *egalitäre Gerechtigkeit*. Jeder sollte zweieinhalb Dinar bekommen. Da sie sich nicht einigen konnten, gingen sie zu einem Richter. Der entschied die Aufteilung 4:1 zugunsten des Inhabers von drei Broten. Die *marktwirtschaftliche Gerechtigkeit* war damit entdeckt. Jeder der drei aß ca. 1.7 Brote. Der Inhaber von zwei Broten hat ca. 0.3 Brote über den Eigenverzehr hinaus auf den Markt gebracht, etwa ein Viertel des anderen, der 1.3 Brote für den Markt freigab. Vier zu eins in der Verteilung des Geldes schien somit „marktgerecht".

Ich bin nicht der Papst, aber ich teile mit ihm die altmodische Auffassung, dass mittelalterliche Texte gelegentlich Licht auf aktuelle Debatten werfen können. Die drei Konzeptionen konkurrieren im Streit der Parteien in der Bundesrepublik noch immer. Die egalitär-sozialistische Auffassung hat an Boden verloren. Aber die aristotelische Konzeption konkurriert noch immer mit der neoliberal-marktwirtschaftlichen Konzeption. Dennoch haben die Gerechtigkeitsvorstellungen sich angenähert. Keine der beiden Volksparteien vertritt noch eine reine Modellvorstellung von Gerechtigkeit, sobald die wohlfahrtsstaatlichen Korrektive der Gerechtigkeit debattiert werden.

Zum Teil wurde die Debatte in den Parteien von Gruppen, die hinter ihnen standen, ausgelöst, wie bei der Union vom Zentralrat der Katholiken. In der SPD kam es bei der Aufgabe marxistischer Ideologie im Ringen um die Prinzipien eines demokratischen Sozialismus zu einer Grundwertedebatte. Das Godesberger Programm (1959) hat als Konkretisierungen den Dreiklang *Freiheit, Gerechtigkeit und Solidarität* kanonisiert. *Solidarität* war dabei der am stärksten aus der Arbeiterbewegung beglaubigte Begriff. Im Orientierungsrahmen 1975-85 (1.2) wurden die christlichen und humanistischen Wurzeln in gleicher Weise betont und Solidarität in Freiheit ohne Zwänge herausgestellt. Im Grundsatzprogramm der CDU von 1978 wurden schließlich die gleichen drei Werte verankert und das verstärkte die Kritik an der ideologischen Gesichtslosigkeit der Volksparteien (Meyer 1981: 9).

Die Sozialdemokraten betonten stärker als die Christdemokraten die *Gleichrangigkeit* aller drei Prinzipien. Aber beide großen Volksparteien hatten über die Kompatibilität der drei Prinzipien und ihre möglichen Widersprüche nicht hinreichend nachgedacht. Solidarität ist ein Prinzip, das man allenfalls erbitten kann. Gerechtigkeit kann man verlangen. Fehlende Solidarität führt zu Enttäuschungen, mangelnde Gerechtigkeit löst sogar Empörungen aus (Höffe 1995) und kann zu schweren Störungen der öffentlichen Ordnung führen. Solidarität greift vor allem bei unverschuldeter Benachteiligung von Gruppen. Gerechtigkeit als Prinzip gilt auch bei mitverschuldeter Not. Insofern zeigt sich die Solidarität als stärker gruppengebunden und auf Minderheiten bezogen. Die Sozialdemokratie bezog sich auf die Solidarität der Arbeiterklasse, die sie für die tendenzielle Mehrheit erklärte, ohne dass sie das als subjektive „Klasse für sich" je geworden ist. Die Christdemokratie bezog sie anfangs auf die Mehrheit der Christen, die jedoch von einer tendenziellen Gesamtheit in der säkularisierten Welt immer stärker zu einer Minderheit wurde. Die alte jakobinische Trinität Freiheit, Gleichheit, Brüderlichkeit wurde bei den Grundwerten verändert. Gleichheit schien weniger wichtig als Freiheit. Auch Rawls (1979: 263), der den Staat mit einem Schiff auf stürmischer See verglich, hat eine Gemeinwohlvermutung für Kapitän und Regierung sprechen lassen: Die Gleichheit wurde vermindert, um das Gemeinwohl zu mehren!

Die Freiheit wurde in einer konsolidierten Demokratie vorausgesetzt, und es gab nur noch kleine Minderheiten, die sie in Frage zu stellen wagten. Die Gerechtigkeit aber wurde zum Zentralbegriff und war von den Parteien umstritten. Die Rangfolge der drei Prinzipien ist für die empirische Politikforschung nicht belanglos. Gerechtigkeit ist zweifellos das Prinzip, das am stärksten die Legitimationsgefühle der Bürger bestimmt. Eine Verletzung der elementaren Gerechtigkeitskriterien schwächt die Zustimmung zum politischen System stärker als einzelne Einschränkungen der Freiheit, wie das Wachstum des Überwachungsstaats zeigt.

Es ist vielleicht kein Zufall, dass die Zustimmung zu den Institutionen, die über Recht und Gerechtigkeit wachen – Gerichte und Polizei – nach den Umfragen in ganz Europa am größten ist. Keineswegs nur in Deutschland, dem seit der Civic Culture-Studie von Almond und Verba ein legalistisches Bias nachgesagt wird, das von Luhmann auf einen „Angstkomplex vor der Politik" im 19. Jahrhundert zurückgeführt worden ist.

Die Übereinstimmung hinsichtlich der drei Grundwerte in den beiden großen Volksparteien ist gewachsen. Differenzen bleiben hinsichtlich der Vorstellung, wie weit diese Werte mit staatlicher Hilfe zu realisieren seien. Der Vorsitzende der SPD-Grundwerte-Kommission Eppler (1984: 8) sah eine Gefahr darin, dass die Grundwerte, die allen Parteien gemeinsam sind, zu abstrakt bleiben und über dem politischen Tagesgeschäft thronend nicht handlungsanleitend werden. Die *Subsidiarität* wurde in der Christdemokratie stärker betont, um dem etatistischen Zentralismus vorzubeugen. Als Kompromissformel eignete sich die Subsidiarität bei der Vorbereitung der Maastricht-Akte vorzüglich, den widerstrebenden Briten, die Sorge vor der Vokabel „*Föderalismus*" hatten, einen wenig präzisen und im britischen Protestantismus ungeläufigen Formelkompromiß anzudienen. Der instrumentale Charakter der Formel trat zutage, als die Mehrheit des Parlaments in Straßburg präzisierte, dass Subsidiarität im Zweifel Föderalismus bedeute.

Bei der SPD kam trotz Godesberg in Sonntagsreden ein eschatologisches Moment auf, nach dem sich „Demokratie nur im *Sozialismus* erfüllt" (Willy Brandt in SPD-Pressemitteilungen Nr. 325/1972: 2). Gegen eine Vorstellung, dass Gemeinwohl und Grundwerte eigentlich erst auf einer höheren sozialistischen Stufe der Evolution zu erreichen seien, hatte die Union in der Zurückweisung ein leichtes Spiel. Obwohl beide Volksparteien einst den Fallibilismus des Kritischen Rationalismus akzeptiert hatten, wurde er nun gegen die SPD ausgespielt: „Jede Gruppe und jede Partei kann irren. Im demokratischen Wettbewerb der Ideen und Programme findet das freie Gemeinwesen am besten zu sich selbst. Die Grundwerte aber, auf denen es beruht, bewähren sich nur in der Verbindlichkeit für alle" (Geißler 1979: 179).

Mit zunehmender Erstarkung des Neoliberalismus in den neunziger Jahren geriet die SPD in Verdacht, in eine *Gerechtigkeitsfalle* geraten zu sein. Die SPD wollte nicht nur vor dem „Wind der Evolution" hertreiben, sondern das Schiff der Gesellschaft notfalls gegen den Wind kreuzen lassen (v. Dohnanyi 1999: 41). Was bei ihren Anhängern als Tugend galt, schien den Gegnern der SPD als Beleg dafür, dass die SPD weiterhin eschatologisch nach Deutungshoheit für die Gerechtigkeit strebte. Besitzstandswahrung und Interessenpolitik wurde als Gerechtigkeit ausgegeben. Sozialverträglichkeit wurde als Mittel zur Verhüllung des Partikularinteresses angesehen, von dem Schröder so häufig sprach (Ulrich 1999: 31).

Die Gerechtigkeitsdebatte steckt in einem Dilemma. Gerechtigkeit verträgt eigentlich keinerlei kontextabhängige Relativierung. Der Rechtsstaat hat ohnehin das Problem, dass der nationale Rahmen die universalen Prinzipien behindert. Ein deutscher Verbrecher genießt in mancher Hinsicht mehr Schutz als ein ausländischer Ehrenmann, der abgeschoben werden kann. Solidarität hingegen kann und muss als mitmenschliche Kategorie immer den sozialen Kontext berücksichtigen. Hayek und der Neoliberalismus machten Front gegen die Betonung der Verteilungsgerechtigkeit. Rawls und Sen als „Liberale" und Walzer und die Kommunitaristen als „Linksliberale" hingegen akzeptierten die Verteilungsgerechtigkeit. Bei Friedrich August von Hayek sind wohlfahrtsstaatliche Eingriffe in den Markt verpönt. Der Markt schafft sich seine eigene Ordnung und evolutionäre Moral, welche die Fähigkeiten der Vernunft übersteigen (Hayek: 1996: 6). Der Markt ist nicht durch rationalistisches Design entstanden, und kann daher auch nicht „gelenkt" werden (Hayek 1975). Gesellschaft braucht

- Rechtsgleichheit und
- maximale Vertragsfreiheit auf dem Markt.

Nach John Rawls (1975) taugt der Markt nicht für die Herstellung von Gerechtigkeit. Ungerechte Zugangsbedingungen machen ihn ethisch blind. Erforderlich ist Grundversorgung mit Gütern zum Ausgleich der Ungerechtigkeit. Institutionen müssen Grundgüter gerecht verteilen. Ungerechtigkeit ist nur soweit zulässig, wie die weniger Begünstigten Vorteile davon haben. Lebenschancen sollen von Zufälligkeiten sozialer Herkunft befreit werden. Den Kommunitaristen erschien diese Position noch zu abstrakt. Nach Michael Walzer (1992) gibt es keine übergreifende Verteilungslogik. Jede Güter- und Lebenssphäre hat ihre eigene Verteilungsregel. Keine darf in andere Bereiche hineinregieren. Gesundheit und Bildung dürfen nicht vom Geld abhängig sein. Gemeinschaft ist dem Konzept der Solidarität näher als der kantianische Universalismus von Rawls.

Amartya Sen (2000: 30) setzte zusätzlich auf eine Aktivierung der Menschen, um Lebensoptionen zu erweitern. Wichtig schien für Entwicklungsgesellschaften, dass Freiheiten mit ökonomischen Chancen und sozialer Sicherheit verflochten sind. Sen unterscheidet instrumentelle Freiheiten für die Selbstverwirklichung, die für alle Gesellschaften gelten und konstitutive Freiheiten (Freiheit von Krankheit, Unternährung, Hunger) für Gesellschaften der Dritten Welt. Er entwickelte dabei Indikatoren für die soziale Gerechtigkeit:

- Konstitutive Freiheiten, Untergewicht bei Kindern, Kindersterblichkeit, Lebenserwartung.
- Bildung, Bildungsausgaben pro GDP, Studenten pro 100 000, UN-education index.
- Soziale Chancen auf dem integrativen Markt, Gini-Index der Ungleichheit, Erwerbsquote, Inaktive pro 100 Aktive.
- Gender equality, Frauenerwerbsquote, Alphabetisierung, höhere Bildung.
- Soziale Sicherung, Gesundheitsausgaben GDP, Sozialausgaben.

Je höher die Demokratie entwickelt ist, umso gerechter ist nach dieser Theorie die Chancen- und Ergebnisstruktur einer Gesellschaft (Sen 2000: 97). Trotz des Dilemmas der Gleichzeitigkeit ist in den neuen Demokratien Osteuropas die Performanz von Demokratie und sozialer Marktwirtschaft gut – vor allem aufgrund hoher Ausbildungsgrade in kommunistischen Regimen. Afrika ist Schlusslicht. Lateinamerika, in Demokratiewerten besser geworden, schaffte es aber nicht, dies in soziale Gerechtigkeit umzusetzen. Ostasien ist umgekehrt – trotz schwacher Demokratiewerte – sozial vergleichsweise gerecht. Ostasien wird dabei wohl ausdifferenziert werden müssen. Die soziale Gerechtigkeit in den vier kleinen Tigern wird zunehmend bestritten.

Gerechtigkeit ist vielfach allzu stark auf Verteilungsgerechtigkeit ausgerichtet worden. Ein Philosoph wie Wolfgang Kersting (2000: 403), der einst mit den Kommunitaristen sympathisierte, hat sich gewandelt. Der sozialdemokratischen Sozialstaat wurde hart kritisiert: „Ihm ist vorzuwerfen, dass er sich durch Ersatzzahlungen von seiner strukturpolitischen und arbeitsmarktpolitischen Gerechtigkeitsverantwortung und seiner bürgerlichen Solidarität freikauft". Der Sozialdemokratismus wird als monetaristischer Monismus kritisiert, der die Währung des Marktes genau wie die Egalitaristen – links von der SPD – zur Währung der Gerechtigkeit macht. Arbeit ist für Kersting mehr als Einkommen, sie ist eine Lebensform. Der sozialdemokratische *„Kompensationismus"* wurde als ethisch unterentwickelt eingestuft. Zwar reden SPD und Gewerkschaften auch gegen Arbeitslosigkeit. Aber sie kämpfen nach dieser Ansicht im Sozialstaatsbereich vor allem für die Arbeitsplatzbesitzer. Immerhin fiel für die SPD der Trost ab, dass wenigstens ihr zweiter Hauptprogrammpunkt *„Solidarität"* zu brauchen sei. Die Solidarität ist für Kersting heute durchaus mit Liberalismus zu verbinden, soweit sie sich auf einen normativen Individualismus gründet. Sie teilt mit dem Kommunitarismus die antistaatliche Skepsis, setzt aber nicht – wie die Kommunitarier – auf die Hoffnung, irgendeine Gemeinschaft oder eine kulturelle Identität wieder zu beleben. Solidaritätsnormen sind partikularistischer Natur. Es gibt keine inklusive Verpflichtungssymmetrie zwischen den Menschen, sondern nur Verpflichtungen als Mitglied einer Gemeinschaft. Ein „Liberalismus sans phrase", den Kersting entdeckte, setzt auf das selbstmächtige Individuum und legt Wert auf:

- ein hochwertiges Ausbildungssystem,
- eine offensive Beschäftigungspolitik
- und auf das Suffizienzprinzip als Grundlage des Solidaritätsprinzips.

Der Wohlfahrtsstaat galt dem Autor hingegen als Produzent von Unselbständigkeit. Ein solche Theorie der bedürftigkeitsorientierten Grundversorgung müsste eigentlich auf ein Grundgehalt ausgerichtet sein. Alles andere muss das Individuum selbst erreichen. Das ist kein Bedarfdeckungsminimalismus, sondern Hilfe zur Selbsthilfe. Aufgrund dieser Position wurden konkret folgende Instrumente des Sozialdemokratismus abgelehnt:

- Flächentarifverträge, die dem Lobbyismus der Arbeitsplatzbesitzer dienen,
- Zu geringer Abstand zwischen Sozialhilfe und Niedriglohn, Abwälzung der Probleme auf ein nicht mehr bezahlbares soziales Sicherungssystem.
- Umlagefinanzierung. Stattdessen soll eine Kapitaldeckung ermöglicht werden.
- Ausbeutungsverdächtige Umverteilungen von den Jungen zu den Alten, die den Generationenvertrag ruinieren. Die Rache der Gesellschaft: Kinderunwilligkeit der Jungen. Rentenpolitische free-rider führen zu einer verdeckten Aufkündigung des Generationenvertrags.
- Studiengeldfreiheit. Nichtakademische Arbeiter zahlen für Akademikerkinder das Studium. Studiengebühren müssen hoch genug sein, um die Stipendien für die Kinder unterprivilegierter Schichten zu finanzieren. 500 Euro decken kaum die Verwaltungskosten.

Die Philosophie ist damit in die Niederungen der Parteiprogrammatik herabgestiegen. Das Liberalismuskonzept Kerstings muss nicht mit der FDP identifiziert werden. Einige der Forderungen des Philosophen an die Parteien werden heute in allen Volksparteien diskutiert.

b. Die Gemeinwohlanmaßung der Parteien gegenüber den Verbänden

Zweifel an der Gemeinwohlorientierung der Parteien wurden durch eine patronisierende Gemeinwohlrhetorik gegenüber den Verbänden übertönt. In einer konsolidierten Demokratie gilt es als Postulat, dass Parteien und Verbände sich ausdifferenziert haben sollten. Eine allzu enge Verzahnung zwischen Parteien und Verbänden gilt in der politischen Rhetorik als Gefahr für das Gemeinwohl. In Deutschland richtete sie sich vor allem gegen die enge Verbindung von Gewerkschaften und SPD, obwohl es niemals kollektive Mitgliedschaften von Gewerkschaften in der SPD gab, wie in der Labourparty und früher in einzelnen sozialdemokratischen Parteien Skandinaviens. Auch im bürgerlichen Lager, in der Österreichischen Volkspartei bis heute und anfangs auch in der CSU, hat es solche kollektiven Verflechtungen gegeben.

Je größer die potentielle Gruppe, für welche ein Verband spricht, umso stärker die Neigung, das eigene Interesse mit dem Gemeinwohl zu identifizieren. Der Bund der Steuerzahler ist ein gutes Beispiel. Jeder möchte wenig Steuern zahlen. Prima vista vertritt der Bund damit das Interesse von jedermann. Denkt „Jedermann“ aber nach und versucht, seine sonstigen Ziele gegen den Steuerersparniswunsch aufzurechnen – gute öffentliche Bildungsanstalten für seine Kinder, gute ärztliche Versorgung für seine Familie etc. – so könnte das Steuersparen um jeden Preis doch nicht jedermanns Ziel sein.

Zudem kann man sich mit einigen Verbandszielen leichter identifizieren als mit anderen. Die Aufrechnungen, welche Verschwendungen es in der Verwaltung pro Jahr gegeben hat, sind sicher konsensfähiger als bestimmte Steuerersparnisvorschläge, die sogleich an den Grenzen der Parteiideologien rütteln, mit denen jedermann sich unter Umständen identifiziert. Jeder Verband mutet seinen Mitgliedern im Namen des Gemeinwohls gelegentlich Konzessionen zu. Er tut dies jedoch nur, wenn es dem Kern der Mitglieder finanzielle Vorteile zu bringen verspricht (Heinze 1992: 123).

Die Parteien – selbst nur *„partes“* der Gesellschaft – nehmen in ihrer Programmatik vielfach eine begönnernde Haltung gegenüber den Verbänden ein, als ob sie die Gemeinwohlorientierung von Organisationen am besten beurteilen könnten. Während das CDU-Grundsatzprogramm von 1978 nur die „Sozialpflichtigkeit aller gesellschaftlichen Kräfte“ beschwor, (Tz. 122) verstieg die SPD sich in ihrem Grundsatzprogramm von 1989 (S. 48) zu dem Satz „Verbände sind legitimer Ausdruck gesellschaftlicher Interessen. Wo sie sich am Gemeinwohl orientieren, suchen wir mit ihnen Zusammenarbeit. Wo sie rücksichtslos Teilinteressen durchsetzen wollen, treten wir ihnen entgegen“. Sowie die SPD an der Macht war, musste sie auch mit den organisierten Interessen kooperieren und konnte ihnen nicht nur „entgegentreten“, auch wenn sie auf wenig Konsens für ihre Gemeinwohlvorstellungen hoffen konnte. Man denke an die Ärzte und die Pharmaindustrie, aber zum Teil auch die Krankenkassen in den Konflikten um die Gesundheitsreform.

Die patronisierende Haltung der Parteien gegenüber den Verbänden ist im Vergleich zu den siebziger Jahren hinsichtlich der Gemeinwohlrhetorik geringer geworden. Neben der positiven Hinwendung zu Grundwerten und Gemeinwohl-Appellen standen in den siebziger Jahren die *negativ-defensiven Varianten der Gemeinwohldebatte*. Ausgerechnet die Liberalen begannen eine Diskussion um das *Verbändegesetz*, die wenig zu den Prämissen ihrer Parteiideologie zu passen schien. Diese erklärt sich vermutlich aus der Zeit der großen Koalition, als die FDP als Miniopposition einen einsamen Kampf gegen die Giganten führte. Diese hätten um ein Haar das Wahlrecht geändert, und das hätte der Partei vermutlich das Leben gekostet. Zudem wuchsen die beiden Volksparteien in der Zeit hektischer Mobilisierung nach der Studentenrevolte und profitierten von ihren Zubringeorganisationen und organisierten Klientelgruppen. Die enge Kooperation von Parteien und Verbänden geriet ins Visier der Kritik, und es wurde versucht, die *Gemeinwohlpflichtigkeit der Verbände* gesetzgeberisch zu fördern. Ein Verbändegesetz wurde von einer Kommission des Bundesvorstands der FDP in Murrhardt 1976 vorgelegt. Die CDU schien in ihrer Mannheimer Erklärung von 1975 dem Gedanken nicht abgeneigt zu sein, hat sich aber im Grundsatzprogramm 1978 zu der Einsicht durchgerungen: „Ein Verbändegesetz lehnen wir ab" (Texte in: v. Alemann/Heinze 1979: 214; Darstellung in Göhner 1981: 16ff). Ansatzpunkt war vielfach die Vorstellung einer weiteren Demokratisierung der innerverbandlichen Strukturen. Wie beim Parteiengesetz drohte eine solche Regelung in einen Teil allgemeiner Selbstverständlichkeiten und in einen besonderen Teil zu zerfallen, der ein reines Reglement der Finanzierung der Organisationen darstellte.

In der SPD und den Gewerkschaften wurde in diesen Plänen eine antigewerkschaftliche Stoßrichtung vermutet, die sich am Popanz eines angeblichen „Gewerkschaftsstaats" entzündete. Selbst eine unterhalb eines Gesetzes angesiedelte *Verrechtlichung der Arbeitsbeziehungen* galt schon als „Verbändegesetz auf Raten" (DGB-Antrag 1978; v. Alemann/Heinze 1979: 257). Das ubiquitäre organisatorische Gemeinwohlrelikt aus der Zeit des älteren Korporatismus, die Forderung nach einem *Sozial- und Wirtschaftsrat*, wie er in der Weimarer Republik existiert hatte, und in vielen Demokratien von Holland bis Italien bestand, wurde nun eher suspekt. Der DGB betonte diese Forderung seines Programms nicht mehr. Der Union wurde die Ablehnung eines Verbändegesetzes erleichtert durch die Stellungnahme der Unternehmerverbände gegen eine „ständestaatliche Tendenz". Rolf Rodenstock formulierte 1976 bei den Pyrmonter Unternehmergesprächen (ebd: 258ff), dass diese die Symmetrie der Tarifpartner und ihrer Autonomie stören müsse. Die Gewerkschaften wurden aber gewarnt, ihre Zuständigkeitsvermutung über die Arbeitsmarkt- und Tarif- und Sozialpolitik hinaus auszudehnen und sich über eigene Firmen und mit politischem Druck immer mehr in die allgemeine Wirtschaftspolitik einzumischen. Mit dem Heraufkommen des Korporatismus versandete die Debatte rasch im ausgetrockneten Flussbett der politischen Nichtentscheidungen.

Der Aufstieg des Neoliberalismus veränderte das „Werteklima". Mandevilles Bienenfabel (1723, 1968: 134), nach der auch die Faulsten und Bösartigsten gezwungen sind, für das Gemeinwohl tätig zu werden, kann im Neoliberalismus nicht mehr so unverblümt geglaubt werden. Die Gerechtigkeitsvorstellungen ökonomisierten sich zwar (Münkler/Llanque 1999: 9). Aber je härter die Verteilungskämpfe wurden, umso ausgefeilter wurde die Gerechtigkeits- und Gemeinwohlrhetorik der Parteien und Interessenten.

Noch immer wird mit Argumenten der Deckungsgleichheit des eigenen Interesses mit dem Gemeinwohl oder mit der Identität des eigenen Interesses mit der großen

Mehrheit, oder wenigstens der Funktionalität des eigenen Interesses für eine „nachhaltige Entwicklung" der Gesellschaft behauptet (Vobruba in: Mayntz 1992. 105). Vielfach gilt die *EU-Verträglichkeit* a priori als gemeinwohlträchtig und die nationale oder regionale Interessenverfolgung als unzeitgemäß.

Die Gemeinwohlphraseologie partialisiert sich und ist zugleich mit dem zukunftsschwangeren Unterton vermeidbarer Risiken verknüpft. Am häufigsten sind die Reduzierung der Gemeinwohlanmaßung auf die *Umweltverträglichkeit* und auf die *Sozialverträglichkeit* von eigenen Forderungen (Ronge in: Mayntz 1992: 50ff.). Die Gefahr dabei ist, dass kleine aufgeklärte Gruppen nach Misserfolgen immer häufiger im Sinne von Hirschman (1984) nicht *voice* sondern *exit*, nicht Engagement sondern enttäuschten Rückzug wählen.

c. *Die empirische Kontrolle über die Gemeinwohlträchtigkeit von parlamentarischen Entscheidungen*

Mehrere Indikatoren bieten sich für die Überprüfung an, inwieweit Entscheidungen sich am Gemeinwohl des Systems orientieren:

a. Die Inklusivität des Systems der Interessenrepräsentation.
b. Die wissenschaftliche Vorbereitung zur Vermeidung von Schädigungen des Gemeinwohls.
c. Die Mehrheiten, die eine Maßnahme tragen.
d. Die Ergebnisse der ex-post-Evaluation von Entscheidungen des politischen Systems.

1) Die *Inklusivität eines Systems* der politischen Entscheidung gilt als Wertmaßstab. Interessenvermittlungssysteme sind umso gerechter, je inklusiver sie sind und je mehr unterschiedliche Interessen Berücksichtigung finden (Abromeit 1993: 10). Die üblichen Typologien von korporatistischen und pluralistischen Systemen verdecken eine komplexere Realität. Je nach Maßnahmetyp und Politikfeld sind die Mischungsverhältnisse der organisierten Interessen, die sich zu artikulieren versuchen, und ihre Bereitschaft, auf ein „public interest" Rücksicht zu nehmen, unterschiedlich stark entwickelt. Zudem fehlen für Generalisierungen weitgehend die vergleichenden Studien.

2) Als Gegengewicht gegen die organisierten Interessen wird mit zunehmender Komplexität der Materien die *wissenschaftliche Beratung im Gesetzgebungsprozess* wichtiger. Beiräte, Gutachten, Experten, die zu Hearings im Parlamentsausschuss eingeladen werden, sind vielfach funktionalisiert worden. Dabei kommt es zum Konflikt derer, die glauben, das Gemeinwohl sei wissenschaftlich exakt auszumachen und jenen, die sich antitechnokratisch gerade auf die Werte berufen, die nicht wissenschaftlich zu eruieren sind. Je tiefer das Gemeinwohl in einer Debatte auf Verträglichkeitstheorien herunter aggregiert wird, umso mehr gewinnt die wissenschaftsgläubige Seite die Oberhand. Das Gemeinwohl wurde vielfach auf die Formeln vom *„Stand der Wissenschaft"* und vom *„Stand der Technik"* reduziert. Notfalls verpflichtet das Bundesverfassungsgericht den Gesetzgeber auf einen „Stand der Wissenschaft". Gelegentlich sogar für die Zukunft,

wie beim Volkszählungsurteil (BVerfGE 65: 55), als judiziert wurde, dass vorerst noch die umfassende Volkszählung nötig sei, in Zukunft aber die Stichprobenanalyse ausreichen könne.

Wissenschaftliche Expertise wurde bei traditionalen politischen Kräften auch als gemeinwohlfeindlich kritisiert. Diese Kritik berief sich auf ein *werthaftes Gemeinwohl*, das auf Akzeptanz im Volk ruhte. Argumente gegen Entscheidungen lauteten dann:

- mangelnde Akzeptanz im Volk,
- ethische Bedenken, die durch Ethikkommissionen nicht ausgeräumt werden konnten,
- Nichtimplementierbarkeit eines Vorschlags,
- das Fehlen finanzieller Ressourcen,
- Unwägbarkeiten von Risiken aufgrund unvorhergesehener Nebenfolgen.

Gemeinwohl wurde dabei vielfach reduziert auf *Natur-, Umwelt- oder Sozialverträglichkeit*. Diese Art der Interpretation zielt meist auf staatliches Nichthandeln. Erst, wenn die Nichtentscheidung ihrerseits zu Krisen oder Unglücken führte, wird in einer Gegenströmung der wissenschaftliche Sachverstand zum Hüter des Gemeinwohls erklärt und forciertes staatliches Handeln angemahnt.

3) Die Maxime *„Mehrheit statt Wahrheit"* liegt dem prozeduralen Verständnis der Demokratie zugrunde. Große Mehrheiten und Einstimmigkeit scheinen für die Gemeinwohlorientierung einer Maßnahme zu sprechen. Gelegentlich wird die Opposition jedoch nur durch taktische Überlegungen zur Zustimmung bewogen, um in der Öffentlichkeit nicht angeprangert zu werden, dass es in einer wichtigen Frage nicht zur Entscheidung kam. Die Größe der Mehrheit und die Gemeinwohlträchtigkeit von Gesetzen korrelieren auch sonst nicht.

4) Die Ergebnisse der Ex-post-facto-Evaluation stärken die Feststellung der Gemeinwohlverträglichkeit. Die Instrumente, die dem Schutzzweck dienen sollen, sind unterschiedlicher Natur: von dem *Verbot* mit Erlaubnisvorbehalt (BImSchG) bis zur Konstituierung von Eigentum der Gemeinschaft an besonderen spaltbaren Stoffen im Atomgesetz nach dem Euratom-Vertrag (1957 Art. 87). Was bisher unter Besatzungsrechtsvorbehalt gestanden hatte, wurde nun vom deutschen Gesetzgeber erstmals erschlossen. Förderzwecke traten somit in den Vordergrund. Förder- und Schutzzweck gerieten vielfach in Konflikt. Verwaltungsgerichtsurteile (BVerwG. DVBI 1972, 678, Urteil zu Würgassen) gaben dem Schutzzweck zum Teil Vorrang. Das Verfassungsgericht hat im Kalkar-Urteil (BVerfGE 49:89, 141ff) den Vorrang des Schutzzwecks relativiert auf den Bereich empirisch gesicherter Schadenswahrscheinlichkeiten. Nach bestmöglicher Gefahrenabwehr und Risikovorsorge ist ein *Restrisiko* von allen Bürgern gemeinsam zu tragen. Das Gemeinwohl ist auch nach vielen Gerichtsurteilen für die Zukunft nicht mit absoluter Verlässlichkeit zu erkennen.

Der Staat begibt sich vielfach in die prekäre Zone der Selbstüberforderung, weil er die punktuelle Sicherheitskontrolle zu einer *umfassenden Risikovorsorge* erweitert

(Vitzthum 1990: 24). Wertkonflikte sind in Gesetzen angelegt. Auch bei der Gentechnik wurde eine Grundrechtskonkurrenz von Schutz- und Förderungsgedanken angelegt, obwohl das Gentechnikgesetz eher dem klassischen Typ der Gefahrenabwehr als dem der „betätigungseröffnenden Wirtschaftsgestaltung" zugerechnet worden ist. Viele der programmatischen Aussagen der Zweck- und Zieldefinitionen sind kaum vollzugsreif. Seit dem BImSchG (1974) wird praktiziert, dies durch eine Flut von Verordnungen und Satzungen zu erreichen, welche die Frage nach dem Parlamentsvorbehalt für so weit reichende Regelungen aufwerfen. In anderen Fällen, wie beim Embryonenschutzgesetz (1990), drohte die Gefahr, dass ein durch Interesseneinflüsse geschwächter Schutzgedanke in symbolischer Politik endet, weil regelrecht verboten nur das erschien, was in absehbarer Zeit ohnehin niemand machen kann (Gill 1991:110). Je hochtrabender die Zwecke eines Gesetzes formuliert wurden, desto stärker bleibt ihre Wirkung hinter den Erwartungen des Gesetzgebers zurück. Gentechnik und Embryonengesetz (1990) waren Teillösungen eines großen Regelungskomplexes. Sowohl die Opposition als auch einige Länder wie Niedersachsen, Bayern oder Hessen, in denen unterschiedliche Koalitionen regierten, forderten ein umfassendes Gesetz zur Fortpflanzungsmedizin. Aber es wäre ohne Grundgesetzänderung (Art. 74) kaum zu realisieren gewesen. Die Aufsplitterung der Materie machen sie durchsetzungsfähiger, aber auch schwerer in ihrer Wirksamkeit zu evaluieren, weil zahlreiche Regelungslücken zurückblieben (weitere Beispiele in: v. Beyme 1997).

Fazit

Parteien und Interessengruppen standen zwei Jahrtausende unter dem Verdikt, *factiones* dazustellen, die dem *bonum commune* abträglich sind. Machiavelli war einer der wenigen frühneuzeitlichen Theoretiker, welcher das Gemeinwohl als Resultat des Parteienstreits würdigte. Im modernen demokratischen Staat erlangten die Parteien eine privilegierte Stellung: in den Verfassungen, im Rechtssystem, in der Parteienfinanzierung und in der politischen Entscheidung. Sie neigten nach diesem Aufstieg dazu, eine herablassende Haltung gegenüber den organisierten Interessen einzunehmen, die nicht direkt am politischen Willensbildungsprozess teilnahmen. Dieser Prozess ging bis zu der Vorstellung, dass Interessen in einem Verbändegesetz gezähmt werden müssten. Parteien haben ihre wachsende Bedeutung durch eine umfangreiche Gemeinwohlrhetorik in ihren Programmen und in der Wahlwerbung demonstriert. Alle demokratischen Parteien anerkennen, dass kein Gemeinwohl mehr vom Himmel geholt werden kann, sondern dass es sich aus dem Diskurs als Konsens von Mehrheiten ergibt. Es erwies sich als „pfadabhängig", je nach parlamentarischen und ideologischen Traditionen der Länder, wie sich vor allem am republikanischen Ideal Frankreichs und am pluralistischen Ideal des britischen Modells zeigte.

Das Gemeinwohl wurde im Zuge der Entideologisierung der Politik vielfach auf *Grundwerte* reduziert. *Gerechtigkeit und Solidarität* traten meist an die Stelle einer Beschwörung des Gemeinwohls. Im Gesetzgebungsprozess wird das Gemeinwohl vielfach noch beschworen. Oft wird es jedoch nach langen Auseinandersetzungen je nach

Entscheidungslage auf die *Sozialverträglichkeit, Umweltverträglichkeit und Risikoverminderung oder auch nur auf die EU-Verträglichkeit reduziert.* Mit der zunehmenden Bedeutung der Akteure, die an der Implementation mitwirken, verstärkte sich die Verwässerung des Gemeinwohlbegriffs noch zusätzlich. Selbst die Differenz von *öffentlichen und privaten Interessen* wurde weitgehend unscharf, seit der Staat Steuerungsansprüche zurücknahm und vielfach private Organisationen mit der Durchführung seiner Entscheidungen beauftragte. Demokratische Entscheidungen in fragmentierten Systemen des „semisouveränen Staates", in dem organisierte Interessen, Parteien, Gebietseinheiten, Bürokratien und para-staatliche Einrichtungen einander kontrollieren und lähmen, spalten die Materien und splittern das Gemeinwohl in lauter kleine „Gemeinwöhlchen" auf, die als Verträglichkeitsannahmen und Risikovermeidungsmaximen bescheiden geworden sind.

Die Konzentration des Rational-Choice-Ansatzes auf die Kalkulation der Durchsetzung von Partialinteressen oder der Erfolge von Vetogruppen, die dagegen halten, erwies sich in der Politikwissenschaft als irreführend. Einseitige Kalkulationen über die Durchsetzungsstrategien von Partialinteressen gelten inzwischen als „unterkomplex". Die Policy-Forschung versucht, die Bedingungen zu diskutieren, nach denen verantwortungsethisches Handeln möglich wird. Es zeigt sich, dass dies nicht in allen Politikarenen in gleicher Weise der Fall ist. Die Arenen, in denen Verteilungspolitik vorherrscht, sind am schwersten für eine Gemeinwohlorientierung zu gewinnen (Braun 2000: 149). In Arenen protektiver Politik, in denen um Schutzinteressen gestritten wird, und bei manchen regulativen Maßnahmen ist die Gemeinwohlorientierung höher, vor allem wenn ideelle Fördergruppen, die nichts für sich selbst fordern, eine wichtige Rolle spielen. Im Einzelfall zeigen sich jedoch immer wieder Konflikte zwischen verschiedenen Werten, sodass die Gemeinwohlorientierung einer Maßnahme umstritten bleibt. Die Strukturen der Politikfelder und die historisch gewachsenen Konstanten der Netzwerke von Interessengruppen (pluralistische Aufstellung, teils wirklich pluralistisch, teils oligopolistisch beherrscht, korporativer Dualismus oder Dominanz ideeller Fördergruppen, müssen miteinander in Beziehung gesetzt werden (v. Beyme 1997: 216f, 222), um vorschnelle Verallgemeinerungen über Egoismus oder Gemeinwohlorientierung von Parteien und ihrer Klientel zu vermeiden.

Literatur

Abromeit, Heidrun: Interessenvermittlung zwischen Konkurrenz und Konkordanz. Opladen, Leske & Budrich, 1993.

v. Alemann, Ulrich/Heinz, Rolf G. (Hrsg.): Verbände und Staat. Opladen, Westdeutscher Verlag, 1979

v. Arnim, Hans-Herbert: Gemeinwohl und Gruppeninteressen. Frankfurt, Metzner, 1977.

Bentham, Jeremy: The Principle of Morals and Legislation. New York, Hafner, 1780, 1948.

Bentley, Arthur F.: The Process of Government. A study of social pressures. Evanston/Ill., The Principa Press of Illinois, 1908, 1949.

v. Beyme, Klaus: Gewerkschaften und Arbeitsbeziehungen in kapitalistischen Ländern. München, Piper , 1978.

v. Beyme, Klaus: Interessengruppen in der Demokratie. München, Piper, 5. Aufl., 1980.

v. Beyme, Klaus: Der Gesetzgeber. Der Bundestag als Entscheidungszentrum. Opladen, Westdeutscher Verlag, 1997.
v. Dohnanyi, Klaus: In weiter Distanz. Klaus von Dohnanyi über Pragmatiker und Sozialdogmatiker in der SPD. Der Spiegel 49/1999: 40-41
Eppler, Erhard: Grundwerte für ein neues Godesberger Programm. Reinbek, Rowohlt, 1984.
Eschenburg, Theodor: Herrschaft der Verbände? Stuttgart, DVA, 1955.
Etzioni, Amitai: Die Entdeckung des Gemeinsinns. Stuttgart, Schäffer-Poeschel, 1995.
Falaquera, Shem Tov Ibn: Book of the Seeker. New York, Yeshiva University, 1263, engl. Text 1976.
Fraenkel, Ernst: Deutschland und die westlichen Demokratien. Stuttgart, Kohlhammer, 1964.
Geißler, Heiner (Hrsg.): Grundwerte in der Politik. Berlin, Ullstein. 1979.
Gill, B.: Gentechnik ohne Politik. Frankfurt, Campus, 1991.
Göhner, Reinhard: Demokratie in Verbänden. München, Olzog, 1981.
Groser, Manfred: Gemeinwohl und Ärzteinteressen – die Politik des Hartmannbundes. Gütersloh, Verlag Bertelsmann Stiftung, 1992.
Häberle, Peter: Öffentliches Interesse als juristisches Problem. Eine Analyse von Gesetzgebung und Rechtsprechung. Bad Homburg, Athenäum, 1970.
Hayek, F. A.: Liberalism. The Principles of a Liberal Social Order. In: A. Crespigny/J. Cronin (Hrsg.): Ideologies of Politics. Oxford, Oxford University Press, 1975: 55-75.
Heinze, Rolf G.: Verbandspolitik zwischen Partikularinteressen und Gemeinwohl – der Deutsche Bauernverband. Gütersloh, Verlag Bertelsmann Stiftung, 1992.
Herzinger, Richard: Die Tyrannei des Gemeinsinns. Berlin, Rowohlt, 1997.
Hirschman, Albert: Engagement und Enttäuschung. Über das Schwanken der Bürger zwischen Privatwohl und Gemeinwohl. Frankfurt, Suhrkamp, 1984.
Höffe, Otfried: Politische Gerechtigkeit. Frankfurt, Suhrkamp, 1987.
Höffe, Otfried: Gerechtigkeit. In: Nohlen, Dieter/Schultze, Rainer-Olaf (Hrsg.): Politische Theorien. Lexikon der Politik Bd. 1. München, Beck, 1995: 144-152.
Kremendahl, Hans: Pluralismustheorie in Deutschland. Köln, Heggen, 1977.
Mandeville, Bernard: Die Bienenfabel. Frankfurt, Suhrkamp, 1723, 1968.
Martinsen, Renate (Hrsg.): Politik und Biotechnologie. Baden-Baden, Nomos, 1997.
Mayntz, Renate (Hrsg.): Verbände zwischen Mitgliederinteressen und Gemeinwohl. Gütersloh, Verlag Bertelsmann Stiftung, 1992.
Meyer, Thomas (Hrsg.): Grundwerte und Gesellschaftsreform. Frankfurt, DVA, 1981.
Miller, David u.a. (Hrsg.): The Blackwell Encyclopedia of Political Thought. Oxford, Blackwell, 1992.
Müller, Teresa: Die Haltung der Parteien in der Bundesrepublik Deutschland zu den Problemen von Strafe und Strafvollzug. Frankfurt, Lang, 1977.
Münkler, Herfried/Llanque, Marcus (Hrsg.): Konzeptionen der Gerechtigkeit. Baden-Baden, Nomos, 1999.
Olson, Mancur: Die Logik des kollektiven Handelns. Tübingen, Mohr, 1968.
Rawls, John: Eine Theorie der Gerechtigkeit. Frankfurt, Suhrkamp, 1979.
Reese-Schäfer, Walter: Grenzgötter der Moral. Der neuere europäisch-amerikanische Diskurs zur politischen Ethik. Frankfurt, Suhrkamp, 1997.
Riker, William H./Ordeshook, Peter C.: An Introduction to Positive Political Theory. Englewood Cliffs, Prentice Hall, 1973.
Sarcinelli, Ulrich: Das Staatsverständnis der SPD. Meisenheim, Hain, 1979.

Schubert, Glendon: The Public Interest. Glencoe/Ill., Free Press, 1969.
Schütt-Wetschky: Interessenverbände und Staat. Darmstadt, Primus, 1997.
Schwan, Alexander: Grundwerte der Demokratie. München, Piper, 1978.
Schwan, Alexander u.a.: Gemeinwohl. Staatslexikon 7. Aufl., Bd. 2. Freiburg, Herder, 1986: 857-863.
Teubner, Gunther: Organisationsdemokratie und Verbandsverfassung. Tübingen, Mohr, 1978.
Ulrich, Bernd: Die Gerechtigkeitsfalle. Der Tagesspiegel 25. Sept. 1999: 33
Vitzthum, W. Graf: Der Zweck im Gentechnikrecht: zur Schutz- und Förderfunktion von Umwelt- und Technikgesetzen. Berlin, Duncker & Humblot, 1990.
Vitzthum, W. Graf/Geddert-Steinacher, T.: Standortgefährdung. Zur Gentechnikregelung in Deutschland. Berlin, Duncker & Humblot, 1992.
Walzer, Michael: Sphären der Gerechtigkeit. Frankfurt, Campus, 1992.
Weldon, T.D.: The Vocabulary of Politics. Harmondsworth, Pelican, 1953, 1960.

6. Von der Sowjetologie zur Transitologie – Methodenprobleme der Osteuropaforschung in zwei Regimen

Einleitung

Die Erforschung der Sowjetunion in den Sozialwissenschaften war von Anfang an durch große metatheoretische, theoretische und methodische Kontroversen belastet. Nach 1945 geriet die Prognose der liberalen Ökonomen wie Ludwig von Mises (1922) in Vergessenheit, daß die Sowjetunion aus systematischen ökonomischen Gründen nicht überlebensfähig sei. Der Aufbauboom der Nachkriegszeit hatte auch der sowjetischen Ökonomie erstaunliche Zuwachsraten gesichert. Unter Chruščev und Brežnev schien auch der Wohlstand der sowjetischen Bürger ständig zu wachsen. Aber das vorübergehende Tauwetter nach Stalins Tod und die Reformen der Ära Brežnev setzten eine ideologische Debatte in Gang. Als Nachwehen der Studentenrevolution haben Trotzkisten und Maoisten die Denunziation der Sowjetunion als ein schon fast *„kapitalistisches Übergangsregime“* inszeniert. Diese Debatte war freilich relevanter für die Einschätzung der Sowjetunion in der politischen Öffentlichkeit als in der traditionellen Ostforschung, die weiterhin historisch-institutionell arbeitete und allenfalls einen *kto-kogo-Ansatz* bevorzugte, der stark personalisiert Machtkämpfe im Kreml analysierte.

Die linke Publizistik hatte aufgehört, die Sowjetunion zum bevorzugten Ziel von „intellektuellen Pilgerreisen“ zu machen, seit führende Intellektuelle ihre Enttäuschung mit dem sowjetischen Modell in der Publikation „Der Gott, der keiner war“ dokumentiert hatten. Cuba, China, Vietnam und, als auch China die westlichen Maoisten enttäuschte, sogar das kleine Albanien wurden zum Ziel der Pilgerreisen (Hollander 1981). In der westlichen Forschung überwog eine Weile das Konzept des Totalitarismus, wie es Friedrich und Brzezinski (Friedrich/Brzezinski 1965) entwickelt hatten. Es wurde zum Vergleichsmaßstab für alle sozialistischen Länder hochstilisiert – auch in der führenden amerikanischen Forschung (Odom 1975/76). Friedrich hatte auch in der zweiten Auflage seines einflußreichen Buches gegen die Kritik, die das Totalitarismusmodell aufgeben wollte, weil die Volksdemokratien sich zu liberalisieren und von Moskau zu emanzipieren begannen, daran festgehalten, daß es in der Sowjetunion keine Möglichkeiten gebe, das System von innen her aufzubrechen. Sein früherer Mitarbeiter Brzezinski hatte sich in der Festschrift für Friedrich jedoch spätestens 1971 von dem Modell verabschiedet. Seine These lautete, daß auch in der Sowjetunion mit zunehmender Differenzierung des Systems die totalitäre Herrschaft dysfunktional werde (Brzezinski 1971). Seit Stalins Tod konkurrierten *Konvergenztheorien* mit dem Totalitarismusansatz. Vor allem Soziologen wie Sorokin oder Raymond Aron vertrauten auf die Triebkräfte technischer und ökonomischer Zwänge, die eine Annäherung des sowjetischen Modells an den westlichen Sozialstaat bewirken könnten. Die recht globale Theorie war jedoch zu optimistisch. Westliche Demokratien erwiesen sich als „mischungsfähig“ – die Sowjetunion hingegen nicht. Undogmatische Linke operierten mit dem Modell *„bürokratischer Herrschaft“*. Es kombinierte Elemente des Totalitarismus im Hinblick auf die starke soziale Kontrolle mit Annahmen eines wachsenden Pluralismus der Sektoren der Bürokratie (Tarschys 1977). Historisch orientierte Forscher wie Black oder Barrington Moore widmeten sich auf der anderen Seite der wachsenden Divergenz sozialistischer Systeme. Das sowjetische oder das chinesische Modell wurden mit langfristigen Besonderheiten der Sozialstruktur erklärt. Wo man sich in den USA noch auf das Totalitarismus-Modell berief, wurde – wie bei Chalmers Johnson – eine Differenzierung der *Zielkultur* (die utopischen Ziele des Kommunismus) und einer alltäglichen *Transferkultur* unterschieden, die sich auf die Erhaltung des sozialistischen Systems und die Behauptung im Systemkonflikt der bipolaren Welt beschränkte. Die Transferkultur arbeitete weiterhin mit Mobilisierung (Johnson 1970: 25).

Die Sowjetunion begann in ihrer Selbstdarstellung, ihre Hoffnungen vor allem auf das Wachstum der *Länder sozialistischer Orientierung* in der Dritten Welt zu setzen, das angeblich die Rolle der Sowjetunion permanent stärkte. Es zeigte sich freilich, daß von den ersten sieben Ländern, die als „sozialistischer Orientierung" definiert worden waren, nach einer Dekade sechs nicht mehr dazu gezählt werden konnten. Der schmerzlichste Verlust für die sowjetische Doktrin der Weltpolitik war die Umorientierung Ägyptens.

Die westliche Forschung arbeitete ebenfalls mit Modellen aus der Dritten Welt. *Modernisierung* und *sozialer Wandel* wurden dominante Konzepte für die Erforschung der Sowjetunion. Die behavioralistische Revolution in der Politikwissenschaft blieb nicht ohne Einfluß auf die Sowjetunionforschung. Roger Kanat oder William Welsh arbeiteten zunehmend mit Ansätzen der *Verhaltensforschung* – so dürftig die Datenlage auch schien. Aber sie war besser geworden. Merle Fainsod hatte sich noch auf Emigrantenbefragungen verlassen müssen. Der vorherrschende Neopositivismus in den Sozialwissenschaften lehnte zunehmend die normativen Prämissen der Totalitarismustheorie ab und verließ sich auf wertfreie Methoden der empirischen Sozialforschung. Die vorherrschenden Brennpunkte der Sowjetunionforschung waren:

- Institutionen und Bürokratien,
- Interessengruppen und Eliten,
- die Erforschung der politischen Kultur der Sowjetunion,
- Policy-Output-Studien,

1. Brennpunkte der Kommunismusforschung

a. Institutionen

Die sowjetische Forschung in den Instituten der Akademie – vor allem dem Institut für „Staat und Recht" – blieb nicht unbeeinflußt von der Methodendiskussion der westlichen Sozialismusforschung. Der Begriff des *„politischen Systems"* – einst als westliche „Verschleierung der Klassengegensätze im Kapitalismus" verketzert wurde eingeführt. Topornin konstruierte ein *„sozialistisches System"*. Die Führungsrolle der kommunistischen Partei war das Grundelement. In der Sphäre eines begrenzten autoritär kontrollierten Pluralismus kam es zu Konzessionen. Aber die Aufzählung der Elemente des sozialistischen Systems in diesem Bereich klang wie die Theoretisierung dessen, was man seit Dubčeks Öffnung des tschechoslowakischen Systems ideologisch bekämpfte (Topornin 1972: 174). Der „pluralistische Marxismus", den viele westliche Publizisten propagierten, blieb Anathema (Momdzan 1983: 21). Der Systemansatz in der westlichen Forschung führte vielfach dazu, daß „funktionale Äquivalente" demokratischer Institutionen in der Sowjetunion entdeckt wurden, wie neue Funktionen des Parlaments, humanere Formen der Mobilisierung und protektive Funktionen eines Pendants zum westlichen Ombudsman (Welsh 1980).

b. Eliten und Interessengruppen

Neue Ansätze, die sich in neuen westlichen Zeitschriften wie der *„Studies on Comparative Communism"* (1968ff) artikulierten, versuchten den groben personalisierten Elitenansatz der „Kremlinologie" zu überwinden. Im Gegensatz zur europäischen Forschung, die unter dem Trauma vergangener Diktaturen litt, hatte die amerikanische Forschung wenig Bedenken mit dem Konzept des *„leadership"* zu arbeiten. Neue Formen der Elitendivergenzen wurden in der Sowjetunion entdeckt (Farrell 1970/Beck 1973). Der neopluralistische Ansatz führte unterhalb der Ebene der Spitzeneliten zu einer Theorie von organisierten Interessengruppen (v. Beyme 1968; Skilling 1971). Vor allem in Deutschland blieb dieser Ansatz als „Attentat auf die Totalitarismustheorie" eine Weile verfemt, bis auch die Traditionalisten mit der Verspätung einer Dekade sich diesem Forschungsansatz zuwandten (Meissner/Brunner 1975). In der Spätphase des realen Sozialismus wurde auch mit den modisch gewordenen Konzepten des *Korporatismus* gearbeitet – überwiegend jedoch im ostmitteleuropäischen Raum und nur selten in der Sowjetunion. Alfred Meyer hatte den Terminus *„konsultativer Autoritarismus"* eingeführt, den Peter Ludz vor allem in der DDR-Forschung prominent machte .

c. Politische Kulturforschung

Die behavioralistische Revolte der Sozialwissenschaften fand in der Sowjetunion keine Ansatzpunkte, weil Umfragen nicht möglich waren. Erste Emigrantenumfragen waren meist in Deutschland von amerikanischen Forschern vorgenommen worden (Bauer 1953; Ross 1974). Später verlagerte man sich auf Israel. Aber Emigranten sind wenig geeignet, die Zufriedenheit mit dem System zu testen, weil sie ihr Land schwerlich verlassen hätten, wenn sie zufrieden gewesen wären. Umfragen unter den Hörern von „Radio Liberty" oder „Free Europe" gaben wertvolle Einsichten in Stimmungslagen, aber repräsentativ waren sie nicht. OECD-Studien bezogen zunehmend subjektive Indikatoren in die Analysen mit ein. *„Lebensqualitätforschung"* wurde zum Trendsetter, als die unreflektierten Modernisierungstheorien mit bloß objektiven ökonomischen Indikatoren in die Irre geführt hatten. Die sowjetische Forschung konzentrierte sich in ihrer Forschung auf unpolitische Bereiche wie Berufsleben und Freizeit (Patrušev 1979), bis die *Lebensweise*-Diskussion (*obraz žizni*) aus ideologischen Gründen gefördert wurde (Glezerman 1980; Tupinenko 1983). Da der Chruščevsche Optimismus verflogen war, daß man den Westen „einholen und überholen" könne, wurde mit Hilfe subjektiver Befragungsdaten versucht, die höher entwickelte Lebensweise und Zufriedenheit der Bürger zu demonstrieren, trotz eines niedrigeren Lebensstandards.

Die westliche Sowjetunion-Forschung hatte ebenfalls einen Nachholbedarf bei der Entdeckung des „subjektiven Faktors". Viele Unterschiede im *policy output* und Politikresultat wurden von einigen Forschern weniger von den wirtschaftlichen und politischen Institutionen abgeleitet als von den Besonderheiten der politischen und sozialen Kultur (Brown/Gray 1977). 1977 nahmen sowjetische Forscher erstmals an einem Symposion der International Political Science Association in Krakau teil, in dem die Politische Kultur im Zentrum stand, ohne sich in Polemik gegen das „imperialistische Konzept" zu erschöpfen. Jede methodische Innovation führte auch in der Sozialismusforschung zu Übertreibungen. Die Traditionalisten warnten bald davor, die politische Kulturforschung als das Allheilmittel in der Sowjetunionforschung zu stilisieren (Connor 1979; v. Beyme 1988: 151; Brown 1974: 104). Die Hoffnungen, welche die sowjetische Wissenschaft in das neue Konzept gesetzt hatte, sollten sich ebenfalls nicht erfüllen. Die politische Kulturforschung führte rasch an den Kern der Legitimation des Systems. Die Gründe für Unzufriedenheit wie Unterprivilegierung, Schichtung und Hierarchie und abweichendes Verhalten wurden sichtbar, auch in den Bereichen, in denen die Sowjetunion ihre Daten sorgsam verschloß. Etwa bei der Kriminalstatistik tauchten Gruppen auf, deren Existenz in der Propaganda geleugnet wurde wie Wohnsitzlose und rückfällige Kriminelle. Die ritualisierte Pseudopartizipation wurde in den Umfragedaten sichtbar, wenn sich der mangelnde Informationsgrad über die Partei selbst bei ihren Mitgliedern zeigte.

Jeder neue Ansatz wurde in der Sowjetunion mit großen Hoffnungen begrüßt – aber nur von einer Minderheit. Die Mehrheit der Ostforscher arbeitete weiterhin narrativ und mit institutionell-historischen Ansätzen. Eklektizismus wurde schließlich auch von sehr methodenbewußten Sowjetunionforschern zur Tugend erklärt (Brown 1974: 104).

d. Policy-Studien

In den achtziger Jahren wurde nach dem Ende der großen theoretischen Debatten der Policy-Ansatz der kleinste gemeinsame Nenner, auf den sich Systemtheoretiker und Exmarxisten einigen konnten. Die Sprachanforderungen an die Ostforscher hat manchen von der Notwendigkeit abgelenkt, die neueren Trends im Fach zu verfolgen. Der repräsentative Überblick über „Neue Wege der Sowjetunion-Forschung" in Deutschland offenbarte das Defizit. Die Policy-Forschung fehlte vollständig (v. Borcke/Simon 1980). Die Elitenforschung beschränkte sich vielfach auf grobe Raster wie „Falken und Tauben", obwohl sie mehr und mehr zur Differenzierung von Policy-Koalitionen in der sowjetischen Elite vorstieß. Mit dem Begriff des *„Agenda-Setting"* wurde die Relevanz der ideologischen Auseinandersetzungen in der Führungsspitze für konkrete Politik-Vorhaben deutlich gemacht (Tarschys 1979). Die Differenzierung von Interessengruppen, Meinungsgruppen und *Policy-Koalitionen* wurde aus der amerikanischen Forschung auf die Sowjetunion übertragen (Löwenhardt 1981; Holmes 1981).

Diese Entwicklung war umso wichtiger, als die Modernisierungstheorien der Ökonomen den Einfluß der Politik auf das Politikergebnis eher gering veranschlagten. Was das kommunistische System erreicht hatte, wurde eher mit dem allgemeinen Entwicklungsstand als mit den voluntaristischen Zielen der jeweiligen Machtelite erklärt (Pryor 1968: 128; Wilensky 1975: 18). Der neue Ansatz machte sich die Arbeit weniger leicht. Er legte nicht mehr überwiegend Budgetdaten der Sowjetunion zugrunde, sondern untersuchte die Zyklen des Elitenwandels auf die inhaltlichen Ergebnisse der sowjetischen Politik (Bunce 1981). Dabei wurden westliche und sozialistische Länder vielfach verglichen. Ein anderer Ansatz untersuchte die Widersprüche zwischen den ideologischen Zielsetzungen und den Politikergebnissen mit den Indikatoren, welche die Statistik bereitstellte (v. Beyme 1975, 1977). Solche Vergleiche wurden von sowjetischen Forschern der siebziger Jahre noch abgelehnt. Man ging davon aus, daß die „Kennziffern" (*pokazately*) im Sozialismus etwas grundsätzlich anderes darstellten als westliche Indikatoren, obwohl das russische Wort ziemlich das gleiche bedeutete. In den achtziger Jahren vollzog sich eine Wende. Es wurden nun auch qualitative Indikatoren anerkannt und mit westlichen Daten verglichen (Rjabuškin 1980).

Die westliche Sowjetunionforschung andererseits mußte sich auf die sowjetischen Daten einlassen. Sie unterstellte nicht mehr, daß die Daten systematisch für Propagandazwecke gefälscht wurden, weil die Planer mit zunehmender Komplexität des sowjetischen Systems auf ihre eigenen Daten angewiesen waren (Schattmann 1966) Je stärker mit quantitativen Daten gearbeitet wurde, umso mehr wurde die vergleichende Forschung zum Trendsetter. Der „konsultative Autoritarismus" der Sowjetunion wurde vielfach dem quasi-pluralistischen Autoritarismus von Polen bis Ungarn gegenübergestellt (Welsh 1975). Die quantitativ-vergleichende Forschung machte deutlich, daß der sowjetische Anspruch, Vorreiter der Entwicklung zu sein, in vielen Bereichen nicht gerechtfertigt schien (Pirages 1969).

Die Ideologie erwies sich in der Sowjetunion als schwerer Hemmschuh, auch nur die notwendige Differenzierung der Politikfelder vorzunehmen. Die globale „Politische Ökonomie" glaubte alle wirtschaftlichen und sozialen Prozesse erklären zu können. Eine spezielle Wirtschaftspolitik schien nicht nötig. Nur langsam vollzog sich eine Enttotalisierung des ideologischen Erwartungshorizontes. Auf dem 23. Parteitag hat Brežnev die Wirtschaftspolitik noch zweigeteilt als „Kampf der Partei um die materielltechnische Basis des Kommunismus" und als „Wachstum des materiellen Lebensniveau des Volkes" (v. Beyme 1975, 1977). Chruščev hatte die ganze Wirtschafts- und Sozialpolitik noch unter der Überschrift „Eintritt ... in die Periode des Aufbaus des Kommunismus" subsumiert. Erst in der späten Brežnev-Ära war der Sozialismus „reif und entwickelt", aber der Kommunismus noch nicht in Sicht, so daß weitere Rabulistik im Periodisierungsschema nicht mehr glaubwürdig schien. In diese Lücke stieß der neutrale Ausdruck *Wirtschaftspolitik*. Zunächst wurde er von Brežnev noch abwechselnd mit „wirtschaftlicher Strategie" gebraucht.

1981 wurde die „Wirtschaftspolitik in der Periode des entwickelten Sozialismus" zur Kompromißformel. Vollmundige Ausblicke auf den Kommunismus fehlten nun völlig. Bei Gorbačev wurde 1986 die sozioökonomische Entwicklung als Oberbegriff benutzt. Wirtschafts- und Sozialpolitik waren nun gleichberechtigte Politikfelder.

Noch komplizierter wurde die Anerkennung des Feldes Sozialpolitik. Nur die DDR hatte von den RGW-Ländern eine sehr alte Geschichte der Teilhabe an Sozialstaatlichkeit. Die Besonderheit der DDR-Politik lag vor allem in der Konkurrenzsituation der beiden deutschen Staaten begründet. Nach einer Art „Gesetz der kommunizierenden Röhren" wurde Sozialpolitik auf beiden Seiten fieberhaft und mit guten Erfolgen zur Legitimierung der jeweiligen Gesellschaftsordnungen eingesetzt.

Das Wort *Sozialpolitik* tauchte in einem russischen Buchtitel erstmals 1977 in einer Übersetzung aus dem Polnischen auf (Raikiewicz 1977). Das Politikfeld wurde seltsamerweise bis in unsere Tage durch den archaistischen Ausdruck abgedeckt, der aus der Zeit paternalistischer Wohltätigkeit überkam (social'noe obespečenie) und der auch in deutschen Übersetzungen als *„Sozialfürsorge"* firmierte. Im wirtschaftswissenschaftlichen Zusammenhang dominierte das Politikfeld als *„Sozialplanung"* auf verschiedenen Ebenen, vor allem der betrieblichen.

Brežnev rezipierte 1981 erstmals den Begriff Sozialpolitik im Rechenschaftsbericht vor dem Parteitag im Zusammenhang der Einebnung der Unterschiede der sowjetischen Gesellschaft. Darunter wird herkömmlicherweise die Tetrade (Stadt – Land, Kopf – Handarbeit, Mann – Frau, Unterschiede zwischen Nationalitäten und Regionen) verstanden. Erst Gorbačev stellte Sozialpolitik ins Zentrum seiner Systematik und führte aus, daß es sich nicht um eine nur kompensatorische Sozialpolitik im westlichen Sinne handelte. Es ging um *„Gesellschaftspolitik"* im weiteren Sinne. Im Sprachgebrauch der DDR war die Differenz geläufiger, obwohl sie rein sprachlich auch im Russischen zu reproduzieren wäre. Aber *„obščestvennaja politika"* war im Gegensatz zu *„social'naja politika"* noch immer nicht geläufig. Wichtiger als die Übernehme eines Terminus war jedoch die Annäherung an Inhalte westlicher Wohlfahrtsstaaten, etwa durch die Rezeption des Begriffes *„soziale Gerechtigkeit"*, der bis dahin immer als sozialdemokratischer Begriff zur Verschleierung der Ungleichheiten im Klassenstaat gegolten hat. Ein gewisses Maß an Ungleichheit wurde nun sogar als Nahziel zur Herstellung von mehr Gleichheit für unvermeidlich gehalten.

Neben diesen beiden wichtigen Politikfeldern sind in kleineren Bereichen schon immer Politikfeldkombinationen akzeptiert worden. Am ehesten schien dies dort der Fall zu sein, wo Prozesse ungesteuert verliefen. Dort wurde schon früh von „Revolution" im unpolitischen westlichen Sinn gesprochen, wie die „demographische Revolution" oder die „Umweltrevolution". Auf diesen Gebieten natürlicher Prozesse schien es keine Schande zu sein, daß die Partei zugab, nicht alles *ex ante* zu steuern. Daher entwickelten sich hier Politikfelder mit Worten wie *Bevölkerungspolitik* oder *Migrationspolitik. Umweltpolitik* hätte sich ähnlich rasch durchsetzen können. Manchmal standen dieser Rezeption jedoch rein sprachliche Gründe im Weg. Das Russische mußte die Spezifizierung der benannten Politik adjektivisch zuordnen. Bei einer umständlichen Vokabel wie *„ochrana okružajuščej sredi"* (Umweltschutz) war dies rein sprachlich schwer möglich. Erst spät setzte sich die Bezeichnung „ökologische Politik" durch.

Erst die Perestroika in der Sowjetunion hat ab 1985 ganze Politikfelder revolutioniert und der westlichen Forschung angepaßt. Für die Sozialpolitik wurde die völlige

Reorganisation des Systems vorgeschlagen, da die Privilegien der Sonderversorgungssysteme in Partei und Staat soziale Konflikte schaffen. Mängel im Bereich des Grundrechtsschutzes wurden in der sowjetischen Debatte zunehmend durch Einklagung *sozialer Grundrechte* kompensiert – von der Altersrente bis zum Anspruch auf Wohnraum. Es wurden nicht nur zunehmend Anforderungen an den Gesetzgeber *de lege ferenda* gestellt, sondern auch die *institutionelle Reorganisation* ganzer Politikfelder wurde gefordert. *Deregulierung* und institutionelle Autonomie, Unabhängigkeit der sozialen Institutionen vom Finanzministerium wurden verlangt.

Auch der *Planungsprozeß* wurde von den neuen Forderungen tangiert. Nicht nur die Verbesserung der Politikformulierung stand auf der Tagesordnung. Gorbačev hat auf dem 27. Parteitag scharf kritisiert, daß die Wissenschaft zum verlängerten Arm der Ministerien geworden sei und ihre Politikberatungsfunktion nicht unabhängig genug wahrnehme. Vor dem Zentralkomitee ging er soweit, die Sozialwissenschaften *in toto* zu kritisieren, weil sie eher „wissenschaftliche Toaste" ausbrächten, als ernsthafte Arbeit leisteten. Seit langem ist in der Planungstheorie kritisiert worden, daß die Planungserfüllung als Beweis dafür genommen wurde, daß der Plan gut war (Gendin 1970). Man fragte *ex post facto* selten, ob Planungsalternativen ein besseres Resultat gebracht hätten. Kritische *Evaluierung* der Ergebnisse erschien daher für die Verbesserung der Planung unerläßlich.

Als an der Wende zu den neunziger Jahren auch die sowjetische Wissenschaft die westlichen Methoden voll akzeptierte und die Grundbegriffe der Politikanalyse selbst im internationalen Bereich von der Konfrontation zur Konvergenz kamen – etwa in der Übernahme der Theorie der Interdependenz durch Gorbačev, nicht ohne kräftigen Einfluß seines Ratgebers vom Institut für Staat und Recht, Georgij Šachnazarov – kam die Sowjetunion an den Anfang ihres Endes. Die Wissenschaft war blockiert von täglich dringlichen Anfragen. Eine hektische Übernahme westlicher Errungenschaften ließ den Rezeptionsprozess zerfasern. Während die Traditionalisten in dieser Epoche begeistert von Gorbačev und seiner neuen Equipe waren, haben die Strukturalisten – die früher die Entwicklungsmöglichkeiten der Sowjetunion eher zu positiv beurteilt hatten – sich in Pessimismus geübt. *Glaznost'* drohte die Perestroika durch eine hektische und strukturierte öffentliche Diskussion ohne hinreichende Handlungskonsequenzen zunichte zu machen. Sein intellektuell wichtigster Berater Šachnazarov gab rückblickend zu: „Gorbatschow jedoch verfügte über kein in sich geschlossenes Programm, was seine Reformpolitik anging. Michail Sergejewitsch selbst versuchte wiederholt, Ungereimtheiten in seiner Politik zu begründen. Ich denke nicht, daß er sich von Anfang an der Absicht deutlich bewußt war, das alte System zu zerstören. Er wollte es einfach verbessern und perfektionieren und glaubte, daß dies möglich ist" (Schachnasarow 1996). Im Rückblick sind seine drei Grundversäumnisse in der Politikanalyse deutlich. Nötig wäre gewesen, die Einparteienherrschaft, das Empire und die sozialistische Planwirtschaft aufzugeben.

2. Rückwärtsgewandte Prophetie und Untergangsszenarios

Politische Theorie versteht sich als Kausalanalyse über Fakten, als Prognose und als Urteil im Bereich des Sollens. Mit der dritten normativen Operation der Wissenschaft hatten die meisten Sowjetforscher keine Schwierigkeiten: Das autoritäre System hätte man gern geändert oder verschwinden sehen. Aber die meisten Forscher waren positivistisch genug, sich der direkten Werturteile zu enthalten. Nach 1991 reklamierten nicht wenige Forscher, den Untergang vorausgesehen zu haben. Kaum ein Forscher, der nicht nur ein winziges Detail beschrieb, hat die Krisenerscheinungen der Sowjetunion übersehen. Aber Prognosen des Untergangs gab es nicht, und wo es sie gab, war die falsche Ursache angegeben, von einem sowjetisch-chinesischen Krieg bei Amalrik bis zu einem Zerfall der Sowjetunion durch Nationalitätenkonflikte (Carrère d'Encausse, 1979; Amalrik 1970).

Fëdor Burlackij, in den achtziger Jahren – neben dem späteren Gorbačev-Berater Georgij Šachnazarov – einer der Pioniere der Öffnung zu den westlichen Sozialwissenschaften – berichtete einmal von seinem ersten Amerikaaufenthalt. Er war entsetzt, nur Wissenschaftler mit einer tiefen Abneigung gegen das Sowjetsystem getroffen zu haben, und schloß mit dem Ausruf: „Wie kann man sein ganzes Leben über ein System forschen, das man haßt?". Nach seinen Gesprächspartnern gefragt, kam ein einheitlicher Typ zum Vorschein: jüdische Gelehrte, aus Rußland oder Polen emigriert. Sie kumulierten ein dreifaches Bias, das aus dem Verlust des Heimatlandes, dem Trauma antijüdischer Verfolgung und der besonders starken Internalisierung eines amerikanischen Credos resultierte. Der Hinweis tröstete ihn nicht, daß es auch ganz neutrale Positivisten von Rang in der amerikanischen Osteuropaforschung gebe. Nicht nur der Haß von Emigranten gegen das System hat den Blick gelegentlich getrübt. Er führte, im Verbund mit Totalitarismustheorien, zu einer Überschätzung der Dauerhaftigkeit von Regimen auf der Grundlage von Zwang. Seine Prognosen gingen nicht weniger in die Irre als die heimliche Liebe der Konvergenztheoretiker, die unverdrossen an die Lern- und Mischungsfähigkeit des Kommunismus glaubten oder auch nur technokratisch dem Selbstlauf eines technologischen Anpassungszwanges vertrauten. Aber auch Positivisten sine ira et studio hatten außerwissenschaftliche Motivationen. Manchmal mochten sie ganz einfach das Land, weil sie nicht ihr Leben lang einen Gegenstand erforschen wollten, den sie haßten. Die Vorstellung einer völlig rationalen und wertfreien Wissenschaft, die aus den Selbstanklagen der Sozialwissenschaften über ihre mangelnde Prognosefähigkeit sprechen, geht von einem veralteten Bild der Wissenschaft aus. Das Bild ist geprägt vom Baconschen Optimismus: Wissenschaft setzt sich gegen Ideologie und Aberglauben in einem kontinuierlichen Prozeß der Aufklärung durch und findet Wahrheit und Nützlichkeit für die Gesellschaft zugleich. Poppers Vorstellung eines kritischen Rationalismus, der mit „trial and error" inkremental der Wahrheit näher kommt, war die letzte imposante Ausprägung dieses rationalistischen Optimismus. Thomas Kuhns Paradigmawandeltheorie hat dieses Bild auf die langweiligen Zeiten von „normal science" ohne große Innovationen relativiert. Spätere Wissenschaftstheoretiker wie die Ethnomethodologen haben wissenschaftliche Ergebnisse als Konstrukte angesehen, die wenig systematisch und stark kontingent geschaffen werden. Finalisten haben die Wissenschaft im Reifestadium immer stärker an gesellschaftlichen Imperativen orientiert gesehen. Ziele und Interessen und nicht rationale innere Logik wurden als Grundlage des wissenschaftlichen Forschungsprozesses wahrgenommen.

Auch Forscher, die von der ideologischen Innovationsfähigkeit des realen Sozialismus wenig hielten, vertraten das Paradigma eines linkssozialdemokratischen Konsenses über die Notwendigkeit einer „aktiven Gesellschaft" (A. Etzioni). Die klassische Moderne hatte den vormodernen Hang zu eschatologischen Evolutionstheorien zu überwinden. Aber Relikte eines zielgerichteten historischen Prozeßdenkens blieben erhalten, und zwar keineswegs nur bei den Marxisten. Die Modernisierungstheoretiker ähnelten ihnen in manchen Annahmen und in ihrem Hang zur Stadienbildung à la Rostow. Die gesellschaftliche Dynamik wurde nach modischen Begriffen verdinglicht. Man vergaß, daß Akteure die Geschichte in eine bestimmte Richtung drängen können, obwohl die meisten Modernisierungstheoretiker von der Machbarkeit der gesellschaftlichen Welt fasziniert waren. Die alte Einsicht von Ludwig von Mises wurde so vergessen: „Die Welt nähert sich dem Sozialismus, weil die große Mehrzahl es will; sie will es, weil sie den Sozialismus für eine höheren Wohlstand verbürgende Gesellschaftsordnung hält." Vollends verdrängt wurde die Prognose bei Mises: „Tritt in dieser Auffassung ein Wandel ein, dann ist es um den Sozialismus geschehen." (v. Mises 1922: 498).

Gerade dies wurde für unwahrscheinlich gehalten. Immobilität wurde für Stabilität gehalten. Eine an Schumpeter orientierte Theorie hat die allokative Effizienz der Marktwirtschaft niedrig eingeschätzt. Sie erwies sich aber – entgegen der Annahme Schumpeters – auch im Sozialismus aufgrund unrealistischer politischer Zielsetzungen als unterentwickelt. Größtes Manko des Sozialismus war für Schumpeter seine Unfähigkeit zur Innovation.

Innovationen waren in einem Kommandosystem, in dem man schnell degradiert oder gar der Sabotage verdächtigt werden konnte, wenn ein Projekt scheiterte, existenzbedrohend für die Wirtschaftseliten. Staatswirtschaften mieden daher solche Risiken. Immobilität in der Wirtschaft hätte allenfalls durch politischen Pluralismus überwunden werden können, wenn Manager sich für ihre Risikobereitschaft auf unterschiedliche politische Kräfte hätten stützen können. Aber gerade an dem Punkt der politischen Öffnung war das System noch starrer als im Bereich der wirtschaftlichen Experimentierbereitschaft.

Im Rückblick läßt sich in rückwärtsgewandter Prophetie die These halten, daß das System untergehen mußte. Nicht wenige kehrten sogar zur Vermutung der liberalen wie Mises und Hayek in den 20er Jahren zurück, daß der Sozialismus als Wirtschaftssystem nicht funktionieren konnte. Man kann mit dieser Wiederanknüpfung – ebenso wie mit der gemäßigteren Variante, daß der Sozialismus recht und schlecht funktionieren konnte, aber notwendigerweise mangels Innovation immer stärker im Systemwettbewerb zurückfallen mußte – jedoch in dem Zwang, begründen zu müssen, warum der Sozialismus vorübergehend gute Wachstumschancen entwickelte. Nach dem Zusammenbruch wurden die Daten – vor allem in Rußland – nachträglich nach unten korrigiert. Aber selbst die bereinigten Zahlen zeigten für die 50er und 60er Jahre ein Wachstum, das vielen westlichen Ländern nicht nachstand. Wie war das zu erklären? Mancur

Olson hat in Anpassung der Sowjetunion an seine These vom „Decline of Nations" eine überraschend einfache Lösung des Dilemmas gefunden: Sozialistische Diktatoren wie Stalin und Chruščev wurden als „Besitzer der Sowjetunion" deklariert. Sie entwickelten jenes „umfassende Interesse" (encompassing interest), das als funktionales Äquivalent eines risikobereiten Unternehmertums Wachstum begünstigte. Mit Abnahme der Steuerungsfähigkeit der Zentrale im Spätsozialismus bildeten bürokratische Cliquen spezielle Interessen heraus, für die sie einen innersozialistischen Lobbyismus entwickelten, der als Äquivalent stagnierender westlicher Systeme fungierte. Die Kartelle der speziellen Interessen hatte kein übergreifendes Wachstumsinteresse mehr und verzettelten sich wie ein westlicher „Gewerkschaftsstaat" in Verteilungskämpfe (Olson 1992).

Die Wirtschaftstheorie hat sich länger als die politische Theorie bezüglich der Stabilität des Systems im realen Sozialismus geirrt. In der politischen Systemlehre gab es keine ernstzunehmenden Ansätze, welche die politische Diktatur akzeptierten – in der Annahme, daß damit die gesellschaftliche und wirtschaftliche Effizienz gesteigert werden könnte. In der Wirtschaftstheorie hingegen war man zwar nicht für die Diktatur. Aber man schätzte die Steuerungsleistungen eines Systems mit zentraler Planung und verwies dann gern die undemokratischen Begleiterscheinungen in der politischen Sphäre in den Datenkranz, den andere Wissenschaften zu bearbeiten hatten. Die Faszination der Planung erfaßte nicht nur dogmatische Keynesianer, sondern vielfach Entwicklungsökonomen mit großen humanen Zielen wie Gunnar Myrdal oder Jan Tinbergen.

Wie stark wissenschaftliche Forschungsdesigns mit der wahrgenommenen faktischen sozialen Entwicklung zusammenhingen, zeigte sich daran, daß in den 80er Jahren praktisch nur noch verbohrte Ideologen mehr als eine bloße Überlebensfähigkeit – gegründet auf das atomare Patt – feststellten. Nur Dritte Weg-Theoretiker banden die Prognose an eine „clausula rebus non sic stantibus", nämlich die Voraussetzung, daß der Sozialismus sich demokratisiert und zum Pluralismus und zur Marktwirtschaft hin öffnet. Ein Exponent des Prager Frühlings wie Zdenek Mlynář (1983: 166) hat folgerichtig die Beschleunigung der Krisenzyklen im sozialistischen System beschrieben, weil die Innovationen ausblieben. Aber auch seine Prognose richtete sich nur auf eine Abnahme der Aggressivität des Systems, nicht auf die These eines möglichen Zusammenbruchs.

Die Irrtumsbereitschaft der westlichen Sozialwissenschaften gegenüber dem Sozialismus milderte sich erst Ende der 70er Jahre, als die Wirtschaftssysteme in die Krise gerieten, die wirtschaftliche Öffnung und die joint ventures nicht die erhofften Erfolge zeitigten und die sozialistischen Länder immer tiefer in die Schuld beim westlichen „Klassengegner" gerieten. Bis dahin wurde dem Sozialismus auch in der Ökonomie eine gewisse Anpassungsfähigkeit nachgesagt. In der Perestroikaphase hat man die Krise des Sozialismus immer weiter zurückdatiert.

Einzelanalysen kamen nicht zu Ergebnissen, die Szenarien des Untergangs beschrieben. Allenfalls Studien, die Strukturschwächen quer durch die Subsysteme verfolgten, konnten eine Untergangsprognose wagen. Aber die Studien über Korruption, deren Zahl in den 80er Jahren wuchs, haben sich der Prognosen meist enthalten. Erst ex post facto konnte Leslie Holmes (Holmes 1993; Fish 1995) von seiner Korruptionsstudie auch das „Ende der kommunistischen Macht" ableiten und für einen zündenden Buchtitel verwenden. Aber die theoretische Frage blieb: Warum mußte das Sowjetsystem untergehen? Das Wachstum der Korruption gibt einen Grund dafür an – aber ist das ein zureichender Grund? Dem Komparatisten müssen Zweifel kommen. Er stellt die Kontrollfrage: Warum gibt es in Lateinamerika bei noch mehr Korruption gelegentlich einen Coup d'état, aber ganz selten einen Systemwechsel? Allgemeiner: Wieviel Korruption kann ein System überleben? Ein Teil der Korruption war vielleicht notwendig, um durch illegale Marktelemente das legale Plansystem zum funktionieren zu bringen? Wegen der überflüssigen Teile an Korruption hätte das System nicht untergehen müssen. Andere Systeme überlebten das gleiche Ausmaß an Korruption.

Wie weit die Korruption die Legitimierung eines Systems untergräbt, ist kaum untersucht worden. Westliche Erfahrungen zeigen, daß die Wähler in wirtschaftlichen Schönwetterzeiten gegenüber der Selbstbedienungsmentalität der politischen Klasse tolerant sind. Nur in Krisen kommt es zum Loyalitätsentzug. Korruption ist aber bisher in westlichen Studien allenfalls als intervenierende Variable im Hinblick auf die Folgebereitschaft der Bevölkerung behandelt worden. Im Sozialismus gab es – mangels exakter Umfragedaten – kaum empirisch brauchbare Legitimitätsstudien, und die wenigen, die es gab, stellten Entlegitimierungsgründe narrativ nebeneinander (Rigby/Fehér 1982).

Erst in den 80er Jahren hat sich die Forschung aus der Agonie der Vorstellungen einer Ultrastabilität des Systems auf der Basis eines totalitären Sozialismus gelöst. Die Totalitarismustheorie hat den Blick auf die künftige Entwicklung eher verstellt als erhellt. Sie hielt eine Rebellion von innen nicht für möglich, sondern nur die Einwirkung von außen. Diese war durch das Patt der atomaren Potentiale unmöglich geworden. Die Totalitarismustheorie mußte aufgegeben werden, um den inneren Wandel denken zu können. Brzezinski hatte dies vorsichtig 1971 getan, als er wenigstens für Polen einen Wandel von innen nicht ausschloß. Auch in den 80er Jahren hielten sich die Analytiker an die Vorstellung, daß die Sowjetunion einen Wandel nicht zulassen werde. Die *clausula rebus sic stantibus* bekam absolute Wirkungskraft.

Im Gegensatz zu Brzezinskis Wandlungen haben viele Anhänger der Totalitarismustheorie, bei denen diese eher „gesunkenes Kulturgut“ als analytisch bewußte Entscheidung war, Friedrichs Stabilitätsannahmen geteilt. Es bleibt ein Paradoxon der vergangenen Fehlprognosen, daß linke Sympathisanten wie konservative Gegner des realen Sozialismus zum gleichen Ergebnis, nämlich Stabilität, kommen konnten. Unterschiedlich war nur die Bewertung.

Es gab einen einzigen Ansatz, der den Untergang des Sozialismus voraussagte, aber er stellte kaum eine empirisch operationalisierbare sozialwissenschaftliche Theorie dar, sondern war eine Metatheorie. Es handelt sich um die Systemtheorie nach ihrem zweiten paradigmatischen Wandel zur *Theorie selbststeuernder Systeme* (Autopoiesis). Schon in der ersten Phase der Systemtheorie hatte es bei Parsons Andeutungen gegeben, daß der Sozialismus nicht lebensfähig sei. Aber sie wurden meist nicht ernst genommen. Erst in den 80er Jahren entdeckte Luhmann in seinem Flug über den Wolken die erloschenen Vulkane des Marxismus. Im Kreis um Maturana (Maturana 1985: 178) wurde noch klarer ausgesprochen, daß das moderne Weltsystem die Tendenz entwickelte, alle Teile zu „versklaven“ und keine Abweichungen vom dominanten Code zu zulassen. Das bedeutete im Klartext, daß kein System mehr sozialistisch werden könne, wenn das dominante Weltsystem kapitalistisch sei.

Dieser hochabstrakte Ansatz legte Prinzipien einer subjektlos gedachten Evolution frei. Exakte Prognosen konnte er nicht geben. Nur ex post facto konnte der Historiker analysieren, welche Konstellationen – unter Mitwirkung welcher Akteure – ein System schließlich tatsächlich zu Fall gebracht hatten.

Matrix: Die Einschätzung der politischen Stabilität und der wirtschaftlichen Effizienz des Sozialismus in der Kommunismusforschung

		POLITISCHE STABILITÄT			
		Zwang (totalitäre Kontrolle)	Aktive Unterstützung (Ideologie, Mobilisierung)		Passive Unterstützung (materielle Gratifikationen)
			Ist-Zustand Legitimität	Soll-Zustand mögl. Legitimität	
WIRTSCHAFTLICHE EFFIZIENZ	Effizient durch systemeigene gute Leistungen	Leninisten Stalinisten Olson 1992 (für die Frühzeit des Sozialismus)	Kuba-Literatur (Dumont, Fagen, Zeitlin u.a.) Sino-phile Literatur Perestroika-Literatur Glaeßner 1989 (DDR)	Konvergenztheorien 3. Weg-Theorien	Mainstream-Positivismus der 60er und 70er Jahre Maoistische und trotzkistische Kritik an der SU
	Minimaleffizienz, die das Überleben sichert	Totalitarismustheorie Huntington 1984	von Beyme 1975		Mainstream-Politivismus der 80er Jahre
	Strukturelle Insuffizienz	von Mises 1922 Amalrik 1970 Brzezinski 1971 Autopoietische Systemtheorie	——————→		Mlynář 1983 Zusammenbruch

Quelle: v. Beyme 1994: 30

Die wichtigste Folge des Zusammenbruchs im realen Sozialismus für die Osteuropaforschung ist das Abklingen der Glaubenskriege. Sie werden im Streit darum, wer „es schon immer gewußt hat", noch ein paar Nachgeplänkel haben, können aber den methodischen Besinnungsprozeß, der vor allem in den Sozialwissenschaften, die sich mit Osteuropa befassen, einsetzen muß, nicht beeinträchtigen.

3. Transitologie

Die Transformationstheorien gerierten sich vielfach, „als ob sie es schon immer gewusst" hätten. Mit den Theorien und Methoden zur Erforschung der Sowjetunion – mit ihren Leistungen und Fehlleistungen – befasst sich niemand mehr. In aller Munde ist in Demokratien die „Pfadabhängigkeit“ von Entwicklungen, die Reformen erschweren. Im Überschwang der friedlichen Transformation ging man aber davon aus, dass die sozialistischen Länder ihre historischen Belastungen rasch überwinden würden. Herbert Kitschelt war einer der wenigen, welche die Pfadabhängigkeit für die nachkommunistischen Regime thematisierten: Kontinuität der Eliten, der Organisationsmuster, der Korruptionsneigungen.

Mit der Transformation der kommunistischen Systeme ist ein älterer Methodenstreit wieder aufgebrochen oder wird latent unter anderen Bezeichnungen wieder ausgetragen: *area studies versus vergleichende Sozialwissenschaften*. Mit diesem Streit waren drei Kontroversen verbunden:

1. Die Frage ob die Sozialwissenschaften wie die Naturwissenschaften verfahren sollten. Die „Naturalisten“, welche diese Frage bejahten, verbanden damit die Forderung, daß die Wissenschaft auf nomologische Erklärungen und Prognosen gerichtet sein solle (Michael/McIntyre 1994).
2. Wertfreie empirisch-analytische Wissenschaft statt holistischer Gesamtschau. Die „Naturalisten“ hatten nichts gegen die Fremdbezeichnung „Positivismus“ (Fleron 1996: 246).
3. Ob die Regime Osteuropas „einmalig“ seien und sich daher mit anderen Systemen nicht vergleichen ließen. Der schärfste Vertreter des Antinaturalismus war Alfred Meyer gewesen. Einerseits war er einer der wichtigsten Revisionisten des Totalitarismusparadigmas, der neue Ansätze des Pluralismus in die Sozialismusstudien hineintrug und sich dagegen wehrte, dass die westlichen Demokratien nach ihren Idealen, die kommunistischen Regime aber nach ihrer Praxis beurteilt würden (Meyer 1975: 114). Er monierte die Unterstellung, dass es im Kommunismus keinerlei Partizipation, Legitimität und Akzeptanz des Regimes gäbe und wandte damit implizit ganz neue bisher vernachlässigte sozialwissenschaftliche Methoden an. Andererseits gerierte er sich als antiszientistischer Schöngeist, der Kunst und Kultur bei den Area Studies für sinnvoller erachtete als die politikwissenschaftlichen Methoden und Modelle. Die naturalistische Position beharrte darauf, dass diejenigen, welche die Area Studies nach einem verbalen Bekenntnis zu ihrer notwendigen Vereinigung letztlich doch gegen die vergleichende Wissenschaft ausspielten, weil sie Methode (als Logik der Wissenschaft) und Forschungstechnik identifizieren. Ihre Vertreter sahen die naturwissenschaftliche Methode mit ganz unterschiedlichen Positionen und Forschungstechniken kombinierbar, vom Positivismus bis zum Konstruktismus (Fleron 1996: 247). Letzteres ist freilich zu bezweifeln. Der Konstruktivismus ist kaum szientistisch zu nennen und neigt zu einem antikausalistischen und nicht-analytischem Holismus.

Mit dem Zusammenbruch des Kommunismus scheint die naturalistische Position an Boden gewonnen zu haben. Die Besonderheiten der kommunistischen Systeme, die einen Vergleich mit anderen Regimen für viele Betrachter ausschließen, schien untergegangen zu sein; es sei denn auf einer hochabstrakten Ebene, in der Luhmann Einparteiendiktatur im Sozialismus und demokratische Vielparteiensysteme als funktionale Äquivalente für die Stabilisierung der jeweiligen Systeme ansah. Für Meyer hatten diese Besonderheiten im Konzept der nationalen Kultur, der Betonung von reiner Elitenpolitik, der ideologischen Determiniertheit und im Totalitarismus gelegen (Meyer 1975: 110f). Allenfalls die erste Besonderheit der totalitären Area-Studien schien es für die Postkommunismusforschung noch zu geben: die nationale Kultur. Angesichts der Tatsache, daß der Nationalismus in das Vakuum einrückte, das die realsozialistischen Ideologien hinterlassen hatten, scheint dieser Punkt noch an Bedeutung zu gewinnen. Die rein elitäre Politik hingegen spielt nur in einer Unterrubrik der „delegativen Demokratie" (Guillermo O'Donnell) oder der „defekten Demokratie" (Wolfgang Merkel) eine Rolle, die in den GUS-Staaten weit verbreitet sind. Dennoch sind viele Osteuropaforscher verunsichert. Es scheint die Empfehlung eines routinemäßigen Behavioralismus nach dem Systemwechsel um sich zu greifen (Motyl 1993: 73f.). Da die statistischen Daten der neuen Regime zum Teil noch sehr unbrauchbar sind, haben sich viele Forscher auf Umfragedaten geworfen. Schon immer hat die Historiker an den Sozialwissenschaften gestört, dass sie ihre Daten notfalls selbst generieren können. Die behavioralistischen Forschungstechniken sind in hohem Ansehen, aber der Behavioralismus als Methode wurde zunehmend in seiner theoretischen Grundlage angezweifelt. Die Rational-Choice-Ansätze haben dem Behavioralismus inzwischen heimgezahlt, was dieser einst den deskriptiv-historisch oder institutionalistisch arbeitenden Sozialwissenschaftlern angetan hat. Dennoch sind beide Ansätze Zweige vom Baum eines Szientismus, vereint durch das Kredo, dass die historischen Besonderheiten für die Sozialwissenschaften keine Relevanz haben dürfen. Die behavioralistische Revolution hat wenig Theorie hervorgebracht und neigte in ihrer forschungstechnisch orientierten Konzeption dazu, an die „unbefleckte Empfängnis" der Fakten zu glauben, aus denen die Theorie gleichsam durch „Selbstzeugung" hervorgehen werde (Gunnell 1987: 70). In diesem Ansatz kam es nicht zu *deduktiven Theorien*, sondern allenfalls zur *Induktion*: Aus der Abstrahierung und Generalisierung der Fakten wurden Theorien gewonnen – ein Verfahren, das aber auch außerhalb der Osteuropa-Forschung weit verbreitet ist. Seit die Popper-Orthodoxie des Kritischen Rationalismus in der Postmoderne stark in Frage gestellt wurde, beten zwar viele Empiristen in ihren methodologischen Kredos noch zu den alten Göttern. In ihren eigenen Forschungen aber gehen sie nicht deduktiv-theoretisch, sondern induktiv-typologisch vor.

4. Von der Transitologie zur Konsolidierungstheorie

„Transitologie" wurde zunächst als ironischer Ausdruck benutzt, der – wie die „Sowjetologie" – keine hohen theoretischen und methodologischen Erwartungen weckte. Als Ahnherr dieses Wissenszweiges wurde Machiavelli gefeiert. Schon er war ein Meister der unsystematischen aber scharf analytischen Ad-hoc-Argumente. Philippe Schmitter war der erste, der eine Entwicklung von der *transitology* zur *consolidology* voraussah (Schmitter/Karl 1994: 174). Der Terminus „Konsolidologie" ist im Deutschen ein solcher Zungenbrecher, dass man seine Einführung gar nicht erst erwägen konnte. Aber ohne

Zweifel gibt es auch in den deutschsprachigen Ländern eine wachsende Konsolidierungswissenschaft.

In der Transformationsperiode war die Analyse stark auf klare Kausalitäten gerichtet. Die Überlegungen standen vielfach noch in der Tradition des *„retrospektiven Determinismus“* der älteren Sowjetologie. Der Systemwechsel in Osteuropa war im Vergleich zu anderen Regionen erstaunlich kurz und – mit Ausnahme von Rumänien oder Georgien – erstaunlich wenig gewaltsam. Umso schwieriger war jedoch die Konsolidierung der Systeme.

In der Konsolidierungsphase überwog ein typologisch arbeitender Systemansatz, der sich weniger für Prognosen eignet. Allerdings ist die Vermutung, daß die vergleichende Systemforschung in Osteuropa zunehmend quantitativ-mathematisch vorgehen wird, auch ein Schritt zu der weiteren Vermutung, dass die Prognosefähigkeit der Erkenntnisse an Bedeutung gewinnt. Seit Downs gilt das behavioralistische Kredo, dass Sozialwissenschaften mehr auf die exakte Prognose als auf die detailliert erklärende Beschreibung der Phänomene gerichtet sein müsse. Die ältere Sowjetologie war jedoch im Vergleich zu ihrer Erklärungskraft in der Prognosefähigkeit eindeutig unterdeterminiert (Fleron 1996: 270).

Die Unsicherheit schlägt sich in einer methodisch-theoretischen Verzagtheit nieder. Man will erst einmal erneut Fakten sammeln und sich auf den Trümmern eines alten Regimes mit unklaren Konsolidierungsperspektiven orientieren. Da die objektiven Indikatoren, welche die nicht konsolidierten Demokratien produzieren, so wenig brauchbar erscheinen, ist es kein Zufall, dass nach Wegfall der alten Restriktionen die Forschung sich gerne auf Umfragedaten stürzt. *Surveyforschung* aber wurde vor allem von Forschern betrieben, die sich vor 1989 niemals für Osteuropa interessiert hatten, wie z.B. Hans-Dieter Klingemann, Herbert Kitschelt oder Richard Rose. Sie konzentrierten sich in der Wahl-, Parteien- oder politischen Kulturforschung. Gelegentlich werden die Vorurteile der Osteuropaforscher gegen diese neue Konkurrenz bestätigt, wenn sie bestimmte Abweichungen von den nomologischen Gesetzmäßigkeiten nicht erklären können und dies der Erklärung der Spezialisten für die kulturellen Eigenarten des betreffenden Landes überlassen. Wo sich die neue Konkurrenz jedoch der Mitarbeit der alten Landesexperten versichern, entstanden die besten Standardwerke.

Angesichts der enormen mathematischen Begabung vor allem der Russen schreitet der Prozeß der *Ökonometrisierung* auch bei westlichen Osteuropa-Wirtschaftsforschern voran. Die Sozialwissenschaftler hinken mit *Rational-Choice-Modellen* einer individuellen Akteursentscheidungsökonomie mühsam hinterher. Aber die Ökonomie wird zum Trendsetter der Sozialwissenschaften. Einen Primat der Politik, wie er noch in den alten „Polizey- und Kameralwissenschaften“ existierte und im realen Sozialismus – wenigstens in ideologischen Erklärungen des Regimes – sich noch einmal „neoabsolutistisch“ wieder herstellte, kann es nicht mehr geben. Die Ökonomie wird die Leitwissenschaft – bis hinein in die Kunst- und Kulturbereiche, die ihr inhaltlich am fernsten zu stehen scheinen.

Dieser hier vorausgesagte Prozess der *„Selbstkolonialisierung“* eines Faches – hoffentlich wieder eine Fehlprognose! – ist von keinem Geringeren als Albert Hirschman schon vor Jahrzehnten gebrandmarkt worden (Hirschman 1970: 9) Das Phänomen ist als *Karrierismus* gedeutet worden, weil Rational-Choice-Uniformität der Ansätze die Forschungsagenda rigide zu kontrollieren erlaubt. Ein vielseitiger Kommunismusforscher wie Chalmers Johnson befürchtete jedoch, dass durch diesen Trend Wissenschaftler ausgebildet werden, die die Kulturen, die sie untersuchen, systematisch missinterpretieren. Die Gefahr ist um so größer, als das zugrunde gelegte Rationalitätskriterium vor allem ein amerikanisches Kulturgefühl reproduziert. Die Rational-Choice-Bewegung fand den früheren Behavioralismus zu simpel. Er vernachlässigte die Institutionen. Diese wurden nun aber nicht in ihrer Besonderheit studiert, sondern ebenfalls ziemlich vereinfacht als „Spielregeln" der Interaktion aufgefaßt. Analogien zum Sport wurden üblich (Johnson/Keehn 1994). Die Institutionen haben kein Eigenleben, sondern sind nur Kanäle, in denen das politische Handeln so gebündelt wird, daß es jeweils mit den eigenen Präferenzen der Individuen kompatibel wird. Ein Fußballfeld hat keine Eigendynamik, so lange die Abseitsregeln noch gelten. Aber ein Parlament hat ein Eigenleben trotz einer rigiden Geschäftsordnung!

Die *politikwissenschaftliche Osteuropaforschung* hat einen starken Nachfrageverlust erlitten. Mit dem Zusammenbruch des realen Sozialismus gibt es keine Arcana imperii mehr zu erklären. Die *Transitologie* optierte daher zum Teil bewusst für eine *Grundlagenforschung* und postulierte die Notwendigkeit einer historisch orientierten sozialwissenschaftlichen Forschung (Umbach 1998: 809). Angesichts der Interaktion de osteuropäischen Länder mit den alten Demokratien ist eine wichtige Innovation die Zusammenschau von Innen- und Außenpolitik. Gelegentlich wurde auch die sowjetische Außenpolitik – vor allem soweit sie Außenwirtschaftspolitik war, aber auch bei rein symbolischer Politik der Machtentfaltung – als Ausdruck von innenpolitischen Interessenkoalitionen gedeutet. Heute aber wird die *„linkage-Problematik"*, welche die Theorie der internationalen Politik immer beschäftigt hatte, ins Zentrum der Forschung gerückt. Dies ist umso auffallender, je näher ein Land an die europäische Integration herangerückt ist, wie die Visegrád-Staaten.

In der Osteuropapolitikforschung war die bedeutendste Innovation, dass die Konzepte der Demokratieforschung nun auf die neuen Demokratien übertragbar schienen. Die Interessengruppen-, Korporatismus- und Netzwerk- und Policy-Gruppen-Analysen hatte es schon in der sowjetischen Zeit gegeben, aber sie blieben auf den administrativ-politischen Teil des Geschehens beschränkt. Nun wurde vor allem der partizipatorisch-demokratische Teil des politischen Geschehens mit den im Westen entwickelten Konzepten angegangen. Am meisten Kontinuität hatten die Elitenstudien. Hier ließ sich eine beträchtliche Kontinuität des Personals feststellen – außer in Ostdeutschland. Die Spitzenpolitiker verschwanden, aber es war überwiegend nicht die Gegenelite, die an die Macht kam, sondern die „lower nobility" des alten Kadersystems (Balis 1994: 325).

5. Neue Felder der Osteuropaforschung

Neue Forschungsbereiche hielten Einzug in die sozialwissenschaftliche Osteuropaforschung:

- die Erforschung der Zivilgesellschaft und des Nationalismus,
- das „constitutional engineering",
- die Konsolidierungsforschung,
- die Entwicklung von Hybriden zwischen konsolidierter Demokratie und einem neuen Autoritarismus.

In der empirischen Wissenschaft war das constitutional engineering und die Konsolidierungsforschung am weitesten verbreitet.

a. Constitutional engineering

Niemals zuvor in der abendländischen Geschichte sind so viele Systeme auf einmal zu einem demokratischen System übergegangen. Die schöne Trinität der Stadien in der Schule Philippe Schmitters „Liberalisierung, Demokratisierung, Konsolidierung" traf eigentlich nur auf die paktierten Transitionen wie Polen und Ungarn zu. Nicht überall gab es eine Phase der Liberalisierung. Immerhin blieb die Demokratisierung ein wichtiges Stadium, und es war durch die Suche nach neuen Institutionen gekennzeichnet.

Mit der Krise des Behavioralismus kam „Opas" Institutionenlehre wieder zu Ehren. Man durfte wieder über die Vorzüge von Parlamentarismus und Präsidentialismus streiten. Die neuen Demokratien – aber auch einige alte Demokratien, die von der „Demokratie zur Demokratie" übergingen, wie Italien 1994 – entdeckten auch im Westen die Vorzüge der semipräsidentiellen Systeme, die Sartori, der Wiedererwecker der Idee des Constitutional Engineering, für sein Land befürwortete. Der Neo-Institutionalismus machte die Wende möglich, vor allem in Verbindung mit Rational-Choice-Ansätzen (Sartori 1994). Die Suche nach dem geeigneten Institutionenmix für neue Demokratien – etwa Proporzwahlrecht in Kombination mit einem semipräsidentiellen System – beherrschte die Diskussion, die von Nicht-Osteuropaforschern dominiert worden ist (Elster/Slagstad 1988; Offe 1996/Hesse/Johnson 1995; Lijphart 1991). In diesen Ansätzen fanden sich die Konservativen wie Lijphart, Linz oder Sartori – ohne quantitative Präferenzrechnungen – mit jenen Ex-Linken, die manchmal als „Rational-Choice-Marxisten" bezeichnet worden sind, wie Przeworski, Jon Elster oder Claus Offe. Wo die Traditionalisten die Machtstabilisierungskalküle charismatischer Führer zur Erklärung der Option für ein semipräsidentielles System statt eines rein parlamentarischen Systems annahmen, haben die Szientisten eher mit kollektiven Interessen argumentiert: Bei ungesicherten Parteiensystemen und wenig artikulierter Interessenvertretung sei ein System mit herausragender Stellung des Präsidenten eine notwendige rationale Wahl der Institutionen gewesen (Döring 1997). Das hinderte die Paläoinstitutionalisten freilich nicht, mit deskriptiver Analyse komplexerer und individuellerer Erklärungsmuster fortzufahren, wie sie in den Osteuropa-Zeitschriften noch immer dominiert (v. Beyme 1994: 229ff; Merkel 1990). Dem kulturellen Faktor wurde bei quantitativen Studien gelegentlich gehuldigt, wenn auch nicht mit individualisierenden Argumenten im Sinne der Anhänger einer Regionalforschung. Ökonomische und institutionelle Reform korrelierten mit religiösen Traditionen, wobei sich Cluster von Systemen orthodoxer oder muslimischer

Religion und Cluster von protestantischen oder katholischen Systemen ergaben (Fish 1998: 54f). Das Regierungssystem korrelierten ebenfalls mit diesen Typen: Je reformfreudiger die Ökonomie umso parlamentarischer schien das Regierungssystem.

Während die Rational-Choice-Neoinstitutionalisten wie Jon Elster, inspiriert von kommunitaristischen Gerechtigkeitsvorstellungen, vor allem nach der Chancenverteilung und Gerechtigkeitsvorstellung der neuen Verfassungen fragten, haben die Altinstitutionalisten wie Sartori nur nach den Konsequenzen von bestimmten Institutionen gefragt. Die Förderung von Gerechtigkeit hielten sie sogar für gefährlich. Sie standen in der Tradition der Konstitutionalisten, die sich nicht auf Rousseaus *gute Menschen* verlassen wollten, sondern lieber *gute Institutionen* suchten, die sich – wie Kant einmal sagte – auch für „ein Volk von Teufeln" bewähren würden. Die Gerechtigkeitsapologeten argumentierten hingegen, daß man über die Wirkung der Verfassungsinstitutionen keine verläßlichen Prognosen anstellen könne. Damit behielten sie in Osteuropa leider vielfach recht. Dies führte zu einem vierten neuen Schwerpunkt der sozialwissenschaftlichen Osteuropaforschung, den nichtkonsolidierten Demokratien.

b. Konsolidierungsforschung

„Constitutional engineering" und die Schaffung neuer demokratischer Institutionen entsprachen einer Phase der Demokratisierung. Sie überwog bis ca. 1993. Danach wurde Schmitters dritte Phase der Konsolidierung zum Zentrum der vergleichenden Osteuropaforschung. Je langwieriger dieser Prozess wurde, umso mehr Phasenunterteilungen tauchten auf. In der Regel waren es vier (Merkel 1998: 72ff.; v.Beyme 1997):

(1) Die *konstitutionelle Konsolidierung* auf der Ebene der *Polity* (Verfassungsordnung). Sie erfolgte in der dritten und vierten Welle der Demokratisierung relativ zügig, wenn auch gelegentlich Nachbesserungen der Verfassung nötig wurden, wie in Polen (1997) und in Ungarn (ein noch nicht abgeschlossener Prozess) (Ágh 1995; Arato 1996). Constitutional engineering war zu sehr auf die Rolle der Verfassungsinstitutionen fixiert und vernachlässigte anfangs die sekundären Institutionen in den Subsystemen. Auf der Ebene der *Interessengruppen* war die Konsolidierung in Osteuropa bisher wenig erfolgreich. Es bildeten sich neue Gewerkschaften heraus, oder die alten kommunistischen Gewerkschaften übernahmen die Führung wieder. Dennoch blieb ihr Einfluss – vor allem in Russland – begrenzt, da sich die Institutionen der großflächigen Tarifverhandlungen nicht entwickelt hatten. Im Spätsozialismus wurde das *Korporatismus-Modell* auf die Steuerung des Systems angewandt. Im Postkommunismus aber zeigte sich, dass die sektorale „Governance-Funktion" von Verbänden zur Steuerung einzelner Bereiche in eine chaotische Marktwirtschaft nicht hinüber gerettet werden konnte. Wo dies gelang, lag eher eine symbiotische Elitenkooperation alter Nomenklatur-Fragmente vor, als ein „liberaler Korporatismus". Die Zügelung einzelner Interessen durch Großverbände wurde ebenfalls noch nicht geleistet, so dass ein eher *anomischer Pluralismus* entstand (Wiesenthal 1999: 108). Die gesellschaftlichen Organisationen wurden vielfach als Gradmesser für die Zivilgesellschaftlichkeit der Systeme angesehen, soweit diese nicht

als bloß antipolitische organisationsscheue *„neue soziale Bewegung"* perzipiert wurde. Aber die Organisationen waren weder herrschaftskritische Gegenmacht mit neuen Organisationsformen, noch konsolidierte Mitgliederorganisationen, welche die Interessenartikulation und Interessenaggregation zufriedenstellend leisteten.

Besser strukturiert waren die *Parteiensysteme*. Je präsidentieller das System war, um so geringer wurde jedoch die Bedeutung der Parteien. Vor allem die Befürworter eines semipräsidentiellen Systems in Osteuropa haben daher gelegentlich aus der Not eine Tugend definiert: Ein konsolidiertes Parteiensystem wurde nicht als Minimalkriterium für eine konsolidierte Demokratie angesehen, da fragmentierte Parteien mit hoher Volatilität auch im Westen vorgekommen seien (Diamond 1997; Schedler 1998).

(2) Die *Verhaltenskonsolidierung* bei den „informellen" politischen Akteuren wie Militär, Unternehmer oder radikale Gruppen. Diese Konsolidierung war bis Anfang der 80er Jahre in Spanien nicht gesichert und ist in Osteuropa bis Ende der 90er Jahre kaum verlässlich, mit Ausnahme von Tschechien, Ungarn, Slowenien und Polen, den ersten Kandidaten für eine Osterweiterung der Europäischen Union.

(3) Die Ebene der *Konsolidierung der Bürgergesellschaft* dauert in der Regel eine Generation, wie die zweite Demokratisierungswelle des 20. Jahrhunderts auch in Italien, Deutschland, Österreich und Japan gezeigt hat. Meinungsumfragen und das Auftauchen extremistischer Parteien zeigen, dass dieser Prozess in Südeuropa, nicht aber in Osteuropa abgeschlossen ist.

Das parlamentarische System ist vor allem auf der zweiten Ebene der repräsentativen Konsolidierung involviert. Häufig wurden in der Literatur recht oberflächliche Indikatoren genannt:

- *Zwei Wahlen* ohne Gewalt von oben oder von unten,
- eine Akzeptierung von *Machtwechsel* der politischen Lager, (nach diesem Kriterium hätte Deutschland nicht vor 1969, die fünfte französische Republik nicht vor 1981 und Italien nicht vor 1994 als konsolidiert zu gelten),
- *keine zu hohe Fluktuation* der Wählerstimmen,
- *keine großen systemfeindlichen Parteien,*
- und schließlich die *Internalisierung der Spielregeln* des parlamentarischen Systems bei der Mehrheit der Bevölkerung als „the only game in town" (Juan Linz).

Die Geschichte des parlamentarischen Systems zeigte jedoch, dass noch detailliertere Indikatoren für die Akzeptanz der Spielregeln gefunden werden können (v. Beyme 1999: 520):

- Durchsetzung der Solidarität der Minister und klarer Verantwortungsstrukturen.
- Akzeptierung der politischen Verantwortung statt der Ministeranklage und der Verlagerung politischer Konflikte in die Justiz. (In diesem Bereich kommt durch die Verfassungsgerichtsbarkeit bereits gelegentlich wieder eine neo-konstitutionelle Gesinnung in der parlamentarischen Demokratie auf, die ihre Schattenseiten hat).

- Reduzierung der Befugnisse des Staatsoberhaupts in der Gesetzgebung (Veto), der Regierungsbildung, bei der Entlassung der Regierung, und bei der Parlamentsauflösung.
- Reduzierung der Funktionen von zweiten Kammern und Demokratisierung des Wahlmodus, soweit noch eine annähernde Symmetrie zwischen den beiden Kammern besteht.
- Akzeptanz der Parteien als Klammer zwischen Regierung und Parlamentsmehrheit.
- Akzeptanz, dass Parlamentarier Berufspolitiker sind, die durch ein gewisses Ausmaß der finanziellen Kompensation ihres Einsatzes durch Diäten gegen finanzielle Versuchungen von außerhalb des Parlaments geschützt werden müssen.

Nach einem weiteren Katalog der Kriterien für die Konsolidierung lässt sich unschwer erkennen, dass in Osteuropa unter Wałęsa oder Jelcin die Systeme noch nicht konsolidiert waren. Die subjektiven Indikatoren der Akzeptanz von Gewaltfreiheit im Konfliktaustrag dürfen aber selbst in konsolidierten parlamentarischen Demokratien nicht allzu schematisch angewandt werden. Vielfach gibt es eine Kluft zwischen dem Funktionieren des Systems und den normativen Postulaten, welche die Bürger an das System richten. Zur Konsolidierung der Systeme gehört eine gewisse Spannung zwischen Ideal und Wirklichkeit, solange das Ideal nicht allzu unrealistisch und utopisch angesetzt wird.

c. Die nicht-konsolidierten Demokratien

Philippe Schmitter in seiner Kreativität für griffige Neologismen hat die Phase der Konsolidierung rasch mit einem neuen Wissenszweig, der „consolidology", in Verbindung gebracht. Das Peinliche daran war jedoch eine einmalige Entwicklung: Konsolidierungswissenschaft blieb in fast der Hälfte der Fälle mit Regimen konfrontiert, in denen es nicht zur Konsolidierung kam (Schmitter/Karl 1994: 185). Man konnte aber nicht gut eine Wissenschaft für die Nicht-Konsolidierung erfinden. Es bleibt jedoch bei einem wachsenden Forschungszweig über nichtkonsolidierte Demokratie.

Begriffe aus der Lateinamerikaforschung kamen über eine generalisierte Transitologie in die Osteuropaforschung. Lukaschenkas Staatsstreich 1996 mit drastischen Einschränkungen der Kompetenzen des Parlaments und des Verfassungsgerichts – per Referendum bestätigt – wurde als *Autogolpe* mit Fujimoris Selbstinszenierung von 1992 verglichen. Unterhalb der Ebene einer offenen Verletzung des Gleichgewichts der Gewaltenteilung lag der *decretismo* oder für Osteuropaforscher: die *ukazokratija,* mit dem Präsidenten in Russland und in den GUS-Staaten die Gesetzgebung aushöhlten, so dass am Schluss weder die Gesetze noch die Ukaze außerhalb der Hauptstadt beachtet wurden (v. Beyme 2001: 73ff).

Einst hatte die Adjektivisierung von Grundbegriffen wie „Rechtsstaat" der positiven zusätzlichen inhaltlichen Füllung gedient, wie der soziale Rechtsstaat, den die Bundesrepublik als Formel der Selbstdefinition des Systems an spätere neue Demokratien vielfach weitergab. In der osteuropäischen Welle der Demokratisierung wurden die Zusätze zum Begriff Demokratie eher negativ verstanden – und vor allem gingen sie auf Kosten der Rechtsstaatlichkeit, selbst wenn sie mit plebiszitären Bestätigungsmethoden die Minimalkriterien der Demokratie wahrten. *„Delegative Demokratie"* war ein weit verbreiteter begriff, den Guillermo O'Donnell anbot, vor allem für Lateinamerika entwickelt (O`Donnell 1994).

Anhand der Prüffragen an eine konsolidierte Demokratie in der Tradition von Robert Dahls *„Polyarchy"* wurden Formen der *„defekten Demokratie"* klassifiziert – vermutlich kein glücklicher Ausdruck, weil er suggeriert, dass es „perfekte Demokratien" gibt (Merkel 1999). Delegative Demokratie bedeutet, dass die Entscheidungsbefugnis an einen mehr oder weniger charismatischen Führer, meist den Präsidenten im semipräsidentiellen oder gar dreiviertel-präsidentiellen System (wie in einigen GUS-Staaten) delegiert wird. Andere Vorschläge lauten *„illiberale Demokratie"* (Zakaria 1997).

Wie immer sie genannt werden, sind nach den Statistiken von Freedom House 56 Länder in der Grauzone zwischen konsolidierter Demokratie und offener Autokratie zu verorten, viele davon sind postkommunistische Systeme. In ihnen werden meistens nicht so sehr die politischen Partizipationsrechte als die Freiheits- und Menschenrechte verletzt, was ganz in der Tradition des formalen Verfassungssystems der kommunistischen Systeme war. Neben diesen illiberalen Demokratien wurden *„exklusive Demokratien"* gesichtet, die vor allem ethnische Minderheiten benachteiligten, von Estland und Lettland bis Rumänien. Ein dritter Typ wurde *Domänendemokratie* genannt. Hier gibt es neben dem formal demokratischen Prozess noch Vetomächte wie das Militär – wenn auch gelegentlich nur in einzelnen Bereichen. Im Gegensatz zu den ex-autoritären Systemen der Dritten Welt sind diese Vetomächte im Postkommunismus kaum offen organisiert. Es ist sogar erstaunlich, wie die kommunistische Tradition, dass das Militär sich der politischen Führung unterordnet, überwiegend auch im Postkommunismus bewahrt wurde. Dennoch genügen viele Systeme nicht dem Kriterium, dass die demokratischen Spielregeln *„the only game in town"* (Juan Linz) sein müssen, weil vielfach korrigierende Mechanismen einwirken, und seien es nur die von traditionellen Eliten der früheren Kader in Wirtschaftspositionen oder in mafiosen Gruppierungen. Gerade weil die Beharrungskräfte im Postkommunismus die plebiszitär-demokratischen Mechanismen hochhalten, hat die Demokratieforschung der vergleichenden Osteuropaforschung heute eher auf eine harmonische Verbindung von Rechtsstaat und Demokratie abzuheben. Die Institutionen der *horizontalen Kontrolle* wurden daher besonders betont wie Verfassungsgerichtsbarkeit oder wenigstens Autonomie der Gerichte, Rechnungshöfe, Oppositionsrechte und Gegengewichte in sozialen Organisationen (O`Donnell 1998).

Konklusion

Die nach 1989 wieder aufgebrochenen Kontroversen von sozialwissenschaftlicher Komparatistik und reiner Regionalwissenschaft beginnt sich durch den organisatorischen Wandel der Forschung selbst zu überleben. Nachhutgefechte sind zu erwarten.

Den „Mainstream“ der Forschung beeinflussen sie nicht. Es zeigt sich schon jetzt, dass die Osteuropaforschung stark von Konzepten und Fragestellungen der vergleichenden Sozialforschung beeinflusst wird. Eine doppelte Konkurrenz erwächst den Osteuropaforschern: von den Wissenschaftlern der betroffenen Länder, die das „Weltniveau“ nicht mehr als Fahnenschwenker reklamieren, sondern zunehmend verkörpern, und von vergleichenden Wissenschaftlern der Survey- und Indikatorenforschung, die keine Osteuropaspezialisten sind und eher Methoden- als Sprachkenntnisse mitbringen. Das fehlende Können gleichen sie aber durch Kooperation mit Regionalspezialisten aus.

- Die Gewichte der Einzeldisziplinen der Sozialwissenschaften im weiteren Sinne verschieben sich in der Osteuropaforschung. Die Ökonomie wird vermutlich künftig am stärksten nachgefragt. Ihre quantifizierenden Methoden setzen Standards für alle Sozialwissenschaften – allerdings um den Preis abnehmender Breitenwirkung und direkter Verwertbarkeit der Ergebnisse. Zugleich wächst die interdisziplinäre Zusammenarbeit durch neue Fragestellungen, deren wichtigste vier neue Forschungsgebiete sind:
- Die zivilgesellschaftliche Grundlage der neuen Demokratien,
- das „constitutional engineering“,
- die Merkmale und Phasen der Konsolidierung von Demokratien
- und schließlich die Entstehung neuer Hybride in Form nichtkonsolidierter Demokratien.

Wer 1989 vom Ende der Geschichte geträumt hat, gehört schon wieder zu denen, die sich irrten. Es gibt keine *„posthistoire“*, und es gibt sie umso weniger, je unkonsolidierter die Systeme Osteuropas sind.

Literatur

Ágh, A.: Permanent Constitutional Crisis in the Democratic Transition, in: Hesse, J.-J./Johnson, N. (Hrsg.): Constitutional Policy and Change in Europe. Oxford, University Press, 1995: 296-326.

Amalrik, A. A.: Kann die Sowjetunion das Jahr 1984 erleben? Zürich, Diogenes, 1970.

Arato, A.: The Constitution-Making Endgame in Hungary, in: East-European Constitutional Review 4/1996: 31-39.

Bauer, R. A. u.a.: How the Soviet System Works. Cambridge/Mass, Harvard University Press, 1953.

Baylis, T.A.: Plus ça change? Transformation and Continuity Among East European Elites, in: Communist and Post-Communist Studies 3/1994: 315-328.

Beck, C. u.a.: Comparative Communist Political leadership. New York, Aldine, 1973.

v. Beyme, K.: Gesellschaftliche Organisationen und Interessenpluralismus in der Sowjetunion. In: Löwenthal, R./Meissner, B. (Hg.): Sowjetische Innenpolitik. Stuttgart, Kohlhammer, 1968: 39-48.

v. Beyme, K.: Ökonomie und Politik im Sozialismus. München, Piper, 1975, 1977.

v. Beyme, K.: Reformpolitik und sozialer Wandel in der Sowjetunion 1970-1988. Baden-Baden, Nomos, 1988.

v. Beyme, K.: Systemwechsel in Osteuropa. Frankfurt, Suhrkamp, 1994.

v. Beyme, K.: Parteien im Prozeß der demokratischen Konsolidierung, in: Merkel, W./Sandschneider, E. (Hrsg.): Systemwechsel 3. Opladen, Leske & Budrich, 1997: 23- 56.

v. Beyme, K.: Die parlamentarische Demokratie. Entstehung und Funktionsweise. Opladen, Westdeutscher Verlag, 1999 (3. Aufl.).

v. Beyme, K.: Russland zwischen Anarchie und Autokratie. Wiesbaden, Westdeutscher Verlag, 2001.

v. Borcke, A./Simon, G.: Neue Wege der Sowjetunion-Forschung. Baden-Baden, Nomos, 1980.

Brown, A.: Soviet Politics and Political Science. London, 1974.

Brown, A./Gray, J. (Hrsg.): Political Culture and Political Change in Communist States. London, Macmillan, 1977.

Brzezinski, Z.K.: Dysfunctional Totalitarianism. In: K. v. Beyme (Hrsg.): Theory and Politics – Theorie und Politik. Festschrift zum 70. Geburtstag für Carl Joachim Friedrich. Den Haag, Nijhoff,1971: 375-389.

Bunce, V.: Do New Leaders Make a Difference? Executive Sucession and Public Policy under Capitalism and Socialism. Princeton, Princeton University Press, 1981.

Carrère d'Encausse, H.: L'Empire éclaté. La révolte des nations en URSS. Paris, Flammarion, 1978.

Connor, W. D.: Socialism, Politics and Equality. New York, Columbia University Press, 1979.

Diamond, L.: Introduction: Search of Consolidation, in: Diamond, L u.a. (Hrsg.): Consolidating Third Wave Democracies. Baltimore, Johns Hopkins University Press, 1997, S. XIV-XLVII.

Döring, H.: Parlamentarismus, Präsidentialismus und Staatstätigkeit, in: WeltTrends 16/1997: 143-170.

Elster, J./Slagstad, R. (Hrsg.): Constitutionalism and Democracy. Cambridge University Press 1988.

Farrell, R.B. (Hrsg.): Political Leadership in Eastern Europe and the Soviet Union. Chicago, Chicago University Press, 1970;

Fish, M. St.: Democracy from the Scratch: Opposition and Regime in the New Russian Revolution. Princeton, Princeton University Press, 1995.

Fish, M.S.: The Determinants of Economic Reforms in the Post-Communist World, in: East European Politics and Societies, 1/1998: 31-78.

Fleron, F.J. Jr.: The Logic of Inquiry in Post-Soviet Studies, in: Communist and Post-Communist Studies, 3/1996: 245-274.

Fleron, F.J. Jr.: The Logic of Inquiry in Post-Soviet Studies, in: Communist and Post-Communist Studies, 3/1996: 245-274.

Fleron, F.J. Jr.: The Logic of Inquiry in Post-Soviet Studies, in: Communist and Post-Communist Studies, 3/1996: 245-274.

Friedrich, C.J./Brzezinski, Z.K.: Totalitarian Dictatorship and Autocracy. Cambridge/Mass., Harvard University Press, 1956.

Gendin, A. M.: "Effekt Edipa" i metodologičeskie problemy prognozirovanija. Voprosy filosofii, 1970, Nr. 5: 80-89.

Glezerman, G.E. u.a. (Red.): Socialističeskij obraz žizni. Moskau, MO, 1980.

Gunnell, J.G.: Between Philosophy and Politics. The Alienation of Political Theory. Amherst Mass., The University of Massachussetts Press, 1987.

Hesse, J./Johnson, N. (Hrsg.): Constitutional Policy and Change in Europe. Oxford, Oxford University Press, 1995.

Lijphart, A.: Constitutional Choices for New Democracies, in: Journal of Democracy, 1991: 72-84.

Hirschmann, A. O.: Exit, Voice and Loyalty. Cambridge/Mass., Harvard University Press, 1970.

Hollander, P.: Political Pilgrims. Travels of Western Intellectuals in the Soviet Union, China and Cuba 1928-1978. Oxford, Oxford University Press, 1981.

Holmes, L.: The Policy Process in Communist States. London, Sage, 1981.

Holmes, L.: The End of Communist Power. Anti-Corruption Campaigns and Legitimation Crisis. Cambridge, Polity, 1993.

Johnson, C./Keehn, E.B.: A Disaster in the Making. Rational Choice and Asian Studies. Sommer 1994: 14-22.

Johnson, Ch. (Hrsg.): Change in Communist System. Stanford, Stanford University Press, 1970.

Löwenhardt, J.: Decision-Making in Soviet Politics. New York, Macmillan, 1981.

Maturana, H.R.: Erkennen: Die Organisation und Verkörperung der Wirklichkeit. Braunschweig, Vieweg, 1985.

Meissner, B./Brunner, G. (Hrsg.): Gruppeninteressen und Entscheidungsprozeß in der Sowjetunion. Köln, Verlag Wissenschaft und Politik, 1975.

Merkel, W.: Die demokratische Konsolidierung postautoritärer Gesellschaften, in: v. Beyme, K./Offe, C. (Hrsg.): Politische Theorien in der Ära der Transformation. Opladen, Westdeutscher Verlag 1996: 30-58.

Merkel, W.: Systemtransformation. Opladen, Leske & Budrich, 1999.

Merkel, W.: Defekte Demokratien, in: Merkel, W./Busch, A. (Hrsg.): Demokratie in Ost und West. Frankfurt, Suhrkamp, 1999.

Meyer, A. G.: Comparative Politics and Its Discontent: The Study of the U.S.S.R. and Eastern Europe, in: Pye, L.W. (Hrsg.): Political Science and Area Studies. Rivals or Partners? Bloomington, Indiana University Press, 1975: 98-130.

Meyer, A.G.: Comparative Politics and Its Discontent: The Study of the U.S.S.R. and Eastern Europe, in: PYE, L.W. (Hrsg.): Political Science and Area Studies. Rivals or Partners? Bloomington, Indiana University Press, 1975: 98-130.

Michael, M./McIntyre, L.C. (Hrsg.): Readings in the Philosophy of Social Science. Cambridge Mass., MIT Press., 1994.

Mises, L.: Die Gemeinwirtschaft. Untersuchungen über den Sozialismus. Jena, Fischer, 1922.

Mlynář, Z.: Krisen und Krisenbewältigung im Sowjetblock. Köln, Bund-Verlag, 1983.

Momdžan, A.B.: Pluralizm: istoki i suščnost'. Moskau, Nauka, 1983.

Motyl, A.J.: The Dilemmas of Sovietology and the Labyrinth of Theory, in: Fleron, F.J. Jr./Hoffmann, E.P. (Hrsg.): Post-Communist Studies and Political Science. Methodology and Empirical Theory in Sovietology. Boulder, Westview, 1993.

O'Donnell, G.: Horizontal Accountability in New Democracies, in: Journal of Democracy 3/1998: 112-126.

O'Donnell, G.: Delegative Democracy, in: Journal of Democracy 1/1994: 55-69.

Odom, W.E.: A Dissenting View on the Group Approach to Soviet Politics. World Politics 1975/76.

Offe, C.: Designing Institutions to East European Transitions, in: Goodin, R.E. (Hrsg.): The Theory of Institutional Design. Cambridge University Press, 1996: 199-225.

Olson, M.: The Hidden Path to a Sucessful Economy. In: Clague, Ch./Rausser, G.C. (Hrsg.): The Emergence of Market Economies in Eastern Europe. Cambridge, Blackwell, 1992: 55-77.

Patrušev, A.D.: Udovletvorennost' svobodnym vremenem kak social'nyj pokazatel'. Sociologičeskie issledovanija, Nr. 1/1979: 54-59.

Pirages, D.C.: Socio-Economic Development and Political Access in Communist Party States. In: Triska, J.F. (Hrsg.): Communist Party States. New York, Bobbs-Merrill, 1969: 249-285.

Pryor, F.L.: Public Expenditures in Communist and Capitalist Nations. London, Allen and Unwin, 1968.

Rigby, T.H./Fehér, F. (Hrsg.): Political Legitimation in Communist States. London, Macmillan, 1982.

Rjabuškin, T.B.: Pokazateli social'nogo razvitija rabočego klasa. Sociologičeskie issledovanija. Nr. 4, 1980: 19-24.

Ross, J.A.: The Composition and Structure of Alienation of Jewish Emigrants from the Soviet Union. Studies in Comparative Communism. 1974: Nr. 1-2, 107-118.

Sartori, G.: Comparative Constituional Engineering. Basingstoke, Macmillan, 1994.

Schachnasarow, G.: Preis der Freiheit. Eine Bilanz von Gorbatschows Berater. Bonn, Bouvier, 1996.

Schattmann, St. E.: Dogma vs. Science in Soviet Statistics. Problems of Communism, 1966: 30-36.

Schedler, A.: What is Democratic Consolidation, in: Journal of Democracy. 2/1998, S. 91-107.

Schmitter, P.C./Karl, T. L.: The Conceptual Travels of Transitologists and Consolidologists: How Far to the East Should They Attempt to Go? In: Slavic Review 1/1994, S. 173-185.

Skilling, G. (Hrsg.): Interest Groups in Soviet Politics. Princeton, Princeton University Press, 1971.

Tarschys, D.: The Soviet Political System. Three Models. European Journal of Political Research, 1977: 287-320.

Tarschys, D.: The Soviet Political Agenda. London, Macmillan 1979.

Topornin, B.N.: Političeskaja sistema socializma. Moskau, Meždunarodnye otnošenija, 1972.

Tupničenko, L.S.: Socialističeskij obraz žizni kak ob'ekt upravlenija. Moskau, MO, 1983.

Umbach, F.: Zukunftsperspektiven politikwissenschaftlicher Osteuropaforschung, in: Osteuropa 8/9/1998: 799-813.

Welsh, W.A.: Toward an Empirical Typology of Socialist Systems. In: Mesa-Lago, C./Beck, C. (Hrsg.): Comparative Socialist Systems. Pittsburgh, Univ. of Pittsburgh Center for Internat. Studies, 1975: 52-91.

Welsh, W.A.: The Status of Research on Representative Institutions in Eastern Europe. Legislative Studies Quarterly, 1980: 275-308.

Wiesenthal, H.: Interessenverbände in Ostmitteleuropa – Startbedingungen und Entwicklungsprobleme, in: Merkel, W./Sandschneider, E. (Hrsg.): Systemwechsel 4. Die Rolle der Verbände im Transformationsprozeß. Opladen, Leske & Budrich, 1999: 83-113.

Wilensky, H.L.: The Welfare State and Equality. Berkeley, University of California Press, 1975.

Zakaria, F.: The Rise of Illiberal Democracy, in: Foreign Affairs, Nov., Dez. 1997: 22-43.

7. Totalitarismus – zur Renaissance eines Begriffs nach dem Ende des kommunistischen Regimes

1. Arendt und Friedrich – zwei Konzepte des Totalitarismus als Grundlage der Herrschaftsformenlehre

Deutsche Wissenschaftler in der Emigration in den USA haben wichtige Beiträge zur Entwicklung einer Theorie der Politik geleistet. Kein Beitrag aber wurde so beachtet wie Hannah Arendts und Carl Joachim Friedrichs Konzepte der totalitären Diktatur. Es ist schwerlich ein Zufall, dass gerade deutsche Emigranten das Bedürfnis verspürten, Nationalsozialismus und Kommunismus unter einen gemeinsamen Begriff zu subsumieren. Nur in Deutschland wurden beide Formen der Diktatur zu beängstigender Perfektion entwickelt.

Hannah Arendt gebührt das Verdienst der Priorität der Popularisierung des Konzepts totalitärer Herrschaft. Schon bei ihr finden sich Vergleiche zwischen Nationalsozialismus und Kommunismus, obwohl die Sowjetunion erst nachträglich mit einbezogen wurde (Arendt 1952; Gess 1996: 268). Friedrich wurde gelegentlich dafür kritisiert, ihr Konzept in einer theoretisch verarmten Version durch den deskriptiven Sechs-Kriterienkatalog vulgarisiert zu haben, ohne die weiten historischen und moralischen Dimensionen des Arendtschen Werkes zu beachten. Hannah Arendt hat auf einer Konferenz der „American Academy of Arts and Sciences" die „universelle Komplizenschaft" und „die organisierte Schuld" ins Zentrum gestellt, Konzepte, die aus dem philosophischen Gespräch mit ihrem Lehrer und Freund Karl Jaspers erwuchsen (Friedrich 1954: 337).

Hannah Arendt hat sich vor allem gegen die Operationalisierung des Konzepts totalitärer Herrschaft durch Karl Deutsch gewandt, der getreu seiner kybernetischen Politik-Konzeption Kommunikation und Mobilisierung betonte, vor allem „extreme Mobilisierung der Anstrengungen und Ressourcen seiner Regierung". Die Zwangsformen der Mobilisierung goß Deutsch in einen Witz: „In der Demokratie ist alles Nichtverbotene erlaubt, in einem autoritären Regime, ist alles, was nicht erlaubt ist, verboten, und im Totalitarismus ist alles, was nicht verboten ist, obligatorisch." (Deutsch 1954: 309; Deutsch 1966: 196f.). Das war nicht nur ein Witz. Das Bonmot enthielt bereits die klare Unterscheidung zwischen totalitären und autoritären Diktaturen, während Friedrich in seinem Versuch, sämtliche Herrschaftsformen der Geschichte in 13 Typen zusammenzufassen, noch 1963 der totalitären Diktatur nur die Militärdiktatur gegenüberstellte (Friedrich 1963: 189).

Dass der Begriff der autoritären Diktatur fehlte, erklärt den Versuch Friedrichs, unverdrossen am Totalitarismusbegriff für die sozialistischen Satellitenstaaten festzuhalten, als selbst dem Koautor Brzezinski erste Bedenken kamen. Friedrich tat dies mit Korrekturen für die nachstalinistischen sozialistischen Systeme, indem er den Massenterror als Kriterium durch das Merkmal einer voll entwickelten Geheimpolizei abmilderte (Friedrich 1968: 33). Die Kritik an Friedrich hat vielfach am erkenntnistheoretischen Status seiner Begriffsbildung angesetzt – vermutlich zu viel der Ehre für einen eher induktiv gestimmten Empiristen, der seine Begriffe ohne erkenntnistheoretische

Hochrüstung gewann (Fritze 1995). Gegen den Vorwurf, die Abmilderung der Kriterien nur vorgenommen zu haben, um auch die nachstalinistischen Systeme noch als totalitär brandmarken zu können, ist Friedrich bereits zu Recht in Schutz genommen worden (Siegel 1996: 143). Friedrich hatte gerade durch sein Verdienst, nicht nur ad hoc einen Totalitarismustyp definiert, sondern eine flächendeckende Typologie der Herrschaftsformen entwickelt zu haben, keine Möglichkeit eröffnet, dem Wandel im Poststalinismus dadurch Rechnung zu tragen, dass die Systeme zu autoritären Diktaturen erklärt wurden, wie der Verfasser es 1974 in einem Vergleich von Franco-Spanien und den sozialistischen Ländern tat (v. Beyme 1974). Friedrichs Fixierung auf Militärdiktaturen traf schon für Franco-Spanien nicht mehr zu, auch wenn das Regime von einem Militär einst begründet worden ist.

Aber nicht nur die Lücke in der Typologie der Herrschaftsformen führte Friedrich in die Irre, sondern auch sein statisch-institutioneller Ansatz zur Charakterisierung des Totalitarismus. Die Entwicklung von Totalitarismus zu einer anderen Herrschaftsform war begrifflich ausgeschlossen. Daher kam die pragmatische Lösung, nachstalinistische Systeme anders zu benennen, nicht in Frage, weil mehr als ein zündender Begriff verloren gegangen wäre: nämlich die noch in der zweiten Auflage 1965 vertretene Meinung, dass totalitäre Regime von innen heraus nicht verändert werden konnten. Hier war Friedrich Gefangener seiner Erfahrung, dass gegen Hitler und Mussolini nur die debellatio geholfen hatte. An dieser Erfahrung hielt Friedrich um so hartnäckiger fest, als die Stimmen sich mehrten, dass er in den 1930er Jahren nicht von Anfang an ein unversöhnlicher Anti-Appeaser gegenüber dem nationalsozialistischen Deutschland gewesen sei (Lietzmann 1997, 1999); Irrtümer, die er im Krieg durch entschlossene Mitwirkung an der Planung für ein Nachkriegseuropa zu korrigieren suchte. Der Versuch, Herrschaftsformen flächendeckend zu charakterisieren und mit Gegentypen zu konfrontieren, war der Ansatz einer vergleichenden Systemforschung, die bei Friedrich eine europäische enzyklopädische Tradition nicht ganz abgelegt hatte.

Hannah Arendt kam zwar auch aus Europa, aber ihr Ansatz war radikal anders. Sie verfolgte einzelne Ideen in zugespitzter Form, aber kümmerte sich nicht um das Abhaken der definierten Elemente in einzelnen Regimen. Zwar verglich sie auch die Sowjetunion und das Nazi-Regime. Aber sie hatte schon Bedenken, ob das Element der Säuberung auch für den Nationalsozialismus benutzt werden könne, weil es nach der Liquidierung von Röhm eigentlich keine Säuberungen mehr gegeben hatte (Arendt 1954). Die planmäßige Ausrottung von ethnischen Gruppen war etwas anderes als Säuberungen. Sie sah treffender als Friedrich, dass hier ein Element des Unterschieds lag, auch wenn Stalin im Krieg Krimtataren und Kalmücken bis zum Genozid drangsalierte. Arendts Schicksal als Jüdin machte sie scharfsichtiger für die Besonderheiten des Nazi-Regimes. Zudem stand sie in ständiger Kommunikation mit Karl Jaspers, der seinen Weggang von Heidelberg nach Basel unter anderem mit der oberflächlichen Art begründete, mit der die Deutschen ihre Schuld bewältigten. Jaspers unterschied rechtliche, politische, moralische und metaphysische Schuld. Die Deutschen – und ihre neuen Alliierten unter den Besatzungsmächten – reduzierten die Schuld auf die rechtliche. Das ging Hannah Arendt selbst bei Jaspers` Definition zu weit, weil es für diese Verbrechen keine angemessene Strafe mehr gebe. Dies sah sie als den Grund an, warum „die Nazis in Nürnberg so vergnügt" seien (Arendt/Jaspers 1985: 90). Von Jaspers hatte Hannah Arendt auch die Ablehnung einer Dämonisierung der Nazis übernommen. Er hatte ihr das Stichwort von der „Banalität des Bösen" gegeben, das sie in das Eichmann-Buch übernahm – sehr zum Ärger vieler jüdischer Leser. Auch die Mitschuld der Juden durch Hilfe bei der Selektion ist selten so pointiert herausgestellt worden wie bei Jaspers und später bei Hannah Arendt (v. Beyme 1996: 141). Der Aspekt der metaphysischen Schuld in der Teilhabe an der Schuld selbst bei den prima vista Unschuldigen ist ein Aspekt, der sich einer Herrschaftsformenlehre entzog, die induktiv Typologien konstruierte.

Friedrich und Arendt kamen beide aus Deutschland, aber ihr Schicksal war verschieden. Friedrich fühlte sich nicht als Emigrant, da er aus freien Stücken in den 1920er Jahren schon in Amerika geblieben war. Er gehörte zum privilegierten Teil der Nichtamerikaner, während Arendt sich anfangs mühsam durchschlug und noch nach dem Krieg, als sie Jaspers mit Care-Paketen bedachte, dessen Scham erzeugte, weil sie selbst recht bescheiden lebte. Er hielt es nicht für vertretbar, „uns von Hannah ernähren zu lassen" (Jaspers 1967: 180). Friedrich war optimistischer als Arendt, dass ein neues Deutschland auf den Trümmern des Nazireiches gebaut werden könne. Friedrich vermied normative Fragen und blieb Empiriker. Er war im Grunde ein altertümlicher Patriot, der an der Teilung Deutschlands litt (Geburtsort Leipzig), während Arendt und Jaspers zwar die „Zone" als Gewaltherrschaft ablehnten, aber nicht die Teilung Deutschlands an sich anstößig fanden. Jaspers verehrte Max Weber und übersah gern dessen gelegentlich übersteigerten Nationalismus. Hannah Arendt musste Jaspers erst darauf aufmerksam machen, dass Weber chauvinistische Züge hatte, wenn er bereit war „zur Wiederaufrichtung Deutschlands sich mit dem leibhaftigen Teufel zu verbünden" (Arendt/Jaspers 1985: 52). Dem unreflektierten Patriotismus in Deutschland mit dem naiven Wiedervereinigungsanspruch der Bundesrepublik stand Hannah Arendt verständnislos gegenüber. Wie bei Jaspers beklagte sie das Unrechtsregime in der DDR, aber kümmerte sich nicht darum, ob die DDR „definetively totalitarian" sei, wie Friedrich auf der von ihm organisierten Konferenz von 1953 argumentierte, noch ehe sein Buch erschienen war.

Wie politische Philosophie und empirische Forschung ihr eigenes Existenzrecht haben, so haben beide Konzepte des Totalitarismus – das normative und das deskriptiv-typologische Konzept – auch künftig ihre Anhänger. Normative Theorie hat sogar über die analytisch-typologisch-deskriptive Theorie langfristige Vorteile: Sie veraltet weniger schnell durch den Wandel der sozialen Umstände. Die *conditio humana* schuldbeladener Bürger als normatives Konzept bleibt beständiger als die sechs Merkmale einer Herrschaftsform. Insofern – muss ich als Empiriker zugeben – wird der Arendtsche Ansatz länger überdauern, gerade weil er weniger empirisch ist.

Das *normative* Konzept ist durch den Zusammenbruch des Kommunismus und den Aufstieg der demokratischen Dissidenten zur Macht einer ganz neuen Bedeutung zugeführt worden. Obwohl sie sich erst in einer Phase der Erosion der Diktatur wirklich äußern konnten, wurde der Begriff des Totalitarismus zum Gegenbegriff des eigenen Ideals der *Zivilgesellschaft*. Wie nach 1945 wurde nach 1989 der Totalitarismus zur Selbstfindungshilfe für die neuen und noch unsicheren Demokratien, die anfangs genauer wußten, was sie ablehnten, als dass sie klare Vorstellungen vom eigenen Weg zur Zivielgesellschaft hatten. Zwischen Jaspers und Havels Auffassung des Totalitarismus gibt es auffallenden Parallelen, obwohl Havel Jaspers kaum gelesen haben dürfte (Ballestrem 1995). Selbst der Begriff der Schuld wurde bei Havel in ähnlicher Weise betont wie bei Jaspers (Havel 1991; Jaspers 1963). Beide betonten das totale Übel des Totalitarismus, weil er alle sozialen und menschlichen Beziehungen vergiftete.

Während Alfred Mayer, Peter Ludz und andere in den frühen 1970er Jahren eine wachsende Divergenz zwischen den strategischen totalitären Partei-Cliquen und den neuen professionell liberalen Intelektuellen feststellten, zeigte sich im Rückblick nach 1989, dass die Intelligenz trotz mancher Vorbehalte gegen das Regime bis zum Schluss mitgemacht hatte und vom „Rumpelgefährt des Sozialismus“ zu spät abgesprungen ist (Reich 1994: 100f.). Während Friedrichs Totalitarismustheorie vor allem den Aspekt der *Repression* betonte, wurden im Spätsozialismus eher *materielle Anreize* eingesetzt. Es war nicht Furcht, sondern das bequeme Leben mit Privilegien an der Seite der Nomenklatur-Eliten, die die kritische Intelligenz unkritisch werden ließ.

Es gab sogar Parallelen zwischen Jaspers und der antiautoritären Intelligenz in Osteuropa hinsichtlich eines Konzepts von *„Antipolitik“*. Havel hat das Konzept an der Macht später reduziert. Es war ein Schlachtruf gegen den Totalitarismus, aber nicht geeignet für die Konsolidierung der neuen Demokratien (Der Spiegel 48/1992: 173).

Jaspers hingegen hat in seiner Entfremdung vom Politikbetrieb der Adenauerzeit das Konzept noch entwickelt – freilich ohne den Terminus zu benutzen. Für die Analyse des Antitotalitarismus der späten 1980er und frühen 1990er Jahre ist Hannah Arendts Totalitarismusbegriff im Geist der politischen Philosophie entscheidend. Empirische Vergleiche des Systemwechsels hingegen werden sich eher mit den Mängeln der Friedrichschen Konzepte des Totalitarismus auseinandersetzen müssen.

2. Retrospektive Rechtfertigung des Totalitarismusbegriffs

Der philosophische Totalitarismusbegriff erlebte eine Renaissance am Ende des realen Sozialismus. Der analytische Totalitarismusbegriff wurde hingegen erst nach dem Zusammenbruch des Kommunismus in milderem Licht gesehen. In den 1980er Jahren hatten die meisten Forscher den Totalitarismusbegriff kaum noch für den Gulasch- und Polski-Fiat-Kommunismus verwendet. Auch die *Konvergenztheorien*, die eine Weile mit Totalitarismuskonzepten konkurrierten, erwiesen sich als prognostisch nicht wertvoll. Die demokratischen Marktwirtschaften hatten zwar einige sozialistische Gedanken übernommen, aber der Kommunismus zeigte sich nicht als „mischungsfähig“ (C. Offe), Der Charakter der sozialistischen Diktaturen hatte sich gewandelt. Die Methodologie der Erforschung dieser Systeme wandelte sich unter dem Schlagwort: „Vom Totalitarismus zur Immanenz“. Die von außen etikettierten Totalitarismen wurden zunehmend an ihren selbsterklärten ideologischen Ziele gemessen, die den Herrschaftspraktiken und der Zielverwirklichung gegenüber gestellt wurden (Gransow 1980; v. Beyme 1975). Das Stichwort Totalitarismus partialisierte sich im Hinblick auf die verbliebenen Repressionspraktiken, wurde aber immer weniger für die Charakterisierung des gesamten Systems verwandt. Zur Entkrampfung der Totalitarismusdebatte muss an die Einsicht von Hermann Lübbe erinnert werden, dass Begriffe als Produkt der Forschungspraxis weder schlechthin wahr noch falsch genannt werden könnten. Sie sind allenfalls zweckmäßig oder unzweckmäßig für die Erfassung der gewünschten Gegenstände (Lübbe 1996: 285). Bei stark gefühlsmäßig besetzten Begriffen wie Totalitarismus ist diese Einsicht immer wieder vergessen worden.

Nach 1989 verband sich die Freude über den Kollaps des realen Sozialismus vielfach mit einer Hexenjagd im Dienst der Frage, wer das Leben des Kommunismus verlängern half, indem er ihn für lebensfähig und förderungswürdig hielt. Die retrospektive Beschäftigung mit dem Totalitarismus war der Frage gewidmet, wer die Entwicklung am zutreffendsten vorausgesehen hatte. Aber zur Kollapsprognose verstieg sich auch in den 1990er Jahren niemand ernsthaft (Mlynář 1983). Nur die autopoietische Systemtheorie hielt auf einem hohen Abstraktionsniveau das sozialistische Subsystem in einer marktwirtschaftlichen Welt nicht für überlebensfähig, ohne je konkrete Prognosen über das Ende abzugeben. Eigentlich bezog sich der naheliegende Schluss nicht auf das Ende des Sozialismus, sondern auf Staaten, die im kapitalistischen Weltsystem noch danach trachteten, sozialistisch zu werden (Maturana 1985: 178). Der Untergang des Sozialismus führte zu einem *„renversement des alliances"*: die Traditionalisten, wie Conquest oder Tucker als die schärfsten Kritiker totalitärer Systeme, wurden in Moskau gern empfangen. Die Forscher, die vor 1989 noch an die demokratische Fortentwicklung des Sozialismus geglaubt hatten, wurden allenfalls bei der Gorbatschow-Stiftung eingeladen. Schon Gorbatschows Perestroika hatte die Fronten verkehrt: Die *Institutionalisten* und *Personalisten* gaben Gorbatschow enthusiastisch große Chancen. Die Strukturalisten, welche die Entwicklungsmöglichkeiten weniger von großen Männern als von den sozialen und wirtschaftlichen Strukurbedingungen des Landes ableiteten, verfielen in einen tiefen Pessimismus.

Fehler in der Prognose wurden gelegentlich der Aufgabe des Totalitarismusansatzes zugeschrieben (Hacker 1990: 17). Hat die Totalitarismustheorie aber wirklich den möglichen Untergang vorausgesehen? Das Gegenteil ist der Fall. Nur Karl Deutsch kam schon 1953 zu dem Schluss: „totalitarianism is by no means immune from processes of desintegration" (Deutsch 1954: 331). Er erwartete jedoch Desintegrationstendenzen von einem inneren Konflikt der kommunistischen Eliten, ein Fall, der eigentlich nur auf Rumänien zutrifft, wenn man nicht den Zweiebenenkonflikt zwischen der Sowjetunion unter Gorbatschow und Russland unter Jelzin ähnlich deuten will. Paradoxerweise wurden die Hinweise auf einen Zusammenbruch in der wissenschaftlichen Literatur spärlicher, je offener die Widersprüche im Sozialismus zutage traten. Ähnlich hat die Sowjetunion seit den Tagen von Eugen Vargas Fehlprognosen über den Kollaps des Kapitalismus immer weniger mit einem Zusammenbruch des Westens gerechnet. Friedrich hat im Gegensatz zu Deutsch in der zweiten Auflage seines Werkes pointiert festgestellt: „one possibility should be excluded, except in the satellites: the likelihood of an overthrow of these regimes by revolutionary action from within." (Friedrich/Brzezinski 1965: 375). Friedrich blieb bei der einzigen Möglichkeit für den Untergang der Sowjetunion: Gewalt von außen – wie beim Naziregime. Aber er hatte diese Konsequenzen nicht explizit gemacht, und das atomare Patt hätte solche Gedanken auch zu riskant erscheinen lassen. Dieses Denkverbot ist gelegentlich bedauert worden: „Der Friede wurde gleichsam als alleiniger Wert angesehen, ohne hinreichend nach seinen Kosten zu fragen, gerade auch für die Bürger osteuropäischer Diktaturen" (Jesse 1996: 279). Noch Jaspers hat in seiner gewundenen Position zwischen einer „realistisch" und einer „idealistisch törichten Politik" den Einsatz der Atombombe als Mittel zu einem hehren Zweck nicht kategorisch ausgeschlossen (Jaspers 1983: 486f.; Hildebrand 1996: 73). Mit abnehmbarere Aggressivität des Kommunismus ließ sich jedoch ein Ende des Sozialismus von außen im Zeitalter der Atombombe zunehmend weniger denken.

Sinnvolle Untergangsszenarien mussten daher eher auf innere Gewalt setzen. Es hat einige Szenarios gegeben, aber ihre Prognose war nicht weniger falsch als die des Totalitarismusmodells. Sie umfasste die Vorstellung eines Endes der Sowjetunion durch Krieg mit China (Amalrik 1970) bis zum Untergang durch ethnische Konflikte (Carrère d'Encausse 1978). Sie gaben Krisensymptome an, aber die Prognose ist im Ganzen durch die Geschichte nicht bestätigt worden.

Brzezinski entzog sich der Mitarbeit an der zweiten Auflage des Friedrichschen Totalitarismusbuches. Er hat für die Satelliten immer ein weniger totalitäres Bild angenommen als für die Sowjetunion, obwohl er eine Weile im Bann Friedrichs den Totalitarismus sogar für Mussolinis Italien reklamierte. Das war nur insofern eine lässliche Sünde, als die italienische Opposition gegen Mussolini semantisch den Begriff des totalitären Staates erstmals hervorbrachte (Germino 1959; Petersen 1996). In der Festschrift für Friedrich hat Brzezinski den wachsenden Dissens mit seinem früheren Lehrer vorsichtig angedeutet, als er den Totalitarismus in der Sowjetunion zwar noch nicht als beendet sah, aber prognostizierte, dass er zunehmend dysfunktional für das System werde (Brezezinski 1971: 389). Eine erfolgreiche Revolution von innen – außer in Polen – schien ihm jedoch immer noch eher unwahrscheinlich. Die Totalitarismustheorie blieb von ihrem Gegenstand beeinflusst: Totalitäre Führer und Totalitarismusforscher überschätzen die totale soziale Kontrolle als Möglichkeit, über lange Zeit zu herrschen.

Das rumänische Beispiel zeigte die Schwächen des Kolosses auf tönernen Füßen. Die *Breschnew-Doktrin* war als Stützungstheorie gegen die zentrifugalen Tendenzen im Sowjetblock gedacht. Rumänien erkannte die Sowjetunion als Garanten des Sozialismus nicht an und musste folgerichtig für die Systemsicherheit selbst sorgen. Dies wurde durch eine zweite Armee, die „Securitate", versucht. Aber gerade dies enthielt den Keim zum Untergang, weil sich im Konflikt der beiden Kräfte die Armee nach einigem Zögern auf die Seite der Aufständischen schlug. Totalitäre Führer witterten überall Diversanten und Defaitisten. Totalitarismusforscher hatten ähnliche Berührungsängste mit dem radikal Anderen und unterschätzten den Einfluss einer schleichenden Sozialdemokratisierung durch reguläre Kontakte mit dem Westen. Diese erklärten, warum die militärisch durchaus noch mögliche Lösung der Chinesen auf dem Platz des Himmlischen Friedens nicht in Osteuropa angewandt worden ist.

Friedrich hat die Versuche, Konzepte der autoritären Diktatur zu entwickeln, nicht mehr zur Kenntnis genommen. Er hat in dem wichtigsten Band von Samuel Huntington und Clement Moore von 1972 die alte Totalitarismustheorien weiter vertreten (Huntington/Moore 1970). Die Aufweichung des Totalitarismuskonzepts durch eine realistische Analyse der Eliten (Deutsch), der Interessengruppen (Skilling, v. Beyme), der policy networks (L. Holmes u.a.) in der Sowjetunion hat Friedrich ignoriert oder für gefährlich gehalten, und daher seinen Sechs-Punkte-Katalog modifiziert, um das Totalitarismuskonzept zu retten. Vielleicht wäre es sinnvoll, Poppers Forderung, die Theoretiker sollten selbst die Bedingungen angeben, unter denen sie ihre Theorien als falsifiziert gelten lassen würden, gerade an Theorien geringerer Reichweite zu richten (Fritze 1995: 641). Die Reinterpretation Friedrichs als funktionalistische Theorie, welche die nachträgliche Adaption als gerechtfertigt erscheinen lässt, wirkt spitzfindig angesichts von Friedrichs eigenem Bemühen, die Herrschaftsformen sinnvoll voneinander abzugrenzen. Die meisten Versuche der Geschichte leiden darunter, dass die Systemtypen nicht strikt nach einem logischen Kriterium abgegrenzt sind, und fallen unter Voltaires Verdikt gegen Montesquieus Einteilung der Systeme in Monarchien, Republiken und Despotien. Das fand Voltaire etwa so logisch wie das französische Standesamtsregister, das die Neugeborenen einteilt in „männlich", „weiblich" und „unehelich". Friedrichs 13 Typen, bei denen präsidentielle neben parlamentarischen System auf eine Ebene mir totalitären Diktaturen gestellt wurden, litten unter einem ähnlichen Mangel. Mit Linnéscher Klassifikationswut hat man versucht, logische Ordnung zu schaffen, um den Preis, dass der Totalitarismus je nach logischer Strukturebene in einer präzisierten „Trivial-Nomenklatur" mal neben der Demokratie (in der Anfälligkeit für Korruption), mal neben der Tyrannis und Despotie (in der Frage nach dem Einsatz des Terrors) steht, ohne dass es zu einer übergreifenden und in sich schlüssigen Gesamtbenennung der Regime kommt (Küchenhoff 1967: 886f.).

Im Rückblick erweist sich der Aspekt des Zwanges, dem die Totalitarismustheorie zum Hauptmerkmal eines Regimetyps erhob, als relativierbar. Die Typologien, die mit Friedrichs Konzept für die Erklärung der kommunistischen Regime konkurrierten, haben auf der Ebene der Annahmen politischer Stabilität neben dem Zwang auch die aktive Unterstützung herausgestellt. Schließlich wurde auf dieser Ebene die passive Unterstützung als ausreichend angesehen, vorausgesetzt, dass wirtschaftliche Effizienz gegeben schien. Auch auf dieser Achse gab es mehrere Typologien von der Annahme eines effizienten oder minimaleffizienten Systems bis hin zur Unterstellung, dass der Sozialismus logisch unmöglich sei, weil er strukturell ineffizient sein muss (Ludwig von Mises).

Je nach Kombination der beiden Grundannahmen zu der politischen Unterstützung und der wirtschaftlichen Effizienz waren die Annahmen über die Lebensaussichten des Kommunismus unterschiedlich. Totalitarismustheorien gingen in der Regel von einer Kombination aus struktureller ökonomischer Ineffizienz und maximalem Zwang (d.h. totalitärer Kontrolle) aus, welche zu politischer Stabilität führt. Die ökonomische Effizienz wurde in den Totalitarismusmodellen meist ziemlich nebenbei behandelt. Das Merkmal einer Planwirtschaft wurde auf seine Ergebnisse für die Versorgung der Bevölkerung hin kaum reflektiert. Letztlich können die totalitären Regime in dieser Hinsicht kaum verglichen werden. Hitlers anfängliche Effizienzerfolge sind durch die Nationalsozialismusforschung wegen einer verfehlten Strukturpolitik relativiert worden (Mommsen/Grieger 1996: 49). Vorübergehende Effizienzerfolge der sowjetischen Wirtschaft sind lange – gegen Mieses` und Hayeks düstere Prognosen – behauptet und im Rückblick ebenfalls wieder stark relativiert worden. An dieser Debatte hatten jedoch die Totalitarismustheoretiker mangels Interesse für die wirtschaftlichen Prozesse keinen wesentlichen Anteil.

3. Totalitarismus – eine antiquarische Herrschaftsform?

Die Kontroversen über die rückwärts gewandten Propheten, welcher Erklärungsansatz gegenüber den sozialistischen Systemen am wenigsten versagt habe, werden bald obsolet sein. Es entbehrt nicht einer gewissen Tragik, dass der Totalitarismusbegriff Friedrichs schon partiell obsolet war, als sein meist zitiertes Buch erschien und dass ein vielseitiger Gelehrter, der von Aristoteles` Rechtsphilosophie bis zur „Pathologie der Politik" in modernen Demokratien viele Themen behandelte und kluge Werke geschrieben hat, nach seinem Tod laut „Social Science Citation Index" zu Dreiviertel mit dem Buch zitiert wurde, das in seinen Prognosen grundsätzlich geirrt hat. Sollte ein Pionier der vergleichenden Systemforschung nur durch seine Irrtümer im Gedächtnis bleiben?

Die politische Philosophie von Hannah Arendt hatte es da leichter. Sie kümmerte sich nicht darum, ob einige Elemente, die entwickelt worden waren, auf bestimmte Länder zutrafen, und schon gar nicht bewegte sie die Frage, ob nachfaschistische Totalitarismen unbesiegbar seien. Ein unhistorischer Ansatz des Vergleichs kann den Totalitarismus als Begriff aufgeben. Gegenwärtige Diktaturen können ohne Rückgriff auf Friedrichs Konzept analysiert werden. Friedrichs Hauptfehler war es, dass er trotz seines Bemühens um flächendeckende Klassifikationen der Herrschaftsformen eine Lücke zuließ, die autoritäre Diktatur bezeichnet werden könnte. Historiker haben im Rückblick die DDR als „wesentlich totalitärer als Hitlerdeutschland" gewürdigt (Mitter/Wolle 1993: 545). Dieses Urteil macht nur Sinn, wenn man Friedrichs gewandeltes Kriterium „voll entwickelte Geheimpolizei" wörtlich nimmt. Eine Erweiterung dieses Merkmals ist die Berücksichtigung des Regime-Endes: „Das Dritte Reich wurde von innen gestützt und von außen gestürzt, die DDR – gerade umgekehrt – von außen gestützt und von innen gestürzt" (Jesse 1996: 282).

Die Schwierigkeit der Herrschaftsformenlehre liegt vor allem darin anzugeben, wann ein politisches System von einem in den anderen Typ übergeht. Bei Verfassungsstaaten ist die Einordnung leichter: Es lässt sich klar angeben, wann eine Monarchie vom Absolutismus zum Konstitutionalismus überging. Parlamentarische und präsidentielle Systeme sind leicht zu unterscheiden, auch wenn es semi-präsidentielle Mischsysteme gibt. Der Wandel von Diktaturen aber ist schwerer zu datieren. Das Franco-Regime wandelte sich von einem äußerst blutigen, fast bürgerkriegstotalitären faschistischen System zu einer *dictablanda,* einer Entwicklungsdiktatur, die sich dem Westen öffnete (v. Beyme 1971: 186f.). Aber der Prozess lässt sich nicht lückenlos datieren, weil man verschiedene Indikatoren wie erweiterte Partizipationsmöglichkeiten, Pluralisierung der Eliten, Öffnung der Wirtschaft und Abbau der faschistoiden Rhetorik zugrundelegen könnte, die sich nicht immer synchron entwickelten. Wählt man Stepans Typ eines *„revolutionären Regimes"*, um das Dilemma der Totalitarismuskriterien zu umschiffen, werden die Kontroversen kaum gemildert. Waren die Pseudocoups von Mussolini und Hitler wirklich Revolutionen? Oder soll „revolutionär" nur ein

System heißen, das die Gesellschaft umzukrempeln versucht? (Stepan 1986). Der am wenigsten plausible Grund für die Aufgabe des Totalitarismusbegriffs ist das Argument, dass totalitäre Diktaturen der Vergangenheit angehören. Der Feudalismus ist lange tot, und doch bleibt er – trotz gelegentlicher Gegnerschaft – immer wieder der verbreitetste Begriff für die Benennung einer ganzen Epoche (Sartori 1987: 188). Das Naziregime bereitet keine typologischen Schwierigkeiten: Es war von Anfang bis Ende totalitär. Es wurde im Krieg sogar zunehmend totalitärer. Kann man aber die Sowjetunion bis zu ihrem Ende als totalitäres System klassifizieren?

Ich stimme Sartori zu, dass wir einen Begriff nicht aufgeben sollten, solange wir keinen besseren haben. Meine Begründung weicht jedoch von der seinen ab. Da wir den Totalitarismusbegriff für einen vergangenen Herrschaftstyp benutzen, können wird das Konzept – befreit von politischen Kampfparolen in der Zeit der Systemkonkurrenz – verbessern. Auch mit dem Feudalismusbegriff ist das laufend geschehen. Sartoris am wenigsten überzeugendes Argument für den Totalitarismusbegriff ist die These, dass er ein *Syndrom für eine ganze Gesellschaft* bezeichne. Damit nähert sich die empirische Typologie der politischen Philosophie zu stark an, um noch intersubjektiv transmissibles Wissen zu produzieren.

Um den Autoren, die mich als Zeugen für die Aufgabe des Totalitarismus-Begriffs angeführt haben (Schmalz-Bruns 1995: 129), zu widersprechen: Ich bin für Beibehaltung, aber strikte historische Begrenzung des Begriffs, und zwar aus ganz pragmatischen Gründen im Sinne der ersten These von Sartori. Als Nominalist kämpfte ich ungern im letzten Graben für oder wider einen Begriff. Pragmatische Gründe aber sprechen dagegen, alle harten Diktaturen (*dictadura* im Gegensatz zur erodierenden *dictablanda*) als totalitär oder autoritär einzustufen. Je weiter der Oberbegriff, umso größer wird der Zwang, Untertypen zu bilden. Wäre „Autoritarismus" der Oberbegriff, würde „Totalitarismus" sich als Bezeichnung für einen unvermeidbaren Untertyp wieder einstellen.

Dieser Option liegt kein Gesinnungswandel zugrunde. Ich habe den Totalitarismusbegriff für die post-stalinistischen Systeme nicht verwandt und mit Friedrich darüber starke Meinungsverschiedenheiten gehabt. In Russland scheint der Übergang zur autoritären Diktatur mit dem Tauwetter – trotz späterer Rückfälle – leidlich gesichert festzustehen. Schwieriger wird die Datierung bei dem kulturrevolutionären Zickzack-Kurs in China. Die Entschuldigung, dass Übergänge meistens fließend sind, wird begriffliche Rigoristen nicht befriedigen. Aber bei den Demokratien verfahren wir ähnlich vage: Von Großbritannien wird oft seit der Glorreichen Revolution 1689 von einem parlamentarischen Regierungssystem gesprochen, obwohl es sich erst in den 1830er Jahren endgültig durchsetzte. Der Begriff „parlamentarische Demokratie" macht für England nicht vor 1919 Sinn, als das allgemeine Wahlrecht gewährt wurde, und doch wird der Begriff vielfach auch für frühere Epochen verwendet. Je ferner der Übergang, umso laxer wird in der Regel der Sprachgebrauch. Das lässt auch für die reichlich dogmatisch geführte Totalitarismusdebatte hoffen, falls der Totalitarismusbegriff wirklich vergangene Regime bezeichnet. Das ist umstritten, etwa bei fundamentalistischen Neo-Theokratien. Aber angesichts der neuen Formen des Terrors darf nicht vergessen werden, dass es immer schon Regime gab, die noch höhere Anteile von Gewalt gegenüber der einheimischen Bevölkerung anwandten als das Naziregime – von Idi Amin bis zu Pol Pot – und trotzdem fehlte diesen Terrorregimen einiges, um sie unter die totalitäre Diktaturen einzureihen, weil die technokratische Komponente von Teror und Mobilisierung schwach ausgeprägt war.

Die Fackelträger der Samtrevolution brauchten den Totalitarismusbegriff als Feindbezeichnung. Auch wenn sich in vielen postkommunistischen Ländern nicht Demokratie, sondern *Anokratie* – als Gemisch aus Anarchie und Autoritarismus – für lange Zeit entwickeln sollte, wird das Feindetikett zunehmend weniger gebraucht werden. Totalitarismus hat nach 1945 auch zur Selbstvergewisserung neuer Demokratien als Gegenbild gedient. Postmoderne Demokratien sind ihrer Grundwerte hinreichend gewiss, um keine selbstquälerischen Totalitarismusdebatten mehr zu brauchen.

Literatur

Amalrik, Andrej A.: Kann die Sowjetunion das Jahr 1984 erleben? Zürich, Diogenes, 1970.

Arendt, Hannah/Jaspers, Karl: Briefwechsel 1926-1969. München, Piper, 1985.

Arendt, Hannah: The Origins of Totalitarism. New York, Meridian Books, 1951.

Ballestrem, Karl Graf: Der Totalitarismus in Osteuropa und seine Folgen – eine theoretische Betrachtung. In: Lehmbruch, Gerhard (Hrsg.): Einigung und Zerfall. Deutschland und Europa nach dem Ende des Ost-West-Konflikts. Opladen, Leske & Budrich, 1995: 117-225.

v. Beyme, Klaus: Vom Faschismus zur Entwicklungsdiktatur. Machtelite und Opposition in Spanien. München, Piper, 1971.

v. Beyme, Klaus: Authoritarian Regimes – Developing Open Societies? In: Germino, Dante/v. Beyme, Klaus (Hrsg.): The Open Society in Theory and Practice, Den Haag, Nijhoff, 1974: 109-120.

v. Beyme, Klaus: Ökonomie und Politik im Sozialismus. München, Piper, 1975, 1977.

v. Beyme, Klaus: Systemwechsel in Osteuropa. Frankfurt, Suhrkamp, 1994.

v. Beyme, Klaus: Karl Jaspers – vom philosophischen Außenseiter zum Praeceptor Germaniae. In Heß, Jürgen C. (u.a.) (Hrsg.): Heidelberg 1945. Stuttgart, Steiner, 1996: 130-148.

Brzezinski, Zbigniew K.: Dysfunctional Totalitarism. In: v. Beyme, Klaus (Hrsg.):Theory and Politics – Theorie und Politik. Festschrift zum 70. Geburtstag von Carl J. Friedrich. Den Haag, Nijhoff, 1971: 375-389.

Carrère d`Encausse, Hélène: L`empire éclaté. Paris, Flammerion, 1978.

Deutsch, Karl W.: Cracks in the Monolith: Possibilities and Patterns of Disintegration in Totalitarian Systems. In: Friedrich, Carl. J. (Hrsg.): Totalitarism. Proceedings of a Conference Held at the American Acadamy of Arts and Sciences. Cambridge/Mass, Harvard University Press, 1954: 308-333.

Deutsch, Karl W.: The Nerves of Government. New York, Free Press, 1966.

Friedrich, Carl J. (Hrsg.): Totalitarism. Proceedings of a Conference Held at the American Academy of Arts and Sciences. Cambridge/Mass, Harvard University Press, 1954.

Friedrich, Carl J./Brzezinski: Totalitarian Dictatorships and Autocracy. Cambridge/Mass, Harvard University Press, 1965, 2. Aufl.

Friedrich, Carl J.: Man and His Government. New York, McGraw-Hill, 1963.

Friedrich, Carl J.: Totalitarianism: Recent Trends. In: Problems of Communism, 17, 1968: 32-43.

Fritze, Lothar: Unschärfen des Totalitarismusbegriffs. Methodologische Bemerkungen zu Carl J. Friedrichs Begriff der totalitären Diktatur. In: Zeitschrift für Geschichtswissenschaften, 43, 1995: 629-641.

Germino, Dante: The Italian Fascist Party in Power. A Study in Totalitarian Rule. Minneapolis, University of Minnesota Press, 1959.

Gess, Brigitte: Die Totalitarismuskonzeption von Raymond Aron und Hannah Arendt. In: Maier, Hans (Hrsg.): „Totalitarismus" und „politische Religion. Konzepte des Diktaturvergleichs. Paderborn, Schöningh, 1996: 264-274.

Gransow, Volker: Konzeptionelle Wandlungen der Kommunismusforschung. Vom Totalitarismus zur Immanenz. Frankfurt a.M., Campus, 1980.

Hacker, Jens: Defizite der vergleichenden Deutschlandforschung. Stimmt das westliche Bild von der DDR nicht? In: Die Welt vom 17. März 1990: 17.

Havel, Václav: Angst vor der Freiheit. Reinbek, Rowohlt, 1991.

Havel, Václav: Interview in: Der Spiegel, Heft 48/1992: 173.

Hildebrand, Klaus: Stufen der Totalitarismus-Forschung. In: Jesse, Eckhard (Hrsg.). Totalitarismus im 20. Jahrhundert. Baden-Baden, Nomos, 1996: 70-94.

Huntington, Samuel P./Moore, Clement (Hrsg.): Authoritarian Politics in Modern Society. New York, Basic Books, 1970.

Jaspers, Karl: Schicksal und Wille. Autobiographische Schriften. München, Piper, 1967.

Jaspers, Karl: Der Totalitarismus in Philosophie und Welt. München, Piper, 1983.

Jaspers, Karl: Die Atombombe und die Zukunft der Menschen. München, Piper, 1983.

Jesse, Eckhard: Überlegungen zur weiteren Totalitarismusforschung. In: In: Maier, Hans (Hrsg.): „Totalitarismus" und „politische Religion". Konzepte des Diktaturvergleichs. Paderborn, Schöningh, 1996: 275-284.

Küchenhoff, Erich: Möglichkeiten und Grenzen begrifflicher Klarheit in der Staatsformenlehre. Bd. 2. Berlin, Duncker & Humblot, 1967.

Lietzmann, Hans J.: Carl Joachim Friedrich. Ein amerikanischer Politikwissenschaftler aus Heidelberg. In: Blomert, Reinhard (Hrsg.): Heidelberger Sozial- und Staatswissenschaften. Das Institut für Sozial- und Staatswissenschaften zwischen 1918 und 1958, Marburg, Metropolis, 1997: 267-290.

Lietzmann, Hans J.: Politikwissenschaft im „Zeitalter der Diktaturen". Die Entwicklung der Totalitarismustheorie Carl Joachim Friedrichs. Opladen, Leske & Budrich, 1999.

Lübbe, Hermann: Die Historizität des Totalitarismus. In: Maier, Hans (Hrsg.): „Totalitarismus" und „politische Religion. Konzepte des Diktaturvergleichs. Paderborn, Schöningh, 1996: 285-290.

Maturana, Humberto: Erkennen. Die Organisation und Verkörperung von Wirklichkeit. Braunschweig, Vieweg, 1985, 2. Aufl.

Mitter, Armin/Wolle, Stefan: Untergang auf Raten. Unbekannte Kapitel der DDR-Geschichte. München, Bertelsmann, 1993.

Mlynář, Zdeněk: Krisen und Kriesenbewältigung im Sowjetblock. Köln, Bund-Verlag, 1983.

Mommsen, Hans/Grieger, Manfred: Das Volkswagenwerk und seine Arbeiter im Dritten Reich. Düsseldorf, Econ, 1996.

Petersen, Jens: Die Geschichte des Totalitarismusbegriffs in Italien. In: In: Maier, Hans (Hrsg.): „Totalitarismus" und „politische Religion. Konzepte des Diktaturvergleichs. Paderborn, Schöningh, 1996: 15-35.

Reich, Jens: Abscheid von den Lebenslügen. Die Intelligenz an der Macht. Reinbek, Rowohlt, 1992.

Sartori, Giovanni: The Theory of Democracy Revisited. Bd 1. Chatham, Chatham House, 1987.

Schmalz-Bruns, Rainer: Totalitarismustheorie – eine vergessene oder verlassene Stufe der Reflexion? In: Lehmbruch, Gerhard (Hrsg.): Einigung und Zerfall. Deutschland und Europa nach dem Ende des Ost-West-Konflikts. Opladen, Leske & Budrich, 1995: 127-138.

Siegel, Achim: Der Funktionalismus als sozialphilosophische Konstante der Totalitarismuskonzepte Carl Joachim Friedrichs. Methodologische Anmerkungen zur Entwicklung von Friedrichs Totalitarismuskonzept in den sechziger Jahren. In: Zeitschrift für Politik, 43 (1996): 123-144.

Stepan, Alfred: Paths Towards Redemocratization. Theoretical and Comparative Considerations. In: O`Donnell, Guillermo (Hrsg.): Transitions from Authoritarian Rule. Teil 3. Baltimore, 1986: 64-84.

II. Vergleich von Institutionen

8. Joschka Fischers Griff nach einer europäischen Verfassung

Ab Herbst 1988 wurde man von ausländischen Kollegen und Journalisten pausenlos mit der Frage drangsaliert, ob angesichts der Erosion der DDR die deutsche Einheit drohe. Ich bin dieser Frage stets mit einem Zitat von Joschka Fischer ausgewichen: „Schnauze halten". Das burschikose Diktum bedeutete damals, dass Fischer offenbar nicht – wie die meisten seiner Partei – strikt gegen den Gedanken der Einheit war, dass er es aber für inopportun hielt, sich als Deutscher in dieser offenen Frage aus dem Fenster zu hängen. Heute, wo die Frage einer engeren Einheit Europas diskutiert wird, möchte man Fischer an seine einstige Zurückhaltung erinnern. Seine Lage hat sich gewandelt. Schon nach zwei Jahren in seinem Amt wurde er im „Sommerloch" der Medienthemen mit Gerüchten über seine Amtsmüdigkeit konfrontiert. Da war der Aufruf zum großen Verfassungssprung in Europa kein schlechter Schachzug, um seine volle Präsenz unter Beweis zu stellen.

Aber er war immer noch Deutscher – und stand in der Opposition an sehr exponierter Stelle. Deutsche Rufer nach mehr europäischer Integration stehen unter dem Zwang, sich besonders verfassungspatriotisch gerieren zu müssen. Diese Konzentration auf die Verfassungsfrage wird ihnen aber kaum gedankt. Jeder Vorstoß in Richtung mehr europäische Einigung wird umgehend als verkappter deutscher Hegemonieanspruch verdächtigt. Der Verdacht verstärkt sich durch den Umstand, dass die alte Diskussion um ein Europa mehrerer Geschwindigkeiten in eine Debatte um den inneren Kreis der integrationswilligen Mächte überführt wird. Die Vertiefung der Einheit hat durch die simultane Verquickung mit der Osterweiterung der Union eine neue Dimension des Misstrauens gewonnen: Die osteuropäische Warteschlange ist – vor allem wirtschaftlich – stärker mit Deutschland verbunden als mit irgendeinem anderen Land in Europa. Nostalgien nach der Entente des alten „cordon sanitaire" der Zeit zwischen den Weltkriegen werden östlich der Oder und südlich des Erzgebirges zugunsten einer Führungsrolle Frankreich gelegentlich noch genährt. Aber das Echo von Präsident, Regierung und Medien in Frankreich auf Fischers Rede erlaubte Zweifel, ob Frankreich zu dieser Motorenrolle wirklich bereit war.

Alle Analytiker sind sich einig, dass ein europäisches Staatsvolk auch durch eine Verfassung kaum entstehen dürfte. Die Betonung des Verfassungspatriotismus, die sich die Deutschen aufgrund ihrer Geschichte als Akt der „innerweltlichen Askese" zu Recht auferlegt haben, hat kein Pendant in den anderen europäischen Nationen ohne schlechtes historisches Gewissen. Aber auch sie fragen sich, was der europäische Bürger von einer verfassungsmäßig zementierten Einheit Europas zu erwarten hat und entdecken die Dreiteilung von T.H. Marshall in den „Rechtsbürger", den politisch-demokratischen „citoyen" und den „Sozialbürger". Die Dimension des „kulturellen

Bürgers", die jener Dreiteilung hinzugefügt wurde, ist im europäischen Zusammenhang irrelevant.

Auf drei Gebieten nimmt sich die EU in ihren grundlegenden Dokumenten vor, die innere Integration der Bürger voranzutreiben:

- als Rechtsbürger,
- als politisch-demokratische Bürger
- und als Sozialbürger.

Nur die kulturell-nationale Schiene steht der Gemeinschaft nicht zur Verfügung, um die emotionale Identifikation zu fördern. Das gilt selbst dann, wenn kein enger Hochkulturbegriff angelegt wird. Zur Kultur gehört notfalls der Fußball. Der Europacup zeigt jedoch harten Wettbewerb und keine übernationalen Allianzen. Leute, die vorgeben, „null Bock auf Nation" zu haben, werden hysterisch, wenn sich die gegnerische Mannschaft dem Strafraum der eigenen Nationalmannschaft nähert. Nach einer spöttischen Definition wird im Zeitalter des Fußballwahns die Nation durch die Existenz einer Nationalmannschaft definiert. Nach dieser Definition wäre Schottland eine Nation, Bayern nicht. Bayern hat dies kompensiert, als „Bayern München" sich vielfach wie die Nationalmannschaft aufführte und diese gelegentlich auch überwiegend stellte. Die kulturelle Identifikation mit Europa bleibt auch bei Kosmopoliten vage. Denn ob das „Abendland" oder ein „europäischer Humanismus" beschworen wird – die Begriffe sind nicht geeignet, die USA oder Neuseeland auszuschließen und drängen über die Grenzen Europas hinaus.

a. Die Europäisierung des Rechtsbürgers

Ralf Dahrendorf (1990: 823), ein unverdächtiger binationaler Zeuge par excellence, gestand einmal, daß er „unrekonstruierter Kantianer" bleibe, in der Annahme, daß Verfassungspatrotismus erst möglich werde, wenn eine Rechtseinheit gegeben sei. Diese wird vom Europäischen Gerichtshof mächtig befördert. Solange aber selbst das deutsche Bundesverfassungsgericht (BVerfGE Bd. 89) kräftig mauert, um weitere Erosionen der nationalen Kompetenzen zu verhindern, ist nicht einmal diese leichteste Form der Schaffung des einheitlichen Rechtsbürgers gesichert. In Dänemark – nicht berüchtigt für Nationalismus – wurde von der Regierung spontan klar gestellt: „Citizenship of the Union is a political and legal concept which is entirely different from the concept of citizenship within the meaning of the Constitution of the Kingdom of Denmark and the Danish legal system. Citizenship of the Union in no way in itself gives a national of another Member State the right to obtain Danish Citizenship". So sprach ein Land mit einer der liberalsten Einbürgerungspraktiken in der Union. Der Edinburgh-Gipfel versuchte abzuwiegeln. „The provisions of Part Two of the Treaty ... do not in any way take the place of national citizenship". Aber diese Definition ist nicht wasserdicht (Jesserum d'Olivera 1994: 135), wie das Wahlrecht bei Gemeinderatswahlen und das Recht zu kandidieren nach Art. 8b1 zeigt. In europäischen Wahlen sollen die Nichtbürger von

Mitgliedstaaten mit einheimischen Bürger gleichgestellt werden (Art. 8b2). Aber es ist kein Zufall, daß die notwendigen Durchführungsregeln nicht implementiert wurden.

Die Staatsbürgerschaftskonzeption der Akte von Maastricht ist klar nicht-ethnisch definiert. Aber eine *itio in partes* bei der Definition der Gewährung der Staatsbürgerschaft, wie sie selbst die Schweizer Kantone noch besitzen, würde archaische Relikte des *jus sanguinis* schützen, was nicht die Absicht der EU sein kann. Kritiker von außen haben immer wieder die „ontologische Konzeption der Staatsbürgerschaft" in Deutschland kritisiert. Sie entstand nicht aus einem spezifischen Rassismus, sondern aus der Tatsache, daß sich das Territorium des Deutschen Reiches, des Deutschen Bundes und der deutschen Staaten nach 1945 permanent wandelte. Inklusion der ausgeschlossenen Deutschen war erforderlich. Erst 1990 waren die Bedingungen für die Beseitigung des Blutsprinzips voll gegeben. Die Regierung Schröder hat die notwendigen Schritte eingeleitet.

Bei den legalen Aspekten des Citizenship ist der Status der *Minderheiten* wichtig. Vielfach handelt es sich um Staatsbürger – umso mehr, wenn eine großzügige Staatsbürgerschaftspolitik getrieben wurde, wie in Frankreich. Die jakobinische Tradition der „*nation une et indivisible*" vollzog die Integration über die Sprache. Lange schien Frankreich mit den Nordafrikanern keine Probleme zu haben. Viele konnten vorzüglich französisch. Dennoch ist ihre Häufung in den Vorstädten von Marseille bis Straßburg bei hoher Arbeitslosigkeit zum sozialen Problem geworden. Paradoxerweise war die Staatsbürgernation Frankreich intoleranter hinsichtlich der Kleiderordnung und den Symbolen des islamischen Fundamentalismus in der Schule als Deutschland.

Wie weit darf rechtlich gesehen die Toleranz gehen? Die politische Philosophie hat die Grenze dort gesetzt, wo schwere körperliche Schäden zugefügt werden – von Stammesnarben bis Frauenbeschneidung. Aber die Implementationsbereitschaft solcher Prinzipien, auf die sich die Gemeinschaft einigen könnte, ist höchst unterschiedlich in einzelnen Mitgliedstaaten entwickelt.

Der Schutz der EU-Bürger im Ausland ist relativ klar geregelt. Aber die Grundrechte im Inneren sind offen für Konflikte. Art. F 2 des „Unionsvertrags" fordert die Respektierung der Grundrechte und fügt auch die gemeinsame Verfassungstradition der Mitgliedstaaten hinzu. Aber weite Bereiche der Grundrechte sind nicht gemeinsam, wie die Unterschiede bei der exzessiven Betonung der sozialen Grundrechte in Italien und die Enthaltsamkeit bei diesen im Grundgesetz zeigen. Deutsche Staatszielbestimmungen, obwohl nicht einklagbar, sind hingegen der angelsächsischen Tradition völlig fremd, die metaphysischen Deklarationen mißtraut. Menschenrechte sind universalistisch, daher genießen sie auch die Nichtmitglieder eines Mitgliedstaates, dennoch ist die Inklusion der *alien residents* höchst unterschiedlich in Europa geregelt (Wiener 1998).

Die fundamentalen Grundrechte werden im Ganzen überall in der Union respektiert, auch wenn Amnesty International immer wieder einmal auch EU-Mitglieder an den Pranger stellt. Aber unterhalb dieser Grundrechtsebene gibt es Rechte wie die des Art. 8a mit „freier Residenz und Bewegungsmöglichkeit innerhalb des Territoriums der Mitgliedstaaten", von denen nicht verschwiegen wird, daß sie mit nationalen Bestimmungen und Restriktionen in Konflikt stehen. Konditionale Grundrechte werden im Art. 48 vergeben wie die „Bewegungsfreiheit der Arbeiter wenigstens am Ende einer

Übergangsperiode". Wieder sind die nationalen Dispositionen sehr unterschiedlich. Italien hat das Recht auf Arbeit als Kompromiß zwischen Christdemokraten und Kommunisten in seine Verfassung an prominenter Stelle untergebracht. Die Bundesrepublik hingegen hat die Deklaration für irreführend gehalten. Jeder weiß, dass Italien auch später noch, als Deutschland in zweistellige Zahlen bei der Arbeitslosigkeit geriet, über dem Unterbeschäftigungsniveau Italiens lag. Als symbolische Politik und Merkposten werden solche Artikel gleichwohl verteidigt und wirken auf die Akzeptanz von Freizügigkeit des Faktors Arbeit zurück. Es zeigt sich an der laufenden Debatte um die Grundrechtscharta, daß Europa sich nur auf den harten Kern der Menschen- und Bürgerrechte einigen wird.

b. *Die politisch-demokratische Integration*

Zwei Begriffe von politischer Citizenship konkurrierten in Europa:

1. Die *liberale Tradition*, die Partizipation individualistisch und instrumentalistisch interpretierte und vor allem den Rechtsstaatsgedanken betonte. Seit die neuen Demokratien im Osten vielfach als „defekte oder illiberale Demokratien" endeten, die Partizipation in leidlich freien Wahlen erlaubten, aber den Rechtsstaat unterentwickelt ließen, gewinnt diese Konzeption wieder Oberwasser.
2. Die *aristotelische Konzeption der ethischen und kulturellen Gemeinschaft* – kulturell im Sinne der neueren Konzeption der politischen Kultur. Es wurden weniger die formalen Partizipationsrechte und die negativen Freiheitsrechte betont als die *„moeurs politiques"*. Der Kommunitarismus hat an diese Konzeption mit einem holistischen Konzept von Citizenship wieder angeknüpft (Taylor 1989; Habermas 1992: 640f). Kommunitarier sind keine Ethno-Demos-Patrioten und könnten sich mit dem Verfassungspatriotismus à la Habermas anfreunden. Aber sie haben ihn von der Enge des Rechtsstaats befreit und mit einem neuen partizipatorischen Pathos verbunden. Konzeptionen der *„deliberativen Demokratie"* oder der *„reflexiven Demokratie"* wurden publizistisch wieder belebt. Es gibt keinen Grundkonflikt zwischen diesen Konzeptionen mehr, wie ihn am Anfang des Liberalismus Benjamin Constant gegen die antike Bürgerschaftskonzeption formulierte, die er für Gesinnungstyrannei hielt. Der Kommunitarismus ist nicht nur selbstreflexiv, sondern auch selbstbeschränkend in seinen intellektuellen Ansprüchen, wenn Walzer und andere liberal genug sind, zu betonen, daß der Kommunitarismus nur die Übertreibungen des Liberalismus korrigieren will und sich nicht als neue dogmatische Lehre versteht.

Eine neue Bewegung ist in die etablierten Institutionen der liberalen Demokratie gekommen. Jahrelang hat niemand mehr die Alternativen für die verfassungsmäßige Weiterentwicklung der EU diskutiert, wie sie einst Bowie und Friedrich (1964) in den „Studies of Federalism" vornahmen, die Präsidentialismus, Parlamentarismus und Schweizer Ratssystem im Hinblick auf einen europäischen Föderalismus testeten. Neuerdings (Kohler-Koch 1999: 9) wird Friedrichs Präferenz für das Schweizer Ratssystem wieder aufgenommen. „Opas Politikwissenschaft" des Altinstitutionalismus schien tot. Plötzlich kam der Paläoinstitutionalismus mit Ideen des *„constitutional engineering"* (Sartori 1994) wieder in Mode. Noch einflußreicher war der aufgeklärte Neoinstitutionalismus, der sich mit Handlungsoptionen von Akteuren im Mehrebenensystem befaßte und sich zunehmend mit *Rational Choice*-Ansätzen verband, etwa bei Scharpf (1994).

Die *Praxis der Demokratien* hat sich in Europa vielfach angenähert. Der Unterschied zwischen semipräsidentiellen und rein parlamentarischen Systemen ist zweitrangig geworden angesichts der Entwicklungen der Parteien und ihren Interaktionsgewohnheiten mit den Medien.

Die Natur der europäischen Citizenship, die *ex nihilo* geschaffen wurde (Jesserum d'Oliveira 1994), bleibt so unklar wie die staats- und völkerrechtliche Qualität des Gebildes, das sein Substrat darstellt. *Staatenverbund* ist der deutsche Formelkompromiß. Er hat den Nachteil, außer im Schwedischen (statsförbundet) nicht übersetzbar zu sein. Aus allen wichtigen Sprachen käme die Übersetzung als Föderation oder Konföderation zurück.

Maastricht ist mehr als ein Vertrag und weniger als eine Verfassung. Einige sehen in diesem Vertrag eine Verfassung in nuce. Einige amerikanische Founding Fathers wollten ihre Verfassung „kurz und dunkel". Neue Verfassungen wie die süd- und osteuropäischen Verfassungen sind „lang und dunkel" geworden, wenn etwa in Portugal die Dauer der Debatte einer Regierungserklärung geregelt wird und die slowakische Verfassung damit beginnt, die Tradition des Großmährischen Reiches für sich in Anspruch zu nehmen.

Starbeispiel für die Tendenz zur Überlänge und Unklarheit ist das *Subsidiaritätsprinzip* in Europa. Es gelangte als Kompromißformel in die Verträge, weil vor allem Großbritannien keinen Anklang an föderales Vokabular duldete. Deutschland (neben Belgien) als einziger echter Bundesstaat unter den 12 Mitgliedern arbeitete unter dem Druck seiner Bundesländer mit an dieser Kompromißformel. Die führenden Unionsparteien hatten gegen den einst klerikalen Unterton der Formel seit „Quadrogesimo anno" weniger einzuwenden. In der Diffusion von Sozialstaatsideen war das Konzept für den Grundkonsens zwischen Christ- und Sozialdemokraten längst seiner vatikanischen Konnotationen entkleidet worden. Aber klarer war es mit der Übertragung von funktionalen Zusammenhängen auf territoriale keineswegs geworden.

Zu seiner Realisierung bedarf das Subsidiaritätsprinzip der Spezifizierung zwischen dem Ganzen und den Gliedstaaten. Scharpf (1991: 421) hat mit Recht von „der Lebenslüge des Föderalismus" gesprochen. Bei verbalem Bekenntnis zu den größeren Residualkompetenzen der Gliedstaaten vollzog sich in allen Föderationen, außer der Schweiz, eine gewaltige Zentralisierung. Bei einer supranationalen Einheit, die als Wirtschaftseinheit ihre Karriere begann, ist dies a forteriori zu erwarten.

In einer Entschließung des Europäischen Parlaments zum Grundsatz der Subsidiarität vom November 1990 wurde bereits der Boden des Etikettenschwindels verlassen und klar konstatiert: „Die Föderalisierung der Ausübung dieser bereits auf Gemeinschaftsebene bestehenden Befugnisse wäre eine erste Antwort auf die Frage nach der

Achtung des Grundsatzes der Subsidiarität, die somit eng mit der Beseitigung des Demokratiedefizits verbunden ist" (EP-Doc. DE/RR/91692: 6).

Stärker noch als das Föderalismusprinzip liegen Schranken gegen die Demokratisierung im Subsidiaritätsprinzip, das dem Ganzen nur in klar umrissenen Fällen einen legislatorischen Durchgriff auf alle Teile gestatten will. Sowie das Demokratiedefizit beschworen wird, kann man unter einem kaum kritisierbaren Etikett zentralisierende Tendenzen nur schwerlich aufhalten.

Es wäre jedoch ein Fehler, die Undeutlichkeit als Unvermögen der beteiligten Akteure zu brandmarken. Die Undeutlichkeit der Ziele hat im Vertrag von Maastricht vielfach ihre Vorzüge offenbart, wie Elmar Brok (1992) für das Europäische Parlament überzeugend argumentierte. Das Subsidiaritätsprinzip läßt vieles offen für den Kampf der Interessen. In Deutschland wird das Defizit an der Durchsetzung der reinen Lehre der Marktwirtschaft ohne Subventionen beklagt, aber das Subsidiaritätsprinzip als Schranke des EU-Durchgriffs beschworen, sobald einheimische Werften oder Kohlegruben in die Gefahrenzone geraten. Als ein amerikanischer founding father die Devise ausgab, eine Verfassung müsse „kurz und dunkel" sein, lag eine ähnliche Sorge um die Undurchsetzbarkeit prekärer Verfassungskompromisse zugrunde.

Die umstrittene Frage bleibt, ob die Vereinheitlichung der Rechtssysteme und der politischen Kulturen durch eine Verfassung gefördert werden kann. Die Antworten reichen von der Warnung vor überhöhten Erwartungen der Bürger, die eine Verfassung nach sich ziehen könnte (Grimm 1994: 51), bis zur Betonung der Notwendigkeit einer Verfassung (Weidenfeld 1991), um die innere Einheit voranzutreiben. Für einige (Koch 1997) ist der Sprung in die „Revolution" einer Verfassung der Ausweg aus der Langeweile. Euroskeptiker wie Kielmansegg (1995: 237) sehen noch weniger Chancen für eine europäische Demokratie ohne europäische Identität und Zivilgesellschaft ohne wirklich europäische Parteien und Interessengruppen. Andere Betrachter legen sich nicht genau fest (Pies in: Streit/Voigt 1996) und halten sowohl die Entwicklung eines Vertrages, als auch eine Verfassung für einen gangbaren Weg. *Funktionale* statt territoriale Repräsentation wird von einigen Experten (Kohler-Koch 1999: 12) jedoch für die wahrscheinlichere Entwicklungslinie gehalten, um aus der Blockade zwischen demokratischem und föderalem Prinzip herauszutreten.

Der *Konstruktivismus* hat inzwischen die Theorie der Internationalen Politik erfaßt. Analysen der verfassungspolitischen Präferenzen der Mitgliedstaaten zeigten, daß nicht so sehr rationalistische Verfolgung von Machtinteressen, sondern institutionalisierte Wirklichkeitskonstruktionen die Verfassungsaußenpolitik in der EU prägen (Wagner 1999: 435). Es ließen sich keine über Zeit stabile grundlegende Präferenzordnungen der Staaten nachweisen, wie sie die Neorealisten und Rational Choice-Theoretiker unterstellten. Wie zu erwarten, war vor allem das Merkmal föderaler Staat/Einheitsstaat maßgeblich für die politische Kultur der Länder, in denen die Wirklichkeitskonstruktionen verankert sind. Ähnliches läßt sich auch für die Konzeption von Citizenship aufzeigen.

Die *Euroskepsis* erinnert in mancher Hinsicht an die Diskussionen des 19. Jahrhunderts für die Integration neuer Nationalstaaten.

1. Lorenz von Stein (1852: 5) hielt Preußen einst *nicht reif für eine Verfassung*, weil es sozial zu heterogen war. Ähnliche Argumente tauchen hinsichtlich Europas auf. Aber Preußen sprach mit Ausnahme einiger östlicher Gebiete, die überwiegend zweisprachig waren, eine Sprache und ließ sich auf eine „erfundene preußische Tradition" bis zurück zum Ordensstaat lose ideologisch integrieren. Stein konnte noch hoffen, daß Preußens *„Verfassungsunfähigkeit"* Deutschlands Verfassungsfähigkeit stärken werde. Die Verfassungsfähigkeit des ganzen Europa bis zum Bug oder gar zum Dnjepr wird hingegen von niemandem als günstigere Voraussetzung für eine Verfassung angesehen als das „Klein-Europa" von Maastricht.

2. *Föderalismus und Parlamentarismus galten als unvereinbar* – obwohl Saint-Simon schon 1814 die Gegenthese vertrat: Eine europäische Föderation bedürfe zunächst der parlamentarischen Mehrheitsherrschaft. In der Paulskirche in Deutschland überwog die gegenteilige Ansicht vom Liberalen Welcker bis zum Konservativen Radowitz. Bismarck hat das Unvereinbarkeitstheorem trotz des allgemeinen Wahlrechts gegen die Parlamentarisierung des Reiches nach 1871 ausgespielt. Konservative wie Calhoun in Amerika oder Konstantin Frantz und Max von Seydel in Deutschland haben überwiegend die *„concurrent majorities"* gegen die parlamentarische Mehrheitsherrschaft gesetzt. Die Unvereinbarkeitsthese wurde selbst dann noch vertreten, als Australien und Kanada längst das Gegenteil bewiesen hatten. Aber der Parlamentarismus der „Kolonien" hatte keinen „Bildungswert" für die kontinentale Dogmatik, und soweit man demokratischer Föderalist war, wurde eher das Schweizer Ratssystem oder das präsidentielle System der USA gefordert, als ein parlamentarisches System.

Die neueren theoretischen Ansätze sehen ein „Paradox der Schwäche" (Edgar Grande), das sowohl den Staat als auch die Gesellschaft schwächt. Der Staat verliert an Steuerungsfähigkeit, da Globalisierung und Regionalisierung den *bourgeois* über den staatlich beengt lebenden *citoyen* hinauswachsen lassen. Die Gesellschaft verliert ebenfalls, da der Staat durch die Mehrebenenverflechtung weniger kontrollierbar wird (Zürn 1996: 34). Da im Sinne Hirschmans *voice* schwieriger wird, ist *exit* zu einer empfohlenen Option geworden. Entweder wird ein Pluralismusmodell empfohlen, das die Analogien zur Staatsformenlehre aufgibt, oder es wird eine Flexibilisierung verlangt, die in einem System von Vetorechten besteht (Abromeit 1998. 89).

Lange stand nur die *Europäische Grundrechtcharta* auf dem Programm. Seit 1984 sind Initiativen des Europäischen Parlaments in diese Richtung verzögert worden. Die Auffassungen variierten von einer Kopie der Europäischen Menschenrechtskonvention bis zu einem neuen Grundrechtskatalog mit vielen sozialen Grundrechten. Problem wird die Frage bleiben, ob die Mitgliedstaaten zur Einhaltung dieser Rechte mit Sanktionen gezwungen werden können und wie weit das Klagerecht gegen Grundrechtsverstöße beim Europäischen Gerichtshof ausgebaut werden soll, ohne welche die Charta zur *symbolischen Politik* degradiert würde. Teile der Hessischen Verfassung sind immer wieder für nicht grundgesetzkonform angesehen worden, dennoch wurde auf Hessen kein Druck zur Amendierung ausgeübt. In Rußland enthielten 20 von 21 Verfassungen der territorialen Einheiten der Föderation Klauseln, die eigentlich unvereinbar mit der Föderationsverfassung waren. Die Union konnte unter Jelcin nicht einmal schwerwiegendere Verletzungen der Bundestreue sanktionieren – außer in Tschetschenien, wo es um förmliche Sezession ging. Europa wird es nicht besser gehen!

c. *Die Integration der Sozialbürger*

Die Lektüre des Maastrichtvertrages hinterläßt den Eindruck, es handele sich um die Schaffung eines neuen Wohlfahtsstaates. Art. 123 konstituierte einen Sozialfonds. Die deutsche Obsession mit „gleichen" – und seit der Vereinigung nur noch „gleichwertigen" – Lebensverhältnissen ging in den Art. 117 ein, wo von der *„Harmonisierung des Lebensstandards"* die Rede ist. Es ist wahrscheinlich, daß egalitäre Traditionen in Europa niemals dauerhaft so große Differenzen in den sozialen Tranfers zulassen, wie sie in den USA bestehen.

Die EU wurde in den siebziger Jahren als „Supermarkt" von links kritisiert. Die wirklichen Fusionen kamen erst in den neunziger Jahren, und sie waren eher schwächer als die Zusammenschlüsse, die über Europa hinaus reichten. Eine einheitliche Lohnpolitik erwarten die Experten nicht (Joerges 1991: 283) von der Maastricht-Runde. Die ersten Protestaktionen in romanischen Ländern zeigten, daß viele Verschlechterungen gern der Euro-Bank und indirekt der Bundesbank angelastet werden.

Eine positive *Verflechtung der Souveränität*, bei der die europäische Ebene weite Materien der Sozialpolitik regeln kann, ist als kontinuierlicher Prozeß bisher nicht in Sicht. Wellen des nationalen Rufes nach mehr Souveränität für die nationalen Entscheidungsträger sind wahrscheinlich Die französischen Initiativen der Arbeitslosenverbände sind vermutlich nur die Vorschau auf populistische Tendenzen zur Resouveränisierung im Bereich der Wohlfahrtspolitik. Die Europaliteratur ist sich über die Szenarien für die zukünftige Entwicklung uneins. Paradoxerweise sind die eher „linken" Autoren wie Leibfried und Offe an mehr europäischer Integrationspolitik im sozialen Bereich interessiert. Das wird verständlich, wenn man bedenkt, daß sie der EU eher eine parteienneutrale Innovationspolitik ohne zahlreiche Rücksichten auf national gewachsene Strukturen zutrauen, als dem Nationalstaat. Eine Studie kommt im Gegensatz zu zahlreichen bisherigen Meinungen zu dem Schluß, daß Parteipolitik in der Willensbildung der Kommission eine ganz untergeordnete Rolle spielt (Morgan/Tame 1996; Landfried 2001). Die Autoren des Mainstreams auf der anderen Seite sind eher der Ansicht, daß der Kernbereich der distributiven Sozialpolitik, Erziehung und Kultur, eine nationalstaatliche Domäne bleiben wird. „Verfassungspatriotisch" eingestellte Autoren (Nassehi/Schroer 1999. 111) sind mit Recht der Meinung, daß nur durch Ausbau der Wohlfahrtspolitik eine De-Ethnisierung Europas dauerhaft zu bewerkstelligen ist. Welches Szenario sich in Zukunft auch als das wahrscheinlichere erweist, es besteht schon jetzt kein Zweifel, daß Prozesse oberhalb und unterhalb nationaler Systeme den Entscheidungsspielraum nationaler Parlamente einengen. Umstritten sind nur die Sektoren und die Geschwindigkeit, in der diese Prozesse ablaufen:

(1) In einem Prozeß der *Regionalisierung* versuchen regionale Versammlungen, sich auf Kosten der nationalen Parlamente über die Regionalpolitik der EU zu stärken.

(2) In einem Prozeß der *Europäisierung* werden immer mehr Materien, die den nationalen Parlamenten vorbehalten schienen, von Europa her geregelt. Dieser Prozeß wird durch die Rechtsprechung des Europäischen Gerichtshofes und die schleichende Vereinheitlichung der Rechtssysteme unmerklich, aber wirksam befördert.

(3) In einem Prozeß der *Globalisierung* bleibt der nationalen Ebene nur der Trost, daß weltweite Organisationen wie die World Trade Organisation oder die GASP der EU heimzuzahlen begannen, was diese den nationalen Entscheidungsgremien angetan haben, weil zunehmend auch der Handlungsspielraum der Europaorganisationen von der globalen Ebene eingeengt wird, wenn auch bisher stark sektoral begrenzt.

Der Konflikt um das Ausmaß, in dem die sozialpolitische Kompetenz den nationalen Parlamenten entzogen wird, kann nur durch Unterklassifikationen geschlichtet werden. Die einen weisen auf die Wirkungen der Vereinheitlichung der Betriebsverfassungen und der Mitbestimmungsregelungen hin. Andere grenzen die bloß *„sozialregulativen" Maßnahmen* von den *distributiven und redistributiven Maßnahmen* ab. Erstere sind durch die Einheitliche Europäische Akte mit Art. 100a und 118a zweifellos stärker europäisiert worden. Zu den sozialregulativen Bereichen kann auch der Umweltschutz im Titel VII gerechnet werden, der europäisierte, wo die alte EG sich auf bloße Förderung der intergouvernementalen Kooperation beschränkte. Die Einbeziehung der Arbeitsumwelt, der Gesundheit, des Verbraucher- und Umweltschutzes entzieht den nationalen Parlamenten wichtige Materien (Majone 1996).

Dennoch sprechen gewichtige Gründe für die Annahme, daß der Kernbereich des Wohlfahrtsstaats noch lange national reguliert werden wird. Das Vorbild von echten Föderationen mit weitreichender Kompetenz der Mitgliedstaaten, die keine „unitarischen Bundesstaaten" wurden, wie Deutschland oder Österreich, zeigte am Modell Amerika, daß die Beharrungsfähigkeit regionaler Differenzen groß ist. Noch 1990 zahlte Kalifornien an Wohlfahrtsempfänger sechsmal mehr als das arme Alabama. Wenn es alten Nationalstaaten nicht gelang, den Wohlfahrtsstaat auf Staatenebene zu homogenisieren, so ist es unwahrscheinlich, daß die EU darin erfolgreicher sein kann. Sie hatte um die Jahrhundertwende nur 4 Prozent der Ausgaben aller nationalen Regierungen und weniger als 1,3% des Bruttosozialproduktes der EU zur Verfügung. Angesichts der budgetären Restriktionen ist es unwahrscheinlich, daß die Nationalstaaten die Knappheit an Mitteln für die Verteilungspolitik wirklich ändern wollen. Die Erfolge einer Form von Umverteilungspolitik – als Regionalpolitik – gelten bisher nicht so beeindruckend, daß sie eine Sogwirkung auf die Wohlfahrtspolitik im Allgemeinen ausüben könnten. Neben der Sicherheits- und Verteidigungspolitik wird daher die Sozialpolitik vermutlich weiterhin ein Pfeiler der Entscheidungskompetenz nationaler Parlamente bleiben.

Der Ausbau der Sozialbürgerschaft wird auf die Dauer vermutlich die schärfsten Konflikte auslösen, da die EU zeitweilig eher auf dem Markt als auf die nationalen staatlichen Institutionen vertraute (Jachtenfuchs/Kohler-Koch 1996: 29). Die Nationalstaaten werden dadurch gezwungen, sich in Materien einzumischen, die sie lieber ungeregelt gelassen hätten. Umgekehrt wird die positive Integration durch Initiativen aus Brüssel, die hinter der nationalen Gesetzgebungsinitiative stehen, vorangetrieben und vielfach als Fremdbestimmung empfunden. Das kam im Sozialbereich nach deutscher Zählung schon in den 90er Jahren noch unter 10% vor. Aber in einigen Sektoren wie in der Landwirtschaft standen schon in 42% der Fälle und 100% im Post- und Fernmeldewesen hinter deutschen Gesetzgebungsvorhaben Euro-Initiativen (Töller 1995: 47).

Fazit

Die Konzeptionen des *Staatsbürgerrechts* nähern sich in Europa an. Die Formen der Ausübung staatsbürgerlicher Partizipation sind noch sehr verschieden, bilden aber kein Hindernis für die Integration. Die *Kulturbürger* bleiben national, die *Rechtsbürger* haben die weitestgehendste Angleichung erreicht, ein Prozeß, der durch den Europäischen Gerichtshof befördert wird. Aber selbst wenn dieser zu große Schritte wagt, zeigen sich Rückschläge der Verhärtung bei den nationalen Politikern und sogar bei den nationalen Verfassungsgerichten, wie die deutsche Maastricht-Entscheidung gezeigt hat. Die *Sozialbürger* schließlich bleiben mangels Umverteilungsmasse der Union auf nationale Sozialpolitik angewiesen. Nur im sozialregulatorischen Bereich schreitet die Integration rasch fort.

Eine Symmetrie der vier Citizenships ist auf europäischer Ebene in absehbarer Zeit nicht zu erwarten. Auch einzelne Nationalstaaten haben lange gebraucht, um diese Symmetrie der Legitimation des Gemeinwesens und seiner Citizenship zu erreichen. Es ist unwahrscheinlich, daß durch spektakuläre Arbeit an einer europäischen Verfassung diese Integration aller vier Citizenships beschleunigt werden kann. Es sind eher neue überflüssige Konflikte zu erwarten. Die Fixierung auf eine Verfassung erscheint im internationalen Vergleich ohnehin als eine ziemlich deutsche Diskussion. Die Charta der Grundrechte ist unerlässlich. Den organisatorischen Teil einer Verfassung aber können Dokumente nach Art eines Organisationsstatus bewältigen. Die dritte französische Republik mag da Vorbild sein: *„rien ne dure que le provisoire"* wurde für die drei Gesetze geprägt, die seit 1875 als Ersatz für eine einheitliche Verfassung dienen mußten, weil die beiden Lager sich nicht auf einen Text hätten einigen können. Ohne die Niederlage von 1940 bestünde die Regelung von 1875 vielleicht noch heute. Großbritannien kommt immer ohne einen einheitlichen geschriebenen Verfassungstext aus. Polen hat bis 1997 mit der „kleinen Verfassung" leben können. Ungarn hat die Ausarbeitung einer endgültigen Verfassung noch vor sich. Warum sollte Europa weiter vorpreschen, als es einige Nationalstaaten getan haben?

Es mehren sich die Stimmen derer, die eine Nichtratifizierung der Europäischen Verfassung für ein größeres Übel halten als den Verzicht auf die Außübung des europäischen *pouvoir constituant* (Di Fabio, F.A.Z. 30.6.2000: 6). Auch die Befürworter einer europäischen Verfassung verlangen keinen „verfassungspolitischen Urknall" mehr (Bertelsmann Europa Kommission 2000: 30). Selbst ein Europäisches Verfassungssystem müsste die Verfolgung nationaler Interessen „ohne Majorisierungsdruck" zulassen

(Lepsius 2000. 304), und die ist durch eine Zweiteilung der Verträge (Dehaene Gruppe) und durch die Tolerierung des „système inédit" rudimentärer Grundlagenverträge, die erst langfristig in Richtung einer einheitlichen Verfassung drängen, leichter zu erreichen.

In Zeiten der Prosperität wird vieles toleriert und mangels Transparenz von den Bürgern der Mitgliedstaaten ignoriert. Alle Integrationsschritte – vor allem aber im sozialen Bereich, wo die Kostenlawine zu Umverteilungsgelüsten gegenüber den finanziellen Lasten führen – sollten auch unter dem Aspekt des Schutzes gegen Rechtsextremismus und militanten Populismus gesehen werden. Das Haider-Syndrom ist kein Phänomen eines Kleinstaats. Selbst das Nichtmitglied Schweiz ist von dem Bazillus erfaßt worden, und vom Glistrupismus bis zur AN und der Lega in Italien liegt politischer Sprengstoff in den nationalen Parteiensystemen, der zum Rückschlag für allzu rasche Integrationsschritte werden kann.

Literatur

Abromeit, Heidrun: Ein Vorschlag zur Demokratisierung des europäischen Entscheidungssystems. PVS Bd. 39, 1998: 80-90.

Bertelsmann Europa-Kommission (Hrsg.): Europas Vollendung vorbereiten. Forderungen an die Regierungskonferenz 2000. Gütersloh, Verlag Bertelsmann Stiftung, 2000.

Brok, Elmar: Das Machbare machen. FAZ, 15. Aug. 1992: 23

Grimm, Dieter: Braucht Europa eine Verfassung? München, Werner von Siemens Stiftung, 1994.

Habermas, Jürgen: Faktizität und Geltung. Beiträge zur Diskurstheorie des Rechts und des demokratischen Rechtsstaats. Frankfurt, Suhrkamp, 1992.

Jesserun d'Oliveira, Hans Ulrich: European Citizenship: Its Meaning, Its Potential. In: Dehousse, Renaud (ed): Europe after Maastricht. An Ever Closer Union? Munich, Law Books in Europe, 1994: 126-148

Kielmansegg, Peter Graf: Integration und Demokratie. In: Jachtenfuchs, Markus/Kohler-Koch, Beate (Hrsg.): Europäische Integration. Opladen, Leske & Budrich, 1996: 47-72.

Koch, Claus: Das Ende des Selbstbetrugs. Europa braucht eine Verfassung. München, Hanser, 1997.

Kohler-Koch, Beate: A Constitution for Europe? Mannheim, Mannheimer Zentrum für Europäische Sozialforschung, 1999/Nr. 8.

Landfried, Christine: Politische Steuerung in der Europäischen Union. Baden-Baden, Nomos, 2001.

Lepsius, M. Rainer: Die Europäische Union als rechtlich konstruierte Verhaltensstrukturierung. In: Dreier, Horst (Hrsg.): Rechtssoziologie am Ende des 20. Jahrhunderts. Tübingen, Mohr, 2000: 289-305.

Majone, Giandomenico: Redistributive und sozialregulative Politik. In: Jachtenfuchs, Markus/Kohler-Koch, Beate (Hrsg.): Europäische Integration. Opladen, Leske & Budrich, 1996: 225-248.

Morgan, Roger/Tame, Claire (Hrsg.): Parliament and Parties. New York, St. Martin's Press, 1996.

Nassehi/Schroer: Integration durch Staatsbürgerschaft? Einige gesellschaftstheoretische Zweifel. Leviathan, Bd. 27, H. 1, 1999: 95-112

Sartori, Giovanni: Comparative Constitutional Engineering. London, Macmillan, 1994.

Scharpf, Fritz W.: Kann es in Europa eine stabile föderale Balance geben? In: Wildenmann, Rudolf (Hrsg.): Staatswerdung Europas? Baden-Baden, Nomos, 1991: 415-428.

Scharpf, Fritz W.: Optionen des Föderalismus in Deutschland und Europa. Frankfurt, Campus, 1994.

von Stein, Lorenz: Zur preussischen Verfassungsfrage. Darmstadt, Wissenschaftliche Buchgesellschaft, 1852, 1961.

Streit, Manfred E./Voigt, Stefan (Hrsg.): Europa reformieren. Baden-Baden, Nomos, 1996.

Taylor, Charles: Cross-purposes: The Liberal Communitarian Debate. In: Rosenblum, Nancy L. (Hrsg.): Liberalism and the Moral Life. Cambridge/Mass., Harvard University Press, 1989: 159-168.

Töller, A. E.: Europapolitik im Bundestag. Eine Untersuchung zur europapolitischen Willensbildung im EG-Ausschuß des 12. Deutschen Bundestages. Frankfurt, Lang, 1995.

Wagner, Wolfgang: Interessen und Ideen in der europäischen Verfassungspolitik. PVS 1999/Bd. 40: 415-441.

Weidenfeld, Werner (Hrsg.): Wie Europa verfaßt sein soll. Gütersloh, Bertelsmann Stiftung, 1990.

Wildgren, John K./Feld, Werner J.: Evaluative and Cognitive Factors in the Prediction of European Unification. Comparative Political Studies, 1976: 309-334.

Zürn, Michael: Über den Staat und die Demokratie im europäischen Mehrebenensystem. PVS, 1996/Bd. 37: 27-55.

9. Vergleichende Parlamentsforschung

1. Zentrale Begriffe

Der Begriff „Parlament" ist vom mittellateinischen „parlamentum" = Besprechung über das Französische und Englische in alle Sprachen eingegangen. Ältere Ständeversammlungen wurden in den verschiedenen Ländern mit historischen Namen belegt. Über den dominanten Einfluß des parlamentarischen Systems britischen Typs hat sich der Begriff „Parlament" durchgesetzt, selbst wenn die Einrichtung weiterhin „assemblée nationale", „Bundestag" oder „Cortes" genannt wird. Vor allem in Komposita wie Parlamentssouveränität, Parlamentsbeschluß, Parlamentsrecht, Parlamentsauflösung ist die englische Wurzel präsent. Lange wurde auch in kontinentalen Sprachen noch die englische Schreibweise „parliament" beibehalten.

In der Epoche der Vorherrschaft des Parlaments entstand der Begriff „parlamentarische Regierungsweise". Im älteren Konstitutionalismus war die Gewaltenteilungsmythologie so stark, daß der neutrale Ausdruck „Repräsentativverfassung" überwog, ob er nun nach dem „monarchischen Prinzip" mit Dominanz der Krone oder nach dem „parlamentarischen Prinzip" mit Dominanz der Volksvertretung gedeutet wurde. In der Dogmatik gab es auch nicht wenige Gleichgewichtstheorien.

In der zweiten Hälfte des 19. Jahrhunderts mit Ausdehnung des Wahlrechts und dem Einzug neuer Gruppen und Minderheiten in die Parlamente kam es vielfach zu Krisen. Der Begriff „Parlamentarismus" wurde nun in der Debatte häufig negativ gebraucht. Selbst Reaktionäre wie Donoso Cortés in Spanien legten Wert auf die Feststellung, daß ihre Kritik des Parlamentarismus, mit Liberalismus, Rationalismus und Gottlosigkeit identifiziert, keine Infragestellung der Notwendigkeit von Parlamenten bedeute.

Erst nach dem Zweiten Weltkrieg mit der Konsolidierung der Demokratie in den meisten Ländern Westeuropas wurde auch Parlamentarismus wieder zu einem neutralen Oberbegriff für einen Forschungszweig. Dieser umfaßt im engeren Sinn den „institutionellen Sitz der Volkssouveränität" in der Institution Parlament und im weiteren Sinne das Funktionieren von Systemen, in denen Parlamente eine dominante Rolle einnehmen. Dabei können unter Parlamentarismusstudien auch Länder eingeschlossen werden, die dualistisch konstruiert sind und keine parlamentarisch verantwortliche Exekutive kennen wie das präsidentielle System der USA oder das Schweizer Ratssystem. Im präsidentiellen System der USA hat sich für das Parlament der Ausdruck „legislature" eingebürgert. Gesetzgebung neben Repräsentation und Kontrolle spielt in einem solchen System eine zentrale Rolle, während die wichtige Rekrutierungsfunktion für Ämter der Exekutive überwiegend fehlt.

Die juristisch herausgehobene Stellung des Parlaments in den meisten modernen Demokratien konnte nicht verhindern, daß das Parlament gegenüber anderen Institutionen wie Exekutive und Verwaltung oder organisierten Interessen und Parteien in der faktischen Bedeutung zurückfiel, ohne nur noch „dignified parts" (Bagehot) im System zu werden. Parlamentsforschung mußte dem sozialen Wandel Rechnung tragen und sich erweitern.

Eine Analyse der sozialen Grundfragen des parlamentarischen Systems, die nicht an der Oberfläche parlamentarischer Mechanismen haften bleibt, muß auch die Parlamentarisierung der politischen Institutionen unterhalb der Regierungsebene in ihre Betrachtungen einbeziehen. Die Demokratieforschung hat sich – befruchtet durch die Soziologie – vor allem der Demokratisierung der politischen Kultur zugewandt: den Verbänden, den Parteien, den wirtschaftlichen Unternehmen, den Familien. Es wurde als Vorteil für das britische Kabinettssystem gerühmt, daß es in der politischen Willensbildung der englischen Parteien seine Entsprechung habe. Das konnte nicht von allen Systemen gesagt werden. In den meisten parlamentarischen Ländern ist die Verantwortlichkeit der Parteispitze keineswegs nach parlamentarischem Muster konstruiert. In Parteien, Verbänden und Kommunen herrscht weitgehend ein oligarchisches Kollegialsystem ohne „parlamentarische Verantwortlichkeit", was der Festigung der parlamentarischen Spielregeln im Bewußtsein der Bürger nicht gerade dienlich ist. Die Inkongruenz von Struktur des Regierungssystems und Struktur der sonstigen Organisationen und Verwaltungseinheiten einer Gesellschaft ist zum Teil noch krasser hervorgetreten als die Inkongruenz zwischen demokratischer Struktur der geschriebenen Verfassung und den autoritären Verhaltensweisen unterhalb der Regierungsebene. Die parlamentarischen Spielregeln sind häufig als eine Art „political culture" nur für Eliten angesehen worden. Da jedoch nicht mehr alle wesentlichen Entscheidungen in einem Parlament fallen – wie das intentional im klassischen Parlamentarismus der Fall war -, ist nur ein Teil der politischen Eliten von parlamentarischen Verhaltensregeln geprägt worden. Neben den Brüchen zwischen der politischen Kultur der höchsten parlamentarischen Ebene und den unteren Organisationen und Institutionen einerseits gibt es andererseits parlamentsfremde Verhaltensweisen weiter Teile der Personengruppen, die im Entscheidungsprozeß eine führende Rolle spielen und zur politischen Elite gerechnet werden müssen, auch wenn sie keine institutionell verankerte Funktion im System der Gewalten einnehmen. Dennoch haben die parlamentarischen Spielregeln die politische Kultur fast aller parlamentarisch regierten Staaten nachhaltig geprägt und zur Stabilisierung der Verhaltensweisen und Rollenerwartungen im System beigetragen.

2. Vom Parlament zum parlamentarischen System

Eine allgemeine Ursache für die Erstarkung der Parlamente liegt in der hohen Wertschätzung des Gesetzesbegriffs durch den Konstitutionalismus. Nicht jeder gewaltenteilige Rechtsstaat hat deswegen jedoch den Weg der Parlamentarisierung beschritten. Einige Länder haben in ihrer Publizistik sogar die Unvereinbarkeit ihrer hochentwickelten Rechtsstaatlichkeit mit den Prinzipien parlamentarischer Parteiregierung betont (Deutsches Kaiserreich). Mit zunehmender Gewichtsverlagerung vom Parlament auf die Regierung drohte der rigorose konstitutionelle Gesetzesbegriff durch eine immer breitere Verordnungstätigkeit der Regierung wieder ausgehöhlt zu werden. Je enger die Bindung zwischen Parlamentsmehrheit und Regierung wurde, um so weniger konnte das Parlament als Ganzes dieser Entwicklung entgegentreten. Die Unterscheidung von Exekutive und Legislative, auf die der Frühkonstitutionalismus großen Wert legte, wurde im parlamentarischen Staat durch die Handlungseinheit von Regierung und Parlamentsmehrheit fragwürdig.

Die allgemeinste Begründung, die man für die Entstehung parlamentarischer Regierung gegeben hat, ist die soziale. Zwar ist die Verallgemeinerung nicht ganz falsch, daß die Kraftentfaltung des Bürgertums zur Entstehung der parlamentarischen Regierungsform beitrug. Einmal schuf jedoch das Bürgertum auch andere Formen repräsentativer Regierung, und zum anderen zeigte sich, daß in einzelnen früh parlamentarisierten Ländern auch der Adel zum Förderer der parlamentarischen Mehrheitsregierung wurde (England, Frankreich in der Restaurationszeit). In „verspäteten Nationen" dagegen hat erst die Teilnahme der Arbeiterschaft am politischen Leben dem Bürgertum zur Durchsetzung der seit langem geforderten parlamentarischen Grundsätze verholfen (Schweden, Deutschland).

Aus dieser Einschränkung folgt, daß auch keine der großen weltanschaulichen Parteigruppierungen allein die Parlamentarisierung durchgekämpft hat. Die liberalen Parteien waren – in enger Verbindung mit der „diskutierenden Klasse" des Bürgertums – in den meisten Ländern Vorkämpfer der Parlamentarisierung. Aber nur in wenigen Ländern setzten sie die parlamentarische Regierung aus eigener Kraft durch (die Venstre-Partei in Norwegen, die Freiheitspartei in den Niederlanden). Die großen Weltanschauungsgruppen, die der parlamentarischen Regierungsform zunächst mit Reserve gegenüberstanden, haben sie als Forderung später übernommen oder nach der Durchsetzung der parlamentarischen Regierung das System loyal ausgenutzt. In einigen Ländern haben die gemäßigten Konservativen oder die Klerikalen mit den Liberalen zusammen die Parlamentarisierung gefördert (Belgien, Italien). In anderen Systemen haben die Konservativen, wenn sie die Mehrheit besaßen, ohne an der Regierung beteiligt zu sein, von sich aus die Parlamentarisierung als Oppositionsdoktrin verkündet (die Ultra-Royalisten nach 1814 in Frankreich; die Orleanisten 1873 im Kampf gegen Thiers). In anderen Ländern hatten die Sozialisten einen maßgeblichen Anteil an der Durchsetzung der parlamentarischen Regierung (Schweden, Deutschland).

Die parlamentarische Regierungsform wurde vom „liberalen" Verfassungsideal mehr und mehr zum bevorzugten Regierungssystem aller politischen Gruppen. Allerdings setzten einzelne Parteien – je nach Einfluß – starke Nuancen in einzelnen institutionellen Fragen durch, vor allem in Regelungen der Stellung des Staatsoberhaupts, des Zweikammersystems, des Mißtrauensvotums, der Vertrauensfrage und der Parlamentsauflösung. Nur die extremen Gruppen wie die Kommunisten und Rechtsradikalen blieben von dem zunehmenden Verfassungskonsensus aller Parteien auf dem Boden der parlamentarischen Regierungsform ausgeschlossen. Aber selbst die Kommunisten waren in einigen Ländern bereit, in einem stark monistisch konzipierten parlamentarischen System mitzuarbeiten (kurz nach dem Zweiten Weltkrieg in den meisten Ländern Europas, heute selbst im postkommunistischen Osteuropa).

Die Mittel, deren sich die Parlamente und Parteien, die zu Trägern des Parlamentarisierungswillens wurden, bedienten, lassen gleichfalls keine allzu weiten Verallgemeinerungen zu. Die Ministeranklage (Norwegen), die Verweigerung des Gesamtbudgets oder einzelner Etatposten (Niederlande), das Interpellationsrecht und die Kritik der Regierung in den Adreßdebatten (Julimonarchie, Belgien, Italien) waren wichtige Waffen der Parlamente zur Förderung der Abhängigkeit der Regierung von parlamentarischen Voten. Nur selten kann man jedoch – wie im Falle Norwegens und der Niederlande – ein spektakuläres Ereignis und ein auffallendes Kampfmittel herausstellen, das die parlamentarische Regierung durchzusetzen half. In vielen Ländern war der Prozeß langwierig und vielschichtig. In einigen Ländern, in denen das Interpellationsrecht nur rudimentär entwickelt war, wurde die parlamentarische Regierung unter dem Zwang drohender Umwälzungen eingeführt. Die „Parlamentarisierung von oben" sollte in diesen Fällen der „Umwälzung von unten" zuvorkommen (2. Empire, Deutsches Kaiserreich).

Der begriffliche Gegenpol zum parlamentarischen Regime war in der vorherrschenden konstitutionellen Doktrin des 19. Jahrhunderts der Begriff des „monarchischen Prinzips". Die fiktive Balance zweier unabhängiger Staatsgewalten – Krone und Parlament – wurde in einem gigantischen Ringen der beiden Prinzipien zerstört. Für kurze Zeit konnte das monarchische Prinzip in der „Königsdiktatur" in Ländern noch einmal siegen, die auf dem Wege zur parlamentarischen Regierung waren. Auf die Dauer aber siegte überall die Nationalrepräsentation. Bei der theoretischen Herausarbeitung der parlamentarischen Regierung spielten die Begriffe der „gemischten Verfassung", der „konstitutionellen Monarchie", der „Repräsentativverfassung" oder des „Rechtsstaats" eine gewichtige Rolle und verzögerten in den meisten Fällen die Anerkennung der parlamentarischen Regierung als selbständiger Form.

Dabei werden nicht nur Systeme, die die gleiche Institution kennen und anwenden, vergleichbar, sondern auch solche, denen das Institut fehlt. Die Funktion, die in einem parlamentarischen Regierungssystem durch die Parlamentsauflösung von seiten des Staatsoberhaupts auf Rat und Bitten des Premierministers ausgeübt wird (z. B. England), kann in einem anderen Land erfolgreich durch die Selbstauflösung des Parlaments kompensiert werden (z. B. Israel). Zwei sehr verschiedene Institutionen erfüllen äquivalente Funktionen zur Erhaltung der Stabilität im Gesamtsystem. Die Untersuchung der Bedingungen der Regierungsstabilität, der Regierungsbildung und der Kabinettsauflösung weist eine Fülle solcher funktionaler Äquivalenzen nach.

Die Doktrin parlamentarischer Ministerverantwortlichkeit führte dazu, daß der Sturz der Regierung durch das Parlament als die klassische Ursache der Auflösung der Regierung angesehen wurde, seitdem das Revokationsrecht des Staatsoberhaupts mit dem Ausbau der Parlamentssouveränität de facto unausübbar geworden war. Die parlamentarische Verantwortlichkeit wurde je nach Parlamentsrecht und parlamentarischen Usancen durch Mißtrauensvoten, Vertrauensfragen oder durch schlichte Abstimmungsniederlagen realisiert. Parlamentarismus-Theoretiker, die sich an der Zeit des klassischen Honoratiorenparlamentarismus orientierten, bedauern, daß der Vertrauensmechanismus zwischen Parlament und Regierung durch neue Variablen „gestört" wird. Mit zunehmender Demokratisierung des Parlamentarismus wurden die Wahlen zu einem wichtigeren Anlaß für den Rücktritt von Regierungen, und mit zunehmender Fragmentierung der Parteienstruktur in den meisten kontinentalen Ländern trat der Kabinettszerfall (bei Einparteienregierungen) oder der Koalitionszerfall (bei Mehrparteienregierungen) als Ursache der Regierungsauflösung hinzu.

Eine „evolutionäre Komparatistik“ (Werner Patzelt), welche die historische Tiefendimension nicht verloren hat, kann auch neues Licht auf die in den 90er Jahren modische Konsolidierungsdebatte werfen. Die Konsolidierungsforschung hat vier Ebenen herausgestellt:

(1) Die *konstitutionelle Konsolidierung* auf der Ebene der Polity (Verfassungsordnung). Sie erfolgte in der dritten und vierten Welle der Demokratisierung relativ zügig, wenn auch gelegentlich „Nachbesserungen“ der Verfassung nötig wurden (Portugal, Polen, noch nicht abgeschlossen in Ungarn).

(2) Die *repräsentative Konsolidierung* auf der Ebene der Parteien und Interessengruppen. Die Parteiensysteme waren von langwierigen Umstrukturierungen betroffen, vor allem dort, wo Forums- und Umbrella-Parteien sich auflösten (Spanien, UCD; Polen, Solidarität; Tschechien, Ungarn, Demokratisches Forum).

(3) Die *Verhaltenskonsolidierung* bei den „informellen“ politischen Akteuren wie Militär, Unternehmer oder radikale Gruppen. Diese Konsolidierung war bis Anfang der 80er Jahre in Spanien nicht gesichert und ist in Osteuropa bis Ende der 90er Jahre kaum verläßlich, mit Ausnahme von Tschechien, Ungarn, Slowenien und Polen, die als erste Kandidaten für eine Osterweiterung der Europäischen Union angesehen wurden.

(4) Die Ebene der *Konsolidierung der Bürgergesellschaft* dauert in der Regel eine Generation, wie die zweite Demokratisierungswelle des 20. Jahrhunderts auch in Italien, Deutschland, Österreich und Japan gezeigt hat. Meinungsfragen und das Auftauchen extremistischer Parteien zeigen, daß dieser Prozeß in Südeuropa, nicht aber in Osteuropa abgeschlossen ist.

Auch nach einem halben Jahrhundert Praxis im parlamentarischen System haben Politiker und Bürger die Spielregeln nur unvollkommen internalisiert. Neuere Umfragen in Deutschland zeigen, daß die Bürger und sogar eine Minderheit der Abgeordneten kein klares Bild vom parlamentarischen System im Lande haben. 6 % der deutschen Abgeordneten (und 18 % der Wähler) glaubten, in einem präsidentiell-dualistischen System zu agieren. 53 % der Abgeordneten und 33 % der Bevölkerung würden ein präsidentielles System vorziehen. Diese Vorliebe resultiert weniger aus Amerika-Begeisterung als aus der Parallelität von Konstitutionalismus und Präsidentialismus im 19. Jahrhundert. Die Deutschen beurteilen das parlamentarische System noch immer konstitutionell-dualistisch und fordern daher mehr Gewaltenteilung, Unvereinbarkeit von Abgeordnetenmandat und Ministeramt. Vor allem die Klammer der Parteisteuerung im Handlungsverbund zwischen Regierung und Parlamentsmehrheit bleibt den Bürgern fremd. Dennoch optieren die meisten Parlamentarismusforscher dafür, eher die politische Bildung zu ändern, als das System den wenig informierten Wünschen des Volkes anzupassen (Patzelt 1999). Die Kluft in der Wahrnehmung von Sein und Sollen eines Systems wäre auch nicht durch Einführung eines präsidentiellen Systems zu ändern, was angeblich viele Bürger wünschen. Im präsidentiellen System Amerikas lebt der gleiche Widerspruch zwischen Sein und Sollen, dort „IvI-gap“ genannt, der die Kluft zwischen Idealen und Institutionen markiert (Huntington). Diese Spannung zwischen Ideal und Wirklichkeit bleibt fruchtbar. Sie dient der ständigen Regeneration der Systeme. Es muß nur sicher gestellt werden, daß die Ideale sich nicht an einem allzu schiefen Bild vom System festmachen, um den Enttäuschungspegel nicht allzu hoch steigen zu lassen. Zur Konsolidierung der Systeme gehört eine gewisse Spannung zwischen Ideal und Wirklichkeit, solange das Ideal nicht allzu unrealistisch und utopisch angesetzt wird.

3. Parlamente als Organisationstyp

Parlamente stellen einen besonderen Organisationstyp im Rahmen politischer Systeme dar. Mit der Ausdifferenzierung der Parlamente erfolgte die Orientierung an ganz andersartigen Organisationsprinzipien als bisher im politisch-administrativen System üblich. Parlamente waren *nicht hierarchisch* und *nicht als Behörde* konzipiert. Es galt die Fiktion der Gleichheit aller Abgeordneten – so sehr auch eine Hierarchie im Rede- und Gesetzgebungsrecht sich entwickelte. Parlamente *kooptierten* ihre Mitglieder nicht selbst wie Institutionen der Exekutive. Die Mitglieder waren *gewählt*. Um ihre Autonomie gegenüber der Exekutive wie den Wählern sicherzustellen, mußten weitere Stützungsideologien bemüht werden wie das *freie Mandat* und die ausschließliche Verpflichtung gegenüber dem Gewissen und dem, was als *Gemeinwohl* wahrgenommen wurde.

Zur Sicherung der Autonomie gegenüber der Exekutive wurden vier Prinzipien rechtlich gesichert:

1. Die *Immunität der Abgeordneten*, die willkürliche Verhaftungen ausschloss, und den Zugriff der Justiz für Taten von Abgeordneten außerhalb des Parlaments an die Zustimmung der Parlamentsmehrheit band.
2. Die *Indemnität* für Äußerungen in Ausübung der parlamentarischen Funktionen des Abgeordneten.
3. Die Autonomie, sich die *eigenen Verfahrensregeln* zu geben.
4. Das *Selbstversammlungsrecht* des Parlaments, um sich gegen willkürliche Parlamentsauflösung zu schützen.

Die Aufzählung der Verbriefung solcher Autonomierechte zeigte freilich, daß die bloße rechtliche Regelung noch keine Garantie gegen die Verletzung darstellte. Zweidrittel bis Dreiviertel aller Staaten mit Parlamenten haben diese Rechte festgeschrieben. Vor allem in der Dritten Welt, und neuerdings in den neuen Demokratien im Osten, werden sie jedoch noch längst nicht überall respektiert.

Wenn Hierarchie und Markt als die Extrempole zweier Organisationsprinzipien gelten, so sind Parlamente irgendwo in der Mitte anzusiedeln. Rational Choice Studien des legislativen Verhaltens haben Parlamente oft wie freie Märkte behandelt, auf denen Abstimmungshandel und *logrolling* blühen. Bei der individualistischeren und wahlkreisbezogenen Konzeption des Mandats im amerikanischen System hatte dies noch eine gewisse Berechtigung. Die hierarchischen Elemente in parlamentarischen Systemen sind allein durch den Handlungsverbund Regierung/Parlamentsmehrheit wesentlich stärker ausgeprägt. Man hat daher Legislaturen mit der Organisationsform von Firmen und nicht von Märkten verglichen. Im parlamentarischen System mit starken Parteien wird Zustimmung zu Gesetzen nicht wie in einer Angebotsökonomie starken organisierten Interessen verkauft.

Hierarchische Elemente gut organisierter Gruppen, die für einen politischen Markt policies vorbereiten, sind in vielfältige Netzwerkaustauschbeziehungen eingebettet, wo ideologische nicht weniger als materielle Nutzenkalküle eine Rolle spielen können.

Die Geschäftsordnungen der Parlamente sind außerhalb des Westminstermodells meist konsensuell angelegt. Der Verfassungsstaat war generell im Menschenrechtsteil auf den Schutz von Minderheiten angelegt. Dies blieb nicht ohne Wirkungen auf die „parlamentarische Verfassung" der Beratungsprozedur.

Die soziale Unabhängigkeit der Abgeordneten mußte in zweierlei Hinsicht gesichert werden:

1. Diäten zur Angleichung der wirtschaftlichen Situation der Abgeordneten aus schlechter gestellten sozialen Verhältnissen.
2. Verhaltensvorschriften, um die Abgeordneten gegen die finanziellen Verlockungen mächtiger Interessenten zu schützen.

Parlamente und Parlamentarismus entstanden in Repräsentativverfassungen, die nicht demokratisch genannt werden konnten. Je stärker die ständischen Relikte der Parlamente sich erhielten, um so mehr neigten Systeme zu einem Zweikammersystem. Nirgendwo in Europa hat sich ein Parlament erhalten, das mehr als zwei Kammern umfaßte (in Schweden vier Kammern bis 1866), obwohl es immer wieder Bestrebungen gab, eine dritte Kammer der organisierten Interessen einzurichten. Autoritäre ständestaatliche Bestrebungen aber wurden rasch durch korporative Parlamente in faschistischen (Italien) oder faschistoiden Systemen (Franco-Spanien) diskreditiert. Das Zweikammersystem spiegelte ursprünglich den Gegensatz zwischen Adel und Bürgertum wider. Bei Präponderanz des Adels hat dieser die Bezeichnung „Erste Kammer" für das „Oberhaus" durchsetzen können (Niederlande, Schweden bis zur Abschaffung 1970). Normalerweise wird das Volkshaus, durch allgemeines Wahlrecht bestellt, als „erste Kammer" bezeichnet.

Der ständische Dualismus ist überwunden. Selbst Großbritannien, ein Land mit starken ständischen Relikten in seinem Oberhaus, hat dieses 1911 entmachtet und ihm eher deliberative und investigative Funktionen zugewiesen. Die Royal Commissions, die wichtige Funktionen bei der Vorbereitung von Gesetzen ausüben, sind in der Regel von einem Lord geleitet.

Mit der Demokratisierung der Systeme erschien eine zweite Kammer eigentlich überflüssig. Kleinere Länder wie Neuseeland (1950), Dänemark (1953) und Schweden (1970) haben daher konsequenterweise die erste Kammer abgeschafft. Große Änderungen des Systems wurden dadurch nicht bewirkt. In Schweden hat sich der Kampf um das Einkammersystem lange und erbittert vollzogen. Als die Verfassungsreform die Frage schließlich entschieden hatte, kam es zu Änderungen im Parteiensystem, welche die Arbeitsweise des Parlaments beeinflußten. Aber eigentlich konnte man diesen Wandel nicht dem Einkammersystem zuschreiben, sondern dem sozialen Wandel und der Abnahme der traditionellen Parteienidentifikation. Selbst ein Land wie die USA, das schon bei der Gründung einem demokratischen System am nächsten kam, hat nicht auf eine zweite Kammer verzichtet und dem Senat sogar wichtige Sonderkompetenzen (wie Einfluß auf Ernennungen des Präsidenten) anvertraut.

Bei der Klassifikation sind zwei wichtige Anomalien zu beachten:

- Deutschland muß aufgrund der Kompetenzen des Bundesrats unter die Zweikammersysteme gerechnet werden. Aber rechtlich ist der Bundesrat keine zweite Kammer, auch wenn er in der Presse vielfach so bezeichnet wird.
- Norwegen und Island sind unechte Mischsysteme. Das norwegische Storting wählt ein Viertel der Abgeordneten in das „Oberhaus“ (Odelsting); das isländische Parlament ein Drittel. Meinungsverschiedenheiten werden durch eine gemeinsame Plenarsitzung beider Halbkammern gelöst. In Norwegen gibt es sogar gemeinsame Ausschüsse in der Gesetzgebung.

Arbeitsteilung zwischen Plenum und Ausschüssen

Parlamente haben sich in der Zeit, da das Bürgertum im Elfenbeinturm einer zensitär gewählten Volksvertretung Präponderanz im politischen System gewann und Doktrinen der Parlamentssouveränität sowohl gegen die Monarchen als auch gegen das Volk als ganzes propagandistisch einsetzten, weitgehend nicht hierarchisch verstanden. Klassenunterschiede waren vielfach noch in den beiden Häusern des Zweikammersystems vertreten. Das Bürgertum dominierte in der Volkskammer. Das Bürgertum als „diskutierende Klasse“ von konservativen Theoretikern wie Carl Schmitt verachtet, von linken Theoretikern wie Habermas als Vorbild für die modernen mediatisierten Parlamente – ein wenig unhistorisch – verklärt, verstand sich nicht als Spezialistengruppe. Das *Redeparlament* erschien als die normale Form der Beratung. Ausschüsse wurden ad hoc bestellt. Es ist kein Zufall, daß das älteste Parlament in Europa, das britische, noch am stärksten von dieser Form einer aufgeklärten Amateurberatung gekennzeichnet ist und lange keine spezialisierten Ausschüsse kannte.

Der klassische Parlamentarismus des 19. Jahrhunderts entsprach einer bürgerlichen Honoratiorengesellschaft mit geringer Ausdifferenzierung der internen Organisation und schwach entwickelter Hierarchie. Im Entwicklungsprozeß können Parlamente als unabhängige oder abhängige Variable analysiert werden. Als unabhängige Variable profilierten sie sich gelegentlich in Regimewechseln wie 1789, 1830, 1848, 1871 ff. in Frankreich oder 1848, 1918 und 1949 in Deutschland. Es wurde jedoch nachgewiesen, daß sie selten an der Spitze eines revolutionären Regimewechsels standen. Bei paktierten Revolutionen wie 1989 in Polen oder Ungarn spielten die Parlamente jedoch wieder eine führende Rolle. Gleichwohl war die Kontinuität nach Diktaturen gering, weil neue Elitengruppen in den „founding elections“ ins Parlament einzogen. Selbst bei den Postkommunisten wurden möglichst unbelastete Repräsentanten aufgestellt, um die

Wahlchancen zu verbessern. Wo der Bruch radikal war wie im Kollapsmodell Tschechien waren nur 5 bis 10 Prozent der Abgeordneten in einem früheren Parlament sozialisiert worden, und dies war als kommunistische Abstimmungsmaschine kaum ein wirkliches Parlament zu nennen. Parlamente sind mit dem Sauerteig beim Bäcker verglichen worden: Es kommt ständig Neues hinzu, aber die „alten Hasen" bleiben und sozialisieren die Jugend (J. Sokol). Dies war in Osteuropa nach 1989 nicht möglich. Daher mußten die neuen parlamentarischen Systeme die Entwicklung des Westens in wenigen Jahren noch einmal durchlaufen.

In klassischen Textbüchern wird gelegentlich noch eine Symmetrie von Plenar- und Ausschußarbeit unterstellt. Die Spanische Verfassung von 1978 erklärt lapidar: „Die Kammern nehmen ihre Aufgaben im Plenum und in den Ausschüssen wahr" (Art. 75.1). Das klassische Redeparlament gibt es kaum noch. Überall wird ein Niedergang der Plenardebatten verzeichnet. Auch diese unterliegen einem Prozeß der Rationalisierung und Formalisierung. Die Geschäftsordnungen sind strikter geworden, während im Honoratiorenparlamentarismus ungern rigide Debattenschlußformen gewählt wurden, so lange nicht obstruierende Minderheiten auftauchten (ethnische Minderheiten wie die Iren im britischen Parlament, Arbeitervertretungen auf dem Kontinent). Für Norwegen ist die These vertreten worden, daß die Plenardebatten im Niedergang begriffen seien, weil es unwahrscheinlich sei, daß sich etwas Überraschendes im Plenum ereigne.

Die Niedergangshypothese schließt die Reglementierung und Hierarchisierung der Plenardebatten ein. Es gilt die Daumenregel, daß ein Parlament umso einflußloser ist, je mehr Zeit es auf die Plenardebatte verwendet. Das ist z. B. der Fall in Großbritannien. Aber quantitativ läßt sich dies nicht auf die Trägheit einer modernen politischen Klasse zurückführen, wie rasche journalistische Denunziationen angesichts leerer Kammern gelegentlich unterstellen. Im internationalen Vergleich zeigte sich, daß Abgeordnete seit Mitte der 60er Jahre aktiver geworden sind, sie reden mehr, sie stellen mehr Fragen, sie bringen mehr Gesetzentwürfe ein und arbeiten härter in den Ausschüssen. Aber die Abgeordneten als Individuen können immer weniger allein entscheiden, wann und wie sie diese Aktivitäten entfalten.

Parlamentarische Beratung im Plenum und in den Ausschüssen ist die klassische Arena für neo-institutionalistische Rational Choice-Studien. Diese betonen die individuellen Akteure. In den USA erscheint das richtiger als in Europa, weil die Parteikontrolle über die einzelnen Abgeordneten dort geringer ist, wie sich vor allem in der schwach entwickelten Parteidisziplin bei Abstimmungen zeigt. Aber in Amerika wurde der *legislative Leviathan* wieder entdeckt, der die Entscheidungen der Individuen präformiert. Er beruht auf der Steuerungsleistung der Parteien und einer gewissen Fraktionssolidarität.

Die Spezialisierung und Hierarchisierung in den Ausschüssen sind ein wichtiges Einfallstor der *Steuerung durch die Fraktionen*. Aber die Stärke des Ausschusswesens läßt sich nicht direkt von der Existenz organisierter Parteien deduzieren. Die Genesis des starken Ausschusswesens hat also nicht überall die gleiche Ursache: In Amerika war das Ausschusswesen durch Senioritätsregeln und sektorale Interessen gestärkt worden, in Europa hingegen vielfach durch die Entstehung parteilicher Kontrolle über Gruppen von Abgeordneten. Je archaischer die rechtlichen Grundlagen der Parlamente, umso weniger wurden die Ausschüsse geregelt. In den Verfassungen tauchten sie meist erst nach dem zweiten Weltkrieg auf (BRD: GG Art. 44 ff; Frankreich Art. 44; Griechenland Art. 65.2; Italien Art. 72; Portugal Art. 181; Spanien Art. 75). Daher haben sich in parlamentarischen Systemen große Unterschiede der Ausschussstruktur herausgebildet. Sie reichen von der Blankettgesetzgebung durch Ausschüsse (Italien) bis zum Typ des Parlaments, der die Ausschüsse ständig unter der Kontrolle des Plenums hält (Großbritannien). *Verkürzte Verfahren der Gesetzgebung*, in denen Ausschüsse zu Legislatoren werden können, sind aber in der Regel an ein Rückrufrecht der Steuerungszentrale gebunden. In Italien (Art. 72 Abs. 3) liegt das bei der Regierung, bei einem Zehntel der Mitglieder der Kammer oder einem Fünftel der Mitglieder des Ausschusses. In Spanien (Art. 75.2) kann das Plenum jederzeit die Debatte wieder an sich ziehen und eine Abstimmung über jeden übertragenen Gesetzesentwurf fordern. Außerdem sind vom verkürzten Gesetzgebungsverfahren wichtige Materien wie Verfassungsänderungen, internationale Fragen, „Basisgesetze" – ein dehnbarer Begriff – und der Staatshaushalt ausgenommen (Art. 75.3).

Netzwerke im parlamentarischen Entscheidungssystem

Neben dem informellen Networking einzelner Parlamentarier steht die förmliche Netzwerkbildung der kollektiven Akteure in den Ausschüssen. Die „gemütlichen Dreiecke" erweiterten sich dabei in einigen Ländern wie in den föderalen Staaten zu „ungemütlichen Vierecken", weil die *Vertreter der Gliedstaaten* in parlamentarischen Systemen mehr und mehr durch vertikale Politikverflechtung kompensieren, was ihnen auf der horizontalen Länderebene an Kompetenzen verloren gegangen ist. In europäischen Parteienstaaten spielen zudem die *Steuerungsgremien der Parteien* eine wichtige Rolle (Fraktionssitzungen, Arbeitsgemeinschaften, Klausurtagungen mit der Partei außerhalb des Parlaments).

Je breiter die Netzwerke angelegt sind, mit denen Policy-Koalitionen ihre Vorhaben über die parlamentarischen Hürden bringen, um so weniger dienen selbst die Ausschüsse noch als Plattform, die verschiedene Initiativen formell zusammenbringen. Für die skandinavischen Parlamente wurde sogar behauptet, sie seien nicht einmal mehr wichtige Verhandlungsarenen.

Als der Hauptfokus des Entscheidungsprozesses vorübergehend von den Parteien auf die Interessengruppen verlagert wurden und *korporative Aushandlungsmuster* außerhalb des Parlaments überall entdeckt wurden, ist auch die institutionelle Analyse parlamentarischer Gremien kleingeschrieben worden. Aber die korporatistischen Bäume sind nicht in den Himmel gewachsen. Rein korporatistische Entscheidungssituationen sind selten, und kaum ein Land ist nur einem Typ zuzuordnen. Nicht in allen Arenen ist das Parlament und seine Ausschüsse gleich stark oder schwach.

Zwischen Staats- und Gesellschaftsdominanz lassen sich mehrere Zwischentypen ausmachen: die *Pantouflage* (I) wurde vielfach mit Frankreich identifiziert, obwohl auch dort nur wenige Arenen nach dem Modell der Dominanz staatlicher Akteure funktionierten. Nach dem Ende der Planungs- und Verstaatlichungseuphorie ist dieser Typ eines Politiknetzwerks auch in Frankreich auf dem Rückzug. Die *Dominanz von Parteikartellen* (Parentela-Beziehungen) oder *klientelistischen Beziehungen* (II und III) wurde seit LaPalombara typisch für Italien angesehen. Der *liberale Korporatismus* (IV) schien in Schweden und Österreich am stärksten, aber auch Deutschland und Norwegen zeigten Züge dieses Modells. Die Typen *sponsored pluralism* und *iron triangles* (V) und *unbegrenzter Gruppenpluralismus* (VI) sind häufig mit den USA identifiziert worden.

Die Typologie der Policies (regulativ, distributiv, redistributiv) von Theodore Lowi ist auf parlamentarische Effizienzberechnungen angewandt worden. Etwas zu schematisch hat man „regulative" und „distributive" Systeme unterschieden. In regulativen Systemen scheinen Parlamente effizienter. Distributive Politiken tendieren dazu, sich in Gremien außerhalb des Parlaments zu verlagern. Parlamente und ihre Ausschüsse sind stark in herkömmlichen Kompetenzen wie Regulierung durch Gesetze, Kontrolle des Staatshaushalts und – wie behauptet wurde – in der Kontrolle der Administration. Letzteres ist zweifelhaft geworden, seit die Implementation durch die Verwaltung aus dem passiven Zustand bloßen Gesetzesvollzugs herausgetreten ist und selbständige Aktionsspielräume erschloß, die auf die Gesetzgebung zurückwirken.

Moderne Parlamente wie der Deutsche Bundestag oder der schwedische Reichstag stellen in der Regel ein parteienstaatlich gesteuertes *Gremienparlament* dar. Archaischere Sozialverhältnisse wie in Italien hingegen ließen mehr Spielräume für individuelle Unternehmer in einem Fraktionen- und *Entrepreneursparlament*. Für solche Typen können Indikatoren gefunden werden, aber sie sind schwer quantifizierbar. Nur selten wurden wenigstens zwei Entscheidungsarenen – in einem Sektor – transnational hinsichtlich der Netzwerke verglichen (Liebert 1995).

4. Funktionen der Parlamente

Seit Bagehot sind viele Kataloge der Funktionen von Parlamenten angeboten worden. Bagehot hielt die *Wahlfunktion* für die wichtigste. Die *Artikulationsfunktion* (expressive function), die *Lehrfunktion* und die *Informationsfunktion* bezogen sich alle auf das Verhältnis der Abgeordneten zu ihren Wählern. Sie werden daher zweckmäßigerweise als Repräsentations- und Artikulationsfunktion zusammengefaßt. Die Lehrfunktion ist nach einem breiten Konsens längst auf Parteien und Medien übergegangen. Schließlich stellte er die *Gesetzgebungsfunktion* als letzte heraus, obwohl Umfragen zeigen, daß der Bürger zuerst an Gesetzgebung denkt, wenn er das Wort „Parlament" hört. Vier Funktionen sollen hier herausgestellt werden. Ihr relatives Gewicht ist in der parlamentarischen Demokratie ein anderes als in gewaltenteilig angelegten Systemen wie dem präsidentiellen System der USA oder dem Schweizer Ratssystem:

1. Im Verhältnis der Abgeordneten zu den Wählern: die Repräsentations- und Artikulationsfunktion.
2. Im Verhältnis zur Regierung und zur Verwaltung: die Kontrollfunktion.
3. Im Verhältnis zu den Bedürfnissen der Gesamtheit: die Gesetzgebungsfunktion.
4. Im Verhältnis des Parlaments zu sich selbst: die Rekrutierungsfunktion.

Der Funktionenwandel in der parlamentarischen Demokratie

Die Gewichte der vier Grundfunktionen der Parlamente haben sich laufend verschoben. Die *Kontrollfunktion* erlebte einen Niedergang, die *Rekrutierungsfunktion* einen gewaltigen Aufstieg. Die *Repräsentations- und Artikulationsfunktion* hat sich – weit mehr noch als die *Gesetzgebungsfunktion* – gewandelt.

Die Parlamentarier sind ihren Wählern in der Sozialstruktur unähnlicher geworden. Was im Frühparlamentarismus *„virtuelle Repräsentation"* für die nicht Wahlberechtigten genannt wurde, ist im *„Postparlamentarismus"*, von dem einige Autoren schon modisch sprechen, eher für die sozialen Bande zwischen Abgeordneten und Wählern zutreffend. Aber das Volk hat sich der Entwicklung angepaßt und verlangt immer weniger von Angehörigen der gleichen Region, des gleichen Geschlechts, des gleichen Berufs oder der gleichen sozialen Schicht vertreten zu werden. Der Einfluß der Wähler auf die Auswahl der Repräsentanten ist nach wie vor von den Parteien und ihren aktiven Mitgliedern mediatisiert. Vorwahlen könnten die Kanalisierungsfunktion der Parteien zwar aushöhlen, wären aber von anderen Nachteilen (sinkende Wahlbeteiligung bei der eigentlichen Wahl) begleitet. Moderne Demokratien sind nicht nach der Gettysburg-Formel von Präsident Lincoln von Repräsentanten dirigiert, die Regierung *vom* Volk und *durch* das Volk ausüben. Die Abgehobenheit der Repräsentanten wird aber durch gesteigerte *responsiveness* und Sensibilität für die Wünsche der Wähler kompensiert. „Government *for* the people" hat in der modernen Stimmungsdemokratie eher zu- als abgenommen.

Dennoch wird die Entparlamentarisierung der Demokratie vielfach beklagt. Sie hat eine *innenpolitische* Seite. Im Stadium der Politikformulierung sind Medien und wissenschaftliche Beratungsgremien, die mit den Ministerien zusammenarbeiten, erstarkt. Im Stadium der Entscheidung ist die Regierung überall der wichtigste Initiator der Gesetzgebung. Initiativen hinter den formellen Initiativen von Beiräten, Verfassungsgerichten oder internationalen Organisationen höhlen die Eigeninitiative der Parlamentarier in der Gesetzgebung weiterhin aus. Die Durchdringung der Arbeit von Ministerien und Parlamenten durch Interessengruppen verlagert in schwierigen Entscheidungen die Vorbereitung in Runde Tische, Konzertierungsgespräche außerparlamentarische Beratungsgremien und Arbeitsgruppen der Parteien. Aber das Parlament ist nicht nur das Stempelkissen, das die Entscheidungen von Netzwerken außerhalb des Parlaments ratifiziert. Parlamente – formell der institutionelle Sitz der Volkssouveränität – stellen den Rahmen für die Koordinierung der Netzwerke von Akteuren aus Parlamentariern, Parteistrategen, Interessengruppen, Ministerialbeamten und – in Bundesstaaten – die föderativen Einheiten. Die *cosy triangles* der frühen amerikanischen Parlamentsstudien aus Parlamentariern, Bürokraten und Interessenvertretern sind auch in den USA zu einem „ungemütlichen Viereck" erweitert worden, seit die Parteiensteuerung im „legislativen Leviathan" wieder entdeckt wurde. In Bundesstaaten wie Deutschland wirkt sich die Entparlamentarisierung auf Landesebene dahingehend aus, daß die Gliedstaaten umso eifriger im nationalen Entscheidungsprozeß via Politikverflechtung mitwirken. Ein weiterer Akteur im *ungemütlichen Fünfeck* hat sich in die Netzwerke eingeschaltet.

Zur Entparlamentarisierung trägt auch die Ausweitung des *judicial review* von Akten der Parlamente bei. In keiner parlamentarischen Demokratie Europas erzeugt die bloße Drohung mit der Kontrollmacht des Verfassungsgerichts so viel vorauseilenden Gehorsam wie in Deutschland. Aber vergleichende Studien zeigen, daß dieser Aspekt der Verrechtlichung politisch-parlamentarischer Entscheidungen nicht zu unterschätzen ist. Vor allem in den neuen Demokratien Osteuropas, in denen der politische Prozeß noch wenig konsolidiert war, haben die Verfassungsgerichte ihren Einfluß ausgedehnt. Das gilt selbst für Rußlands schon dreiviertel-präsidentielles System. Der britischen Tradition der Parlamentssouveränität ist die Vorstellung der richterlichen Überprüfung der Akte des Parlaments besonders fremd, und doch hat sie ein Einfallstor über den Europäischen Gerichtshof auch in Großbritannien gefunden.

Die Entparlamentarisierung ist zweifellos am härtesten für Großbritannien zu ertragen, weil die beschriebenen Prozesse alle gegen das majoritäre System eines souveränen Parlaments laufen. Im 19. Jahrhundert kursierte das Bonmot, das englische Parlament könne mit einer Stimme Mehrheit alles machen, außer aus einem Mann eine Frau. Selbst das ist falsch geworden: Ein britisches Parlament kann in einem Gesetz, das Geschlechtsumwandlung zuläßt, auch dies ihm einst unzugängliche Problem lösen. Wenn einst ein europäisches Wahlrecht geschaffen wird, ist zu erwarten, daß das britische System nicht weniger fragmentiert endet als die kontinentalen Konkordanzdemokratien.

Trotz dieser Entparlamentarisierungstendenzen im Bereich der Innenpolitik bleiben den Parlamenten wichtige Funktionen. Wo die Legislative nicht als Ganzes entscheidet, hat die parlamentarische Debatte symbolische Funktionen. Symbolische Politik ist seit Bagehots *„dignified parts"* als wichtig anerkannt worden, und es läßt sich in vielen Fällen nicht von den *„effizienten Teilen"* des Entscheidungszentrums abtrennen. Gesetzgebung wurde im Zeitalter der klassischen Moderne als rationale Maschinerie begriffen, sie gleicht aber eher einem Garten mit viel Wildwuchs. Immer wieder erschallt der Ruf, den Wildwuchs auf die von der Verfassung vorgegebene Rationalität zurückzustutzen. Der Versuch ist zum Scheitern verurteilt, und der institutionelle Wildwuchs der Nebenparlamente und -gremien ist vermutlich die einzige Möglichkeit, die verfassungsmäßig autorisierte Anlage des Entscheidungsprozesses nicht in eine Dauerkrise geraten zu lassen.

Die Entparlamentarisierung der Demokratien hat jedoch auch eine *außenpolitische* Ursache. In der Außenpolitik wird den Repräsentanten eine geringere *responsiveness* abverlangt als in der Innenpolitik, in der Abgeordnete zunehmend nach der Übereinstimmung in wichtigen Politikbereichen mit den Vorlieben der Wähler gemessen werden. Außenpolitik – wenn es nicht um „out of area-Einsätze" von Nato-Staaten oder den Beitritt zur Europäischen Union geht, ist den Wählern relativ fern. Hier sind neue Horizonte abgehobener Entscheidungen entstanden, vor allem durch die Europäisierung und die Globalisierung.

Nach einem in Europa konsensfähigen Demokratiemodell ist das Parlament der *institutionelle Sitz der Souveränität*. Europäische Staaten haben Souveränitätsverzichte auf sich genommen, aber meist nur zugunsten einer Ebene, der regionalen Ebene der

Europäischen Union. Von der Europäischen Union gehen daher Impulse für die Gesetzgebung der nationalen Parlamente aus, die als legitim angesehen werden.

Literatur

v. Beyme, Klaus: Die parlamentarischen Regierungssysteme in Europa. München, Piper, 1970, 1973.

v. Beyme, Klaus: Der Gesetzgeber. Opladen, Westdeutscher Verlag, 1997.

v. Beyme, Klaus: Die parlamentarische Demokratie. Wiesbaden, Westdeutscher Verlag, 1999.

Blondel, Jean/Thiébault, Jean Louis (Hrsg.): The Profession of Government Minister in Western Europe. Basingstoke, Macmillan, 1991.

Döring, Herbert (Hrsg.): Parliaments and Majority Rule in Western Europe. Frankfurt, Campus, 1995.

Döring, Herbert: Parlamentarische Kontrolle in Westeuropa. Aus Politik und Zeitgeschichte B 27, 1996: 3-19.

Esaiasson, Peter/Holmberg, Sören: Representation from Above. Members of Parliament and Representative Democracy in Sweden. Dartmouth, Aldershot 1996.

Franklin, Mark/Norton, Philip: Does Parliament matter? New York, Harvester Wheatsheaf, 1993.

Helms, Ludger: Wettbewerb und Kooperation. Zum Verhältnis von Regierungsmehrheit und Opposition im parlamentarischen Gesetzgebungsverfahren in der Bundesrepublik Deutschland, Großbritannien und Österreich. Opladen, Leske & Budrich, 1997.

Hofmann, W./Riescher, G.: Einführung in die Parlamentarismustheorien. Darmstadt, Wissenschaftliche Buchgesellschaft, 1999.

Laver, Michael/Shepsle, Kenneth A. (Hrsg.): Cabinet Ministers and Parliamentary Government. Cambridge, Cambridge University Press, 1994.

Liebert, Ulrike: Modelle demokratischer Konsolidierung. Parlamente und organisierte Interessen in der Bundesrepublik Deutschland, Italien und Spanien 1948-1990. Opladen, Leske & Budrich, 1995.

Loewenberg, Gerhard/Patterson, Samuel C.: Comparing Legislatures. Boston, Little Brown, 1979.

Meezey, Michael L.: Comparative Legislatures. Durham, Duke University Press, 1979.

Patzelt, Werner: Vergleichende Parlamentarismusforschung als Schlüssel zum Systemvergleich. In: Steffani, Winfried/Thaysen, Uwe (Hrsg.): Die Rolle der Parlamente. Sonderband der Zeitschrift für Parlamentsfragen. Opladen, Westdeutscher Verlag, 1995: 355-385.

Patzelt, Werner: Ein latenter Verfassungskonflikt? Die Deutschen und ihr parlamentarisches Regierungssystem. In: Politische Vierteljahresschrift 1999, Bd. 39, Nr. 4: 725-757.

Schneider, Hans-Peter/Zeh, Wolfgang (Hrsg.): Parlamentsrecht und Parlamentspraxis. Berlin, de Gruyter, 1989.

Schütt-Wetschky, Eberhard: Grundtypen parlamentarischer Demokratie. Klassisch-altliberaler und Gruppentyp. Freiburg, Alber, 1984.

Sokol, Jan: Ostmitteleuropa: ein Prüffeld demokratischer Institutionen. In: Uwe Thaysen/Hans Michael Kloth (Hrsg.): Wandel durch Repräsentation – Repräsentation im Wandel. Entstehung und Ausformung der parlamentarischen Demokratie in Ungarn, Polen, der Tschechoslowakei und der ehemaligen DDR. Baden-Baden, Nomos, 1992: 131-138.

10. Implementation: Ein Paradigma der Synergieeffekte zwischen Verwaltungswissenschaft und Politikwissenschaft

1. Synergien zwischen Verwaltungs- und Politikwissenschaft in der Rezeption der Policy-Science

Durch die Politikfeldanalyse ist auch in Amerika ein normativer Ansatz wieder belebt worden, der in der Ära der Vorherrschaft des Neopositivismus und der Sprachanalyse als ausgestorben galt. Den analytischen Aussagen der Sozialwissenschaften ist nachgesagt worden: „Sie stellen etwas fest; aber sie sagen nichts darüber, was sein soll" (Schmidt-Aßmann 2004: 28). Das galt immer nur für einen Teil der Sozialwissenschaften. Es ist ein alter Konsens der politischen Theorie, dass Theoriebildung in drei Richtungen zielen muss: die Verarbeitung dessen, was ist, eine Prognose über das, was voraussichtlich sein wird, und eine Aussage über das, was sein soll. Schon die Prognosephase der Theorie führte zu neuen normativen Fragestellungen, weil ein kruder Evolutionismus in der Soziologie, wie er von August Comte bis Herbert Spencer vorherrschte, in der klassischen Moderne überwunden worden ist.

In Amerika berief man sich für diese Wertschätzung des dritten normativen Schrittes vor allem auf die pragmatische Tradition von Dewey bis Mead, welche die kontinentale Neigung zur dogmatischen Trennung von Sein und Sollen im Geist des Neo-Kantianismus nie geteilt hat. Bei Empirikern, die sich von der Popper-Orthodoxie freigemacht hatten, wuchs das Bewusstsein, dass die Wertfreiheit als Postulat selbst ideologisch-politischen Funktionen diente. Sie wurde eingesetzt als Hilfsmittel der Sozialisation von Wissenschaftlern und zum Schutz gegen Einflüsse des Staates oder der eigenen politischen „Freunde", die Wissenschaftler gern zu Zeloten einer Sache umfunktionierten (v. Beyme, 1999: 84). Wertfreiheit wurde so zu einem vorübergehenden „Waffenstillstandsabkommen" zwischen Schulen und widerstreitenden Normvorstellungen (Beck 1974: 208). Grundbegriffe der Analyse, vor allem die Integrationsbegriffe, enthielten immer ein normatives Element, das sich auch bei normativer Askese nicht ausschalten ließ, weil die soziale Realität selbst „normativ imprägniert" wahrgenommen wird (Peters 1993: 24f). Normativ sind schon Merkmale wie „Wirtschaftlichkeit", die – ohne die ökonomistische Ausschließlichkeit – in neuerer Zeit die „handgestrickte Praxis der üblichen Verhältnismäßigkeitsbeurteilungen" verbessern half (Schmidt-Aßmann 2002: 28).

Die Annäherung von Verwaltungswissenschaft und Sozialwissenschaften ist nicht nur im Bereich der empirischen und normativen Theoriebildung vorangeschritten. Auch auf der metatheoretischen Ebene ergaben sich Berührungen durch die Wende zu einem konstruktivistischen Verständnis von Wirklichkeit. Wirklichkeit wurde als soziale Konstruktion im Hinblick auf die Rechtsordnung als Programm zur Konstruktion der im Recht für den konkreten Entscheidungsprozess als erheblich erkannten Wirklichkeit bereitgestellt (Hoffmann-Riem 2002: 23). Damit haben sich die „Verfahrensweisen" der wissenschaftlichen Vorarbeit in beiden Disziplinen angenähert.

Mit der Verlagerung des Interesses von Parlamenten und Wahlen – von Wilhelm Hennis einst als bloße „Mitbestimmungsdebatte" lächerlich gemacht – auf die Zentren der „Betriebswirtschaftslehre des Staates" wurde „*Implementation*" zu einem Schlüsselbegriff in der Politikwissenschaft. Er ist rasch auch in der Verwaltungsrechtswissenschaft rezipiert worden. Hier hielt sich die Entdeckerfreude jedoch in Grenzen, weil man schon immer hauptamtlich mit Vollzugsproblemen befasst war. In dem Standardwerk von Schmidt-Aßmann: „Das allgemeine Verwaltungsrecht als Ordnungsidee" (2004: 321f) umfasst die Implementation gerade zwei von 469 Seiten. Synergien zwischen Verwaltungsrecht und Politikwissenschaft ergaben sich jedoch bereits aus dem Ansehenszuwachs, den das Verwaltungsrecht innerhalb der „Staatswissenschaften" erfuhr. Die traditionelle Staatslehre – wie die politische Theorie – war allzu sehr auf die Gesetzgebung fixiert. Zunehmend wurde die Begrenztheit der Perspektive des Gesetzgebers erkannt. In der Implementationsphase waren daher Zielverschiebungen vielfach unausweichlich. Interessen, die sich im Entscheidungsprozess nicht hinreichend berücksichtigt fühlen, werden nachträglich mit Konzessionen bedacht. Gerade bei ideologisch-programmatisch initiierter Innovationspolitik müssen abstrakte Regelungen mit einem realistischen Erwartungsniveau der Betroffenen in Einklang gebracht werden. Die Vollzieher können antizipativ gegen den Vorwurf eines zu erwartenden Vollzugsdefizits Zielverschiebungen für angebracht halten. Die Akzeptanz durch die vom Gesetzgeber nicht hinreichend berücksichtigten Interessen muss ebenfalls von den Implementatoren bedacht werden (Mayntz 1980: 240).

Die Politikwissenschaft war mehr als die Verwaltungsrechtswissenschaft an quantitativen Vergleichen interessiert. Diese mussten freilich von vornherein eine große Anzahl von Gesetzen und gesetzesähnlichen Entscheidungen ausklammern wie die außenpolitischen Entscheidungen, Gesetze, die durch Nichtanwendung uninteressant wurden, z. B. die Notstandsgesetze, bloße Schaffung von neuen Institutionen oder Entscheidungen, deren Überwachung den Gerichten obliegt wie die Strafrechtsnovellen. Am schwierigsten sind die Entscheidungen zur symbolischen Politik zu beurteilen. Manche Entscheidungen erwiesen sich erst im Nachhinein als symbolische Politik. Symbolische Maßnahmen können effektive Seiten durch psychologische Wirkungen entfalten wie die Strafbarkeit der „Vergewaltigung in der Ehe", welche die Grünen durchsetzten. Aber für die Implementationsforschung fällt beim Studium der Wirkung des Gesetzes wenig ab. Die Schwierigkeit der Klassifikation und der Generalisierung von Wirkungstypen hat dazu geführt, dass in diesem Bereich vor allem Fallstudien anfallen. Nicht selten bedürfen sie aufgrund von qualitativen Eliteninterviews großer Sachkenntnis der Forscher, da die Fragen schwerlich für viele Entscheidungen standardisierbar sind (Wollmann/Hucke 1980 in: Mayntz 1980: 222ff). Vielfach erwiesen sich die Fallstudien als nicht mehr vergleichbar. Stadtpolitik in New York war das große Tummelfeld der ersten Implementationsfallstudien. Am berühmtesten wurde die Generalisierung für eine Stadt wie Chicago, die durch ihr Gangsterwesen unregierbar schien. Nach einer minutiösen Analyse der großen Zahl von Meetings der top leader für jede Implementationsentscheidung verstieg der Autor sich resigniert sogar in die Höhen des normativen Bereichs: „some corruption is inevitable in a city like Chicago" (Banfield: 1961: 296ff).

Die Implementationsforschung setzte meist bei regulativen Maßnahmen im weiteren Sinne an. Sie beschränkte sich anfangs auf Gesetze, die einen gewissen Verwaltungsaufwand erforderten. Wo Normen allenfalls von Gerichten durchgesetzt werden konnten wie Strafgesetzbuchnovellen, wurde nicht von Implementation gesprochen. Symbolische Gesetze und Regelungen, deren Durchsetzung nicht dem Nationalstaat allein obliegt und die auf internationale Kooperation angewiesen sind, erschienen für die Implementationsforschung eher ungeeignet. Methodisch war die Implementationsforschung nur durch qualitative Eliteninterviews voranzubringen.

Die 1970er Jahre läuteten eine Ära des Aufbruchs ein. Die weltweiten Protestbewegungen hatten den Reformern der entwickelten Demokratien Rückenwind gegeben. Planung und Programmdebatten beherrschten die Diskussion. Sie waren begleitet von Desillusionierungsprozessen. Die großen Programme konnten auch den pluralistischen Prozess der Gesetzgebung mit seinen Vetogruppen überstehen. Aber sie wurden bei der Durchführung verwässert oder gegen die Intentionen des Gesetzgebers angewandt. Jeffrey Pressman und Aaron Wildawsky (1973: 166) schrieben angesichts der Enttäuschungen über die weitgehende Wirkungslosigkeit der hochgesteckten Ziele von Präsident Johnsons wohlfahrtsstaatlicher Reform ein bahnbrechendes Buch über „Implementation". Der Untertitel beleuchtete zwei Aspekte des neuen Paradigmas: „How great expectations in Washington are dashed in Oakland; or why it's amazing that federal programs work at all." Dieses Pionierwerk deutete mit seinem Hinweis auf „Oakland" bereits eine Beschränkung des neuen Forschungsbereiches an. Die Ergebnisse des boomenden neuen Ansatzes erwiesen sich als schwer vergleichbar. Sie drohten sich bald im „Policy-Lokalismus" zu verlieren und nur noch die Tätigkeit von School Boards oder Krankenhausverwaltungen in Stadtteilen von New York zu untersuchen. Man könnte diese Tendenz spöttisch die „Westside-Story" der Implementationsforschung nennen.

Die schlechte Nachricht in dem Pionierwerk von Pressman und Wildawsky lautete: Die Entscheidung der Hauptstadt im Osten kann durch die schiere Entfernung und die sie begünstigenden Differenzen in der Auffassung über die Dringlichkeit von Reformen im Westen des Landes um ihre Wirkung gebracht werden. Die tröstliche Botschaft hingegen räumte ein, dass – wie durch ein Wunder – nationalstaatliche Programme bis zu einem gewissen Grade auch über große Distanzen hinweg überhaupt funktionieren. Die beiden Autoren beklagten das Fehlen von Literatur zur Implementation. Entweder das Wort tauchte in einschlägigen Werken nicht auf, oder es wurde beiläufig erwähnt, aber nicht definiert und noch weniger stringent angewandt. Während im Französischen der Terminus *„Implementation"* als Anglizismus galt und die umständliche Umschreibung *„mise en action"* verwendet wurde, haben die Deutschen den Neologismus mühelos übernommen.

2. Synergien zwischen Verwaltungsrecht und Politikwissenschaft auf der Ebene normativer Theorie

Eine gewisse Differenz zwischen Verwaltungsrecht und Politikwissenschaft liegt in ihrer Stellung zum Begriff des *Gemeinwohls*. Das *öffentliche Interesse* (Häberle 1970: 716) wurde in der Rechtswissenschaft dem blassen Wort „Gemeinwohl" vorgezogen. Der

Terminus war einer der am meisten gebrauchten Formeln in der Rechtsprechung und Verwaltung. Gemeinwohl war als eine monarchisch-absolutistische Formel entstanden. Das öffentliche Interesse schien hingegen seine demokratisierte Form. Wo die Verfassung als öffentlicher Prozess begriffen wurde, stellt sie zugleich eine normative Gemeinwohlordnung dar. Dies führte jedoch paradoxerweise zu einer Positivierung des Gemeinwohlbegriffs, der ihn als normativen Leitbegriff immer mehr aushöhlte. Kein Wunder, dass Peter Häberle beklagte, dass es zwar eine Gemeinwohl-Judikatur in der Rechtsprechung gebe, dass diese aber niemals von der Wissenschaft systematisiert worden sei. Sie ist vermutlich durch den inflationären Wortgebrauch schwer zu systematisieren und verliert sich in der Kasuistik von Einzelfällen. Als „öffentliches Interesse“ spielt das Gemeinwohl in der Staatsrechtslehre dennoch eine gewichtige Rolle. Es wurde aber vielfach ökonomisch und verwaltungstechnisch verengt. Gerechtigkeit hatte daher den Vorteil, breiter und tiefer angelegt zu erscheinen. Die Gefahr, dass das Gemeinwohl zur Leerformel verkommt, ist in der neueren Literatur nicht verkannt worden. Dennoch wurden dem Begriff Qualitäten eines Instruments rechtlicher Steuerung nachgesagt. Das Gemeinwohl sei einerseits hinreichend offen, um ein hohes Maß an Einzelfallgerechtigkeit zu gewährleisten, andererseits erscheint es bei Anwendung durch richterliche Organe soweit rationalisierbar, dass es nicht als Akt bloßer politischer Dezision wirke (Uerpmann 1999: 321f).

Das Gemeinwohl ist mit zunehmender Ausdifferenzierung der Subsysteme der Gesellschaft und ihrer Akteure hingegen aus der politikwissenschaftlichen Debatte zeitweise verschwunden und führte ein Schattendasein in der politischen Philosophie (Münkler/Fischer 2002: 9) Seit Rawls und den Kommunitariern erlebte der Begriff ein Comeback. Gemeinwohl gilt als normativer Orientierungspunkt sozialen Handelns. *Gemeinsinn* ist darüber hinaus die Bereitschaft nach diesem normativen Ideal auch zu handeln. Diese Bereitschaft gründet in einem starken Systemvertrauen, das in der postmodernen fragmentierten Gesellschaft keineswegs selbstverständlich ist. Die Gemeinwohlformel wird trotz der Skepsis vieler Sozialwissenschaftler in der Politik noch immer stark strapaziert. Der bürgerliche Gemeinsinn hat in der wiederbelebten Debatte um die *Zivilgesellschaft* einen neuen Stellenwert erhalten. Es wurde erkannt, dass Entscheidungen und ihre Implementation zusätzlicher Schubkraft durch die Bürger bedürfen, um gesellschaftlich wirksam zu werden.

Die Kehrseite ist der Missbrauch einer Gemeinwohlrhetorik durch Parteien und organisierte Interessen, die den Primärbürger mit ihrem organisatorischen Vorsprung und ihrem „knowhow“ zu mediatisieren droht, und ihn in Politikverdrossenheit und Zynismus gegenüber der „politischen Klasse“ treibt (Offe 2002: 74). Parteien sind in einer Zwickmühle: Einerseits sind sie im Hinblick auf Wahlen besonders auf die Gemeinwohlrhetorik angewiesen. Andererseits sind sie machtorientiert und müssen an das Machbare denken. Insofern müssen sie mit dem Gemeinwohlappell sparsam umgehen, um den Gemeinsinn ihrer Wähler nicht überzustrapazieren. Interessengruppen benutzen die Gemeinwohlformeln gelegentlich im Außenverhältnis gegenüber der Gesellschaft. Im Inneren müssen sie eher an die nicht-öffentlichen Interessen ihrer Mitglieder appellieren. Bei Parteien spielt die Gemeinwohlrhetorik schon deshalb eine größere Rolle, weil sie pausenlos Programme oder wenigstens periodisch Wahlplattformen verabschieden. Diese Programme werden in einer Demokratie sorgfältig vorbereitet und pluralistisch diskutiert, was den Missbrauch der Gemeinwohlrhetorik zu minimieren hilft.

Luhmann (2000: 120ff) hat in seinem posthumem Werk über die „Die Politik der Gesellschaft“ das Gemeinwohl zur Kontingenzformel erklärt, die an der Unterscheidung von öffentlichen und privaten Interessen festhielt, sah aber im öffentlichen Interesse vor allem eine politische Entscheidung in der Selbstfestlegung des politischen Systems. Solche politischen Entscheidungen wurden jedoch durch eine Paradoxie für Luhmann (2000: 123) gekennzeichnet. Dass private Interessen sich erfolgreich zu öffentlichen erklären, war nichts Neues. Der umgekehrte Fall war mit der Reduktion der Steuerungsansprüche des Staates der interessantere: Immer mehr öffentliche Interessen wurden in die Hände privater Akteure gelegt. Die Gemeinwohldebatten waren einst vor allem auf den Gesetzgeber fixiert. Seit der Gesetzgeber durch die Implementation von der Verwaltung in enger Kooperation mit privaten Gruppen mediatisiert worden ist, wird die Grenze zwischen öffentlichen und privaten Interessen immer fließender. So manche gesetzgeberische Leerformel ist erst durch die Interpretation im Licht privater Akteure mit Leben gefüllt worden. Mit zunehmender Entzauberung des Staates und dem wachsenden Gewicht der Implementation über die Gesetzgebung sind ältere Vermutungen, dass Verbände ebenfalls in öffentliche Funktionen hineinwuchsen, nicht von der Hand zu weisen (Teubner 1978: 118), keineswegs erst seit das *private interest-government* entdeckt wurde. Die Interessengruppen lernten vielfach die Programmkerne einer symbolischen Politik der Gesetzgeber nicht in Frage zu stellen. Sie haben ihren Einfluss umso härter auf die „Programmschalen“ geltend gemacht, der die Programmkerne umlagerte und damit erfolgreich auch Teile des Programmkerns in der Implementation lahmgelegt hat (Knöpfel/Weidner 1980: 101f).

3. Von der Steuerungswissenschaft zur Mediation

Die Wortwurzel des Begriffs „Implementation“ (Einpflanzung) deutete an, dass die parlamentarische Entscheidung, auf die sich die Gesetzgebungslehre meist konzentriert hatte, nur der Anfang eines mühsamen Prozesses ist. Der *„grand législateur“*, der Rousseau vorgeschwebt hatte, der mit wenigen aber umfassenden Gesetzen die Gesellschaft steuert und den Gemeinsinn entwickelt, war in einer pluralistischen Gesellschaft nicht in Sicht. Die Entscheidung muss einer „Einpflanzung“ unterzogen werden, wie der Begriff andeutet. Keine Rousseausche *„réligion civile“* setzt die Entscheidung naturwüchsig um. Selbst wenn die Saat aufgeht, bedarf sie ständiger Pflege. Dafür zuständig ist die Verwaltung. Das Parlament kann dieses Stadium nur soweit kontrollieren, als es an der Phase der Evaluation beteiligt ist. Weitere Anglizismen wurden adaptiert: Die *Policy Outputs* der politischen Entscheidungen auf der Basis von politischen Programmen führen zu *Policy Outcomes*, welche die Realisierung des Programmziels ausweisen. Langfristig bringen sie *Policy Impacts* hervor. Die Ziele müssen durch *Evaluation* hinsichtlich von Erfolg und Misserfolg gemessen werden (Windhoff-Héritier 1980: 5f).

Jedem politischen Programm liegen Annahmen über einen Zusammenhang von Ursache und Wirkung zugrunde. Diese Annahmen können falsizifiert werden. Die Evaluation droht also den Sinn eines Programms notfalls in Frage zu stellen. Um dieser Gefahr vorzubeugen, ist der Policy-Prozess auf *wissenschaftliche Politikberatung* angewiesen. In einer postmodernen entideologisierten Demokratie gehen die Politikberater idealiter nicht von ideologischen Programmen aus, obwohl gerade in Deutschland die großen Parteien nicht aufgehört haben, durch Programmdebatten immer wieder öffentliche Aufmerksamkeit zu erregen. Die angelsächsischen Demokratien begnügen sich hingegen zweckmäßiger Weise mit Wahlkampf-Plattformen, die keine prognostischen Ansprüche über den Zeitraum einer Legislaturperiode hinaus erheben. Die wissenschaftliche Politikberatung – an wissenschaftlicher Wahrheit und nicht an gesinnungsethischer Publikumswirksamkeit wie einige Parteieliten orientiert – muss daher auch pragmatische Erwägungen über die Durchführbarkeit von Programmen und Gesetzen anstellen. Wiederum stand ein Anglizismus bereit, der *„implementation estimate"*. Er enthält Annahmen über die Ressourcen der mit der Implementation beauftragten Verwaltung und macht sich Gedanken über die Interessen, die sich einer reibungslosen Durchführung als Vetogruppen in den Weg stellen könnten (Allison 1975).

Die Politikberater können jedoch der Verwaltung ihre Verantwortung nicht abnehmen. Wenn man sich einerseits auf das *Implementationsermessen* beruft, so muss sie andererseits das Willkürverbot achten und sich nach dem Grundsatz der *„Rechtswegklarheit"* Gedanken machen, wie viele Klagen gegen eine Entscheidung der Verwaltung zu erwarten sind. Das Recht muss sich nach Schmidt-Aßmann (2004: 322) sogar mit der Wirksamkeit seiner Umsetzung befassen, weil sein Vollzug nicht generell in Zweifel gezogen werden darf. Notfalls wacht das Bundesverfassungsgericht über Diskrepanzen zwischen Implementationswillen und Umsetzungsfähigkeit. Im Steuerrecht z. B. hat das Bundesverfassungsgericht (BVerfGE 82, 239ff, 268ff) einmal interveniert, als ein Besteuerungsanspruch weitgehend nicht durchgesetzt werden konnte.

Um den Verlauf der Implementationsphase transparenter zu machen, wurden *Planspiele* und *Computersimulationen* eingesetzt. Der Ausbau zur Planungstechnokratie war kostenintensiv und zeitaufwendig. Nicht immer standen Aufwand und Erfolg in einem günstigen Verhältnis zu einander. Mit der Entdeckung der *Vetospieler* ist deutlich geworden, dass die Zahl der Akteure nicht von vornherein feststeht. Gerade wichtige Programmgesetze wie das Bundesimmissionsschutzgesetz von 1974 waren so voller guter Grundsätze, dass die Interessengruppen sich relativ ruhig verhielten. Erst als eine „TA Luft" die Ziele konkretisierte, erwachte der Widerstand. Bei vorausschauender Programm-Analyse hätte dies vielleicht antizipiert werden können. Einige Akteure, die bei der Gesetzgebung zu kurz gekommen schienen, konnten bei der Formulierung der „TA Luft" wenigstens symbolische Siege feiern, weil Interessen wie der Vegetationsschutz, die im Gesetz kaum erwähnt wurden, durch ermunternde Formulierungen aufgewertet worden sind (Müller 1986: 253). Gelegentlich haben auch Formelkompromisse die Zielsetzung unklar werden lassen wie beim Chemikaliengesetz (1980). Verordnungen mussten die Versäumnisse auszugleichen versuchen (Kloepfer 1982: 37). Viele Rahmengesetze sind auf den Implementationswillen von Regierung und Verwaltung angewiesen, weil sie sonst schöne Absichtserklärungen blieben.

Selten kommt es im regulatorischen Staat konsolidierter Demokratien zu Programmgesetzen, die Neuland betreten. Im Dschungel der Novellierungsgesetzgebung lassen sich die lehrbuchartigen Sequenzen „Programmformulierung – Implementation – Evaluation" kaum wiederfinden. Im *Policy-Zyklus* gibt es bei Routine-Entscheidungen Rückkopplungen. Die Beamten, die mit der Programm-Durchführung betraut sind, zögern nicht, Wirkungen der Programme an die Entscheidungsebene zurück zu melden (Schubert 1991: 164). Rückkopplungseffekte verstärken die Lernfähigkeit der Programmplaner. Diese sind umso wichtiger, als im deutschen Bundesstaat nicht nur mehrere Ministerien an der Durchführung von Gesetzen beteiligt sind, sondern auch unterschiedliche Landesbehörden mitwirken. Die säuberliche Trennung der Gewalten, die in „Opas Politikwissenschaft" hochgehalten wurde, weicht einem Netzwerkverbund. Je stärker politische Programmtätigkeit und instrumentelle Hilfeleistung beim Vollzug verzahnt sind, umso mehr kommt ist mit dem Ausbau wissenschaftlicher Politikberatung, die nicht nur verschiedene Akteure umfasst, sondern auch quer durch die Phasen des Policy-Zyklus reicht, zu einer Art *„negotiated rule-making"*, wie die amerikanische Wissenschaft das genannt hat (Murswieck 1994: 114). Die formale Trennung von Politikberatung, Normenfindung und Normenimplementation muss dabei erhalten bleiben. Aber Politikberater sind in einen Kommunikationsprozess eingebunden, der sich in allen drei Bereichen auskennt und möglichst in „equal distance" verharrt. Die völlige Verschmelzung von Wissenschaft und Regieren – die eine Weile in der Frühzeit der Regierung Brandt in der Abteilung V des Bundeskanzleramts gern gesehen wurde – erwies sich als Traum, und nicht einmal als schöner. Verwaltungsakteure und wissenschaftliche Akteure blieben in verschiedenen Kulturen. Ein Spaßvogel von Wissenschaftler mit Praxis als Ministerialrat (Jann 1994: 162) hat die Differenz an rein optischen Eindrücken festgemacht: Das Arbeitszimmer des erfolgreichen Wissenschaftlers ist unaufgeräumt und überfüllt. Das Arbeitszimmer des erfolgreichen Behördenchefs ist leer von Papier, denn jeder eingehende Vorgang wird sofort bearbeitet und an den Apparat zurückgeleitet. Diese Karikatur ist freilich mit der Wirklichkeit nicht völlig deckungsgleich, wie auch dem Autor dieser Metaphern nicht entging.

Das Verhalten der mit der Implementation betrauten Staatsbediensteten ist vorstrukturiert, aber nicht strikt determiniert. Direkte Steuerung durch Befehl, Anweisung oder Verfahrensvorschriften wurden in der Ära der „Entzauberung des Staates" immer weniger einsetzbar. Konkrete Einzelmaßnahmen müssen im Hinblick auf den Output der Implementationsphase selektiert werden. Dabei werden die räumliche Dimension (wo wird gefördert?), die sachliche Dimension (was wird gefördert?), die instrumentelle Dimension (wie wird gefördert?), die zeitliche Dimension (wann wir gefördert?), die Selektion der Adressaten (wer wird gefördert?) berücksichtigt (Jann 1981: 57). Im Vergleich zur Evaluation hat die Erfolgskalkulation der Implementatoren den Vorteil, engere Kriterien anzulegen. Die Evaluation hingegen muss weit mehr – schwer messbare – Indikatoren einbringen wie die Zieltreue, die Kosten, die nicht intendierten Nebenfolgen und die Akzeptanz durch die Normadressaten (Hellstern/Wollmann 1984: 24f). Evaluation hat einen weiteren Zeithorizont, der auch Faktoren wie die Schnelligkeit des Gesetzgebungsverfahrens und die Häufigkeit der Novellierung von Gesetzen einbezieht (v. Beyme 1997: 330). In der vergleichenden Politikfeldanalyse zeigte sich bei

Interviews, dass die Implementatoren im aktuellen Durchführungsprozess oft kritischer über ein Gesetz dachten als die Evaluationsforschung ex post.

Die Implementation ist nicht zufällig relativ spät in ihrer Bedeutung für eine Systemanalyse entdeckt worden, die allzu sehr auf die „Haupt- und Staatsaktionen" der wichtigsten Institutionen im gewaltenteiligen System fixiert gewesen ist. Die *„autonome Verwaltung"* in einem souveränen Obrigkeitsstaat, der auf die Verwirklichung eines „Gemeinwohls" gerichtet schien, hat die Politikdurchführung einer angeblich neutralen Bürokratie, unterstützt von Experten und Professionen, überlassen. Gleiches galt anfangs im demokratischen Verfassungsstaat nach der Typologie von Werner Jann (1998: 261). Es überwog noch immer eine *hierarchische Verwaltung*. Sie war nun aber an die Verwirklichung demokratisch festgesetzter politischer Präferenzen gebunden. Der Typ der *kooperativen Verwaltung*, der sich als Moderator komplexer Verhandlungssysteme verstand, hat als Implementator den „politischen Bürokraten" hervorgebracht. Schließlich wurde eine klienten-orientierte *responsive Verwaltung* entdeckt, neben einer professionellen Verwaltung, die den Bürger als Ko-Produzenten akzeptierte. Die Verwaltung gilt als der Gesellschaft, nicht aber notwendigerweise der Politik untergeordnet. Dieser Idealtyp erscheint von bestimmten Sektoren her konzipiert, die vorwiegend in den sozialen Diensten zu finden sind, obwohl die theoretischen Förderer dieses Implementationstyps selbst einer Polizeidienststelle die Fähigkeit nachsagen, sich als responsive Verwaltung „neu zu erfinden". Die Rolle der Bürger wird kaum noch als Untertan konzipiert, wie im ersten vordemokratischen Typ. Die Rollen der Wähler, der Mitglieder von Organisationen und von Klienten und Ko-Produzenten tauchen jedoch vielfältig gemischt auf. Verwaltungsrechtler, die diese sozialwissenschaftliche Typologie übernahmen, haben gleichwohl den „verfassungsrechtlich gebotenen hierarchischen Kern des Verwaltungsstaates" realistischer Weise nicht aus den Augen verloren (Schuppert 2000: 62).

Mit der Überwindung eines etatistischen Selbstverständnisses in der modernen Demokratie vollzog sich ein Paradigmawechsel von den Konditionalprogrammen zur *finalen Steuerung*. Offenheit gegenüber den Wirtschafts- und Sozialwissenschaften wurde für unerlässlich erachtetet: „Die Trennung zwischen Sein und Sollen rechtfertigt keinen selbstgenügsamen juristischen Methodenkanon". Zugleich hat Schmidt-Aßmann (1997: 15) zu Recht im Lichte der Theoriegeschichte des Faches darauf hingewiesen, dass das Verwaltungsrecht niemals ausschließlich als selbstgenügsame normativ-dogmatische Disziplin betrieben worden sei. Es wurde jedoch Luhmanns passe-partout der „Anschlussfähigkeit" eingefordert. Er hat wie viele Luhmannsche Wortschöpfungen den Vorteil, vage Verbindungen zu suggerieren, ohne das Ausmaß der Kooperation allzu eng werden zu lassen.

Die Verwaltungsrechtswissenschaft wurde unter die „Steuerungswissenschaften" eingereiht: „Die im Steuerungskonzept angelegte Nähe zu den Sozialwissenschaften und die Ausrichtung an der Wirkungsdimension des Rechts verlangen einerseits eine gewisse Öffnung der auf dem Subsumtionsmodell gründenden bisherigen Methode" (Schmidt-Aßmann 2004: 26f). Es wurde bei diesem Bekenntnis jedoch auf die Doppelfunktion jeder Methode hingewiesen: „Die verwaltungsrechtliche Methode ist immer auch eine praktische Methode, die für die gesamte Praxis handhabbar sein muss". Damit wird offenbar gegen die Volatilität sozialwissenschaftlicher Begriffsmoden eine gewisse spezifische Stabilität gesetzt. Im ganzen rennt diese Ermahnung auch bei Sozialwissenschaftlern heute offene Türen ein: Trotz des „luhmannisierenden" Jargons einer sozialwissenschaftlichen Minderheit sind die Politikwissenschaftler ebenfalls an der Praxis orientiert, wenn auch im Beratungsgeschäft mit geringerem Erfolg als die Verwaltungsrechtler. Luhmanns Autopoiesis ist auch an der Rechtswissenschaft nicht spurlos vorbei gegangen (z. B. Gunther Teubner, 1989), aber sie bleibt im ganzen resistenter, eben wegen ihres Praxisbezugs und aufgrund des Bekenntnisses zur Steuerungswissenschaft, das Luhmann als „alteuropäisch" ironisieren würde. Im autopoietischen Ansatz wäre nicht Steuerung, sondern nur Beobachtung der sozialen Vorgänge möglich – also allenfalls eine halbe Verwaltungsrechtswissenschaft.

In der Zeit der 68er Unruhen wurden im Gefolge „neue soziale Bewegungen" und Selbsthilfe-Gruppen tätig, die sich als *„Gegenimplementation von unten"* verstanden (Wollmann 1983: 192). Es waren keineswegs nur die Hausbesetzer, die zu einer Politisierung der Verwaltung beitrugen. Weit folgenreicher war die Gegenimplementation in den Bereichen der Sozial- und Jugendpolitik, wo der etatistische Regelungshunger gestutzt und die Mitwirkung der Betroffenen voran getrieben wurde. Spektakuläre Selbsthilfe der Betroffenen, zum Teil mit kalkulierten Regelverletzungen, spielen heute eine geringere Rolle. Aber die Verwaltung hat aus diesen Herausforderungen der 60er und 70er Jahren für ihr Rollenverständnis viel gelernt. Die „Gegenimplementation von unten" hat nach der Beruhigung der Unruhen im Gefolge der 68er Revolte viel vom „Ruch des Revolutionären" verloren. Vor allem auf lokaler Ebene kann sie konstruktiv beitragen, „Fehlprogrammierung von oben" auszugleichen.

Der Verwaltung wurde im programmatisch orientierten Parteienstaat eine Fülle von Zielen vorgegeben. Die Erreichung dieser Ziele aber mussten die Implementatoren vorantreiben. Die Verwaltung wurde so von der vollziehenden zu einer auch politisch entscheidenden Instanz (Grimm 1990: 300). Was „der Staat" als „Mediator" und „Supervisor" in seiner hierarchisch herausgehobenen Stellung eingebüßt hat, haben in funktionalen Teilbereichen die untergeordneten Mediatoren der Verwaltung teilweise wieder hereingeholt. Die Verhandlungen im Einzelnen müssen der Verwaltung überlassen bleiben. Je nach Politikfeld ist der Handlungsspielraum dabei unterschiedlich. Schmidt-Aßmann (in: Hoffmann-Riem/Schmidt-Aßmann 1990: 14) hat gezeigt, dass beim Bauleitplanungsrecht nach dem Baugesetzbuch das Ermessen der Verwaltung groß ist. Beim Anlagenrecht hingegen sind die Ermessenermächtigungen eher die Ausnahme. Daher sind Verallgemeinerungen über die Implementation von Gesetzen kaum möglich. Bei komplexen Gesetzen können die Implementationsbedingungen sogar nach Teilen des Gesetzes variieren. Damit wird die parlamentarische Kontrolle des Implementationsprozesses immer schwieriger. Je technischer die Details der Effizienzkontrolle durch die Implementatoren ausfallen, umso mehr droht die Gefahr, dass die Erfahrungsberichte über die Anwendung und Auswirkung von Gesetzen der politischen Diskussion entzogen werden (Zeh 1988: 207). Damit wird die Verwaltung gegenüber der politischen Entscheidungsebene gestärkt. Zugleich gewinnen mächtige organisierte Interessen an Gewicht, die im täglichen Kontakt mit den Implementatoren auf dieser Ebene häufig direkteren Zugang haben als auf der parlamentarischen Ebene, bei der sie an die Rituale von Ausschussarbeit und Hearing-Prozeduren gebunden sind. Die unterschiedlichen Zuständigkeiten bei der Durchführung von Gesetzen erleichtern der parlamentarischen Evaluation nicht gerade den Durchblick. Selten liegen die Implementationskompetenzen beim Bund, meist bei den Ländern, bei parastaatlichen Institutionen oder sogar bei gesellschaftlichen Organisationen der Betroffenen.

Das öffentliche Interesse wurde vielfach vom privat-interest-government kolonialisiert. Interessengruppen erlangten ganz neue Einflussmöglichkeiten im Prozess der Gesetzgebung. Wenn ein Teil der Normadressaten ein Gesetz ablehnt, wie viele Unternehmer anfangs die Mitbestimmungsregelungen beargwöhnten, funktionierte die Implementation nur, wenn die Gewerkschaftsseite gut organisiert war. In Kleinbetrieben, in denen das Patronat noch nach dem Prinzip „alle mal herhören" benevolent regieren konnte, sind die Vorschriften vielfach nicht angewandt worden. Häufig kam es nicht einmal zu der Wahl von Betriebsräten (Wagner 1960: 143). Bei verschachtelten Firmen ließen sich Betriebseinheiten so zuschneiden, dass sie von den Regelungen nicht betroffen waren. Dabei wurde deutlich, dass die Erosion des Normenkonsenses in der postmodernen Gesellschaft bei den Interessengruppen dazu führte, dass sie konsensorientiert nur noch hinsichtlich eines übergreifenden Rechtssystems handelten. „Das entfremdete Interesse von Organisationen an sich selbst", das in den 1960er Jahren von der Frankfurter Schule angeprangert wurde, ist im Zeitalter der autopoietischen Wende in der Systemtheorie wesentlich milder beurteilt worden.

Ein Teil der Gesetzgebungsprozesse wird unter der Prämisse absolviert, dass eine letzte Sorgfalt überflüssig ist, da es ohnehin bald zu einer Novellierung kommen wird. Weitere Teile der Gesetze werden beschleunigt, weil man inhaltliche Details durch Rechtsverordnung implementationsreif machen muss. In der Bundesrepublik ist die Mitwirkung des Bundestags bei Verordnungen im Gegensatz zur Weimarer Republik möglich. Mitwirkungs- und Mitentscheidungsvorbehalte in Gesetzen finden sich gelegentlich zugunsten des Bundestags, wurden aber seit 1963 seltener angewandt. 1958 hat das Bundesverfassungsgericht diese Praxis gebilligt.

In der Ära der Wiedervereinigungspolitik kam es zu weiteren Wandlungen der Implementationspolitik. Die Regierung Kohl, die seit 1982 die Deregulierung auf die Fahnen geschrieben hatte, musste sich zu einem steuerungsintensiven „Vereinigungs-Keynesianismus" durchringen. Die Bundesrepublik hatte sich daran gewöhnt, in vieler Hinsicht nur als „semi-souveräner Staat" zu gelten (Katzenstein). Sie erwies sich aber in der Stunde einer historischen Chance, die in unziemlicher Eile genutzt werden musste, weil nicht klar war, wie lange Gorbatschow sich in der Sowjetunion würde halten können, als erstaunlich steuerungsfähig. Selbst Scharpfs „Politikverflechtungsfallen" im deutschen Föderalismus wirkten als weniger gravierend als angenommen, schon weil die Länder sich gern um die Kosten der Vereinigung drückten. Der Bund steuerte sektoral – etwa in der Kulturpolitik – sogar mehr bei als er nach seinen Kompetenzen eigentlich durfte. In den zentraleren Politikfeldern hat der Bund nur den normativen Rahmen fixiert und in der Durchführung das Feld einer parastaatlichen Einrichtung wie der „Treuhand" überlassen. Seit die Kosten der Vereinigung bilanziert wurden, ist die Steuerungsfähigkeit der Bundesregierung von der Arbeitsmarkt- bis zum Gesundheitspolitik selbst unter einer Großen Koalition wieder in eine Krise geraten.

Literatur

Allison, Graham T.: Implementation Analysis. In : Zweckhauser, R. u. a. (Hrsg.): Benefit-Cost and Policy Analysis. Chicago, Chicago University Press, 1975: 369-377.

Anderson, James E.: Public Policymaking. New York, Holt, Rinehart & Winston, 2000,4. Aufl.

v. Arnim, Hans Herbert: Gemeinwohl und Gruppeninteressen. Frankfurt, Metzner, 1977.

Banfield, Edward: Political Influence. New York, Free Press, 1961.

Bardach, Eugene: The Implementation Game. Chicago, Chicago University Press, 1977.

Beck, Ulrich: Objektivität und Normativität. Die Theorie-Praxis-Debatte in der modernen deutschen und amerikanischen Soziologie. Wiesbaden, Harrassowitz, 1974.

v. Beyme, Klaus: Der Gesetzgeber. Der Bundestag als Entscheidungszentrum. Opladen, Westdeutscher Verlag, 1997.

v. Beyme, Klaus: Zur Funktion normativer Theorie in der politikwissenschaftlichen Forschung. In: Greven, Michael Th./Schmalz-Bruns, Rainer (Hrsg.): Politische Theorie – heute. Baden-Baden, Nomos,1999: 81-100.

Bogomil, Jörg/Jann, Werner: Verwaltung und Verwaltungswissenschaft in Deutschland. Wiesbaden, VS Verlag für Sozialwissenschaften, 2005.

Böhret, Carl: Grundriss der Planungspraxis. Opladen, Westdeutscher Verlag, 1975.

Brink, Stefan/Wolff, Heinrich Amadeus (Hrsg.): Gemeinwohl und Verantwortung. Festschrift für Hans Herbert von Arnim zum 65. Geburtstag. Berlin, Duncker & Humblot, 2004.

Grimm, Dieter (Hrsg.): Wachsende Staatsaufgaben – sinkende Steuerungsfähigkeit des Rechts. Baden-Baden, Nomos, 1990.

Häberle, Peter: Öffentliches Interesse als juristisches Problem. Eine Analyse von Gesetzgebung und Rechtssprechung. Bad Homburg, Athenäum, 1970.

Hellstern, Michael/Wollmann, Hellmut (Hrsg.): Handbuch der Evaluierungsforschung. Opladen, Westdeutscher Verlag, 1984, Bd. 1.

Hoffmann-Riem, W./Schmidt-Aßmann, Eberhard (Hrsg.): Konfliktbewältigung durch Verhandlungen. Baden-Baden, Nomos, 1990.

Hoffmann-Riem, Wolfgang: Verwaltungsverfahren und Verwaltungsverfahrensgesetz. In: Hoffmann-Riem, Wolfgang/Schmidt-Aßmann, Eberhard (Hrsg.): Verwaltungsverfahren und Verwaltungsverfahrensgesetz. Baden-Baden, Nomos, 2002: 9-66.

Jann, Werner: Kategorien der Policy-Forschung. Speyer, Hochschule für Verwaltungswissenchaft, Speyerer Arbeitshefte 37. 1981.

Jann, Werner: Staatliche Programme und ‚Verwaltungskultur'. Opladen, Westdeutscher Verlag, 1982.

Jann, Werner: Politik und Verwaltung im funktionalen Staaten. In: Jann, Werner u.a. (Hrsg.): Politik und Verwaltung auf dem Weg in die transindustrielle Gesellschaft. Carl Böhret zum 65. Geburtstag. Baden-Baden, Nomos, 1998: 253-280.

Jann, Werner: Wissenschaftler in der Regierung – Advokatoren der Verwissenschaftlichung der Politik. In: Murswieck, Axel (Hrsg.): Regierungen und Politikberatung. Opladen, Leske & Budrich, 1994: 159-173.

Kloepfer, M.: Chemikaliengesetz. Gesetz zum Schutz vor gefährlichen Stoffen. Berlin, Duncker & Humblot, 1982.

Knoepfel, P./Weidner, H.: Normbildung und Implementation. In: Mayntz, 1980: 82-104.

Luhmann, Niklas: Grundrechte als Institution. Berlin, Duncker & Humblot, 1965.

Luhmann, Niklas: Die Politik der Gesellschaft. Frankfurt, Suhrkamp, 2000.

Mayntz, Renate (Hrsg.): Implementation politischer Programme. Empirische Forschungsberichte. Königstein, Athenäum, 1980, Bd. 1.

Mayntz, Renate (Hrsg.): Implementation politischer Programme II.. Opladen, Westdeutscher Verlag, 1983.

Müller, E: Innenwelt der Umweltpolitik. Opladen, Westdeutscher Verlag, 1986.

Münkler, Herfried/Fischer, Karsten (Hrsg.): Gemeinwohl und Gemeinsinn. Rhetoriken und Perspektiven sozial-moralischer Orientierung. Berlin, Akademie Verlag, 2002.

Murswieck, Axel (Hrsg.): Regieren und Politikberatung. Opladen, Leske & Budrich, 1994.

Offe, Claus: Wessen Wohl ist das Gemeinwohl? In: Münkler/Fischer 2002: 55-75.

Peters, Bernhard: Die Integration moderner Gesellschaften. Frankfurt, Campus, 1993.

Pressman, Jeffrey L./Wildavsky, Aaron B.: Implementation. How Great Expectations in Washington are Dashed in Oakland; Or: Why It's Amazing that Federal Programs Work at All. Berkeley, University of California Press, 1973, 1974.

Schmidt-Aßmann, Eberhard: Verwaltungsorganisationsrecht als Steuerungsresource. In: Schmidt-Aßmann, Eberhard/Hoffmann-Riem, Wolfgang (Hrsg.): Verwaltungsorganisationsrecht als Steuerungsresource. Baden, Baden, Nomos, 1997: 9-64.

Schmidt-Aßmann, Eberhard: Das allgemeine Verwaltungsrecht als Ordnungsidee. Berlin, Springer, 1998, 2004 2. Aufl.

Schubert, Klaus: Politikfeldanalyse. Opladen, Leske & Budrich, 1991.

Schubert, Klaus/Bandelow, Nils C. (Hrsg.): Lehrbuch der Politikfeldanalyse. München, Oldenbourg, 2003.

Schuppert, Gunnar Folke: Verwaltungswissenschaft. Baden-Baden, Nomos, 2000.

Teubner, Gunther: Recht als autopoietisches System. Frankfurt, Suhrkamp, 1989.

Uerpmann, Robert: Das öffentliche Interesse. Tübingen, Mohr, 1999.

Wagner, H. R.: Erfahrungen mit dem Betriebsverfassungsgesetz. Köln, Bund-Verlag, 1960.

Windhoff-Héritier, Adrienne: Politikimplementation. Ziel und Wirklichkeit politischer Entscheidungen. Königstein, Anton Hain, 1980.

Wollmann, Hellmut: Implementation durch Gegenimplementation von unten? In: Mayntz, Renate (Hrsg.): Implementation politischer Programme II. Ansätze zur Theoriebildung. Opladen, Westdeutscher Verlag, 1983: 168-196.

Zeh, Wolfgang.: Vollzugskontrolle und Wirkungsbeobachtung als Teilfunktion der Gesetzgebung. In: Grimm, Dieter/Maihofer, Werner (Hrsg.): Gesetzgebungstheorie und Rechtspolitik. Opladen, Westdeutscher Verlag, 1988: 194-210.

11. Modell für neue Demokratien? Die Vorbildrolle des Bundesverfassungsgerichts

Einleitung: Das österreichisch-deutsche Modell im Kontrast zum amerikanischen Modell des judicial review

Zwei Modelle des richterlichen Prüfungsrechts gegenüber staatlichen Hoheitsakten hat Hans Kelsen (1942) im amerikanischen Exil skizziert – seltsamer Weise im „Political Science Journal" und nicht in einer juristischen Fachzeitschrift. Er unterschied das „österreichische Modell", das durch Hitler zeitweilig wirkungslos wurde, und das amerikanische Modell.

1. *Das amerikanische Modell des judicial review* ist eine „diffuse Kontrollmethode", bei der der Supreme Court „*incidenter*" entscheidet. Amerikas Judicial Review wurde erst 1803 in der Entscheidung „Marbury v. Madison" entwickelt und konzentrierte sich zunächst auf den Schutz individueller Rechte. Um die Star-chamber-proceedings der englischen Praxis des Spätabsolutismus zu vermeiden, durfte es kein spezielles Verfassungsgericht geben. „Abstrakte Normenkontrolle" war von den founding fathers bewusst nicht vorgesehen worden, obwohl ein „Council of Revision" diskutiert worden ist, eine Institution, die aus Mitgliedern der exekutiven und jurisdiktionalen Gewalt zusammen gesetzt sein sollte und mit der Macht ausgestattet worden wäre, Kongress-Gesetze abzulehnen (Reitz in: Kenney et al. 1999: 66).

   In der alten Common Law Tradition haben amerikanische Gerichte die Verfassung wie jedes andere Rechtsdokument interpretiert. Insofern war der Supreme Court mit seinem Judicial Review ein Fremdkörper im Common Law, bei dem eine föderalistische Ideologie mit dem Glauben an aufgeklärte Eliten mit der Idee der Volkssouveränität und der Idee der Gewaltenteilung versöhnt werden musste (Griffin 1996: 13, 17). Das präsidentielle System mit seinem strikten Dualismus (Inkompatibilität von Exekutivamt und Abgeordnetenmandat, Fehlen von Misstrauensvoten der Parlamentsmehrheit und des Gegenmittels der Parlamentsauflösung) schien ebenfalls eines Vermittlers zu bedürfen. Der Supreme Court war radikalen Demokraten durchaus verdächtig. Er schien das am wenigsten demokratische Organ der Entscheidung und war – wie der drittel-erneuerte Senat – ein Instrument die Volatilität demokratischer Entscheidungen in Grenzen zu halten. Das Modell schien die logische Konsequenz aus der Föderalisierung der angelsächsischen Tradition. In der Verbindung mit der konkreten Normenkontrolle war das amerikanische Modell stark „policy-orientiert", mit einer Neigung zum „*social engineering*". Diese Konzeption ist mit der Tradition einer anti-etatistischen Markt-Orientierung der amerikanischen Politik erklärt worden, die sich bewusst vom europäischen Etatismus abgrenzte. Das erscheint vor allem im Vergleich zu Frankreich zutreffend, wo das richterliche Prüfungsrecht nur in abstrakter Form und „ex ante" bestand. Sowie ein Gesetz promulgiert war, gab es kein Prüfungsrecht mehr. Das amerikanische Modell hatte ein individualistisches Bias. Dennoch waren die USA keine anarchistische Gesellschaft. Um den Individuen Gehör zu verschaffen, kam es zu einer beispiellosen Vielfalt von Interessengruppen und sozialen Bewegungen. Sie haben policy-orientierte Beschwerden aufgegriffen und sie in Verfassungsklagen umgemünzt.

2. Das zweite Modell hat Kelsen *das „österreichische"* genannt. Es hatte Vorläufer in der gemeinsamen Geschichte Deutschlands und Österreichs im „Deutschen Bund" (1815-1866). In der Revolution von 1848 hat die deutsche Nationalversammlung in Frankfurt einen „kaiserlichen Gerichtshof" vorgesehen. Viele Verfahren waren schon vorweg genommen, selbst die Verfassungsklage gegen Verletzungen der Reichsverfassung oder der Verfassungen der Länder (§ 126, f und g). Leider hat dieses Modell die Restauration von 1849 nicht überlebt. Erst nach dem Zusammenbruch der faschistischen Diktaturen wurde die Erinnerung an diese Tradition wieder belebt. Der Rechtsstaat gewann eine herausragende Bedeutung im System, da die Mehrheitsdemokratie vielfach versagt hatte. Die Priorität des Rechts wurde gegen die Emanationen der demokratischen Volkssouveränität geschützt. Kelsen (1922: 55) legte Wert auf die Feststellung, dass Amerika nicht Modell gewesen ist und bekannte, dass die Schweizer und die deutsche Verfassung als Beispiel gedient habe. Wenn auch die USA nicht direkt als Modell dienten, so hat doch die intellektuelle Unterstützung der amerikanischen Sieger in Europa dazu beigetragen, dass das Prinzip des richterlichen Prüfungsrechts rasch akzeptiert wurde.

   Kontinentale Verfassungsgerichte entscheiden *principaliter* über die Verfassungsmäßigkeit von Gesetzen. Diese Rechtsprechung ist zentralisiert, abstrakt und allgemein bindend angelegt. Nach dem Zusammenbruch der Doppelmonarchie hat Kelsen das Modell 1920 entwickelt. Es war theoretisch auf seine „Reine Rechtslehre" (1960 III: 277ff) gegründet, die versuchte, ohne politische Ideologie und ohne nicht-juristische Deduktionen auszukommen. Kelsen wurde auf dem europäischen Kontinent viel zitiert, aber sein Modell folgte in vielem kaum seiner Lehre, vor allem nicht seinem „aufgeklärten Positivismus" (Richard Thoma).

3. Ein dritter Typ entstand in Ländern, die nach 1918 zur vollen Demokratie mit allgemeinem Wahlrecht vorstießen wie Großbritannien oder Schweden. Sie erkannten im Prinzip an, dass die Verfassung – oder grundlegende Verfassungsgesetze wie im Westminster Modell – bindend für die Gesetzgebung seien. Da Verfassungskonflikte jedoch in diesen Ländern rar waren, *schien keine Notwendigkeit gegeben, ein Verfassungsgericht einzurichten.* Die skandinavische Möglichkeit, Bürgerrechte durch einen *Ombudsman* zu schützen, schien ein hinreichendes Äquivalent der Verfassungsgerichtsbarkeit darzustellen. Ursprünglich galten beide Einrichtungen als inkompatibel. Nach 1945 haben jedoch viele Länder die Einrichtung des ombudsman mit der Verfassungsgerichtsbarkeit kombiniert, und sei es auch nur sektoral wie der deutsche Wehrbeauftragte als Kopie des schwedischen *„militie-ombudsman"*

Nach dem zweiten Weltkrieg hatte das amerikanische Modell eine Chance zur Ausbreitung. Aber die Behauptung das das judicial review von den Besiegten akzeptiert worden sei „at the point of a gun", kann allenfalls für Japan gelten (Shapiro in: Kenney et al. 1999: 196). Japan folgte dem amerikanischen Modell, aber seine Verfassungsgerichtsbarkeit entwickelte sich nicht zu europäischen Standards. Immerhin half dieser Rezeptionsprozess das Vorurteil zu zerstreuen, das amerikanische Modell führe zur „Herrschaft der Richter". Vor allem Italien und Deutschland folgten der österreichischen Tradition. Italienische Verfassungsväter beriefen sich explizit auf Kelsen (Rolla/Groppi in: Sadurski 2002: 143, 144). Deutschland hatte seine eigenen Traditionen und niemals ernsthaft die amerikanische Alternative in diesem Bereich diskutiert (im Gegensatz zum präsidentiellen System, das Teile der CSU und der FDP favorisierten). Die französische Tradition war am resistentesten gegen die Idee, die staatlichen Entscheidungskompetenzen mit dem Einfluss von Richtern zu teilen. Der *„conseil constitutionnel"* war bewusst als politische Einrichtung konzipiert und nicht als ein Verfassungsgericht (Stone 1992: 96ff). In Richtung der Verfassungsgerichtsbarkeit entwickelte er sich erst, als de Gaulle mit seiner 5. Republik das semi-präsidentielle System wieder belebte, das schon in der zweiten Republik (1848-1851) bestanden hatte und es mit orleanistischen Elementen in einer „Republikanischen Monarchie" abmilderte, um die Parlamentshoheit einzuschränken, welche die 3. und 4. Republiken extrem instabil erscheinen ließ. Die Beschränkung des richterlichen Prüfungsrechts auf ex ante-Entscheidungen und „abstrakte Normenkontrolle" galt als strategische Entscheidung, um auch das judicial review von vornherein zu beschränken und es mit einer politischen Kultur vereinbar werden zu lassen, die immer noch an die Volkssouveränität glaubte. Der conseil constitutionnel wurde so anfangs zu einem „hybriden Organ" mit Kennzeichen einer Art dritten Kammer. Dennoch wurde der Conseil – wie das deutsche Verfassungsgericht – oft in die hitzigen Parlamentsdebatten hineingezogen – ein in den USA undenkbarer Vorgang. Amerikanische Fälle erreichen den Supreme Court oft erst nach Jahren, wenn der Pulverdampf hitziger Congress-Debatten sich längst verflüchtigt hatte.

Das amerikanische Modell schien vergleichsweise konservativ. Da der Verfassungswandel selten durch Amendments zur Verfassung stattfand (nur 27 amendments, und wenn man die Bill of Rights abzieht, die rasch eingefügt wurde, nur 17 Amendments in über 200 Jahren!), wurde der Wandel durch judicial review gleichsam unmerklich, aber stetig bewirkt. Das Prinzip *stare decisis*, die Treue zu Präzedenz-Entscheidungen, war in einem Common-Law-System unerlässlich, um die Kontinuität zu erzeugen, welche die kontinentalen römisch-rechtlichen Traditionen durch exzessive Kodikationen bewirkten. Dieses Prinzip war ursprünglich auch Ausfluss der elitären Hoffnungen der Partei der Federalists, um das System gegen zu raschen Wandel zu schützen. Zusätzlich wurde das Beharrungsvermögen durch die lebenslange *„tenure"* der Obersten Richter gestärkt. Die politische Versuchung, durch *„court-packing"* bei anfallenden Ernennungen Parteistandpunkte zu zementieren, begünstigte eher konservative Kräfte, wie unlängst die Administration Bush Jr. wieder demonstrierte. Der Konservatismus des amerikanischen Modells war für viele Politiker nach 1945 weniger attraktiv, nach Jahren der autoritären Diktaturen, denn viele Gesetze mussten demokratisiert werden, und selbst die Eigentumsstrukturen sollten in einigen europäischen Ländern geändert werden.

Das „österreichische Modell" schien angemessener für Europa mit überwiegend parlamentarischen Regierungssystemen und einer römisch-rechtlichen Tradition. Aber es wurde nirgendwo voll „Kelsenianisch" verwirklicht. Kelsen wollte die legislativen und jurisdiktionalen Funktionen im System möglichst getrennt halten und hat daher die Kontrolle über Verfassungsrechte möglichst vermieden. Europa aber durchlief nach 1945 eine „Revolution konstitutioneller Rechte" (Stone Sweet 2000: 38). Die exzessive Kodifikation von Rechten auf allen Ebenen hat den Verfassungsgerichten in einigen europäischen Ländern starke Lasten beim Schutz all dieser Rechte aufgebürdet.

Während der „dritten Welle" der Demokratisierung in Süd- und Osteuropa wurden die USA allenfalls indirekt zum Modell für das „constitutional engineering". Der zweite Präsident des russischen Verfassungsgerichts, Vladimir Tumanov (in: Frowein 1998: 538), erwähnte, dass viele russischen Experten das amerikanische Modell interessant fanden, bis sie die Schwierigkeiten der Adaption in einer Rechtskultur erkannten, die der amerikanischen Common-Law-Tradition geradezu entgegen gesetzt schien. Die ultra-aktivistische Konzeption des russischen Verfassungsgerichts unter seinem Vorgänger Zorkin bis 1993 drängte in eine andere Richtung als die des Supreme Court. Der einzige amerikanische Einfluss in dieser Phase lag in der Neigung, die *„political question-Doktrin"* zu übernehmen (Schwartz 1993: 166). Amerikanische Liberale haben die neuen aktivistischen Verfassungsgerichte in Osteuropa – vor allem das ungarische – gedrängt, die Institution der „abstrakten Normenkontrolle" aufzugeben – mit geringem Erfolg (Ackerman 1992: 108f). Die Abschaffung der abstrakten Normenkontrolle ist in Deutschland und Spanien immer wieder in der Diskussion aufgetaucht. Aber das österreichisch-deutsche Modell war populär, schon weil die ethnischen Minderheiten in Osteuropa des Schutzes gegen Mehrheiten der Gesinnung im Geist des „ancien régimes" bedurften (Schwartz 2000: 30).

Eine Vermutung dieses Autors, dass judicial review am leichtesten dort einzuführen war, wo der Rechtsstaat der Einführung von Demokratie und Föderalismus vorausging, ist bezweifelt worden (v. Beyme 1988: 37; Sadurski 2002: 164). Der Föderalismus spielte keine größere Rolle für die Gestaltung der Verfassungsgerichtsbarkeit – nicht einmal in Russland, wo das föderale System das einzige war, das im früheren kommunistischen Lager in verkleinerter Form überlebte (v. Beyme 2002). Aber das Rechtsstaats-Argument war keineswegs von der Hand zu weisen. Nur Tschechien hatte vor 1945 demokratische Traditionen entwickelt. Alle anderen quasi-autoritären Systeme zwischen den Weltkriegen hatten vor dem Kommunismus nur unzulängliche Rechtsstaatlichkeit garantiert. Alle diese Systeme standen der römisch-rechtlichen Tradition nahe. Antistaatsgefühle in den Oppositionen der Nelken-Revolutionäre neigten zur Ideologie der „Civil Society" und entwickelten Interesse am amerikanischen Modell. Aber *„angst"* – das deutsche Wort fand selbst in englisch geschriebenen „text books" Aufnahme (vgl. Sadurski 2002: 10) – drängte die Oppositionen zu einem Modell, das aus der Misstrauen gegen Machtballungen geboren war. Daher war das österreichisch-deutsche Modell für sie attraktiv.

Nirgendwo wurde ein „reines Modell" implementiert. Griechenland kam dem „dispersed American type" in einigen Punkten nahe. In anderen Ländern wie Polen, Ungarn und Estland erlangten die Verfassungsgerichte die Kompetenz, über die Verfassungsmäßigkeit zu entscheiden, ehe ein Gesetz in Kraft trat, ein System, das Deutschland relativ früh aufgegeben hat. Rumänien – mit seiner traditionellen Orientierung auf Frankreich hin – hat die abstrakte Normenkontrolle nach französischem Muster nur zugelassen, ehe ein Gesetz promulgiert wird. Die Behandlung der Verfassungsgerichte in den Verfassungen ist in vielen Fällen dem österreichisch-deutschen Modell nicht gefolgt, ebenso wenig wie in den Modi der Richter-Bestellung. Österreich hatte das Modell nach dem ersten Weltkrieg wieder erfunden, aber die Bundesrepublik hat das Verfassungsgericht zu einer machtvollen dritten Gewalt werden lassen – mit Einflüssen, die von Madrid bis Moskau reichen sollten. Diesem Prozess lag weder deutscher Rechtsimperialismus zugrunde, noch war Deutschland generell ein unbestrittenes Modell. In vielen Bereichen, vor allem in der Gestaltung des Verhältnisses von Exekutive und Legislative im semi-präsidentiellen System, diente eher Frankreich als Vorbild. Das Gericht in Karlsruhe wurde vielfach studiert, nicht zuletzt, weil keine anderes Gericht so exzessiv dokumentiert wurde und weil die deutsche Neigung zu systematischem Denken sich auch in der Rechtssprechung niederschlug.

Fünf Prozesse ließen das Bundesverfassungsgericht einflussreich werden:

1. In Deutschland erstrebte das Verfassungsgericht eine Harmonisierung von professioneller Normanwendung und systematischer Erfassung von Normen und Werten, die über Kelsens positivistisches Ur-Modell hinausging.
2. Kein anderes Verfassungsgericht bot eine so große flexible Anzahl von Verfahren, um den Bedürfnissen in post-autoritären Gesellschaften zu genügen.
3. Deutschland war von den Ländern mit Verfassungsgerichtsbarkeit der am stärksten entwickelte Sozialstaat. Kollektive Ansprüche mussten mit individuellen Rechten in Einklang gebracht werden.
4. Nur in Deutschland gab es ab 1990 eine Verfassungsgerichtsbarkeit, die mit den speziellen Problemen der Bevölkerung in einem vormals kommunistischen System vertraut war.
5. Die Adaption nationalen Rechts an die Erfordernisse der Europäischen Einigung hatte eine eigenwillige Rechtssprechung entwickelt – auch wenn sie nicht immer zum Modell für andere Länder werden konnte.

1. Normanwendung auf der Basis einer systematischen Wertetheorie

Ausländische Kenner nannten das Verfassungsgericht die „originellste Einrichtung des westdeutschen Systems" (Alfred Grosser). Deutschland hat aufgrund seiner diktatorischen Vergangenheit versucht, systematische Barrieren gegen Machtmissbrauch zu schaffen. Andererseits lagen dieser Einrichtung nicht nur progressive Motive zugrunde. Der deutsche Konstitutionalismus, der erst 1918 parlamentarisiert wurde, hat traditionell den Rechtsstaat stärker betont als die politische Partizipation. Eine gewisse Konfliktscheu der Deutschen war auf Konsens gerichtet. Linke Theoretiker vermuteten, dass dies die Anpassung an die Macht begünstigte (Preuss 1987). Gelegentlich wurde diese Mediationsfunktion von den Parteien sogar missbraucht, etwa als die FDP eine Entscheidung verlangte, ob deutsche Soldaten im Auftrag der UNO in Awacs-Flugzeugen fliegen dürften (BVerfGE 90, 286ff). In diesem Verfahren wurde ein Scheinprozess für eine politische Entscheidung gewittert, in einer Situation, als die Liberalen Teil der Regierung waren, die beschlossen hatte, Militäraktionen der UNO zu unterstützen.

Nach den Erfahrungen mit der Diktatur sollte es keine „justizfreien Hoheitsakte" mehr geben, wie noch in der Weimarer Republik. Das System der Bundesrepublik strebte nach dem „lückenlose Rechtswege-Staat". Spätestens als eine Überlastung des Gerichts mit Anträgen sichtbar wurde, schien eine der Möglichkeiten zur Milderung des Arbeitsdrucks, sich auf die amerikanische political question-Doktrin zu besinnen. Ein Ausschuss des Justizministers, der über Entlastungsmöglichkeiten nachdachte, verwarf diese Möglichkeit jedoch (Entlastung 1998: 20). Ein weiterer Nachteil der deutschen Regelung schien, dass das Verfassungsgericht allzu stark in politische Konflikte hineingezogen wurde – wie etwa anlässlich von drei Bundestagsauflösungen – bei Fragen, in denen der amerikanische Supreme Court schlicht die political question-Doktrin zur Nichtannahme des Antrags bemüht hätte. Das gilt auch für die Frage, ob das Gericht über die Meinungsfreiheit entscheiden müsse, so bei der Frage, ob linke Kritiker Soldaten „Mörder" nennen dürften (BVerfGE 92, 2ff), oder ob „sit-ins" vor Atomkraftwerken und Militäreinrichtungen zulässig seien (BVerfGE 92, 1ff).

Nicht alle Systeme auf dem Weg zur Demokratisierung haben Lückenlosigkeit des deutschen Rechtswege-Staats übernommen. In der Türkei sind der Präsident der Republik und der Oberste Militär-Rat jenseits der Möglichkeiten eines „judicial review" (Verfassung, Art. 125), eine Regelung, die für die Europäische Gemeinschaft kaum akzeptabel sein dürfte. Die dritte Welle der Demokratisierung seit 1974 in Südeuropa und seit 1989 in Osteuropa – die größte Welle der Demokratisierung in der Geschichte – schuf einen begreiflichen Bedarf nach Vorbildern. Dies führte zu einem lebhaften Interesse an der „abstrakten Normenkontrolle", selbst in Estland, das manchmal in der Nähe des amerikanischen Vorbilds vermutet wurde (Halmai in: Frowein/Marauhn 1998: 565). Der Schutz der Grundrechte wurde in einigen Ländern so stark betont, dass daraus schon Nachteile für die Seite der demokratischen Entscheidungsfähigkeit im System vermutet worden sind (Polakiewicz in: Frowein 1998: 578). Die neuen Demokratien waren nicht nur an einer positivistischen Anwendung von Normen im Geiste Kelsens interessiert. Die Verfassung hatte für die „Samtrevolutionäre" meta-positivistische Bedeutung, um Rechtsstaat und Demokratie ein Werte-Fundament zu geben. Die allgemeinen Prinzipien der Präambeln und Staatszielbestimmungen sind nie zuvor in Verfassungen so stark betont worden. Die Türkei machte besonders exzessiv davon Gebrauch (Präambel, Art. 1-5) – vom Patriotismus bis zum Wohlfahrtsstaat. Der deutsche Rechtsstaat stammte aus einer Tradition, die eher a-politisch und neutral gegenüber der Macht war. Es gab keine übergeordneten Prinzipien in der Verfassungstradition wie die „Parlamentssouveränität" in Großbritannien oder das „judicial review" in den USA. Judicial review in Deutschland war hoch zentralisiert – und auch das lag den neuen Demokratien im nachautoritären Zeitalter näher als das fremde amerikanische Rechtssystem.

2. Ein Modell mit zahlreichen Verfahrensarten, die flexible Antworten auf soziale Bedürfnisse der Gesellschaft ermöglichen

Vor allem die abstrakte Normenkontrolle und die Verfassungsbeschwerden im deutschen System entwickelten Appeal für neue Demokratien. Die tschechischen Verfassungsväter- und -mütter haben explizit auf das deutsche Grundgesetz Bezug genommen. Ungarische Wissenschaftler setzten sich mit einem Modell auseinander, das sie das „österreichisch-deutsche Modell" nannten (in: Sadurski 2002: 397, 190). Transnationale Vergleiche kamen zu dem Schluss, das deutsche und spanische Vorbilder für die Gestaltung der neuen Verfassungsgerichte am einflussreichsten gewesen seien (Tomuschat in: Badura/Dreier 2001, Bd. 1: 268).

Rechtlich gesehen, kann das Parlament in verschiedener Weise involviert werden, als Kläger, als Beklagter oder als Nebenkläger in einem Verfahren, das der Bundestag nicht initiiert hat (§ 65,2), oder als Zeuge und Ratgeber (Gesetz über das Bundesverfassungsgericht § 94,1, § 23,2). Das Gericht hat eine starke Position gegenüber dem Parlament. Der Bundestag kann das erste Wort haben – das Verfassungsgericht hat das letzte Wort. Die Urteile des Verfassungsgerichts haben bisweilen ex post weit reichende Konsequenzen für die Gesetzgebung. Sie haben aber auch ex-ante-Wirkungen entfaltet, weil der Gesetzgeber nicht selten in „vorauseilendem Gehorsam" entscheidet, wenn die Opposition droht, ein Gesetz „nach Karlsruhe zu tragen". Der Einfluss des Verfassungsgerichts wird an verschiedenen Indikatoren gemessen wie der Zahl der Gesetze, die dem judicial review unterlagen, die Zahl der Gesetze, die vom Verfassungsgericht für verfassungswidrig erklärt wurden und die präventive Drohung, eine Entscheidung vor das Gericht zu bringen. Trotz gewissenhafter Statistik des Verfassungsgerichts wird der Einfluss auf die Politikfelder der Gesetzgebung nicht dokumentiert. Diese Frage ist als eine Art „political question" den Politikwissenschaftlern überlassen worden, die Studien über ausgewählte Gesetze vorgelegt haben (Landfried 1996) und nur gelegentlich längere Zeiträume für die Schlüsselentscheidungen bearbeiteten (v. Beyme 1997). Empirische Studien falsifizieren die saloppe publizistische Redeweise vom Verfassungsgericht als „Friedhof wichtiger Gesetzesvorhaben". Selbst bei 108 Schlüsselentscheidungen in 12 Legislaturperioden, die vor das Verfassungsgericht kamen, wurden nur 14,8% Gesetze nichtig oder teilnichtig und 19,4% als unvereinbar mit dem Grundgesetz erklärt. Bei 17.5% der Fälle wurde eine verfassungskonforme Interpretation angemahnt (von Beyme 1997:304), ein Urteilstyp, der auch in westlichen Demokratien Nachahmung fand, etwa in den französischen „déclarations de conformité sous reserve" (Favoreu in: Landfried 1988: 100).

War die abstrakte Normenkontrolle deutschen Musters einerseits ideologisch attraktiv für die Anhänger der „Velvet-Revolution" in Osteuropa, so war sie andererseits in ihrer täglichen Ausprägung gelegentlich auch abschreckend. Da es kaum föderale Systeme in den neuen Demokratien gab, musste die Strapazierung dieser Möglichkeit durch Länder nicht befürchtet werden, wie sie manchmal in Bayern unter christlich-sozialer Dominanz und in Hessen in der Zeit der Dominanz einer vergleichsweise links gestimmten SPD beklagt worden ist. Aber die abstrakte Normenkontrolle als Instrument der Opposition, wie sie sich mit wachsender Polarisierung seit 1969 zeigte, drohte in den Augen vieler „neuer Demokratien" die außenpolitischen Kompetenzen der Regierung auszuhöhlen, wie anhand von Fällen wie Deutschlandvertrag (1952, BVerfGE 1, 396), Saar-Urteil (BVerfGE 4, 157), Grundlagenvertrag (1973 BVerfGE 36,1) argumentiert worden ist. Wenn der Grundsatz richterlicher Zurückhaltung (*judicial restraint*) gelegentlich aufgegeben wurde, so konnte die generalisierende abstrakte Betrachtung selbst in anderen Verfahrenstypen auftreten. Eine Diätenentscheidung (BVerfGE 40, 296f) ist nicht ganz grundlos als abstrakte Normenkontrolle in der Verkleidung einer Verfassungsbeschwerde genannt worden (Eckertz 1978: 190).

Der Verfahrenstyp des Parteienverbots hat die neuen Demokratien vielfach beschäftigt. Die zwei Fälle in Deutschland SRP 1952 (BVerfGE 2,1) und KPD 1956 (BVerfGE 5, 85) waren nicht überzeugend, und noch weniger der unzulänglich vorbereitete Antrag von Innenminister Schily, die NPD zu verbieten. Russland unter der Leitung von Zorkin hat weit flexibler gehandelt. Die Zentralorganisation der KPdSU wurde verboten, aber die Gründung von regionalen Organisationen wurde nicht ausgeschlossen, die sich unter neuem Namen wieder als Partei konstituieren konnte. Der Fall war gleichsam die Kurzzeitversion der deutschen Langzeitlösung, als Heinemann als Innenminister in der Großen Koalition die Gründung der DKP ermöglichte, wohl ahnend, dass das Führungspersonal zu Zweidritteln mit den alten KPD-Kadern identisch sein werde.

3. Harmonisierung von individuellen Rechten und kollektiven Bedürfnissen im Wohlfahrtsstaat

Die Bevölkerung in früher kommunistischen Staaten verlangte die lang entbehrten Freiheitsrechte, wollte aber zugleich auf die paternalistische Wohlfahrtsstaatlichkeit des realen Sozialismus nicht verzichten. Nach Umfragen war Schweden das bevorzugte Modell, das man fälschlich für „sozialistisch" hielt, obwohl dort der Anteil des Staatseigentums vergleichsweise geringer war als in Deutschland und den romanischen Ländern. Aber Schweden hatte keine Verfassungsgerichtsbarkeit. Deutschland wurde daher zur Inspirationsquelle, wie man Widersprüche zwischen individuellen Rechten und kollektiven Ansprüchen schlichten konnte. Das Bundesverfassungsgericht hat sich nach empirischen Analysen der Politik-Felder, in denen es intervenierte und Gesetze für null und nicht erklärte, am häufigsten in der Sozialpolitik – doppelt so häufig wie in der Rechtspolitik – eingemischt (Aufstellung in: v. Beyme 1997: 303). Bei den Schlüsselentscheidungen wurde am häufigsten interveniert, wo Rechte ausgeweitet werden sollten. Redistributive Maßnahmen figurierten nicht sehr hoch, weil ihre Zahl relativ gering war. Die Verfassungsgerichte in den neuen Demokratien haben die deutschen Entscheidungen studiert und gelegentlich funktional äquivalent reproduziert.

4. Das Verfassungsgericht als Wächter des „due process" beim Übergang zur Demokratie in Ostdeutschland

Großes Ansehen erwarb das Bundesverfassungsgericht in seiner Rolle als Wächter des „due process" im Prozess der Transformation vom sozialistischen Regime zu einem marktwirtschaftlichen Rechtsstaat. Es gab eine kurze Zeit, da für eine demokratische unabhängige DDR geplant wurden. Aber die „Runden Tische", die Verfassungsideen bastelten, hatten kaum Alternativen zu westdeutschen Verfassungsideen – nicht einmal die Kommunisten in den Gremien. Das Karlsruher Modell eines Verfassungsgerichts stand hoch im Kurs. Einige Juristen der Systeme östlich der DDR, welche die Transformation vorbereiteten, haben diese Debatten zur Kenntnis genommen. Der Konsens mit Westdeutschland lag nicht in einem ethnischen Nationalismus, sondern in dem, was „Meta-Recht" und „Verfassungspatriotismus" genannt wurde – Begriffe, die nicht auf dem Boden der DDR gewachsen waren. Wie einst bei den westdeutschen Verfassungsvätern und -müttern verliefen die Diskussionen in einem Klima des gutwilligen Idealismus, der möglichst „neutrale Gerichtsentscheidungen" einer politischen Entscheidung in Bonn oder Berlin vorzog. Der Legalismus, den Almond und Verba schon 1963 in „The Civic Culture" für die Deutschen ermittelt hatten, überlebte 44 Jahre deutscher Trennung. Deutschland wurde wegen der „Nationalisierung" des Transformationsprozesses zum abweichenden Fall. Vergleichende Transformationsstudien außerhalb Deutschlands haben diesen Fall in der Regel nicht berücksichtigt. Westdeutschland hatte sein Rechtssystem exportiert. Selbst der spiritus rector der Wiedervereinigungsgespräche in der Regierung Kohl, Wolfgang Schäuble, hat festgestellt, dass er sich in einigen Rechtsmaterien durchaus Sonderregelungen für Ostdeutschland vorstellen konnte. Aber die ostdeutschen Unterhändler wollten nach der Devise *tutto e subito* das westliche System. Auch die Bürger der DDR dachten überwiegend nicht anders. Sie wollten schnelle und nachhaltige Vereinigung. Viele von ihnen hingen im Vergleich zu den Westdeutschen noch einem traditionaleren Patriotismus an als die Westdeutschen (Westle 1999). Der „DM-Nationalismus", wie Habermas das wegwerfend titulierte, war die moderne Seite dieser Option. Selbst frühere Kommunisten waren für Vereinigung, nur langsamer, konföderativer und mehr an einem „dritten Weg" orientiert, der zwischen Markt- und Planwirtschaft angesiedelt sein sollte.

Eine wichtige Funktion des Verfassungsgerichts musste nicht bemüht werden. Wie in Irland bis vor kurzem gab es einen Wiedervereinigungspassus in der Präambel, der eine Art moralisches Anrecht artikulierte. Hätte die westdeutsche Mehrheit im Bundestag das Anschluss-Angebot der Volkskammer abgelehnt, hätte diese sich einklagen müssen. Dieses worst-case-scenario hätte eintreten können, wenn nicht alle westdeutschen Politiker – mit wenigen Ausnahmen wie Lafontaine – sich über die Kosten und ökonomischen Folgen der Wiedervereinigung geirrt hätten. Viele Experten schätzten die Gesamtkosten auf 200 Milliarden DM und antizipierten nicht, dass diese Summe fast pro Jahr bezahlt werden musste. Die deutsche Einheit wurde zur „Stunde der Exekutive". Die Regierung hatte mit der DDR im Einigungsvertrag Verfassungsänderungen vereinbart, die der Bundestag kaum noch abändern konnte. Das Gericht hat sich in einheitsfreundlicher Eile „für das schneidigste aller Verfahren" entschieden, nämlich die

Verwerfung des Antrags nach § 25 BVerfGG (Meyer in: Badura/Dreier 2001, Bd. 1: 85). Der Leitsatz des Urteils vom 31. Oktober 1990: „Das Staatsvolk, von dem die Staatsgewalt in der Bundesrepublik Deutschland ausgeht, wird nach dem Grundgesetz von den Deutschen…gebildet" (BVerGE 83, 37), ist gelegentlich als nationalistisch bezeichnet worden. Ein solches Verdikt tut den Richtern des zweiten Senats unrecht. Man konnte in dem Urteil auch eine Art richterlicher Zurückhaltung sehen, um nicht zu stark in die Außenpolitik einzugreifen. Es lag darin eine Art Moratorium, um der Bundesregierung die Möglichkeit zu geben, in der Europäischen Union eine gebilligte internationale Lösung für die deutsche Frage zu erreichen. Außerdem sollte der Gesetzgeber die Chance erhalten, die Klärung der Frage nach dem Wahlrecht zu erreichen.

Das Verfassungsgericht in Karlsruhe bekam auf anderen Gebieten protektive Funktionen für die ostdeutschen Neubürger. Die plötzliche Einführung der Marktwirtschaft schuf eine Goldgräberatmosphäre in den neuen Ländern. Das Verfassungsgericht schützte die Chancen von Bürgern, Angestellten und Parteien in Ostdeutschland. Im Wahlrechtsurteil wurde vom zweiten Senat verhindert, dass die Fünfprozentklausel bei den ersten gesamtdeutschen Wahlen sofort bundesweit angewandt wurden. DDR-Regional-Parteien bekamen somit eine Chance, auch wenn sie nicht durch Listenverbindungen mit einer westdeutschen Gruppe listenfähig geworden sind. Selbst die PDS, die im Kampf um ihr Vermögen vor Gericht unterlag (BVerfGE 84, 290ff), errang in ihrem Anspruch auf Fraktionsstatus wenigstens einen Teilerfolg, da ihr die Mitgliedschaft in den Unterausschüssen des Bundestages zugesprochen wurde (BVerfGE 84, 304ff).

Diese Rechtsprechung wurde in anderen ex-kommunistischen Ländern verfolgt, hatte aber weniger direkten Einfluss, weil die postkommunistischen Parteien dort über eine wesentlich stärkere Position verfügten und gerade in den einst oppositionellsten Ländern rasch wieder an die Macht kamen wie in Litauen (1992), Polen (1993) und Ungarn (1994).

In das Bild eines angeblich „liberalen" ersten Senats schien es weniger zu passen, dass das Verfassungsgericht die „Warteschleife" im April 1991 für verfassungsmäßig erklärte. Die Angestellten des öffentlichen Dienstes, die mit Wirksamwerden des Einigungsvertrages vom 3. Oktober 1990 suspendiert worden waren, da sie Einrichtungen angehörten, die nicht von Bund, Ländern und Gemeinden übernommen und daher „abgewickelt" wurden, sind für 6 Monate (Personen über 50 Jahre für 9 Monate) unter Zahlung von 70% ihrer Bezüge gleichsam beurlaubt worden. 304 der Betroffenen hatten in Karlsruhe Verfassungsbeschwerden eingereicht, weil ihnen pauschal und nicht individuell gekündigt worden sei. Darin wurde eine Verletzung der Berufsfreiheit, der Rechtsweggarantie und der Menschenwürde gewittert. Die Zahl der Betroffenen wurde auf drei- bis sechshunderttausend geschätzt. Die Verfassungsbeschwerde wurde in wesentlichen Teilen abgelehnt. Die Menschenwürde sah das Gericht nicht verletzt, da die Bediensteten in der Warteschleife nach Ablauf ihrer Verträge zunächst Arbeitslosengeld und später Arbeitslosenhilfe erhielten, sodass ihr Existenzminimum gesichert schien. Die staatliche Politik einer effizienten Neuordnung der Verwaltung in den neuen Bundesländern, mit der Konsequenz einer Abschaffung aller als überflüssig erachteten Einrichtungen aus kommunistischer Zeit, wurde damit gestützt. Lediglich gegenüber Frauen, die Anspruch auf Mutterschutz hatten, Alleinerziehenden, Behinderten und älteren

Angestellten wurden ein paar kleinere Konzessionen gemacht (BVerfGE 85, 167). Auch diese Urteile wurden im osteuropäischen Ausland studiert. Bei dem Umbau kommunistischer Regime wurde dort jedoch zum Teil weniger Rücksicht auf spezifische Rechtslagen genommen. Generelle Regeln, hohe und mittlere Kader von Ämtern für eine Zeit auszuschließen, hätten der deutschen Verfassungsgerichtsbarkeit vermutlich kaum stand gehalten. Die „negative Kaderpolitik" der neuen Demokratien hat sich im Übrigen weitgehend auf Fälle der Zusammenarbeit mit der Staatssicherheit beschränkt (vgl. v. Beyme 1994: 185ff). Hier gab es Parallelen zur deutschen Entwicklung, aber keine direkten Einflüsse deutscher Regelungen. Den Verfassungsrichtern in Karlsruhe wurde vielfach vorgeworfen, keine hinreichende Kenntnis von den Lebensbedingungen der DDR zu haben. Dieser Einwand entfiel bei den osteuropäischen Verfassungsgerichten, die gelegentlich eher zuviel Verständnis für den Status quo ante zeigten.

Kein Land hatte eine so effiziente Einrichtung wie die „Gauck-Behörde" geschaffen. Daher blieben generelle Ausschluss-Ankündigungen unter Jelzin weitgehend folgenlos, obwohl selbst die Zentren der Orthodoxen Kirche dem Verdacht der KGB-Verbindungen ausgesetzt waren (RFE/RL 1992, Nr. 23: 61ff). Gesetze der Russländischen Föderation stellten das „outing" von Staatsicherheitsinformanten sogar unter Strafe. In Polen kursierten „Agentenlisten" in einigen Zeitungen, trotz hoher Strafandrohungen. Der selektive Gebrauch von Geheimdienstakten im politischen Kampf war durch solche Versuche, die alte Nomenklatur zu schonen, jedoch nirgendwo ausgeschlossen. Nur in der Tschechoslowakei wurde im Lustrationsgesetz (Gesetz 451/1991) eine exzessive Justizialisierung des Tatbestandes „wissentliche Zusammenarbeit mit der Staatssicherheit" (§ 2.2) versucht. Präsident Havel unterzeichnete das Gesetz mit großen Bedenken, Ministerpräsident Dubček verweigerte die Unterschrift und überließ sie seinem Stellvertreter. Die slowakische Regierung unter Mečiar hatte schon 1992 angekündigt, das Lustrationsgesetz nach der Trennung von Tschechien abzuschaffen. Das Verfassungsgericht hat sich mit dem Gesetz befasst. Es erklärte die Regelung für verfassungskonform, beanstandete aber die Kategorisierung von Tätern. Das Volk hatte rasch an der negativen Kaderpolitik kein Interesse mehr (RFE/RL 1993, Nr. 29: 23). Der Elitenwechsel fand wie in Ostdeutschland weniger durch gesetzliche Maßnahmen, als durch die faktische Verdrängung von der Macht statt.

Auch bei dem Urteil über die Klage von Eigentümern, die sich nicht mit der Respektierung der Enteignung durch die sowjetische Besatzungsmacht abfinden wollten, ist das Gericht 1991 weitgehend der „Staatsräson" gefolgt, obwohl an seiner allgemeinen Abneigung gegen willkürliche Staatseingriffe kein Zweifel bestand. Die Richter suchten einen Mittelweg zwischen der außenpolitischen Staatsräson, wie sie in einem gemeinsamen Brief von Genscher und de Maizière vom 14. September 1990 ausgedrückt worden ist – dass die „Enteignungen auf besatzungsrechtlicher Grundlage" nicht rückgängig zu machen seien – und den Geboten der Gerechtigkeit gegenüber den Geschädigten. Die Enteignungen galten nicht in dem Verantwortungsbereich der „dem Grundgesetz verpflichteten Staatsgewalt". Als doppelte Sicherung konnte man darauf hinweisen, dass bis 1949 auch das Grundgesetz, auf das die Kläger sich beriefen, noch nicht einmal in Westdeutschland galt (BVerfGE 84, 90ff). Eine Pflicht zur eigentumsrechtlichen Wiederherstellung des Status quo ante wurde auch in anderen ex-kommunistischen Ländern nicht gefolgert, obwohl sie nicht den scharfsinnigen Unterschied zwischen Enteignungen durch die kommunistische Staatsgewalt und Enteignungen durch die „sowjetische Besatzungsmacht" bemühen konnten.

5. Die Adaption des nationalen Rechts an die Erfordernisse der Europäischen Einheit

Die Herstellung der deutschen Einheit hatte einen besonderen Aspekt, der zunächst in den anderen ex-kommunistischen Ländern fehlte: Es wurde vom Verfassungsgericht versucht, die deutsche und die europäische Einheit zusammen zusehen. Viele deutsche Konzessionen an den europäischen Einigungsprozess waren auch als Werbung für die Akzeptierung der deutschen Einigung durch die westlichen Nachbarn gedacht.

Die Hoffnung auf Zugang zur Europäischen Union hat die Debatten in diesen Ländern jedoch früh eine Rolle gespielt und begünstigte die Einrichtung der Verfassungsgerichtsbarkeit nach einem „europäischen Modell". Louis Favoreu entwickelte einen weiteren Grund gegen das amerikanische Modell: Die Säuberung des Rechtssystems von belasteten Juristen auf allen Ebenen – die in Amerika über konstitutionelle Fragen entscheiden können – hätte eine noch härtere „negative Kaderpolitik" in den ex-kommunistischen Ländern erfordert. Das Beispiel des Verfassungsgerichts der Russischen Föderation (korrekter: Russländischen Föderation, da die Verfassung den terminologischen Unterschied zwischen „russkij" und „rossijskij" macht) zeigte in der ersten Ära unter Präsident Zorkin, dass die Säuberung selbst in der Spitze der Hierarchie keine Garantie für eine völlig demokratische neue Rechtspolitik bot (vgl. v. Beyme 2002: 318). Der Präsident selbst politisierte die Aktivitäten seines Gerichtshofes. In einigen dieser Systeme wie in Polen unter Wałęsa und in Russland unter Jelzin wurde der Präsident eher als Demokratisierungsmotor angesehen als das Verfassungsgericht (Sadurski 2002: 174f).

Die Verfassungsgerichte in Europa wurden vielfach zum Mediator zwischen europäischem und nationalem Recht. Für Mitglieder gibt es keine Möglichkeit außer der Angleichung. Ein Beschluss zum Verlassen der Union wird von Juristen als „illegal" angesehen (Frowein in: Badura/Dreier 2001: 212). Einige Länder wie Italien und Deutschland folgten strikt der Doktrin des *Gesetzesvorbehalts.* Andere machten vor allem von Dekreten Gebrauch, wie das in Deutschland nicht möglich war. Italien schuf 1987 und 1989 ein Spezialregime der Anpassung durch Gesetze (v. Bogdandy 2000: 249).

Im Maastricht-Urteil von 1993 (BVerfGE 89: 155ff) musste das Bundesverfassungsgericht über die Verfassungskonformität weitreichender Vertragsänderungen entscheiden. Es ging vor allem um eine europäische Währungsunion. Das Gericht hat sich nicht nur zur Frage des Grundrechtsschutzes gegen Rechtsakte der Gemeinschaft geäußert, sondern auch zu Grenzen der Kompetenzen der Gemeinschaft und zum Kontrollvorbehalt der Nationalstaaten. Der „*Wesensgehalt der Grundrechte*" musste nach diesem Urteil selbst gegen die EU verteidigt werden. Es kam jedoch zu einem Bekenntnis der Kooperation mit dem Europäischen Gerichtshof. In der Literatur überwog die Ansicht, dass das „Fehlerkalkül" im Falle der Europäischen Gemeinschaft präzise begrenzt sei (Frowein in: Badura/Dreier 2001, Bd. 1: 223). Es wurde begrüßt, dass das Verfassungsgericht die Kooperation stärker betont habe als in früheren Urteilen (Schwarze, ebd.: 243).

Umstrittener war die Definition der Union als „Staatenverbund" (BVerfGE 89: 1565ff). Rein sprachlich hatte diese Erfindung, die man Paul Kirchhof zuschrieb, den Nachteil, in anderen Sprachen schwer reproduzierbar zu sein. Allenfalls die Schweden können sich einen *„statsförbundet"* denken. Andere Sprachen, vor allem das hochrelevante Englisch, kann diese sprachliche Differenzierung nicht reproduzieren. Der Staatenverbund sollte mehr als ein „Staatenbund", aber weniger als ein „Bundesstaat" sein. Die Klagen gegen den Maastricht-Vertrag wurden verworfen, da die Bundesrepublik mit der Ratifikation des Unionsvertrag nicht einem „unüberschaubaren in seinem Selbstlauf nicht mehr steuerbaren ‚Automatismus' zu einer Währungsunion" unterworfen habe, und das Parlament auf jeder Stufe bewusst über weitere Integrationsschritte beraten könne. Zweifellos wurde auch in diesem Bereich das Verfassungsgericht zum Vorbild für künftige Mitglieder, weil es seiner „Ausgleichs- und Brückenfunktion" mit Augenmaß und Mäßigung gerecht geworden sei (Kirchhof, NJW 1996: 1497). Der Präsident des Bundesverfassungsgerichts, Papier (2004: 5), sah die nationale Souveränität nicht im Konflikt mit internationalen Normen, solange das Grundgesetz „völkerrechtsfreundlich" interpretiert werde. Konflikte wären denkbar, z. B. für die Einwanderungspolitik in Europa, die zunehmend alle Mitgliedsländer betrifft, selbst die 10 Mitglieder, die unlängst der Union beitraten. Das Verfassungsgericht versuchte Barrieren gegen ein Konzept der „multikulturellen Gesellschaft" zu errichten, und hat die Wahlrechte für Ausländer in engen Grenzen für zulässig gehalten (BVerfGE 83, 37ff). Aber auch in diesem Bereich kommt es zunehmend zur Rechtsangleichung in Europa, die selbst vor den neuen Mitgliedern nicht halt macht.

Literatur

Ackerman, Bruce: The Future of Liberal Revolution. New Haven, Yale University Press, 1992.

Badura, Peter/Dreier, Horst (Hrsg.): Festschrift 50 Jahre Bundesverfassungsgericht. Tübingen, Mohr Siebeck, 2001, 2 Bände.

v. Beyme, Klaus: The Genesis of Constitutional Review in Parliamentary Systems. In: Landfried, Christine (ed.): Constitutional Review and Legislation. Baden-Baden, Nomos, 1988: 21-38.

v. Beyme; Klaus: Systemwechsel in Osteuropa. Frankfurt, Suhrkamp, 1994.

v. Beyme, Klaus: Transition to Democracy in Eastern Europe. Houndsmill, Basingstoke, Macmillan, 1996.

v. Beyme, Klaus: America as a Model. The Impact of American Democracy in the World. New York, St. Martin's Press, 1997.

v. Beyme, Klaus: The Legislator: German Parliament as a Centre of Political Decision-making. Aldershot, Ashgate 1998.

v. Beyme, Klaus: Das Bundesverfassungsgericht aus der Sicht der Politik- und Gesellschaftswissenschaften. In: Badura, Peter/Dreier, Horst (Hrsg.): Festschrift 50 Jahre Bundesverfassungsgericht. Tübingen, Mohr Siebeck, 2001, Bd. 1: 493 – 505.

v. Beyme, Klaus: The Russian Constitutional Court in an Uneasy Triangle between President, Parliament, and Regions. In: Wojciech Sadurski (Hrsg.): Consitutional Justice, East and West. Den Haag, Kluwer, 2002: 309-325.

Billing, W.: Das Problem der Richterwahl zum Bundesverfassungsgericht. Berlin, Duncker & Humblot 1969.

v. Bogdandy, Armin: Europäisierung der nationalstaatlichen Verfassung: Erosion eines gesellschaftlichen Grundkonsenses? In: Schuppert, Gunnar Folke/Bumke, Christian (Hrsg.): Bundesverfassungsgericht und gesellschaftlicher Grundkonsens. Baden-Baden, Nomos, 2000: 243-261.

v. Brüneck, Alexander: Verfassungsgerichtsbarkeit in den westlichen Demokratien. Ein systematischer Verfassungsvergleich. Baden-Baden, Nomos, 1992.

BT Deutscher Bundestag (Stenographische Protokolle).

BVerfGE, Bundesverfassungsgerichtsentscheidungen.

Eckertz, R.: Die Kompetenz des Bundesverfassungsgerichts und die Eigenheit des Politischen. Der Staat. 1978: 183-203.

Entlastung des Bundesverfassungsgerichts. Bericht der Kommission. (Hrsg.: Bundesministerium der Justiz), Bonn, 1998.

Fromme, Friedrich (Hrsg.):Wer bestimmt? Frankfurter Allgemeine Zeitung, 14. Februar 1996: 1.

Frowein, Jochen A./Marauhn, Thilo (Hrsg.): Grundfragen der Verfassungsgerichtsbarkeit in Mittel- und Osteuropa. Berlin, Springer, 1998.

Gabriel, Oscar W. (Hrsg.): Politische Orientierungen und Verhaltensweisen im vereinigten Deutschland. Opladen, Leske & Budrich, 1997.

Griffin, Stephan M: American Constitutionalism : From Theory to Politics. Princeton, Princeton University Press, 1996.

Kelsen, Hans (Hrsg.): Die Verfassungsgesetze der Republik Österreich, Teil 5, Wien, Deuticke, 1922.

Kelsen, Hans: Judicial Review of Legislation : A comparative study of the Austrian and the American Constitution. The Journal of Politics, 4, 1942: 183-200.

Kenney, Sally J./Reisinger, William M./Reitz, John C. (Hrsg.): Constitutional Dialogues in Comparative Perspective. Houndsmill, Basingstoke, Macmillan, 1999.

Kommers, Donald: Judicial Politics in West Germany. London, Sage 1976.

Landfried, Christine (Hrsg.): Constitutional Review and Legislation. An International Comparison. Baden-Baden, Nomos 1988.

Landfried, Christine: Judicial Policy-Making in Germany, West European Politics, 1992: 50-67.

Landfried, Christine: Bundesverfassungsgericht und Gesetzgeber. Baden-Baden, Nomos, 1996, 2. Aufl.

Papier, Hans-Jürgen: Straßburg ist kein oberstes Rechtsmittelgericht. Ein Gespräch mit dem Präsidenten des Bundesverfassungsgerichts. Frankfurter Allgemeine Zeitung, 9. 12. 2004: 5.

Philippi, K.J.: Tatsachenfeststellungen des Bundesverfassungsgerichts. Köln, Heymanns, 1971.

Preuss, Ulrich K.: Politik aus dem Geist des Konsenses. Zur Rechtsprechung des Bundesverfassungsgerichts. Merkur. 1987: 1-12.

Rau, Ch.: Selbst entwickelte Grenzen in der Rechtsprechung des United States Supreme Court und des Bundesverfassungsgerichts. Berlin, Duncker & Humblot, 1996.

RFE/RL Research Report 1992, 1993.

Sadurski, Wojciech (Hrsg.): Constitutional Justice, East and West. Den Haag, Kluwer Law International, 2002.

Schneider, Hans-Peter: Richter oder Schlichter? Das Bundesverfassungsgericht als Integrationsfaktor, Aus Politik und Zeitgeschichte B 16, 1999: 9-19.

Scholz, Rupert: Das Bundesverfassungsgericht: Hüter der Verfassung oder Ersatzgesetzgeber, Aus Politik und Zeitgeschichte B 16, 1999: 3-8.

Schuppert, Gunnar Folke/Bumke,Christian (Hrsg.): Bundesverfassungsgericht und gesellschaftlicher Grundkonsens. Baden-Baden, Nomos, 2000.

Schwartz, Herman: The New East European Constitutional Courts. In: Howard, A. E. Dick (Hrsg.): Constitution Making in Eastern Europe. Baltimore, Johns Hopkins University Press, 1993: 163-207.

Schwartz, Herman: The Struggle for Constitutional Justice in Post-Communist Europe. Chicago, University of Chicago Press, 2000.

Starck, Christian: Das Bundesverfassungsgericht im politischen Prozess der Bundesrepublik. Tübingen, Mohr 1976.

Starck, Christian (Hrsg.): Bundesverfassungsgericht und Grundgesetz. Tübingen, Mohr, 1976, 2 Bde.

Starck, Christian/Weber, A. (Hrsg..): Verfassungsgerichtsbarkeit in Westeuropa. Baden-Baden, Nomos, 1986, 2 Bde.

Stone, Alec. S.: The Birth of Judicial Politics in France: The Constitutional Council in Comparative Perspective. Oxford, Oxford University Press, 1992.

Stone Sweet, Alec.: Governing with Judges: Constitutional Politics in Europe. Oxford, Oxford University Press, 2000.

Tomuschat, Christian: Das Bundesverfassungsgericht im Kreise anderer nationaler Verfassungsgerichte. In: Badura, Peter/Dreier, Horst (Hrsg.): Festschrift 50 Jahre Bundesverfassungsgericht. Tübingen, Mohr Siebeck, 2001, vol. 1: 245-288.

Vorländer, Hans/Schaal, G. S.: Die Deutungsmacht des Bundesverfassungsgerichts. Wiesbaden, Westdeutscher Verlag, 2002.

Westle, Bettina: Kollektive Identität im vereinten Deutschland. Opladen, Leske & Budrich, 1999.

12. Spätpluralismus? Paradigmawandel in der Interessengruppen-Forschung

1. Einleitung: Spätpluralismus – ein neues Paradigma?

Carl Böhret hat im Anschluß an Überlegungen von Fritz Scharpf (1992) den Begriff „Spätpluralismus" propagiert. Damit ist eine weitere Minimierung des Staates abgesegnet worden, die trotz Nozicks Minimalstaat in immer neuen Drehungen der Entzauberungsspirale die Politikwissenschaft in Atem hält. Die Enthierarchisierung der Beziehung von Staat und Gesellschaft stand schon im alten Pluralismus auf der Tagesordnung. Bis hin zum Korporatismus ist der Staatstheorie vorgeworfen worden, das Hegelsche Thema einer vom Staat vorstrukturierten Gesellschaft nur variiert zu haben – bis Luhmann kam (Willke 1997: 29) Dabei wurde mal der *individuelle Ansatz* stärker betont, mal kam – wie zuletzt beim Kommunitarismus – ein neues *Gemeinschaftsgefühl* ins Gespräch, das den mörderischen Interessenkampf seiner sozialdarwinistischen Züge beraubt und den Konflikt domestiziert. Luhmann voraus ging jedoch der erste systemtheoretische Paradigmawandel der Parsons-Schule. Die hegelianisierende gedankliche Trennung von Staat und Gesellschaft wurde aufgegeben. Das *politische System* ersetzt als Grundbegriff den *„Staat"*. Der institutionelle Ansatz wurde durch den *funktionalistischen* Ansatz abgelöst. Das politische System wird nicht mehr durch Institutionen von *government* definiert, sondern als System sinnhaft aufeinander bezogener Handlungen, die eine kollektiv verbindliche politische Entscheidung erzeugen (Teubner 1978: 69). Erst im zweiten autopoietischen Paradigmawandel wird die Handlungs- und Akteurstheorie durch eine subjektlose Evolution und Koevolution selbstgesteuerter Systeme ersetzt. Kein Teilsystem ist mehr dominant, aber alle Teilsysteme sind durch die Wissensbasis der Systemoperationen miteinander verbunden (Willke 1997: 33).

Neben dieser Linie weiterer Bedeutungsminderung des Staates stehen die versprengten Pluralismusforscher, die empirienäher ohne autopoietischen Differenzierungs- und Verflüssigungsdogmatismus die Fahne der Akteurstheorien hochhalten und Reste einer Konzeption von aktiver Politik im Meer einer bloß *„negativen Koordination"* zu retten versuchen. Böhret hat den Begriff „Spätpluralismus" mal in Anführungszeichen und mal ohne diese semantische Verunsicherung gebraucht. In seinem Konzept des *„funktionalen Staates"* ist der Staat schmächtig geworden und auf eine Ansammlung von regelgebundenen politischen Willensbildungs- und Handlungssituationen reduziert. Komposita, die das Epitheton *„Spät"* enthielten, hat es schon immer risikoreich gegeben. In der Kunst war der Paradigmawandel so rasch, daß die Entwicklung von *„Post"* – zu *„Neo"* sich geradezu überschlug (Tomkins 1989). Der Zusatz „Post" ließ das Ende der Entwicklung offen, während der Zusatz „Spät" den Nachteil entwickelte, ohne exakte Zeitangabe ein baldiges Ende zu suggerieren. Der *Spätkapitalismus* in der neomarxistischen (heute besser spätmarxistisch genannten) Krisentheorie erschlich sich Endzeitvorstellungen. Selbst Nichtmarxisten in der planungs- und reformeuphorischen Sozialwissenschaften hätten vor 20 Jahren die steppenbrandartige Ausdehnung eines *„neoliberalen Spätkapitalismus"* nicht für möglich gehalten. Auch dem Spätpluralismus als Begriff kann eine solche Entwicklung drohen. Ich würde an seine

Stelle eher den unter vielen Schulen konsensfähigen Begriff *Netzwerk* setzen und von Netzwerkpluralismus reden.

Der Spätpluralismus setzt sich vom *Neopluralismus* der Fraenkel-Schule ab. Fraenkel wird bescheinigt, dass er den Gemeinwohlbegriff schon auf die Summe der Aushandlungsergebnisse ex post reduziert hatte und dass Verhandeln, wie im Netzwerkansatz eine zentrale Kategorie geworden ist (Böhret 1992: 119). Damit ist freilich der Unterschied zwischen Alt- und Neopluralismus noch nicht angedeutet, weil dieses Lob für beide Varianten der Theoriebildung gelten kann.

Die Rhetorik der *Verflüssigung aller Machtbeziehungen* hat sich inzwischen ausdifferenziert und immer neue Neologismen produziert. Ehe die Besonderheiten eines Neopluralismus gewürdigt werden können, muß daher eine Inspektion der konkurrierenden Theorieangebote auf dem Feld der Interessenrepräsentation vorgenommen werden.

2. Konkurrierende Ansätze der Theorie von Interessenrepräsentation

Auf der Suche nach der möglichen Berechtigung eines Begriffes „Spätpluralismus" müssen zunächst die Abgrenzungen zu alternativen Theorien versucht werden:

1. Da ist zunächst der *Neopluralismus*.
2. Der Olsonsche Ansatz *kollektiven Handelns*.
3. Der *public interest group-Ansatz*, in Verbindung mit einer Unternehmer- und Tauschtheorie.
4. Der Korporatismus
5. und schließlich der *Netzwerkansatz*, der den Annahmen des Spätpluralismusmodells am nächsten zu kommen scheint.

a. Der Neopluralismus

Der Neopluralismus bei Fraenkel ist ein Produkt der nichtkonsolidierten Demokratie in Deutschland. Die Negation des Pluralismus im Totalitarismus führte bei Fraenkel in seltsam hegelianisierenden Ausdrücken zur „Negation der Negation". Neopluralismus wurde noch 1964 zum Kampfbegriff gegen den Totalitarismus. Der Zeitpunkt ist vermutlich kein Zufall. In Berlin begann damals ein rousseauistischer Überschwang einer totalitären Demokratieauffassung unter den Studenten zu grassieren. Der neomarxistische Totalitarismus schien die Bekräftigung des liberalen Neopluralismus notwendig zu machen (Fraenkel 1972: 166). Das Konzept als normatives Leitbild blieb empirisch vage und auf die Annahmen des Altpluralismus angewiesen. Winfried Steffani hat das Konzept in Deutschland popularisiert. Aber seine Aufgliederung des Neopluralismus in vier Punkte ergab auch nur Variationen zur Antithese von Totalitarismus und Pluralismus (Steffani 1980: 37). Daher wurde einiger Scharfsinn darauf verwandt, das Konzept eines sozialistischen Pluralismus seiner Hamburger Kollegen zu zerpflücken. Es blieb immerhin ein sozialistischer Bereichspluralismus übrig (Steffani 1980: 39).

Der Staat ist weder nur Arena des Konfliktaustrags, noch nur Schiedsrichter, wie in den altpluralistischen Ansätzen der Bentley-Schule (Connolly 1969: 8), sondern greift in den Gruppenkonstituierungsprozeß ein und regelt die Wettbewerbsbedingungen. Die früher beklagte Sentimentalisierung der Gruppen durch den Interest group-Liberalismus kam damit zum Ende (Lowi 1969: 296). Dem Gleichgewichtstheorem der Altpluralisten von David Truman, das neue Gruppen entstehen sieht, wenn das Gleichgewicht gestört wird und die alten Gruppen es durch Reaktion auf neue Konkurrenz wieder herstellen, wird nicht mehr getraut. Fraenkels Neopluralismus setzt einen handlungsfähigen Staat voraus. Laskis Theorie einer Pluralität von Souveränitäten war für ihn nicht akzeptabel (Fraenkel 1972: 166). Neopluralismus als normative Theorie erinnert an den *Ordo-Liberalismus*, obwohl die Neopluralisten diesen noch als autoritär-reglementierend bezeichnet haben und eher Wurzeln des demokratischen Sozialismus der Weimarer Zeit betonten. Antimonopolpolitik wird von den Neopluralisten auch auf dem politischen Markt verlangt, und Fraenkel selbst hat schon am Ende der Weimarer Republik eine Stärkung der Verfassung gefordert und die Stabilisierung der demokratisch-pluralistischen Spielregeln verlangt, sodaß er selbst bei seinen politischen Freunden wie Hugo Sinzheimer und Otto Kirchheimer auf Kritik stieß (Kremendahl 1977: 356, 191, 193). Eine gemäßigt *sozialistische Position* konnte durch Parallelen zum *Ordoliberalismus* so mühelos zum Kredo der *Christdemokraten* in der Bundesrepublik werden. Eine Abwehrideologie gegen neue linke monistische Auffassungen wurde zum gesunkenen Kulturgut der Schaffung von Leitbildern in der Bundesrepublik. Neopluralismus gab eher an, was sein soll, als was ist, und insofern mußte er in allen konkret-empirischen Annahmen beim Paläo-Pluralismus Anleihen machen.

b. Der Olsonsche Ansatz der Theorie des kollektiven Handelns

Olsons Theorie als späte Frucht vom Baum utilitaristischen Denkens in modernisierten Rational Choice-Varianten entmystifiziert die Gruppe als Grundbegriff der Bentley-Schule und kehrte zum Individuum als wichtigster Analyseeinheit zurück. Das harmonistische Weltbild des Altpluralismus wurde in Frage gestellt. Die Vorstellung, daß private Organisationen spontan und freiwillig als Antwort auf neue Notwendigkeiten entstünden, empfand Olson als anarchistisch (Olson 1968: 128). Die Bevorzugung großer Gruppen im pluralistischen Modell entsprach nicht seinen Erfahrungen. Die Vorstellung, daß Regierungspolitik das Resultat von Gruppenkonflikt ist, schien ihm allzu beschönigend. Er betonte dagegen die Macht kleiner Gruppen, die sich dank besserer Organisationschancen und einem gutplazierten Erpressungspotential viele Vorteile auf Kosten der größeren Gruppen verschaffen können. Der Gruppenansatz hatte die Individuen vernachlässigt und daher die privaten Nutzenkalküle von Individuen nicht gesehen. Gewisse große Interessen – wie die der Konsumenten, der Steuerzahler oder der Arbeitslosen – sind schwer organisierbar, weil die Leistungen, die solche Organisationen erkämpfen, allen zu gute kommen. Wird niemand ausgeschlossen, so erkennt auch niemand, warum er nicht als Trittbrettfahrer in den Genuß der Vergünstigungen kommen soll, anstatt sich mit Kosten an Zeit und Geld selbst zu engagieren. Nur Interessen, die mit selektiven Anreizen oder Zwangsmitgliedschaften ihre latente Gruppe zu einer organisierten Gruppe machen können, haben Aussicht, sich durchzusetzen (Kammern, closed shops, Zwangsmitgliedschaften in Korporationen).

Mit vielen Annahmen des Spätpluralismus ist der Ansatz kompatibel. Er zeigte sich jedoch als wenig erklärungskräftig, als neue soziale Bewegungen in den 70er Jahren die etablierte Interessenrepräsentationsstruktur radikal veränderten. Bei Olson gab es die „vergessenen Gruppen", die schweigend leiden. Ihre Chancen der Organisation waren in seinem Modell gering. Wo nicht-rationales oder irrationales Verhalten Grundlage einer Lobby ist, wollte er die Theorie lieber in der Sozialpsychologie suchen als in der politischen Theorie (Olson 1968: 159).

c. *Public interest groups*

Um 1970 trat ein Wandel der Interessenrepräsentation ein. Es ist kein Zufall, daß *Common Cause,* die vielseitigste Gruppe für Advokatenpolitik vom Grundrechts- bis zum Konsumentenschutz, in diesem Jahr entstand. Olsons Theorie konnte diesen Aufstieg nicht erklären. Eine neue Sensibilität für die Advokatenpolitik stellte das individualistische und egoistische Monumentum der Gruppenbildung in Frage. Die Public Interest Groups standen quer zu den Zielen des etablierten Systems der Interessenaushandlung. Der Zugang zur Macht war ihnen dadurch erschwert. Der Erfolg kam vielfach erst durch die Übernahme ihrer Forderungen durch etablierte Gruppen. „Themenwanderung" und „Themenklau", die Reideologisierung verschütteter Themen und die Schaffung neuer Themen, wenn sich bei den alten Ermüdungserscheinungen in der öffentlichen Meinung zeigen, waren bei Olson zu kurz gekommen. Public Interest Groups schienen eine neue Kategorie der Interessendurchsetzung und erwiesen sich jedoch nur als eine neue Variante der alten *promotional groups* oder weltanschaulich geprägten Förderergruppen, die nicht in erster Linie für den eigenen Nutzen, sondern Aktionen zu gunsten Dritter organisieren. Die Dominanz des Unternehmeransatzes seit Salisbury und anderen legte bereits die Vermutung nahe, daß Gruppen ohne große Mitgliedschaft und allzeit prekärer Finanzgrundlage nicht langfristig ein von den üblichen Interessenorganisationsmustern verschiedene autonome Existenz führen können (Salisbury 1969: 1ff.).

Wird dieses organisatorische Defizit bei Public Interest Groups überwunden, drohen neue Gefahren. Ein ideelles Interesse kann sich totsiegen (Braun 1997: 131). Das Charisma von Amnesty International oder Green Peace leidet unter dem Erfolg. Die Unternehmer können keine leichten Siege mehr erkämpfen, wie sich auf dem Weg von Brent Spar zu Mururoa für Green Peace 1996 zeigte. Der *Partizipationsaltruismus* läßt nach, je mehr Mitglieder eine Organisation mobilisiert. Sie muß dann mit selektiven Anreizen arbeiten, um die wachsende Organisation aufrechtzuerhalten. Mit zunehmender Differenzierung der altruistischen Szene wächst die Kritik an der relativ autoritären Führung von Organisationen durch Unternehmer. Ralph Nader oder John Gardiner (Common Cause) waren trotz ihres enormen Prestiges relativ autokratische Führer ihrer jeweiligen Organisationen. 57% der Public Interest Groups kannten nach einer empirischen Studie überhaupt keine Partizipation der Mitglieder (Berry 1977: 292). Die Public Interest Groups, vor allem im Konsumentenschutzbereich, sind zudem nicht immer spontane Gewächse des Problemdrucks in der Gesellschaft. Nicht nur in Deutschland, wo der Consumerism keine Tradition besaß, sondern selbst in Amerika ist so manche Organisation nicht ohne staatliche Hilfe entstanden. Die fortschreitende *Deregulierung* eines Staates in der „Entziehungskur“ läßt diese Hilfen geringer werden. Die Folge könnte sehr wohl sein, daß ein neuer Konzentrationsprozeß droht, weil nur die potenten Großorganisationen auch im Bereich des Partizipationsaltruismus überleben können.

Das Auftauchen der Public Interest Groups schien eine Wiederlegung von Olsons kollektiver Logik des Handelns zu sein, weil auf breiter Front Gruppen entstanden, die sich nicht unter den egoistischen und individualistischen Ausgangspunkt von Olson subsumieren ließen (Brinkmann 1984: 193). Tatsächlich aber lag eigentlich nur eine klarere Betonung vor, daß Olsons Annahmen auf die Vertretung von materiellen Interessen zu beschränken ist. Der *Rational Choice-Ansatz* kann die Defizite Olsons auffangen, da er über die Maximierung altruistischer Interessen ähnlich formale Aussagen erarbeiten kann wie über die spätutilitaristischen Lust- oder Güteroptimierung.

Olsons Theorie bleibt einer der wichtigsten Marksteine auf dem Weg zu einer Theorie der Interessenrepräsentation und schließt sich wegen seiner Konzentration auf die Gründungsphase von Gruppen nicht mit spätpluralistischen Ansätzen aus. Die Leerformel *Gemeinwohl* wird bei Public Interest Groups reichlich strapaziert, kann aber nur begrenzten Schaden anrichten. Die Gemeinwohlkonzeption bleibt mit dem Spätpluralismus vereinbar, weil nicht *das*, sondern *ein* Gemeinwohl unterstellt wird, solange die Gruppen nicht dem dogmatischen Rückfall in einen politischen Fundamentalismus verfallen, der dann dem Totalitarismusverdikt der Neopluralisten unterliegt.

d. Korporatismus

Korporatismus entstand als Gegenmodell zum Pluralismus. Seit der Wachstumssektor Korporatismus in die Krise geriet, mehren sich die Stimmen, die in ihm nur eine Variante des aufgeklärten Pluralismus sehen (Thomas 1993: 11). Der Neopluralismus hatte die selbstregulierte Anarchie der Gruppenentstehung bereits durch ein normatives Konzept von Gruppen-Ordo-Politik strukturiert, auch wenn er nur selten soweit ging, rigorose Registrierungspflichten und verbändegesetzliche Kanalisierung zu fordern. Der Neokorporatismus erreichte die Konzentration der Kräfte durch zwei Kunstgriffe: die *Zuständigkeit* des Staates als Initiator von Round Tables zur Aushandlung und durch *Begrenzung* der eingeladenen Gruppen. Die Konzertierte Aktion hat jedoch gezeigt, daß die Gruppen, die sich ausgeschlossen fühlten, nach einer Weile den Zugang erkämpfen und die effektive Konzertierung durch Aufblähung der berechtigten Teilnehmer unmöglich machen.

Der Korporatismus hatte den Vorteil, sich vom makrotheoretischen Modell zu lösen, das ganze Gesellschaften – am häufigsten Österreich und Schweden – zu erklären versuchte. Er unterschied verschiedene Arenen. Auch der ältere kritische Pluralismus, der *policies* die politischen Entscheidungsmechanismen determinieren sah, wie bei Lowi, hatte bereits ein Nebeneinander von Aushandlungs-Modellen akzeptiert. Die Entdeckung des Meso-Korporatismus erleichterte den Rückzug aus der nicht geglückten „grand theory" (Cawson 1985). Er blieb aber noch überwiegend der Zentralperspektive verpflichtet, die der Netzwerkansatz später aufgeben sollte.

Der Korporatismus war überwiegend trialistisch angelegt. Der Staat wird aktiv, kann aber nicht mehr hierarchisch befehlen oder Konflikte schlichten wie im Hegelschen Modell von Staat und Gesellschaft, sondern wird *primus inter pares*. Er dominierte in Arenen der dualistischen Klassenpolitik, aber er ist nicht nur gleichberechtigter dritter Partner wie beim Modell des Spätpluralismus. In diesem sind bilaterale Verhandlungen eher die Ausnahme. Im Netzwerk-Pluralismus erscheinen alle Verhandlungen multilateral (Böhret 1993: 16).

e. Netzwerkpluralismus

Da Netzwerke für den Ansatz des Spätpluralismus zum Grundbegriff geworden ist, wäre mein Vorschlag, das anrüchige Epitheton „Spät" zu vermeiden und ein Hauptkriterium schon in der Modellbezeichnung zu benennen. Der Netzwerkansatz wurde die große Mode nach dem Abflauen des Korporatismus-Booms. Was bescheiden als Ansatz der Eliten- und Interessengruppentheorie begann, wurde bald zur großen Theorie aufgebauscht. Netzwerk wurde als ubiquitäre Vokabel dort eingesetzt, wo man früher von Kommunikation oder Einfluß gesprochen hat. Die Netzwerktheoretiker begannen, dem Neokorporatismus an Häme heimzuzahlen, was seine Vertreter einst den Pluralisten angetan hatten. Aber der Netzwerkansatz führte nicht zu einer Renaissance des Alt-Pluralismus. Selbst seine Fortentwicklung hat vielfach mit dem Modell von pressure politics gearbeitet und konnte nicht recht erklären, wie der *input* an politischem Druck sich in der *blackbox* des Entscheidungssystems in einen *output* interessenkonformer Entscheidungen umsetzte. In kontinentaleuropäischen Systemen wurde auch der *withinput* unübersehbar, der vor allem von staatlichen Akteuren ausging.

Netzwerkanalysen entstanden auch aus der Kritik an früheren Elitentheorien. Linke Theorien hatten Interessenpolitik auf Klassenkonstellationen reduziert. Wo der Klassenansatz nicht genügend die Einzelentscheidung erklärte, mußte er wenigstens die Nichtentscheidungen im System analysieren. Dabei kam es zu tautologischen Binsenweisheiten wie jener, daß im Kapitalismus keine sozialistische Politik möglich sei. Das „entfremdete Interesse des Staates an sich selbst" (Offe) wurde von der Autopoiesis in eine unvermeidliche, code-gerechte Verhaltensweise des Staates, der „bei sich selbst" ist, umgedeutet und von dem Geruch der kapitalistischen Bosheit oder Verblendung gesäubert.

Aber selbst der Begriff *politische Elite* – in Teileliten aufgesplittert – suggerierte in der Ära des Steuerungspessimismus noch zuviel Einheit. Die Aufgliederung der Steuerungsmechanismen in Korporatismus, Etatismus, *private interest government* oder Markt wird nur noch durch einen losen Begriff, wie den der Netzwerke, zusammengehalten. Die Netzwerkanalyse ist Ausdruck einer postmodernen Skepsis gegen lineare Kausalität. Die zirkuläre Verursachung, die mit alten pressure- und Einflußmodellen kaum noch zu arbeiten erlaubt, macht auch vor der Spitze der Machthierarchie nicht halt. *Spezielle Tauschverhältnisse* hatte auch die ältere pluralistische Interessengruppenforschung immer wieder anhand von logrolling-Prozessen festgestellt. Der *generalisierte Tausch* erlaubt, die langfristigen Erwartungen der beteiligten Akteure nicht mehr auf ein punktuelles Ziel hin zu reduzieren, das dann mit Rational Choice-Methoden maximiert werden kann. Es entsteht vielmehr eine langfristige antagonistische Kooperation mit *integrierten „policy circuits"* (Marin 1990).

Das klassische *subgovernment* wurde auch in Amerika vielfach von fließenden Netzwerken ersetzt. Der Neopluralismus erstand wieder, da die Entwicklung in Richtung Fragmentierung der Gruppen drängte. Die Proliferation der Gruppen reduzierte die Monopole und in einigen Ländern auch die Zahl der Gesetze (Gray/Lowery 1995: 533, 547), weil nicht mehr monopolartige Akteure ihren Willen in die Form des Gesetzes gießen konnten. Die *ehernen Dreiecke* hatten kleine Zahlen von Akteuren umfaßt. Sie waren permanente Mitspieler auf der Basis eines gewissen Konsenses. Die neu entdeckten Netzwerke umfaßten eine größere Anzahl von Mitspielern, die nicht permanent in die Entscheidungen eingebunden waren. In der Arena herrscht ein ständiges Kommen und Gehen. Der Grundkonsens der Akteure ist minimal (Jordan/Schubert 1992: 13).

Die Netzwerkanalyse förderte nicht nur eine neue Bescheidenheit des Staates, sie machte auch die Neigung der frühen Policy-Forschung obsolet, ganze Länder mit einem *Politikstil* zu identifizieren. Zwischen den Extremen der Staats- oder der Gesellschaftsdominanz gab es unterschiedliche Typen. Sie konzentrierten sich gelegentlich auf einzelne Länder, wie die Pantouflage in Frankreich, aber sie waren niemals der einzige Politiktyp in diesem Land (vgl. Matrix 1).

Matrix 1: Typologie der Policy-Netzwerke

Staatsdominanz		Akteure		Gesellschaftsdominanz	
Dominanz von					
staatlichen Agenturen I	Parteikartellen II	einer sozialen Großgruppe III	zweier konfligierender Großgruppen IV	gemäßigter Pluralismus von Gruppen V	unbegrenzter Gruppenpluralismus VI
Pantouflage Staatsdominanz gegenüber der Wirtschaft, Staatskorporatismus	Parentela-Beziehungen	Klientelistische Beziehungen	liberaler Korporatismus	sponsored pluralism; eiserne Dreiecke; subgovernment	pressure-Pluralismus

Variation zu Jordan/Schubert: 25; F. van Waarden: Dimensions and Types of Policy Networks. European Journal for Political Research 1992, (29-52): 50.

In Deutschland gibt es kaum den etatistischen Typ eines policy-networks, der in Frankreich *pantouflage* genannt wird. Zu stark war die Ideologie des Ordo-Liberalismus von Anfang an, mit Propheten wie Röpke und Rüstow und politisch einflußreichen Implementatoren wie Erhard und Müller-Armack. Auch die *Parentela-Beziehungen*, die LaPalombara für Italien herausarbeitete, können allenfalls im Bereich der kommunalen Wirtschaft festgestellt werden, wo lokale Klüngel und Cliquen dominant werden können. Die deutsche Typologie der Netzwerke variiert unter den drei rechten Rubriken. Der *klientelistische* Typ kam immerhin in den Anfangsjahren der Republik vor, insbesondere im Bereich der Vertriebenen- und der Agrarpolitik. Deutschland ist kaum je das Land eines unbegrenzten Pressure-Pluralismus. Die Variationen finden vor allem zwischen Typ IV und V statt.

Selbst diese sechs Typen kommen in einzelnen Politikfeldern nicht immer in ungemischter Form zum Tragen. Für das gesundheitspolitische Netzwerk hat man ein Nebeneinander von selbstregulativen und korporatistischen Formen der Steuerung und Interessenvermittlung gezeigt (Döhler 1990: 178). Im Vergleich zu Amerika war die Bundesrepublik durch eine relativ geringe Zahl der relevanten Verbände gekennzeichnet, die stabile Koalitionen eingingen.

Informelle Komponenten des Regierens wurden früher vielfach an der Elle der Umgehung der formalen Kanäle des Systems gemessen (v. Beyme 1991). Seit Government-Perspektiven durch die *Governance*-Perspektiven überlagert wurden, ist der Blick dafür geschärft worden, daß die formellen Kanäle des Regierungshandelns ohne die informellen *„nerves of governance"* nicht funktionieren können. Politikwissenschaftler sind toleranter als Juristen gegenüber diesen Netzwerkverstärkungen, vor allem gegenüber jenen, die aus den Koordinationswirkungen der Parteien resultieren, von der parteipolitischen Penetration der Verwaltung bis zu den Steuerungsfunktionen von Koalitionsausschüssen. Die Grenze der Toleranz sollte freilich auch für Politikwissenschaftler im Falle der *Korruption* gekommen sein.

In der „Architektur der Komplexität" (Atkinson/Coleman) wurden die Netzwerke vielfach als Alternativen zu den traditionellen Steuerungsmitteln wie *Hierarchie* und *Markt* aufgefaßt. Realistischer hingegen war die Sicht, eine Komplementarität von Hierarchie und Netzwerkkooperation anzunehmen. Netzwerkanalyse entstand aus den Defiziten der Institutionenanalyse (Benz 1993: 185). Aber die festgefügten parlamentarischen Entscheidungsregeln werden von Netzwerken nicht außer Kraft gesetzt. Die Netzwerke dienen nur dazu, die *Entscheidungskosten zu verringern*. Netzwerke fördern den Interessenausgleich im Vorfeld der formalen Entscheidungen. Die Spannung zwischen informellen Netzwerken, die zum Teil quer zu den Institutionen und den hierarchischen Organisationsstrukturen stehen, bleibt fruchtbar. Netzwerke sind aber kein Allheilmittel gegen die institutionellen Mängel des politischen Systems. Da sie nicht planbar sind, sondern im Wildwuchs entstehen, sind sie ein *paradoxes Steuerungsmittel* (Benz 1993: 204). Gelegentlich werden sie sogar zur parlamentarischen Ordnung gerufen, wenn sich formelle und informelle Entscheidungen zu weit voneinander entfernen.

Netzwerkanalyse und Politikfeldanalyse scheinen eine innere Verwandtschaft aufzuweisen. Eine Seite steuert eine methodische Sichtweise, die andere einen materiellen Fokus bei. Netzwerke sind nicht steuerbar. Nur der Korporatismus hat dies in elitärer Begrenzung der Teilnehmer versucht. Aber das *unkontrollierte Networking* wird durch institutionelle Strukturen und verfassungsmäßige Entscheidungsrechte begrenzt. Für die Parlamentsebene ist vor allem die Kooperation von öffentlichen Institutionen und privaten Organisationen bei der Analyse der Interessendurchsetzung wichtig. Auch private Organisationen haben etablierte Anhörungs- und Mitwirkungsrechte. Nicht jeder neue Akteur, der sich soziale Bewegung nennt, kann sich ohne weiteres in die Kooperation der Netzwerke einschalten. Ein gewisses Maß an gemeinsamer Orientierung verlangen auch sehr konfliktfreudig eingestellte Netzwerkteilnehmer von neuen Prätendenten. Die Sanktionen des Mehrheitsprinzips auf der formalen parlamentarischen Entscheidungsebene verdecken das Maß der Gemeinsamkeit, das auch schwierigen Entscheidungsprozessen zugrunde liegt.

Netzwerke würden zu wabernden Fäden, die im „Nowhere" enden, wenn sie nicht durch Politikfelder begrenzt wären. Die Teilnehmer auf einem Politikfeld konstituieren sich als loses soziales System, weil sie zwar kein gemeinsames Interesse haben, aber sie haben ein gemeinsames Interesse an der Lösung eines Problems und anerkennen ihre gegenseitige Relevanz im Spiel der Entscheidung (Pappi 1995: 39). Netzwerktheorien tragen den Stempel eines postmodernen Pluralismus. Sie gehen nicht von einem festen Katalog teilnahmeberechtigter Interessen aus. Sie versuchen, die faktische Teilnahme zu rekonstruieren. Postmodern erscheint der Geist der Netzwerkanalyse auch insofern, als man nicht mehr auf *stringente kausale Erklärungen* hofft. Der Netzwerkbegriff ist *final* und nicht *kausal* auf Wenn-dann-Sätze gerichtet (Benz 1993: 194f.).

Netzwerke könnte man in Anlehnung an die kybernetischen „nerves of government" als die *„nerves of governance"* in Politikfeldern bezeichnen. Verband sich der alte kybernetische Regelkreis noch weitgehend mit den etablierten Institutionen, so können die „nerves of governance" keineswegs von den verfassungsmäßig autorisierten Institutionen abstrahieren. Netzwerke wirken in ihnen, aber sie überlagern als informelle Beziehungen die formellen Beziehungen von vertikalen Hierarchien und horizontalen Kooperationsregeln im politischen System. Einige Analytiker sehen in den Netzwerken *spezifische strukturelle Arrangements* des policy-making und eine neue Form des political governance (Kenis/Schneider 1991: 41). Andere definieren sie abstrakter als *Beziehungsstrukturen zwischen Mitgliedern* eines sozialen Systems (Pappi 1995: 42). Warum soll die erste Fassung nicht ein Untertyp der zweiten sein können? Gerade eine Politikfeldanalyse, die auf einem eng abgegrenzten Handlungsfeld wie der Arbeits- und Sozialpolitik operiert, wird jedoch daran interessiert sein, bestimmte „modes of governance" herauszuarbeiten, die zahlreichen Entscheidungen auf einem Feld gemeinsam sind.

Netzwerkanalysen teilen mit dem frühen Politikfeldansatz den Nachteil, daß sie die Politikergebnisse strukturell überdeterminieren. Lowis Devise *„policy determines politics"* wird tendenziell wieder umgekehrt: *„network determines policy"*. Netzwerke sind dabei allerdings weniger institutionell aufgefaßt als der Lowische Begriff von „politics" als Entscheidungssystem.

Netzwerkanalysen sind ein formales Mittel, die Einseitigkeiten der Positions-, der Reputations- oder der Entscheidungsansätze zu korrigieren. Kein innerer Zirkel, den Netzwerkanalytiker ermitteln, erweist sich über jeden methodischen Zweifel erhaben. Es droht immer die Gefahr, daß die Ingroup der Entscheidungsträger nur das Artefakt der jeweils eingesetzten Methode darstellt. Der Vergleich zahlreicher Entscheidungen kann dazu beitragen, daß der Netzwerkansatz nicht nur zu einem „algebraischen Kurvenanpassen" führt (Pappi 1987: 160). Je stärker entscheidungsbezogen die Netzwerkanalyse angesetzt wird, umso weniger statisch ist das Bild der Entscheidungselite, das sie zutage fördert.

Je formaler und methodologischer die Auffassung von Netzwerken in theoretischen Ansätzen ist, umso größer müssen die Zweifel werden, ob man Netzwerkpluralismus an die Stelle des wenig glücklichen Ausdrucks „Spätpluralismus" setzen kann. Bei den Modellen staatlicher und gesellschaftlicher Handlungsfähigkeit sind von Mayntz und Scharpf die Netzwerke zutreffend zwischen die Modelle gesetzt worden. In allen vier Modellen kommt die Steuerung nicht ohne Netzwerke zustande (Mayntz/Scharpf 1995: 25). Die sechs spezielleren Lobbyregime, die der Verfasser in der Gesetzgebung der Bundesrepublik gefunden hat (Matrix 2), sind ebenfalls Varianten von Netzwerkkonstellationen, die von der Dominanz dualistischer Korporatismus-Arrangements bis zur Dominanz eines unbegrenzten Pluralismus mit starker Stellung von Public Interest Groups reichen.

Matrix 2: Typologie der Netzwerkstrukturen in der Interessenartikulation

	KORPORATIVER DUALISMUS		III.KORPORATISMUS PLUS PLURALISMUS VON STATUSGRUPPEN	STATUSPOLITISCHER PLURALISMUS		VI .DOMINANZ IDEELLER FÖRDERERGRUPPEN
	I. symmetrischer Dualismus	II. asymmetrischer Dualismus		IV.Statusgruppen-Oligopol	V.Statusgruppen-Vielfalt	
Abgrenzungskriterien	Dominanz eines klassenpolitischer Dualismus von Wirtschaft und Gewerkschaften	Dominanz eines Pols im Dualismus des Korporatismus	Kumulation von klassenpolitischem Korporatismus und statuspoliti-schem Pluralismus	begrenzter Pluralismus von Politikfeldbeherrschenden Statusgruppen	erweiterter Zugang für viele Gruppen	Pluralismus vieler Gruppen. Ideelle Fördererverbände geben den Ton an. Statusgruppen wirken als Advokaten zugunsten Dritter

Quelle: Klaus von Beyme: Der Gesetzgeber. Der Bundestag als Entscheidungszentrum. Opladen, Westdeutscher Verlag, 1997: 222

Die neue Ironie des Staates: eine starke Gesellschaft stärkt den maroden Staat

Die Netzwerkanalyse stieß anfangs vielfach auf Systeme der blockierten staatlichen Steuerung. Einige Autore wie Fritz Scharpf sahen das Ergebnis der Aushandlungsprozesse als überwiegend *negative Koordination*. Carl Böhret in seinem ungebrochenen Politikberatungs- und Planspiel-Optimismus betont stärker als Scharpf die Möglichkeiten der *positiven Koordinierung* (Böhret 1993: 20).

Dennoch scheint sich ein neuer Konsens in den verschiedenen Pluralismusansätzen der für die empirische Forschung relevanten Ansätze abzuzeichnen. Gegen die „Bielefelder" Gleichschaltung des politischen Systems mit den übrigen Teilsystemen, von denen es sich nur durch seinen subsystemeigenen Code unterscheidet, mehrt sich der „Kölner" Widerstand (Mayntz 1997: 275). Er bläst zur Nichtfolgebereitschaft gegenüber den autopoietischen Grundannahmen und entdeckt im politisch-administrativen System mehr als einen *„nullus inter pares"*, nämlich den *„Spezialisten für das Allgemeine"*.

Der Netzwerkpluralismus funktioniert wie ein starker ausdifferenzierter Vermittlungsausschuß, bei dem überwiegend Kompromisse gefunden werden. Im Fall der Nichteinigung spricht aber der institutionelle Sitz der Volkssouveränität notfalls ein legislatorisches Machtwort, wenn die große Gesetzgebungskoalition der Parteien die Vetopositionen dominanter Interessengruppen überspielen kann. Die *starke Gesellschaft* produziert paradoxer Weise auch gelegentlich einen *starken Staat*. Der Korporatismus war eine frühere Konkretisierung dieser Einsicht, erwies sich jedoch nur für bestimmte zeitlich befristete Krisenlagen als erfolgreich. Als temporäre Arbeitslosigkeit in strukturelle Arbeitslosigkeit umschlug, wurden die korporativen Handlungsmuster geschwächt und mußten durch andere Steuerungsmechanismen ergänzt oder sogar ersetzt werden. Die Begeisterung für den Netzwerkansatz sollte jedoch nicht gegen den Neokorporatismus ausgespielt werden. Auch er ist eine Variante des Netzwerkpluralismus, wenn auch eine oligopolistische Variante, die in den meisten Arenen nicht funktioniert und in neoliberalen und pluralistischen Systemen keine Entsprechung besitzt.

Es wird Zeit, die Entdeckerfreude zu zügeln und die Theoriemoden gelassener zu relativieren. Die Steuerungsskepsis der Autopoietiker wurde zum funktionalen Äquivalent des Spätmarxismus mit seiner Überzeugung, daß politische Steuerung wenigstens unter kapitalistischen Bedingungen nicht möglich war. Inzwischen wissen wir – ohne es rechtzeitig prognostiziert zu haben – daß der reale Sozialismus an seiner Übersteuerung zugrunde ging. Die Moden – ganze *„Gesellschaftsformationen"* hätten die Neomarxisten gesagt, jetzt heißen sie *„Regime"* – aufeinander folgen zu lassen, frißt die Kinder der letzten Entdeckergeneration. Während Ulrich Beck die Risikogesellschaft noch erfolgreich als Novum verkaufte, hat Helmut Willke das Risikoregime bereits vom Supervisionsregime ablösen lassen (Willke 1997: 13).

Die Neigung, ganze Länder und Epochen mit einem *Politikstil, Lobbyregime* oder *Aushandlungsmuster* zwischen staatlichen Agenturen und gesellschaftlichen Organisationen zu identifizieren, sollte abgebaut werden. Die Implementationsforschung und die Entdeckung der Entscheidungsebenen unterhalb der nationalen Exekutive und Legislative – etwa im *Meso-Korporatismus* – haben die Einseitigkeit der früheren Schau aus der Vogelperspektive korrigiert. Aber sie wurden durch einseitige Übertreibung ihrerseits korrekturbedürftig. Die *Zentralperspektive* kann eben im Subsystem der Kunst, das wirklich autonom und notfalls *„l'art pour l'art"* sein kann, leichter aufgegeben werden als im politischen System. Dieses wird von allen anderen Subsystemen unaufhörlich in die Pflicht genommen – ungeachtet der generellen Bestrebung, staatliche Intervention im eigenen Bereich abzubauen. Diese Widersprüche sind an der Subventionspolitik gut zu demonstrieren: Überall wird Deregulierung gefordert – mit Ausnahme der Subvention für das eigene Interesse. Die Schließung eines jeden Theaters wird als Untergang des Kulturstaates angeprangert. Ganze Bereiche der Kunst hängen am Tropf des Staates, ohne den nichts geht, wie die Filmindustrie außerhalb der USA zeigt.

Eine neue Spiraldrehung der Theoriebildung führt von „Post" und „Spät" zu „Neo". Noch ist diese „Neo-Bewegung" nicht benannt, seit der Neo-Korporatismus als auf einige Länder und wenige Arenen bezogener Begriff relativiert worden ist. Einen *Neo-Etatismus* oder *Dirigismus* wage ich nicht zu prognostizieren, auch wenn zunehmende Krisenerscheinungen die Systeme in diese Richtung drängen könnten. Bemerkenswert aber bleibt der Konsens, der sich abzeichnet, daß trotz der Entzauberung des Staates die Interventionsfähigkeit des politischen Systems in anderen Subsystemen der Gesellschaft keineswegs gebrochen erscheint. Nicht einmal auf den Staatsbegriff mag der Mainstream verzichten, weil der *Nationalstaat* – trotz aller *Europäisierung* und *Globalisierung* – in den meisten für die Bürger unmittelbar erfahrbaren Arenen, von der Politik der inneren Sicherheit bis zum sozialen Sicherungssystem, die vorherrschende Arena des Konfliktaustrags und der Regelung bleibt.

Bei Scharpf und Böhret wird trotz der Erosion des Staatlichen die Hoffnung auf *aktive Reformpolitik* nicht aufgegeben. Widersprüche tun sich auf: Einerseits stirbt der traditionelle Staat im Spätpluralismus ab, andererseits wagte Böhret die Prognose, daß ein erneuerter funktionaler Staat angesichts neuartiger Herausforderungen seine Handlungsfähigkeit noch erweitert (Böhret 1993: 15). Der neuartige *Spätpluralismus* in seinem handlungstheoretischen Restimpetus unterscheidet sich damit von *postmodernen* Konzeptionen, welche davon ausgehen, daß alle großflächigen Gleichförmigkeiten der sozialen Lage und soziokulturellen Milieus zersetzt werden und an ihre Stelle atomisierte, pluralisierte Formationen treten, die sich kaum noch zu dauerhaften Organisationen zusammenschließen lassen (Offe 1990: 174). Trotz ähnlicher Lageanalyse sind die beiden Ansätze, die man in einem Atemzug genannt hat, in der Prognose der Entwicklung diametral entgegengesetzt (Voigt 1996: 96). Die zweite Variante muß im Grund die Herausbildung einer *Bewegungsgesellschaft* unterstellen. Gerade diese ist jedoch nicht entstanden. Die Realität des Einflußprozesses zeigt, was die Forschung über amerikanische Public Interest Groups schon lange wußte, daß die neuen schwach organisierten Bewegungen benachteiligt blieben, oder – wenn sie erfolgreich sind – sich in Konkurrenz mit herkömmlichen Interessenorganisationen verfestigen und die Erfolge auf Dauer stellen (Berry 1977: 292).

Die Autopoietiker belächeln die alteuropäische Entdifferenzierung des Kommunitarismus mit seinen Gemeinschaftsidealen. Andererseits hat wenigstens Helmut Willke die These von den zwei Logiken bei Scharpf übernommen. Die Verhandlungen der Netzwerke fördert *kurzfristige egoistische Interessenkalküle* zu Tage. Das System würde aber bei Verteilungskonflikten, und noch mehr bei Anrechtsspielen weltanschaulicher Differenzen zerbrechen, wenn nicht *normative Bindungen* der Beteiligten mit *langfristigen Interessenkalkülen* bindende Entscheidungen das System immer wieder möglich machten (Willke 1997: 139f.). Die Bindung an gemeinsame Werte von Parlamentariern verschiedener Parteien und den Gruppen, die hinter ihnen stehen, ist vielfach als Mystifikation verworfen worden, und doch wird die kontextuelle Steuerung von außen gerade wegen der inneren Wertakzeptanz des Subsystems, in das interveniert werden soll, wieder für möglich gehalten.

Der Entscheidungsprozeß im Konflikt der Interessen entspricht keinem zweidimensionalen Fußballfeld, mit begrenztem Spielfeld, begrenzter Zahl von Spielern und einem rigiden System von Spielregeln. Der Autor hat es eher mit dem bizarren Spiel, das Alice im Wunderland antraf, verglichen, wo das Spielfeld variabel war, die Spieler wechselten, das Tor aus beweglichen Kranichhälsen bestand, und selbst der Ball ein lebendes Tier mit autopoietischen Selbststeuerungsqualität darstellte – noch im Schuß auf das Tor. In einem solchen System hat der Schiedsrichter Staat kaum noch die Macht mit einer roten Karte den Platzverweis gegenüber einem mächtigen Spieler durchzusetzen. Wenn man die Spielmetapher weiter strapaziert, kann man mit Willke daraufhin verweisen, daß dank der *Entgrenzung von Politik* nach innen und außen, immer mehrere Spiele zugleich stattfinden. Man kann die Spielregeln dieses Spiels als Spätpluralismus oder Netzwerkpluralismus bezeichnen. Keiner der bisher Epitheta befriedigt – aber war das beim Neokorporatismus anders? Worauf es ankommt ist den, autopoietischen Handlungsdefaitismus abzustreifen, der aktive Politik unmöglich zu machen scheint und damit – gewiß wider Willen – in einer wachsenden Krise den dann nicht mehr demokratischen Dezisionisten theoretisch in die Hände arbeitet.

Literatur

Benz, Arthur: Politiknetzwerke in der horizontalen Politikverflechtung. In: D. Jansen/K. Schubert (Hrsg.): Netzwerke und Politikproduktion. Marburg, Schüren, 1993: 185-204.

Berry, Jeffrey M.: Lobbying for the People. The Political Behavior of Public Interest Groups. Princeton University Press, 1977.

v. Beyme, Klaus: Informelle Komponenten des Regierens. In: Hans-Hermann Hartwich/Göttrik Wewer (Hrsg.): Regieren in der Bundesrepublik. Opladen, Leske & Budrich, Bd.1, 1991: 31-50.

Böhret, Carl: Die Handlungsfähigkeit des funktionalen Staates in der spätpluralistischen Industriegesellschaft. Koreferat zu Fritz W. Scharpf. In: Beate Kohler-Koch: Staat und Demokratie in Europa. Opladen, Leske & Budrich, 1992: 116-129. Wieder abgedruckt in: Carl Böhret: Funktionaler Staat. Ein Konzept für die Jahrhundertwende? Frankfurt, Lang 1993: 5-33.

Braun, Dietmar: Theorien rationaler Wahl in der Politikwissenschaft. Hagen, FernUniversität. Studienbrief, März 1997. Theorien rationalen Handelns in der Politikwissenschaft. Opladen, Leske & Budrich, 1999.

Brinkmann, Heinz Ulrich: Public Interest Groups im politischen System der USA. Opladen, Leske & Budrich, 1984.

Cawson, Alan (Hrsg.): Organized Interests and the State. Studies in Meso-Coporatism, 1985.

Döhler, M.: Gesundheitspolitik nach der „Wende". Berlin, Sigma, 1990.

E. Connolly, William (Hrsg.): The Bias of Pluralism. New York, Atherton, 1969.

Fraenkel, Ernst: Der Pluralismus als Strukturelement der freiheitlich-rechtsstaatlichen Demokratie. In: Franz Nuscheler/Winfried Steffani (Hrsg.): Pluralismus. Konzeptionen und Kontroversen. München, Piper, 1972: 158-182.

Gray, V./Lowery, D.: Interest Representation and Democratic Deadlock. Legislative Studies Quarterly, 1995: 531-552.

H. Salisbury, Robert: An Exchange Theory of Interest Groups. Midwest Journal of Political Science, 1969, Bd.13.

J. Lowi, Theodore: The End of Liberalism. New York, Norton, 1969.

Jordan, G./Schubert, K. : A preliminary ordering of policy network labels. European Journal of Political Research, 1992: 7-27.

Kenis, P./Schneider, V.: Policy Networks and Policy Analysis. Scrutinizing a New Analytical Toolbox. In: Bernd Marin/Renate Mayntz (Hrsg.): Policy Networks Empirical Evidence and Theoretical Considerations. Frankfurt, Campus, 1991: 25-59.

Kremendahl, Hans: Pluralismustheorie in Deutschland. Köln, Heggen, 1977.

Marin, Bernd (Hrsg.): Generalized Political Exchange. Antagonistic Cooperation and Integrated Policy Circuits. Frankfurt/Boulder, Campus/Westview, 1990.

Mayntz, Renate: Soziale Dynamik und politische Steuerung. Frankfurt, Campus, 1997.

Mayntz, Renate/Scharpf, Fritz W. (Hrsg.): Gesellschaftliche Selbstregelung und politische Steuerung. Frankfurt, Campus, 1995.

Offe, Claus: Staatliches Handeln und Strukturen der kollektiven Willensbildung. In: Thomas Ellwein/Jens Joachim Hesse (Hrsg.): Staatswissenschaften: Vergessene Disziplin oder neue Herausforderung. Baden-Baden, Nomos, 1990: 173-190.

Olson, Mancur: Die Logik des kollektiven Handelns. Tübingen, Mohr, 1968.

Pappi, Franz-Urban: Methoden der Netzwerkanalyse. München, Oldenbourg, 1987.

Pappi, Franz-Urban u.a.: Entscheidungsprozesse in der Arbeits- und Sozialpolitik. Frankfurt, Campus, 1995.

Scharpf, Fritz: Die Handlungsfähigkeit des Staates am Ende des Zwanzigsten Jahrhunderts. In: Beate Kohler-Koch (Hrsg.): Staat und Demokratie in Europa. Opladen, Leske & Budrich, 1992: 93-115.

Steffani, Winfried: Pluralistische Demokratie. Opladen, Leske & Budrich, 1980.

Teubner, Gunter: Organisationsdemokratie und Verbandsverfassung. Tübingen, Mohr, 1978.

Thomas, Clive S. (Hrsg.): First World Interest Groups. Westport/Con., Greenwood, 1993.

Tomkins, C.: From Post to Neo. The Art World of the 1980s. London, Penguin, 1989.

Voigt, Rüdiger: Des Staates neue Kleider. Baden-Baden, Nomos, 1996.

Willke, Helmut: Supervision des Staates. Frankfurt, Suhrkamp, 1997.

13. Politische Klasse, Parteienstaat und Korruption

Ausblicke auf die gesellschaftliche Entwicklung der Zukunft teilen sich auf in Anpreisung der Segnungen von Globalisierung und Europäisierung – oder in die Ausmalung von Horrorszenarien über die negativen Folgen solcher Prozesse. Dieser Beitrag gehört zum zweiten Typ von Szenarien. Er wird jedoch nicht von der hohen Warte normativer Besserwisserei aus unternommen. Es geht vielmehr um die kühle analytische Untersuchung der negativen Folgen von Globalisierung, Technisierung und Kommerzialisierung auf die politischen Systeme.

Wo von einer „Korruptionsgesellschaft" gesprochen wird, bleibt dies ein problematisches Etikett. Es wird weder unterstellt, dass die postmoderne Gesellschaft insgesamt korrupt ist, noch wird behauptet, dass frühere Gesellschaften nicht korrupt waren. Wo in der populären Literatur eine universale Verschlechterungstheorie angewandt wird, ist meist übersehen worden, dass in den Regimen der Vergangenheit die nationalen Leitfiguren von Bismarck bis Hindenburg alle unter Vorwürfe der Bereicherung gerieten. Damals ging es nicht um 100000,- Euro, sondern um veritable Rittergüter. Erst wenn wir die typischen Formen negativer Begleiterscheinungen analysiert haben, lassen sich Vorschläge für eine sinnvolle Gestaltung der Zukunft ableiten, welche den Depravationen Einhalt gebieten.

Was geleistet werden muss, ist, die historisch gewordenen Formen der Korruption zu analysieren. In einer vormodernen Gesellschaft, wo alles über persönliche Beziehungen abgewickelt wird, kann es keine Korruption geben. Sie tritt als Verletzung von Normen erst auf, als ein professioneller Verwaltungsapparat mit einem spezifischen Ethos entstanden war (v. Alemann 1992). Als die Beamtenschaft sich herausgebildet hatte, galt sie vielfach als die „saubere Seite" des politischen Systems, während die Abgeordneten als Gesetzgeber in ständiger Bestechungsgefahr lebten. Der Frühparlamentarismus, der schon nach dem Mehrheitsprinzip funktionierte, aber noch nicht ein klares Parteiensystem entwickelt hatte, das dauerhafte Mehrheiten organisierte, war auf Korruption angewiesen: unter Walpole in England, unter Guizot in Frankreich, unter Depretis in Italien. In Italien wurde das System fließender Mehrheiten, das vom Premier nach Belieben ausgenutzt wurde, mit dem vielsagenden Ausdruck „*trasformismo*" belegt. Die Transformation – und damit die Manipulation der Mehrheiten – wurde von der Not in eine Tugend umdefiniert. Die Theorie der virtuellen Repräsentation des ganzen Volkes – auch in einem rotten borough – hat Normverletzungen erleichtern helfen: Sich durch Gefälligkeiten des Premierministers mit seiner Stimme „einkaufen" zu lassen, galt nicht als anrüchig, solange es der Mehrheitsbeschaffung diente. Damals konnte immer argumentiert werden, dass wenn die Mehrheit zerbrösele, „der Feind" die Macht übernehme. Es war eine Epoche, in der die Vorstellung der alternierenden Regierung noch nicht internalisiert war. Auch in Kohls Begründung für seine Finanzaffairen tauchte das Argument noch auf, dass die Unionsherrschaft gegenüber den Sozialdemokraten, welche die Einheit nicht wollten, gesichert werden müsse. Der historische Exkurs war nötig, um zu zeigen, dass der Parteienstaat der Moderne nicht nur Nachteile für die Korruptionsbekämpfung hatte. Bedenklich erscheint es freilich, wenn korrupte Bräuche des

Frühparlamentarismus in der gefestigten parlamentarischen Demokratie, die von der alternierenden Regierung lebt, wieder auftauchen.

1. Die politische Klasse

Dem Schutz vor Korruption der politischen Elite dienen nicht nur Gesetze und Offenlegungsvorschriften, sondern auch ein Amtsethos. Auch wenn mit dem Elitenbegriff nicht unterstellt wird, dass die jeweils moralisch Integersten herrschen, ist gleichwohl eine normative Anforderung an die Machtinhaber herangetragen: Sie sind dem Gemeinwohl verpflichtet und haben dies durch Amtseid bekräftigt.

Gemeinwohl ist eine normative regulative Idee, die nach Ausgleich von Interessen und nach Mindestanforderungen an eine gerechte Gesellschaft sucht. Gerechtigkeit wurde daher von den Neo-Kontraktualisten der liberalen Rawls-Schule als Ausdruck vorgezogen. Er ist eher prozedural als inhaltlich konzipiert. Er zielt auf „Fairness". Man kann ihn nicht essentialistisch an bestimmten Inhalten festmachen, auf die eine weltanschaulich gespaltene Gesellschaft sich schwerlich einigen kann.

Zwei Konzeptionen der Gemeinwohl-Herstellung haben in Europa seit 200 Jahren um Einfluss gerungen

- die radikale französische Konzeption einer *volonté générale*, die Gerechtigkeit durch Teilnahme der Bürger erzeugen soll,
- und die britische Konzeption – die als „semantischer Coup des Liberalismus" bezeichnet wurde (Münkler u.a. 2000: 90f) – welche seit Adam Smith das Gemeinwohl aus dem konkurrierenden Eigennutz der Individuen entstehen sieht.

Keine der beiden Konzeptionen hat sich exklusiv in der modernen Demokratie durchgesetzt. Das Gemeinwohl wurde theoretisch weitgehend verdünnt:

- entweder als das *„öffentliche Interesse"*, das die Juristen untersuchten. Es wurde inzwischen aus der paternalistischen Fürsorgetradition herausgenommen und einem demokratischen Diskussionsprozess zugeführt. Es spielt vor allem bei Enteignungen und Kommunalreformen eine zentrale Rolle,
- oder es wurde inhaltlich desaggregiert. Übrig blieb dann ein partielles Gemeinwohl in Form von *Sozial-, Umwelt- oder Naturverträglichkeit*.

Die politische Elite als Akteure werden an diesen Minimalstandards gemessen. In dem Aspekt der politischen Klasse verstoßen jedoch die Eliten ständig durch offensichtlichen Eigennutz gegen diesen Anspruch. Das ist umso gravierender, als die politische Elite nur die entscheidungsrelevanten Spitzen der Hierarchie umfasst, während die politische Klasse auch Hinterbänkler im Parlament und untergeordnete Chargen in der Parteiorganisation mit einschließt.

Der Eigennutz der politischen Klasse hat sich in neuerer Zeit mit zwei neuen Tendenzen gezeigt:

- Einmal wird die „*Parteiräson*“ gelegentlich wieder über die „Staatsräson“ gestellt. Es wurde für notwendig erklärte, Gelder am Fiskus vorbei für die Organisation zu retten, nachdem die Zuwendungen der Geldsammleranlagen, als „staatsbürgerliche Vereinigungen“ mit „sweet sounding names“ verschönt –, illegalisiert worden sind.
- Zum anderen wird eine neue *Binnenmoral* den allgemeinen Rechtsregeln entgegen gesetzt. Nach dem Vorbild traditioneller „ehrenwerter Gesellschaften“ wird ein angebliches Ehrenwort für höherrangig erklärt als Recht und Gesetz.

Anhand dieser neueren Tendenzen ist es möglich, dem „System Kohl“ einige systematische Kennzeichen abzugewinnen, die nicht bloß individualpsychologische Erklärungen versuchen. Der Schlüssel dazu ist der Wandel des Parteienstaats.

2. Der Wandel des Parteienstaats

Moralisierende Kritik am Parteienstaat, wie sie selbst einem Soziologen wie Erwin Scheuch (2000: 15) unterlief, verbunden mit dem Lamento, wir bekämen belgische Verhältnisse, ist wenig hilfreich. Scheuch erklärte den Wandel aus der Entwertung der Mitglieder, die im Vergleich zu den Wählern für die Parteien zweitrangig geworden seien, und aus der Tatsache, dass man in der Wettbewerbsdemokratie nur „Körbe von Politikern“ und nicht einzelne herausragende Gestalten wählen könne. Wir können erklären, warum in Belgien Auswüchse der Korruptionsgesellschaft besonders weit verbreitet sind: Der Zerfall des Staates durch Reethnisierung der Landesteile hat die Schaffung mehrerer binnenmoralischer Subsysteme befördert. Dieser Aspekt fehlt in Deutschland. Es gibt jedoch funktionale Äquivalente im Gruppenkonflikt. Sie werden durch den strukturellen Wandel der Parteien von den Volksparteien zu den professionalisierten Wählerparteien unterstützt. Kohl als Person war dabei nur ein Katalysator, wenn auch ein wichtiger Akteur in einem säkularen Wandel der Parteien von den Volksparteien zu den professionalisierten Wählerparteien.

1) Kohls historisches Verdienst ist nicht die deutsche Einheit, wie die Lobredner glauben machen wollen. Diese hätte letztlich auch Lafontaine vollziehen müssen. Kohls Verdienst ist die gewaltige nachholende Modernisierung seiner Partei vom Kanzlerwahlverein zu einer modernen Massenmitgliederpartei. Die Fähigkeit Kohls zum kommunikativen Durchgriff bis auf jeden Ortsverein hatte als Nachteil die klientelistische Abhängigkeit, die bei vielen Hintersassen geschaffen wurde. Adenauer ging ungern in die „Nasse Strasse“, wo sein Parteihauptquartier lag, und regierte qua „Richtlinienkompetenz“. Kohl hat die *Koordinationsdemokratie* vor allem als Parteichef ermöglicht und widerstrebende Flügel seiner Partei, eine dissentierende CSU und einen widerspenstigen Koalitionspartner FDP ständig zusammen gehalten.

2) Die Schaffung der Massenmitgliederpartei hat jedoch nicht zur Parität mit den früher besser organisierten Sozialdemokraten geführt, weil beide einem weiteren Wandel

unterlagen. Die Herausbildung von professionalisierten Wählerparteien hat in CDU wie SPD neue Einfallstore für Einflüsse und möglicherweise für Korruption geschaffen:

- Es bildeten sich neue soziale Milieus heraus, welche die politische Klasse durch die Professionalisierung stärkte.
- Die abnehmende Repräsentation von Gruppen und sozialen Schichten, ließ die
- Responsivität gegenüber Gruppenwünschen ad hoc wachsen.
- Die Mitglieder einer politischen Elite wurden zunehmend zu *„entrepreneurs“* mit staatlicher Absicherung ihres Betriebsrisikos durch öffentliche Parteifinanzierung.
- Die *Professionalisierung* der Wahlkämpfe und die Bedeutung der Medienexperten hat die schlichten Mitglieder der Partei funktionslos gemacht. Sie sind allenfalls als Botschafter ihrer Partei in sozialen Milieus noch von Bedeutung. Ihre Beiträge können eine Partei allenfalls zur guten Hälfte als Organisation sichern.
- Die *Medialisierung* des politischen Wettbewerbs führte zu wachsendem Finanzbedarf der Parteien. Der Zwang zur Kombination der besten Seiten beider Welten-führte zu einer schlechten Lösung: Hohe staatliche Subventionen wurden mit den Steuerprivilegien kombiniert, welche die angelsächsischen Länder in ihrer weniger etatistischen Tradition kannten.

Kommerzialisierte *Beziehungen* zu den Medien ließen die eigenen Bemühungen der Parteien um organisationsgesteuerte Medien erlahmen. „Outsourcing“ schien billiger, wurde aber teuerer, weil der Faktor „Arbeit“ bei den Parteimitgliedern nicht mehr abgerufen und auch zunehmend weniger angeboten wurde. Parteimitglied ist weniger als früher auf direkte Mitwirkungswünsche der Bürger abgestimmt. Wenn die Ideologieverbundenheit abnimmt und der organisatorische Einsatz für die Gruppe schwindet, konnte es bei der Parteiführung zu „gemeinschaftsstiftenden Akten der bewussten Regelübertretung“ kommen (Münkler u.a. 2000: 93). Die Gemeinschaftsstiftung durch Binnenmoral scheint leidlich zu funktionieren. Es kam nach den Finanzskandalen nicht zu einer Massenaufkündigung der Loyalität. Die Union wurde in den ersten Landtagswahlen mit maximal zwei Prozent „Liebesentzug“ abgestraft. Eine kleine Verteuerungswelle – die der Ökosteuer angelastet wird – kann sogar eine moralisch am Boden liegende Partei vorübergehend im Stimmungsbarometer wieder auf Platz eins katapultieren. Diese Form der Identitätsstärkung erinnert an die Gepflogenheiten der Transformationsländer. Die Nomenklatur-Privatisierung des früheren Staatseigentums wurde gelegentlich positiv bewertet, weil erfahrene Verwaltungseliten privatwirtschaftliche Strukturen schafften. Ohne sie wäre das Staatseigentum ganz in die Hände mafioser Gruppen gefallen, die keinerlei Interesse an der Erhaltung von Strukturen hatten. Der Amerikaner Thompson (1995:7) hat parallele Entwicklungen im Congress als Entwicklung von der „individuellen“ zur „institutionellen Korruption“ genannt. Nur selten wurde auch in Deutschland den Akteuren wie Kiep persönliche Bereicherung vorgeworfen. Das System Kohl schien weitgehend frei davon. Es war gekennzeichnet durch ein exklusives Interesse an der Macht. Geld schien eine geringe Rolle zu spielen im Leben von Politikern, die für das Billigste auf der Speisekarte schwärmen (Saumagen), bescheiden in Oggersheim wohnen bleiben (Giscard zu Besuch in Helmut Schmidts Hamburger Reihenhaus soll gesagt haben, dass man das „Understatement" auch „übertreiben" könne) und an einem österreichischen See einfallslosen Familienurlaub machen, während eine große Zahl von Bürgern zur Abenteurer-Urlauben in der Dritten Welt aufbricht.

Ehe ein Verdammungsurteil über den Parteienstaat und die politische Klasse im allgemeinen und die deutsche Korruption im besonderen gesprochen wird, sollten zunächst einmal vergleichend eine paar Forschungsdaten herangezogen werden.

3. Die Korruptionsgesellschaft

Der Bevorzugung des Begriffs politische Elite empfiehlt sich auch, weil das Phänomen der Korruption die politische und die Verwaltungselite umfasst. Die Verwaltungselite ist in die Netzwerke der politischen Elite eingebunden. Aber sie gehört nicht zur „politischen Klasse". Eine „Dieselbigkeit der Revenüen" liegt nicht vor. Die Verwaltungselite teilt mit den Politikern nicht die Begünstigung der Privilegien im Parteienstaat. Im Gegenteil, sie sieht überwiegend dem munteren Treiben des Parteienstaats mit Unwillen zu. Es erscheint wie eine Störung im geordneten Amtsbetrieb der Verwaltung. Aber Korruptionsanfälligkeit gibt es auch in der Verwaltung. Hier ist sie jedoch noch stärker individuelle und weniger institutionelle Korruption. Durch die Verklammerung der Verwaltungseliten mit Interessengruppen und politischer Elite im Prozess der Entscheidung kann sie jedoch auch in die „institutionelle Korruption" hineingezogen werden. Das gilt inzwischen auch für die Spitzenposten der Verwaltung von Parteien, insbesondere die Schatzmeister.

Objektive Daten über Korruption sind naturgemäß rar. Daher wird überwiegend mit Befragungen und der Konstruktion subjektiver Indices im Vergleich gearbeitet. Die objektiven Daten erfordern Recherchen bei den Jutizbehörden über Anklagen, Verurteilungen und Strafmaße in Korruptionsfällen. Der „United Nations Survey on Crime Trends and Operations of Criminal Justice Systems" hat manche dieser Daten verarbeitet. Ein Korruptionsindex sollte drei Informationen enthalten (Lambsdorff 2000):

1. Die Häufigkeit korrupter Tauschhandlungen,
2. Die Summe der Bestechungsgelder, die geflossen sind,
3. Der gesamte Vorteil, der den Beteiligten durch Korruption erwachsen ist.

Die subjektiven Daten über Korruption beziehen sich auf die Selbst- und Fremdeinschätzung von Gruppen. Sie hat als objektives Substrat allenfalls die Medienberichterstattung. Da Medien auf sensationelle Nachrichten aus sind, können die Bürger die Korruption im System sogar überschätzen, falls die Medien ihre Aufgabe als kritisch und enthüllend verstehen wie in Amerika. Zudem kann das Durchschnittsurteil kaum hinreichend verarbeiten, wo über Korruptionsverdacht berichtet wurde und wo bereits der Beweis erbracht worden ist. Da nutzt auch die gebetsmühlenartige Vorsichtsklausel deutscher Medien über den „mutmaßlichen Täter" nichts. Im Volksmund bleibt etwas hängen, auch wenn es, prozessrechtlich gesehen, bei „mutmaßlich" blieb.

In Deutschland wurde in einer Studie 1994 bei 500 Angehörigen der Wirtschaftselite herausgefunden, dass 63% die Wirtschaft für sauberer als die Politik hielten. 32% waren der Ansicht, dass beide Subsysteme in diesem Punkt gleich schlimm seien, und nur 4% glaubten, dass es in der Wirtschaft noch schlimmer zugehe als in der Politik. Der Befund passt lückenlos zu der Erfahrung allgemeiner Studien über das Verhältnis der Elitensektoren, dass eine große Fremdheit herrscht zwischen politischer und Wirtschaftselite. Die Politiker halten die Wirtschaftler nicht für gemeinwohlorientiert, die Wirtschaftler die Politiker hingegen für Ideologen mit geringem ökonomischem Sachverstand (Abromeit 1981).

Die Studie von Scheuch (2000: 242) hat ihren besonderen Wert durch die Zahlen über die Aufdeckung von Korruptionsfällen: 51% wurden dem Zufall, 20% der Ehefrau, 19% den Wirtschaftsprüfern und 10% der Firmenleitung zugeschrieben. Bei einem festgestellten Schaden von 33 Millionen DM kam es nur zu ca. 3 Millionen DM Strafen. Der „Zufall" ist die erklärungsbedürftige Rubrik. Es würde mich wundern, wenn Mitarbeiter und ehemalige Mitarbeiter die Ehefrauen an Aufklärungseifer gegenüber Verfehlungen ihres Chefs nicht noch überträfen.

Eine Analyse der Korruption in der öffentlichen Verwaltung in Deutschland (Liebl 1992) wurde für 717 Beschuldigte durchgeführt. Man wunderte sich über die „peanuts", die Bestechungen ermöglichten. Nur bei 2.8% der Amtsträger waren Summen über 50000,- DM im Spiel. Neben der Gewinnmaximierungskorruption spielten eine Verdrängungskorruption, eine Finanzierungskorruption, eine Auflagenkorruption, eine Grenzkontrollkorruption, eine Leistungskorruption, eine Genehmigungskorruption (Aufenthalte und Arbeitserlaubnisse) eine Rolle. Das Bauwesen, Stellen, die über Aufenthalts- und Arbeitsgenehmigungen entscheiden, und das Wehrbeschaffungswesen erwiesen sich als Schwachstellen in der Verwaltung. Alle diese Formen der Korruption vollzogen sich jedoch überwiegend als individuelle Prozesse und unterhalb der Ebene einer politischen Klasse. Bei hohen Summen konnten jedoch auch Mitglieder der politischen Elite involviert sein.

Eine Studie der Weltbank in 69 Ländern unter 3600 Unternehmern ergab, dass 40% der Unternehmer regelmäßig Schmiergelder für bestimmte staatliche Leistungen zahlten. Die Bandbreite des Korruptionsgrades reichte von 60% (GUS) bis zu 15% (OECD-Länder) (World Bank 1997: 41). Das Moralbewusstsein ist überwiegend in Ordnung. Die Unerwünschtheit von Korruption ist in der westlichen Welt akzeptiert. Auch unter subsystemischen Aspekten wird als volkswirtschaftlicher Schaden erkannt, was für den Einzelbetrieb betriebswirtschaftlich vorteilhaft sein mag. Die quantitativen Befunde über Korruptionshäufigkeit waren unter 20 Ländern für Deutschland nicht besonders günstig: Das Land stand hinsichtlich seiner „Sauberkeit" nur an 14. Stelle, nach den skandinavischen Ländern, Neuseeland und Kanada, Singapur, den Niederlanden, der Schweiz. Die USA und Großbritannien standen nur kurz hinter Deutschland (vgl. Tabelle).

Tabelle: Transparency International 2008 Corruption Index.

Der CPI Punktwert gibt das Ausmaß der Korruption im öffentlichen Sektor wieder, so wie sie von Geschäftsleuten und Administratoren wahrgenommen wird (10 = keine Korruption, O = sehr korrupt

Rang	Land	CPI Wert
1	Dänemark	9,3
1	Schweden	9,3
1	Neuseeland	9,3
4	Singapur	9,2
5	Finnland	9,0
5	Schweiz	9,0
7	Niederlande	8,9
9	Australien	8,7
9	Kanada	8,7
11	Luxemburg	8,3
12	Österreich	8,1
12	Hongkong	8,1
14	Deutschland	7,9
14	Norwegen	7,9
16	Irland	7,7
16	Großbritannien	7,7
18	USA	7,3
18	Japan	7,3
18	Belgien	7,3
26	Slowenien	6,7
27	Estland	6,6
28	Spanien	6,5
32	Portugal	6,1
33	Israel	6,0
45	Tschechien	5,2
47	Ungarn	5,1
52	Slowakei	5,0
52	Lettland	5,0
55	Italien	4,8
57	Griechenland	4,7
58	Türkei	4,7
58	Polen	4,6
70	Rumänien	3,8
72	Bulgarien	3,6
147	Russland	2,1

Während die klassische Wachstumstheorie der Korruption für das Wachstum nicht nur negative Wirkungen zuschrieb, kam die neo-institutionelle Theorie-Schule von North und anderen zu schlechteren Ergebnissen: Mangelnde Qualität der Institutionen an der Schnittstelle von Wirtschaft und Politik sind auch wachstumshemmend. Die traditionellen Annahmen besagen: Die ärmsten Länder sind die korruptesten. Die reichen Länder haben qualifizierte und gut bezahlte Beamte, die weniger korruptionsanfällig sind. Aber in einer Mehrebenenanalyse sind die Beziehungen komplizierter. Wer Panzer an Saudi-Arabien verkaufen will, ist nicht notwendiger Weise für sich selbst korrupt, sondern will damit eine bestimmte Außenpolitik fördern. In modernen Staaten wird „speed money" eingesetzt, um die Behördenwege abzukürzen. Aktive Bestechung wird gelegentlich von Politikern als Mittel zur Steigerung der „Effizienz" ihrer Politik billigend in Kauf genommen. Was bei der Aufdeckung von Politikern zur Begründung ihrer begrenzten Handlungsrationalität als Vorteile dieses „abweichenden Handelns" vorgebracht wird, hat im Licht einer volkswirtschaftlichen Rationalität jedoch schwere Nachteile:

- Die Transaktionskosten erhöhen sich. Produktive Unternehmen zahlen und verdrängen den schwächeren Mittelstand, der keine Gelder zahlen kann.
- Es kommt zur falschen Allokation der Ressourcen: Schmiergelder lenken Mittel in hochtechnisierte Bereiche, in denen Korruption schwer aufzudecken ist. 15% aller Ausgaben werden im Militärsektor getätigt (Tanzi 1998). Diese Gelder fehlen dann für die Ausbildung, ohne dass damit die Notwendigkeit von Green Cards für Computerspezialisten schlicht auf Korruptionsfolgen zurückgeführt werden sollten.
- Die Flucht von Geld in die Schattenwirtschaft vermindert das Staatseinkommen.

Die schlechte Nachricht der Korruptionsforschung lautet, dass die Zusammenhänge von Wirtschaftswachstum und Korruption noch nicht geklärt seien. Eindeutig abgelehnt wird Korruption als Speed money, wo die Gegenleistungen unklar sind und der Erfolg unsicher bleibt. (Obinger 2000: 98ff).

Gibt es gesicherte Regeln über das Wachstum der Korruption?

1) Bei der Korruptionsbekämpfung zeigte sich, dass *arme Politiker nicht* notwendiger Weise *korrupter* sind. In Italien (Cazzola 1988: 62) hat man diese Regel partiell bestätigt. Die eher mittelständischen Parteien wie Republikaner und Liberale waren zwar weniger involviert als einige große Parteien. Aber die damaligen Kommunisten hatten häufiger die *„mani pulite"* (sauberen Hände) als einige bürgerliche und sozialistische Politiker, die gern von ihnen sprachen, schon weil sie weniger Macht im System vor 1994 besaßen.

2) Erwiesen ist, dass eine *Betreuungsökonomie (economia assistita)* in Wirtschaft, Verteidigung, Bauwesen und Müllentsorgung korruptionsanfälliger erscheint als in anderen Bereichen.

3) Wo *Bürgermeister eine starke Stellung besitzen,* steigt die Korruptionsgefahr (Frankreich, Italien). Mit dem Übergang zum bonapartistischen Direktwahlsystem der Bürgermeister in vielen Bundesländern könnten Popularität, aber auch Korruptionsanfäl-

ligkeit zugleich gesteigert werden. Wo ethnische und funktionale Gruppen im Clinch liegen, kann Korruption so allgemein werden, dass Edward Banfield (1961:257) als bekannter Einflussforscher zu dem Schluss kam: „some corruption is inevitable in a City like Chicago", weil die Stadt sonst unregierbar wäre.

4) Schließlich ist die *Internationalisierung der Wirtschaft* ein Einfallstor wachsender Korruption. Fremde Investoren sind mit einheimischen Regeln nicht vertraut oder fühlen sich weniger an sie gebunden. In Deutschland begann es mit einem nationalen Skandal: Bonner Lobbyisten hatten Frankfurt als Hauptstadt ausgestochen. Der Untersuchungsausschuss endete mit dem Satz, der stereotyp für deutsche Untersuchungsausschüsse wurde: dass Zahlungen nachweisbar sind, dass aber kein direkter Zusammenhang zwischen Zahlungen und Entscheidungen konstruiert werden könne. Die späteren Korruptionsskandale hatten alle eine internationale Dimension wie HS-3o-Schützenpanzeraffaire (1980), Lockheed (1983), Flick (1983). Im Lockheed-Skandal verlor Prinz Bernhard in den Niederlanden seine Ämter, in Japan und Italien wurden Politiker verurteilt. Nur Franz Josef Strauss kam ungeschoren davon. Sein Sohn musste sich noch lange mit den Folgen „unkonventionellen Verhaltens" seines Familienklans rechtlich herumschlagen.

5) Die Korruptionsanfälligkeit wächst, *wenn Politiker als Individuen handeln* können, unabhängig von ihrer Partei. Individuelles Verhalten als Einzelunternehmer war in USA und Italien am verbreitetsten. Die Fraktionsdisziplin ist gering. Ein Abgeordneter in Amerika verdankt der Industrie in seinem Wahlkreis mehr als seiner Partei und seinem Präsidenten. Auch bei uns wächst die Tendenz der Risikominderung durch Individualisierung der Geldverteilung, wie Christine Landfried (1990: 291) gezeigt hat. In der Spielbank-Affaire in Niedersachsen hat Felsenstein 10000,-DM an die Parteikasse geschickt. Der Rest wurde unterhalb der Rechenschaftsgrenze gestückelt an einzelne vergeben. Die Anonymisierung wächst wieder: Der Briefumschlag ersetzt die Überweisung. Die Internationalisierung erleichtert die Geldwäsche, wie sie über ausländische Stiftungen erfolgt ist (z.B. Zusammenarbeit der Naphtali-Stiftung in Israel mit der Friedrich Ebert-Stiftung).

4. Wie bekämpft man die Tendenzen der Korruptionsgesellschaft?

1) Nicht mit pauschaler Verketzerung des Parteienstaats. Die Parteidisziplin hat auch ein paar Vorteile, wie wir im historischen Rückblick sahen. Diese müssen vielleicht durch striktere *innerparteiliche Kontrollen* eher aus- als abgebaut werden. Auch nicht durch Abbau der öffentlichen Parteifinanzierung. Selbst Erwin Scheuch hat vor einer solchen Konklusion gewarnt.

2) Die *Untersuchungsausschüsse* müssen mit ihrer quasi-richterlichen Kompetenzfülle „amerikanisiert" werden, wenn sich die Korruptionsformen „amerikanisieren". Der KPD-Abgeordnete Renner hat 1951 ein richtiges Wort im Hauptstadtbestechungsskan-

dal hinterlassen: „Es kreißt der Berg und gebiert eine Maus“ (BT 1951: 5849 C). Die Minderheitenrechte im Mehrheitsparlamentarismus sind durchaus noch ausbaufähig. Erwin Scheuch hat die Beschränkung des Einflusses der Parteien verlangt. Dem ist zuzustimmen, soweit die Parteien die Medien, den Rest von „Gas-und-Wassersozialismus“ der kommunalen und staatlichen Betriebe, und sogar einen Teil des Schulwesens durchdrungen haben. Die Unabhängigkeit des Abgeordneten gegen die Fraktion zu stärken, mag Vorteile haben. Für den Abbau von Korruption scheint mir dies jedoch ein zweischneidiges Hilfsmittel zu sein. Es wurden ferner die Änderung der Kandidatenaufstellung, die Sicherstellung vielfältigerer Repräsentanz der Gesellschaft, die Ermunterung von Kandidaturen Parteiloser vorgeschlagen. Mancher verspricht sich die Lösung vom System der Vorwahlen nach amerikanischem Muster – ohne Kenntnis, wie verödend diese auf die normalen Wahlen wirken, und dass der korrupte „Platzhirschtyp“ bei Primaries eher mehr als weniger Chancen zum Sieg erhält. Da steht schließlich die Forderung nach einer Mindestdauer von Berufserfahrung, auch von Scheuch in die Debatte gebracht. Vor allem die 10 Jahre Berufserfahrung sind schwer zu kontrollieren. Wer's nicht glaubt, schau in „Kürschners Handbuch des Bundestages“ über Kohl nach: Er war wissenschaftlicher Mitarbeiter am Institut für Politische Wissenschaft in Heidelberg, er hat für einen Verband gearbeitet. 10 Jahre Berufserfahrung konnte Kohl nachweisen. Alle seine Tätigkeiten waren jedoch Nebenbeschäftigungen eines Mannes, der schon als Student Vollblutpolitiker gewesen ist. Die einseitige Repräsentation in Parlamenten ist schwer abzubauen. Quoten wurden nur im Fall der Frauen rechtlich akzeptiert. Das Volk hat trotz seiner Kritik an der politischen Klasse diesen Wandel übrigens akzeptiert. Nur 8-15 % der Befragten bestanden darauf, dass Arbeiter von Arbeitern, Katholiken von Katholiken, oder Frauen von Frauen vertreten werden.

3) Verhinderung des Ausbaus einer abgehobenen Stellung der politischen Klasse durch *Verminderung der Machtansammlungen im System*, wie Kohl sie bewirkt hat. Dazu wäre vor allem einer Verhinderung von Dauerherrschaft wichtig. Diese sollte freilich nicht schematisch nach einem Vorschlag der Grünen vorgenommen werden. Amerika hat die Begrenzung der Amtszeit des Präsidenten auf acht Jahre nach der Dauerherrschaft Roosevelts eingeführt und beginnt an der Weisheit dieser Regelung zu zweifeln. Die USA litten daran, dass ein durchaus fähiger und geschätzter Präsident wie Clinton dem Wahlkampf zweier Kandidaten zusehen musste, die weniger souverän und kompetent wirkten als er selbst. Die Dauerherrschaft Kohls war zum Teil auch ein Produkt der Einheit. Die Union hätte sonst vermutlich spätestens 1994 die Wahlen verloren. Die alternative Regierungsweise muss ein wenig beschleunigt werden. Freiwillige Verzichtsankündigungen sind dabei hilfreich, wenn sie nicht so früh erfolgen wie einst bei Schröder mit seiner Ankündigung von „acht Jahren“. Als der Verzicht 2005 unausweichlich schien, hat sich Schröder noch unwürdig geziert.

Vor einer rechtlichen Begrenzung der Amtszeiten muss gewarnt werden. Hätte man Adenauer 1957 – auf dem Höhepunkt seiner Erfolge – verzichten lassen sollen? Zu den Regeln des parlamentarischen Systems würde eine Begrenzungsklausel auch noch weniger passen als zum dualistischen präsidentiellen System, in dem der Präsident nicht als parlamentarischer Oppositionsführer sozialisiert worden ist.

4) Letztlich wird die *Mobilisierung der Bürgertugend* gegen das Verfallslaster beschworen (Noack 1998; Mény 1996). Eine starke öffentliche Meinung kann ganz sicher die Schließung der Lücke zwischen Idealen und Institutionen beschleunigen. Dazu sind investigative Medien nötig, die brutal – wie Larry King Life – den Präsidenten unterbrechen und fragen „What's your point, Mr. President?" Die bloße Privatisierung einiger Kanäle hat die Tendenz zur Hofberichterstattung auf dem europäischen Kontinent noch keineswegs abgebaut. Hier muss eher an der politischen Kultur als an den Mediengesetzen gearbeitet werden.

Das bedenkliche an der Korruption im Parteienstaat der modernen Demokratie erscheint eine Entwicklung, in der die Definition des Gemeinwohls dem Staat zu entgleiten beginnt. Unter dem Druck der öffentlichen Meinung muss er sich jedoch immer wieder zur Appellationsinstanz aufschwingen. Die Gemeinwohlrhetorik der Parteien eilt ständig der tatsächlichen Orientierung am Gemeinwohl voraus. Seit Huntington (1981) wurde diese Diskrepanz von Sein und Sollen als „IvI gap" bezeichnet (ideals vs. institutions). In öffentlichen Reinigungsprozessen wird die Kluft zwischen den republikanischen Idealen und den korrupten Institutionen wieder verringert. Dabei hat eine postpuritanische Gesellschaft wie die Amerikas ein paar Mobilisierungsvorteile. Es ist zweifelhaft, dass wir uns soziale Bewegungen wünschen sollten, die sich auf „das christliche Amerika" und die „wahre moralische Mehrheit im Lande" berufen. Aber eine Betonung der ethischen Dimension des Verfassungspatriotismus könnte auch bei uns konsensfähig gemacht werden. Die hier strukturell-funktional begründeten Tendenzen zur Korruptionsgesellschaft können so gehindert werden, zur Einbahnstrasse in immer mehr „abweichendes Verhalten" einer politischen Elite einzumünden, die sich schließlich tatsächlich als „politische Klasse" in einem wissenschaftlichen Sinn konstituierte.

Literatur

Abromeit, Heidrun: Der Führungsanspruch der Wirtschaft gegenüber der Politik. In: Aus Politik und Zeitgeschichte, 1981, B 11: 19-39.

v. Alemann, Ulrich/Kleinfeld, Ralf: Begriff und Bedeutung der politischen Korruption aus politikwissenschaftlicher Sicht. In: Benz, Arthur/Seibel, Wolfgang (Hrsg.): Zwischen Kooperation und Korruption. Abweichendes Verhalten in der Verwaltung. Baden-Baden, Nomos, 1992: 259-282.

Banfield, Edward: Political Influence. New York, Free Press, 1961.

Benz, Arthur/Seibel, Wolfgang (Hrsg.): Zwischen Kooperation und Korruption. Abweichendes Verhalten in der Verwaltung. Baden-Baden, Nomos, 1992.

v. Beyme, Klaus: Die politische Klasse im Parteienstaat. Frankfurt, Suhrkamp, 1995, 2.Aufl.

Borchert, Jens u.a. (Red.): Politische Korruption. Jahrbuch für Europa- und Nordamerika-Studien 3. Opladen, Leske & Budrich, 2000.

Cazzola, Franco: Della corruzione. Bologna, Il Mulino, 1988.

Huntington, Samuel: American Politics. The Promise of Disharmony. Cambridge/Mass., Belknap, 1981.

Lambsdorff, Johann Graf: Wie lässt sich Korruption messen? In: Borchert u.a.: Politische Korruption. Jahrbuch für Europa- und Nordamerika-Studien 3. Opladen, Leske & Budrich, 2002: 45-92.

Landfried, Christine: Parteifinanzen und politische Macht. Baden-Baden, Nomos, 1990.

Liebl, Karlhans: Das Ausmaß der Korruption in der öffentlichen Verwaltung. In: Benz, Arthur/Seibl, Wolfgang (Hrsg.): Zwischen Kooperation und Korruption. Abweichendes Verhalten in der Verwaltung. Baden-Baden, Nomos, 1992: 283-294.

Mény, Yves: Politics, Corruption and Democracy. European Journal of Political Research, 1996, Bd.30: 111-123.

Münkler, Herfried u.a.: Korruption und Gemeinwohl. Neue Rundschau. 2000, Heft 2: 90-102.

Noack, Paul (1998): Korruption und Demokratie – eine perverse Beziehung. In: Internationale Politik 53. 1998, H. 4: 37 – 43.

Obinger, Herbert: Korruption, Wirtschaftswachstum und politische Regime. In: Borchert u.a.: Politische Korruption. Jahrbuch für Europa- und Nordamerika-Studien 3. Opladen, Leske & Budrich, 2002: 93-113.

Scheuch, Erwin und Ute: Die Spendenkrise. Parteien außer Kontrolle. Reinbek, Rowohlt, 2000.

Tanzi, Vito: Corruption Around the World. In: IMF Staff Papers 45, 1998: 559-594.

Thompson, Dennis F.: Ethics in Congress. From Individual to Institutional Corruption. Washington, DC, Congressional Quarterly, 1995.

Weltbank: Weltentwicklungsbericht. Bonn, 1997.

14. Föderalismus und Identitätspolitik

1. Der Wandel der Föderalismuskonzeptionen

Föderalismus ist die prekäre Balance zwischen „geteilter Herrschaft" und „self-rule" (Elazar 1994: XV). Diese allgemeine Formel musste angesichts der Varianten typologisch ausdifferenziert werden. Es gibt keine akzeptierte Theorie des Föderalismus (Duchacek 1970: 189), und es herrscht nicht einmal Einigkeit, was unter Föderalismus subsumiert werden soll.

Der herkömmliche Föderalismus wird durch neue ethnische und regionale Bewegungen verunsichert. Die Föderalismusforschung hat die postmoderne Identitätspolitik neuer Einheiten und die Asymmetrien im System meist als Störung empfunden. Sie hat sich zunehmend in Lager gespalten.

- Ansätze eines aufgeklärten Neo-Institutionalismus, herkömmliche rechtliche Untersuchungen, ökonomisch orientierte Rational-choice-Ansätze, die strikt von Individuen ausgehen,
- oder normative Ansätze stehen nebeneinander. Sie nehmen einander nur gelegentlich zur Kenntnis.

Was ist der Stellenwert von nationaler Identitätspolitik? Die Gegner der konservativen Systemtheorien, welche die „Lebenswelt" nicht ganz vom *„System"* absorbiert sahen wie Habermas (1976: 111), hielten kollektive Identität nur in reflexiver Gestalt für möglich. Ein Bewusstsein allgemeiner und gleicher Chancen in einem kontinuierlichen Lernprozess sollte zu einer *„vernünftigen Identität"* führen. Die Antipoden der Theoriebildung konnten sich damals noch auf das Passepartout „Lernprozesse" einigen. Der Nationalstaat konnte für beide diese Lernprozesse nicht mehr dirigieren.

Solche warnenden Stimmen haben die etablierten Nationen nicht daran gehindert, durch Sozialisation, Kulturpolitik und symbolische Politik bis zum Flaggen- und Hymnenkult die Identitätsgefühle der Bürger zu fördern. Nur in Zeiten der Krise müssen so törichte Kampagnen angezettelt werden wie „Du bist Deutschland." Eine Nation, die sich von Null-Bock-auf-Nation-Parolen ihrer Jugend verunsichern lässt, sollte zur Kenntnis nehmen, dass die gleiche Jugend fast hysterisch nationalistisch reagiert, wenn eine gegnerische Mannschaft sich dem deutschen Strafraum nähert. Herkömmliches Nationalgefühl erscheint als das „Selbstverständliche," das einer Politik der Identität nicht bedarf. Identitätspolitik wird aber bestandsentscheidend bei nationalen Minderheiten oder Nationalitäten, die das Nation-building noch vor sich zu haben glauben. Das Sub-nation-building, das vor allem im Devolutionsföderalismus stattfand, kämpfte mit dem Vorurteil, dass der in den verfassungsmäßigen „Reißbrett-Föderalismus" eingebettete gesamtstaatliche Nationalismus „das Rationale" sei, während die neue Identitätspolitik von unten „das Irrationale" vertrete. Bei den Prätendenten der Nationalstaatlichkeit ist die Identitätssuche häufig „eine Sehnsuchtsparole und eine Verlustanzeige zugleich" (Burger 1992: 11).

Zwei Modelle des Föderalismus konkurrieren miteinander:

- Der frühe Vereinigungsföderalismus entstand aus separaten Einheiten, die sich zusammenschlossen (Schweiz, USA). Er betonte die rechtliche Gleichheit souveräner Gebilde, ob groß oder klein, Connecticut oder New York.
- Der spätere Differenzierungsföderalismus entwickelte sich aus Konzessionen an kleine Einheiten nach einer Periode des Übergewichts der Zentralstaatlichkeit (Deutschland, Belgien, Kanada, Spanien und Devolution in Großbritannien, Italien).

Der klassische Vereinigungsföderalismus, der aus einst souveränen Territorien entstand, war rechtlich auf Symmetrie geeicht, um die soziale Asymmetrie der Staaten zu schützen. Er legte Wert auf duale Strukturen und klare Trennungen der Kompetenzen. Selbst in der multi-sprachlichen Schweiz war der Föderalismus nicht Vehikel der Anerkennungspolitik von Ethnien. Religionsunterschiede und Stadt-Land-Differenzen spielten anfangs eine größere Rolle. Aber auch die Schweiz blieb keine föderalistische Insel der Seligen. Konflikte von Sprachgruppen brachen auf, Migration verschob die Gewichte der ethnischen Zusammensetzung. Der symmetrische Föderalismus konnte diese Probleme nicht lösen. Der Vereinigungsföderalismus nähert sich dem Differenzierungsföderalismus an. Kanada, Belgien, Spanien, Italien, Großbritannien, Indien oder Südafrika können mit den Instrumentarien des symmetrischen Föderalismus ihre Probleme nicht mehr bewältigen.

Parallel zu dieser Differenzierung gibt es in ethnisch relativ homogenen Ländern wie Deutschland oder Österreich eine Unitarisierungstendenz. Der Wohlfahrtsstaat wurde nach 1945 in Systemen mit schwachem nationalen Identitätsgefühl eine Art Ersatzidentität. In den fetten Jahren konnte man sich den Luxus immobiler Züge des Föderalismus leisten. Sowie der Sozialstaat im Zeitalter leerer Kassen bedroht ist, haben viele Bürger in ethnisch homogenen Bundesstaaten mehr Interesse an der wirtschaftlichen Wohlfahrt als an den Institutionen, welche die regionale Identität bewahren helfen. Die Bürger akzeptieren dabei mehr Asymmetrie als in der Ära, als die *„Gleichwertigkeit der Lebensverhältnisse"* von den Verfassungspatrioten wie eine Monstranz umhergetragen wurde. Die Akteure sind gespalten:

- die armen Territorien rufen nach einem Bonus für die Herstellung von Gleichheit,
- die reichen wollen keinen Malus mehr ertragen. Ihr Reichtum – so glauben sie – ist ja nicht gottgegeben, sondern durch gutes Wirtschaften erarbeitet. Das hindert im Zeitalter der Dezentralisation ein reiches Land wie Schweden nicht, weiter mit Inbrunst seine Nationalhymne über das „arme Schweden" (fattiga Sverige) zu singen.

Der Föderalismus erfuhr seit den 1980er Jahren eine starke Ausweitung des Konzepts. Quasi-föderale Systeme wie Belgien und Spanien wurden unter den Begriff subsumiert. Föderalismus wurde nicht mehr nur deskriptiv als Institutionengebilde verstanden. Föderalismus wurde zum normativen Konzept, und „federation" stand in der angelsächsischen Literatur oft für die deskriptive Seite jener 23 Bundesstaaten, die gegen Ende des 20. Jahrhunderts gezählt worden sind (Watts 1998: 121). Föderalismus wurde zum Oberbegriff für viele Unterbegriffe wie Föderationen, Konföderationen, assoziierte Staaten, Unionen, Ligen, Kondominium, Regionalisierung und verfassungsmäßig garantierte „home rule". Während die jahrzehntelange Debatte um den „echten Parlamentarismus" (den britischen) und den „unechten Parlamentarismus" (den französischen) als unzulässiger Essentialismus zu den Akten gelegt wurde (vgl. v. Beyme 1973: 314), starb die Abgrenzung eines *„echten Föderalismus"* von einem *„unechten Föderalismus"* nicht aus (Abromeit 1992: 14f.). Die neun Minimalkriterien des „echten Föderalismus" sind durchaus akzeptabel, um Bundesstaaten von bloßen „Devolutionsstaaten" zu unterscheiden. Dennoch ist die „Echtheitsdebatte" seit Wheare (1946) heute nicht mehr angebracht, und der Terminus sollte durch neutralere Bezeichnungen ersetzt werden.

„Bloße Devolutionsstaaten" ist ein vielfach herabsetzender Terminus in der Literatur. Es sieht jedoch so aus, als ob Devolution bald zum Oberbegriff werden könnte. Vorboten sind Buchtitel wie „Vom Föderalismus zur Devolution" (Conlan 1998). Angesichts der Dezentralisierung von unitarischen Staaten und der Unitarisierung von föderalen Systemen könnte der Föderalismus irgendwann zum Sonderfall der Devolution werden. Symmetrische Vorstellungen des Alt-Föderalismus oder wohlmeinende Konzepte der Konkordanzdemokratie, *consociational democracy*, erscheinen unanwendbar, wenn ein regionaler Konflikt in die Phase der Violenz getreten ist wie in Belgien. Zur Konkordanzdemokratie gehören Eliten, die für die vertretenen Gruppen kohärent handeln können (Waldmann 1989: 364). Genau dies fehlt bei den meisten regionalen Eliten der Devolutionssysteme. Die Tendenz zum Multiparteiensystem auch in Territorien ethnischer Minderheiten hat die alte Hegemonialposition erodieren lassen, die einst der PNV im Baskenland hatte und welche die Schwedische Volkspartei in Finnland oder die Südtiroler Volkspartei in Italien in abnehmendem Maße noch immer besitzen. Diese Hegemonie erodiert in dem Maße, in dem ethnische Minderheiten zu violenten Mitteln greifen. Identitätspolitik, Subsidiaritätsprinzip und die Ausdifferenzierung der Föderalismen in der Welt treiben die Asymmetrisierung des Föderalismus in der postmodernen globalisierten Welt voran. „Nichtzentralisierung", „Dezentralisierung", „Devolution", „Regionalisierung" wurden zu den Grundbegriffen der jüngsten Debatten. Die Konzentration auf die „territorialen Regime" sprengte die alte Dichotomie von Föderalismus und Einheitsstaat.

2. Identitätstheorien

In objektivistischen Ansätzen wurden Identitäten als objektiv gegeben vorausgesetzt. Der bloße Terminus „Identitätspolitik" zeigte jedoch, dass Identität mit kulturellen Deutungen bei der Schaffung eines „historischen Gedächtnisses" durch Politik hergestellt wird. Die Transformation einer *„Identität an sich"*, eine konstruierte, für objektiv gehaltene Entität, in eine *„Identität für sich,"* die kollektives Bewusstsein aufweist, (um Marxsche Begriffe für Klassen geschaffen, zweckentfremdend zu benutzen), ist ein kollektiver Vorgang. Daher ist dieser Kampf um Anerkennung keine rein individuelle Angelegenheit. Der Begriff *Anerkennung* wurde seit Hegel gegen den liberalistischen Individualismus eingesetzt. Dabei betonte man, dass soziale Beziehungen den Individuen vorausgehen und die Intersubjektivität der Subjektivität gegenüber Vorrang habe. Neue Kategorien wie „Ethnizität", „Geschlecht" oder „Natur" haben die alten Deutungen der Gesellschaft in Begriffen von „Klasse" oder „Schicht" abgelöst. Nicht bei allen Theoretikern kam es bei dieser Entwicklung zu einem Bruch zwischen der klassischen Moderne und der Postmoderne. Die Ausläufer der Frankfurter Schule vertraten die Meinung, dass Gerechtigkeit sowohl „Umverteilung" als auch „Anerkennung" verlange, und dass man nicht – wie viele amerikanische Theoretiker, denen die marxistischen Traditionen mit ihrem Umverteilungseifer immer fremd blieben – von einem Periodisierungsschema ausgehen könne, nachdem der *„Kampf um Anerkennung"* den *„Kampf um Umverteilung"* abgelöst habe (Honneth in: Fraser/Honneth 2003: 17, 19, 146, 159, 1955). Die Vernachlässigung des Faktors von Klassen und sozialer Schichtung – als Überreaktion auf die Überschätzung des Klassenfaktors im Marxismus und in vielen Modernisierungstheorien – ist einer der schwerwiegendsten Mängel der postmodernen Identitätsliteratur.

Der Kampf um Anerkennung fand auf der Grundlage der *Konstruktion von Identitäten* statt. Der Plural ist angebracht, weil der Mensch selten so fanatisch einseitig ist, nur eine Identität zu besitzen. Umfragen zeigen immer wieder, dass die Identifikation mit mehreren Ebenen stattfinden kann, der Gemeinde, der Region, der Nation und mit Europa. In der klassischen Moderne haben die Sozialwissenschaften diese Pluralität im Begriff der *Rolle* zu fassen versucht. Er war jedoch stark an Vorgaben des Systems von oben gebunden. Schon Christian Morgenstern bäumte sich in dem Gedicht „Nachtwandler" gegen die Auflösung des Menschen in seine sozialen Rollen auf: „Redet er nicht im Schlaf? horch! ‚Wer bin ich?' Eine lebendige Litfaß-Säule etiquettiert von oben bis unten: Staatsbürger, Gemeindemitglied, Protestant, Hausbesitzer, Ehemann, Familienvater, Vereinsvorstand, Reserveleutnant .... Wagnerianer ... Kneipianer, Temperenzler – wie ruf ich, und nie Mensch?" Aber selbst in dieser literarischen Rebellion war noch die Vorstellung angelegt, dass keine dieser Rollen alle anderen überlagerte.

Die Konstruktion von Identitäten bezieht ihr Material aus der Geschichte, der Geographie, der Biologie, aus dem kollektiven Gedächtnis, verstärkt durch Angebote des politischen Systems und der Religion. Individuen und Gruppen können dabei mehrere Identitäten haben, die gelegentlich in Konflikt geraten. Drei Typen von Identitätssuche wurden in der Soziologie unterschieden: die *legitimierende Identität,* die von herrschenden Institutionen gefördert wird, die *Widerstandsidentität* der Unterprivilegierten und Ausgeschlossenen, sowie die *Projektidentität* bei Gruppen, welche die gesamte Gesellschaft zu transformieren trachten (Castells 2002: 8, 10). Letztere scheint der ideologischen Identitätsbildung am nächsten zu stehen. Sie überwog in der klassischen Moderne. Die Widerstandsidentität ist in der Postmoderne prima vista lokalistisch und gelegentlich – wie im radikalen Feminismus – wenig kommunikativ gegenüber dem Rest der Welt. Aber diese Form der Identität ist etwa bei den Ökologen zugleich global orientiert – im Sinne des Slogans: „Lokal denken, global handeln!"

Seit die marxistische Theorie sich in die luftigen Höhen eines Widerstandes gegen das – nicht mehr als Territorialstaat definierte – „Imperium" aufgelöst hat, gibt es etwa bei Hardt und Negri (2002: 119) einen Kampf um Selbstbestimmung „subalterner Nationalismen", der progressiv nur in den Händen der Unterdrückten in marginalen Regionen erscheint. Aber dieser Kampf wird in ständiger Gefahr einer reaktionären Entartung gesehen. Dies gilt für alle Einheiten, die Ansatzpunkt von Widerstand werden können. Denn reflexiv organisierte Lebensplanung muss verschiedene Optionen integrieren (Giddens 1991: 5). Das lässt viele lautstark propagierten Identitäten so widersprüchlich und keineswegs „nachhaltig progressiv" erscheinen. Nationalismus und Identitätssuche wurden progressiv bewertet, wenn sie sich *zivilgesellschaftlich* und nicht ethnisch begründeten. Darin kann man ein Fortleben der Meinungen von Hans Kohn (1944) sehen, dass es in Westeuropa eine „gute" gleichsam verfassungspatriotische, und in Osteuropa und Deutschland eine schlechte ethnozentrische Identitätspolitik gegeben habe.

Zum Glück für pragmatische Politiker liegt meist eine Gemengelage von Anerkennungs- und Umverteilungsgesichtspunkten vor, soweit nicht ethnische, religiöse oder sonstige Neofundamentalismen die Konflikte, die neue soziale Bewegungen thematisieren, für nicht lösbar halten, weil es angeblich um „alles oder nichts" gehe. Mit dieser emotionalen Verve als Folge der Identitätspolitik ist auch die Vorstellung verbunden, dass das herkömmliche demokratische Mehrheitsprinzip auf gewisse Fragen nicht anwendbar sei. Schon Robert Dahl (1956: 90) hatte einst die Frage aufgeworfen, was geschehe, wenn eine Minderheit etwas leidenschaftlich befürwortet, während die Mehrheit an ihrem Beschluss nur halbherzig hängt. Das Maß der Intensität, mit der ein Anliegen von einer Minderheit vertreten wird, lässt sich nicht einmal in einem Pluralstimmen-System einfangen. Zweifellos würden selbst die „Lauen" mobilisiert und ihr Anliegen essentialistisch hochstilisieren. Das Ergebnis wäre ähnlich wie bei der simplen Abstimmung (Offe 1984: 167).

Identitätspolitik verstärkt die asymmetrische Beziehungen im Föderalismus, es sei denn, die großen Gruppen seien annähernd äquivalent wie in Belgien, weil einige Gebiete wie Schottland oder das Baskenland beim Zentralstaat mehr heraushandeln als andere Regionen. Verfechter föderalistischer Theorien treten häufig für möglichst gleiche Rechte der Territorien ein. In multinationalen Föderationen kann es daher zu zwei Konzeptionen kommen, die mit einander konkurrieren:

- In Kanada strebten Franko-Kanadier und die Ureinwohner (*aborigines*) einen asymmetrischen Föderalismus an.
- Die Anglo-Kanadier hingegen konzipierten die ganze Föderation als ein möglichst symmetrisches Gebilde unter Gleichen und wurden des „pan-kanadischen Nationalismus" verdächtigt. Ein „multination federalism" würde einen Umdenkungsprozess der englisch-sprachigen Mehrheit erfordern (Kymlicka 1998: 166, 181).

Auch die Wiederentdeckung der Regionen und die Akzeptanz altmodisch klingender Termini wie „*Heimat*" können nicht verdecken, dass die modernen Menschen aufgrund ihrer Mobilität immer weniger „in einem Territorium" leben (Gerdes 1980: 15).

3. Regionalismus und Föderalismus

Zur Erklärung, warum der Kampf um Anerkennung solche Schärfen annahm, wurde die *Modernisierungstheorie* bemüht. Marginalisierte Gruppen verlangten Gleichwertigkeit der Lebensverhältnisse. In der marxistisch angehauchten *Dependenztheorie* wurde die Dynamik des Weltkapitalismus bemüht, der Regionen auch in den „Metropolen" marginalisiert und hoffnungslos „abhängig" erscheinen lässt, sodass von *„internem Kolonialismus"* gesprochen wurde oder gar, wie bei Michael Hechter (1975), von „institutionalisiertem Rassismus". Was schon für den „Celtic Fringe" unhaltbar war (Sturm 1981: 165ff.), ließ sich erst recht nicht bei wohlhabenderen Regionen halten. Die Südtiroler begehrten gegen die Einwanderung sehr viel ärmerer „terroni" aus dem Süden auf. Das Baskenland und Katalonien gehörten zu den reichsten Regionen in Spanien.

Die Argumente verlagerten sich daher schon vor dem *„cultural turn"* der Postmoderne auf Kultur und Sprache als bedrohtes Potential in den Regionen. Die *Theorie des Wertewandels* bei Inglehart (1977) hat die Argumente schließlich von den ökonomischen Füßen auf den kulturellen Kopf gestellt: Die Identitätssuche ist vor allem einer gewissen materiellen Saturiertheit zuzuschreiben, welche die Suche nach postmateriellen Werten ermöglicht. In der Politikwissenschaft wurden die neuen Bewegungen der Identitätssuche erst rezipiert, als sie das Netzwerk der traditionellen Bewegungen und Parteien durcheinander gebracht hatten. Alle Theorien sind im Zeitalter der Postmoderne der Verdinglichung ihrer Grundbegriffe verdächtigt worden. Eine Meta-Konflikt-Theorie wurde entwickelt, aus der Einsichten gewonnen werden, unter welchen Umständen aus dem Konflikt eine violente Auseinandersetzung werden kann (Brubaker 2004: 111).

Die Identitätsforschung hat die spektakulären Fälle von Bewegungen, die Gewalt anwendeten, gelegentlich theoretisch aufgebauscht. Die Regionalismusforschung hat ein ganz anderes Normalproblem: Im Kontext von Routinepolitik wird eher beklagt, dass das regionale Identitätsbewußtsein zu gering entwickelt ist, wenn es nicht gerade von ethnischen oder religiösen Glaubensfragen angeheizt wird. Emotionale regionale oder Länderidentität wurde als eines von neun Kriterien des „echten Föderalismus" gewertet (Abromeit 1992: 15). Diese Regionalität ist jedoch nirgends in symmetrischer Weise verbreitet, in Bayern stärker als in einem künstlich geschnittenen Land wie Rheinland-Pfalz. Eine gewisse Asymmetrie wird auch gefördert, wenn man die Intensität des Begehrens nicht zur rechtlichen Asymmetrie erhebt, weil in Bundesstaaten die Gliedstaaten in unterschiedlicher Intensität als Identifikationsobjekt dienen. Die EU, die sich pausenlos in Eurobarometern (45/1996: 88f, 42/1995: 67, 69; 2005) um die Identifizierung ihrer Bürger mit der höchsten Ebene sorgt, lieferte uns vor allem in den 1990er Jahren ständig Daten zur Rangfolge der Identifikation mit politischen Einheiten. Lange wirkten diese Daten wie jene des einstigen kommunistischen Lagers: es wurden nur Erfolge für Europa gemeldet. Erst mit dem Zerfall des Ostblocks und der neuen Öffnungspolitik der EU kam es zu Rückschlägen bei den Bekenntnissen. Europäer fühlten sich selten in erster Linie als Europäer. In diesem Zusammenhang interessiert freilich vor allem die Relation der Bürger, die sich mit einer Region und weniger mit dem Nationalstaat identifizierten:

- Spanien lag an der Spitze mit 38% der Bürger, die sich in erster Linie an der Region orientierten. Bei den Basken waren es 2005 35 %, bei den Katalanen 20%, die sich exklusiv mit der ethnischen Region identifizierten.
- Nach Spanien folgten Belgien mit 32% und Deutschland mit 27% mit hoher regionaler Identifikation.
- Auf deutsches Level kam aber auch ein Zentralstaat wie Portugal, und selbst im zentralistischen Frankreich gaben immerhin 23% an, sich in erster Linie mit der Region zu identifizieren.
- Nur in der Schweiz hat etwa die Hälfte sich vor allem mit dem Kanton identifiziert, was dem Staatsbürgerrecht entspricht, bei dem die Kantonsmitgliedschaft primär ist. Mit der Schweiz identifizieren sich die Deutsch-Schweizer am stärksten. Aber diese Identifikationen sind traditionell nicht ethnisch motiviert.

Leider fehlen vielfach Daten zu den regionalen Differenzen, außer in Spanien und Österreich (Eurobarometer 45, 1996: 88f.). Die Fragen sind zudem kaum auf politischen Wandel hin angelegt.

- Innerspanische Umfragen 1996 ergaben, dass einige Ethnien (Baskenland 22%, Katalonien 17%, Galizien 20%) mehr forderten, während ein gutes Drittel mit dem Autonomiegrad zufrieden waren. Zunehmend unproblematischer wurde eine duale Identität, die sich in gleicher Weise als spanisch und als regional-gebunden empfand (Baskenland 30.8%, Katalonien 38,9%, Galizien 47,9%, Andalusien) (Moreno 2001, 25, 60, 68f, 115). Im Eurobarometer 2005 lag die doppelte Identifikation im Baskenland sogar bei 60.4% und in Katalonien bei 74% und die spanischen Daten erreichten fast das Niveau der doppelten Loyalität im zentralistischen Frankreich (Peres/Darviche 2006: 45).
- Die Loyalitäten der Österreicher richteten sich zu 25% auf das Bundesland, am stärksten in Salzburg (39%) und erwartungsgemäß im schwäbisch-stämmigen Vorarlberg (36%). In erster Linie als Österreicher fühlten sich nur 48%, am meisten in Wien (54%), am wenigsten in Tirol (30%). Diese regionalen Differenzen haben aber abnehmende Bedeutung (Plasser/Ulram 2003: 433, 438).

Wichtiger für den Föderalismus als die diffuse Identifikation ist die Anteilnahme an der regionalen Politik.

- Der Fall Deutschland könnte vermuten lassen, dass nur in Gebieten mit einer ethnischen Identitätspolitik die regionale Politik hohe Aufmerksamkeit bei den Bürgern erreicht. In der Bundesrepublik rangierte nach einer Forsa-Umfrage von 1990 die Landespolitik in der Aufmerksamkeit der Bürger hinter der Bundespolitik, der Kommunalpolitik und angeblich selbst nach der europäischen Politik an vierter Stelle (Scharpf 1991: 146).
- Die Schweiz ist jedoch ein Gegenbeispiel, da die Kantonspolitik überwiegend keine ethnischen Funktionen entwickelte.

- Regionalbewusstsein ist nicht gleich Separatismus. Belgien zeigte 2003, dass nur 30% exklusive Identifikation mit Flandern hatten, und nur ca. 20% wollten die Unabhängigkeit von Belgien.
- Auch in Schottland waren nie mehr als 40% für die Unabhängigkeit (Swenden 2006: 276-280).

Immer gibt es doppelte Loyalitäten – für die Region und die Nation. Nationale Identität ist keine fixe immerwährende Größe, wie Primordialisten und Essentialisten gern unterstellen. Von 1982 bis 1992 hatten sich nach einer Studie die „exclusive identifiers" halbiert. Mit neuen Konflikten seit Ende der 1990er Jahre stieg der Anteil jedoch wieder (Gunther u.a. 2004: 185).

Regionale Identität wird über Zeit von verschiedenen Faktoren gefördert wie:

- wirtschaftliche Lage der Region,
- Aufbrechen von Konflikten,
- Stärke der regionalen Parteien, die das regionale Bewusstsein fördern.
- Wo Regionalparteien stark sind wie im Baskenland und in Katalonien, in Südtirol, in Bayern oder Schottland, kann die Vetomacht der Regionalparteien zu Asymmetrien im Einfluss führen.
- Wo überwiegend ein bundesweites Parteiensystem entstand wie in Deutschland (mit Ausnahme der PDS/Die Linke in Ostdeutschland und der CSU in Bayern), sind die Zentralisierungstendenzen stark. In anderen Ländern wie in Kanada ist das alte föderale Zweiparteiensystem in den 1990er Jahren erodiert und hat die Erpressungsmacht der kleineren Parteien verstärkt, obwohl Kanada am Westminstermodell des Wahlrechts festhielt und damit die Vorstellung der Hermens-Schule falsifizierte, dass ein relatives Mehrheitswahlrecht ein Bollwerk gegen Parteienfragmentierung darstelle.

Parteiensysteme waren in vielen Föderationen wie Deutschland, Österreich, Schweiz, Kanada, Australien oder USA eine wichtige Klammer des Zusammenhalts in Bundesstaaten. Selbst in Belgien, wo die Parteien voll regionalisiert sind, funktioniert die Koalitionsbildung noch leidlich, vermutlich weil es sich um ein bipolares System handelt. Parteiensysteme wurden jedoch in vielen dezentralisierten Systemen zunehmend regionalisiert wie in Kanada oder Spanien. Regionale Gruppierungen dienen als Zünglein an der Waage für die Koalitionsbildung auf nationaler Ebene. In Deutschland versucht „Die Linke", das Land gerade parteilich zu entregionalisieren. Der Devolutionsföderalismus mit seinen bilateralen Ad-hoc-Konzessionen hat selbst die meisten Regionalparteien auf die Dauer eingebunden. Wie man in Kanada sagte: „Die separatistischen Hunde bellen lauter, als sie bereit sind zu beißen".
Regionales Bewusstsein wird vielfach durch Regionalparteien gefördert. Ihre Ziele sind unterschiedlich:

Tabelle 1: Idealtypen der Aktivisten in Regionalparteien

Typen	Politische Ziele	Strategie und Taktik	Organisation
Ideologen	Unabhängigkeit Sozialreform	bewaffneter Kampf nationale Front	Avantgardepartei
Radikale	Unabhängigkeit soziale Transformation	Massenmobilisierung bewaffneter Kampf begrenzte Wahlteilnahme	Massenpartei offene Mitgliedschaft
Politiker	soziale Transformation, Selbstbestimmung	gewaltlose direkte Aktion, Wahlen	Massenpartei, offene Mitgliedschaft

Quelle: C. L. Irvin: Militant Nationalism. Minneapolis, University of Minnesota Press, 1999: 30

Die Parteienforschung konnte zeigen,

- dass die Wähler zwar die Identitätsparteien bei schlechten wirtschaftlichen Entwicklungen weniger hart abstrafen als die Parteien, die Schichten und soziale Interessen vertreten.
- Andererseits sind ethnische Identitätsparteien außer im regionalen Bereich allein nicht regierungsfähig. Sie haben in der Regel Konzessionen an die Verteilungspolitik der Koalitionspartner gemacht, die sich für ihre Erhaltung positiv auszahlten. Das Parteiensystem ist selbst im unitarischen Bundesstaat Deutschlands bei einigen Wissenschaftlern schon zur Hoffnung geworden, weil es durch flexible Koalitionen die institutionellen Blockaden aufbricht und in den Politikfeldern „Beipässe" legt, um den „Entscheidungsinfarkt" zu vermeiden.

Lingua franca oder Mehrsprachigkeit?

Trotz globaler Visionen sind einstweilen die Sprachregime in Europa noch sehr differenziert. Diese Vielfalt wurde von Kraus (2004: 117) in ein übersichtliches Schema gebracht (Matrix 2). Die Europäisierung hat die Gewichte zwischen ethnischen Gruppen und föderalen Einheiten verschoben. Anfangs schien Französisch durch die EG begünstigt. Je mehr Länder integriert wurden, umso stärker wurde der Druck zugunsten von „global English". In einer Studie der EU (Les Européens 2001) gaben an:

- 41% an, Englisch als zweite Sprache zu beherrschen.
- Es folgten in weitem Abstand Französisch mit 19%,
- Deutsch mit 10%, und
- Spanisch mit 7%. Einige Autoren befürworten bereits Englisch als einzige „lingua franca" und kritisieren vor allem die französische Sprachpolitik (Siedentop 2002:

201f.). Englisch statt Latein stößt jedoch auf das Problem, dass es sich um die Sprache eines europäischen Nationalstaats und der Supermacht Amerika handelt. Wo Vorbehalte gegen beide bestehen, kann Englisch nicht die Neutralität des Lateinischen als der Sprache eines untergegangenen Reiches entwickeln.

- Einige Länder wie die Niederlande oder Dänemark können sich mit dieser „lingua franca" anfreunden.
- Andere, wie Frankreich, träumen noch von der Zeit ihrer sprachlichen Vorherrschaft und versuchen wenigstens das Englische einzudämmen, obwohl das „franglais" auch nach Frankreich hineinschwappt.
- Der Vorteil für ein Land wie Großbritannien, die offizielle Sprache zu sprechen, wird freilich auch durch das Leiden der englischen Eliten an der Kreolisierung ihrer Sprache im Zeitalter der Globalisierung aufgewogen. Je stärker die Rolle des Englischen als „instrumentelles" Kommunikationsmittel wird, umso geringer ist die Relevanz im expressiven Bereich der Sprache, weshalb andere Autoren eher skeptisch gegenüber einer lingua franca sind (Kraus 2004: 195, 211f.). Jedenfalls besteht keine Illusion mehr, wie sie einst die Esperanto-Anhänger nährten, dass mit einer Weltsprache die Konflikte in der Welt verschwinden würden. Die Dominanz des Englischen droht in multiethnischen Staaten die Balance zu sprengen, etwa wenn die Schüler in den Schweizer Kantonen in ihren Schulen lieber Englisch als Deutsch oder Französisch lernen.

Matrix 2: Anerkennung der Mehrsprachigkeit in westeuropäischen Staaten

Anerkennungsprinzip	personal	territorial
partiell	Schutz von Sprachminderheiten (z.B. Sorben in Deutschland)	sprachliche Autonomie (deutsch in Südtirol)
Reichweite		
uneingeschränkt	Bilingualismus (z.B. Belgien)	Sprachföderalismus (Finnland, Irland, Verwaltung zweisprachig)

Quelle: Kraus 2004

4. Bundesstaatsreform und Effizienz im Föderalismus

Die neuere wissenschaftliche Literatur legt sich nicht mehr auf ein evolutionär-fortschrittliches Modell fest und falsifiziert solche Pauschalaussagen über die generelle Überlegenheit des föderalistischen Systems in der Policy-Performanz (Keman 2000: 222).

- Die gute Nachricht für die Föderalismusforschung lautete, dass stark föderalisierte oder dezentralisierte Staaten „weniger Staat“, mehr Wohlstand und weniger Elend produzierten. Lag das wirklich am Föderalismus, oder waren die Föderationen, die untersucht wurden, meist unter den reichen Staaten?
- Die schlechte Nachricht lautete, dass der Zusammenhang zwischen Dezentralisation und Wohlfahrt eine Frage des Grades darstelle.
- Verallgemeinerungen über die Performanz sind meist nach wenigen Jahren falsifiziert worden. Sinnvoller sind Urteile über einzelne Politikfelder. In der Inflationsbekämpfung (Lancaster/Hicks 2000) und bei der Einschränkung der Staatsverschuldung (Busch 1995, dagegen Wagschal 1996: 162) wurde ein Vorsprung föderaler Staaten vor zentralisierten Systemen festgestellt. Nicht so sehr der Bundesstaat an sich als vielmehr die jeweilige Haushaltspolitik wurde als entscheidend für die Performanz angesehen (Sturm 1989; Lane/Ersson 1996: 34; Merkel u. a. 2006: 104). Eine Studie mit sieben makroökonomischen Indikatoren in 18 OECD-Ländern von 1960 bis 1994 konstatierte Einflüsse des Faktors Föderalismus bei Einkommenstransfers und „social wage“. Beim Wachstum wirkte der Faktor Föderalismus nur in Verbindung mit dem Korporatismus (Lancaster/Hicks 2000: 238). Da es unter den Nationalstaaten nur wenig vergleichbare Bundesstaaten gibt, hat sich der Vergleich der Performanz von Länderregierungen angeboten, der zugleich die Frage beantwortet *„do parties matter“*? Das Profil der Performanz von Parteien in den Ländern weicht gelegentlich stark von dem im internationalen Vergleich vermuteten Profil ab. In der Bildungspolitik der deutschen Länder hat eine neuere Studie (Wolf 2006: 208f) Befunde zu Tage gefördert, die dem Image der Parteigruppierung widerspricht: Die *SPD* schnitt bei den Bildungsausgaben schlechter ab als unionsgeführte Länder. Zur Erklärung wird angeführt, dass die Kernanhängerschaft eher Einsatz in der Berufsausbildung erwartet und dass die deutsche Arbeiterbewegung historisch betrachtet Bildung nachrangig behandelte.

Die sozio-ökonomische Performanz erwies sich am günstigsten bei den föderalen Staaten, die zugleich dezentralisiert waren (Keman 2000: 223). Föderalismus und Zentralismus werden nicht mehr als ontologische Einheiten gegenübergestellt, sondern sind Pole auf einer Skala von Übergängen im Dezentralisierungsgrad. Nicht nur Föderalismus-Studien sind vonnöten, sondern *„intergovernmental relations“* werden zum Fokus der neuen Forschung. Zudem sollten die territorial angelegten Entscheidungsfindungsmechanismen mit den eher auf funktionale Gruppen zugeschnittenen Kooperationsmustern verglichen werden, um dem Föderalismus keine übertriebene Wirkungsmacht zuzuschreiben.

Die Performanz war auch nicht auf allen Sektoren in gleicher Weise generalisierbar.

- Die Inflationsbekämpfung scheint in föderalen Staaten besser zu funktionieren, weil diese die Kontrolle einer unabhängigen Bundesbank zu übertragen pflegen.
- Die Gewichte der Einschätzungen des Föderalismus sollten sich binnen zwanzig Jahren verschieben. In der Ära des weltweiten Protests der späten 1960er Jahre galt

der Föderalismus im Zeitalter einer partizipativen Demokratie eher als archaisches System, das den Fortschritt hemmte. Die Identitätspolitik hingegen wurde aufgewertet, vor allem dort, wo man einen ethnischen Protest zugleich als Klassenprotest werten konnte. Der einst überwiegend marxistische Widerstand gegen die imperialen Nationalstaaten hat den Föderalismus mit Marx und Lenin allenfalls in multinationalen Systemen akzeptiert. Die Bewegung mündete meist in einen libertären Radikalismus, und seine Wortführer fanden vielfach bei den ökologischen Parteien eine Heimat. Kaum hatten sich die Protestbewegungen im Parteiensystem – überwiegend als ökologische Parteien – etabliert und in Gliedstaaten von Föderationen und in Regionen von dezentralisierten Zentralstaaten ihre ersten Wahlerfolge erzielt, wandelte sich das Bild des Föderalismus. Im Zeitalter der Postmoderne wurde die rational zu erfassende Fortschrittlichkeit nicht mehr nur ökonomisch gemessen.

Wichtiger als die territoriale Abgrenzung aber scheint die Verwirklichung eines Minimums an Zivilgesellschaft und der generellen Respektierung von Minderheitenrechten. Die Migrationen im Zeitalter der Globalisierung werden solche künstlich stabilisierten Grenzen zunehmend aushöhlen. Im Zeitalter der Globalisierung und Europäisierung kann der Nationalstaat zunehmend weniger für die nationale und ethnische Homogenität der Bürger tun. Erziehung und Kultur sind internationalen Medien ausgesetzt. Schulen – oder die Armee im Zeitalter der Berufsheere – dienen als Sozialisationsagenturen nationaler Identität nicht mehr im gleichen Maß wie in der Zeit der klassischen Moderne. Zudem führt die Globalisierung zum Zweifrontenkrieg, weil die Schwäche des Nationalstaats die regionalen Identitäten als wirkungsvollere Einheiten ermutigte, ihre Identität konstruierend zu verstärken.

Die Kritik am Konservatismus des Föderalismus war auch nach dem Zweiten Weltkrieg noch nicht ausgestorben. In der Regel wird jedoch in der Literatur nicht mehr Rikers (1964: 145, 153) Verdacht geteilt, dass die Entscheidungskosten in Bundesstaaten den kollektiven Nutzen übersteigen und dass der Föderalismus einen Bonus auf die „Tyrannei der Minderheit" setze. Dennoch blieb es ein historisches Verdienst Rikers, darüber nachgedacht zu haben, wer jeweils der größte Nutznießer einer Föderation ist.

- Zu seiner Zeit schienen das die Weißen der Südstaaten in den USA,
- Québec in Kanada,
- die „landlords" der landwirtschaftlich unterentwickelten Gebiete Indiens,
- in Deutschland der nicht-preußische Südwesten.
- Selbst für Australien, wo kein einzelner Nutznießer festgestellt wurde, schienen die Handelsinteressen am meisten zu profitieren, weil sie durch föderale Vetogruppenpolitik den zentralstaatlichen Regulierungen weitgehend ausweichen konnten. Die vergleichende Systemforschung zeigte freilich, dass die Kapitalinteressen dafür den Föderalismus nicht brauchen, ja dass er ihnen in der Kleinteiligkeit der Regulierungen eher lästig ist. Mitra (2000: 51), ein Schüler Rikers, hat für Indien belegen können, wie sich die Interessen seit Rikers wichtigem Buch auch

verlagern können. Die „neuen Regionalisten" haben nicht mehr die gleichen dezentralisierten Interessen wie einst die „alten Regionalisten". Sie stellen nicht mehr eine agrarische Oligarchie da, sondern sind hoch mobile und gebildete urbane Kapitalisten. Auch in der deutschen Föderalismusreform 2005/06 haben die großen Verbände meist für stärkere Bundeskompetenzen geworben.

Konklusion: Die Herausforderungen des asymmetrischen Föderalismus

Der postmoderne Föderalismus ist verschiedenen Herausforderungen ausgesetzt, welche die Asymmetrien verstärken:

(1) Die Asymmetrien werden durch *ethnische Konflikte* vorangetrieben, ohne den betroffenen ethnischen Gruppen ein Gefühl voller Zufriedenheit zu verschaffen. In der Rational-choice-Literatur werden solche Konflikte meist ausgeklammert, vielleicht weil ethnische Identitätspolitik als *irrational choice* abgetan wird. Wenn man Spanien, Belgien, den Jura-Konflikt in der Schweiz oder das konfliktreiche Indien in der vergleichenden Analyse nicht berücksichtigt, lässt sich ein leidlich symmetrisches Design von Forschungsfragen herstellen.

- Der Drang in der Europäischen Union den Regionalismus auszubauen, wird gelegentlich so empfunden, als ob damit die Bundesländer an die Wand gedrängt werden sollten. Der herkömmliche Länder-Föderalismus erschien einigen Autoren (Umbach 1998: 11) im Vergleich zum neuen Regionalismus bereits altertümlich und unflexibel.
- Wo etablierte föderale Länder existieren, werden sie überwiegend wie Regionen auftreten können, wenn sie keine Übergröße wie Nordrhein-Westfalen oder Untergröße wie das Saarland aufweisen.
- Sie besitzen zudem mehr eingespieltes administratives Knowhow als die vielfach künstlich geschaffenen Regionen in Frankreich oder Italien.
- In Belgien hingegen werden die sprachlich definierten Landesteile eifersüchtig darüber wachen, dass die Regionen innerhalb der ethnischen Landesteile kein allzu unkontrolliertes Leben führen.
- In den neuen EU-Ländern sind Regionen meistens noch auf dem Papier wie in Polen oder in Slowenien, wo der Regierung vorübergehend nur zwei Regionen einfielen: Hauptstadt Ljubljana und „Nicht-Ljubliana".

Aber auch durch EU-Förderung werden die regionalen Bäume nicht in den Himmel wachsen. Nicht in allen Regionen wird man das gleiche Regionalbewusstsein finden können. Man wird sich damit abfinden, dass Engländer, Kastilier und Andalusier und weite Regionen Italiens nicht das Regionalbewusstsein von Schotten, Basken oder Südtirolern entwickeln können. Nicht alle theoretisch möglichen Regionen fühlen sich als „Irredenta" und wollen von einem neuen Design-Devolutions-Föderalismus „erlöst" werden. Das bedeutet, sich mit zunehmenden Asymmetrien im System abzufinden und flexibel auf die immer neuen Herausforderungen der Identitätspolitik zu reagieren. Selbst dort, wo das Regionalbewusstsein stark entwickelt ist wie in Spanien, haben die ständigen Kompetenzzuwächse keine entsprechende Zufriedenheit der Regionalbürgerschaft erzeugt. Es kam zu einer „*blame avoidance*".

- Mißerfolge regionaler Politik wurden wegen der angeblich mangelnden finanziellen Unterstützung durch den Nationalstaat auf diesen abgewälzt.
- Andererseits wurde bei großzügiger Unterstützung der „goldene Zügel" kritisiert, wenn der Nationalstaat für seine Subsidien die Verwendungsrichtlinien vorgab. In einigen Föderationen konnte es dazu kommen, dass die regionalen Einheiten die Angebote ausschlugen und „Verschiedenheit und Eigenverantwortung" für einen höheren Wert erklärten als „interregionale Gleichheit." Was in Österreich die „Verländerung der Staatsausgaben" genannt wurde, konnte freilich ebenfalls Unzufriedenheit erzeugen, weil das Danaergeschenk von mehr Autonomie nicht ausreichte, um die steigenden Kosten für den Sozialstaat zu decken.

(2) *Migration und Umschichtung* schaffen neue Gruppen und Gemeinschaften, die keine territoriale Abgrenzung haben. Die Mobilität der Gesellschaften lässt selbst rechtlich abgesicherte Sprach- und Schulbezirksgrenzen wie in Belgien oder am Schweizer „Röstigraben" immer löcheriger werden. Die herkömmliche Theorie des Föderalismus hat die Territorialität von Machtbeziehungen unterstellt. Diese stammte jedoch aus dem absolutistischen Denken, gegen das alle wichtigen föderalistischen Theorien gerichtet waren. Erst für das 21. Jahrhundert wurde der „territoriale Imperativ" für überholt erklärt.

- Kanada erschien als Vorreiter einer konkordanzdemokratischen Gesellschaft mit parallelen Organiationen, die etwa bei den „*aborigines*" und zum Teil bei den frankophonen Kanadiern nicht mehr territorial organisiert waren (Elkins 1995: 13, 166).
- Auch in der europäischen Implementationsforschung (Marin/Mayntz 1991) wurden ähnliche Gedanken entwickelt, wie sie sonst eher aus der ethnischen Identitätspolitik zu hören waren. Die Regionalismusforschung hat solche Aufweichungen nicht immer begrüßt und plädierte lieber für eine regionale Wiederbelebung des „politischen Raums" (Keating/Loughlin 1997: 11). Für Territorialisten sind die Netzwerk-Phantasien einiger Theoretiker schon eine Art „Eigentor", das „governance" erschwert. .

Die *Personal-Autonomie,* die einst in Österreich-Ungarn angedacht wurde und Bürger unabhängig vom Wohnort zu Trägern bestimmter Rechte machen wollte, hat den Vorteil, universell anwendbar zu sein und keine neuen Herrschaftsstrukturen zu schaffen. Sie stößt auf zunehmendes Interesse der Experten (vgl. Oeter in: Frowein u.a. 1994 II: 539) und wird vermutlich zur Lösung der Probleme auch von den politischen Akteuren wieder entdeckt werden, da die territoriale Parzellierung ethnischer und anderer Gruppenansprüche immer weniger gelingen kann.

- Die Schweiz, Belgien, Kanada, Russland oder Indien würden profitieren, wenn sie die territorialistische Sperre in den Köpfen gegenüber unorthodoxen Lösungen lockern könnten.
- Die Migrationszentren in Europa und Amerika werden sich an solche Modelle „heranlieben" müssen, weil ihre ethnischen Probleme nur noch in Stadtteilen mit türkischen Mehrheiten wie Berlin-Kreuzberg oder Hamburg-Sankt-Georg – oder Downtown-Los Angeles, wo man sich schon spanisch durchschlagen muss – eine territoriale Komponente besitzen.
- Das Modell der Austromarxisten hätte zudem den Vorteil, dass es Länder mit unitarischen Traditionen, die sich noch an den Souveränitätsbegriff klammern, gewinnen könnte, weil das System gerade einen relativ unitarischen Staat voraussetzt. Niemals getestet wurde, wie sich eine individuelle personale Autonomie mit kollektiven territorialen Autonomien im Bundesstaat harmonisieren ließe. Ungeklärt bleibt auch das Problem der doppelten Loyalität, die sich in Doppelsprachigkeit oder „doppelter Halbsprachlichkeit" niederschlägt, sodass sich die Kulturen nicht mehr säuberlich trennen lassen. Hier würde wohl die individuelle Option den Ausschlag geben müssen.

(3) Der Traum von der Symmetrie der regionalen Kräfte ist immer neuen *asymmetrischen Dynamiken* ausgesetzt. Die Vorstellung, man könnte durch einen symmetrischen Föderalismus diese Dynamik aufhalten, ist unrealistisch. Zudem hat die Herstellung von strikter Symmetrie den Nachteil, dass in Gebieten, die kein regionales Bewusstsein politisieren, wie England, Nordfrankreich, Mittelitalien oder Kastilien kostenreiche Strukturen und Bürokratien entstehen müssten. Die Klagen über die „überbezahlten Stammtische" deutscher Länder dienen als Warnung.

Die zunehmende Asymmetrisierung des Föderalismus durch Identitätspolitik kleinerer Einheiten hat *Abwehrstrategien* herausgefordert:

(1) Ein Gegenmittel schien der *kooperative Föderalismus* zur Koordination gemeinsamer Anliegen. In vielen Bundesstaaten förderte er die Zentralisierung, weil der Nationalstaat für viele kooperative und konsultative Gremien die Federführung übernahm. Es wurde in Deutschland vielfach bedauert, dass Adenauer und die Gründergeneration im Parlamentarischen Rat für den Föderalismus nicht viel übrig hatten und dass sie erst später – vor allem in der EU – das Bekenntnis zum Föderalismus wie eine Monstranz vor sich her getragen hätten (Lehmbruch 2002: 54). Die Entdeckung der „Pfadabhängigkeit" hatte das Verdienst, die historische Dimension in der Föderalismusforschung wieder zu erkennen. Sie war jedoch in Gefahr, aufgrund von Ex-post-facto-Urteilen selbst a-historisch zu werden. Die Entdeckung der Pfadabhängigkeit führte zur Entlarvung von unitarischen „Geburtsfehlern" des deutschen Föderalismus. Ist es aber historisch realistisch anzunehmen, Bismarck hätte 1871 einen „echteren" Föderalismus schaffen können? Die Konsequenz wäre gewesen, das sich als Sieger fühlende Preußen aufzulösen. Ein preußischer König, der schon die Kaiserkrone nur widerwillig annahm, hätte das monarchische Prinzip mit Füßen treten müssen und die Bundesratsrepräsentation der Fürsten, die ihm zum Teil halbherzig in den Krieg gegen Frankreich

gefolgt waren, nicht entstehen lassen dürfen. Selbst der sehr viel liberalere Nationsbildner Cavour hat in Italien keinen Föderalismus angestrebt, für den der bekannteste Theoretiker der Einigung, Giuseppe Mazzini, durchaus die „Blaupause" im Geiste Proudhons anzubieten hatte (vgl. v. Beyme 2002: 247ff.). Der deutsche Föderalismus trägt an einer strukturellen Lebenslüge:

- die Tendenzen zum unitarischen Bundesstaat werden kritisiert,
- aber im Zweifel hat die Gleichwertigkeit der Lebensverhältnisse Vorrang. Deutschland hat gerade wegen seiner historischen Zersplitterung in der territorialen Organisation – wie in der Organisation der funktionalen Verbände – eine zentralistische Ideologie gegen die Kleinstaaterei entwickelt, die bis heute fortwirkt.

(2) In Zeiten der Krise nach 1918 und 1949, als die politischen Kräfte gebündelt werden mussten, schien die Unitarisierung als eine lässliche, wenn nicht gar unerlässliche Sünde. Die Schrumpfung des Territoriums führte zu einem Zusammenrücken der Restbevölkerung. Nach dem Ende der fetten Jahre und einer schleichenden wirtschaftlichen Stagnation wäre das klare Bekenntnis zur Unitarisierung wahrscheinlich sinnvoller als das erneute Vorsichhertragen der Monstranz des Föderalismus. Dass Ladenschlussgesetze dezentralisiert werden können, ohne den Kern des Verbundföderalismus in Frage zu stellen, ist einsichtig. Aber es gibt wichtigere Entscheidungen. Man kann nicht unaufhörlich über den Niedergang von Wissenschaft und Bildung jammern und zugleich hoffen, dass weitere Kompetenzübertragungen an die Länder dort überall „clusters of excellency" schaffen werden. Geburtsfehler kann man ab einem gewissen Alter nicht mehr korrigieren, stellte Lehmbruch fest. Vielleicht sollte man sich zu ihnen bekennen und mit ihnen leben lernen. Österreichs Unitarisierung ist dem Land seit 1990 besser bekommen als Deutschland seine Halbherzigkeit zwischen Föderalismus und Unitarisierung. Neuere Analysen scheinen zu dieser Konzession bereit: „Die Defizite, die aus der Politikverflechtung resultieren, werden überschätzt" (Benz in: Benz/Lehmbruch 2002: 392). Blockierte Systeme öffnen sich erfahrungsgemäß nur unter Problemdruck. Die deutsche Einigung hat diesen vorübergehend geschaffen, und dabei hat die Politikverflechtung sich als überraschend handlungsfähig erwiesen, schon weil die Länder sich von kostenreichen Engagements in den neuen Bundesländern gern dispensieren ließen.

Dezentralisierung ist sektoral weiterhin angebracht. Aber vielleicht sollte man sich dabei eher auf die Verlierer aller Glaubenskriege um den Föderalismus besinnen, die Kommunen. Es scheint zunehmend so, dass sie bei Dezentralisierungen von Einheitsstaaten zunehmend am besten fahren. Solche Ansichten werden eher dem Deutschen Städtetag als der Bayerischen Landeszentrale für Politische Bildung oder der Hanns-Seidel-Stiftung der CSU gefallen, die einige Verdienste um eine normative Konzeption des Föderalismus erwarben. Aber es gibt einen Trost: Unitarische Zurufe aus der Wissenschaft bleiben vermutlich einflusslos. Etablierte Länderinteressen werden eher Dezentralisierungsschübe dankbar aufgreifen, als Zentralisierungstendenzen mittragen. Es gibt jedoch auch Stimmen, die nicht nur die Neuordnungsdebatte, sondern auch die Diskussion um die Kompetenzverteilung im internationalen Vergleich übertrieben finden. In der Tat: Wenn wir eifrig diskutieren, ob Bremen oder das Saarland im Namen der Effizienz als Bundesländer verschwinden müssten, würde niemand auf die Idee kommen, Zwergstaaten wie Glarus in der Schweiz oder Connecticut in den USA zu degradieren. Der Parteienstaat, der einst als Widerpart der föderalistischen Logik angesehen wurde (Lehmbruch 1998, 2000), hat nun sogar Hoffnungen geweckt. Die Pluralisierung des deutschen Parteiensystems könnte die Flexibilisierung des Föderalismus bewirken (Grande 2002: 209).

(3) Symmetrie im Föderalismus schien einst eine Forderung der kleineren und schwächeren Einheiten. Angesichts der Privilegien, welche die Asymmetrisierung des Föderalismus für die ethnischen Sonderheiten schuf, gibt es in einigen Devolutionssystemen und Bundesstaaten wie Spanien oder Kanada, auch die Gegenbewegung der größeren Einheiten, die wieder mehr Symmetrie herstellen möchten. Die gegenwärtige Asymmetrisierung des Föderalismus im Zeitalter der Globalisierung der Ökonomie und der Re-Ethnisierung mancher Staaten muss daher nicht das letzte Wort der Geschichte bleiben. Immer neue Formen der Identitätspolitik sorgen für Unruhe im System und verhindern, dass die Statik des herkömmlichen Föderalismus zum langweiligsten Forschungsgegenstand der Politikwissenschaft wird. Bei den Institutionen wird – wie bei Kulturprodukten – der Traum von der unbefristeten Beständigkeit geträumt. Aber dem Kulturwert der Dauer, dem *„dur désir de durer“* (Paul Éluard), korrespondiert in ironischer Spiegelung der „ökologische Wert des Verfalls“ (Assmann 1999: 348). Dennoch kann auch postmoderne Wurstigkeit gegenüber dem Wunsch nach Dauer im Bereich der Institutionen nicht die gleiche „Lust am vergänglichen Müll“ produzieren wie in der neuesten Kunst eines Ilya Kabakow.

Eine Nachkriegsentwicklung wurde als Bewegung vom *„statism“* zum „Föderalismus“ bezeichnet. In der Postmoderne hatte sich der Föderalismus an den *„post-statism“* anzupassen (Watts 2000: 4). Dennoch ist der „statism“ nicht das letzte Wort in der Föderalismusanalyse. Funktionale Imperative stimmen heute den Analytiker milder gegenüber Irregularitäten und Asymmetrien im Patchwork territorialer Politik.

- Die Europäische Union wird bereits mit dem Begriff *„treaty federalism“* bedacht, der aus der Sphäre der kanadischen Indianerrechte stammt (Hueglin 2000: 141) und vor allem dem Schutz von Rechten der Bürger dient. *Nicht-territorialer Föderalismus* ist eine Vision im Zeitalter der Globalisierung, das die Souveränitätsdebatten obsolet werden lässt, die auch viele Föderalismustheorien beherrscht haben.
- Ein symmetrischer Föderalismus – nur von einigen Pfadabhängigkeiten historisch beeinträchtigt – der sich in jedes Rational-Choice-Forschungsdesign einfügt, ist ein Traum – und nicht einmal ein schöner!
- Das Lob des asymmetrischen Föderalismus bezieht sich jedoch in erster Linie auf die rechtliche Seite von Föderationen.
- Für die sozialstaatlichen Leistungen der Bundesstaaten wünscht man sich in Europa hingegen keineswegs die Ungleichgewichtigkeiten, welche die USA tolerieren und einige Neoliberale auch bei uns gern in Kauf nehmen würden.

Literatur

Abromeit, Heidrun: Der verkappte Einheitsstaat. Opladen, Leske & Budrich, 1992.

Assmann, Aleida: Erinnerungsräume. Formen und Wandlungen des kulturellen Gedächtnisses. München, Beck, 1999.

Benz, Arthur: Themen, Probleme und Perspektiven der vergleichenden Föderalismusforschung. In: Benz, Arthur/Lehmbruch, Gerhard (Hrsg.): Föderalismus. Wiesbaden, Westdeutscher Verlag, 2002: 9-53.

v. Beyme, Klaus: Die Parlamentarischen Regierungssysteme in Europa. München, Piper, 1973, 2. Aufl. Die parlamentarische Demokratie. Wiesbaden, Westdeutscher Verlag, 1999. 3. Aufl.

v. Beyme, Klaus: Politische Theorien im Zeitalter der Ideologien 1789-1945. Wiesbaden, Westdeutscher Verlag, 2002.

Brubaker, Rogers: Ethnicity without Groups. Cambridge/Mass., Harvard University Press, 2004.

Burger, R.: Die falsche Wärme der Kultur. Fußnote zu einem neuen Bedürfnis. In: Informationen zur politischen Bildung, Nr. 3, 1992: 10-16.

Busch, Andreas: Preisstabilitätspolitik: Politik und Inflationsraten im internationalen Vergleich. Opladen, Westdeutscher Verlag, 1995.

Castels, Manuel: Die Macht der Identität. Teil 2 der Trilogie: Das Informationszeitalter. Opladen, Leske & Budrich, 2002.

Conlan, T.: From New Federalism to Devolution. Twenty-Five Years of Intergovernmental Reform, Washington/DC., Brookings, 1998.

Dahl, Robert: A Preface to Democratic Theory. Chicago, Chicago University Press, 1956.

Duchacek, Ivo D.: Comparative Federalism: The territorial dimension of Politics. Lanham/MD, University Press of America, 1987[2].

Elazar, Daniel J.: Federalism and the Way to Peace. Essays. Kingston/Ontario, Queens University, Institute for Intergovernmental Relations, 1994.

Elkins, Daniel J.: Beyond Sovereignty: Territory and Political Economy in the Twenty-First Century. Toronto, Toronto University Press, 1995.

Fraser, Nancy/Honneth, Axel: Umverteilung oder Anerkennung? Eine politisch-philosophische Kontroverse. Frankfurt, Suhkamp, 2003.

Frowein, Jochen A. u.a. (Hrsg.): Das Minderheitenrecht europäischer Staaten. Berlin, Springer, 1994, Teil 2.

Gerdes, Dirk (Hrsg.): Aufstand der Provinz. Regionalismus in Westeuropa. Frankfurt, Campus, 1980.

Giddens, Anthony: Modernity and Self-Identity. Cambridge, Polity, 1991.

Gunther, Richard/Montero, José R./Botella, Juan: Democracy in Modern Spain. New Haven, Yale University Press, 2004.

Habermas, Jürgen: Können komplexe Gesellschaften eine vernünftige Identität ausbilden? In: Ders.: Zur Rekonstruktion des Historischen Materialismus. Frankfurt, Suhrkamp, 1976: 92-126.

Hardt, Michael/Negri, Antonio: Empire. Die neue Weltordnung. Frankfurt, Campus, 2002.

Hechter, Michael: Internal Colonialism: The Celtic Fringe in British National Development, 1536-1966. Berkeley, University of California Press, 1975.

Hueglin, Thomas O.: From Constitutional to Treaty Federalism: A Comparative Perspective. Publius, Jg. 30, Nr.4, 2000: 137-153.

Inglehart, Ronald: The Silent Revolution. Changing Values and Political Styles Among Western Publics. Princeton, Princeton University Press, 1977.

Giddens, Anthony: Modernity and Self-Identity. Cambridge, Polity, 1991.

Grande, Edgar: Parteiensystem und Föderalismus. Institutionelle Strukturmuster und politische Dynamiken im internationalen Vergleich. In: A. Benz/G. Lehmbruch (Hrsg.): Föderalismus. Analysen in entwicklungsgeschichtlicher und vergleichender Perspektive (PVS-Sonderheft 32, 2001). Wiesbaden, Westdeutscher Verlag, 2002: 179-212.

Keating, Michael/Loughlin, J.: The Political Economy of Regionalism. London, Frank Cass, 1997.

Keman, Hans: Federalism and policy performance. In: U. Wachendorfer-Schmidt (Hrsg): Federalism and Political Performance. London, Routledge, 2000: 196-227.

Kraus, Peter A.: Europäische Öffentlichkeit und Sprachpolitik. Frankfurt, Campus, 2004.

Kymlicka, Will: Finding Our Way. Rethinking Ethnocultural Relations in Canada. Oxford, Oxford University Press, 1998.

Lancaster, Thomas/Hicks, Alexander: The impact of federalism and neo-corporatism on economic performance: an analysis of eigtheen OECD countries. In. U. Wachendorfer-Schmidt (Hrsg): Federalism and Political Performance. London, Routledge, 2000: 228-242.

Lane, J.-E./Ersson, S.: The Federal Model: Is it Superior? Berlin, Discussion Paper, 1996.

Lehmbruch, Gerhard: Parteienwettbewerb im Bundesstaat. Regelsysteme und Spannungslagen im Institutionengefüge der Bundesrepublik Deutschland. Opladen, Westdeutscher Verlag, 1998, 2.Aufl., 2000, 3.Aufl.

Lehmbruch, Gerhard: Bundesstaatsreform als Sozialtechnologie? Pfadabhängigkeit und Veränderungsspiele im deutschen Föderalismus. In: Jahrbuch des Föderalismus 2000. Baden-Baden, Nomos, 2000: 71-94.

Lehmbruch, Gerhard: Der unitarische Bundesstaat in Deutschland: Pfadabhängigkeit und Wandel. In: Benz, Arthur/Lehmbruch, Gerhard (Hrsg.) : Föderalismus. Analysen in entwicklungsgeschichtlicher und vergleichender Perspektive.(PVS-Sonderheft 32, 2001). Wiesbaden, Westdeutscher Verlag, 2002 : 53-110.

Les Européens et les langues. Eurobaromètre 54 spécial. 2001.

Marin, Bernd/Mayntz, Renate (Hrsg.): Policy Networks: empirical evidence and theoretical considerations. Frankfurt, Campus/Boulder, Westview, 1991.

Merkel, Wolfgang u.a.: Die Reformfähigkeit der Sozialdemokratie. Regierungspolitik in Westeuropa. Wiesbaden. VS-Verlag, 2006.

Mitra, Subrata K.: The nation, state and the federal process in India. In: U. Wachendorfer-Schmidt (Hrsg): Federalism and Political Performance. London, Routledge, 2000: 40-57.

Moreno, L.: The Federalization of Spain. London, Frank Cass, 2001.

Offe, Claus: Politische Legitimation durch Mehrheitsentscheidung. In: Guggenberger, Bernd/Offe, Claus (Hrsg.): An den Grenzen der Mehrheitsdemokratie. Opladen, Westdeutscher Verlag, 1984: 150-183.

Peres, H./Darviche, Mohammad-Said: Comparer des dynamiques indentitaires avec Juan Linz. Les case de l`Espagne et de la France. Montpellier, Colloque international, Sept. 2006 (mimeo).

Plasser, Fritz/Ulram, Peter A.: Regionale Mentalitätsdifferenzen in Österreich. In: Dachs, Herbert (Hrsg.): Der Bund und die Länder. Über Dominanz, Kooperation und Konflikte im österreichischen Bundesstaat. Wien, Böhlau, 2003: 421-440.

Riker, William: Federalism. Origin, Operation, Significance. Boston, Little Brown, 1964.

Scharpf, Fritz W.: Entwicklungslinien des bundesdeutschen Föderalismus. In: B. Blanke/H. Wollmann (Hrsg.): Die alte Bundesrepublik. Kontinuität und Wandel. Opladen, Westdeutscher Verlag, 1991: 146-159.

Siedentop, Larry: Democracy in Europe. London, Penguin, 2000. Dt.: Demokratie in Europa. Stuttgart, Klett-Cotta, 2002.

Sturm, Roland: Nationalismus in Schottland und Wales. Bochum, Brockmeyer, 1981.

Sturm, Roland: Haushaltspolitik in westlichen Demokratien. Ein Vergleich des haushaltspolitischen Entscheidungsprozesses in der Bundesrepublik Deutschland, Frankreich, Großbritannien, Kanada und den USA. Baden-Baden, Nomos, 1989.

Swenden, Wilfried: Federalism and Regionalism in Western Europe. Basingstoke, Palgrave Macmillan, 2006.

Umbach, Dieter C.: Föderalismus und Regionalismus. In: Männle, Ursula (Hrsg.): Föderalismus zwischen Konsens und Konkurrenz. Baden-Baden, Nomos, 1998: 111-119.

Wagschal, Uwe: Staatsverschuldung. Ursachen im internationalen Vergleich. Opladen, Leske & Budrich, 1996.

Waldmann, Peter: Ethnischer Radikalismus: Ursachen und Folgen gewaltsamer Minderheitenkonflikte am Beispiel des Baskenlandes, Nordirlands und Qubecs. Opladen, Westdeutscher Verlag, 1989.

Watts, Ronald L.: Federalism, Federal Political Systems, and Federations. In: Annual Review of Political Science. I, 1998: 117-137

Watts, Ronald L./Daniel J. Elazar: Comparative Federalism and Post-Statism. Publius, Jg. 30, Nr. 4, 2000: 155-168.

Wheare, Kenneth C.: Federal Government (1946). London, Oxford University Press, 1963, 4. Aufl.

Wolf, Frieder: Die Bildungsausgaben der Bundesländer im Vergleich: Welche Faktoren erklären ihre beträchtliche Variation?, Münster, LIT, 2006.

III. Policy-Felder um Vergleich

15. Vorläufer der Politikfeldanalyse auf dem europäischen Kontinent

Die klare Dreiteilung des Politikbegriffs (polity, politics, policy) kann in dieser eindrücklich knappen Form in den anderen europäischen Sprachen nicht nachgemacht werden. Dennoch hat der europäische Kontinent in der frühen Neuzeit ähnliche Entwicklungen durchgemacht wie England. Ganz Europa stand unter der Vorherrschaft der Politikauffassung des Aristoteles. England hat seit Hobbes diese Tradition als veraltet entschiedener bekämpft. In Deutschland überwog sie bis ins 18. Jahrhundert.

Aristoteles *politie*-Begriff war vor allem auf die gute gerechte Ordnung ausgerichtet und blieb dominant. Die lateinische Fassung *politica* war weitgehend noch an die Ethik gebunden. Die Eindeutschung des Wortes *politic* – schon die ungeläufige Schreibweise wies ein Fremdwort aus – wurde erst durch Ludwig von Seckendorff 1656 vollzogen, als er in der Vorrede des Werkes „Teutscher Fürsten Stat“ sich von allgemeinen Beschreibungen und „politischen Büchern und Discursen“ absetzte, weil er sich nicht „fürgenommen“ habe, „eine Teutsche allgemeine Politic oder gewisse Regeln der Regimenter zu schreiben, ... sondern mein Zweck und Absehen ist auf den Zustand der meisten Teutschen Fürstenthümer gerichtet gewesen, wie nemblich solche in ihrem und gutem Zustande beschaffen zu seyn, und regieret zu werden pflegen“ (v. Seckendorff 1976: ohne Seite).

Der Politikbegriff wird hiermit ausdifferenziert. Seckendorff ging es um *policy* im modernen Sinn und zwar analytisch und normativ: „wie sie regieret zu werden“ und weniger um die Beschreibung der „*Regimenter*“ (hier wiederum spezifiziert im Sinn von Regierungsformen) und der „Regeln“ zwischen Herren und Unterthanen (im Sinn von *politics*), sondern die „Umstände einer *Policey*“, die der gothaische Kanzler bei früheren „Scribenten“ vermißte.

Nur dieser dritte Bedeutungsstrang kommt für die Analyse der Vorläufer der Politikfeldanalyse in Betracht. Dabei ist bemerkenswert, daß der Bereich *politics* im Absolutismus am stärksten unterbelichtet blieb. Er dominierte allenfalls dort, wo Herrscher ohne große Restriktionen Politik machen konnten wie im Machiavellismus und später wieder als Politik vom Volk bestimmt wurde, vor allem seit der französischen Revolution. Selbst im sich festigenden Absolutismus blieben viele ständestaatliche Elemente erhalten. Die Herrscher haben die Entmachtung der Stände nicht zuletzt durch „policies“ zur Wohlfahrt der Bevölkerung vorangetrieben, keineswegs nur durch fürstliche Willkür. Das deutsche Reich war jedoch kein normaler Staat. Als von Bodin bis Pufendorf das Kriterium der Souveränität zum Staatsmerkmal erhoben wurde, schien das Reich „irregulare aliquod corpus et monstro simile“ (ein irregulärer und einem Monstrum ähnlichen Körper), der „nicht mehr eine beschränkte Monarchie“, aber „noch nicht eine Föderation mehrer Staaten“ darstellte (Pufendorf 1994: 199).

Beim Mainstream der Reichspublizistik hielt sich mehr vom ständestaatlichen Denken. Da sich nach dem Dreißigjährigen Krieg die Aufmerksamkeit der führenden Traktatschreiber jedoch, wie bei Seckendorff, auf den Territorialstaat bezog, wurden die ständisch-dualistischen Elemente klein geschrieben, und die *„gute Policey"* trat in den Vordergrund. Angesichts der gewaltigen Zerstörungen im Dreißigjährigen Krieg hat Deutschland in der politischen Theorie einen Sonderweg eingeschlagen. In der Krise des Reiches und der ständischen Einrichtungen wurde Verwaltung zum Zentrum der Theorie der Politik. Policey umfaßt die gesamte Innenpolitik – im Gegensatz zur Außenpolitik (Wolzendorff 1918). Die obrigkeitsstaatliche Tradition im räumlich beschränkten Territorialstaat, bei dem Außenpolitik nur eine geringe Rolle spielen konnte, drängte in die Richtung der Reduzierung aller Politik auf „gute Ordnung und Policey", die immer minutiöser alle gesellschaftlichen Verhältnisse zu regeln begann (Maier 1966: 309).

Der Polizeibegriff war im französischen Frühabsolutismus entwickelt und auf die Staatstätigkeit verengt worden. Bei Luther und früheren Autoren wurde *policey* gelegentlich für die ganze Staatsordnung im Sinn von *politie* verwandt.

Angesichts der Not nach dem Westfälischen Frieden mußte der Wohlfahrtsgedanke in der deutschen Polizei-Wissenschaft besonders betont werden. Der in Frankreich entwickelte Merkantilismus, der vor allem auf die Entwicklung des Außenhandels ausgerichtet war, um die Staatseinkünfte für die Militärpolitik und die Selbstdarstellung zu mehren, hat sich in Deutschland nicht in gleicher Weise entwickeln können – mit Ausnahme von Preußen. Der Kameralismus als praxis- und wirtschaftsorientierte Lehre war anfangs eher wie eine Verwaltungshochschule (z.B. in Kaiserslautern) organisiert, die erst später mit der Universität (in diesem Fall Heidelberg) zusammengelegt wurde. Mit wachsendem Bedarf an professionalisierten Staatsdienern verdrängten kameralistische Lehrstühle vielfach die alten Politik-Dozenturen, die stark ethisch ausgerichtet waren, und damit die klassische praktische Philosophie. „Policey" wurde zur Domäne von Juristen und Ökonomen. Als Thema der Philosophie kam sie erst wieder in Halle mit Wolff und Thomasius auf. Die Politisierung der Ökonomie führte zu neuen Amalgamen wie „ökonomische Policey- und Cameralwissenschaft".

Die spezifische Ausprägung des deutschen lutherischen Protestantismus mit seiner Betonung von Römer 13 (Gebt dem Kaiser, was des Kaisers ist) und seinem raschen Friedensschluß von Thron und Altar, hat die deutsche Sonderentwicklung nicht wenig befördert. Nach der Reformation kamen Forderungen nach einer christlichen Staatstheorie auf. Melanchton widersprach der Ansicht, daß „im Evangelio" eine „Lehre vom gemeinen Wesen zu finden" sei. Daher konnte der Aristotelismus seine Stellung behaupten, auch wenn einzelne Theoretiker wie der „erzstiftlich-bremische" Kanzler Reinkingk eine „biblische Policey" zu entwickeln suchten, „um die rechte, Gott wohlgefällige, heylsame Policey zu finden, und darauß die rechte Regiments Reguln, oder Regierkunst zu lernen" (Reinkingk 1656, 1701: Dedication, ohne Seite). Solche Versuche bleiben vor allem in weltlichen Territorien aussichtslos, so sehr auch in ihren Trakten die gottgefällige Lebensart beschworen wurde, die der Fürst zu fördern habe.

Die *Souveränitätslehre* verband sich seit Pufendorf mit dem Wohlfahrtsgedanken. Größer war die Aversion der deutschen Publizistik, den Begriff der *„Staatsräson"* aus

Italien zu übernehmen. Der Staatsbegriff hatte noch zu viele Konnotationen. Die kalte Staatsräson schien im deutschen Kleinstaat anrüchig. Dennoch sollte der machiavellistische Gedankenstrang nicht außer Acht gelassen werden, auch wenn Machiavelli selbst wenig von „Staat“ und im Substantiv nie von der Staatsräson sprach. Fremd an Machiavelli war den Deutschen bis zu Mohl, daß die Bürger eher möglichst in Ruhe gelassen werden sollten, aber „von Recht und Sittlichkeit, von einer Berücksichtigung höherer Staatszwecke oder des Volkswohles war gar keine Rede“ (Mohl 1960: 537). Machiavellismus wurde vor allem für die katholischen Stände erst in der Version des jesuitischen Wohlfahrstmachiavellismus akzeptabel, der sich bewußt auch an Klein- und Stadtstaaten wendete, wie bei Botero, der das erste Buch schrieb, das den Begriff *„ragion di stato“* – „Staatsräson“ – im Titel trug. Es war dem Erzbischof von Salzburg, Wolf Dietrich von Raitenau, gewidmet, der in der muffigen Enge deutscher Kleinstaaten noch am ehesten einem italienischen Principe entsprach: ehrgeizig, bauwütig, händelsüchtig und angesichts einer Geliebten mit 12 Kindern „unsittlich“, so daß er schließlich abgesetzt wurde, wegen „malgoverno et il concubinato“, wie der spätere Herausgeber der Schrift vermerkte (v. Beyme 1988).

Die deutsche Übersetzung von Boteros Staatsräson in Straßburg 1596 zeigte schon im Titel diese Dimension an, die von der nachkameralistischen Politiktheorie verschüttet worden ist. Aus der lapidaren Formel „della ragion di stato“ wurde: „ein gründlicher Bericht von Anordnung guter Policeyen und Regiments; auch Fürsten und Herren Stands sampt Gründlicher Erklärung der Ursachen wadurch Stätt zu Auffnemmen und Hochheiten kommen mögen, gemeinem Vaterland zum besten aus Italianischer in Teutsche Sprach gebracht“.

Das Vorwort des Verlegers zeigte noch stärker die Fremdheit kalter Staatsräsongedanken im Bereich deutscher paternalistischer Kleinstaaterei an. Der wohlfahrtspolitische Aspekt wurde von Lazarus Zetzner als „dienstwilligem Gevatter“ eines Straßburger Professors zugespitzt in dem Gedanken: „Wann dann Ich/meim ringfügigen Verstand nach/es dafür halte: daß unsern Vaterland wegen seiner vielfaltigen arten der gemeinen Nutzbestellung/und dessen administration und verwaltung/nit ubel gedienet seyn/sonder ohne zweifel inn einem oder dem anderen/damit zum wenigsten under die arm gegriffen/auch Regeln/mittel und ursachen/gefunden werden mögen: da dem einen hie/dem anderen dort schwankenden/auch theils beinahe sinckenden gemeinem stand/zu hilffkommen/oder fernerm Unheil vorgebogen werden könne“ (Botero 1596: 2f.). Nicht nur Linderung sozialer Not von Individuen und ganzen Ständen verspricht der Verleger, sondern auch Hinweise zu einer generellen *„Daseinsvorsorge“*.

Es ist nicht auszuschließen, daß die ersten Leser sich überfordert sahen. *Polity*, *Politik* und *Policy* (oder in der älteren deutschen Form: *Polizey*) standen in der älteren Terminologie noch nebeneinander. Heute kann nur noch das Englische diese Nuancen ohne Rückgriff auf Archaismen darstellen. Polity war dann eher „Regiment“, Policy und Politik mußten damals weniger scharf geschieden werden als heute, weil an eine verselbständigte Entscheidungssphäre als Prozeß einander widerstrebender politischer Interessen in der frühabsolutistischen Zeit kaum gedacht wurde. Wo sie de facto auftraten, sollten sie ja gerade durch einigende Begriffe wie Staatsräson und Souveränität um die Brisanz ihrer zentrifugalen Kräfte gebracht werden. Gelegentlich wurde auch *polizey* im Sinne von Aristoteles' politie-Begriffs benutzt. Wie wenig der Machiavellismus in seiner zynischen Bedeutung auf Resonanz in der braven deutschen Kleinstaaterei stieß, zeigte sich daran, daß selbst aus Machiavellis „Principe" in sehr weitherziger Deutung „Machiavellis Policei" wurde. Hatten schon Botero und Boccalini zwischen guter und schlechter Staatsräson unterschieden und damit die übel beleumdeten Teile des Machiavellismus abzustoßen versucht, so wurde in Deutschland gleichsam nur der gute Teil aufgenommen. Freilich gab es auch im Bereich der hausbackenen Polizeiwissenschaft noch die christliche Verketzerung der Staatsräson, die sich nicht damit begnügen möchte, die Staatsräson in „gute Polizey" umzudeuten, sondern ihr die „biblische Policey" entgegenstellte wie Dietrich Reinkingk (1653).

Vielleicht wäre Boteros Schrift über die Staatsräson weniger berühmt als durch den Titel geworden, wenn sie nicht auch in den Übersetzungen immer zusammen mit der kleinen Schrift „Delle cause della grandezza e magnificenza delle città" von 1588 dargeboten worden wäre. Botero wurde für diese Schrift als der große Vorläufer von Malthus und frühe Entdecker der Bevölkerungspolitik gefeiert. Überhöhte Erwartungen des Vorworts konnten freilich auch nicht voll befriedigt werden. Es bleibt aber der Gedanke bemerkenswert, eher durch Wohlfahrts- und Bevölkerungspolitik als durch Kriege die Festigkeit von Herrschaft zu mehren. Bevölkerungswachstum wird als Kapital angesehen, weil Botero – modern gesprochen – ein Anhänger der Arbeitswertlehre war. Arbeit, nicht Kapital, machte für ihn den Reichtum eines Staates aus. Staatsräson im Sinne von „law and order" als Vorbedingung günstiger wirtschaftlicher Entwicklung bleibt nicht allein. „Infrastrukturpolitik" in Form von Förderung des Handels und der Transportmöglichkeiten wurden einbezogen. Der katholische Aspekt schlägt sich nieder in der Förderung der Ehe und in der Warnung vor Verbindung ungleichen Alters, welche der Fruchtbarkeit unzuträglich sind. Weitschauender als mancher Prämalthusianer war Botero in der Erkenntnis, daß die Geburtenrate an sich noch keinen Vorteil für den Staat bringe. Hauptaugenmerk des Herrschers mußte wiederum bei der Wohlfahrtspolitik liegen, um die einmal Geborenen zu erhalten und die Lebensdauer der Bürger anzuheben.

Der aufgeklärte Despotismus bei Botero ging staatsinterventionistisch weit über das Maß dessen hinaus, was in der Lehre der Staatsräson bis dahin als Tätigkeitsfelder des Staates galten. Policy-orientierte Polizeiwissenschaft, vor allem in Deutschland, konnte viele Anregungen aus Botero nehmen. Die utopische Städteliteratur der italienischen Renaissance, die bis in die kleinsten Details, wie den Gang zu den Hetären, für alle Stände Regulierungen vorschlug, war eine weitere Quelle, aus der man für eine wissenschaftliche Lehre vom Wachstum der Städte schöpfen konnte. Aber eine Überregulierung, wie sie in jenen Utopien üblich war, spielte bei Botero keine Rolle, sehr im Gegensatz auch zu manchem französischen und deutschen Traktat der späteren Zeit.

Was Meinecke einmal die „leicht verdauliche und geschmackvoll gebotene Nahrung" nannte, die ein mittelmäßiger Kopf wie Botero den katholisch-bigotten Höfen der Gegenreformation als mildes Gegengift gegen Machiavellis Zynismus und Unkirchlichkeit bot, wurde auch in Deutschland einflußreich. Die *Staatsräson* als Begriff hat sich früher in den katholischen Territorien als Begriff durchgesetzt. Die *Souveränität* hingegen wurde früher in den protestantischen Territorien bei Autoren wie Pufendorf,

Bogeslav von Chemnitz oder Hermann Conring, welche in Opposition zum katholischen Kaiser standen, rezipiert. Erst im 18. Jahrhundert verwischten sich diese Unterschiede, etwa wenn Fichte und Hegel sich des Begriffs der Staatsräson bemächtigten.

Die verschiedenen Stränge einer aufgeklärten Staatslehre von Souveränitätstheorie, lutherisch abgemilderter Staatsräsonlehre in Verbindung mit dem Naturrecht und einer philosophisch begründeten Wohlfahrtstheorie liefen bei Samuel von Pufendorf zusammen. Er galt im Rückblick nicht als der tiefste, aber zweifellos als der vielseitigste Denker. Kein anderer deutscher Autor ist bis zu Rousseau und den amerikanischen Gründungsvätern so häufig zitiert worden. Seine Bücher gewannen an Lesbarkeit, wo die erste Generation von Policey-Wissenschaftlern im 16. und 17. Jahrhundert (Oldendorp, Reinkingk, Seckendorff) enzyklopädisch-unverdaulich blieben. Allenfalls bei Seckendorff sind die Policies zu einem Gesamtkonzept gebündelt, das um Grundbegriffe wie Recht, Friede und Wohlfahrt gruppiert war. Zu diesen Grundpolicies kamen noch Kirchen- und Erziehungspolizei. Letzte war in Deutschland sehr viel früher heimisch geworden als in Großbritannien. Noch Robert von Mohl monierte im 19. Jahrhundert das Paradoxon, daß in Deutschland, „im Paradiese der Bürokratie", zunehmend von der Übermacht der Verwaltung im „Polizeistaat" (der ja nicht auf innere Sicherheit wie später beschränkt war, sondern umfassende Daseinsvorsorge trieb) mit Mißachtung geredet werde, während in England, „wo man von einem Behördenorganismus bisher kaum einen Begriff hatte", die Verwaltung in vielen Politikfeldern zügig ausgebaut wurde – ohne schlechtes Gewissen, weil man weder ein „Junkerthum" noch einen „Ultramontanismus", noch eine penetrante liberale Partei wie in Deutschland habe, die überall mehr Selbständigkeit für den Bürger verlange (Mohl 1962: 60f.). Eine Staatszwecklehre, wie sie in Deutschland bei Naturrechtlern wie Policey-Theoretikern ins Kraut schoß, hat England gleichwohl als Staatsmetaphysik mit wenigen Ausnahmen von Bosanquet bis Green und Austin immer weiter beargwöhnt. Die Policey-Wissenschaft als Vorläuferin einer policy-orientierten Politiklehre blieb in Deutschland bis ins 19. Jahrhundert bedeutsam und erreichte ihre Reife in den Werken von Justi, Sonnenfels, Pütter und den sächsischen Kameralisten (Maier 1966: 46; Stolleis 1977).

Im 19. Jahrhundert endete diese Tradition. Mohl war der letzte, der ein mehrfach aufgelegtes Werk über „Polizey-Wissenschaften nach den Grundsätzen des Rechtsstaats" schrieb (Tübingen 1831-34). Seine Sammlung der Behandlung aller Politikfelder bis hin zur „Arbeiterpolitik" zeigte jedoch an, daß in Deutschland die soziale Frage früh den Laissez-faire-Liberalismus milderte. Gerade aus der Revolutionsfurcht der politischen Theoretiker und der Politik wurden Reste der alten Ständegesellschaft verbunden mit „erfundenen" ständischen Kategorien als Dammbau gegen soziale Unruhen eingesetzt, und sie erforderten politikfeldorientierte Theorie. Der deutsche Liberalismus hat von Mohl bis Max Weber Elemente einer Obrigkeitsstaatlichkeit nicht abgeschüttelt (Maier 1966: 311).

Die Polizeiwissenschaft litt im Zeitalter der Konstitutionalisierung der Regime an ihrem obrigkeitsstaatlichen Image. Die politische Theorie liberalisierte sich von Filangieri und Bentham bis Mohl und trug den rechtsstaatlichen Anforderungen durch die Überführung der Policy-Analyse in eine *Gesetzgebungslehre*. Von Gesetzgebung war auch in der älteren Polizeiwissenschaft vielfach die Rede gewesen. Sie wurde als

„Kunst" – und weniger als Wissenschaft gewürdigt. Gesetzgebung gehörte zu den *arcana imperii* der Regierenden und ihrer „Amtmänner". Mit der Gesetzgebungslehre der Spätaufklärung wurde die Gesetzgebungslehre zur Wissenschaft ausgebaut. Es bleibt freilich bemerkenswert, daß selbst der Rationalist Bentham noch von „art of legislation" sprach. Diese aufgeklärte Gesetzgebungswissenschaft appellierte nicht mehr nur an die Einsicht der Exekutive, sondern auch die der Parlamentarier und Stände-Repräsentanten. Bei dem Neapolitaner Gaetano Filangieri waren alle Themen der älteren Polizeiwissenschaft in einer Kombination von moralischer Betrachtung und Enzyklopädie verbunden. Bei Bentham 1789 war die Gesetzgebungskunst ein Lehrfeld für Bürger, „most conducive to the happiness of the whole community, by means of motives to be applied by the legislator" (Filangieri 1833: 9; Bentham 1961: 323). Erst im 19. Jahrhundert verlor sich die Gesetzgebungstheorie in prozeduralen Analysen ohne Policy-Bezug. Sie folgte damit der Ausdifferenzierung der juristischen Teilgebiete im Zeitalter des Rechtspositivismus. Das Verwaltungsrecht wurde juristischer. Die Verwaltungslehre enthielt meistens noch ein Relikt allgemeiner politischer Theorie wie bei Ernst Forsthoff. Gegen die immer weitere Zersplitterung der Verwaltungswissenschaft wurde erst in neuerer Zeit die Reintegration der Betrachtung auf dem Boden einer systemischen Ordnungsidee versucht (Schmidt-Aßmann 1998).

Auch in Deutschland hatte es eine Bewegung gegeben, die auf Begrenzung der Staatszwecke drängte. Fichtes „Geschlossener Handelsstaat" hatte noch viel vom älteren Kameralismus übernommen. Hegels Polizeilehre war trotz seiner Grundkonservativität mit einem Tropfen von liberalem oder eher noch sozialem Öl gesalbt. In der Rechtsphilosophie (§ 236) hieß es in einem Zusatz: „Die polizeiliche Aufsicht und Vorsorge hat den Zweck, das Individuum mit der allgemeinen Möglichkeit zu vermitteln, die zur Erreichung individueller Zwecke vorhanden ist. Sie hat für Straßenbeleuchtung, Brückenbau, Taxation der täglichen Bedürfnisse, sowie für die Gesundheit Sorge zu tragen". Er grenzte sich gegen zwei „Hauptansichten" ab, die eine, die behauptet, „daß die Polizei die Aufsicht über alles gebühre", die andere, daß „die Polizei hier nichts zu bestimmen habe", indem jeder sich nach dem Bedürfnis des anderen richten werde". Der Staat war im Gegensatz zum liberalen Nachtwächterstaat, der sich auf innere und äußere Sicherheit beschränkte, zu Infrastrukturpolitik verpflichtet, falls der moderne Terminus angemessen ist. Armut an sich (ebd. § 244) macht noch keinen „Pöbel". Wo er aber durch die „mit der Armut sich verknüpfende Gesinnung", „durch die innere Empörung über die Reichen" entsteht, ist staatliches Eingreifen in die Politikfelder unerläßlich.

Der Eudaimonismus, der in Großbritannien seit Bentham in den Utilitarismus mündete, nachdem Bentham liberal wurde und die Vorstellung aufgegeben hatte, daß Philosophenkönige ihre Ideen am besten unter aufgeklärten Despoten wie Katharina II durchsetzen könnten, stieß in Deutschland auf überwiegende Ablehnung. Niemand hat diese Ablehnung schärfer vorgenommen als Kant, der formulierte, daß „das Prinzip der Glückseligkeit (welche eigentlich gar keines bestimmten Prinzips fähig ist) auch im Staatsrecht ... Böses anrichtet, so wie es solches in der Moral tut. ... Der Souverän will das Volk nach seinen Begriffen glücklich machen, und wird Despot; das Volk will sich den allgemeinen menschlichen Anspruch auf eigene Glückseligkeit nicht nehmen lassen, und wird Rebell." Alle wohlmeinenden Theoretiker der Polizeiwissenschaft, die hierüber „vernünftelt" haben – Zielscheibe ist vor allem Achenwall – haben für Kant ihre eigenen Urteile dem Prinzip der Glückseligkeit – modern gesagt der „Leerformel" Glück – untergeschoben (Kant 1964: 158, 159).

Humboldts Schrift über „Ideen zu einem Versuch, die Grenzen der Wirksamkeit des Staats zu bestimmen" von 1792 (erst 1851 in Breslau veröffentlicht), die von großem Einfluß auf John Stuart Mill war, nahm die radikalste Beschränkung des Staats auf äußere und innere Sicherheit vor. Selbst die Erziehungspolitik, die als preußische Errungenschaft selbst bei Engels hoch gelobt wurde, ist von Humboldt abgelehnt worden, weil sie zugleich „zuviel und zuwenig" bewirkte und mehr schade als nutze (Humboldt 1960: 69ff.). Wurde in der konservativen Theorie bei Schelling bis Stahl der Staat zum Selbstzweck, so wurden in der liberalen Theorie die Staatszwecke entweder in den Bereich der Metaphysik oder der politischen Dezision verwiesen (Bull 1977: 27).

Die Politikfelder reduzierten sich auf äußere und innere Sicherheit, so sehr auch in der wilhelminischen Staatslehre der Widerstand wach blieb, gegen die „kümmerliche Anschauung, die den Staaten auf „einen Schutz- und Trutzverband nach außen, einen Gerichtsverband nach innen" reduziere (Georg Jelinek).

Die Polizeiwissenschaft ging im Zeitalter des Liberalismus unter. Volkswirtschaft und Verwaltungslehre haben sich ausdifferenziert. Die praktische Philosophie wurde vom Neukantianismus für lange Zeit verdrängt. Daran konnte auch der Versuch einer umfassenden Verwaltungslehre wie bei Lorenz von Stein (10 Bde. Stuttgart 1865-84) nichts mehr ändern. „Polizei" wurde zum Untergebiet des Verwaltungsrechts, und in der Publizistik wurde darin vor allem die repressive Seite des Staates gesehen. Erst der moderne sozialwissenschaftlich angereicherte Polizeibegriff hat die Polizei entdämonisiert und die protektiven Züge wieder stärker betont. Die alliierte Besatzungspolitik war auf „Entpolizeilichung" Deutschlands gerichtet (Knemeyer 1978). Noch bei dem großen Liberalen Rotteck hieß es 1839: „keine Regierungsgewalt ist für die Freiheit gefährlicher ... als die Polizei, nicht bloß jene geheime und sogenannte höhere, sondern überhaupt die sich so nennende Wohlfahrtspolizei". Hauptzweck des Staates war für ihn die „Herrschaft des Rechts" (von Aretin/von Rotteck 1839: 165f.). Die Enttäuschung der Liberalen über die despotische Wende der Jacobiner in der französischen Revolution mit ihrem repressiven „Wohlfahrtsausschuß" hat diese Verhärtung gegen die Wohlfahrtspolitik bei dogmatischen Liberalen gefördert. Aber die einflußreichsten Liberalen wie Mohl haben die Verknüpfung von Politikfeldforschung und Rechtsstaat – ohne Staatszweckmetaphysik – weiter betrieben.

Konklusion

Die Ausdifferenzierung der alten Policey-Wissenschaft und der Kameralistik ist seit dem 19. Jahrhundert unumkehrbar geworden. Der „*soziale Rechtsstaat*" des Grundgesetzes zeigt jedoch Elemente der alten deutschen Sondertradition, so sehr sich auch einst der wilhelminische Staatsrechtslehrer Paul Laband gegen die Wortverbindung wehrte, die eine hehre Idee wie den Rechtsstaat „in den Staub des Irdisch-Kleinlichen" ziehe. Der Rechtsstaat wurde im zweiten Kaiserreich überhöht, um dem Bürgertum Konzessionen zu machen, das – trotz des allgemeinen Wahlrechts – keine wesentliche Mitgestaltung der Politik erreichte und nicht einmal die parlamentarisch verantwortliche Regierung vor 1918 durchsetzte. Die praktische Philosophie erlebte nach dem zweiten Weltkrieg eine Renaissance. Aber im ganzen blieb sie eher theoriegeschichtlich als politikfeldorientiert. Allenfalls in Amerika gingen von normativen Ansätzen Impulse für die erste Phase der *„policy sciences"* aus.

Die Kontinuität des theoretischen Sonderweges in Deutschland zeigte sich eher in indirekter Form. Preußen und Sachsen wurden im 18. Jahrhundert zu den Hochburgen einer politikfeldorientierten Staatslehre. Kameralistische Lehrstühle wurden in Halle und Frankfurt/Oder eingerichtet. Halle wurde zur wichtigsten Neugründung einer deutschen Universität nach dem Dreißigjährigen Krieg, in einer Zeit des wirtschaftlichen Ruins und der konfessionellen Erstarrung. Frühaufklärung und Pietismus sind nirgendwo wie in Halle eine so enge Verbindung eingegangen. Sie wurde für eine preußische Ethik in Verbindung mit wohlfahrtsstaatlicher Gesinnung prägend. Die Universität Halle wurde zur wichtigsten Schule des aufgeklärten Beamtentums. Vernunft wie Glaube sollten praktisch werden. Aufklärung begann das theologische Denken der Wissenschaft zu unterwerfen. Lepsius hat einen preußischen Stil der Gesinnung ausgemacht, der „sozialpolitisch" und nicht „kapitalistisch" orientiert war, selbst wo er Kameralismus lehrte (Lepsius 1996).

Eine gewisse – nicht nur rechtliche – sondern auch soziale Gleichheitsvorstellung war mit dieser Gesinnung verbunden. Bei Lorenz von Stein gipfelte diese Auffassung 1852 in der Schrift „Zur preussischen Verfassungsfrage" (von Stein 1961: 36f) in der Vorstellung, daß eine Verfassung erst Sinn mache, wenn die soziale Einheitlichkeit der heterogenen Landesteile, die Preußen von der „Maas bis an die Memel" ererbt, erobert und erhandelt hatte, vorangetrieben worden sei. Es hatte für ihn keinen Sinn, sich auf verfassungsmäßige Rechte zu berufen, „denn das Verfassungsrecht entsteht nicht aus dem Recht der Gesetze, sondern aus dem Recht der Verhältnisse, und in den großen Staatsangelegenheiten gibt es keine Wahrheit und Treue einzelner Menschen, sondern nur die Wahrheit des Staatslebens".

Diese rechtshegelianische Auffassung war politisch-rechtsstaatlich konservativ, wohlfahrtsstaatlich hingegen progressiv. Und als die „Wahrheit des Staatslebens" nach 1945 darniederlag, hat die konservative Staatslehre bis zu Ernst Forsthoff vielfach weiter den Gedanken vertreten, daß unter dem Dach einer zerstrittenen politischen Verfassung die Verwaltung mit ihrer Daseinsvorsorge der eigentliche Eckpfeiler des Staatslebens sei. Die „Einheitlichkeit der Lebensverhältnisse", nach der Vereinigung von 1990 zur „Gleichwertigkeit der Lebensverhältnisse" reduziert, erscheint noch als späte Frucht vom Baum dieser preußischen policy-orientierten Staatsgesinnung.

Literatur

v. Aretin, Johann Christoph/v. Rotteck, Carl: Staatsrecht der constitutionellen Monarchie. Leipzig, Volckmar, 1839, 2. Aufl. Bd. 2.

J. Bentham: The Principles of Morals and Legislation. (1789). New York, Hafner, 1961.

v. Beyme, Klaus: Jesuitischer Wohlfahrtsmachiavellismus: Giovanni Botero. In: Breitling, Rupert (Hrsg.): Machiavellismus, Parteien und Wahlen, Medien und Politik. Politische Studien zum 65. Geburtstag von Erwin Faul. Gerlingen, Maisch + Queck, 1988: 8-21.

v. Beyme, Klaus: Der Gesetzgeber. Der Bundestag als Entscheidungszentrum. Opladen, Westdeutscher Verlag,, 1998.

Botero, Giovanni: Giovanni Boteri Gründlicher Bericht von Anordnung guter Policeyen und Regiments ... Straßburg, Lazarus Zetzner, 1596.

Bull, Hans Peter: Die Staatsaufgaben nach dem Grundgesetz. Kronberg, Athenäum, 1977.

Filangieri, Gaetano: La scienza della legislazione (1798). Neudruck, Catania, La Magna, 1833, 9 Bde-

v. Humboldt, Wilhelm: Werke in fünf Bänden. Darmstadt, Wissenschaftliche Buchgesellschaft, 1960, Bd. 1.

Kant, Immanual: Über den Gemeinspruch ... In: Werke in sechs Bänden (Hrsg.: W. Weischedel). Frankfurt, Suhrkamp, 1964, Bd. 4.

Knemeyer, F.-L.: Polizei. In: Brunner, Otto u.a. (Hrsg.): Geschichtliche Grundbegriffe. Bd. 4. Stuttgart, Klett, 1979: 875-897.

Lepsius, M. Rainer: Die pietistische Ethik und der „Geist" des Wohlfahrtsstaates oder: Der Hallesche Pietismus und die Entstehung des „Preußentums". In: Clausen, Lars (Hrsg.): Gesellschaften im Umbruch. Frankfurt, Campus-Verlag, 1996: 110-124.

Maier, Hans: Die ältere deutsche Staats- und Verwaltungslehre (Polizeiwissenschaft). Neuwied, Luchterhand 1966.

v. Mohl, Robert: Die Geschichte und Literatur der Staatswissenschaften (1858). Nachdruck, Graz, Akad. Druck- u. Verl.-Anst., 1960, Bd. 3.

v. Mohl, Robert: Staatsrecht, Völkerrecht und Politik. Bd. 2 Tübingen 1862; Nachdruck, Graz, Druck- u. Verlags-Anstalt., 1962.

v. Pufendorf, Samuel: Die Verfassung des deutschen Reiches (De statu imperii Germanici). 1667, zweisprachige Ausgabe. Frankfurt, Insel-Verlag, 1994.

Reinkingk, Dietrich.: Biblische Policey (1653). Frankfurt, Bencard, 1701, 5. Aufl.

Schmidt-Aßmann, Eberhard: Das allgemeine Verwaltungsrecht als Ordnungsidee. Grundlagen und Aufgaben der verwaltungsrechtlichen Systembildung. Berlin, Springer 1998.

v. Seckendorff, Veit Ludwig.: Teutscher Fürsten Stat. Frankfurt 1665, Nachdruck Glashütten (Auvermann) 1976, 2 Bde., Bd. 1

v. Stein, Lorenz: Zur preussischen Verfassungsfrage (1852). Darmstadt, Wissenschaftliche Buchgesellschaft, 1961,,2.Aufl.

Stolleis, Michael (Hrsg.): Staatsdenker im 17. und 18. Jahrhundert. Frankfurt, Metzner, 1977.

Wolzendorff, Kurt: Der Polizeigedanke des modernen Staates. Breslau, Korn, 1918.

16. Gesundheitspolitik und good governance

1. Zur Theorie von governance und die Politikfeldanalyse

„Good governance" enthält eine analytische Kategorie: „governance" und ein normatives Urteil, dass diese governance als gute bewerten soll. Governance wurde zum Modebegriff, um von der starren Institutionenkunde des „government" wegzukommen. Da der Ausdruck im Deutschen keine Entsprechung hat, wird er meist als „Regieren" übersetzt. Der Terminus hat den Vorteil, mehrere Dimensionen in die Betrachtung einzubeziehen:

- den formellen Rahmen des Verfassungssystems (polity),
- die Institutionen und die Regeln der informellen Kooperation in ihnen (politics)
- und schließlich die Ergebnisse der Regierungstätigkeit, die policies.

Die deutsche Sprache hatte in der frühen Neuzeit eine Entsprechung für die policies. Es gab damals eine Lehre von der „guten Policey" – die dem nahe kam, was heute als „good governance" behandelt wird und gelegentlich zur abgemilderten deutschen Version der machiavellistischen Lehre von der Staatsräson wurde. Die Polizei hat sich im Neuhochdeutschen auf eine Institution verengt, daher sind wir auf eine Fremdwort wie governance angewiesen. Policy wird gelegentlich auch nicht besonders ästhetisch als Staatstätigkeit übersetzt. Governance entstand als Paradigma aus dem Scheitern allzu genereller Theorien in Krisenzeiten wie die Theorie der Unregierbarkeit und verband sich mit neuen Ansetzen einer realistischen Reformpolitik, die übertriebene Steuerungs- und Planungsillusionen vom Anfang der 70er Jahre überwunden hatte und den Markt wieder entdeckte (Blanke 1994: 14ff).

Seit Theodore Lowi (1964) machte der Satz die Runde: *policy determines politics*, der Politikinhalt bestimmt den Politikprozess. Kritik an dieser Generalisierung, die von den USA auf alle Länder übertragen wurde, ließ nicht auf sich warten (cf. Heinelt 2003: 239): Die governance wird nicht nur bestimmt:

- Vom Politikfeld, insbesondere von den *Interessengruppen*, welche das Feld dominieren und in der Gesundheitspolitik von einer hoch professionalisierten Ärzteschaft mit stabilen Einflusskanälen gekennzeichnet ist.
- Einfluss entwickeln auch die *historischen Erfahrungen* einzelner Länder, die vom staatlich dirigierten „National Health Service" in Großbritannien bis zur punktuellen Kompensation von Ungerechtigkeiten in einem marktwirtschaftlich organisierten Gesundheitssystem (USA) reichen.
- Schließlich sind die *institutionellen Strukturen* (politics) relevant, vor allem in der Bundesrepublik, das zu einer doppelten Blockade durch Interessenpluralismus und durch Sonderinteressen im Föderalismus neigt. Diese institutionellen Strukturen sind eng mit den historischen Erfahrungen der Systeme verbunden. Institutionen sind der Rahmen, innerhalb dessen Akteure ihre Präferenzen verfolgen können. Vergleiche europäischer gesundheitspolitischer Arenen haben sich vor allem

auf die Vetopunkte konzentriert: in parlamentarischen Systemen die wechselnden Parlamentsmehrheiten, in der Schweiz das Referendum. Die Innovationsfähigkeit erscheint am größten dort, wo es kaum Vetopunkte gibt wie in Schweden (Immergut 1991: 230, 229). Daher setzen sich die stark bewerteten Interessen in der Gesundheitspolitik nicht ungebrochen in Politikergebnisse um. Im Wissenschaftsjargon heißt das: Interessengruppenverhalten ist nicht notwendiger Weise eine unabhängige Variable.

Neue Modeworte kamen aus Amerika wie das Netzwerk. Schnell war die Verallgemeinerung zur Hand wie *„network determines policy"*. Damit wurde Lowi's Kausalität fast wieder umgekehrt, weil nun Strukturen des Entscheidungsprozesses – in einem erweiterten und verflüssigten Verständnis – das Politikresultat beeinflussten (v. Beyme 1997: 47).

Die Erklärung der Politikresultate in Policy-Bereichen wie der Gesundheitspolitik wurde in fünf Schulen unterschiedlich vorgenommen (vgl. Schmidt 1999 242):

1. Erklärung durch sozio-ökonomische Entwicklungsstufen (Harold Wilensky, 1975). Dabei schien es sogar zweitrangig, ob es sich um ein demokratisches oder marktwirtschaftliches System handelte).
2. Erklärung durch Institutionen (Fritz W. Scharpf 1987).
3. Erklärung durch Machtressourcen von Interessengruppen (Esping-Andersen 1990).
4. Eine historische Theorie, welche frühe Weichenstellungen im System und historische Erblasten untersucht (Rose-Davies 1984).
5. Erklärung durch die Programme und Profile politischer Parteien, die Entscheidungen durchsetzen (Schmidt 1996). Normative Debatten unter dem Slogan „bringing health back in", die sich in qualitative Analysen von Volksgesundheit umsetzten, wurden am ehesten von den Parteien aufgegriffen.

Nach erbitterten Schulstreiten hat man sich darauf geeinigt, dass alle fünf Faktoren eine Rolle spielen. Strittig ist nur noch die Gewichtung. In Deutschland wird die Erblast eines frühen Sozial- und Versicherungssystems besonders hoch bewertet. Die bahnbrechend frühe Einführung gesetzlicher Krankenversicherung begünstigte die Zersplitterung. Die starke organisatorische Kontinuität der Krankenkassen hielt sich über vier Regimebrüche (1918, 1933, 1945, 1990) hinweg. Krankenkassen waren an der Wiederherstellung der Arbeitsfähigkeit – nicht an präventiver Medizin interessiert. Seit den 20er Jahren war die Ärzteschaft eine schwer steuerbare Gruppe. Der Staat wurde fürsorgerischer Tätigkeit beraubt und auf Kontrolle beschränkt. Das öffentliche Gesundheitswesen wurde immer mehr beschnitten. Sozialmedizinische und fürsorgerische Aufgaben gesetzlich festzuhalten, scheiterte in den 50er Jahren schon im Ministerium – aus Angst vor der Staatsmedizin. Das änderte sich in der Bundesrepublik kaum.

2. Gesundheitspolitische Entscheidungen und Nichtentscheidungen

Die Geschichte der Bundesrepublik ist eine Geschichte halbherziger Entscheidungen oder sogar von Nichtentscheidungen.

- Die Entscheidung gegen die Einheitsversicherung nach dem 2. Weltkrieg erwies sich als verhängnisvoll. Das Konzept der Bildung von Risikogemeinschaften gleicher sozialer Gruppen führte zu einer organisatorischen Zersplitterung.
- 1955 kam es zum Gesetz über das Kassenarztrecht, das auf eine Notverordnung von 1931 zurückgriff. Es wurde eine Kassenärztliche Bundesvereinigung geschaffen, und die Regierung hoffte auf ein Gleichgewicht von Kassen und Ärzten. Die ambulante Versorgung wurde ganz auf die Ärzte übertragen. Eigene Einrichtungen der Kassen wurden nicht mehr möglich (Lindner 2003: 25).
- Die erste Krankenkassenreform Ende der 50er Jahre scheiterte. Das Krankenversicherungsgesetz (KVNG, 1960) war die erste historische Nichtentscheidung in der Gesundheitspolitik. Der Bundestagsausschuss ließ mit Zustimmung aller Fraktionen den Entwurf fallen, vor allem wegen interner Konflikte in den Unionsparteien. Ärzteverbände und Krankenkassen kämpften gegen die Beschränkung ihrer Verhandlungsautonomie bei den Honoraren. Das Bundesverfassungsgericht wirkte zugunsten der Statuspolitik. 1960 hob es die Beschränkungen für die Niederlassung der Kassenärzte auf, was zu einem erheblichen Anstieg der Ärztezahlen führte (Lindner 2003: 26).
- In einem zweiten Entwurf wurde das Regelungsfeld auf Initiative der CDU-CSU aufgesplittert: Das „Arzneimittelgesetz" 1961 wurde als Regierungsvorlage und nach Anhörung der Fachverbände einstimmig verabschiedet. Eine Kontrollmöglichkeit wurde dem Bundesgesundheitsamt zugesprochen. Einzelne Leistungsverbesserungen wurden aus dem aufgeschnürten Reformpaket heraus genommen, aber es kam nicht zu einer wirksamen staatlichen Ausgabensteuerung (Murswieck 1990).
- „Die Sicherung der Arbeiter im Krankheitsfall (Lohnfortzahlung, Änd. Gesetz)" wurde 1961 mit großer Mehrheit gegen die Stimmen der FDP beschlossen (v. Beyme 1997: 382f, 387).
- Die Lohnfortzahlung im Krankheitsfall wurde 1969 von der großen Koalition schließlich als Schlüsselentscheidung gegen die FDP verabschiedet. Das Bundesverfassungsgericht erklärte am 26. 4. 1978 § 14 als unvereinbar mit dem Grundgesetz.
- 1972 kam es unter der SPD-FDP-Koalition zum Gesetz zur wirtschaftlichen Sicherung der Krankenhäuser, 1976 zum Arzneimittelneuordnungsgesetz.
- Das Krankenversicherungskostendämpfungsgesetz (KVKG) brachte 1977 eine Entlastung von Kosten. Der finanzielle Erfolg war eher bescheiden, bahnbrechend war nur die „Konzertierte Aktion im Gesundheitswesen".
- 1986 wurde das Pflegeversicherungsgesetz zu einer weiteren Nichtentscheidung. Die Initiative von Hessen wurde im Bundesrat abgelehnt.
- 1988 wurde das Gesundheitsreformgesetz GRG gegen starke SPD-Opposition verkündet. Die Konzertierte Aktion Gesundheit und eine Enquetekommission

wirkten mit (Zuzahlungspflicht bei Heilmitteln von 10%, Festbeträge für Arzneimittelgruppen, Einschränkung des Kreises pflichtversicherter Personen, Qualitätsmaßnahmen, Vorsorge-Ausbau, Integration der Reichsversicherungsordnung in das Sozialgesetzbuch).

- Gesundheitspolitisch relevant waren auch das Gesetz zur Regelung der Gentechnik und das Embryonenschutzgesetz von 1990. Wieder spielte eine Enquetekommission eine wichtige Rolle.
- 1992 wurde das Gesundheitsstrukturgesetz mit großer Mehrheit gegen die PDS und Stimmen aus allen Parteien verabschiedet.

Politikwissenschaftler stellen gern die Frage *„do parties matter?"* Daher liegt der Vergleich von zwei Legislaturperioden nahe, die unter verschiedener Parteiherrschaft abliefen. Die laufende Periode unter Angela Merkel ist noch nicht beendet, also bieten sich die 13. Wahlperiode unter Kohl (1994-1998, unionsgeführt) und unter Schröder (1998-2002, SPD-geführt) an. 2002-2005 kam nicht in Frage, wegen der verkürzten Legislaturperiode. Es zeigten sich bei diesem Datenvergleich erstaunlich geringe Unterschiede:

- Die Zahl der Gesetze in der Gesundheitspolitik liegt jeweils bei 30. Damit befindet sich die Gesundheitspolitik im Mittelfeld der gesetzgebungsintensiven Politikbereiche. In der Verkehrspolitik waren es nur 22 : 21 Gesetze (v. Beyme 2007: 135).
- In beiden Lagern dominierten die Initiativen der Regierungsparteien, um den Prozess abzukürzen und zu beschleunigen (19 und 22 von 30 Fällen).
- Länderinitiativen waren rar (2 und 1 Fälle).
- Die Anstöße aus der EU für ein Gesetz – und meist nur eine Gesetzesnovelle – waren in der Gesundheitspolitik noch selten (3: 3). In anderen Politikfeldern wie Umwelt oder Agrarpolitik geht schon die Mehrheit der Initiativen auf die EU zurück.
- Der Vermittlungsausschuss musste unter einer linken Regierung häufiger eingeschaltet werden (4: 8).
- Einstimmige Beschlüsse waren bei einer SPD-geführter Regierung seltener (6 : 1), und namentliche Abstimmungen wurden von der Opposition häufiger durchgesetzt (2 : 5).

Diese Zahlen geben wenig Hoffnung, dass „nach den nächsten Wahlen" und bei einer anders zusammengesetzten Koalition alles anders wird und die Steuerung in der Gesundheitspolitik zu großer Form aufläuft.

Die Parteien haben im 20. Jahrhundert die Gesundheitspolitik stark dominiert. Ihre Profile haben sich jedoch abgeschliffen, und große Koalitionen haben die Konflikte zweimal gemildert. Die Interessengruppen sind hingegen zunehmend ins Visier gekommen. In diesem Bereich ließen sich die stärksten transnationalen Verallgemeinerungen über governance wagen, weil die Konstellationen in vielen Ländern ähnlich sind. In Deutschland ist freilich die starke Konzentration der Verbände einmalig. Wieder spielten historische Ursachen eine Rolle. Ein föderal zersplittertes Land zentralisierte auf Verbandsebene mehr als ein zentralisiertes Land wie Frankreich. Je nach Staatsnähe sind andere Akteurskonstellationen zu finden. Gesundheitspolitik liegt

- in der Mitte (mit Forschung, Bildung, Sozialpolitik oder Verkehr), wo partielle Verantwortung vom Staat übernommen wird.
- zwischen rein staatlich gesteuerten und finanzierten Bereichen wie innere Sicherheit
- und Gebieten, wo para-staatliche Steuerung oder Kooperation mit privaten Akteuren überwiegt wie in der Umwelt- oder der Verbraucherpolitik.
- Oder gar wirtschaftspolitischen Feldern, wo der Staat sich auf Rahmenrichtlinien beschränken muss (v. Beyme 1997: 35).

Aber selbst ein klar abgegrenztes Politikfeld wie die Gesundheitspolitik kennt Unterbereiche mit unterschiedlichen Steuerungsinstrumenten.

- Es kommt zu einem Gemisch von Kooperation und hierarchischen Steuerungsinstrumenten. Der Bund kann etwa durch Rechtsaufsicht über die Kassenärztliche Bundesvereinigung wirken.
- Politischer Erfolg in diesem Politikfeld ist von Prestigefaktoren abhängig. Angesichts des hohen Prestiges der Ärzte wagte die Politik selten, eklatant gegen deren Interessen zu verstoßen und die potentiellen Patienten zu mobilisieren.
- Gesundheitspolitik ließ sich daher weniger durch Einsatz eines populären Minister lösen als andere Bereiche, wie Seehofer beim Gesundheitsstrukturgesetz 1992 erfahren musste, weil die organisierten Widerstände gegen Reformen zu stark waren (v. Beyme 1997: 146).

Good governance in der Gesundheitspolitik wird stark von Eigentümlichkeiten des Politikfeldes dominiert. Gesundheitspolitik ist Statuspolitik und weniger Klassenpolitik, wenn man nicht mit Lauterbach (2007) die „Privilegierten" schon zu einer Art Klasse hochstilisiert.

Nimmt man das Feld Gesundheitspolitik in eine Typologie der Interventionen bei Maßnahmen auf, so hat eine Studie (v. Beyme 1997: 216) für die ersten 12 Bundestage 241 Lobby-Interventionen bei wichtigen Entscheidungen gezählt, das sind 8.3% aller Schlüsselentscheidungen. Die Interventionen erfolgten von den gesundheitspolitischen Statusgruppen bei:

- restriktiven Maßnahmen 30.3 %
- regulativen 4.1%
- extensiven (Rechte ausweitende) Maßnahmen 1.9 %
- protektiven Schutzmaßnahmen 7.7 %
- distributiven (Verteilung ohne Verlierer) 2,4 %
- redistributiven (Verteilung mit Verlierern) 5.9%

Diese Durchsetzungsfähigkeit eines Steuerungsfaktors hing offensichtlich auch von der Policy-Maßnahme ab, die von restriktiv bis redistributiv unterschiedliche Ziele verkörperte. Das Verbändeprofil zeigte die stärksten Einflussversuche bei restriktiven Maßnahmen, die im Bundestag diskutiert worden sind.

3. Steuerungsversuche und Steuerungsbarrieren

Drei Phasen sind unterschieden worden:

1. 50er und 60er Jahre: Interessengruppendemokratie.
2. 60er und 70er Jahre: Korporative Interessenvermittlung – bis 1992 dieser Mechanismus vorübergehend außer Kraft gesetzt wurde.
3. Verhandlungsdemokratie in Netzwerken und Arbeitsgruppen zwischen politischen und verbandlichen Akteuren (Bandelow 1998: 236f).

Es ließ sich aber in Langzeitvergleichen keine säuberliche Abgrenzung von Phasen erreichen. Die Parteienkonkurrenz, die Vetomacht föderalistischer Interessen oder der Verbände oder das Eigeninteresse der Organisationen hat sich je nach Konstellation abwechselnd in den Politikergebnissen durchgesetzt (Murswieck 1990: 174). Aber es ließ sich konstatieren: Überwiegend waren korporative Versäulung und Statusgruppen-Oligopole im Bereich von Sozial- und Gesundheitspolitik dominierend (v. Beyme 1997: 222).

Intermediär wurden Steuerungsmechanismen der Vermittlung von Staat und Verbänden wirksam, wie die Konzertierte Aktion. Die Konzertierte Aktion im Gesundheitswesen wies jedoch Probleme auf: die Mitglieder sind nicht demokratisch gewählt,

- und nicht immer nach fachlicher Kompetenz ausgesucht,
- es besteht ein asymmetrisches Verhältnis zwischen den zersplitterten Krankenkassen und den zentralisierten kassenärztlichen Vereinigungen, die sich meist durchsetzten (Bandelow 1998: 129).

Die Konzertierte Aktion im Gesundheitswesen schien anfangs nur ein Nebenprodukt einer Einigung im Ringen um die Krankenversicherungsreform (KVKG 1977). Der Erfolg war umso größer, je mehr die Kosten der Einigung nicht von den Beteiligten allein aufgebracht werden mussten, sondern teilweise auf Nichtbetroffene abgewälzt werden konnten. Was einigen Analytikern als Erfolgsrezept der selektiven Interessendurchsetzung erschien (Wiesenthal 1981: 129), war für Kritiker problematisch durch die zunehmende „Entparlamentarisierung der Entscheidung" (Nullmeier/Rüb 1993: 222). Es wurde auch moniert, dass die Konzertierte Aktion eher dem Schlagabtausch von Expertenrunden denn als Grundlage zur Politikentscheidung diente, die sich auf den Finanzaspekt verengten (Murswieck 1990: 171).

Als der Korporatismus aufhörte Wachstumssektor zu sein, wurden neuere Netzwerkansätze in der Wissenschaft entwickelt. Konzertierung und Pluralismus von Interessengruppen blieben nebeneinander bestehen. Gesundheitspolitik ist ein Bereich, der alle interessiert, weil alle betroffen sind, wie von keinem anderen Politikfeld. Dennoch ist dieses hoch oligarchisch organisiert. Nicht nur bei den Verbänden. In kaum einem Gebiet ist die Spezialisierung der Abgeordneten so groß. Im 12. Bundestag waren von 18 Rednern zur Gesundheitsstrukturreform 5 Ärzte und 8 Spezialisten für Sozialpolitik (v. Beyme 1997: 255).

Eine Sonderform der Oligarchie stellen die Enquetekommissionen dar. Die meisten Enquetekommissionen werden in solchen Bereichen einvernehmlich geschaffen. Aber die Enquetekommission „Strukturreform der gesetzlichen Krankenversicherung" wurde von der SPD-Opposition gegen den Willen der Mehrheit durchgesetzt (BT, 11. WP. 4.6.1987: 1041ff). Beim Gesetzentwurf hat man sich auf die „Konzertierte Aktion Gesundheit", nicht aber auf die „Enquetekommission" berufen, die sich als Pyrrhus-Sieg der Opposition entpuppte. Aber konfliktorientierte Parteien waren lernfähig. Die Strategie der Parteien hat sich über die Zeit mehrfach gewandelt. Das Gesundheitsreformgesetz von 1988 wurde im Gegensatz zur Rentenreform von 1992 „im Konflikt mit der Opposition gefahren" (Perschke-Hartmann 1994: 95). Solche Lösungen hielten meist nicht lange. Das Gesundheitsstrukturgesetz 1992 wurde daher mehr auf Konsens mit der SPD-Opposition angelegt. Konzertierung im Vorfeld erwies sich als erfolgreich, wenn es zur großen Gesetzgebungskoalition kam, wie 1992.

Die Dynamik der Gesundheitspolitik wird von Differenzen der Parteien an der Macht beeinflusst. Immer sind in Deutschland Koalitionsregierungen an der Macht. Selbst CDU und FDP waren sich selten einig. Im Mai 1992 kam es zur Koalitionsabsprache, auf öffentliche Stellungnahmen zu den Reformen zu verzichten (Maulkorberlass). Nach Ablehnung des Regierungsentwurfs im Bundesrat wurde im Oktober 1992 in Lahnstein ein gemeinsamer Gesetzesentwurf von Union, FDP und SPD vorbereitet. Statt 207 gab es nur 54 Gegenstimmen. In dieser weiteren Runde zur Lösung der Gesundheitsreform wurde zweigleisig verfahren:

- Es wurde mehr Konsens mit der SPD gesucht, die eine umfassende Krankenkassenreform gewünscht hatte. Der SPD-Katalog wurde abgemildert, weil die Finanzkrise der Krankenversicherung mit einer gesamtwirtschaftlichen Krise zusammenfiel. Die Parteien waren einem verstärkten Druck der Tarifparteien ausgesetzt (Bandelow 1998: 205f).
- Es wurde von den Interessen der Anbieterverbände abgekoppelt beraten, um deren Einfluss nur noch als Konsultation zu werten, aber keine Mitentscheidung zuzulassen (Blanke 1994: 234f; v. Beyme 1997: 267). Anstelle der üblichen Überlassung des Politikfeldes zur Selbststeuerung wurden zur Durchsetzung Kosten reduzierender Maßnahmen hierarchische Zwangsaspekte politischer Steuerung eingesetzt. Auch Unionspolitiker bekannten sich zur Nichtkonsultation. Der Sozialexperte Dreßler erklärte im Bundestag: „Wir alle sollten befriedigt zur Kenntnis nehmen, dass der Lobbyismus des Gesundheitswesens die Zurückweisung erfahren hat, die er verdient hat. Ich bin mir sicher, dass diese für die Zukunft stilbildend wirkt." (BT 12 WP. 9.12. 1992: 10934 B). Der Sieg einer Allparteienkoalition wurde möglich, weil ein CSU-Minister genüsslich die Pressionsmethoden der Ver-

bände gegen ihn – auch unter der Gürtellinie – im Parlament enthüllte (Seehofer ebd. 10947A-10950 B).

Das Scheitern des ersten Reformanlaufs Ende der 80er Jahre wurde als „erfolgreiches Scheitern" in den 90er Jahren umgemünzt. Das erste Scheitern wurde zur Vorbedingung eines späteren Erfolgs. Frust nach vergeblicher Arbeit setzt sich gelegentlich in Reformwillen um. Wenn einzelne Lobbys zu hoch pokerten, versagten die Verhandlungsnetze und statt Konzertierung obsiegte die Mehrheitsentscheidung, weil der Bundestag sich in seiner Ehre gekränkt fühlte. Es kam zu einer regelrechten Seminardiskussion über die Grenzen des Lobbyismus. Widerstand des Bundes wurde von Dreßler zu Pflicht ausgerufen, den die „parlamentarische Selbstachtung" verlange.

1997 zeigte sich, dass der Parteienkonsens von 1992 nicht das letzte Wort blieb. Es kam zur erneuten Einbindung der Verbände und zur Stärkung von Selbstverwaltung und Eigenverantwortung. Das Steuerungszentrum drückte dieses Selbstverwaltungssubsystem in den Status einer „mittelbaren Staatsverwaltung". In der 3. Stufe der Gesundheitsreform konnten sich Union und FDP erst im März 1997 einigen: es wurde auf eine Deckelung des Arbeitgeberbeitrags verzichtet. Dafür sollen alle Zuzahlungen mit Ausnahme der Kursen um 5 DM bzw. 5% erhöht werden. Die Gemeinsamkeit mit der SPD hatte sich erschöpft, die Dominanz der Kassenärzte hat sich durch interne Konkurrenz verringert. (Perschke-Hartmann 1994: 286; Bandelow 1998: 230f). Gesundheitspolitik wurde von der Sparpolitik überlagert. Reformen wurden nur als Tauschgeschäft in unterschiedlichen Politikfeldern realisierbar.

Die einmalige Entscheidungskoalition von 1992 deutete eine Entwicklung an: Die alten Symbiosen zwischen Parteien und Verbänden lösen sich auf. Selbst die CDU hat einen Bundesfachausschuss Gesundheit gebildet, der pluralistisch orientiert ist (Döhler/Manow 1997: 50).

Eine der wichtigsten Reformbremsen war der deutsche Föderalismus. Der Bund konnte in eigener Regie nur entscheiden bei

- internationalen Verträgen und
- bei Nichtregelung durch die Länder (z.B. Blutspendendienste, Schulgesundheitspflege).

1964 zeigte sich die Crux des Föderalismus beim Jugendzahnpflegegesetz.

- Der Bundesrat billigte den Inhalt des Gesetzes,
- bestritt aber die Notwendigkeit eines Bundesgesetzes (Lindner 2003: 27).

Solche Fälle führten zu der Forderung, die Zuständigkeiten von Bund und Ländern wieder strikt zu trennen (Bandelow 1998: 155). In der Föderalismusreform von 2006 kam es nur zur Strukturanpassung – nicht zu einem Systemwechsel. Die Rahmengesetzgebung wurde abgeschafft, die verbleibenden Materien der konkurrierenden Gesetzgebung zugeschlagen. In der Gesundheitspolitik war eine durchgreifende Änderung nicht zu erkennen.

Konklusion

Politische Steuerungsbemühungen in der gesetzlichen Krankenversicherung werden konterkariert durch die Schwierigkeit, das Steuerungsziel im Geist von Solidarität und Subsidiarität eindeutig zu definieren. Das führte dazu, dass das Steuerungsprinzip „Selbstverwaltung“ Vorrang vor Staat und Markt erhielt, um autoritative Entscheidungen zu umschiffen. Bei knapper werdenden Ressourcen orientierten sich die Leistungsanbieter nicht mehr am Solidarinteresse und stabilen Beitragssetzen, sondern am „Kommerz“. Im Jargon der autopoietischen Systemtheorie wurde das mit dem Bestreben des Subsystems erklärt, dem eigenen Code zu folgen und die eigene Strukturidentität zu bewahren, auch wenn sie pathologisch erschien. Dem politischen System wurde vorgeworfen, veralteten Steuerungstheorien in ihrer Reformkonzeption gefolgt zu sein (Perschke-Hartmann 1994: 284).

Maximalistische Konzepte zur Bekämpfung der Zweiklassenmedizin, wie sie Karl Lauterbach (2007: 121) lautstark vertrat, sind nicht in Sicht – wie die Bürgerversicherung, welche die SPD seit 2003 forderte. 2009 soll der Einheitsbetrag in der gesetzlichen Krankenversicherung bei 15,5 Beitragssatzpunkten liegen, der in einen gemeinsamen Gesundheitsfond geht, in den alle gesetzlich Versicherten einzahlen. Das Geld wird an die Krankenkassen weitergeleitet. Ein Drittel aller Kassenmitglieder werden eine Kopfpauschale von maximal 36 Euro oder ein Prozent seines Einkommens drauflegen müssen. Nicht gelöst sind:

- Die Vereinheitlichung der Solidarität bleibt aus, weil die privat Versicherten nicht in den Fonds einzahlen.
- Die Lohnnebenkosten gehen nicht zurück, weil die Mittel von Arbeitenden und Rentnern aufgebracht werden müssen.
- Die Beitragssätze sinken nicht.
- Kein echter Wettbewerb zwischen gesetzlichen und privaten Krankenversicherungen. Die Lage der AOK verschlechtert sich.
- Der Fonds bedarf neuer Bürokratie.

Ein milderes Urteil über die deutsche Gesundheitspolitik kann allenfalls aus dem transnationalen Vergleich gewonnen werden. Die Kostendämpfungspolitik der OECD-Staaten war meist nicht erfolgreich und hat die Fundamente der wachsenden Gesundheitsausgaben kaum berührt (Schmidt 1999: 242). Etatistische Steuerungen in Skandinavien stießen in den 90er Jahren an Wachstumsgrenzen, und auch sozialdemokratische Parteienregierungen organisierten den geordneten Rückzug auf mehr Markt und Eigenverantwortlichkeit. Die Hoffnungen richteten sich vor allem auf:

- zivilgesellschaftliche Eigeninitiativen der Bürger und Bürgerforen, wie der DGB sie in den 80er Jahren vorgeschlagen hat (Bandelow 1998: 238),
- und die Maastricht-Konvergenzkriterien der EU gegen wachsende Haushaltsdefizite.

Literatur

Bandelow, Nils C.: Gesundheitspolitik. Der Staat in der Hand einzelner Interessengruppen. Opladen, Leske & Budrich, 1998.

v. Beyme, Klaus: Der Gesetzgeber. Der Bundestag als Entscheidungszentrum. Opladen, Westdeutscher Verlag, 1967.

v. Beyme, Klaus: Verkehrspolitik als Feld der Staatstätigkeit. In: Schöller, Oliver u. a. (Hrsg.): Handbuch der Verkehrspolitik. Wiesbaden, VS Verlag, 2007: 125-137.

Blanke, Bernhard. (Hrsg.): Krankheit und Gemeinwohl. Opladen, Leske & Budrich, 1994.

Döhler, Marian/Manow, Philip: Strukturbildung von Politikfeldern. Das Beispiel bundesdeutscher Gesundheitspolitik seit den fünfziger Jahren. Opladen, Westdeutscher Verlag, 1997.

Esping-Andersen, Gösta: The Three Worlds of Welfare Capitalism. Cambridge, Cambridge University Press, 1990.

Heinelt, Hubert: Politikfelder: Machen Besonderheiten von Policies einen Unterschied? In: Klaus Schubert/Nils C. Bandelow (Hrsg.): Lehrbuch der Politikfeldanalyse. München, Oldenbourg, 2003: 239-256.

Immergut, Ellen: Health Politics: Interests and Institutions in Western Europe. Cambridge, Cambridge University Press, 1992.

Lauterbach, Karl: Der Zweiklassenstaat. Wie die Privilegierten Deutschland ruinieren. Berlin, Rowohlt, 2007, 2. Aufl.

Lindner, Ulrike: Chronische Gesundheitsprobleme. Das deutsche Gesundheitssystem vom Kaiserreich bis in die Bundesrepublik. Aus Politik und Zeitschrift, B 33/34, 2003: 21-28.

Lowi, Theodore: American Business, Public Policy, Case Studies and Political Theory. World Politics, 16,1964: 677-715.

Metz, Hubert: Reform des Gesundheitssystems. Berlin, de Gruyter, 1977.

Murswieck, Axel: Politische Steuerung im Gesundheitswesen. In: Klaus v. Beyme/Manfred G. Schmidt (Hrsg.): Politik in der Bundesrepublik. Opladen, Westdeutscher Verlag, 1990: 150-176.

Naschold, Frieder: Kassenärzte und Krankenversicherungspolitik. Freiburg, Rombach, 1967.

Nullmeier, F./Rüb, F. W.: Die Transformation der Sozialpolitik: vom Sozialstaat zum Sicherungsstaat. Frankfurt, Campus, 1993.

Perschke-Hartmann: Ch.: Die doppelte Reform. Gesundheitspolitik von Blüm zu Seehofer. Opladen, Leske & Budrich, 1994.

Rose, Richard/Davies, Phillip L.: Inheritance in Public Policy. Change without Choice in Britain. New Haven, Yale University Press, 1984.

Scharpf, Fritz W.: Sozialdemokratische Krisenpolitik in Europa. Frankfurt, Campus, 1987.

Schmidt, Manfred G.: When Parties Matter: a Review of the Possibilities and Limits of Partisan Influence on Public Policy. European Journal of Political Science, 30, 1996: 155-183.

Schmidt, Manfred G.: Warum die Gesundheitsausgaben wachsen. Befunde des Vergleichs demokratisch verfasster Länder. Politische Vierteljahresschrift, 40, 1999: 229-245.

Wiesenthal, Helmut: Die konzertierte Aktion im Gesundheitswesen. Frankfurt, Campus, 1981.

Wilensky, Harold: The Welfare State and Equality. Berkeley, University of California Press, 1975.

17. Verkehrspolitik – ein Feld der Staatstätigkeit

Einleitung

Verkehrspolitik gehört neben Wohnungs- und Städtebaupolitik und der Kulturpolitik zu den Bereichen, die von der Politikwissenschaft vernachlässigt worden sind. Ich selbst bekenne, gesündigt zu haben. In einem ersten Überblick über die deutschen Politikfelder, den ich mit Manfred G. Schmidt (1990) herausgab, tauchte die Verkehrspolitik noch nicht auf. Manche Bindestrich-Soziologien fanden in einer benachbarten Sozialwissenschaft sehr ungleiche Aufmerksamkeit. Wo Verdrängungswettbewerb mit den Ökonomen auftrat, sind die Sozialwissenschaften meist in andere Nischen getreten. So haben auch die Politologen das Feld der Verkehrspolitik weitgehend den Ökonomen überlassen.

Die Bedeutung einer Policy im Kontext der gesamten Staatstätigkeit kann an zwei Indikatoren gemessen werden: dem Anteil der Gesetze am Output des Bundestages und dem Anteil der Verkehrspolitik an der Bruttowertschöpfung und den Beschäftigten. Der *Anteil der Gesetze* betrug selbst in den bisher gesetzesfreudigsten 13. und 14. Wahlperioden unter Kohl und Schröder mit 551 und 549 Gesetzen pro Legislatur etwa 4%, was ungefähr der wirtschaftlichen Bedeutung des Bereiches entsprach. Das Verkehrswesen besaß im Jahr 2000 einen Anteil von 4.1% an den fast 1,6 Millionen Beschäftigten, was den Stand von 1960 gehalten hat, während der Anteil 1970-90 unter vier Prozent gesunken war. Der Anteil des Verkehrs an der *Bruttowertschöpfung* hingegen sank von 5,2% (1950) auf 3,5% (2000) (Zahlen des Verkehrsministeriums zit. In: Grandjot 2002: 26).

Die in den USA entwickelte Politikfeldanalyse ist in kaum einem Land – außer in Skandinavien – so umfassend rezipiert worden wie in der Bundesrepublik. Zunächst geschah dies noch in der alten deutschen Tradition, die stärker auf Theoriebildung als auf empirische Forschung ausgerichtet war. In der Ära der 68er reideologisierten sich die deutschen Parteien. *Reformpolitik* griff den normativen Ansatz der amerikanischen *„policy sciences"* seit Harold Lasswell auf. Aktive Bereichspolitik – vor allem auf dem Arbeitsmarkt – war in aller Munde. Begeistert wurde die Botschaft aus Amerika aufgegriffen: *„policies determine politics"* (Lowi 1972: 299), um den spezifischen Blickwinkel der Politikwissenschaft akzentuieren zu können.

Mehrere Grundannahmen haben seit der Zeit der Reformeuphorie vorgeherrscht:

- Policy wurde als das Resultat der Ideologien von Entscheidungsträgern und Parteiprogrammen angesehen. Diese Variante wurde als *„idealistisch"* angesehen (Schmidt 1978: 86).
- Eine zweite Variante trat bekennend ideologisch als *„materialistisch"* auf. Nach dem Niedergang des Neomarxismus wurde die Politikfeldanalyse zum kleinsten gemeinsamen Nenner, der die einstigen Erzfeinde Marxisten und empirische „Positivisten" einte.
- Als der normative Impetus der Politikplanung in der Ära Kohl abstarb, haben neoliberale Ansätze die *Ökonomisierung der Reformpolitik* vorangetrieben. War Reform-

politik von der Hoffnung auf *„Planung"* bewegt, so hatte sich der Anspruch auf den Begriff *„Steuerung"* reduziert.

- Nach einer Zeit der Dominanz der Behavioralisten hat sich vor allem in der Politikfeldanalyse ein *„neuer Institutionalismus"* durchgesetzt. Er hat den normativen Ontologismus des alten Institutionalismus, der Institutionen absolut setzte, überwunden. Er hat den Nachteil, zu viele unterschiedliche Variablen zu berücksichtigen, aber den Vorteil, die Institutionen als intervenierende Variable zu würdigen, welche die Interaktionen politischer Entscheidungsträger beeinflussen. Politikergebnisse erscheinen so in historischer Perspektive „pfadabhängig". Sie können nach einem neueren „Historische Lasten-Ansatz" nicht kurzfristig verändert werden. Historische Traditionen erweisen sich als veränderungsresistent.

Der Neo-Institutionalismus ließ sich zudem mit modernsten mathematisierbaren Ansätzen verbinden, etwa im *Rational Choice*-Ansatz, bei dem Handlungsoptionen der Individuen im historischen Kontext analysiert werden. Auf diesem Feld treffen sich Wirtschafts- wie Politikwissenschaftler und beenden ihre alten Querelen um den adäquaten Forschungsansatz. Der neue Institutionalismus fand in die Institutionen-Ökonomie Eingang und hat auf politikwissenschaftlicher Seite einige Akzente gesetzt. Der *Public-Choice-Ansatz* widmete sich den Wahlhandlungen der Akteure in einem vorgegebenen Rahmen von Institutionen. James M. Buchanan (1990) hat den Approach zur *Public-Choice-Theorie* weiter entwickelt, nach dem die Regeln nicht vorgegeben sind, sondern selbst Objekt von Wahlhandlungen darstellen. Damit verlagerte sich der Akzent auch im Geschäft der ökonomischen Politikberatung. Nicht direkte Eingriffe in die Prozesse bewirken den Wandel, sondern nur Veränderungen der Regeln, die diese Prozesse steuern (Cassel 2001: 31).

Ob mit solchen Abstraktionen für eine konkrete Politikberatung viel gewonnen ist, bleibt fraglich. Oft wird die Entwicklung der Ökonomie durch die rasante Formalisierung in ihrer Fähigkeit, konkrete wirtschaftspolitische Probleme zu lösen, kritisch beurteilt. In Amerika hat ein Ironiker sogar die Abschaffung des Nobelpreises für Ökonomie vorgeschlagen, weil er die professionelle Kultur auf „technical wizardry" ausrichte (Cassady 1996: 60). Falls der Vorschlag ernst gemeint war, liegt ihm vermutlich ein zu simples Ursachen- und Folgenschema zugrunde. Soziologie und Politikwissenschaft können keine Nobelpreise erwarten und folgen gleichwohl der Ökonomie immer bereitwilliger in die „technische Zauberei", die da gebrandmarkt wurde.

Beim Studium des Politikfeldes Verkehrspolitik müssen institutionelle Faktoren einbezogen werden. Dazu gehören:

1. Planungseinrichtungen.
2. Institutionen der Kontrolle im Zeitalter der Implementation: richterliche Normenkontrollen durch das Bundesverfassungsgericht, wissenschaftliche Zweckmäßigkeitskontrollen ex ante und Evaluationskontrollen ex post.
3. In einem Bundesstaat wie Deutschland muss die Bremswirkung des Föderalismus einbezogen werden.

4. Die Bedeutung eines Politikfeldes im politischen Raum kann an Zuschnitt und Bedeutung des verantwortlichen Ministeriums, am politischen Stellenwert der Amtsträger und an ihrer Machtposition im Koalitionspoker abgelesen werden. Für die Durchsetzungsfähigkeit des Ministers sind zudem die Muster der Gesetzgebungsprozesse von Bedeutung, die nach Politikfeldern stark variieren können – nicht zuletzt wegen der Differenzen der Interessengruppenstrukturen in einzelnen Policies.
5. Eine der ältesten kritischen Fragen der Politikwissenschaft an die policy-Analyse lautet: *„do parties matter?“* Parteien, ihre Ideologien, Programme und institutionellen Vorlieben spielen eine Rolle. Die Verkehrspolitik zeigt im parlamentarischen Raum interessante Differenzen zu anderen Policies.

1. Planung und Steuerung

In der Verkehrspolitik ist Planung bis heute stärker gefragt als in anderen Politikbereichen. Noch heute gilt die Lehrbuchweisheit der Verkehrspolitik: „Bedingt durch die lange Lebensdauer investitionspolitischer Maßnahmen können sie zu einer nicht erwünschten Strukturkonservierung beitragen, weshalb sie eine genaue, vorausschauende Planung erfordern“ (Grandjot 2002: 24). Diese Planungen konnten aber nicht ohne Rücksicht auf die Bedürfnisse anderer Ressorts durchgeführt werden, etwa wenn wirtschaftspolitisch zugleich eine antizyklische Investitionspolitik angestrebt wurde.

In den *Regierungserklärungen* deutscher Bundeskanzler spielte die Verkehrspolitik keine herausragende Rolle. Meist waren die Äußerungen auf die Verkehrssicherheit und die Streckenplanung beschränkt. Aber es bleibt bemerkenswert, dass selbst Ludwig Erhard, der unaufhörlich für die Deregulierung und die Stärkung des Wettbewerbs in seinen Ankündigungen eintrat, „langfristige Planungen“ im Verkehrsbereich forderte. Selbst Brandt hat in starken Worten eine „liberalere Verkehrspolitik“ eingefordert (Dok. in v. Beyme 1979: 214, 269), aber an dem Begriff „Fünfjahresplan“ nahm niemand Anstoß, obwohl der Begriff durch die DDR als unfreiheitlich desavouiert schien. Ausdruck eines planerischen Neuanfangs schien 1967 das „Verkehrspolitische Programm für die Jahre 1968 bis 1972“, bekannter unter dem populären Namen des damaligen Verkehrsministers *„Leber-Plan“*. Es wurde eine Umgestaltung des Verkehrswesens mittels marktkonformer ordnungspolitischer Maßnahmen vorgesehen. Zur Rationalisierung des Bundesbahn und zum Abbau ihres chronischen Defizits wurden 6500 unwirtschaftliche Streckenkilometer stillgelegt und 82000 Bedienstete abgebaut. Der Güterfernverkehr und der Werkfernverkehr sollte von der Straße auf die Schiene verlegt werden, was nachweislich nicht gelang. Seit 1991 hat der Anteil der Straße ständig zugenommen. Im Jahr 2002 wurde der Güterverkehr – gemessen an beförderten Gütermengen – zu 57% vom Straßennahverkehr deutscher LKW und zu 14% im Straßenfernverkehr von deutschen LKW (neben 6% ausländischen LKW) transportiert. Der Eisenbahnverkehr war mit 7%, die Binnenschifffahrt mit 6%, und der Seeverkehr mit 6% weit abgeschlagen (Datenreport 2004: 379). Unter dem Verkehrsminister Lauritzen war der planerische Impetus schon auf ein „Kursbuch für die Verkehrspolitik" unter dem Motto „Der Mensch hat Vorfahrt" gemildert worden (1973). Auch unter Volker Hauffs Ägide (1980-82) setzte der Minister auf „Qualität vor Quantität" und auf ökologische Infrastrukturkonzepte.

Große Planungen gehörten auch in der Verkehrspolitik der Vergangenheit an, obwohl es unter CDU-geführten Regierungen noch einen Bundesverkehrswegeplan mit Planungsfristen gab, die an die SPD- Orientierungsrahmen erinnerten, welche sich an Dekaden orientierten (z.B. 1986-1995). Die Fernstraßenplanung von der Bedarfsermittlung bis zur baulichen Realisierung ist ein Bereich, der auch in neuerer Zeit noch strikte Planungen unter Mitwirkung der Länder in den Arbeitskreisen kennt und in der Öffentlichkeit auf das größte Interesse stößt (Schema in: Lautner/Metz 1996).

Planungen erwiesen sich in demokratischen Staaten als indikative Planungen und nicht als imperatives Gebot wie in den einstigen Kommunistischen Systemen. Steuerung war der bevorzugte Ausdruck der Forschung. Der Paradigma-Wandel zur autopoetischen Systemtheorie im Stile Luhmanns sah Steuerung allenfalls noch als „Selbststeuerung" an. Die akteursfeindliche Theorie selbstreferentieller Systeme denunzierte daher den „Gesetzgebungslärm", der angeblich wenig bewirke. Aber auch ein Pionier der Autopoiesis wie Heinz von Foerster (1971: 17) sah bereits *„order from noise"* entstehen. Luhmanns (1993: 54ff) wacher Geist begann sich nach einer Weile in der kalten Höhenluft der subjektlosen Evolution zu langweilen und bot den Handlungstheoretikern Formulierungshilfe an bei der Übersetzung systemtheoretischer Einsichten in handlungstheoretische Propositionen. Er bezweifelte aber weiterhin, dass damit viel gewonnen sei, weil die Beschränkungen und Nebenfolgen mehr Gewicht hätten als die angestrebten Ziele der politischen Akteure. Die Autopoietiker neigten dazu, zwischen den Subsystemen nur „Beobachtung" für möglich zu halten, die dann in Änderungen der eigenen Konzeptionen einmünden konnten. Effektive Intervention galt in einer komplexen Gesellschaft kaum als möglich.

Die Autopoietiker haben die Steuerungsunfähigkeit des modernen Staates maßlos übertrieben. Aber sie haben die Steuerungsresistenz etwa der Wirtschaft gegenüber der Politik ziemlich korrekt beschrieben. Letztes Beispiel dafür: Die sieben Länder, die im Jahr 2005 bei der Verkehrsministerkonferenz in Rostock gegen PKW-Maut stimmten, haben die Sorge geäußert, dass die Entlastung der Autofahrer für die „Maut-Abzocke" durch Senkung der Mineralölsteuer nicht greifen könne. Die Ölkonzerne würden diese Senkungen durch Preiserhöhungen wieder zunichte machen.

Die Steuerung bedient sich unterschiedlicher Mittel, die von der *Regulierung* bis zu *repressiven Sanktionen* reichen. Man kann das alles unter Regulierung subsumieren, die im postmodernen Zeitalter einer möglich unrepressiven Politik zum Grundbegriff der Erforschung von Staatstätigkeit wurde. Die Planung war aber gelegentlich nicht nur regulativ gemeint. Es kam unter Leber sogar zur Androhung von Sanktionen wie eines Beförderungsverbots für Massengüter (Stein, Sand, Kohl, Getreide). Obwohl die Union und die FDP sich für die Transportunternehmer einsetzen, erhielt der Plan schließlich die Zustimmung zur Beförderungssteuer. Im Oktober 1972 kam es zu Verordnungen, mit der die Geschwindigkeit auf Straßen auf 100 km begrenzt und die Alkohol-Promillegrenze von 1.3 auf 0.8 gesenkt wurde. Selten sind in der Verkehrspolitik *umverteilende Maßnahmen* und *protektive Schutzmaßnahmen*. Ein Lehrbuch der Verkehrspolitik (Grandjot 2002: 23) klassifizierte zwei Hauptgruppen von Maßnahmen: *marktorganisatorische Maßnahmen* wie Regulierung von Marktdaten und Marktelementen (z. B. Konzessionierung, Lizensierung, Stillegungen, Tarifzwänge, Betriebsauflagen, technische Auflagen) und *fiskalische Maßnahmen* wie reale (Rationalisierung, Investitionen in die Verkehrsinfrastruktur) und monetäre Maßnahmen (Investitionsförderung, Subventionierung, Steuerpolitik und Gebühren).

In neueren Überblicken über die Steuerungsinstrumente wird die Sicherstellung wichtiger öffentlicher Güter und Ressourcen – die bei der Verkehrspolitik eine wichtige Rolle spielen – den Methoden der Beeinflussung gesellschaftlichen Handelns gegenüber gestellt. Die Regulative Politik wird als *direkte Steuerung* angesehen, während zur *indirekten Steuerung* Finanzierung, prozedurale Steuerung und Überzeugungsarbeit gerechnet werden (Braun/Giraud 2003: 150). Die „Entzauberung des Staates" (H. Willke 1992: 180) hat Ende des 20. Jahrhunderts rasante Fortschritte gemacht. Der klassische *Interventionsstaat,* in zugespitzter Form als Wohlfahrtsstaat zum *Supervisionsstaat* reduziert, scheint abzunehmen und wird zunehmend durch den *kooperativen Staat* ersetzt. Die Gestaltung von Verhandlungssystemen erscheint die verbliebene Hauptaufgabe des Staates.

Solche generellen Theorien der Policy-Theorie entbinden den Empiriker nicht, nach den Spielräumen von Steuerung in den verschiedenen Politikfeldern zu suchen. Die vielfach beschworenen „*Verhandlungssysteme*" sind nicht einheitlich. Die Möglichkeiten der politischen Steuerung des Staates und der Gesellschaft sind unterschiedlich hoch, je nachdem wie groß die Konzentration der privaten und der staatlichen Macht in einer Gesellschaft erscheint. Im Zeitalter des *Korporatismus* war die Konzentration der gesellschaftlichen Macht groß und verband sich mit hoher Konzentration der Regierungsmacht. Mit dem Niedergang von Gewerkschaftsmacht nahm die Möglichkeit zu korporativer Steuerung ab. „Bündnisse für Arbeit" blieben wirkungslos.

Die Verkehrspolitik war kein Feld für korporative Steuerung, weil ihr im gesellschaftlichen Bereich die Monopolstellung zweier annähernd gleich starker Organisationen fehlt. Es sind eher Statusgruppen wie der ADAC, die dieses Feld beherrschen. Aber es gibt für die unterschiedlichen Bereiche der Verkehrspolitik keine Statusorganisation, die ein ganzes Politikfeld beherrschen kann wie der Bund der Landwirte in der Landwirtschaftspolitik oder die Ärzte- und Pharmazieverbände in der Gesundheitspolitik. Als nationale Interessenorganisationen hat ein Standwerk (Köberlein 1997: 13) 49 Gruppen vom „Bundesverband der Deutschen Binnenschifffahrt" bis zum „Zentralverband der Deutschen Seehafenbetriebe" aufgelistet. Darunter befinden sich jedoch auch Organisationen wie die ÖTV, der Deutsche Industrie- und Handelstag, oder Umweltverbände, die nicht nur in der Verkehrspolitik auftreten. Bemerkenswert an der Verkehrspolitik ist auch, dass mehr internationale Organisationen relevant wurden als in anderen Politikfeldern.

Je pluralistischer ein Feld, umso mehr herrschen *informelle Netzwerke* vor. Angesichts der diffusen Interessentenstruktur, wenn es nicht gerade um ausgewählte Interessen der PKW-Fahrer geht, die der ADAC lautstark mit dem Volk gleichsetzt, konnten sich keine „gemütlichen Dreiecke" aus Ministerium und Verwaltung, Bundestagsausschuss und einem Verbände-Oligopol herausbilden, wie in anderen Bereichen.

Deutschland ist im Vergleich zu den *cosy triangles* Amerikas auch eher durch ein *„ungemütliches Fünfeck"* gekennzeichnet. In der Bundesrepublik spielt der Entscheidungsverbund im Bundesstaat eine gewichtige Rolle. Zudem hat sich eine eher konservative „Räterepublik" herausgebildet, mit Gremien der Beratung, Kontrolle und Evaluation, die das System immobil erscheinen lassen. Das *„Gemeinwohl"* wird gerade in der Verkehrspolitik vielfach beschworen, weil hier eine Art „Grundrecht auf Beförderung" bedient wird. Aber das Gemeinwohl in konkreten Maßnahmen ist meist nur der Minimalkonsens, den die widerstreitenden Interessen finden können.

2. Drei Formen der Kontrolle von staatlichen Maßnahmen:

- Die *richterliche Kontrolle der Verfassungsmäßigkeit*. In dem analysierten Sample von 43 verkehrspolitischen Maßnahmen im 13. und 14. Bundestag kam kein Gesetz vor die Karlsruher Richter, und nur eines, das „Seeschiffahrtsanpassungsgesetz" von 1998, führte durch ein Verfassungsgerichtsurteil zu einer Regierungsinitiative (VerfGE 92: 26, 43, Stand der Gesetzgebung 13. WP. 1999: 534). In anderen Bereichen wie der Rechtspolitik oder der Sozialpolitik sind solche Anstöße weit häufiger.
- *Die Durchführungskontrolle durch die Verwaltung.*
- *Die Evaluation der Gesetze durch unabhängige Gremien* (v. Beyme 1997: 366).

Mit dem Niedergang der Planungseuphorie verschob sich der Brennpunkt der Forschung von der Entscheidungsebene und Programmformulierung auf die Durchführung, auf die *Implementation*. Die Implementation erwies sich vielfach als fern von den Intentionen des „Gesetzgebers". Nicht das Parlament beeinflusste das Politikfeld in erster Linie. Die Verwaltung hat Richtlinien für die Durchführung erarbeitet und die Hoffnungen des Gesetzgebers für seine Kodifikationen auf ein realistisches Maß herabgeschraubt. Das bekannteste Beispiel war das „Immissionsschutzgesetz" (BImSchG) von 1974. Das gut gemeinte Gesetz, als unerhörte Innovation gefeiert, das auch die Verkehrspolitik beeinflusste, erwies sich ohne die Verordnung über Luftreinhaltepolitik als nicht handhabbar. Die Verwaltung implementierte, was sie für richtig hielt. Neue Politikfelder wie Energie- oder Umweltpolitik gewannen öffentliche Aufmerksamkeit.

Mit der Reformökonomisierung einerseits und den neuen modischen Politikfeldern wie Umweltpolitik andererseits kam es zu einer wachsenden Betonung der *Evaluation*. Dabei mussten wirtschaftliche und ökologische Folgen staatlichen Handelns bewertet werden. Etwa beim verkehrspolitisch relevanten „Benzinbleigesetz" zeigte sich, dass die Messverfahren umstritten waren, dass Kontrollen nur nach Stichproben vorgenommen werden konnten und dass die Höhe der vorgesehenen Sanktionen zu gering war, um die Motivation der Normadressaten zu ändern (Schulz 1983:200). *Effizienz* erscheint rein wirtschaftlicher Art. Ihr wurde in der Evaluation die *Effektivität* gegenüber gestellt. Letztere kann die Normadressaten selbst bei vorwiegend *„symbolischer Politik"* beeinflussen. Obwohl das Politikfeld Verkehrspolitik keineswegs ideologiefrei ist, kommt es hier seltener als in anderen Feldern zu rein symbolischer Politik – wie etwa in dem faulen Kompromiss „Richtgeschwindigkeit 130". In der Evaluation stehen verschiedene Kriterien in Konkurrenz wie Innovationskapazität, Zieltreue, Ausmaß nicht intendierter Nebenfolgen, Implementierbarkeit und Novellierungshäufigkeit. Letztere ist bei einem Teil der untersuchten Maßnahmen hoch wie beim „Luftverkehrsgesetz" (11 Änderungen bis 1998).

3. Schranken der Durchsetzung von Bundespolitik im Föderalismus

Der Föderalismus war eine gewichtige Bremse für die Bundesverkehrspolitik und ihre Planungskapazität. Die *Zustimmungspflichtigkeit*, die nach einem Niedrigstand im ersten Bundestag von 41%, ab dem dritten Bundestag (1957-61) fast immer über 50% lag, war mit 55-60% in der Verkehrspolitik hoch, aber noch im Normalbereich. Im 13. Bundestag war in einem Fall umstritten, ob das Gesetz als zustimmungspflichtig einzustufen war, wie der Bundesrat wähnte. Verkündet wurde das Gesetz zum „Deutschen Wetterdienst" als „nicht zustimmungspflichtig". Solche Kontroversen kamen jedoch auch in anderen Politikfeldern vor.

Die Planungen von Verkehrsminister Lauritzen zeigten ein Dilemma im deutschen System: Es kam zu einem erbitterten Widerstand der Länderverkehrsminister. Lauritzen konnte eine Höchstgeschwindigkeit im Bundesrat nicht durchsetzen. Der letzte Fall der Macht der Landesverkehrsminister wurde im Oktober 2005 in Rostock demonstriert. Diesmal fühlte sich allerdings der Bundesverkehrsminister Stolpe knapp bestätigt. Sieben Bundesländer sprachen sich gegen eine Maut aus, sechs waren dafür und drei enthielten sich der Stimme. Der „Parteien-Bundestaat" zeigte in diesem Fall, dass kein Verlass auf die in den beiden großen Parteien überwiegenden Ansichten war: Sachsen und Niedersachsen reihten sich in die Nein-Front ein, Bremen, von der SPD in großer Koalition geführt, stimmte mit „Ja" (Verkehrsminister 2005: 13). Aber große Koalitionen in den Ländern konnten diese Differenz nicht in allen Fällen erklären.

Der Föderalismus ist in einem Bereich wie der planenden Verkehrspolitik in einem Dilemma. Planung verlangt rationale Symmetrie in der Behandlung der regionalen Differenzen. Regionale Asymmetrie ist hingegen oft unvermeidlich, wenn zentralistische Maßnahmen greifen sollen. Im Kampf gegen die wachsende Zahl der Maut-Flüchtlinge im LKW-Verkehr versuchte Stolpe zu dezentralisieren und Ländern und Gemeinden mehr rechtliche Möglichkeiten zu geben, einzelne Bundesstraßen zu sperren oder Abschnitte davon ebenfalls mautpflichtig zu machen (Verkehrsminister 2005: 13).

4. Das Gewicht der Verkehrsminister im Koalitionspoker

Politikfelder ließen sich im deutschen System nicht nach Art der Kampagnen und Akzentsetzungen amerikanischer Präsidenten inszenieren, um eine „Great Society" oder einen „war against poverty" durchzusetzen. Im parlamentarischen System konstituierten sich die Politikfelder trotz aller juristischer Herausstellung der „Richtlinienkompetenz" nicht durch einen herausragenden Politiker, der die Organisationsgewalt umfassend in seinen Händen hielt. Die Bildung einer Großen Koalition durch Angela Merkel

Ende 2005 zeigte diese Schwäche des Systems. Während die CDU-Führung über Richtlinienkompetenz räsonierte, hat der als Vizekanzler vorgesehene Franz Müntefering seine SPD-Ministerliste bekannt gegeben, ehe der größere Koalitionspartner seinen Teil des Kabinetts fixiert hatte. „Es gibt keine Richtlinienkompetenz gegen einen Vizekanzler Willy Brandt" war ein SPD-Slogan in der ersten Großen Koalition, er wird wohl auch für Müntefering und Steinmeier zutreffen. Hergebrachte Ressort- und Verwaltungsstrukturen, Koalitionsrücksichten und Erbhöfe der Interessengruppen wirken bei der Durchsetzung von Politikfeldern mit. Die Bedeutung eines Politikfeldes lässt sich im politischen Raum anhand von mehreren Indikatoren rekonstruieren:

- Das Gewicht der Minister im Koalitionspoker.
- Der Anteil der Gesetze in diesem Bereich.
- Der Anteil an den Bundesausgaben.

Das *Gewicht,* das der Verkehrspolitik *im Kabinett* zugedacht wurde, lässt sich auch am Verkehrsministerium demonstrieren. Das Ressort galt nicht als eines der klassischen Ministerien. Gelegentlich wirkte es wie ein *klassisches Patronage-Amt. Der häufige Wechsel im Amt* ist ein wichtiger Indikator. Elf Minister in diesem Amt, obwohl Seebohm die ersten fünf Legislaturperioden bis 1966 amtierte, scheint geringe Kontinuität anzudeuten. Aber gewichtigere Ressorts wie Justiz und Inneres kamen auf einen höheren Personalumsatz. Viele Verkehrsminister amtierten nicht lange. Lauritz Lauritzen scheiterte als Minister mit eine obligatorischen Höchstgeschwindigkeit von 130 km/h auf Autobahnen am Widerstand des Bundesrates. CSU-Verkehrsminister Dollinger lehnte seit 1982 einen Vorschlag der EU-Kommission für ein europa-weites Tempolimit von 120 km/h ab, suchte sich aber durch den Weiterbau des Rhein-Donau-Kanals zu profilieren, das ein Nachfolger wie Volker Hauff „das dümmste Bauwerk seit dem Turmbau zu Babylon" genannt hatte. Dollinger wurde 1987 trotz seines konformen Verhaltens von Kohl „aus Altersgründen" durchaus gegen seinen Willen nicht mehr berücksichtigt.

Das Verkehrsministerium war eines der „skandalanfälligen" Ämter. Lauritzen. Dollinger, Warnke, Zimmermann wurden Unsensibilität vorgeworfen. Bei Lauritzen ging es um die Schlichterrolle im Fluglotsenstreik, bei Zimmermann um die Überreaktion gegen das österreichische Nachtfahrverbot. War Stolpe ein guter Ministerpräsident gewesen, so war er als Verkehrsminister in vielen Fällen glücklos, nicht nur bei der LKW-Maut.

Aussagekräftiger ist die Frage, wem das Ressort anvertraut wurde. Selten kam ein Spitzenpolitiker in das Amt. Die „kleinen Koalitionspartner" schienen prädestiniert für das Amt, einmal fiel es an die DP, dreimal an die CSU. Dollinger (CSU) war überrascht von seiner Ernennung, ebenso später von seiner Entlassung. Lauritzen wurde 1975 als Spitzenkandidat nach Schleswig-Holstein „weggelobt". Zimmermann als führender CSU-Politiker hat sein Intermezzo als Verkehrsminister als Abstieg empfunden (1989-1991).

Schon der Anfang des Amtes war umstritten. 1949 musste der kleine Koalitionspartner Deutsche Partei mit zwei Ressorts bedacht werden. Für Hellwege erfand man ein überflüssiges Ministerium für Angelegenheiten des Bundesrates, eines der Ämter mit dem häufigsten Personalwechsel. Die stärkere Figur in der DP, Hans-Christoph Seebohm, der die Vertriebenenverbände hinter sich hatte – zu einer Zeit, da der BHE, die Vertriebenenpartei, noch nicht im Kabinett war – bekam das Verkehrsministerium, kein sehr angesehenes, aber ein sehr notwendiges Amt – angesichts der Zerstörungen der deutschen Infrastruktur. Seebohm hat etwas aus dem Amt gemacht. Sein Gesetzgebungsprogramm im ersten deutschen Bundestag war beachtlich, und der Substanzverlust an Verkehrsmitteln wurde umsichtig gehoben. 1955 bekam die Bundesrepublik die Lufthoheit zurück, und Seebohm förderte mit Nachdruck die wiedergegründete Lufthansa. Obwohl Adenauer ständig Schwierigkeiten mit seinen nationalistischen Brandreden hatte, fand er ihn unentbehrlich. Einmalig war die Ermahnung Adenauers vor der zweiten Ernennung Seebohms 1953: „Ich bitte Sie, mir zu bestätigen, dass Sie im Falle der Wiederernennung zum Bundesminister sich politischer Reden enthalten wollen ..." Ausgenommen waren nur Wahlkampfreden in Niedersachsen (zit. Kempf/ Merz 2001: 655). Kein Minister hielt sich so lange im Amt (1949-1966), bis das Ressort in der Großen Koalition an die SPD mit Georg Leber fiel. Bei der SPD ging das Ressort an Politiker, die als eher „sozial links" galten wie Leber, Lauritzen, Gscheidle, Hauff, Müntefering oder Stolpe. Die Berufung Stolpes wirkte zudem eher wie ein Trostpreis für einen halb erzwungenen Rückzug vom Amt des Ministerpräsidenten in Brandenburg.

Ein weiterer Indikator für mangelndes Durchsetzungsvermögen waren häufige *Umbenennungen und Zusammenlegungen*. Das Verkehrsministerium wurde mit dem Post-und Fernmeldewesen in der 6.-8. Legislaturperiode zusammengelegt. Unter Müntefering wurden Verkehr, Bau- und Wohnungswesen fusioniert.

5. Do parties matter? Verkehrspolitik im parlamentarischen Raum

Wichtiger noch als das Format der Ministerien und ihrer Amtsinhaber ist die institutionelle Struktur des Politikfeldes im parlamentarischen Raum. Sie kann an den offiziellen Daten der Bundestagsstatistik überprüft werden. Als Testfall wurde die letzte Regierung Kohl und die erste Regierung Schröder gewählt. Die zweite Regierung Schröder war kürzer als üblich und kam daher für einen Vergleich nicht in Frage. Für die 13. und 14. Legislaturperiode ergibt sich folgendes Bild: Die *Zahl der Gesetze* macht jeweils ca. 4% des Gesamtoutputs aus. Die Impulse kamen selten vom Verfassungsgericht, häufig von der EU und wurden von der unionsgeführten Regierung Kohl öfters als Anlass für ein Gesetz benutzt als in der Rot-Grünen Regierung. Die Gesetzestätigkeit war ganz überwiegend *Novellierungsgesetzgebung*. Neu waren vor allem zwei Initiativen zum Magnetschwebebahngesetz. Die Initiative lag in noch mehr Fällen als in anderen Bereichen bei der Regierung und dem zuständigen Ministerium. Die SPD hat häufiger die Initiative den Regierungsfraktionen überlassen, um das Verfahren zu beschleunigen. Die PDS-Opposition riskierte nur unter Schröders Rot-Grün-Regierung zwei Initiativen – sie wurden abgelehnt.

Rot-Grün hatte mit stärkerer Opposition zu rechnen, nicht nur bei der Gesetzesinitiative. Hinsichtlich einer „*kooperativen Opposition*" hatten SPD und CDU-CSU einander wenig vorzuwerfen, nur etwa ein Drittel der Vorlagen fand keine Zustimmung der

Opposition in beiden Legislaturen. Die PDS hatte sich im Vergleich zur Ära Schröder dreimal so häufig gegen die Regierung Kohl gestellt. Die Grünen waren unter Kohl ähnlich negativ, weit häufiger als die FDP unter Schröder. Die rot-grüne Opposition unter Kohl scheint weniger vehement gewesen zu sein. Immerhin sind unter Kohl die Hälfte aller Gesetze *„ohne Aussprache"* abgestimmt worden, was auf geringe Konfliktintensität schließen lässt. Unter Schröder waren es nur noch drei. Dass der Föderalismus für Rot-Grüne als Institution für Oppositionspolitk benutzt wurde, zeigte die wachsende Zahl der Vorlagen, die als *„zustimmungspflichtig"* im Bundesrat galten, aber nur selten kam es zu einem Vermittlungsausschuss.

Verkehrspolitische Gesetzgebung

Indikatoren		13. WP 1994-1998 Regierung Kohl IV		14. WP 1998-2002 Regierung Schröder I
Zahl der Gesetze		22		21
Impulse für die Gesetzgebung	UN	1		
	EU	7		4
	Dt. Einheit	1		
	BVerfG	7		1
Änderungsgesetze		16		18
Initiative	Regierung	18		9
	CDU-Länder im BR	3		4
	CDU-CSU-Fraktion	1	SPD-Fraktion	3
			PDS-Fraktion	2 (abgel.)
Zustimmungspflichtig		12	17	
	1x Dt. Wetterdienst BR: Ja, Verkündigung: nein			
Abstimmung	ohne Aussprache	11		3
			abgelehnt	2
			erledigt	2
Magnetschwebebahn namentliche Abst.		1 (340:267:20)		–
	Annahme gegen Oppos. 6 Enth. 2	CDU-FDP 6 Enth. 1		
	PDS 8 Enth. 6	PDS 3		
	B 90 6 Enth. 7	FDP 1		

Quellenbasis: Deutscher Bundestag, Bundesrat, Gruppe Datenerarbeitung: Stand der Gesetzgebung des Bundes. Gesamtband zur 13. und 14. Wahlperiode. Baden-Baden, Nomos, 1999, 2003.

Fazit

Verkehrspolitik wird von vielen Wissenschaftlern als besonderer Bereich gewertet, weil dieser Sektor zum ruinösen Vernichtungswettbewerb durch gegenseitige Preisunterbietung neigt. Daher wird der Verkehr als Feld einer auch künftig notwendigen Staatsintervention gesehen, das bis zur Festsetzung von Mindestpreisen und Angebotsbeschränkungen durch Kontingentierung gehen kann (Grandjot 2002: 37). Kein anderes Politikfeld muss mit so festgefahrenen Strukturproblemen fertig werden. Als Standardargument für die Staatsintervention gilt auch die Existenz *„natürlicher Monopole"*, in Fällen, wo ein Unternehmen die gesamte Leistung kostengünstiger durchführen kann als eine Vielzahl von möglichen Konkurrenten. *Gemeinwirtschaftlichkeit* wird versucht mit Sozialtarifen zu fördern, die wiederum den neo-liberalen ordnungspolitischen Kredos der neueren Verkehrspolitiker widersprechen.

Ein autopoietischer Spassvogel hat einmal von der Politik generell behauptet: „Es wird viel gerudert – und wenig gesteuert". In der Verkehrspolitik, vor allem, wenn sie ein Volk von Autofahrern tangiert, wurde sogar nicht selten „zurück gerudert". Dennoch lässt sich nicht bestreiten, dass auch gesteuert wird. Das gilt jedoch nicht für alle Ressorts in gleicher Weise. Vor allem das Wirtschaftsministerium, das ständig reorganisiert wurde und Abteilungen eingemeindete und wieder abstieß, hat mit seinem Kampf gegen schädliche Lenkungseingriffe nur begrenzten Erfolg gehabt. Man verstand sich als den „langen Arm der unsichtbaren Hand". Kritiker stellten jedoch fest, dass „dieser Arm vielfach unsichtbar blieb" (Schäfers 2005: 12). Aber selbst in Ressorts, in denen gesteuert wird wie im Verkehrsministerium, sind Zielgenauigkeit und Nachhaltigkeit verkehrpolitischer Maßnahmen vielfach zweifelhaft, zumal sie – wie in kaum einer anderen policy – mit konkurrierenden Staatszielen von der Wirtschaftsförderung und der Regionalpolitik bis zum Umweltschutz in Einklang gebracht werden müssen.

Literatur

Althaus, Marco/Meier, Dominik (Hrsg.): Politikberatung – Praxis und Grenzen. Münster, LIT Verlag, 2004.

v. Beyme, Klaus (Hrsg.): Die großen Regierungserklärungen der deutschen Bundeskanzler von Adenauer bis Schmidt. München, Hanser, 1979.

v. Beyme, Klaus/Schmidt, Manfred G. (Hrsg.): Politik in der Bundesrepublik Deutschland. Opladen, Westdeutscher Verlag, 1990.

v. Beyme, Klaus: Der Gesetzgeber. Der Bundestag als Entscheidungszentrum. Wiesbaden, Westdeutscher Verlag, 1997.

Braun, Dietmar/Giraud, Olivier: Steuerungsinstrumente. In: Schubert, Klaus/Bandelow, Nils C. (Hrsg.): Lehrbuch der Politikfeldanalyse. München, Oldenbourg, 2003: 147-173.

Buchanan, James M.: The Domain of Constitutional Economics. Constitutional Political Economy, 1990, Bd. 1, Nr. 1: 1-18.

Cassady, John: The Decline of Economics. The New Yorker, 2. Dez. 1996: 50-60.

Cassel, Susanne: Politikberatung und Politikerberatung. Bern, Haupt, 2004, 2.Aufl.

Dagger, Steffen u.a. (Hrsg.): Politikberatung in Deutschland. VS Verlag für Sozialwissenschaften, Wiesbaden, 2004.

Datenreport 2004. Bonn, Bundeszentrale für Politische Bildung, 2004.
v. Foerster, Heinz: Observing Systems. Seaside/Cal., Intersystems Publications, 1971.
Grandjot, Hans-Helmut: Verkehrspolitik. Grundlagen, Funktionen und Perspektiven für Wissenschaft und Praxis. Hamburg, Deutscher Verkehrs-Verlag, 2002.
Kempf, Udo/Merz, Hans-Georg (Hrsg.): Kanzler und Minister 1949-1998. Wiesbaden, Westdeutscher Verlag, 2001.
Lautner G./Metz, T.: Bundesfernstraßenplanung – von der Bedarfsermittlung bis zur baulichen Realisierung. Verwaltungsrundschau, 1996, Nr. 89: 253-260.
Lowi, Th.: Four Systems of Policy, Politics and Choice. Public Administration Review Jg. 33, 1972: 298-310.
Luhmann, Niklas: Politische Steuerungsfähigkeit eines Gemeinwesens. In: Göhner, R. (Hrsg.): Die Gesellschaft von Morgen. München, Piper, 1993: 50-65.
Metzler, Gabriele: Konzeptionen politischen Handelns von Adenauer bis Brandt. Politische Planung in der pluralistischen Gesellschaft. Paderborn, Schöningh, 2005.
Schäfers, Manfred: Der lange Arm der unsichtbaren Hand. Viele Herren, ein Ideal: Ordnung sichern statt mit Interventionen steuern. Frankfurter Allgemeine Zeitung, 15. 10. 2005:12.
Schmidt, Manfred G.: Die „Politik der inneren Reformen" in der Bundesrepublik Deutschland 1969-76. In: Politische Vierteljahresschrift 19, 1978: 201-253.
Schubert, Klaus/Bandelow, Nils (Hrsg.): Lehrbuch der Politikfeldanalyse. München, Oldenbourg, 2003.
Schulz, B.: Effizienzkontrolle von Umweltpolitik. Eine integrierte ökonomisch-ökologische Analyse am Beispiel des Benzinbleigesetzes. Frankfurt, Haag & Harchen, 1983.
Stand der Gesetzgebung des Bundes. 13. Wahlperiode 1994-1998 (1999). Baden-Baden, Nomos.
Verkehrsminister lehnen Pkw-Maut ab. FAZ, 13. 10. 2005: 13.
Willke, Helmut: Ironie des Staates. Grundlinien einer Staatstheorie polyzentrischer Gesellschaft. Frankfurt/Main, Suhrkamp, 1992.

18. Wohnungsbaupolitik nach der Wiedervereinigung

Im Zeitalter des Kalten Krieges kam es zum Wettbewerb der beiden deutschen Systeme. Die Bundesrepublik hat nur am Anfang und nur indirekt sich auf die DDR bezogen: Die starken Anstrengungen in der Sozialpolitik in der Adenauerzeit, wie die Dynamisierung der Rente, wären vermutlich ohne die Systemkonkurrenz mit dem Sozialismus, dessen Attraktivität man eindämmen wollte, geringer ausgefallen. Für die Bürger waren die materielle Versorgung und die soziale Sicherung wichtige Elemente der Identifikation mit dem System. Am sichtbarsten aber wurde der Lebensstandard im Städte- und Wohnungsbau, und hier fiel die DDR laufend zurück. In der zweiten Phase glich sich der Städtebau in der DDR an westliche Standards an. Die Ideologie der „Sozialistischen Stadt" wurde schwächer, seit Moskau im Kalininskij Prospekt den Anschluß an die internationale Entwicklung vollzogen hatte und die DDR in der Modernisierung ihrer Konzeptionen nicht mehr den Vorwurf einer „kosmopolitischen Aufweichung" der Baugesinnung zu fürchten hatte (v. Beyme 1987: 350).

Die DDR war in der Städtebau- und Wohnungsbaupolitik im Vergleich zur Bundesrepublik 1949-1989 stark zurückgefallen, obwohl Ostmitteldeutschland nicht die gleichen verheerenden Zerstörungen erlitten hatte wie die westdeutschen Großstädte – mit Ausnahme von Dresden – und obwohl die DDR weniger Vertriebene aufzunehmen hatte, als die norddeutschen Länder und Bayern. Der Hauptgrund war die Bevorzugung des Industriebaus und die Schaffung einer eigenen Infrastruktur nach den Zerreißungseffekten im alten Reichsgebiet – an Oder und Neisse im Osten, an Elbe und Werra im Westen. In der äußeren Gestalt der baulichen Entwicklung hat sich die DDR meist mit einer gewissen Verspätung den globalen Trends der Leitbilder angepaßt. Der eigentliche Unterschied der Optik der Städte hatte vor allem etwas mit den Prioritäten in der Wohnungsbaupolitik zu tun. Im Gegensatz zum Westen, wo die Aufbaugesetze symbolische Politik blieben und eine politische Vereinigung von Städtebau und Wohnungsbaupolitik nicht möglich war, hat das autoritäre Regime der DDR die Machtmittel zur einheitlichen Politik gehabt, ohne daß dieses ihren Städten bekommen ist (v. Beyme 1999).

Der Unterschied zum Westen lag in mehreren Faktoren. Es gab einen höheren Anteil an Wohnungsbau im Zentrum der zerstörten Innenstädte als im Westen. Gelegentlich direkt in störender Nähe zu den verbliebenen Denkmalsinseln von Rostock bis Dresden. Die geringe Wohnungsgröße und größere Wohndichte führten mit Erreichung eines gewissen Wohlstandes im „reifen Sozialismus" zur Zersiedlung des Umlandes mit Datschen. Die Innenstädte waren auch nach einer gewissen Postmodernisierung weit vernachlässigter als im Westen – trotz Imitation der Fußgängerzonen-Pseudoidyllen des Westens.

Die DDR hatte im Vergleich zur Bundesrepublik in den meisten Jahren einen starken Rückstand in der Wohnungsbaupolitik. Erst 1978/79, 1983 und 1985 kam es — umgerechnet auf die Bevölkerungszahlen — etwa zur Angleichung an die Wohnungsbauzahlen des Westens. 1986 sank die Zahl der fertiggestellten Wohnungen in der Bundesrepublik erstmals unter die 300 000-Marke. Daher konnte die DDR zwischen 1986 und 1989 proportional mehr Wohnungen erstellen als die Bundesrepublik (vgl. Tabelle 1).

Die Systeme der Wohnungsversorgung hatten sich in beiden deutschen Staaten auseinander gelebt — nicht nur in quantitativer Hinsicht. Ein Vergleich der Kennziffern um 1989 zeigte, daß die Wohnungen in der DDR weit stärker in Hochhäusern und Mehrfamilienhäusern lagen als im Westen. Im Osten waren 41 % der Wohnungen kommunal und 18 % genossenschaftlich verwaltet. Das Privateigentum an Wohnungen war stärker im Westen verbreitet (42 %). Ostdeutschland zeigte nach der Einigung Aufholtendenzen (1993-1997 von 26,1 % auf 31,1 %). Mit circa 31 % privatem Wohnungseigentum der Haushalte lag Ostdeutschland zusammen mit der Schweiz im internationalen Vergleich auf dem letzten Platz (Spitzenreiter waren Spanien mit 85 %, Norwegen mit 78 % und Belgien) (SZ 24.7.1998). Beim Vergleich der Eigentumsformen ist jedoch der Vorbehalt anzubringen, daß die Statistik (Tabelle 2, Spalte 1) nicht ganz vergleichbar ist, da die drei Eigentumsformen in Ost und West nicht immer in gleicher Weise gezählt werden, weil von Eigentümern bewohnte Wohnungen im Westen oft vermieteten Wohnungen, die Privateigentümern gehören, gegenübergestellt worden sind.

Wo die Unterschiede der Definition reflektiert sind, zeigte sich eine große Diskrepanz der Eigentumsstrukturen in Ost- und Westdeutschland: Die Überalterung der Bausubstanz in den neuen Bundesländern war auffällig. 35 % der Wohnungen stammten aus dem Kaiserreich (bis 1918), während es im Westen nur 18 % waren. Nur 32 % der Wohnungen erhielten beim Erhaltungsstand die Note „gut“. Der Rückstand bei der Ausstattung war eklatant. Fast ein Viertel der DDR-Wohnungen hatten kein Innen-WC, und fast die Hälfte verfügte über keine moderne Heizung (vgl. Tabelle 3). Die Wohnfläche pro Wohnung lag im Osten bei 64 m^2 und im Westen bei 86 m^2. Auch in den Räumen pro Einwohner bestand ein Rückstand. Nicht wenige der Zahlen zum Vergleich der beiden deutschen Staaten gelten im DDR-Teil als „geschönt“. Manche Schätzungen gehen davon aus, daß bis zu einer halben Million Wohnungen in der DDR wegen baulicher Mängel unbewohnbar waren (Bartholmai 1991: 302).

Obwohl die christlich-liberale Koalition Ende der achtziger Jahre den Abbau der staatlichen Intervention auf ihre Fahnen geschrieben hatte, zwang die deutsche Wiedervereinigung auch im Wohnungsbau zu verstärkten Aktivitäten. Was zunächst im *Haushaltsbegleitgesetz* von 1991 geregelt werden sollte, wurde schließlich zu einem *Wohngeldsondergesetz* (verkündet am 25.6.1991) ausgeweitet. 1992 und 1993 entstanden Kosten von drei Milliarden DM, von denen die Hälfte der Bund trug. Ein Jahr später wurde das Gesetz auf Initiative Brandenburgs im Bundesrat bereits geändert. Die Gültigkeit des Wohngeldsondergesetzes wurde bis zum 31.12.1994 verlängert. Ende 1993 kam es zur erneuten Änderung, um die Wohnkostenbelastung der Wohngeldempfänger in den neuen Bundesländern zu verringern. Erneut wurde die Geltungsdauer des Wohngeldsondergesetzes um ein Jahr verlängert.

Im Juni 1994 wurde von den Regierungsfraktionen ein *Wohnbauföderungsgesetz* eingebracht, das zu einer grundlegenden Neuorientierung des Wohnungsbaus führte. Mit ihm wurde eine Rechtsgrundlage für die einkommensorientierte Wohnungsförderung durch eine Grundförderung für den Investor und eine Zusatzförderung an den Mieter je nach Einkommenssituation geschaffen. Die „vereinbarte Förderung“ wurde konkretisiert. Durch Förderung von Modernisierung wurden Belegrechte erhoben und die Belegrechte im vorhandenen Wohnungsbestand neu geregelt. Damit wurde die

Objekt- und die Subjektförderung, die sich in den achtziger Jahren zunehmend auseinander entwickelt hatten, wieder stärker gekoppelt. Für den ersten Förderungsweg wurden 150 Millionen DM festgeschrieben, für die einkommensorientierte Wohnbauförderung ohne Dotationsauflage zusätzlich 300 Millionen bereitgestellt.

Tabelle 1: Fertiggestellte Wohnungen in Deutschland (alle Baumaßnahmen)

	Fertiggestellte Wohnungen in Wohn- und Nichtwohngebäuden		
Jahr	**Fertiggestellte Wohnungen in Wohn- und nichtwohgebäuden**	**Früheres Bundesgebiet**	**Neue Länder und Berlin-Ost[1]**
1949	251 785	221 960	29 825
1950	402 916	371 924	30 992
1951-1955	2 774 376	2 565 881	208 495
1956-1960	3 152 206	2 834 324	317 882
1961-1965	3 324 512	2 924 509	400 003
1966-1970	3 038 682	2 674 700	363 982
1971-1975	3 439 019	2 971 065	467 954
1976	503 538	392 380	111 158
1977	522 858	409 012	113 846
1978	482 318	368 145	114 173
1979	468 197	357 751	110 446
1980	500 837	388 904	111 933
1981	486 007	365 462	120 545
1982	464 377	347 002	117 375
1983	459 373	340 781	118 592
1984	515 843	398 373	117 470
1985	427 775	312 053	115 722
1986	368 485	251 940	116 545
1987	327 097	217 343	109 754
1988	313 287	208 621	104 666
1989	330 964	238 617	92 347
1990	318 956	256 488	62 468
1991	331 178	314 508	16 670
1992	386 052	374 575	11 477
1993	455 451	431 853	23 598
1994	572 883	505 179	67 704
1995	602 757	498 543	104 214
1996	559 488	416 122	143 366
1997	578 179	400 350	177 829
1998	500 690	372 243	128 447
1999p	472 805	369 907	102 898

[1]vor 3.10.1990 ehemalige DDR
p = vorläufig
Quelle: Statistisches Bundesamt 2000

Tabelle 2: Eigentumsstrukturen in Ost- und Westdeutschland

	West	*Ost*
Kommunen	*ca. 3%*	*42%*
Wohnungsbaugesellschaften/Genossenschaften	*13%*	*17%*
Privateigentum	*ca. 84%*	*42%*

Quellen: DIW-Wochenbericht 42/1990, S. 591 ff., Gewerkschaft HBV-Vorstand Wohnungspolitik/Wohnungswirtschaft. Berechnungen von: Krummacher, Michael: Sieben Thesen zur 'neuen/alten' Wohnungsnot und Wohnungspolitik in West- und Ostdeutschland. In: Helms, Hans G. (Hg.): Die Stadt als Gabentisch. Leipzig 1992: 251.

Der 13. Bundestag hat ein Gesetz verabschiedet, das im Juni 1995 verkündet werden konnte und die Wohnungspolitik für die neuen Bundesländer in die Normalität leiten sollte. Die Wohnungsmieten wurden an das *Vergleichsmietensystem* herangeführt. Es kam zu einer gestaffelten Erhöhung von ca. 15% auf die Grundmiete ohne Modernisierungszuschläge bei Wohnungen in Gebäuden in einem ordentlichen Bauzustand ab 1.7.1995. Weitere Erhöhungen um ca. 5% sollten ab 1.1.1997 erlaubt sein. Bei überhöhten Mietverträgen sollte grundsätzlich freie Mietvereinbarung möglich sein. Durch erneute Änderungen des Wohngeldsondergesetzes sollten die Mietbelastungen für einkommensschwache Haushalte sozialverträglich gehalten werden. Die Sozialhilfeempfänger wurden 1995 um 30 Millionen DM Mehraufwand belastet. Beim Wohngeld fielen 126 Millionen höhere Ausgaben an, die je zur Hälfte vom Bund und zur Hälfte von den neuen Bundesländern getragen werden sollten.

Ein *Miethöhegesetz* vom Dezember 1995 trug der geringeren Ausstattung ostdeutscher Wohnungen Rechnung. Eine Reduzierung des Mieterhöhungssatzes von 5% wurde bei Fehlen von Zentralheizungen oder Bad erlaubt. Im November 1996 wurde das *Wohngeldüberleitungsgesetz* verkündet, das die Anwendung des Wohngeldgesetzes nach Auslaufen des Wohngeldsondergesetzes ab dem 1. Januar 1997 festlegte. Bis zum 31. Dezember 1996 sollte noch eine Höchstbeitragstabelle für Ostdeutschland mit einer Verlängerungsmöglichkeit bis spätestens 31. Dezember 2000 gelten.

Die Normalisierung des Wohnungsmarktes hielt in der Realität mit den Vorgaben der Gesetzgebung nicht immer Schritt. Gelegentlich wurden Mittel fehlgeleitet, wenn die Gemeinden Belegungsrechte hatten und Wohnraum kauften, ohne zusätzliche Wohnungen zu schaffen. Die Mietpreisangleichung in Ost und West vollzog sich rascher als erwartet. Es war mit starken Konflikten in der Mietangleichungspolitik gerechnet worden. Die PDS hat immer wieder versucht, den Konflikt zur Mobilisierung zu nutzen. Dennoch vollzog sich die Durchsetzung des Vergleichsmietensystems überwiegend reibungslos.

Tabelle 3: Vergleich einiger Kennziffern zur Wohnungsversorgung in den westlichen und östlichen Bundesländern (Stand 1987 bzw. 1989)

		Westliche Bundesländer	**Östliche Bundesländer**		
				Gebäude mit Wohnungen	
Gegenstand der Nachweisung	**Einheit**	**insgesamt**		**1 oder 2**	**3 und mehr**
Wohnungen	Mio.	26,2	7,0	2,3	4,7
Eigentumsform:					
Kommunal	Prozent		41	13	54
Genossenschaftlich	Prozent		18	3	25
Privat- o. sonst. Eigentum	Prozent		41	84	21
Baujahr:					
bis 1918	Prozent	18	35	48	29
1919 bis 1945	Prozent	12	19	30	14
nach 1945	Prozent	70	46	23	57
Erhaltungszustand:					
gut	Prozent		32[2]	30	
geringe bis mittlere Schäden	Prozent		46[2]	50	
schwere Schäden	Prozent		22[2]	20	
Ausstattung:					
mit Bad/Dusche	Prozent	95	82	54	97
mit Innen-WC	Prozent	98	76	54	87
mit moderner Heizung	Prozent	75	47	20	62
Wohnungsgröße:					
1 oder 2 Räume	Prozent	8	11		
3 Räume	Prozent	21	27		
4 Räume	Prozent	29	38		
5 Räume	Prozent	20	17		
6 oder mehr	Prozent	22	8		
Einwohner	Mio.	61,2	16,4		
Haushalte	Mio.	26,2	6,6		
Wohnungen je 1000 Einwohner		428	426		
Wohnfläche je Wohnung	m^2	86,1	64,3	73	61
Wohnfläche je Einwohner	m^2	36,8	27,4		
Räume je Wohnung		4,4	3,8		
Räume je Einwohner		1,9	1,6		
Mietwohnungen	Mio.	15,4	5,1[3]	0,4	4,7
	Prozent	60,7[1]	73		
Wohnfläche je Mietwohnung	m^2	69,2	62	79	61

[1] Anteil an bewohnte Wohnungen (ohne Freizeitwohnungen)

[2] 1986

[3] Einschließlich leerstehender Wohnungen und der vom Eigentümer selbstgenutzten Wohnungen in Mehrfamilienhäusern, jedoch ohne privat vermietete Wohnungen in Ein- und Zweifamilienhäusern

Quelle: Zusammenstellung des IWU; abgedruckt in: Ulbrich, Rudi, Wohnungsversorgung in der Bundesrepublik Deutschland. Aus Politik und Zeitgeschichte B 8/9 (1993), S. 30

Die Mietbelastungsquote schien um 1993 in Ostdeutschland mit 16,8 % geringer als im Westen (22,2 %). Sie ist am höchsten bei Haushaltsnettoeinkommen von 1000 bis 2000 DM im Westen (30,3 %) und bei Nettoeinkommen bis zu 1000 DM im Osten (33 %). 63,2 % dieser ostdeutschen Niedrigeinkommensbezieher waren Wohngeldempfänger. Die Mietbelastung in Ostdeutschland glich sich bis 1997 mit 9,26 DM pro Quadratmeter an das Westniveau (10,77 DM) langsam an, obwohl die Grundstückskosten noch immer geringer waren als in den alten Bundesländern, wo sie bis zur Hälfte der gesamten Baukosten ausmachten (Deutscher Mieterbund 1998: 2. Wohngeld- und Mietenbericht der Bundesregierung für 1996/1997; Deutsches Institut für Wirtschaftsforschung 1998). Der Anteil der Wohngeldbezieher liegt mit 30 % der Mieter und 20 % der Haushalte höher als im Westen. 1992 betrug das Verhältnis alte/neue Länder bei den Wohngeldleistungen 3,0 Milliarden zu 3,7 Milliarden DM (Bericht der Bunderegierung über die Auswirkungen des Wohngeldsondergesetzes 1992: 14ff; Ulbrich 1994: 39).

Die Wohnungspolitik seit den achtziger Jahren drohte zunehmend die Besserverdienenden stärker zu subventionieren als die Normalverbraucher auf dem Wohnungsmarkt. Ein durchschnittlicher Haushalt mußte in den neunziger Jahren circa ein Drittel seines Einkommens für Wohnen ausgeben. Bei Eigenbesitz konnte das Wohnen bis zur Tilgung der Kredite vielfach die Hälfte des monatlichen Einkommens ausmachen (Ludwig 1995: 62).

1996 und 1997 wurden circa 560 000 Wohnungen gebaut, davon war circa ein Drittel selbst genutzt, ein weiteres Drittel wurde vom Ministerium dem freifinanzierten Mietwohnungsbau zugerechnet. Die Investitionen in den neuen Ländern haben gezeigt, daß zu viele Wohnungen aus reinen Steuerersparnis-Gründen dort gebaut worden sind, wo sie gar nicht gebraucht wurden. Der Verband der Wohnungsunternehmer forderte im Juli 1997 gar den Abriß von Wohnungen in Ostdeutschland, weil 5 % der Wohnungen leerstünden, von denen die Hälfte dauerhaft nicht vermietet werden könne (Der Tagesspiegel 2.7.1997: 17). Im Herbst 2000 empfahl die Kommission „Wohnungswirtschaftlicher Strukturwandel" der Bundesregierung, 350 000 leerstehende Wohnungen abzureißen, um die Wohnungsmärkte wieder zu stabilisieren.

Tabelle 4: Durchschnittliche Mietbelastung der Haushalte

	Früheres Bundesgebiet	Neue Länder und Berlin-Ost	Deutschland
Haushaltsgröße			
mit 1 Person	28,5	25,4	28,0
dar. wweiblich	31,0	26,7	30,2
2 Personen	22,0	18,7	21,2
3 Personen	23,3	17,3	21,7
4 Personen	23,3	17,6	22,0
5 und mehr Personen	24,4	19,5	23,7
Insgesamt	24,5	19,9	23,5
Hauhalte			
mit Kindern unter 18 Jahre	25,3	19,4	24,0
davon mit...			
1 Kind	24,8	19,0	23,3
2 Kindern	25,5	19,6	24,1
3 Kindern	26,6	22,9	26,1
4 und mehr Kindern	28,2	21,6	27,2
ohne Kinder	24,2	20,1	23,3
Monatliches Haushaltsnettoeinkommen			
von ... bis unter ... DM			
unter 600	111,5	79,2	103,0
600-1000	62,4	49,4	58,6
1000-1400	46,8	37,0	44,0
1400-1800	38,9	29,8	36,5
1800-2200	32,8	25,5	30,9
2200-2500	29,7	22,7	28,1
2500-3000	27,3	21,0	25,9
3000-3500	24,8	18,7	23,4
3500-4000	22,7	16,8	21,3
4000-5000	20,5	15,3	19,4
5000-6000	18,5	13,9	17,7
6000-10000	16,9	12,2	16,2
10000 und mehr	14,3	9,7	13,9
Zahl der Einkommensbezieher			
1 Einkommensbezieher	28,6	25,9	28,2
2 und mehr Einkommensbezieher	21,2	17,5	20,3

Quelle: Statistisches Bundesamt: Mikrozensus-Zusatzerhebung 1998

im Westen (25,3 %). Auch die Zahl der Einkommensbezieher war im Westen höher als im Osten. Die Mietbelastung war in den neuen Bundesländern und in Ost-Berlin noch immer geringer als im Westen (Tabelle 4).

Schaubild: Deutscher Mietenspiegel – Durchschnittliche Brutto-Kaltmiete je Quadratmeter (in DM)

	1997	1993
München	15,30	20,00
Dresden	k. A.	17,00
Köln	15,00	14,00
Bonn	14,00	15,00
Düsseldorf	14,00	15,00
Hamburg	14,00	15,25
Wiesbaden	14,00	15,00
Stuttgart	13,50	15,00
Frankfurt/a. M.	13,00	13,50
Dortmund	12,50	10,00
Darmstadt	12,00	17,00
Kiel	12,00	12,20
Lübeck	12,00	13,00
Rostock	12,00	18,00
Leipzig	11,50	k. A.
Berlin – West	11,00	15,00
Karlsruhe	11,00	12,00
Mainz	11,00	13,00
Schwerin	11,00	3,80
Aachen	10,50	11,00
Essen	10,50	11,50
Bremen	10,00	k. A.
Heilbronn	10,00	10,00
Hannover	9,90	12,00
Erfurt	9,50	18,00
Nürnberg	9,20	11,00
Chemnitz	9,00	8,50
Gelsenkirchen	9,00	8,50
Greifswald	9,00	10,00

Quelle: Globus 1400; 4298.

Die regionalen Differenzen der Mietpreise werden größer. Der deutsche Mietspiegel (Schaubild) zeigte, daß die niedrigsten Mieten immer noch in Ostdeutschland anzutreffen sind. Greifswald hatte 1993 mit zehn DM Bruttokaltmiete pro Quadratmeter die niedrigsten Mieten, aber einige ostdeutsche Städte wie Rostock (18 DM) und Dresden (17 DM) lagen dicht hinter den Spitzenreitern München, Köln und Düsseldorf. Die Zahlen belegen zwischen 1993 und 1997 eine gewisse Entspannung auf dem Wohnungsmarkt: Die Spitzenmieten sanken von fast 20 DM pro Quadratmeter auf etwa 15 DM. In einigen Städten Ostdeutschlands sanken die Mieten drastisch; im Ganzen aber hatten die Ostmieten 1997 immerhin 86 % des Niveaus der Mieten in Wetsdeutschland erreicht.

Die Volkszählung von 1989 ging für die alte Bundesrepublik von einem Fehlbestand in Höhe von einer Million Wohnungen aus (Iben 1992). Der deutsche Mieterbund hat nach der Wiedervereinigung im gesamten Bundesgebiet 2,5 Millionen Wohnungen gefordert.

Die Neubauzahlen haben 1995 ihren Zenit überschritten und sind leicht gesunken. Die Zukunftstrends sind beunruhigend, wenn man die sinkenden Zahlen der Baugenehmigungen seit 1994 in Betracht zieht. 1997 waren es 35 % weniger als noch 1994. Die Zahl der Genehmigungen ist in Ostdeutschland erstmals 1997 um 16,4 % gesunken. Die Baukonjunktur konnte ihren Beitrag zum Aufschwung Ende der neunziger Jahre nur begrenzt leisten. Immerhin sind auch aus arbeitsmarktpolitischen Gründen größere staatliche Investitionen angefordert worden, da 1,6 Millionen Arbeitskräfte im Wohnungsbau beschäftigt sind. 100 000 Wohnungen sichern 250 000 Arbeitskräften pro Jahr einen Arbeitsplatz und erhöhen die Einnahmen des Staates und der Sozialversicherung (Deutscher Mieterbund 1998: 2). Der Anteil des Wohnungsbaus am Bruttoinlandsprodukt sank von sieben bis acht Prozent in den sechziger Jahren (gemessen am Anteil der Wohnungsbauinvestitionen) auf 5,6 % 1990 und stieg bis 1996 auf 7,3 %, allerdings mit sinkender Tendenz seit 1995.

Der Rückgang der Bautätigkeit machte sich besonders bei Mehrfamilienhäusern bemerkbar, die vor allem für einkommensschwache Gruppen in Betracht kommen. Der Rückgang der Zahl der Sozialwohnungen von 3,9 Millionen (1987) auf 1,9 Millionen (1998) und vermutlich 1,8 Millionen im Jahr 2000 gilt daher als besonders alarmierend, da der Schwund nur durch jährlich 300 000 neue Sozialwohnungen ausgeglichen werden könnte. 1997 wurde jedoch nur die Hälfte des Solls erreicht und der Bund zieht sich weiter aus dem sozialen Wohnungsbau zurück. 1994 wurden die Mittel auf 3,4 Milliarden DM, 1998 auf 1,34 Milliarden gekürzt. Die Länder haben ebenfalls Kürzungen vorgenommen. Sie stellten 1994 insgesamt 18,3 Milliarden DM zur Verfügung. 1997 wurden in Westdeutschland 35 % weniger Sozialwohnungen bewilligt als im Jahr 1993. 1997 kam es auch zu einem Rückgang von 39 % im sozialen Wohnungsbau der neuen Bundesländer. Der klassische Erste Förderungsweg spielte in Ostdeutschland von Anfang an eine geringe Rolle. Die meisten Wohnungen wurden auf dem Dritten Förderweg mit kurzen Bindungen und höheren Eintrittsmieten gebaut. Der Zweite Förderweg, der erlaubt, daß die Einkommensgrenzen bis zu 60 % überschritten werden durften, nimmt laufend ab. Es wird befürchtet, daß die jetzt gebauten Sozialwohnungen schon in wenigen Jahren aus der Preis- und Belegungsbindung ausscheiden und in den Mieten rasch an die freifinanzierten Neubauwohnungen angeglichen werden.

Eine Reform des Wohngeldsystems, das 1998 2,7 Millionen Haushalte umfasste, und eine neue Förderung des sozialen Wohnungsbaus wurden vor der Bundestagswahl 1998 zwischen den Parteien diskutiert, aber es kam angesichts der Blockaden einer regierungsfeindlichen Mehrheit im Bundesrat zu keinen durchgreifenden Maßnahmen. Nur eine Verlängerung der ostdeutschen Sonderregelung für das Wohngeld bis zum Jahr 2000 konnte die Regierung per Verordnung im Alleingang durchsetzen.

Zu der Migration von Ausländern trat die innere Migration der Deutschen hinzu. Die Abwanderung aus Ostdeutschland hat sich, trotz der dortigen hohen Arbeitslosigkeit, in geringerem Maß entwickelt, als befürchtet worden ist. Mecklenburg hatte 1993 den höchsten Abwanderungseffekt (minus 5,7), aber auch Bremen zeigte ein ähnliches Muster (minus 5,5 pro tausend Einwohner). Die Nord-Süd-Wanderung in den alten

Bundesländern hat mindestens das Ausmaß der Ost-West-Wanderung erreicht, mit dem Unterschied, daß zwei Drittel der Bevölkerungsverluste der neuen Bundesländer seit Mitte der neunziger Jahre durch Zuwanderungen aus dem Westen ausgeglichen wurden (Farys/Misoch 1996).

Die Entscheidung der Regierung für das Prinzip „Rückgabe vor Entschädigung" hat anfangs die Bauentwicklung in Ostdeutschland stark verzögert. 1995 war mit einem Fehlbestand von 1,5 Millionen Wohnungen der Kulminationspunkt der Prognosen anvisiert. Aber auch bis zum Jahr 2000 wurde noch mit einem Wohnungsfehlbestand von 1,3 Millionen gerechnet.

Das Deutsche Institut für Wirtschaftsforschung (DIW) hat nach der Einigung prognostiziert, daß 5,3 Millionen neue Wohnungen gebaut werden müßten. Die bisherige Meßzahl, etwa eine Million Wohnungen pro drei Jahre, sei überholt (Krautter: 1993: 125). Erst seit 1993 (vgl. Tabelle 3) war in Sicht, daß diese ehrgeizigen Ziele – bei circa 600 000 Wohnungen pro Jahr – erreicht werden könnten.

Der Osten Deutschlands lag in der Wohnungsversorgung schon im Deutschen Reich hinter Westdeutschland zurück. Ein Teil dieses Rückstands, der sich in der DDR vertiefte, wird auf Jahrzehnte erhalten bleiben. 1995 wurde erst circa ein Sechstel der Zahl der Neubauten Westdeutschlands in Ostdeutschland errichtet. Erst 1997 wurde vorübergehend in den neuen Bundesländern ein Anteil an fertiggestellten Neubauten erreicht, der der Einwohnerzahl im Vergleich zum Westen angemessen war. Die Wohnproblematik des Ostens hat die Probleme Westdeutschlands nur kurzzeitig überlagert. Die Wohnzufriedenheit läßt auch im Westen zu wünschen übrig. Von Wohnungswechslern, die nach den Gründen befragt wurden, haben im Osten 44 % und im Westen 33 % eine zu kleine Wohnung als Hauptgrund angegeben. Im Osten war die schlechte Ausstattung bei 33 % an zweiter Stelle und im Westen bei 23 % an dritter Stelle der Umzugsgründe (SZ 22.7.1998: 23).

Der künftige Wohnungsbedarf war nach der deutschen Einigung unter den Experten umstritten. Die Einwohnerzahlen stagnierten, nach der Jahrhundertwende wurde mit einer Abnahme der Bevölkerung gerechnet. Die Prognosen gingen davon aus, daß die Kernstädte in Verdichtungsräumen im Jahr 2005 nur noch 86 % des Bewohnerstandes aufweisen wie 1988. Das verdichtete Umland hingegen wird auf 102 und das ländliche Umland auf 103 Prozent anwachsen (Kreibich 1990: 186). Diese Negativszenarios wurden von der Wirklichkeit noch übertroffen.

Die Abnahme der Verdichtung in Großstädten wirkte sich jedoch nicht in einem abnehmenden Wohnungsbedarf aus. Zunahme von Zweitwohnungen, Studentenwohnungen, Abrissen, Umwidmungen von Wohnraum und Umzugsreserven sind in die Bedarfsentwicklung einzukalkulieren. Regionale Verzerrungen des Bedarfs sind nicht zu vermeiden. In den neunziger Jahren trat eine zunehmende Knappheit auf den meisten Teilmärkten auf. Am schwersten leiden die einkommensschwachen Schichten in den Ballungszentren an den Verwerfungen der Entwicklung des Wohnungsmarkts.

In den neuen Bundesländern scheint in den mittleren Städten etwas von den „blühenden Landschaften" einzuziehen, die versprochen wurden – von Wernigerode bis Görlitz, von Greifswald bis Eisenach. Der äußere schöne Schein mit seiner bunten Hexenhausmalerei erfreut das Touristenauge, verdeckt aber die sozialen Probleme. Der

Einzelhandel kämpft noch härter ums Überleben als im Westen angesichts überdimensionierter Shopping Centers auf der grünen Wiese. Die Einkommen und die Mietbelastung können angeglichen werden, aber es wird ein Wohnungsgefälle bleiben, das schon immer von West nach Ost existierte. Selbst das Ruhrgebiet hatte im 19. Jahrhundert noch erträglichere Wohnverhältnisse als die alten sächsischen Industriegebiete. Dieses Gefälle wird vermutlich auf lange bleiben. Diese düstere Prognose huldigt keinem „Nothing-new-under-the-sun-approach". Das Neue seit dem Ende des 20. Jahrhunderts ist, daß ein Süd-Nord-Gefälle in ganz Deutschland das West-Ost-Gefälle zu überlagern beginnt.

Literatur

Bartholmai, Bernd u.a.: Aktuelle Tendenzen der Wohnungsmarktentwicklung in Deutschland. In: Informationen zur Raumentwicklung, 1991, Nr. 5/6: 309.
Bericht der Bundesregierung über die Auswirkungen des Wohngeldsondergesetzes, Bonn, 1992: 14ff.
v. Beyme, Klaus: Der Wiederaufbau. Architektur und Städtebaupolitik in beiden deutschen Staaten. München, Piper, 1987.
v. Beyme, Klaus: Wohnen und Politik. In: Flagge, Ingeborg (Hrsg.): Geschichte des Wohnens. Bd. 5 Von 1945 bis heute. Aufbau – Neubau – Umbau. Stuttgart, DVA, 1999: 83-152.
Bundestagsdrucksache 12/7153 vom 25.3.1994: 39.
Conradi, Peter/Zöpel, Christoph: Wohnen in Deutschland. Not im Luxus. Hamburg, Hoffmann & Campe, 1994.
Deutscher Mieterbund: Politik, Statistik, 5.8.1998: 2.
Deutscher Mieterbund: Wohnungsbau, Politik, Statistik, 8.5.1998, S. 2.
Deutsches Institut für Wirtschaftsforschung. Globus-Infografik GmbH. Fb-4913, 15.6.1998.
Farys, Simone/Sabina Misoch: Städte und Gemeinden in der Kultur- und Sozialstatistik, In: Schäfers, Bernhard/Wewer, Göttrick (Hrsg.), Die Stadt in Deutschland. Opladen, 1996: 273-290.
Flagge, Ingeborg (Hrsg.): Geschichte des Wohnens. Bd. V. Von 1945 bis heute. Aufbau – Neubau – Umbau. Stuttgart, DVA, 1999.
Iben, G.: Armut und Wohnungsnot in der Bundesrepublik, Aus Politik und Zeitgeschichte, 1992, B 49: 19-29.
Krautter, Horst: Wohnungspolitik in den neuen Bundesländern, In: Wehling, Hans-Georg (Hrsg.), Wohnungsbaupolitik, Stuttgart, Kohlhammer, 1993.
Kreibich, Volker: Wohnungsbedarf heute und in den 90er Jahren, In: Norton, Alan/Novy, Klaus (Hrsg.), Soziale Wohnungspolitik der 90er Jahre. Basel, 1990.
Ludwig, Johannes: Die deutsche Wohnmisere. Hamburg, Reinbek, Rowohlt, 1995.
Süddeutsche Zeitung, 24.7.1998: 9 (Imu-Graphik).
Ulbrich, Rudi: Wohnungsversorgung in der Bundesrepublik Deutschland, Aus Politik und Zeitgeschichte 1993, B 8/9: 16-31.
Wohngeld- und Mietenbericht der Bundesregierung für 1996/1997.
Wohnungswechsel – warum? Süddeutsche Zeitung 22.7.1998: 23.
Zu viele Wohnungen in Ostdeutschland, Der Tagesspiegel, 2. Juli 1997: 17.

19. Kulturpolitik: Von der staatlichen Förderungspolitik zur „Kreativwirtschaft"

Einleitung

Die Politikwissenschaft hat zwar die *„policies"*, die Politikfelder, entdeckt, aber die Kulturpolitik spielte dabei keine Rolle. Dabei war es kein Geheimnis: „Kultur ist kein politikfreier Raum" (Klein 2005: 65). Der *„cultural turn"* in den Sozialwissenschaften ist inzwischen sogar in einen *„pictural turn"* in der Politikwissenschaft umgeschlagen. Es wird diesem Autor bereits übel genommen, dass er skeptisch gegen den Versuch einer „Kunstpolitologie" blieb (M.G. Müller in: Schwelling 2004: 340f.). Meine Skepsis bezog sich auf den Versuch, die ganze Kunstgeschichte politologisch aufzuarbeiten. Eine Kulturpolitik im modernen Sinne, welche die Steuerungsversuche des Staates analysiert, habe ich jedoch stets für unerlässlich gehalten (vgl. v. Beyme 1998: 9-35).

Bedauerlicher Weise wurde in Deutschland die Kulturpolitik von anderen Disziplinen betreut – meist unabhängig von der Frage, was die Autoren studiert hatten. Vieles, was Kulturpolitik genannt wurde war eher Kulturgeschichte, wie die Standardwerke von Glaser (1985) und Hermand (1986, 1988). Kulturpolitik im professionellen Sinne der Politikwissenschaft waren die meisten Veröffentlichungen, die Kulturpolitik im Titel trugen, nicht. Es wurde selten die systematische Frage gestellt, wie der Staat im Einzelnen in diesem sperrigen Bereich der Gesellschaft steuern kann. Auch die vergleichende statistische kulturpolitische Forschung – der professionellste Teil dieses Forschungsbereiches – hat die Frage nach der politischen Steuerung allenfalls als das Resultat aus den Daten extrapoliert. Es ist wohl ein einmaliger Fall eines Politikfeldes, dass der Staat erst einmal die Kulturforschung unterstützten musste, um Anleitung zu bekommen, wo überhaupt Handlungsbedarf vorliegt. Karla Fohrbeck und Andreas Wiesand haben im „Zentrum für Kulturforschung" (ab 1979 in Bonn) wichtige vergleichende Studien vorgelegt wie den „Künstlerreport" (1975), der zuerst als Bundestagsdrucksache 7/3071 vorgelegt wurde, Studien zur „Kunstförderung im internationalen Vergleich" (1971), Wiesands „Kunst ohne Grenzen" (1987) oder Forbecks „Renaissance der Mäzene" (1989). Nordrhein-Westfalen hat in Essen mit einem „Kulturpolitischen Institut" und den „Kulturpolitischen Mitteilungen" als Zeitschrift weitere Aspekte der Forschung voran gebracht (Wagner 1993; Glaser u.a. 1996).

Darüber hinaus ist dieses Feld reich an programmatischen Schriften. Es wird eher postuliert, was sein soll, als analysiert, was ist. Das ist in doppelter Hinsicht kein Fehler:

- Einmal umfassen die Sozialwissenschaften – und Kulturpolitik gehört dazu – immer drei Dinge: Analyse, was ist, Prognose von möglichen Trends und schließlich normative Äußerungen über das, was sein soll.
- Zum anderen kann ein Bereich, der sich mit den Bedingungen künstlerischer Kreativität befasst, nicht unberührt von seinem Gegenstand bleiben: *semper aliquid haeret*. Insofern ist es in Ordnung, dass in kulturpolitischen Schriften vielfach kontrovers und sogar polemisch diskutiert wird.

Aktive Kulturpolitiker haben ihre Konzeption vor der Amtsübernahme dokumentiert wie Christina Weiss (1999) oder ihre Frustration im Nachhinein abgearbeitet wie der Berliner Kultursenator (1991-1996) Ulrich Roloff-Momin (1997: 106ff.), der in einer Schließungswelle amtierte und wegen der Abwicklung des Schiller-Theaters als „Schiller-Killer" verunglimpft wurde. Gelegentlich war der Wechsel von der Kulturforschung zur aktiven Kulturpolitik, wie bei Karla Forbeck, kein harmonischer, wie er später bei Christina Weiss gewesen ist. Leichter war der Übergang von Aktivisten und Publizisten in die Forschung auf eine Honorarprofessur, wie in den Fällen von Hermann Glaser oder Olaf Schwencke. Prekär blieb die Absicherung der Kulturforschung, wenn verdienstvolle Einzelkämpfer wie Michael Söndermann einen ganzen Forschungszweig wie die Kulturstatistik betreuen. Kulturpolitische Forschung hatte es schwer, sich zu etablieren. Sie hatte mit einer Besonderheit ihres Politikfeldes zu kämpfen: Es ging immer um Dreiebenenpolitik (Gemeinde, Land und Bund), und soweit die EU eine Rolle spielt, könnte es bald zur Vierebenenpolitik werden.

Kulturpolitik nach 1968 entwickelte sich in drei Phasen. Diese waren durch normative Postulate vorbereitet und haben die Forschung nach sich gezogen. Zum Teil waren Publizisten der Kulturpolitik auch Akteure, vor allem im kommunalen Bereich, wie Hermann Glaser oder Hilmar Hoffmann.

1. Politische Instrumentalisierung der *Sozio-Kultur*. Späte Folgen der 68er Bewegung und der neuen sozialen Bewegungen standen Pate. Noch gelang es gelegentlich, diesen Impetus zentral zu kanalisieren. Hilmar Hoffmanns Frankfurter Museumsmeile in den 1980er Jahren war ein prominentes Beispiel dafür.
2. In den 1990er Jahren ist die *ökonomische Verwertbarkeit* zur Förderung von Standortvorteilen für die Wirtschaft in den Vordergrund getreten. Künstler sind nicht mehr das schlechte Gewissen der Gesellschaft, nicht mehr Spinner und Querdenker, sondern „Meister des Geschäftserfolgs" (Barry J. Gibbons). Die Beschäftigten im Kultursektor sind von 1995 bis 2000 um 21% gestiegen, während sonst die Beschäftigtenzahl nur um 1,5% wuchs. 1999 wuchs die Zahl der Kulturschaffenden noch jährlich um 1,4%, während die allgemeine Beschäftigung abnahm. 2003 waren 815.000 Personen im Kultursektor beschäftigt. Außerhalb des Kultursektors, vor allem bei den Dienstleistungen und anderen öffentlichen Bereichen können noch einmal 150.000 Personen hinzugezählt werden, was einem Beschäftigtenanteil von 2,7% entspricht – mehr als in der gehätschelten Automobilbranche und ungefähr so viele wie in der Landwirtschaft. Die mittelständische Struktur der Beschäftigung, welche beide großen Parteien propagieren, ist im Kultursektor mit 20% gewährleistet. Deutschland liegt mit diesen Zahlen vor Frankreich, einem Spitzenreiter der Kulturpolitik mit Kulturausgaben von 2% am BIP. Nur kleinere Länder mit Ausnahme von Großbritannien haben höhere Werte (Söndermann 2004b: 462, 472). Im britischen Fall kann wiederum die eher zivilgesellschaftliche Kulturtradition zur Erklärung herangezogen werden, da die hohe Zahl der Kulturschaffenden nicht aus den geringen staatlichen Kulturausgaben abgeleitet werden kann. Angesichts der enormen Arbeitslosigkeit in Deutschland sind die Zahlen der Beschäftigungsstatistik ein gewichtiges Argument, um das Sinken der öf-

fentlichen Ausgaben für die Kultur zu stoppen. Neoliberale Anhänger der Kulturwirtschaft, heute als „Kreativwirtschaft" terminologisch „aufgehübscht", würden diese Wachstumszahlen bei sinkender Beschäftigtenzahl im Lande jedoch vermutlich eher als Erfolg der Entstaatlichung von Kulturpolitik werten.

3. In den 2000er Jahre wurden die Instrumentalisierungen der Sozio-Kultur und die Ökonomisierung der Kultur schwächer. Es kam zu einer *neuen Offenheit der Bürger,* die Kunst um ihrer selbst willen ansehen und gesellschaftlich organisiert finanzieren. Museumspädagogik – Kunst geht zum Konsumenten und „holt ihn da ab, wo er lebt" – wird zur populistischen Devise. Auch politische Bildung kann nicht mehr nur in Volkshochschulen stattfinden. Kunst ist in dieser dritten Phase wieder selbstbewusster. Die Wirtschaft versucht zu „kuscheln", während die Kunst „selbstbewusst bockig" wird, das heißt, die Sponsoren nehmen mehr Rücksicht auf die gesellschaftlich artikulierten Kulturbedürfnisse. Tyler Cowen vertrat in dem Werk „In Praise of Commercial Culture" (1998) schon die These: 90% der Bruttowertschöpfung des Kulturbereichs werden heute in kommerziellen Unternehmen erwirtschaftet. Es gibt bereits „Artbanker", die statt Aktien Kunst als Investition empfehlen. Solche Zahlen gelten bisher jedoch allenfalls für die USA. Nach Schätzung des Arbeitskreises „Kultursponsoring" erreicht die private Kulturförderung in Deutschland nur 7-9% der öffentlichen Kulturausgaben (Kulturfinanzbericht 2004: 2).

Staatliche Ebenen der Kulturförderung im Vergleich

Die Vereinheitlichung der europäischen Kulturpolitik stößt an Grenzen durch die unterschiedlichen staatlichen und institutionellen Traditionen:

1. Die etatistische Tradition mit einem Kulturministerium: Frankreich, Österreich.
2. Parastaatliche Institutionen, die vom Staat initiiert wurden, aber gesellschaftlich fungieren und den inhaltlichen Staatseinfluss gering halten. Sie treten auf als Autonome Fonds wie in Skandinavien und den Niederlanden oder als „Arts Council" wie in Großbritannien (Anfang 1990er Jahre staatlich geworden).
3. Föderalistische Institutionen. Deutschland, Belgien, gelegentlich bei starken zentralen Vorgaben wie in Österreich. In Deutschland stammten in den 1980 Jahren nur 2% der Ausgaben von der Zentrale – in Italien 68%.
4. Zivilgesellschaftliche Kulturpolitik mit geringer staatlicher Förderung (USA). In den USA tritt der Staat als Impresario nur in wenigen Bereichen auf, wie im „Smithsonian Institute" in Washington. In anderen Ländern dominiert er durch parastaatliche Einrichtungen die gesamte Kulturpolitik.

Alle vier Traditionen nordatlantischer Kulturpolitik sind nicht staatsfrei. Der Staat interveniert:

a. repressiv gegen Pornos,
b. regulativ in der Steuerpolitik,
c. protektiv in der Förderung von Museen (16%) und der Denkmalpflege (4%),
d. distributiv in der finanziellen Förderung von Theatern und Musik (36%), Kunsthochschulen (6%), sonstige Kulturförderung vom Film bis zur Soziokultur (12%) (Daten zu 2004 in: Söndermann 2004a: 5),
e. redistributiv in der Künstlersozialpolitik.

In England und in den USA gilt die Maxime: Der Künstler ist ein Job wie andere. Auf dem Kontinent leben noch Relikte des alten Geniekults fort. Nur 3-4% der bildenden Künstler lebten von ihrer Kunst, der Rest brauchte Nebenerwerbsberufe (Forbeck/Wiesand 1975). Eine neuere Studie kam für die bildenden Künstler auf ca. 12.000 € Jahreseinkommen in Deutschland. Sie lagen damit noch immer über den Schauspielern. Nur die Sparte „Wort" wies günstigere Ergebnisse aus (Pues 2002: 297).

Künstlersozialpolitik sollte diese desolate Lage in den fetten 1970er Jahren verbessern. Das Steuerungsinstrument blieb umstritten: Die Niederlande und Norwegen lagen damals an der Spitze der Künstler-Sozialpolitik in den bildenden Künsten, waren aber nicht Spitzenreiter in der kulturellen Innovation. In diesem Bereich dominierten hingegen die USA, die seit den New Deal-Erfahrungen unter Roosevelt von staatlicher Kunstpolitik abgerückt sind und die Kunst der Gesellschaft überlassen haben. Bei starker direkter Künstlerförderung wird ein sozialer Mitnahmeeffekt befürchtet, wie Zahlen für die Künstler pro 100.000 Einwohner zeigten (Fohrbeck 1971: 10): Niederlande 49, Norwegen 40, Großbritannien 18, USA 17, Deutschland 16. Leider wurde eine solche Untersuchung nicht wiederholt. Künstlersozialpolitik als Krönung des Wohlfahrtsstaatsdenkens ist in seiner Bedeutung gesunken. Der Künstlerberuf hat seinen avantgardistischen Nimbus verloren, vielfach verbunden mit anderen Tätigkeiten im Patchwork postmoderner Biographien. Es zeigte sich jedoch bei den Zahlen der 1960er Jahre, dass Großbritannien und die USA mit geringer staatlicher Künstlerförderung trotzdem einen noch höheren Anteil an Künstlern hatten als das etatistisch gesonnene Deutschland. Die Erfahrungen anderer Länder mit „Subventionskunst" reizen nicht mehr zur Nachahmung. Holland „entsorgt seinen Bildermüll" lauteten die Schlagzeilen. Künstler wurden aufgefordert, ihre Bilder aus dem „Kunstbunker" wieder abzuholen. 1968 hatten linke Künstler Bilder verbrannt, um den Staat auf ihre miserable soziale Lage aufmerksam zu machen. 1996 wurde den nicht abgeholten oder unverkäuflichen Werken die Vernichtung angedroht (Schümer 1996: 37). Sic transit gloria artis!

Die vierte „zivilgesellschaftliche Tradition" der Kulturpolitik ist global auf dem Vormarsch. Anfangs wurde dieser Trend als „Amerikanisierung" denunziert. Inzwischen wächst die Einsicht – wie in anderen Politikfeldern auch –, dass Amerika aufgrund seiner historischen Sonderentwicklung nur ein Vorreiter in der Betonung gesellschaftlicher Initiative gewesen ist. Für etatistische Traditionsländer war es schwer, vom Traum der üppigen staatlichen Dotierung Abschied zu nehmen.

Von 1995 bis 2001 nahmen die Ausgaben der Länder (einschließlich der Gemeinden) um 13% zu. Die Bundesrepublik hat im Jahre 2001 bei den öffentlichen Ausgaben pro Einwohner ihren Zenith erreicht (Graphik: Kulturfinanzbericht 2003: 23). Die Länder waren 2003 mit 43%, die Gemeinden mit 44,6% und der Bund mit 12,4% an der Kulturfinanzierung beteiligt. Die Länder reduzierten 2001-2004 jedoch ihre Ausgaben für Kultur um 2%. Über die Entwicklung der Gemeinden liegen nach 2001 keine verlässlichen Daten mehr vor (Kulturfinanzbericht 2003: 2). Der geringe Anteil der Kulturausgaben führte dazu, dass die Einschnitte in den Gemeinden erst ab 2002 nominal fühlbar wurden (Kröger/Sievers 2003: 16). Die kulturelle Bildung gerät nach Prognosen der Kulturstatistiker wie Söndermann (2004a: 11) weiter unter Druck. Es wird befürchtet, dass in einigen Bereichen wie der kulturellen Bildung in den nächsten Jahren 15-20% der Mittel gekürzt werden und die Breitenwirkung der kulturellen Bildung empfindlich reduziert.

Die nationalstaatliche Ebene

Kulturpolitik ging einst quasi hoheitlich von einer prästabilisierten Harmonie von Bedürfnissen der Hochkultur aus. Erst mit dem Vormarsch der Sozio-Kultur wurde nach dem Bedarf des kulturellen Durchschnittskonsumenten gefragt. Die Nationalstaaten fühlen sich in der Regel für übergreifende Projekte zuständig wie Denkmalpflege, Pflege des kulturellen Erbes, Museen, Archive. Bürger haben meist andere Prioritäten als die staatlichen Kulturfunktionäre, wie eine österreichisch-deutsche Studie zeigte: Die Befragten rechneten zur förderungswürdigen Kultur: Goethe 79%, Mozart 76%, Picasso 63%, Volkslieder 56%, Fastnacht 21%, Rock 12%, Graffiti 9%, Fernsehen 9%, Tätowierung 2% (Wolf-Csanady 1996: 223). Diese ältere Umfrage wies noch verhältnismäßig geringe Differenzen zwischen den Präferenzen der Kulturpolitiker und denen der befragten Bürger aus. Es wird vermutet, dass diese Kluft inzwischen gewachsen ist. Staatliche Kulturpolitik wird sich zunehmend an einige populäre Tendenzen – wie Volkslieder und Fastnacht – nicht halten und der Privatinitiative überlassen, was nicht gefährdet erscheint. Sie muss zwischen gefälligem Populismus und elitärer Abgehobenheit der Kulturauffassungen hindurch steuern. Momentaufnahmen von Bürgermeinungen über Kultur erwiesen sich auch als vergänglich. Es ließen sich Generationen von unterschiedlichen Kulturauffassungen in der Forschung aufzeigen (Göschel 1995: 6). Sie können jeweils eine Weile dominieren. Immer aber gibt es in der Bedarfsermittlung unter den Kulturrezipienten die „Ungleichzeitigkeit des Gleichzeitigen", die schon der Kunsthistoriker Wilhelm Pinder einst als Relativierung seiner Generationentheorie über künstlerische Produktion eingesetzt hatte. In jedem Fall ist die metaphysisch überhöhte „Symbolkultur" der älteren Generationen in der Postmoderne zu einer „Realkultur" geworden, die Unvereinbares und Triviales akzeptiert.

Der Stellenwert der Kulturpolitik im politischen System lässt sich an zwei Indikatoren ablesen, wenn man die vielen Sonntagsreden über die Bedeutung der Kultur nicht für bare Münze nimmt: an der Höhe der Kulturausgaben und der institutionellen Verankerung der Kulturpolitik auf Bundesebene.

(1) So heterogen wie die oben dokumentierten Meinungen der Bürger sind leider auch die statistischen Auflistungen von Kulturausgaben. Ländervergleiche werden er-

schwert, wenn in vielen Staaten Ausgaben, die in den Bereich des Tourismus, des Sports und der Medien reichen, die Kulturetats nominell aufblähen. Selbst Städtevergleiche werden durch unvergleichbare Zahlen behindert. Ein Autor, der am Institut für Politische Wissenschaft der Universität Heidelberg zwei nahe beieinander liegende Städte untersuchte, stieß auf das Problem, dass eine Tourismus-Stadt wie Heidelberg Kulturausgaben auch unter „Tourismus" abbucht. Beim Vergleich expliziter Kulturausgaben scheint daher Mannheim gewichtiger, als es ist. Daher ist es entscheidend, dass die Forscher in der internationalen Kulturstatistik neuerdings auf Vereinheitlichung der Statistik und der Messgrößen drängen. „Task Force 3" zur Kulturfinanzierung musste erst einmal eine neue Abgrenzung der Kulturfelder erarbeiten (Söndermann in: Hofecker/Tschmuck 2003: 68).

Bund, Länder und Gemeinden gaben 2003 8,2 Mrd. € für Kultur aus. Das sind 1,6% der Gesamtausgaben der öffentlichen Haushalte. Die Kulturausgaben des Bundes lagen mit 828 Mio. € bei 0,4% der Bundesausgaben. Zu diesen Inlandsausgaben kamen 476 Mio. € – ohne Auslandsschulen (296 Mio. €) und ohne Rundfunk (Deutsche Welle erhielt 282 Mio. €). Verzerrend wirken auch die einbezogenen Rundfunketats, weil zusätzlich ein Etat besteht, der gebühren-finanziert ist. Bei einer internationalen Vergleichsanalyse müssen aber die Rundfunkausgaben mit einbezogen werden.

Nach 2001 kam es zum Niedergang. In Deutschland sind die Kulturausgaben um zwei Prozent gesunken: von 8,3 Mrd. (2002), auf 8,18 Mrd. (2003) und auf 8,02 Mrd. EUR (2004). Der Anteil der Kulturausgaben des Bundes lag damit bei 0,38% des Bruttoinlandsprodukts, oder 97 € pro Einwohner. Bei den Flächenländern betrugen die Ausgaben 0,15%, bei den Stadtstaaten 0,48% und bei den Gemeinden 0,18% vom BIP. Die Prokopf-Ausgaben für Familien-, Sozial- und Jugendhilfe lagen bei 560 EUR, für Gesundheit und Sport bei 180 EUR – aber um den Preis einer Nettoneuverschuldung von 800 € pro Kopf im Jahr (Söndermann 2004: 1, 3).

Die auswärtige Kulturpolitik fällt in die Zuständigkeit des Bundes. Den 306 Mio. € des Bundes standen nur 9,1 Mio. der Länder gegenüber (Kulturfinanzbericht 2003: 78). Die 129 Einrichtungen des Goethe-Instituts im Ausland und ca. 180 Kulturgesellschaften im Ausland werden gefördert. Die Hälfte der Mittel fließt in den Bildungsbereich. Die Pathosformel „deutsche Kultur" wird in der auswärtigen Kulturpolitik immer weniger benutzt. „Kultur aus Deutschland" tritt als Werbeslogan an ihre Stelle (Hoffmann/Schneider 2002: 65). In der EU mehren sich die Stimmen, dass nationale Kulturhäuser überholt sind. Aber die Finanzkrise muss wohl noch wachsen, bis die Nationalstaaten wenigstens außerhalb Europas gemeinsame Sache in „Europa-Kulturhäusern" machen.

(2) Die institutionelle Verankerung der Kulturpolitik. Das Gewicht des Bundes in der Kulturpolitik ist seit der Wiedervereinigung gewachsen. Die Europäisierung und Globalisierung wird weiter in diese Richtung wirken. Nach 29 Jahren konnte im Jahre 2002 eine alte Idee von Willy Brandt und Günter Grass verwirklicht werden: die Bundeskulturstiftung. Staatsminister Nida-Rümelin versprach, dass die Stiftung „staatsfern und länderfreundlich" agieren werde, obwohl sein ursprünglicher Plan einer Fusion mit der „Kulturstiftung der Länder" nicht durchsetzbar war. Noch die letzte Kulturstaatsminis-

terin Christina Weiss „biss“ nach eigenem Bekunden „auf Granit“ beim Bemühen um die Vereinigung der beiden Institutionen. Die Beratungen für die Grosse Koalition von Union und SPD fassten im November 2005 diese Fusion endlich ins Auge. Dem Stiftungsrat gehören neben drei Künstlern von Rang auch zwei Ländervertreter an. Der Sitz der Institution in Halle soll bereits den Verdacht eines Zentralisierungsschubes zerstreuen. Gefördert werden Projekte – nicht Institutionen – im Bereich der auswärtigen Kultur, der Hauptstadtkultur, der Erinnerungskultur und sogar der Vertriebenenkultur, also Bereiche, die nicht in die Länderkompetenz fallen. Der Etat umfasste 38,3 Mio. € 2004 wurden neue Projekte beschlossen wie der „Tanzplan Deutschland“ zur Förderung des Tanzes. Die „Leuchttürme der Gegenwartskunst“ waren bis dahin konventioneller und umfassten die „Documenta“ XII, die sich in Planung für 2007 befand, die „Berlin Biennale“, das „Ensemble Modern“, die Donaueschinger Musiktage, das „Theatertreffen Berlin“ und das „Festival Transmediale“. Befürchtet wurden in die Breite gehende Suchbewegungen und die Flucht ins Avantgardistisch-Experimentelle (Wefing 2004: 27), was kulturelle Neidreaktionen und politische Gegenbewegungen auslösen könnte. Für die Auswahl von 54 Projekten wurde ein Fördervolumen von €3,85 Mio. bereitgestellt – keine üppige Dotierung (Homepage der Stiftung 2004; Th. E. Schmidt in: Hoffmann/Schneider 2002: 36). Eine Überfremdung der Kultur durch den Bund ist mit diesen Summen nicht zu erwarten. Aber der Bund hat neben der „Stiftung Preußischer Kulturbesitz“ (2002: 190 Mio. €) (einigen Ländern seit langem ein Dorn im Auge) und der „Berliner Kultur GmbH“ (aufgrund des Hauptstadtkulturvertrages gab der Bund rund 60 Mio. € aus) seine Interessen im Kulturbereich gebündelt.

Bundeskulturpolitik war lange kaum mehr als eine Abteilung des Innenministeriums mit sporadischer Resonanz im Bundestag. Wie dünn die Decke der Kulturpolitiker war, kann man daran ermessen, dass Sieghardt von Köckritz, zwanzig Jahre lang Abteilungsleiter mit Schwerpunkt „Kultur“ im Innenministerium, von den einst geförderten Kulturpolitikern eine Festschrift gewidmet bekam, die zu einer gut abgestimmten und wichtigen Bestandsaufnahme der Kulturpolitik auf den verschiedenen Ebenen wurde (Ermisch u.a. 1993). Bundeskulturpolitik schien sich auf einen aufgeklärten Beamten zu beschränken, der in einem Ministerium arbeitete, in dem die Kultur schönes Beiwerk war. Gleichwohl war für die Durchsetzung kultureller Anliegen die Einbettung in das Innenministerium nicht immer ein Fehler, weil dieses Ressort durchsetzungsstärker erschien als mancher „Kulturbeauftragte“, falls der Minister Interesse an der Kulturabteilung entwickelte.

In den Regierungserklärungen der deutschen Bundeskanzler spielte die Kulturpolitik eine marginale Rolle. Angela Merkel erregte im Zeitalter leerer Kassen Aufsehen mit der Äußerung, dass Kulturförderung für die neue Bundesregierung keine „Subvention“, sondern „eine Investition in ein lebenswertes Deutschland“ sei. Sie kündigte weitere Bundesaufgaben an, weil Deutschland schließlich „nicht nur die Summe der 16 Bundesländer“ darstelle. Im Bundestag wurden nur selten Große Anfragen vorgelegt, wie 1982, auf welche die Bundesregierung 1984 antwortete, indem sie eine Zwischenbilanz vorlegte. Spätere Anfragen und Debatten richteten sich vor allem auf nationale Gedenkstätten und Frage des Erhalts von Kulturgütern in Ostdeutschland (Dt.BT 25.11. 1992: 10573; BT-Drs. 12/4197, 21.1.1993). Die Antworten, wenn sie substantiell sein sollten, kamen meist Jahre zu spät, wie der „Bericht der Bundesregierung über ihre Maßnahmen zur Förderung der Kulturarbeit gemäß § 96 BVFG in den Jahren 1986 bis 1990" (von 1993), als ganz andere Probleme durch die Wiedervereinigung dringlich geworden waren (BT-Drs. 12/5490).

Die Regierung Schröder schuf 1998 einen „Kulturstaatsminister", um die umständliche Position eines „Beauftragten der Bundesregierung für Kultur und Medien" aufzuwerten. Drei Staatsminister wurden verschlissen: der medien-gewandte Michael Naumann, der kühle Rationalist und Philosoph Julian Nida-Rümelin, der sich bald auf eine Professur für politische Philosophie in München zurückzog und den Ruf des „Nieda-Rümelin" nicht loswurde, weil er nach seiner Ernennung einige Wochen Urlaub in Brasilien machte, und Christina Weiss, die 2002 bis 2005 das Amt mit beträchtlichem Fingerspitzengefühl ausübte. Im Wahlkampf 2005 blieb ihre Tätigkeit daher ganz von Kritik verschont (Minkmar 2005: 31). In wichtigen Fragen wie im Beutekunst-Streit mit Russland hat auch sie nichts bewirken können. Der einstige Vizepräsident des Verfassungsgerichts, Mahrenholz (2005: 35), hat daher die deutsche Kulturpolitik kritisiert, dass sie die Brücken, welche das russische Duma-Gesetz vom 15. April 1998 gebaut hat, nicht sinnvoll genutzt habe.

Mit Kulturpolitik lässt sich keine Karriere machen, hatte Christina Weiss einmal geäußert, und der von Angela Merkel als Kulturstaatsminister vorgesehene Norbert Lammert zog es im Oktober 2005 vor, Bundestagspräsident zu werden. Das einst von den Feuilletons begrüßte Amt begann mitleidige Häme auszulösen: „Gedenkstättenbau als zentralstaatliche Daueraufgabe?" lautete eine ironische Frage. Neoliberales Gedankengut scheint gegen einen Kulturminister zu sprechen, wo selbst ein Wirtschaftsminister die Wirtschaft allenfalls „ruinieren", aber nicht „steuern" kann. Der Hochmut der Kulturpolitiker, „den Tempelhütern unserer subventionierten Kultur", gegenüber den gewöhnlichen Beamten und den Politikern als bloße „Parteisoldaten" wurde mit verantwortlich für die Misere der Kulturpolitik gemacht (Bahners 2005a: 17, 2005b: 39).

Dennoch bleibt in einigen Bereichen der Nationalstaat auch in der Ära der Liberalisierung für die Kultur zuständig und steuert. Der Staat reduziert zwar die „kulturelle Dotierungspolitik". Aber er bleibt regulativer Staat. Das staatliche Rechtssystem schafft Grenzen gegen Gewaltvideos (reale Morde), Bilder von verhungernden und missbrauchten Kindern ohne Anleitung zur Bekämpfung dieser Missbräuche sowie Zuschauerbeschimpfung.

Die Grenzen liegen in ganz Europa beim Persönlichkeitsschutz, beim Sujetschutz (Holocaust nicht mit Naziparolen darstellen); Rezeptionsgrenzen werden gezogen: Polizeiterror darf man nicht als ästhetisches Schauspiel darstellen. Beim Irak-Krieg ist die Grenze aber manchmal überschritten worden. Die Rede vom „schönen Krieg" geistert durch die Medien. Der „chirurgisch saubere Schlag" hat ästhetische Qualitäten, die nur noch durch „Kollateralschäden" und andere Verniedlichungen des Grauens beeinträchtigt werden.

Bundesländer

Regionen und Länder (in föderalistischen Systemen wie Österreich und Deutschland) spielen in Europa eine zunehmende Rolle. In föderalistischen Systemen sind die Erziehungs- und Kulturpolitik die letzten Residuen einer überwiegenden Kompetenz der Gliedstaaten. Die Große Koalition will ab 2005 diesen Länderschwerpunkt noch ausbauen. Die Länder in Deutschland verteidigen erbittert ihre Kulturhoheit. Ein Bundeskulturbeauftragter im Jahr 2000 in Deutschland sorgte für Aufregung, als er erklärte, dass der barocke Begriff „Kulturhoheit" nicht im Grundgesetz auftauche (FAZ, 3.11.2000: 41). Es kam in den Medien zu „verfassungslosem Staunen".

Ein „Kulturminister" darf in Deutschland nicht sein, aber die Länder gaben Kompetenzen ab:

- in der Wiedervereinigung zugunsten der Bauwerke im Osten,
- bei der Kultur der Vertriebenen,
- in der Behandlung von Fragen der „Beutekunst".
- Filmpolitik ist immer ein Einfallstor des Zentralismus.

Die Gliedstaaten in föderalistischen Systemen und die Regionen in dezentralisierten Staaten handeln vielfach nicht konsequent. In Deutschland hat Nordrhein-Westfalen nichts zum „Gedenkstättenkonzept" der Bundesregierung gesagt, und Baden-Württemberg schwieg zur „Künstlersozialkasse" (Wefing in: FAZ, 3.11.2000: 41). So kann der Kulturstaatsminister auf der fetten Weide der Kulturlandschaft wildern, ohne mehr als ein „bajuwarisches Grummeln" auszulösen. Das wird besonders deutlich bei Großprojekten der Denkmalpflege und in der Filmförderung (Hense 2000). Der deutsche Ausweg aus dem Dilemma erscheint die föderalismusadäquate Realisierung von Vorhaben wie § 247 BauGB in Verbindung mit dem Hauptstadtvertrag: Kooperation wurde das Zauberwort. Das geht aber nur, wo Politikverflechtung eine Tradition wie in Deutschland und Österreich besitzt. Beim amerikanischen und Schweizer Konkurrenzföderalismus hat die Kooperation wenig Ansatzpunkte und verliert sich in bilateralen Verhandlungen.

Die Länder betonen ihre Kulturhoheit. Aber sie haben die Zuständigkeit institutionell meist kalt angeschweißt: In Baden-Württemberg gab es 1992-96 eine „Ministerin für Frauen, Familie, Weiterbildung und Kunst". Nordrhein-Westfalen leistete sich bis 2000 ein Landesministerium „Arbeit, Soziales, Stadtentwicklung, Kultur und Sport". Clement löste das Ressort auf und schlug es zum Bauministerium, wo es in tödliche Umarmung von Bauinteressen und Technologie zu geraten drohte (FAZ, 16.6.2000: 41). Diese Beispiele zeigten, dass Kultur auch auf Länderebene oft als nachrangig behandelt wird.

In Deutschland demonstrieren die Daten, dass der Zentralstaat in den fetten Jahren nur eine marginale Rolle spielte: 40-43% der Ausgaben lagen noch in den 1990er Jahren bei den Ländern, 55% bei den Gemeinden, 4% bei privaten Sponsoren (Frey 1999: 214). Aber die Länder sind ebenfalls in die Finanzkrise geraten und versuchten,

Kulturkompetenzen auf den Bund, auf para-staatliche Träger oder auf die Gemeinden abzuwälzen.

Eine der wichtigen Fragen von Politikwissenschaftlern an jedes Politikfeld ist die Frage: *„do parties matter?"*. Im internationalen Vergleich haben in den „fetten 1980er Jahren" kleine Länder wie Dänemark und die Niederlande nach den Kulturausgaben (kaufkraftbereinigt in ECU) geführt. Frankreich war von den großen Ländern an der Spitze. Deutschland, Spanien und Italien folgten, gleich welche Partei an der Macht war. Weit hinten lagen Großbritannien und Irland. Die Gründe dafür waren eine eher zivilgesellschaftliche Auffassung von Kulturpflege, nicht aber die Partei an der Macht, die in beiden Fällen als „konservativ" angesehen werden musste. Die Frage „do parties matter?" ließ sich viel eindeutiger in einzelnen Bereichen der Kultur durchaus bejahen. Aber auch hier sind vor allem nationale Traditionen entscheidend. Deutschland gab proportional am meisten für Theater, Frankreich für Filmförderung, Italien für Musik und die Niederlande für bildende Kunst aus (Zahlen in: von Beyme 1998: 22f.). Die 8,2 Mrd. für öffentliche Kulturfinanzierung im Jahr 2002 wies in Deutschland die Theater- und Musikförderung mit 36% aus. Es folgten Museen (16%), und Bibliotheken 15%. Der kleinste Betrag kam der Denkmalpflege zugute (4%), weniger, als die Kulturverwaltung mit 6% fraß (Söndermann 2004a: 8).

Da sich die Frage „do parties matter?" im internationalen Vergleich nicht eindeutig beantworten lässt, erscheint es methodisch stringenter, die Parteieinflüsse in einem föderalistischen Land wie Deutschland zu vergleichen, zumal das Gros der Kulturausgaben bei den Ländern (mit unterschiedlichen Kommunalisierungsgraden) liegt. Die unionsgeführten Länder haben traditionell die höchsten Ausgaben für bestimmte Kulturbereiche wie die Denkmalpflege ermöglicht (von Beyme 1987: 239). Bei den allgemeinen Ausgabenvergleichen im Kulturbereich ist die Frage so einfach nicht zu beantworten. Wie auch bei den Gemeinden ist eher die Größe und die Funktion im weiteren Umland entscheidend für die Höhe der Ausgaben. Das Land Berlin hatte mit besonderen Finanzproblemen zu kämpfen, obwohl es vom Hauptstadtvertrag profitierte – sehr zum Leidwesen des Bundesrechnungshofes, der 2004 indiskrete Fragen zum „Bundesinteresse" an den 103 Mio. € für den Hauptstadtkulturfonds stellte.

Der Kultursenator in den Jahren 1991-1996, Roloff-Momin (1997: 32), hat seine Enttäuschung über die SPD in harte Worte gefasst, die einem ganzen Buch seinen Namen gaben: „Dann waren da noch die Fraktionssitzungen der SPD: Deren Prioritäten waren klar: Soziales, Arbeit, Familie, Jugend, Bildung, Justiz … Kultur zuletzt." Die Versuche des Senators, die SPD für Kultur zu erwärmen, bewirkten angeblich „fast das Gegenteil". Die Entwicklung der Kulturausgaben zeigte jedoch auch für SPD-geführte Länder ein etwas positiveres Bild.

1995-2001 gab es noch ein Wachstum für Kulturausgaben bei den Ländern. Am stärksten fiel das Wachstum in Nordrhein-Westfalen (27,2%) und in Sachsen (24,3%) aus. Unterdurchschnittlich entwickelten sich Berlin (-9,1%), und Schleswig-Holstein (-3,3%). Da die Länder sehr unterschiedliche Größen aufwiesen, waren allenfalls die Kulturausgaben pro Kopf der Einwohner aussagekräftig. Die Stadtstaaten, die eine Kulturfunktion für das Umland entwickelten, hatten 2004 mit 148 € pro Einwohner die höchsten Aufwendungen, unabhängig von der stärksten Regierungspartei. Das galt vor allem für die Hauptstadt Berlin, die jedoch für die Wahrnehmung der Hauptstadtfunktionen zunehmend beim Bund um zusätzliche Entschädigungen einkommt. Die Flächenstaaten lagen naturgemäß unter diesem Niveau (37 € pro Kopf) (Södermann 2004: 3). Entgegen den Behauptungen vom kulturellen Kahlschlag im Osten haben die neuen Bundesländer sich gut entwickelt. Beim Niedergang der Kulturausgaben seit 2001 lassen sich wiederum keine Gründe in der Parteienzusammensetzung der Regierung finden. Bayern und Baden-Württemberg, die unionsgeführten highscorer auf diesem Gebiet, haben von 2002 auf 2003 ihre Kulturausgaben am stärksten reduziert. Das gleiche galt jedoch für Nordrhein-Westfalen (damals SPD-regiert) – nicht hingegen für ein anderes reiches Land wie Hessen (Södermann 2004a: 7).

Eigentlich müssten diese Zahlen zur Wirtschaftskraft der Länder in Beziehung gesetzt werden. Dabei würden Sachsen und Berlin am besten abschneiden – hingegen rangierte das drittreichste Land Hessen unter den Schlusslichtern. Die Zahlen zeigen, dass kaum Korrelation zwischen Parteizusammensetzung der Landesregierung und den Kulturausgaben besteht. Die Zahlen des „Kulturberichts 2003" (S. 25f.) beziehen sich auf den Höhepunkt der Kulturausgaben in Deutschland im Jahre 2001. Damals lagen nach den Stadtstaaten Bayern und Baden-Württemberg bei den Kulturausgaben pro Einwohner noch an der Spitze. Sie wurden aber von den neuen Bundesländern Sachsen, Sachsen-Anhalt und Thüringen übertroffen. Schlusslichter waren damals drei SPD-regierte Länder wie Schleswig-Holstein, Niedersachsen und Rheinland-Pfalz (in SPD-FDP-Koalition). Dazu gehörte jedoch auch das CDU-regierte Saarland. Intervenierende Variablen zur Erklärung niedriger Kulturausgaben (Saarland, Bremen) sind eine generelle finanzielle Schwäche und bei Nicht-Stadtstaaten auch der geringe Urbanisierungsgrad (etwa im Falle Schleswig-Holsteins). Im Zuge der allgemeinen Geldknappheit nehmen jedoch die Senkungen der Kulturausgaben überall zu. Die alte Gleichung: christdemokratische Regierung = Traditionspflege und Kulturfreundlichkeit stimmt nicht mehr. Die Christdemokraten wurden seit den 1990er Jahren zunehmend vom Neoliberalismus erfasst, auch wenn ein Flügel noch immer das „christlich-soziale" betont und offener für Staatsintervention erscheint. Dies kommt aber in der Regel der Sozialpolitik und nicht der Kulturpolitik zu gute.

Die Kulturpolitik der Gemeinden

Je dürftiger die Finanzen von Bund und Ländern werden, umso mehr wird die *Kommunalisierung der Kulturpolitik* forciert. Die Länder können den Gemeinden Mittel zweckgebunden zuweisen oder sie eigenständig über die Verwendung der Mittel entscheiden lassen. In Nordrhein-Westfalen als dem größten Flächenstaat war die Kommunalisierung auf dem Ausgabenzenit 2001 mit 78,5% der öffentlichen Kulturausgaben in Regie der Gemeinden am höchsten. Es folgten Hessen und Baden-Württemberg. Wer – wie es in der Literatur gelegentlich geschieht – den Kommunalisierungsgrad zum Indikator für eine gute Politik machte, könnte versuchen, die Kommunalisierungsbereitschaft wiederum einer Partei zuzuschreiben. Die drei genannten Länder zeigen freilich, dass im Spitzenfeld SPD- wie unionsgeführte Regierungen lagen. Ein hoher

Urbanisierungsgrad scheint als intervenierende Variable zu fungieren. Wo viele Großstädte eine erfolgreiche Lobby bilden, kann auch eine zum Zentralismus neigende Dauerherrschaft der Sozialdemokraten (bis 2005) in Nordrhein-Westfalen einen Spitzenwert in der Dezentralisierung von Kulturpolitik erzielen. Wer die Daten negativ interpretieren möchte, könnte auch geltend machen, dass Nordrhein-Westfalen dank niedergehender Wirtschaft und vergleichsweise geringen Ausgaben für die Kultur, gemessen pro Einwohner, am stärksten die Lasten für die Kulturpolitik auf die Gemeinden abwälzte.

Die Ausgaben der Gemeinden staffelten sich auch nach der Gemeindegröße. Städte über 200.000 Einwohner hatten die höchsten Aufwendungen (102 € pro Einwohner). Die größten Posten des Kulturbudgets in diesen Großstädten machten Theater und Orchester aus (57% ab 500.000 Einwohner, sogar fast 65% bei Gemeinden zwischen 200.000 und 500.000 Einwohner). Bei kleineren Städten spielen die Bibliotheken eine herausragende Rolle (Kulturfinanzbericht 2003).

Bei den Städten über 500.000 Einwohner rangierte Frankfurt mit 207 € pro Einwohner an der Spitze. Noch immer profitierte die Stadt davon, dass „Mainhattan" vom Image der bloßen Banker-Stadt loszukommen trachtete. Landeshauptstädte haben überdurchschnittliche Anstrengungen unternommen. Magdeburg lag mit 126,6 € pro Einwohner an der Spitze – Schwerin (44 €) aber am Ende der Rangliste. München – kulturell bis zur Wiedervereinigung oft als „heimliche Hauptstadt" angesehen – lag nur im Mittelfeld. Am ehesten vergleichbar sind die mittleren Großstädte zwischen 200.000 und 500.000 Einwohnern Leipzig (178 €), Mannheim (135 €) und Karlsruhe (120 €).

Die Kulturstatistiker fragten selten nach den Ursachen solcher Rangfolgen. Frühere Vermutungen wie die Tradition von früheren territorialen Hauptstädten treffen nur noch für Karlsruhe und Dresden zu. Universitätsstädte (Leipzig, Mannheim, Erfurt, Freiburg, Bonn) liegen günstiger als andere Städte vergleichbarer Größe. Aber es gibt auch eine Korrelation zur Lage als regionalem Zentrum mit wenig großstädtischer Konkurrenz, wie in den Fällen von Leipzig, Erfurt, Freiburg, Dresden, Bielefeld oder Münster. Umgekehrt sind Städte in Ballungsgebieten wie an der Ruhr (Gelsenkirchen, Oberhausen, Mönchengladbach) am Ende der Skalen zu finden, weil es bei ihnen zahlreiche regionale Kulturpendler gibt.

Die Kommunen, die noch immer das größte öffentliche Budget für Kulturausgaben aufweisen, sind meist die ersten Adressaten sozio-kultureller Bewegungen. Sie haben sich am stärksten umgestellt. Nach dem Ende der fetten Jahre der „Staatstheater-Gesinnung" kam es zur Festivalisierung der Kulturpolitik. In Kassel war die „Documenta" eine Erfolgsstory, die auch wirtschaftliche Schubkraft für eine marginalisierte Region entwickelte. Bei den kleineren Städten ist eine große Kofinanzierung auffällig. Vor allem die Sparkassen haben eine wichtige Funktion als Sponsoren, überwiegend im Museums- und Musikförderungsbereich.

Bei den Ausgaben pro Kopf der Bevölkerung, aufgeschlüsselt nach Sparten, liegen im Ländervergleich Berlin und Sachsen bei den Bibliotheken und Museen an der Spitze (Kulturfinanzbericht 2003: 63, 69). Die größte Variationsbreite scheinen die öffentlichen Ausgaben in der Denkmalpflege zu produzieren. Im Denkmalschutzjahr 1975 betrugen die Ausgaben pro Einwohner noch weniger als einen Euro (umgerechnet), 2001 schon fast 5 Euro, 2003 nur noch 4,2 € pro Kopf der Bevölkerung. Der Niedergang korreliert nicht mit dem Sanierungsgrad der Denkmäler – im Gegenteil: Auch in den alten Bundesländern wachsen die Schäden durch Umwelteinwirkungen und Verkehr. Die höchsten Ausgaben fanden sich in Sachsen (20,7 € pro Kopf) und Thüringen (11,3 €). Das sind die Länder mit der größten Denkmalsdichte in der ehemaligen DDR. Viele der Gebäude werden von öffentlichen Einrichtungen genutzt. Insofern sind die geringen Ausgaben für Denkmalschutz irreführend, weil Erhaltungsmaßnahmen auch über andere Etats laufen. Das gilt natürlich vor allem auch bei kirchlichen Einrichtungen. Bei den alten Bundesländern als Flächenstaaten sind die Aufwendungen traditionell am höchsten in Baden-Württemberg (4,0 € pro Einwohner) und Bayern (3,5) – früher war Bayern immer Spitzenreiter. Die norddeutschen Flächenstaaten hatten traditionell weniger Denkmale zu erhalten als die süddeutschen Länder. Aber in diesem Bereich spielte auch eine kulturelle Konstante eine Rolle: Süddeutschland (mit Ausnahme des Saarlandes) hatte eine höhere Neigung, die Liste der schützenswerten Gebäude und Denkmale zu verlängern, während die norddeutschen Denkmalpfleger weniger flächendeckend als exemplarisch vorgingen (v. Beyme 1998: 115ff.).

Die EU

Die EU-Fördermaßnahmen werden zunehmend wichtiger wie „Kultur 2000" für den Zeitraum 2000-2004, mit 167 Mio. € dotiert. Deutschland ist an 81 von 224 geförderten Kulturprojekten beteiligt und bei 16 sogar federführend. Die EU-Kommission (2002: 23, 20) dekretierte: „Ein Europa der Völker bauen. Die EU und die Kultur". Das Dokument enthielt interessante Akzente:

- Kulturpolitik wird der gleiche Stellenwert wie anderen Bereichen zuerkannt. Sozial- und regionalpolitisch werden Projekte koordiniert.
- Kultur wird als Beruf anerkannt. In der EU ist sie mit Millionen zu fördern. Unterrichtssoftware soll entwickelt werden. Seit 1995 kam es zum Austausch von 400.000 Jugendlichen, vor allem durch das Erasmus-Programm. Seit 1996 wurden 800 Bücher in andere Sprachen übersetzt – von Enzensberger bis Pessoa.
- Kleine Sprachgruppen wie Katalanen, Bretonen und Walliser erhalten verstärkten Schutz der Urheberrechte.
- Selbst die Förderung „tingelnder" Tanztheater von Rejkiawik bis Prag wurde nicht vergessen.
- Die Erhaltung des archäologischen Erbes in einem armen Land wie Griechenland wurde mit 605 Mio. € bis 2006 unterstützt.
- Die Förderung des kulturellen Wirtschaftssektors durch Verbesserung der Freizügigkeit.
- Kulturvertrieb im Internet.
- Die Preisbindung für Bücher wurde auf nationaler Ebene noch erlaubt, um Vielfalt zu erhalten.

Die EU kann und will die Kulturpolitik nicht vereinheitlichen. Selbst bei der Sozialpolitik geht es nur um die Prinzipien der Transfers, nie um ihr Ausmaß. Im Maastricht-Vertrag klingt die Kulturklausel 151 rein formal und wurde nicht inhaltlich ausformuliert. Es werden die Regionen und die Wünschbarkeit von Soziokultur betont. Art. 151 (früher 128) der Maastricht-Akte nannte als Ziele in der Kulturpolitik:

- Förderung nationaler Kulturen, Respektierung regionaler Besonderheiten,
- kulturelle Schöpfungen fördern,
- Kooperation zwischen Mitgliedstaaten mit anderen Ländern via internationale Organisationen.

Als Ziele gelten: Schützen, Kenntnisse verbessern, kulturellen Austausch stärken. Dafür wurden drei Programme entwickelt:

- *Kaleidoskop* 1996-99 sollte die Kunstproduktion fördern,
- *Ariane* (1997-1999) war dazu ausersehen, die Bücherproduktion und Übersetzungen fördern. 1999 umfasst sie: 291 Projekte, mit 1,3 Mio. €, 31 Projekte mit 1,3 Mio., und 14 mit 637.000 € dotiert. Das sind eher bescheidene Fördersummen.
- *Raphael* (1997-1999) mit dem Ziel, nationale Förderprogramme zu unterstützen. 58 Projekte von 438 eingereichten erhielten 6,4 Mio. €. Diese bescheidenen Summen mussten sich die EU-Länder noch mit Osteuropa und den Nicht-EU-Ländern aus der EFTA (Norwegen, Island, Lichtenstein) teilen.

Seit 2000 gab es ein weiteres Programm: *Kultur 2000 bis 2004*. Dabei ging es um die gemeinsamen europäischen kulturellen Werte, den interkulturellen Dialog, um die Verbesserung der Kenntnisse von Geschichte und Kultur. Ein wichtiger Aspekt war dabei die Förderung des Europäischen Kulturhauptstädte-Programms. Kleine Sprachen werden gefördert. Katalanisch war die erste Sprache, die in Europa als nicht-offizielle EU-Sprache bevorzugt behandelt worden ist. Evaluierung und Überwachung für das Programm „Kultur 2000 bis 2004“ sind garantiert. Als Richtlinien gelten:

- Jugendliche sind bevorzugt zu fördern,
- Multimedia und neue Ausdrucksformen sollen gestärkt werden,
- neue Technologien sollen zur Anwendung im Kulturbetrieb kommen.
- Koproduktion von kulturellen Erzeugnissen und Ausstellungen,
- Mobilität der Künstler und Kulturschaffenden ist zu erhöhen,
- Die Fortbildung der professionellen Akteure des Kulturbereichs genießt Vorrang.
- Der Kulturtourismus wird unterstützt,
- Die Ausfuhr von Kulturgütern wird geregelt und liberalisiert (Amtsblatt der EU 10. 3. 2000).

Grundlage der Förderung ist die Maxime: Hilfe zur Selbsthilfe im Geist des Subsidiaritätsprinzips: Die Gemeinschaftsunterstützung darf 60% der spezifischen Maßnahme nicht überschreiten. Das setzt eine Grenze von 50.000 bis 150.000 € pro Projekt.

Die EU fördert Vielfalt und Regionalisierung, aber sie vereinheitlicht auch durch das Kulturrecht, etwa durch Rahmenrichtlinien wie in der Buchpreisbindung. Nach amerikanischem Vorbild soll diese fallen. Die Folgen sind bekannt: Großketten wie Hugendubel und Thalia triumphieren, Kleinhändler überleben nur noch in Wohngebieten und spezialisieren sich dort auf Kinder- Jugend- und Frauenliteratur. Sport und Esoterik schießen ins Kraut – die gehobene Literatur kommt zu kurz. Kein Wunder, dass in vielen Ländern, vor allem in den deutschsprachigen und in Frankreich, noch Widerstände zu überwinden sind. Man ist nicht einmal sicher, dass die Liberalisierung dem Konsumenten dient. Im deutschen Sprachraum sind die meisten Bücher billiger als im amerikanischen Marktsystem. Dieses ist so marktgerecht nun auch wieder nicht und enthält noch verdeckte Förderungen, etwa die Steuerfreiheit in vielen kulturellen Bereichen und bei den Sponsoren.

Europa strebt – wie in der Parteienfinanzierung – nach der besten aller Welten: Staatssubventionen, neben Begünstigung von privaten Zuwendungen. Der Versuch, sozialstaatliche Subventionen mit dem Ausbau steuerbegünstigter Kulturförderung zu verbinden, ist im Leitbild nicht in sich konsequent. Das Resultat könnte sehr wohl die schlechteste aller Welten sein.

Alle Traktate zur EU betonen, dass zwei Bereiche die letzten sind, die vereinheitlicht werden können: die soziale Leistungspolitik und die Kulturpolitik. Dennoch gibt es Ansätze zu einer europäischen Kulturpolitik. Viele Maßnahmen sind prima vista nicht im Bereich der Kulturpolitik angesiedelt. Vereinheitlichung von Curricula und Qualifikationen sind aber ein Beitrag zur Kulturpolitik – nicht weniger als Sprachenpolitik in Grenzregionen.

Zunehmend werden Grenzen der Liberalisierung gefordert. Die andere Seite der Medaille suggeriert: Liberalisierung und Symbiose mit der Wirtschaft darf nicht zu weit getrieben werden. Die Gatt-Verhandlungen über kommerzielle Liberalisierung waren Anlass für Präsident Chirac, in Frankreich auf die „exception culturelle“ zu pochen – zur Erhaltung der Vielfalt der Kunst. Kultur sei kein kommerzielles Gut wie andere. In vielen Ländern von Frankreich und Kanada bis Australien, Neuseeland, Korea, Mexiko oder Argentinien wurden von allen Kultursparten neue Koalitionen gegen die kommerzielle Nivellierung gebildet. Dies liegt umso näher in multinationalen Staaten wie Kanada oder in Ländern wie Neuseeland, die aus einem schlechten postkolonialen Gewissen ihre autochthone Bevölkerung, die Maori, inzwischen privilegiert behandeln.

Chirac forderte am Anfang des Jahrtausends, dass bis 2005 ein internationales Abkommen zur Sicherung der kulturellen Vielfalt erarbeitet werden sollte, gleichsam als Gegengift gegen die Globalisierung. Sollte man die UNESCO damit beauftragen? Warum wurde das magische Datum 2005 anvisiert? Weil die WTO für das Jahr weitere Marktliberalisierungen beschlossen hat? Die USA kämpften seit langem gegen marktverzerrende europäische Kulturförderungsprogramme und fordern völlige Liberalisierung des Kulturmarktes. Sie setzen ihren Einfluss in den Weltorganisationen ein, um den „alteuropäischen Sonderweg“ einer protektionistischen Politik auch in diesem Bereich abzuschaffen. Im Oktober 2005 kam es schließlich nach endlosen amerikanischen Amendements zur Abstimmung über die UNESCO-Konvention zur kulturellen

Vielfalt. Die USA und Israel standen allein gegen den Rest der Welt, der in Artikel 20 die kulturelle Vielfalt nicht der Marktliberalisierung unterordnen wollte und Mindestquoten und Subventionen für die Erhaltung der Vielfalt in einzelnen Staaten für akzeptabel hielt (Kulturnische 2005: 39). Der Fall wurde zum weiteren Beleg für die Divergenz der Konzeptionen von Menschenrechten in der Welt. Amerika berief sich auf die allgemeinen Menschenrechte – die meisten anderen Länder subsumierten auch den Schutz der kleinen ethnischen und sprachlichen Gemeinschaften unter den Menschenrechtsschutz, zu dem die Unterorganisationen der Vereinten Nationen sich verpflichtet fühlen. Wie immer bei internationalen Konflikten bietet sich ein Kompromiss an: Quoten und Zuschüsse für die alten Kulturträger, Marktfreiheit für alle neuen Medien (Hanimann 2003: 33).

Die „Vergesellschaftung" der Kulturpolitik

Kulturpolitik ist eine der ältesten Policies – sie entstand längst vor heute anscheinend wichtigeren Bereichen wie Wirtschafts- und Sozialpolitik. Nur die Finanzpolitik ist ähnlich alt – und immer schon war sie ein Gegenspieler der Kulturpolitik. Im Absolutismus ruinierte mancher Fürst seine Finanzen, um seine kulturelle Weltgeltung zu erhöhen. Dies ist in der Demokratie nicht möglich. Die Vergesellschaftung findet von unten wie von oben statt – durch Oligarchen wie durch Bürgerinitiativen.

„Vergesellschaftung von unten": Soziokultur

Es kam in Mitteleuropa zu einer Betonung der Soziokultur dort, wo neue soziale Bewegungen wie die Grünen politisch stark wurden. Manche ziehen den Terminus „zivilgesellschaftliche Verantwortungsübernahme" vor – aber er ist zu stark normativ aufgeladen, um den sozialen Realitäten stand zu halten. Die Grünen in Deutschland entwickelten ein neues Paradoxon: Bürgerinitiativen sollen Denkmäler betreuen, und den Rest verfallen lassen (Hoffmann-Axthelm), Bürger sollen über Schutzinteressen entscheiden. Im Verdrängungswettbewerb zwischen Museum und Kindergarten bleiben die Kulturprojekte meist auf der Strecke.

Andererseits haben die Grünen in Deutschland Stiftungsinitiativen gefördert wie Antje Vollmers Gesetzentwurf von 1998: Die Staatsprüfung sollte eingeschränkt, die Gemeinnützigkeit dezentralisiert durch Finanzämter festgestellt werden. Die Begeisterung für den Volksentscheid auf unterer Ebene übersah jedoch, wie stark bei solcher Dezentralisierung die Korruptionsgefahr und die Cliquenwirtschaft werden können.

In der grünen Ideologie wird die Lebenswelt à la Habermas möglichst ohne die organisierte Wirtschaft gedacht, aber de facto ist sie nicht mehr ohne die Wirtschaft zu organisieren. Der „Kulturbürger" wird schleichend doch zum „Kulturbourgeois". Andererseits führte die städtische Soziokultur zur erfreulichen Inklusion immer weiterer Gruppen. Massenkultur und Fotografie dominierten die Documenta XI. Kunst der Geisteskranken oder der Kinder – alle Kulturprodukte wurden gleichwertig. Neu sind alle diese Forderungen nicht, sondern seit Prinzhorn, Klee, Dubuffet und Lindner in der klassischen Moderne immer wieder diskutiert worden (vgl. von Beyme 2005: 465ff.). Es soll keine „bürgerliche“ Handreichung mehr für Klassiker und „highlights“ der Hochkultur geben. Museen werden somit inklusiver als Parlamente.

Aber auch wenn die Grünen regional schwach sind, konnten neue Soziokulturen entstehen. Die Betonung der Soziokultur ist wichtig, weil Deutschland das Sonderproblem der inneren Einheit hat. Noch schwankt die kulturelle Identität in der Selbstbeschreibung der Ostdeutschen zwischen „Zonenkinder“ und „Avantgarde eines neuen Lebensgefühls“ (Knoblich 2003: 28). In den neuen Soziokulturen wird die Grenze zwischen Kunst und Kunstgenießern fließend. Es bleibt aber ein kleiner Unterschied: Nur der Künstler ist produktiv, der Konsument bleibt eher passiv-rezeptiv. Die Beliebigkeit der Kulturförderung droht zu wachsen. Es sind heute nicht mehr Traditionalisten wie einst Sedlmayr oder Gehlen, die gegen die Auswüchse einer Kultur der Moderne wettern. Kein geringerer als der Direktor des Pariser Picasso-Museums, Jean Clair (1998: 15), sah in der Documenta X in Kassel 1997 nur ein Desaster: „Die Inhaltsleere, die Vulgarität und Dümmlichkeit der meisten Ausstellungsobjekte waren weniger schockierend als der Begriffsapparat im Katalog, der ihre Anwesenheit rechtfertigen sollte“.

Die Kommunalisierung der Kultur ist verbunden mit dem Prozess einer beispiellosen Globalisierung von Kunsttrends und Kunstmoden. Immer kann man auf Tokio verweisen, wo etwas anderes „in“ ist, was man auch hier dringend fördern müsste. Werk und Künstler-Person werden zunehmend eingeebnet. Installationen erlauben keinen normalen Kunstbegriff mehr, jeder kann alles notfalls machen, seit Beuys jedermann zum Künstler erklärt hat. Die Devise unterstellt nicht, dass jedermann auch ein Meisterwerk erstellen könne. Aber es gibt keine Originale und keine Ewigkeitswerte mehr. Das wurde einst treffend in einem Cartoon karikiert: Ein Museumsdirektor steht neben einem Experten. Dieser erklärt lorgnon-bewaffnet dem Direktor zu einem Schraubenhaufen, den ein Künstler gerade auf dem Museumsboden aufgehäuft hat: „Es tut mir leid, Herr Direktor, es handelt sich um eine Fälschung“. Bei vielen Arten von Action-Kunst kann es keine Fälschungen mehr geben. Für die Bildinhalte gilt: Soziale Situationen sind nur noch „nachgestellt“, nicht mehr „dargestellt“.

Neue Formen der Einheit von Kunst und Leben, welche die klassische Avantgarde einst anstrebte und damit vielfach scheiterte, sind längst entstanden: Bricolage, Bastelei, ähnlich wie unsere Lebensläufe als „Lebenskunst“ figurieren, dominieren im Kunstbetrieb. Angesichts leerer Kassen der öffentlichen Hände ist eine Flucht in die staatliche Kulturförderung nicht mehr möglich. Es gibt keinen wirtschaftsfreien Raum mehr. Daher lautet die Devise „Unterwanderung“: „Die Künstler wechseln vom Elfenbeinturm in den Kontrollturm“ (zit. Grosz/Delhaes 1999). Das ist ein schönes Wortspiel, aber es gibt keine neue wirtschaftlich fundierte „Artekratie“, wie es sie einst bei den italienischen Futuristen als politisch inspiriertes Szenario gegeben hat.

„Vergesellschaftlung von oben": Sponsoren und Kultur als Wirtschaftsfaktor

Je nach staatlicher Entwicklung hat es immer unterschiedliche Anteile von staatlicher zu zivilgesellschaftlicher Wahrnehmung der Kulturpolitik gegeben. Künstler beklagten seit jeher das mangelnde Engagement des Staates: Gottfried Benn klagte einst: „Wann hätte der Staat je einen Dichter mit 1.000 Mark belebt?" Gefördert wurden allenfalls „Charleys Tante" und „Weißes Rössl". Das ist ungerecht, denn solche populären Kulturerzeugnisse tragen sich heute selber. In dieser Klage liegen Reste eines preußischen Etatismus. Die Künstler im Zeitalter der Postmoderne haben sich gewandelt. Künstler, die lange mehrheitlich anarcho-sozialistisch dachten, entdeckten den Kapitalismus: Warhol deklamierte: „Being good in business is the most fascinating kind of art". Wirtschaft andererseits entdeckte plötzlich die „Spinner" und setzte sie für Sensitivitäts- und Fortbildungstraining ein.

Der Staat gerät für seine Kulturförderung zunehmend in ein Dilemma: Er soll Geld locker machen, aber auf die Inhalte der Kunst keinen Einfluss nehmen. Der Tausch des ökonomischen Mäzens für den politischen verbesserte diese Lage nicht. Historisch gesehen, war schon Maecenas ein politischer Ehrgeizling, der mit seinem Geld etwas wollte. Kein Wunder, dass ökonomische Sponsoren als Nachfolger der Mäzene eine Gegenleistung anstreben. Kultur wird in die Werbung und Imagepflege eingespannt.

Das Bundesministerium der Finanzen hat in Deutschland bereits einen „Sponsoring-Erlass" herausgegeben. Förderungserwartungen des Sponsoring-Empfängers und die Leistungserwartung des Sponsors wurden definiert. Nicht regelbar erscheinen die politischen und außerrechtlichen Folgen des Sponsoring: Der Staat zieht sich aus der Verantwortung zurück – im Sozialstaat wie im Kulturstaat. Der Charakter der durch Sponsoring geförderten Einrichtung verändert sich. Museen werden von städtischen Institutionen zur öffentlich-privaten Misch-Unternehmen zur Veranstaltung von Events (Lynen 2004: 2). Für Ausstellungen müssen Museen heute schon mit anderen Einrichtungen kooperieren. Ausstellungen in Europa sind heute transnational. Neu ist das Hervortreten von kleineren Provinzmuseen für weniger spektakuläre Ausstellungen wie Françoise Gilot in Chemnitz und in französischen und Schweizer Einrichtungen. Das Verleihen von Kunst wird zum Geschäft. Der neo-liberale Überschwang bedroht jedoch das kulturelle Erbe von Nationalstaaten. Der Verkauf von Kunst muss geregelt werden. In den USA erregte ein Fall einen Presse-Sturm, als ein Provinzmuse – um je einen Chagall und einen Kandinsky verkaufte, um „Concept Art" ohne konkrete Objekte erwerben zu können. Der überhitzte Markt für eine überzahlte Avantgarde ist mit dem „holländischen Tulpenfieber" in früheren Jahrhunderten verglichen worden, die von Zeit zu Zeit den Blumenmarkt ruinierten (Danto 2000: 46, 39). In Deutschland gehört die Kultur noch nicht zum „Tafelsilber", das eventuell zum Stopfen von Haushaltslöchern dienen kann, wie Post oder Autobahnen. Aber schon der Versuch eines Bundeslandes wie Hessen, die Kulturschätze auch monetär zu erfassen, weckt Misstrauen (Wagner 2002: 33).

Selbst dort, wo die staatlichen Sponsoren noch überwiegen, entwickelte sich ein Demokratisierungsparadoxon in der Kulturpolitik:

- Staatliche Hilfe soll Kunst demokratisieren, begünstigt aber die Reichen und Schönen: 100 € Subvention pro Opernkarte sind keine Seltenheit, nur 5% der Museumsbesucher kommen aus der Unterschicht, 55% aus der Oberschicht. Deutsche Spielstätten haben 2003/04 nur zwischen 8,6% (Brandenburg) und 24% (Berlin und Hamburg) der Kosten eingespielt. In Thüringen liegt der Zuschuss pro Besucherkarte mit 124,36 € am höchsten (Kloepfer 2005: 45).
- Gesellschaftliche Selbsthilfe führt zu Oligarchien großer Wirtschaftssponsoren. Mit 350 Mio. € macht Sponsoring den größten Teil der privaten Kulturfinanzierung aus (Singer 2003: 24). Während in Deutschland die „Kreativwirtschaft" zum modischen Schlagwort wurde, regen sich in Amerika längst kritische Stimmen. Eine Dominanz privatisierter Kultur gilt als modisch nivelliert und fördert nicht notwendigerweise in gleicher Weise Diversität wie die öffentlichen Kultureinrichtungen (Mulcahy 2003: 101, 98). Bei der unkritischen Nachahmung Amerikas ist zudem immer – wie auch in anderen Politikfeldern – unzureichende Kenntnis der Randbedingungen im Spiel. Der amerikanische Staat interveniert nur diskreter mit Steuerprivilegien im „not-for-profit-sector".

Fazit

Die deutsche Kulturpolitik zehrt bis heute von der Vielfalt als Folge der territorialen Zersplitterung bis 1871. Wo in den großen angelsächsischen Ländern ein Dutzend Opern- und Schauspielhäuser gefördert werden, hat in Deutschland noch jede Duodez-Residenz ihr Theater. Das kleine Heidelberg (ca. 140.000 Einwohner) leistet sich noch ein Dreisparten-Theater. Langsam erst kommt die Kooperation mit anderen Ex-Residenzen in Gang: Mannheim-Heidelberg-Karlsruhe-Darmstadt. In der Kulturpolitik erscheint die Lage nicht so desolat wie in der Bildungs- und Erziehungspolitik, wo seit der Pisa-Studie und den OECD-Erhebungen eine Hiobsbotschaft nach der anderen über Deutschland hereinbrach. Nach vergleichenden Daten zur Kulturfinanzierung der Mitgliedstaaten liegt Deutschland noch immer in einer Spitzengruppe, aber der Vorsprung von Frankreich und Deutschland schmilzt dahin. Die EU liefert keine neuesten Daten. Nach älteren Aufstellungen lag die Bundesrepublik mit 22,7 ECU pro Einwohner nur hinter Frankreich, wenn wir die kleinen Staaten nicht rechnen, die naturgemäß ein rechnerisch größeres Grundvolumen aufbringen müssen (v. Beyme 1998: 22). Deutschland ist der Flächenstaat mit der höchsten Museums-, Theater- und Berufsorchesterdichte pro Einwohner in der Welt. 90% der Ausgaben für Theater mit 22 Mio. Besuchern werden durch öffentliche Haushalte bestritten. 4570 Museen mit 96,2 Mio. Besuchern werden aus Staatsmitteln finanziert (Opielka 2003; Singer 2003: 22).

„Abwiegler" des Niedergangs sehen in der Abschmelzung der Kulturetats nur eine Art „Marktbereinigung". Als Hauptgefahr wird jedoch befürchtet, dass die Verringerung der Kulturausgaben sich ungesteuert und anomisch fortsetzt – genauso, wie das Wachstum in den fetten Jahren nicht immer sinnvoll gesteuert ablief.

Literatur

Amtsblatt der EU, 10. 3. 2000.

Bahners, Patrick: Gescheitertes Experiment. Drei Kulturstaatsminister sind genug, in: FAZ, 25. 10. 2005 (a): 17.

Bahners, Patrick: Bloß keinen Dichter! Dienstbeschreibung: Was ein Kulturstaatsminister sein kann, in: FAZ, 9. 11. 2005 (b): 39.

Bartella, Raimund: Finanzkrise lässt kommunale Kulturausgaben abschmelzen, in: Kulturpolitische Mitteilungen 103, 2003: 41-42.

v. Beyme, Klaus: Der Wiederaufbau. Architektur und Städtebaupolitik in beiden deutschen Staaten. München. Piper, 1987.

v. Beyme: Die Kunst der Macht und die Gegenmacht der Kunst. Frankfurt, Suhrkamp, 1998.

v. Beyme, Klaus: Kulturpolitik und nationale Identität. Wiesbaden, Westdeutscher Verlag, 1998.

v. Beyme, Klaus: Das Zeitalter der Avantgarden. Kunst und Gesellschaft. 1905-1955. München. Beck, 2005.

Clair, Jean: Die Verantwortung des Künstlers. Avantgarde zwischen Terror und Vernunft. Köln, DuMont, 1998.

Cowen, Tyler: In Praise of Commercial Culture. Cambridge/Mass., Harvard University Press, 1998.

Cultural Statistics in the EU. 2000: Final Report of the EU. Working Paper 3/2000/E/Nr.1.

Danto, A. C.: Das Fortleben der Kunst. München. Fink, 2000.

Ermisch, Günter u. a. (Hrsg.): Wanderungen durch die Kulturpolitik. Festschrift für Sieghardt von Köckritz. Berlin, Nicolai, 1993.

Eurostat Working Group on Cultural Statistics: Task Force on Cultural Employment. Luxemburg, 2002.

Forbeck, Karla u. a.: Kunstförderung im internationalen Vergleich. Köln. DuMont, 1971.

Forbeck, Karla/Wiesand, Andreas: Der Künstler-Report. München (zuerst als Bundestagsdrucksache 7/3071 v. 13. 1. 1975) München, Hanser, 1975.

Forbeck, Karla/Wiesand, Andreas: Von der Industriegesellschaft zur Kulturgesellschaft. München, Beck, 1989.

Frey, Manuel: Macht und Moral des Schenkens. Staat und bürgerliche Mäzene. Berlin. 1999.

Fuchs, Max: Kulturpolitik in Zeiten der Globalisierung, in: Aus Politik und Zeitgeschichte B 12/2003: 15-20.

Glaser, Hermann: Kulturgeschichte der Bundesrepublik Deutschland. München, Hanser, 1985, 3 Bde.

Glaser, Hermann u.a. (Hrsg): Zukunft Kulturpolitik. Festschrift für Olaf Schwencke. Essen. Klartext, 1996.

Göschel, Albrecht: Die Ungleichzeitigkeit in der Kultur. Wandel des Kulturbegriffs in vier Generationen. Essen. Klartext, 1995, 2. Aufl.

Grosz, Andreas/Delhaes, Daniel (Hrsg.): Die Kultur-AG: neue Allianzen zwischen Wirtschaft und Kultur. München. Hanser, 1999.

Hanimann, Joseph: Vielfältiger, in: FAZ, 6. 2. 2003: 33.

Hense, Ansgar: Bundeskulturpolitik als verfassungsrechtliches und verwaltungsrechtliches Problem. Deutsches Verwaltungsblatt Nr. 6, 2000 : 376-384.

Hermand, Jost: Kultur im Wiederaufbau. Die Bundesrepublik Deutschland. 1945-1965. München, Nymphenburger, 1986.

Hermand, Jost: Die Kultur der Bundesrepublik Deutschland. 1965-1986. München, Nymphenburger, 1988.

v. Heydebreck, Amélie, 2003: Künstler, rettet den Kapitalismus. Die Wirtschaft verkriecht sich im Schoß der Kultur: was ist, wenn die nicht mitmacht? in: Frankfurter Allgemeine Sonntagszeitung , 9. 3. 2003: 25.

Hofecker, Franz-Otto/Tschmuck, Peter: Kulturpolitik, Kulturforschung und Kulturstatistik. Innsbruck, Studienverlag, 2003.

Hoffmann, Hilmar: Kultur für Morgen. Frankfurt, Fischer, 1986.

Hoffmann , Hilmar/Schneider, Wolfgang (Hrsg.): Kulturpolitik in der Berliner Republik. Köln, DuMont, 2002.

Jahrbuch für Kulturpolitik 2004. Essen, Institut für Kulturpolitik der Kulturpolitischen Gesellschaft, 2004.

Klein, Armin: Kulturpolitik. Eine Einführung. Wiesbaden, Verlag für Sozialwissenschaften, 2005, 2.Aufl.

Kleinegges, Udo u.a.: Im Blickpunkt: Kultur in Deutschland. Zahlen und Fakten. Stuttgart, Metzler/Poeschel, 1994.

Kloepfer, Inge: Kultur – Deutschlands teures Hobby, in: FAZ, 11.12.2005: 45.

Knoblich, Tobias J.: Soziokultur in Ostdeutschland, in: Aus Politik und Zeitgeschichte B 12/2003: 28-34.

Kommission der EU: Ein Europa der Völker bauen. Brüssel, 2002.

Kröger, Franz/Sievers, Norbert: Stillstand ist Rückschritt. Abschied vom Kulturboom? in: Kulturpolitische Mitteilungen 103/2003: 43-47.

Kulturbericht 2003. Wiesbaden, Statistische Ämter des Bundes und der Länder, 2004.

Kulturfinanzbericht 2003. Berlin, Wiss. Dienste des Deutschen Bundestages, 8.6.2004.

Kulturfinanzierung in Europa. Europäische Kommission, Generaldirektion Bildung und Kultur. Luxemburg, Amt für amtliche Veröffentlichungen der Europäischen Gemeinschaften. 2002.

Kulturnische im Welthandel. Ein Gespräch zur Unesco-Konvention zur kulturellen Vielfalt, in: FAZ, 24.10. 2005: 39.

Lynen, Peter M.: Sponsoring der Kunst – rechtliche Lösungen im öffentlichen Bereich. Düsseldorf (hektographierte Thesen) 2004.

Mahrenholz, Ernst Gottfried: Deutsche, rührt euch. Ende für den Beutekunststreit, in: FAZ, 7.6.2005: 35.

Minkmar, Nils: Warum lacht Frau Weiss? in: Frankfurter Allgemeine Sonntagszeitung, 11.11.2005: 31.

Mulcahy, Kevin: American Cultural Patronage: the Limits of Privatization, in: Hofecker, Franz-Otto/Tschmuck, Peter (Hrsg.): Kulturpolitik, Kulturforschung und Kulturstatistik. Innsbruck, Studienverlag, 2003: 89-104.

Opielka, Michael: Kunst und Kultur im Wohlfahrtsstaat, in: Aus Politik und Zeitgeschichte. B 12/2003: 28-34.

Pohlmann, Markus: Kulturpolitik in Deutschland. München, Minverva, 1994.

Presse- und Informationsamt der Bundesregierung, 1997: So fördert der Bund Kunst und Kultur. Bonn.

Pues, L. u.a. (Hrsg.): Art-Investor. Handbuch für Kunst und Investment. München, Finanzbuch-Verlag, 2002.

Roloff-Momin, Ulrich: zuletzt: kultur. Berlin, Aufbau-Verlag, 1997.

Schümer, Dirk: Bildermüll. Holland weiß nicht, wohin mit seiner Subventionskunst, in: FAZ, 4. 11.1996.

Schwelling, Birgit (Hrsg.): Politikwissenschaft als Kulturwissenschaft. Wiesbaden,VS, 2004.

Singer, Otto: Die Förderung von Kunst und Kultur. Berlin, Wissenschaftliche Dienste des Deutschen Bundestages, Sept. 2003 (Reg.Nr. WF X-060/03).

Söndermann, Michael: Kulturausgaben in Deutschland sinken 2004 weiter. KulturStatistik 24. Bonn, Arbeitskreis Kulturstatistik, 2004.

Söndermann, Michael: Wohin treibt die Öffentliche Kulturfinanzierung in Deutschland. Wien 2004 a (mimeo)

Söndermann, Michael (2004b): Beschäftigung im Kultursektor in Deutschland 2003/2004, in: Jahrbuch für Kulturpolitik: 459-475.

Wagner, Bernd: Zwanzig Jahre Neue Kulturpolitik. Eine Bibliographie. Hagen, Kulturpolitische Gesellschaft, 1993.

Wagner, Thomas: Das neue System. Wie man in Hessen mit der Kultur die Macht sichern will, in: FAZ, 28.11.2002: 33.

Wefing, Heinrich: Alles außer Nolde. Was fördert eigentlich die Bundeskulturstiftung? in: Frankfurter Allgemeine Zeitung, 8. 7. 2004: 27.

Weiss, Christina: Stadt ist Bühne. Kulturpolitik heute. Frankfurt, EVA, 1999.

Wiesand, Andreas Johannes (für das Bundesinnenministerium), 1987: Kunst ohne Grenzen? Kulturelle Identität und Freizügigkeit in Europa. Köln. DuMont, 1987.

Wolf-Csanady, Elisabeth: Wertewandel und Kulturpolitik in der BRD und Österreich. Frankfurt, Lang, 1996.

Zukunft Kulturpolitik in: Kulturpolitische Mitteilungen 100/2003: 1.

20. Die Kulturenquete des Deutschen Bundestages und ihre politische Umsetzung

1. Die kulturpolitische Zieldebatte im Vorfeld der Enquete

Die Kulturpolitik erscheint für die Routineprozedur im Parlament als exotisches Handlungsfeld. Am 13. Dezember 2007 rief Bundestagspräsident Norbert Lammert – der sich seit langem als Kulturpolitiker profiliert hatte – den Schluss-Bericht der Enquete-Kommission „Kultur in Deutschland" auf. Er feierte den Ausnahmefall, dass das Thema Kulturpolitik es auf „diese prominenten Tagesordnungsplätze" schaffte, obwohl das Thema in der Öffentlichkeit immer noch unterschätzt werde. Kein gutes Omen für die Wirksamkeit des Berichts. Die Kommissionsvorsitzende Gitta Connemann (CDU/CSU) wurde fast religiös: „Es ist vollbracht".

Die *Experten* waren in wichtigen konzeptionellen Fragen *uneinig*. Unter den zahlreichen Experten wurden auch Verfassungsrechtler angehört, die häufig zwei Einwände gegen Bundeskulturpolitik hatten:

1. Ein unfassbares Thema wie Kultur könne mit juristischen Mitteln nicht erfasst werden, und wenn dieses doch geschehe, drohe *„Verrechtlichung und Bürokratisierung"*, neben der „Kommerzialisierung" im Werk von Habermas die größten Feinde der „Lebenswelt" – zu der die Kultur meist gerechnet wurde.
2. Verfassungsrechtliche Festschreibungen drohen dem *Föderalismus-Prinzip zuwider* zu laufen. Der erste Einwand wurde nicht immer ganz ernst genommen, da auch Länder in ihren Verfassungen Fixierungen gewagt haben (Scheytt 2008: 96f). Bayern hatte keine Bedenken im Artikel 3 Bayern als „Rechts- Kultur-, und Sozialstaat" festzuschreiben. Im Bericht wurden die Kulturstaatserklärungen aus Landesverfassungen (die vielfach nicht nur *Schutz- sondern auch Förderklauseln* enthalten) und aus dem Art. 151 des EG-Vertrages hinzugefügt (ebd: 80f). Zudem dürften das Rechts- und das Sozialstaatsprinzip keineswegs leichter zu fassen sein, wie eine große kontroverse Literatur zeigt. Außerdem steht im *„Einigungsvertrag"* von 1990 in Artikel 35, Abs. 1, dem ein quasi-verfassungsmäßiger Rang zuerkannt wird: „Stellung und Ansehen eines vereinten Deutschlands in der Welt hängen außer von seinem politischen Gewicht und seiner wirtschaftlichen Leistungskraft ebenso von seiner Bedeutung als Kulturstaat ab".

Seit die Mittel für Kultur knapper wurden, wird die Debatte der professionellen Kulturschützer immer gedrechselter. *Peer Steinbrück* war schon als Ministerpräsident von Nordrhein-Westfalen in einer Rede wie üblich bereit, den Mainstream zu brüskieren. Er warnte vor Illusionen der Besitzstandwahrung und wollte der *Kultur keine „Sonderstellung"* einräumen. Nur wenige attestierten: „Das musste mal gesagt werden!" (Sievers 2004: 4f). Der weihevolle Ton der Kulturpolitiker erregt die Finanzpolitiker immer wieder, selbst wenn sie persönlich kunstsinnig sind wie Peer Steinbrück.

Es mussten theoretische Eindämmungsspiele gegen die Rotstift-Mentalität initiiert werden. Dabei spielte der Begriff *„kulturelle Grundversorgung"* als Auffangkategorie eine Rolle, wie ihn die „Kulturpolitischen Mitteilungen" 2003 und 2004 lancierten (Scheytt, III, 2003: 26f). Aber auch hier war Einigkeit nicht zu erzielen.

Die *Globalisierung* hatte nach Ansicht einiger Autoren (Göschel 2003: 6ff) die Folge, dass der Staat die Ausgaben auf das Unverzichtbare zurückführen müsste. Das Ziel *„Bürgergesellschaft"* wurde angesichts der Globalisierungsängste beim Wort genommen. Die kommunale Kulturfinanzierung müsse zunehmend auf freiwillige Beiträge der Bürger umgestellt werden. Politiker wie Will Vesper (Kulturpolische Mitteilungen III/2004: 36) fanden den Versorgungsgedanken „abwegig", weil Kunst und Kultur keine Versorgungsgüter seien, deren Herstellung dem Staat obliege.

Die kulturpolitischen Ziele der Kulturpolitischen Gesellschaft schienen damit fundamental in Frage gestellt, und ihre Exponenten wollten das Terrain nicht kampflos und resignativ der Sparpolitik überlassen. Die Staatszieldebatte wurde zum wichtigen Rettungsanker: Die *„Freiwilligkeit"* sollte in die *„Pflichtigkeit"* überführt werden. Die Debatte wurde als ein Disput zwischen einem realistischen Wissenschaftler (Göschel) und einem engagierten Kulturpolitiker aufgefasst (Rose I 2004: 23).

Wie nicht anders zu erwarten, ist der Endbericht der Enquete-Kommission zu einem Meisterwerk der Formel-Kompromisse geworden, sodass niemandem weh getan wurde. Die Enquete-Kommission (Schlussbericht: 84) versuchte den Gegensatz mit dem Argument zu entschärfen, dass Begriffe wie *Infrastruktur und Grundversorgung* nur einen Teil der kulturellen Aktivitäten, nämlich die staatlichen beträfen. Die Enquete-Kommission sah auch in der Bereitstellung finanzieller Ressourcen für private Kulturträger eine Infrastrukturaufgabe. Förderleistungen unterliefen nach dieser Konzeption nicht der im Dienstleistungsrecht üblichen *Subventionsprüfung*, sondern werden im *„öffentlichen Interesse"* geleistet und sind daher aus der EU-Dienstleistungsrichtlinie und den GATS-Verhandlungen aus der Subventionsdiskussion herauszunehmen (ebd.: 85) – ein Standpunkt, der gelegentlich als *„kulturrechtliche Wohltätigkeitsliteratur"* abqualifiziert wurde (Steiner 1984: 7ff; Schlussbericht: 87).

Zur *Sicherung der kulturellen Infrastruktur* wurden folgende Maßnahmen für unerlässlich erachtet:

1. die Errichtung und Erhaltung von Kultureinrichtungen,
2. die Förderung von Kunst, Kultur und kultureller Bildung,
3. die Initiierung und Finanzierung kultureller Veranstaltungen,
4. die Gestaltung von angemessenen Rahmenbedingungen für Künstler und Kulturberufe, bürgerschaftliches Engagement, freie Kulturträger und die Kulturwirtschaft (Schlussbericht: 84).

Wichtig war es für die Kommission, die kulturelle Vielfalt nicht durch *Gleichmacherei* zu gefährden (ebd.: 85).

Die öffentliche Kultur-Debatte im Vor- und Umfeld der Enquete konnte mehrere Auffangpositionen aufbauen. Die Betonung der *Gleichrangigkeit der Kultur mit anderen Subsystemen* wie Wirtschaft, Recht und soziales System konnte auch den Weg der Suche nach Synergie-Effekten mit anderen Subsystemen gehen, Niklas Luhmann hätte gesagt *„strukturelle Koppelungen"*.

(1) *Das Rechtssystem*: Kulturpolitik sollte bei Gesetzen die *Kulturverträglichkeit* prüfen und darauf dringen, dass die rechtlichen Rahmenbedingungen optimal gestaltet werden (Scheytt 2003 I: 54). Aber auch im Organ der „Kulturpolitischen Gesellschaft" kamen Stimmen zu Worte, die eher auf die Eigenwerte der Kultur abhoben und von der *Verrechtlichung* auch die *Bürokratisierung* erwarteten. Selbsteinschätzung des Autors: „Ein konservativer Blick, fürwahr – aber eben kein etatistischer" (Cornell III/2004: 31). Der Schlussbericht (:90) kam zu der Konklusion, dass die derzeitige Rechtslage keine generelle Verpflichtung der Kommune zu allen möglichen Formen der Kulturarbeit feststellen ließ. Eine Ausnahme sah man in Sachsen, weil dort im *„Kulturraumgesetz"* die Pflichtaufgabe festgeschrieben wurde. Aber der *Kulturgestaltungauftrag galt als „pflichtige Selbstverwaltungsaufgabe"*, über die konkret die Gemeindeorgane nach freiem Ermessen entscheiden.

(2) Weit fordernder konnte die Kulturpolitik im Bereich *Wirtschaft* auftreten. Die Bedeutung der Kulturpolitik für die Arbeitsmarkt- und Wirtschaftspolitik wird zunehmend heraus gestrichen.

(3) Kulturpolitik tritt auch als *Sozialpolitik* auf – nicht nur in dem allgemeinen Sinne, dass Kultur die Freiheits- und Autonomie-Möglichkeiten des Individuums vergrößert. In angelsächsischen Ländern wurde Bildungs- und Sozialpolitik vielfach der Sozialpolitik zugerechnet, weil Chancengleichheit das oberste Ziel ist. In Deutschland wird die Sozialpolitik als *„lohnarbeitszentriert" und damit wirtschaftsbezogen* behandelt (Wagner/Zimmer 1997). Die Betrachtung dieses Autors zur *„Ästhetik der Macht"* (v. Beyme 1998: 31ff) wurde inzwischen auf die Forderung nach einer *„Sozialästhetik"* erweitert (Opielka I/2003: 46).

Der Präsident der Kulturpolitischen Gesellschaft, *Oliver Scheytt,* konnte als sachverständiges Mitglied der Kommission seine Ansichten über „pflichtige Selbstverwaltungsaufgaben" und „angemessene Bereitstellung von Ressourcen" in den Endbericht einbringen (ebd.: 87). Die Kommission hielt mehrheitlich die pauschale Undifferenziertheit der Bewertung der „Freiwilligkeit" von Kulturleistungen für nicht tragfähig (Schlussbericht: 87).

Der Bericht scheute im Kapitel 3 auch abgehobene politikwissenschaftliche Diskussionen nicht. Die öffentliche und private Förderung und Finanzierung von Kunst und Kultur wurde hinsichtlich der neuen Steuerungskonzepte *„New Public Management"* und *„Governance"* analysiert. Empfohlen wurden *Kulturentwicklungspläne* in einem breiten gesellschaftlichen Diskurs. In Deutschland scheinen die östlichen Länder wie Brandenburg und Sachsen am weitesten entwickelt zu sein. Demgegenüber verfolgt das Land Nordrhein-Westfalen eine dezentralisierte Strategie (ebd. 94). Rechtsformen sind:

1. *Regiebetriebe*, ohne eigene Rechtspersönlichkeit, die in den öffentlichen Verwaltungsträger eingegliedert sind.
2. *Optimierte Regiebetriebe*, die eine „eigenbetriebsähnliche Führung" erlauben, wie es in schönem Amtsdeutsch heißt.

3. *Eigenbetriebe* als kommunale Unternehmen mit eigenem Vermögen, die neben öffentlichen Zwecken auch wirtschaftliche Ziele verfolgen und in der normalen Betriebsführung weitgehend selbständig sind.
4. *Kommunaler Zweckverband,* eine Rechtsformen für Kultureinrichtungen, die von mehreren Kommunen unterhalten werden.
5. *Stiftungen des öffentlichen Rechts* sind Teil der mittelbaren Staatsverwaltung, um öffentliche Aufgaben von besonderem Interesse zu erfüllen. Sie unterliegen der staatlichen Rechtsaufsicht. Die Finanzierung erfolgt durch laufende Zuwendungen des Staates – manchmal in Kombination mit eigenem Stiftungsvermögen.

Institutionell wurde der Bundesregierung empfohlen, die Aufgaben in der Kultur zu bündeln und zu institutionalisieren, weil Kulturpolitik eine zentrale Querschnittsaufgabe der Innen- und Außenpolitik darstelle (Schlussbericht: 56).

2. Die Wirksamkeit des Enquete-Berichtes

Dass der Bericht nach jahrelangem Gerangel zustande kam, grenzt an ein Wunder. Seine Wirkung ist vielschichtig, aber nicht immer klar zu bestimmen:

a. Wirksamkeitsmessung im Vergleich von Enqueteberichten

Die Frage nach der Wirksamkeit eines so umfangreichen Enqueteberichts wird differenziert beantwortet werden müssen. Für den Politikwissenschaftler – auch wenn ihm Kulturpolitik näher steht als andere Staatstätigkeiten – ist diese Enquetekommission eine unter vielen, die durch die kleine Parlamentsreform 1969 (GOBT § 74 a) geschaffen wurde. Es hat keinen Zweck, vor Begeisterung über diesen vielseitigen Bericht zu vergessen, was die vergleichende Parlamentsforschung über den Einfluss von Enquetekommissionen herausgefunden hat.

1980 wurde ein Zusatz in die Geschäftsordnung eingefügt, der die Berichterstattung weitgehend ins Belieben der Kommission stellte. 1989 wurde präzisiert: „Die Enquetekommission hat ihren Bericht so rechtzeitig vorzulegen, dass bis zum Ende der Wahlperiode eine Aussprache darüber im Bundestag stattfinden kann". Die Befugnisse der Enquetekommissionen wurden nicht geregelt, obwohl zweimal eine Vorlage eingebracht worden ist (BT-Drs. V/3991; VI/546). Als nicht konsensfähig erwies sich der Vorschlag, die Herausgabe von Planungsunterlagen an eine qualifizierte Minderheit zu ermöglichen. Damit wurden die Berichte auf Konkordanz geeicht, und es wurde zu Formelkompromissen eingeladen. Ein Viertel der Mitglieder des Bundestages kann die Einsetzung einer Enquetekommission verlangen. Meist geschieht das einvernehmlich. Nur die Enquetekommission „Strukturreform der gesetzlichen Krankenversicherung" wurde von der SPD-Opposition gegen den Willen der Mehrheit durchgesetzt (11. WP. 4. 6. 1987: 1041ff).

Die Kommmissionen nahmen aufgrund des gesellschaftlichen Drucks zu. In der 6. Wahlperiode waren es zwei, in der 11. schon 5. Enquetekommissionen dienen im Innenbetrieb dem Zeitgewinn. Parlamentarier wollen zwar Information, aber wenn das Ergebnis erst nach einigen Jahren vorliegt, hat das Problem unter Umständen nicht mehr den hohen Stellenwert auf der Prioritätenskala der parlamentarischen Führungsgremien. Die Einsetzung einer Enquetekommission hat häufig *Alibi-Funktion* und dient der Entlastung des Gewissens. Einige Kritiker haben im Geist der *autopoietischen Systemtheorie* die organisierte *Beobachtung* eines Problems bereits für die *Lösung* gehalten (Gill 1991: 116). Die Enquetekommissionen dienen nicht der unverbindlichen Wissenserweiterung, sondern sind ausdrücklich (GOBT § 56, Abs.1) auf die *Vorbereitung von Entscheidungen* hin angelegt. Enquetekommissionen sind zeitaufwendig, und manchmal drohen sie zum Hobby ihres Leiters zu werden wie im Fall Rainer Eppelmann, Vorsitzender der „Kommission für die Aufarbeitung der Folgen der SED-Diktatur".

Die Bundesrepublik hat eine der besten Parlamentsstatistiken der Welt. In ihr tauchen zunehmend Institutionen auf, die eine Gesetzesinitiative anstießen, wie die Europäische Union (in der Agrarpolitik schon bis zu 60-70%) oder das Bundesverfassungsgericht. Selten taucht eine Enquetekommission als Initialzündung eines Gesetzgebungsverfahrens auf. Der Verfasser (v. Beyme 1997: 162ff) hat 150 Schlüsselentscheidungen der ersten 12 Bundestage untersucht. Nur im Umweltbereich wie bei der Gentechnik (1990) spielte die Enquetekommission eine herausragende Rolle. Bei der Gesundheitsreform 1988 wurde in der Regierungsvorlage denn auch nur die „Konzertierte Aktion Gesundheit" und nicht die Enquetekommission hervorgehoben.

Problem der Kulturpolitik: Es bleibt unklar, welche konkrete Entscheidung der Bund treffen muss, nachdem in endlosen Debatten jedermann die Priorität der Länder hervorgehoben hat. In anderen Politikfeldern gibt es Konkurrenzinstitutionen, die zu Synergieeffekten mit Kommissionen führen können. So geschah es bei der Kommission „Vorsorge zum Schutz der Erdatmosphäre". Der „Beirat für globale Umweltveränderungen" konnte den Kommissionskonsens in den allgemeinen Prinzipien umsetzen helfen (Müller 1994: 55). Hat die Kulturpolitik solche Institutionen? Sie hat Lobbyisten in der „Kulturpolitischen Gesellschaft" – aber diese ist nicht gerade entscheidungsnah angesiedelt.

Aus mehreren Gründen waren Enquetekommissionen nicht so erfolgreich, wie erhofft:

1. *Ressortübergreifende Planungsausschüsse* sind immer wieder auf Bedenken gestoßen. Die segmentierte Arbeitsweise der Politikfeld-Experten scheint mit in der Kulturpolitik besonders groß, zumal die kommunale Ebene hier besonders betont wird.
2. Da Wissenschaftler, Interessengruppenvertreter und Ministerialbeamte in wechselnder Besetzung in den Sitzungen auftauchen, droht die *Neuartigkeit des Instruments im Vergleich zu herkömmlichen Informationsprozessen verloren zu gehen.*
3. Die Informationsbeschaffung wird behindert, weil es *an Kompetenzen* gegenüber privaten Akteuren *fehlt.*

Enquetekommissionen stehen unter der doppelten Rollenanforderung:

- wissenschaftlich valide Ergebnisse vorzutragen,
- diese aber gemeinverständlich zu halten, damit die Ergebnisse *handlungsanleitend* werden können.
- Ein Ergebnis der Kommissionen ist häufig, dass die *Regierung in einem Bericht* antworten muss. Ich sehe dies nicht im Bereich der Kulturpolitik, weil die Enquete schon alle erdenklichen Themen behandelt.

3. Das Staatsziel Kultur in der Verfassung

Die Enquetekommission hat ein lang gehegtes Ziel erreicht und dem Bundestag einstimmig empfohlen, *Kultur als Staatsziel* ins Grundgesetz aufzunehmen: *„Der Staat schützt und fördert die Kultur"*. Das Bundesverfassungsgericht (BVerfGE 36: 321) hatte schon aus dem Artikel zur Kunstfreiheit (5,3 GG) vom *Kulturstaat* gesprochen, der ein freiheitliches *Kunstleben erhalten und fördern* sollte. Es wurde argumentiert, dass eine solche Erklärung

- föderalismus-neutral sei
- und die Kultur nicht zur Pflichtaufgabe werden lasse (Enquete Drs. 16/7000: 78).

Noch einmal klargestellt wurde, dass die *Staatszielbestimmungen keine subjektiven einklagbaren Ansprüche gewähren* (Schlussbericht: 89). Immerhin wurde davon ausgegangen, dass Kulturstaatsklauseln die staatlichen Ebenen „in Pflicht nehmen" und die „Sicherung der kulturellen Grundversorgung" aus ihnen hergeleitet werden könne. Die Kommission ging davon aus, dass kulturelle Aufgaben als gleichgewichtig mit den sozialen und umweltbezogenen Aufgaben angesehen werden müssten (ebd. 79). Die Wirkung der Staatszielbestimmung erhoffte man sich durch das *„politische Ermessen des Gesetzgebers"* und aus *„gerichtlichen Abwägungsentscheidungen"*. Der Bericht ging davon aus, dass Staatszielbestimmungen *Verfassungsnormen* seien und danach grundsätzlich genauso justiziabel wie andere Normen – wenn auch weniger hochrangig als Grundrechte (ebd.: 78).

Jeder Erfolg provoziert freilich Gegenkräfte. Andere Lobbies, die weitere Staatsziele vom Tierschutz bis zur Sportförderung anstreben, wurden auf den Plan gerufen.

4. Erfolgskonstrolle

Der Bericht enthielt *465 Handlungsempfehlungen* (Enquete 13866 A – C). Die schiere Masse erscheint ein Hemmnis für die Umsetzung, zumal gelegentlich der *Adressat unklar* ist. Der Handlungsbereich Kulturpolitik ist einmalig im Hinblick auf die Vielfältigkeit möglicher Adressaten von Empfehlungen. Das stärkt zwar einerseits die Durchsetzungskraft, kann sie aber auch durch diffuses Zerfließen eher behindern.

(1) Am einfachsten scheint der Erfolg des Berichtes dort zu realisieren sein, wo *wieder neue Berichte angemahnt* werden – von den Bereichsberichten bis zum Bundes-Kultur- und Kreativwirtschaftsbericht (Schlussbericht: 349). Damit initiiert die Enquete gleichsam ein *autopoietisches System*, ein System, das sich selbst laufend fortschreibt. Den Berichten wird sogar nahegelegt, wie sie anzulegen seien, etwa nach dem Modell der *Wertschöpfungskette* (Schöpferischer Akt – Produktion – Weiterverarbeitung – Vertrieb (verstärkt durch unterstützende Dienstleistungen) mit dem Resultat: Kulturgüter und -dienstleistungen (ebd. 347). Ein sicheres Impact-Rezept ist auch die Empfehlung, *wissenschaftliche Forschung* anzuregen – von der Unternehmensansiedlung bis zur Erfolgsevaluation (ebd.: 355).

Ein weiteres sicheres Erfolgsrezept der Enquete ist es, einen kulturwirtschaftlichen Trend in Empfehlungen umzusetzen wie die Forderung nach *kulturtouristischem Marketing* – eine Entwicklung, die ohnehin geschieht, weil wirtschaftliche und regionale administrative Akteure ein Interesse an ihr haben (ebd.: 358).

(2) Die Bestandsaufnahme und Problembeschreibung hat in jedem Fall einigende Wirkung, weil wichtige Grundbegriffe wie *„Soziokultur"* (ebd. 133) geklärt worden sind. Der Bericht setzte sich vor allem in der Konzeption der Beschreibung der *wirtschaftlichen und sozialen Lage der Künstler* von früheren Berichten wie dem Künstlerbericht (1975) ab. Der Künstlerbericht bediente sich standardisierter Befragungen und verzichtete auf jede kunsttheoretische und wertende Betrachtung (BT Drs. 7/3071). In der Enquete von 2007 sollte die Selbst- und die Fremdeinschätzung berücksichtigt werden. Es ging nicht mehr nur um Verteilungsprobleme wie in den 70er Jahren im Geiste des Slogans „Kultur für alle" (Schlussbericht: 230). Dem Selbstverständnis der *„kreativen Klasse"* wurde etwa in einem Beitrag des Sachverständigen Heinz Rudolf Kunze Raum gegeben, der mit Karl Kraus-Zitaten nicht geizte wie „Künstler haben das Recht, bescheiden, und die Pflicht eitel zu sein" oder: „Der Wissenschaftler bringt nichts Neues. Er erfindet nur, was gebraucht wird. Der Künstler entdeckt, was nicht gebraucht wird. Er bringt das Neue" (ebd. 233). Es wurde die Mediatisierung des Kunstschaffens durch neue Medien wie Photographie, Kinomatographie, Phonographie und die Massenkommunikationsmittel beschrieben. Die Konjunktur des Bestsellers von Richard Florida: The Rise of the Creative Class (2004) wurde eher unkritisch aufgegriffen. Die starke Ausweitung der kreativen Klasse an den Rand des Beuys-Diktums: „Jeder ist ein Künstler" hat nicht nur positive Folgen gehabt. Die Empfehlungen nach den kunsttheoretischen Ausflügen, die normaler Weise schwerlich in die trockene Berichtstruktur eingepasst werden konnten, waren eher bescheiden: Es wurden *Branchenberichte* und ein *Diskussionsprozess mit der Künstlersozialkasse* um die angewendeten Abgrenzungskriterien angemahnt, um die fließenden Grenzen zwischen eigenschöpferischer und technisch vermittelter Kreativität nicht zum Ausschlusskriterium werden zu lassen (Schlussbericht: 238).

Die Gruppe der bildenden Künstler verfügt mit 94% über den höchsten Anteil von Selbständigen (ebd. 240). Von 1995 ist die Gesamtzahl der Erwerbstätigen in Kulturberufen laut Gutachten „Existenzsicherung" bis 2004 um 33% gewachsen und auf fast 800 000 angestiegen (ebd.: 289). Damit hat sich diese soziale Gruppe in Gegensatz zu den vollmundigen Avantgardeparolen gegen das *Bürgertum* gesetzt. Während es kaum noch unabhängiges Bürgertum im sozialen Sinn gibt, ist diese Existenzform auf die einst rebellierenden Künstler zurückgefallen. Linke Kritiker wie Raphael und andere haben das jedoch schon in der klassischen Hochzeit der Avantgarde festgestellt. Als Ausweg folgen Betrachtungen zur Reorganisation der Curricula der Künstler. Das erscheint sinnvoll im Licht der Tatsache, dass der *„Mythos des Autodidakten"* auch damals nicht zutraf, auch wenn Picasso oder Kandinsky gern die Veranstaltungen ihrer Ausbildungsakademie schwänzten. 90,3% der Avantgarde-Künstler von St. Petersburg bis Mexiko hatten an Akademien, Kunsthochschulen und Gewerbeschulen studiert, 12,9% hatten andere Studienfächer und 17,2% waren an privaten Kunstschulen, meist vor dem Akademiestudium (v. Beyme 2005: 50). Der Enqueteberich war konform mit der derzeitigen Studiengangsdiskussion: Stärkung betriebswirtschaftlicher Ausbildungsinhalte und bedarfsorientierte und praxisbezogene Ausbildung wie im Berliner postgradualen Masterstudiengang *„Art in Context"* (ebd.: 242).

Sinnvoll wurde auch die rechtliche und steuerrechtliche Situation der Künstler detailliert behandelt (ebd.: 251ff). In den Empfehlungen sollen die Finanzämter gleichmäßige Besteuerung der selbstständigen künstlerischen Tätigkeit nach § 18 Einkommenssteuergesetz schaffen und von einer *„steuerrechtlich irrelevanten Liebhaberei"* abgrenzen (ebd.: 257). Vor allem das *Urheberrecht* sollte neu bedacht werden. In diesem Bericht dürfte der staatliche Handlungsbedarf längst anerkannt sein. Er muss jedoch vor allem mit der Europäischen Union abgestimmt werden, die vielfach einer hemmungslosen Liberalisierungspolitik Vorschub leistete, etwa beim Buchpreis, und damit die Kreative Klasse schädigte, etwa durch Schrankenregelungen in §§ 44a ff des UrhG (ebd.: 259f). Vor allem die Partei „Die Linke" trat mit Sondervoten zur sozialen Dimension auf und beklagte die Armut der Künstler wie der Migranten und der Kinder (ebd.: 437).

(3) Am wirksamsten dürfte der Bericht dort sein, wo er *konkreten kulturellen Institutionen Empfehlungen macht wie den Museen,* denen stärkere Vernetzung, Digitalisierung und „Kooperation statt Konkurrenz" in einem Netzwerk von europäischen und internationalen Partnermuseen empfohlen wird (Schlussbericht: 127).

In diese Kategorie könnten auch die *Kulturstiftung des Bundes* und der *Fonds zur Künstlerförderung* gerechnet werden. Ihnen wird empfohlen, ihre Förderungsentscheidungen in internen Protokollen zu begründen, und auf Antrag den Antragstellern zur Verfügung zu stellen. Für Beteiligte an Universitätsprüfungen ist dieses Begehren ziemlich normal. Aber in einem Sondervotum haben die FDP-Fraktion und der Sachverständige Olaf Zimmermann diese Empfehlung abgelehnt, weil sie einen unverhältnismäßigen Mehraufwand für diese Institutionen bedeuten und keinem Beteiligten nützen würden. Wichtig ist für diese Dissidenten, dass die Kriterien und Entscheidungen von einem demokratisch legitimierten Gremium im Konfliktfall überprüft werden können. Weitere Empfehlungen konzentrierten sich auf den Fonds zur Künstlerförderung – vom Ausbau der Beratungstätigkeit bis zu Sonderprogrammen für ältere Künstler (ebd.: 332).

(4) Empfehlungen an Länder und Kommunen in unterprivilegierten Gebieten – vor allem im *ländlichen Raum* – dürften in jedem Fall handlungsanleitend wirken (ebd. 140), weil nicht von jedem Dorfbürgermeister eine eigene Konzeption erwartet werden kann.

(5) Die *Kulturförderung in den neuen Ländern* ist ein weiteres zentrales Anliegen (ebd.: 200ff). Das *Leuchtturmprogramm* soll auf alle Länder ausgedehnt werden (ebd. 202).

(6) Ein Manko der wissenschaftlichen Erfassung der Leistungen von Kulturpolitik ist der *chaotische Zustand der Statistik.* In diesem Bereich sind die Handlungsempfehlungen außerordentlich nützlich – von der Denkmalpflege bis zum Stiftungsrecht kirchlicher Kulturträger (ebd. 148, 189). Empirische Dauerbeobachtung und Erfassung nach bundeseinheitlichen Kriterien werden gefördert. Im Gutachten „Kulturwirtschaft" werden die Mängel der existierenden Statistik aufgezählt: Der *Mikrozensus* überzeichnet die Zahl der in Kulturberufen Tätigen, weil viele geringfügig Beschäftigte gezählt werden. Die *Umsatzsteuerstatistik* und die *Beschäftigtenstatistik* andererseits weisen zu wenige Kulturschaffende aus (ebd.: 350). 2005 beschloss die Wirtschaftsministerkonferenz erstmals, eine Abgrenzung der Kulturwirtschaft auf der Basis der amtlichen Statistik – nach Schweizer Dreisektoren-Modell und der europäischen Fachdebatte – vorzunehmen. Die bundeseinheitliche Kulturstatistik wird von der Bundesregierung gefordert, und erscheint für alle Beteiligten wünschbar und daher durchsetzbar (ebd.: 435).

(7) Im *Medienbereich* sind die Empfehlungen wichtig – bis hin zur Gebührenfinanzierung durch den Gesetzgeber und zu Richtlinien für die Popularisierung des Kulturangebots (ebd.: 151, 154, 157).

(8) Die Empfehlungen für die *Kulturförderung in der Bundeshauptstadt* sind in den Medien am stärksten umstritten gewesen. Die Angst vor der Privilegierung eines Bundeslandes führte zu Empfehlungen über kooperative Einrichtungen, mit denen sich die Länder in der Hauptstadt repräsentieren lassen (ebd.: 204).

(9) Die *Umsetzung der UNESCO-Konvention* führte ebenfalls zu wichtigen Empfehlungen – vor allem im Bereich der *Welterbekonvention* (ebd.: 205).

(10) Breiten Raum nimmt die „*Kreativwirtschaft*" ein. Kultur als Wirtschaftsfaktor ist in aller Munde. Hilfreich war die Bemühung um *Abgrenzungen von Spenden und Sponsoring* (ebd. 186)

Die Kulturwirtschaft mit 1.6% des BIP und eine Bruttowertschöpfung von 36 Milliarden Euro rangierte 2004 – entgegen populären Vermutungen – vor der Energiewirtschaft (33 Milliarden) und der hoch gepäppelten Landwirtschaft (24 Milliarden) (ebd.: 336). Bei der Kulturwirtschaft gab es ein Wachstum von 4.5% (2004/2005), am höchsten war der Zuwachs bei Museumsshops und Kunstausstellungen. Ein Minus von 0.5 wiesen nur Einzelhandel, Bücher und Zeitschriften auf (ebd.: 337). Im Buchmarkt wurden daher am stärksten steuernde und regulierende Eingriffe der öffentlichen Hand gefordert (ebd.: 366). Im Buchhandel sind die kulturwirtschaftlichen Kleinunternehmer zwar unter Druck großer Ketten, aber gerade deshalb bedürfen sie der Förderung durch Kreditgewährung und Reduktion der Umsatzsteuer (ebd. 370f).

Ein Viertel der im Kultursektor Beschäftigten waren selbständig – im Vergleich zu nur 10% in der Gesamtwirtschaft. Im Kernbereich waren es sogar 50% (ebd.: 338). Die Zahl der Unternehmen stieg 2004 auf 200 000 und damit 4,2% (ebd.: 339).

(11) Erfolgsträchtig erscheint auch die Sektion über die *Intensivierung der Bildung.* Der kulturelle Bezug wurde z.T. durch die Beleuchtung der Sprache hergestellt. *Deutsch als Sprache* war nach dem Abflauen undifferenzierter Multi-Kulti-Hoffnungen ohnehin vielfach diskutiert. Eine kostspielige Forderung war die Übersetzung aller EU-Dokumente in die deutsche Sprache, die mit 18 % die meist gesprochene Muttersprache der EU war. Mit Stolz wurde vermerkt, dass Deutsch als zweite Fremdsprache bei 14% der Europäer mit Französisch gleichgezogen hat (ebd.: 408). Bei den Empfehlungen dominierten Deutsch bei Beschilderungen, in Werbekampagnen („*denglisch*" in der Werbung wurde nicht explizit aufs Korn genommen, war aber wohl gemeint) und die Forderung nach Gleichberechtigung als internationale Amtssprache (ebd.: 410). Hier sind Erfolge vor allem in der EU nicht sehr groß, weil die Deutschen selbst weniger sprachpatriotisch als die Franzosen auftreten. Deutsch als Wissenschaftssprache stirbt aus, vor allem in den Naturwissenschaften. Die Kulturbeflissenen werden das einsehen müssen, dass nach Latein und Französisch das englische Zeitalter unaufhaltsam geworden ist. Der Vorteil der englischen „native speakers" wird durch das Leiden an der Schändung ihrer Sprache durch Ausländer kompensiert. Erasmus-Programme für mehrere Sprachen sind sinnvoll – wenn auch nur für eine intellektuelle Minderheit – aber sie werden nichts an der Dominanz des Englischen ändern.

(12) Bei der *Europäischen Kulturagenda* und auf der UNESCO-Ebene scheint die geringste Wirkungsmöglichkeit des Berichts zu liegen, da deutsche Akteure hier nicht allein entscheiden können. Es kam meist zu vagen Formelkompromissen von *„offener Koordinierung"* unter Wahrung des *Subsidiaritätsprinzips*. (ebd.: 414). Gewichtiger waren die Fragen, die aufgeworfen wurden, ob die öffentliche Kultursubventionierung prinzipiell mit dem europäischen Recht vereinbar ist. Art. 87, Abs. 1 EGV spricht dagegen (ebd.: 418). Bei Privatisierungen wurde gefordert, darauf zu achten, dass es nicht zu einer rein wirtschaftlichen Betrachtung der Kultureinrichtungen kommt (ebd.: 419). Das Instrument der *„Kulturhauptstädte"* sollte weiter entwickelt werden. Die *Welterbestätten* der UNESCO sollten um „Lieux de mémoire" von europäischer Bedeutung ergänzt werden (ebd.: 424). Zugleich wurde vorsichtig vor Angeboten im Kultur- und Medienbereich bei GATS-Verhandlungen gewarnt (ebd.: 431).

5. Medienwirkung

Nimmt man das Medienecho auf den Bericht als Kriterium, ist die Ausbeute dieser Enquetekommission nicht günstig. Jedes Statement eines Kulturstaatsministers wurde stärker kommentiert wie die Streitfälle, die Michael Naumann seinem Nachfolger Julian Nida-Rümelin hinterließ (Kronsbein/Saltzwedel 2000: 318ff) um die Kultur (Holocaust-Mahnmal, Kampf für die Buchpreisbindung, Streit zwischen Bund und Ländern um die Berliner „Leuchttürme". Medienwirksamkeit garantiert ein kleiner Ausrutscher wie Michael Naumanns Herablassung gegenüber der „Verfassungsfolklore" der Länder. Vorschläge wie die Förderung lebender Künstler durch die Toten, etwa durch einen *Mozart- oder Gauguin-Pfennig* sind poppig genug, um in der Presse breit diskutiert zu werden. Initiativen herausragender Exekutivvertreter sind immer medienwirksamer als die Fleißarbeit eines parlamentarischen Gremiums ohne Ecken und Kanten. Die Schwierigkeit, die Öffentlichkeit zu erfassen, ist einer der Gründe, warum gerade immer mehr *„Eventismus"* entsteht. Selbst wenn dieser auch private Sponsoren einbinden kann, ist die Gefahr, dass auch öffentliche Gelder für einige wenige Events heraus geworfen werden. Hans Magnus Enzensberger (2006: 33), Vizekanzler des Ordens „Pour le mérite", hat bei einer Einladung von Kulturstaatsminister Neumanns für die Ordensmitglieder geäußert: „Für das, was ein solches Großereignis kostet, könnte man Dutzende von Übersetzern ins Brot setzen, angehende Filmemacher mit Kameras und Schneidetechnik ausrüsten und ganze Bibliotheken gründen".

6. Der Kulturstaatsminister als Anwalt der Kultur im Regierungszentrum

Daraus folgt, dass ein solcher Bericht eines Anwalts im Regierungszentrum bedarf. Dafür besteht das Amt des Kulturstaatsministers von unschätzbarer Bedeutung. Aber es gab auch andere Empfehlungen, um Kultur- und Kreativwirtschaft als Querschnittsaufgabe im politisch-administrativen System zu verankern, z B. ein *Koordinator als Leiter einer interministeriellen Arbeitsgruppe.*

Das Amt des Kulturstaatsministers wurde durch die SPD geschaffen, aber die CDU hat es beibehalten, obwohl gewitzelt wurde, dass Angela Merkel sich allenfalls für Beatle-Platten und Bayreuth-Opern interessiere, die keiner kulturpolitischen Förderung mehr bedürften. Dass nach drei SPD-Staatsministern keine brillanten Namen aus der Kulturszene von der CDU benannt wurden, ist der Kanzlerin zu Unrecht als mangelndes Interesse ausgelegt worden (Bahners 2005: 17). Ein Benennungsprozess muss sich vergewissern, dass der Betreffende das Amt will. Man hatte schließlich Erfahrungen mit *Norbert Lammert*, der sowohl ein ausgewiesener Kulturpolitiker als auch ein gewiefter und durchsetzungsfähiger Parlamentarier war. Aber er hat das Amt des Bundestagspräsidenten vorgezogen. Der erste CDU-Kulturstaatsminister *Neumann* wurde als *„ausgebuffter Polit-Profi* in der Presse begrüßt, der zwar nicht viel von den schönen Künsten verstehe, dafür aber umso mehr von schwarz-roter-Kungelei (Palmer 2005: 42). Ein solches Urteil von Feuilletonisten ist für Politikwissenschaftler unverständlich. Der Amtsträger soll nicht selbst Kulturphilosoph sein wie Nida-Rümelin, und er muss auch kein Superintellektueller sein, wie Neumanns Vorgänger, die ein Journalist als „frei schwebende Schwäne" bezeichnet hat. Er soll die Kulturbelange vertreten und daher kann man nur froh sein, wenn ein Politprofi zuständig ist – das gilt auch für die Umsetzung der Kulturenquete. Das Amt und sogar der Kulturausschuss des Bundestages sind immer wieder in Gefahr, wie Thierse und andere anlässlich der Föderalismus-Reform befürchteten.

Die SPD am 29. September 2008 in Berlin im Jüdischen Museum eine Jubelfeier unter dem Titel *„Hauptsache Kultur. 10 Jahre Bundeskulturpolitik"* veranstaltet und mit Stolz ihre Jahre des „geistigen Neubeginns" herausgestrichen. SPD und Grüne haben im Herbst 1998 das Amt des Kulturstaatsministers gegen Widerstände aus den Unionsparteien und den Ländern durchgesetzt. Michael Naumman, Nida-Rümelin und Christina Weiss – in der Presse als *„Die drei von der Kulturtankstelle"* ironisiert, weil *Hubertus Heil* vom „kulturellen Auftanken" sprach – haben unter der Leitung des Vorsitzenden des Kulturforums der Sozialdemokratie, *Wolfgang Thierse,* über ihre Erfahrungen debattiert. Eine Podiumsdiskussion mit Günter Grass und Gesine Schwan galt als „literarische Sättigungsbeilage" (Kilb 2008: 39). Alle drei Staatsminister konnten ihre „Errungenschaften" darstellen. Wichtiger erschienen die Desiderata für die Zukunft, einige die keine Schlagzeilen machten, wie eine Leseinitiative, um dem Publikum Romane wieder näher zu bringen (Naumann), und solche, die Kontroversen entfachen wie die Forderung nach einem *Bundeskulturministerium* (Weiss). Der Einsatz für den Wiederaufbau des Berliner Schlosses und ein Zentrum für Vertreibung und Zwangsmigration hatte früher schon genug Staub aufgewirbelt (Minkmar 2005: 31). Dass die Fachminister die Wichtigkeit ihres Ressorts in Bezug auf die Kulturförderung hervorhoben, war zu erwarten, etwa wenn Steinmeier die Rettung der Goethe-Institute in die Forderung nach stärkerer auswärtiger Kulturpolitik einmünden ließ.

Eine wichtige Errungenschaft war die *Bundeskulturstiftung*. Die Mittel für 2002 25 Millionen und 75 für 2004 drohten zu verfallen, weil die Länder Nida-Rümelin Schwierigkeiten machten. Selbst die konservative FAZ urteilte, dass die beanstandeten Summen im Vergleich zu einem neuen Transportflugzeug der Bundeswehr lächerlich seien (Wefing 2001: 47).

Der *CDU-Staatsminister Michael Neumann*, der bei einer SPD-parteiinternen Veranstaltung nicht gefeiert werden konnte, ist von den Medien in seinen Verdiensten bei diesem event nicht vergessen worden. Die Erfolge lagen beim Gedenkstättenkonzept, beim Urheberrecht und beim Filmförderungsgesetz (Kilb 2008: 39). Für das Filmwesen wurde ihm in Kommentaren zu seiner Ernennung als einziges ein gesteigertes Interesse und eine erhöhte Kompetenz zugesprochen.

Als Michael Naumann einst die Länder gegen deren „Kulturhoheit" provozierte, entstand „verfassungsloses Staunen". Immerhin gaben einzelne Länderminister wie Will Vesper zu, dass der Ausdruck „Kulturhoheit" ihm auch nicht gefiel. Als Politiker hat Neumann nicht gewartet, sondern – etwa in der Restitutionsdebatte – angewandt, was er bei Kohl gelernt hat: „Nicht warten, bis einem alles um die Ohren fliegt, selber agieren". Er lud zum Krisengipfel ein. Bei der Haushaltsdebatte gelang es ihm kurz danach, den Kulturetat um 3.4% zu erhöhen (Berg/Sontheimer 2006: 182). Einem etablierten Macher wird hoch angerechnet, wenn er nicht nur parteiübergreifend Frieden verkündet. Als Wowereit Neumann provozierte und sich auch noch zum Kultursenator Berlins erklärte, hat er gekontert, als der Bund die Staatsoper übernehmen, das Humboldt-Forum allein finanzieren, und dem Land die NS-Gedenkstätten abnehmen sollte.

Konklusion

Das Gewicht des Bundes in der Kulturpolitik ist seit der Wiedervereinigung gewachsen. Die Europäisierung und Globalisierung werden weiter in diese Richtung wirken. Nach 29 Jahren konnte im Jahre 2002 eine alte Idee von Willy Brandt und Günter Grass verwirklicht werden: die Bundeskulturstiftung. Staatsminister Nida-Rümelin versprach, dass die Stiftung „staatsfern und länderfreundlich" agieren werde, obwohl sein ursprünglicher Plan einer Fusion mit der „Kulturstiftung der Länder" nicht durchsetzbar war. Noch die letzte Kulturstaatsministerin Christina Weiss „biss" nach eigenem Bekunden „auf Granit" beim Bemühen um die Vereinigung der beiden Institutionen. Die Beratungen für die Grosse Koalition von Union und SPD fassten im November 2005 diese Fusion endlich ins Auge. Dem Stiftungsrat gehören neben drei Künstlern von Rang auch zwei Ländervertreter an. Der Sitz der Institution in Halle soll bereits den Verdacht eines Zentralisierungsschubes zerstreuen.

Für alle vier Staatsminister – und hoffentlich auch für die künftigen, falls das Amt sich hält – gilt, dass sie mit ihren Initiativen anecken müssen, weil die Länder auf dem Status quo beharrten und ihre Priorität auch um den Preis von Unterlassungen notwendiger kulturpolitischer Schritte verteidigten. Die Länder hatten es nach einigen Stimmen in den Medien sich selbst zuzuschreiben, dass mehr als „bajuwarisches Grummeln" nicht zu hören war, wenn die Staatsminister vorpreschten, weil sie weder zur Koordination der Medien- und Filmpolitik, noch zur Hauptstadtkultur oder Künstlersozialkasse sinnvolle Beiträge geleistet hatten : „Gäbe es, nur zum Beispiel, eine länderübergreifende Selbststeuerung der Film- und Medienpolitik, könnte sich Naumann gar nicht zum Anwalt der nationalen Filmkultur aufschwingen" (Wefing 2000: 41). Föderalismus sollte nicht heißen, dass jeder „das seine" tut, sondern auch dass alle zusammen sich um das Gemeinsame kümmern.

Aber Föderalismus gerade im Kulturbereich ist partikularistisch geblieben. Die Durchsetzungskraft der Bundeskulturpolitik wird nicht zuletzt von der zweiten Tranche der Föderalismusreform abhängen. Bei der *ersten Föderalismusreform* sollte die Europatauglichkeit des Grundgesetzes verbessert werden. Immer wieder war das Abstimmungsverhalten der Deutschen in Brüssel zur Lachnummer geworden. Die *Mitwirkungsrechte des Bundesrats* in der Europapolitik (Art. 23) wurden auf Bildung, Kultur und Medienpolitik beschränkt. Die deutschen Rechte in der EU sollen künftig einem vom Bundesrat benannten Vertreter der Länder übertragen werden (v. Beyme 2007: 188). Die Bündelung der Kompetenzen im Kulturbereich und in angrenzenden Politikfeldern, die im Enquetebericht breit abgehandelt wird, dürfte die Durchsetzung bundesweiter Ziele auch künftig stark behindern.

Literatur

Bahners, Patrick: Gescheitertes Experiment. Drei Kulturstaatsminister sind genug. FAZ. 25. 10. 2005: 17.

Bahners, Patrick: Bloß keinen Dichter! Dienstbeschreibung: Was ein Kulturstaatsminister sein kann. FAZ. 9. 11. 2005: 39.

Bartsch, Matthias: Showdown an der Spree. Kulturstaatsminister Bernd Neumann (CDU) fühlt sich von Bürgermeister Klaus Wowereit (SPD) provoziert. Der Spiegel, 46/2006: 42-43.

Berg, Stefan/Sontheimer, Michael: Ganz oben im Kanzleramt. Als Kulturstaatsminister galt der CDU-Veteran Bernd Neumann zunächst als Fehlbesetzung. Der Spiegel 48/2006: 178-182.

v. Beyme, Klaus: Der Gesetzgeber. Der Bundestag als Entscheidungszentrum. Wiesbaden, Westdeutscher Verlag, 1997.

v. Beyme, Klaus: Kulturpolitik und nationale Identität. Wiesbaden, Westdeutscher Verlag, 1998.

v. Beyme, Klaus : Die Kunst der Macht und die Gegenmacht der Kunst. Frankfurt, Suhrkamp, 1998.

v. Beyme, Klaus: Das Zeitalter der Avantgarden. Kunst und Gesellschaft. 1905-1955. München, Beck, 2005.

v. Beyme, Klaus: Föderalismus und regionales Bewusstsein. Ein internationaler Vergleich. München, Beck, 2007.

Cornel, Hajo: Gespensterdebatten. Wider die Verrechtlichung der Kulturpolitik. Kulturpolitische Mitteilungen, 106, III/2004: 29-31.

Deutscher Bundestag 16. Wahlperiode, Zwischenbericht der Enquete-Kommission « Kultur in Deutschland » : Kultur als Staatsziel. 133. Sitzung, 13. Dez. 2007, Plenarprotokoll 16/133 (zit. Zwischenbericht, Drucksache 15/5560) : 13866 A ff.

Deutscher Bundestag, 16. Wahlperiode : Schlussbericht der Enquete-Kommission « Kultur in Deutschland » Drucksache 16/7000, 11. 12. 2007 (zit. Schlußbericht) (Bundestagsdebatte : 13866 A ff.)

Enzensberger, Hans Magnus: Kulturpolitik Eine Tischrede. FAZ, 31. Aug. 2006: 33.

Florida, Richard: The Rise of the Creative Class: And How It's Transforming Leasure, Community and Everyday Life. New York, B & T, 2004.

Gill, B.: Gentechnik ohne Politik. Frankfurt, Campus, 1991.

Göschel, Albrecht: Die Ungleichzeitigkeit in der Kultur. Wandel des Kulturbegriffs in vier Generationen. Essen, Klartext-Verlag, 1995. 2. Aufl.

Göschel, Albrecht: Künste und kulturelle Bildung als Kraftfelder der Kulturpolitik. Aus Politik und Zeitgeschichte, B 12/2003: 6ff.

Jahrbuch für Kulturpolitik 2000. (Hrsg.): Institut für Kulturpolitik der kulturpolitischen Gesellschaft. Essen, Klartext, 2001.

Jahrbuch für Kulturpolitik 2004. Essen, Institut für Kulturpolitik der Kulturpolitischen Gesellschaft, 2004.

Kilb, Andreas: Die drei von der Kulturtankselle. Mit einem bunten Abend im Jüdischen Museum in Berlin versucht die SPD, ihre Deutungshoheit in der Bundeskulturpolitik zurückzugewinnen. FAZ. 1. Okt. 2008: 39.

Kröger, Franz/Sievers, Norbert: Stillstand ist Rückschritt. Abschied vom Kulturboom? In: Kulturpolitische Mitteilungen, Nr. 103, H. 4, 2003: 43-47.

Kronsbein, Joachim/Saltzwedel, Johannes: Ein 'Mozart-Pfennig' für die Kunst. Interview mit Nida-Rümelin. Der Spiegel 48/2000: 318-321.

Kymlicka, Will: Liberalism, Community and Culture. Oxford, Clarendon, 1989, 1991.

Kulturbericht 2003. Wiesbaden, Statistische Ämter des Bundes und der Länder, 2004.

Kulturfinanzbericht 2003. Berlin, Wissenschaftliche Dienste des Deutschen Bundestages, 8. 6. 2004.

Kulturfinanzierung in Europa. Europäische Kommission, Generaldirektion Bildung und Kultur. Luxemburg, Amt für amtliche Veröffentlichungen der Europäischen Gemeinschaften. 2002.

Kulturnische im Welthandel. Ein Gespräch zur Unesco-Konvention zur kulturellen Vielfalt. FAZ. 24.Okt. 2005: 39.

Mahrenholz, Ernst Gottfried: Deutsche, rührt euch. Ende für den Beutekunststreit. FAZ. 7. Juni 2005: 35.

Minkmar, Nils: Warum lacht Frau Weiss? FAZ Sonntagszeitung 11. Sept. 2005: 31.

Müller, E. : Zur Verwendung wissenschaftlicher Ergebnisse in der Umweltpolitik. In: Murswieck, Axel (Hrsg.): Regieren und Politikberatung. Opladen, Leske + Budrich, 1994: 49-57.

Opielka, Michael: Kunst und Kultur im Wohlfahrtsstaat. Aus Politik und Zeitgeschichte. B 12/2003: 28-34. und: Kulturpolitische Mitteilungen 100,. I/2003: 45-49.

Palmer, Hartmut: Verdienter Gefährte. Der Parteienstaat hat die Kultur erobert. Der Spiegel, 48/2005: 42.

Rose, H. Peter: Vorsicht Windmühlen! Zur Diskussion um die kulturelle Grundversorgung. Kulturpolitische Mitteilungen 104, I, 2004: 22-23.

Scheytt, Oliver: Kulturpolitik und Recht. Kulturpolitische Mitteillungen 199 I/2003: 50-54.

Scheytt, Oliver: Kulturelle Grundversorgung am Ende? Kampflos? Kulturpolitische Mitteilungen, 102, III/2003: 26-27.

Scheytt, Oliver: Kulturstaat Deutschland. Plädoyer für eine aktivierende Kulturpolitik. Bielefeld, Transcript, 2008.

Schwenke, Olaf u. a.: Kulturpolitik von A – Z. Berlin, Siebenhaar Verlag, 2009.

Sievers, Norbert: Das musste mal gesagt werden! Wirklich? Kulturpolitische Mitteilungen 105, II, 204: 4 – 5.

Schneider, W.: Man spricht nicht deutsch. Die Angst vor Prestigeverlust geht um: der Germanistentag in Erlangen. FAZ, 6. Okt. 2001:45

Söndermann, Michael: Kulturausgaben in Deutschland sinken 2004 weiter. KulturStatistik 24. Bonn, Arbeitskreis Kulturstatistik, 2004.

Söndermann, Michael: Beschäftigung im Kultursektor in Deutschland 2003/2004. Jahrbuch für Kulturpolitik 2004 a: 459-475.

Steiner, Udo: Kulturauftrag im staatlichen Gemeinwesen. Veröffentlichungen der Vereinigung der Deutschen Staatsrechtslehrer, Heft 42, 1984: 7-45.

Tenbruck, F H. : Was war der Kulturvergleich, ehe es den Kulturvergleich gab? In: J. Matthes (Hrsg) Zwischen den Kulturen? Die Sozialwissenschaften vor dem Problem des Kulturvergleichs. Soziale Welt, Sonderband 8, Göttingen, Schwartz, 1992: 13-35.

Wagner, Bernd/Zimmer, Annette (Hrsg.): Krise des Wohlfahrtsstaates, Zukunft der Kulturpolitik. Essen, Klartext, 1997.

Wagner, Bernd (Hrsg): Kulturelle Globalisierung. Zwischen Weltkultur und kultureller Fragmentierung. Essen, Klartext, 2001.

Wagner, Thomas: Das neue System. Wie man in Hessen mit der Kultur die Macht sichern will. FAZ. 28. Nov. 2002: 33.

Wefing, Heinrich: Verfassungsloses Staunen. Wider den Föderalismus: Michael Naumann provoziert. FAZ. 3. Nov. 2000: 41.

Wefing, Heinrich: Nida-Rümelins Christmette. FAZ 20. Dez. 2001: 47.

Wefing, Heinrich: Alles außer Nolde. Was fördert eigentlich die Bundeskulturstiftung? Frankfurter Allgemeine Zeitung, 8. 7. 2004: 27.

Weiss, Christina: Stadt ist Bühne. Kulturpolitik heute. Frankfurt, EVA, 1999.

21. Demokratie und Kunstpolitik

Einleitung

Im Verhältnis Demokratie und Kunst gibt es *keinen Konsens der demokratischen Parteien*. Die Verfassungen beschränken sich meist auf:

- Die *liberale Auffassung*: Demokratie hat die „Freiheit zu", die *Freiheit zur Kunst* rechtlich zu sichern. *Kunststeuerpolitik* kann allenfalls als Fördermaßnahme in Frage kommen.
- *Konservative haben Relikte einer repressiven Reglementierung hinterlassen*. Sie hat sich anfangs stark gegen *politische Kunst* und radikales oppositionelles Verhalten von Künstlern gerichtet. Inzwischen werden allenfalls Überschreitungen in Richtung Pornographie geahndet.
- *Sozialdemokratische Kunstpolitik* hat darüber hinaus distributive Politik und *protektive Künstlersozialpolitik* ins Auge gefasst. Am weitesten gingen Norwegen und die Niederlande damit. Das Ende war, dass so viele Bilder in allen Kreisverwaltungen hingen, dass man die Künstler bat, sie wieder abzuholen, und die Förderungspolitik bald reduzierte. Die Magazine mit nicht gezeigter Kunst werden bald ohnehin das Hauptproblem staatlich geförderter Museen sein. Wichtig aber war, dass Sozialdemokraten die Künstler als eine der letzten Gruppen sozial absicherten, wie im Künstlersozialversicherungsgesetz (1981).

Künstler kümmern sich meist wenig um die Demokratie, es sei denn sie wollen staatliche Fonds anzapfen. Daher müsste das Thema eigentlich umgedreht werden: *Kunst und Demokratie – wie verhalten sich Künstler zur Demokratie?* Diese Version werde ich in drei Kapiteln verfolgen:

- Das Thema Künstler und der *vordemokratische konstitutionelle Staat* im Kaiserreich wird kurz behandelt.
- Etwas mehr Raum muss dem prekären Verhältnis einer teilweise stark *politisierten Kunst und der fragilen Demokratie* in der Weimarer Republik eingeräumt werden.
- Schließlich geht es um eine anscheinend abstrakt-unpolitische Kunst in der Bundesrepublik, die einerseits politisch benutzt wurde, andererseits sich rasch repolitisierte und im Zeitalter eines nachmodernen *Postkolonialismus in Richtung globale Demokratie drängt* – mit einigen Rückwirkungen auf die nationalen multikulturellen Gesellschaften.

1. Die libertär-anarchoide Demokratie-Konzeption im Kaiserreich und in der Weimarer Republik

„Nein, die Malerei ist nicht erfunden, um Wohnungen auszuschmücken! Sie ist eine Waffe zum Angriff und zur Verteidigung gegen den Feind" – ein vielzitiertes Wort von

Picasso (1957: 48). Aber wer war der Feind? Im Fall von Picasso waren es die antidemokratischen Diktaturen Primo de Riveras und Francos. Kaum ein Künstler hat je soviel Geld für eine demokratische Bewegung gespendet wie Picasso im Bürgerkrieg in Spanien auf Seiten der Republik. Das Geld ging übrigens nicht an die Kommunisten, sondern offenbar an die trotzkistische POUM. Kein politisches Ereignis hat ein so starkes Engagement der Künstler für die Demokratie ausgelöst wie der spanische Bürgerkrieg. Alle bekannten Künstler waren auf Seiten der Republik – nur Dalí, einst sogar ein gewaltbereiter Anarchist, schlug sich auf die Seite Francos, obwohl er ein Bild zur Vorahnung des Bürgerkriegs (1937) gemalt hatte, das zunächst noch als pro-republikanisch wahrgenommen wurde. Zweitrangige Künstler dienten in den Brigaden der Republik. Selbst *Max Ernst* wollte sich melden, aber ein Freund machte ihm klar, dass er als Künstler wertvoller sei denn als zweitrangiger Kombattant. In den dreißiger Jahren kam es zu einer neuen Welle im Krieg der Manifeste. Picasso war nicht zimperlich im Unterzeichnen von politischen Aufrufen zur Verteidigung der Demokratie, auch solchen, in denen das Wort missbraucht wurde, wie von den französischen Kommunisten, denen er 1944 beitrat.

Nicht alle Avantgardekünstler standen auf Seiten der Demokratie. Die *Artekraten des italienischen Futurismus* kollaborierten mit dem Faschismus, der ihre Anbiederungen – trotz guter Bekanntschaft von Gruppenchef Marinetti und Mussolini, die einmal ein paar Wochen zusammen im Gefängnis gesessen hatten – mit wohlwollender Distanz aufnahm. Die *russische Avantgarde,* die nicht nur bei Boris Groys in seinem „Gesamtkunstwerk Stalin" (1988) im Ruf stand, dem Kommunismus verfallen zu sein, war anfangs durchaus zögerlich. Die meisten Künstler hätten sich gern mit der demokratischen Februarrevolution begnügt. Als der erste Volkskommissar für Aufklärung *Lunačarskij* am 30. November 1917 die Kunstschaffenden in sein Amt einlud und an sie appellierte, ihre Talente in den Dienst der bolschewistischen Regierung zu stellen, verließen einige wütend den Saal. Nur der Dichter-Maler *Majakovskij* übertönte die erregte Szene mit dem Antrag, die „neue Staatsmacht zu begrüßen". Kollaboration hat sich mit keiner Diktatur für einen Künstler ausgezahlt, nicht für Nolde in Deutschland, nicht für Sironi in Italien, nicht für Majakovskij in Russland. Der Selbstmord Majakovskijs 1930 war nicht nur mit Liebeskummer, sondern auch mit zunehmender Isolierung im beginnenden Stalinismus zu erklären.

Der linke *„Block der Künstler"* – eher anarcho-libertär wie die meisten Avantgardisten – fürchtete schon 1917 Gefahren für die Autonomie der Kunst. Das Verständnis Lenins für moderne Kunst war rein funktionalistisch. Als er das russische Bauhaus-Pendant „VChUTEMAS" 1921 besuchte, fand er ein abstraktes Bild abscheulich und lobte traditionelle Werke. Sein Mitgefühl mit den Künstlern beschränkte sich auf die herablassende Frage, ob sie genug zu essen bekämen (Khan-Magomedov 1990 I: 227). Viele Avantgardisten emigrierten 1922. Diejenigen, die blieben, wurden vielfach geschurigelt wie *Tatlin* mit seinem schiefen Turm für die Komintern oder *Rodčenko,* der im zweiten Weltkrieg sogar gefährdet war. Andere wie *Malewitsch* oder *Filonov,* gingen mit eigenen kosmischen Vorstellungen eines verstiegenen Kommunismus in die innere Emigration, als der „sozialistische Realismus" zur Kunstdoktrin Stalins wurde. Selbst in Demokratien hatte die Kollaboration mit den Kommunisten keine positiven Folgen.

Picasso ist wütend angegriffen worden für sein Stalin-Portrait. Sowjetische Politiker glaubten, der Maler wolle den großen Führer „verulken".

Vor dem ersten Weltkrieg waren die Künstler meist anarcho-libertär. Propagandisten der Gewaltfreiheit wie *Kropotkin und Landauer* wurden von vielen Künstlern verehrt – nicht Marx, Lenin oder Bakunin. Die Mehrheit der Künstler hoffte auf eine Reinigung der Welt von bourgeoiser Langeweile, Routine und sozialer Heuchelei. Eine apokalyptische Grundstimmung wurde zur Gefahr, dass auch libertäre Künstler im ersten Weltkrieg vorübergehend für den Nationalismus optierten wie *Barlach*. Die Expressionisten gingen spätestens 1916 in Opposition. *Kirchner* war von Anfang an gegen das System. *Paul Klee und Max Ernst* haben lustlos und zunehmend angewidert ihren Kriegsdienst geleistet. Nur wenige eher linke Künstler wie *Léger* in Frankreich, *Wyndham Lewis* in England oder *Otto Dix* in Deutschland zeigten sich von der technischen Seite des apokalyptischen Sterbens vorübergehend beeindruckt. Die *dadaistische Bewegung*, die 1916 in Zürich entstand, umfasste viele pazifistische Künstler, die gegen das System waren. Aber ihre Kriegsgegnerschaft sollte sich nach 1918 nicht notweniger Weise als Einsatz für die Demokratie erweisen.

Halbherzige Demokraten in der Weimarer Republik

Die Weimarer Republik ist oft als „*Republik ohne Republikaner*" bezeichnet worden. „Das System" – schon diese Bezeichnung war Verunglimpfung längst vor den Nazis – hat unter den Künstlern, die nicht zur Linken zählten, allenfalls einige „*Vernunftdemokraten*" hervorgebracht wie *Thomas Mann*. Bekennende „*Herzensdemokraten*" fehlten weitgehend. Unter den bildenden Künstlern war ein entschiedenes Bekenntnis zur Republik und der Demokratie selten. Wo es vorkam, handelte es sich eher um eine opportunistische Abschätzung der eigenen Karrierechancen. *Max Beckmann* (1984: 84) ist ein krasses Beispiel, als er seinem Verleger Reinhard Piper gegenüber schon im Mai 1917 schrieb: „Ich hoffe also auf eine deutsche Republik." Die Begründung klang nicht sehr engagiert. Kaiser Wilhelm lehnte schließlich seine Kunst ab.

Als die Republik Ende 1918 eingeführt wurde, blieben die meisten Künstler ihr gegenüber ambivalent. Eine Künstlerin wie *Käthe Kollwitz* (2001: 190, 194, 198f), die während des Krieges zur Pazifistin geworden war und um 1933 – neben *Barlach* – als das „künstlerische Gewissen der Nation" galt, hatte 1918/19 nach ihren Tagebuchaufzeichnungen noch keine klare Meinung entwickelt. Die „Spartakus-Leute" schienen ihr als Druckmittel für Reformen notwendig, aber sie lehnte den Generalstreik ab und wählte SPD, obwohl sie eigentlich „mehr links" stehe. Sie betonte immer wieder, keine Kommunistin zu sein. Selbst ihre sozialistische Gesinnung zog sie 1921 in Zweifel: „Mitunter weiß ich nicht, ob ich überhaupt Sozialist bin, *ob ich nicht mehr Demokrat bin.*" Ihr Sozialismus blieb ein vager Gefühlssozialismus, und die Künstlerin entzog sich möglichst der Vereinnahmung durch die linken Parteien und den ständigen Bekenntniszwang im linken „Manifestantismus". Max Beckmann hat in dem berühmten Bild „Die Nacht" (1918/19) die desolate soziale Situation in einem System von Desperados, Huren und Schiebern dargestellt.

Die Mehrheit der Avantgardekünstler hätte durchaus Veranlassung gehabt, die Weimarer Republik zu akzeptieren. Die *Marktchancen* haben sich für die Künstler nach dem Ende der Inflation verbessert. Viele Avantgardekünstler rückten in *Akademie-Professuren* ein. Die Kulturpolitik der jungen Republik ließ klare positive Konzeptionen vermissen. Sie wurde negativ charakterisiert: *„Eindämmung durch Vereinnahmung"* (Heller 1991: 21). Man konnte nicht hoffen, dass die demokratischen Politiker alle voll für die moderne Kunst gewonnen worden waren, aber das galt für alle Diktaturen erst recht. Deutschland hat die Avantgarde in *Museumsankäufen* und *Staatsanstellungen* mehr gefördert als ältere Demokratien wie Frankreich und England. An den berühmten *„Beaux Arts"* in Paris lehrte in den 20er Jahren kein einziger Avantgardist.

Nur wenige Künstler setzten sich für die Weimarer Republik ein wie *Pechstein* (Dok. in: Schneede 1979: 45). Die *„soziale Republik"* und die SPD galten ihm als verteidigenswert. Der Aufruf blieb wolkig, ohne konkrete Zielvorstellung, denn diese hieß nur „Verwirklichung unseres Zeitgefühls zu einer Weltanschauung". Der Begriff *„Pflichtgefühl"* klang nach dem ancien régime, das gerade untergegangen war. Auch bei ihm gab es noch religiöse Hinweise auf die schaffende Phantasie, die „uns Gott im Schaffen näher" bringt. Im Vergleich zum Engagement gegen die bürgerliche Demokratie nahm sich die künstlerische Parteinahme für das Weimarer System bescheiden aus. Das Engagement für die SPD wurde schwieriger, wenn Künstler wie *Pechstein, César Klein* und *Heinrich Richter* ihre Kunst in den Dienst der *Anti-Spartakus-Politik* stellen mussten. Im Dezember 1918 haben die drei Künstler Plakate für den „Werbedienst" entworfen, eine Einrichtung der Militärabteilung des Außenministeriums unter Leitung des expressionistischen Schriftstellers Paul Zech, einem Mitglied der SPD. *Pechstein* und *Klein* schufen Plakate zur Unterstützung der Nationalversammlung, die von der KPD boykottiert und von Dadaisten und linken Expressionisten mit Hohn übergossen wurde. „Versöhnung" war nicht gefragt, selbst bei vielen Mitgliedern der Novembergruppe nicht. Curt Stoermer verlieh in einem Brief an die Novembergruppe im Herbst 1919 dieser Stimmung Ausdruck: „Expressionisten, lasst Euch nicht führen von Leuten, die als ‚Geistige' versuchen, die Pseudokulturgüter des Kapitalismus in die neue Freiheit hinüberzuretten." (Dok. in: Weinstein 1990: 254)

Das Engagement einiger Avantgardisten für die Republik schien viel versprechend. Zum ersten Mal in der Geschichte des Deutschen Reiches genoss die Avantgarde staatliche Unterstützung und stellte sich dafür in den Dienst von politischen Parteien. Es wurde ihr aber nicht gedankt. Mit der Konsolidierung der Republik haben SPD und USPD keineswegs die Avantgarde weiterhin besonders gefördert. Die Kommunisten – einschließlich der vielfach als freiheitlich vergötterten Rosa Luxemburg – huldigten noch stärker als die beiden sozialistischen Parteien einem traditionellen Kunstgeschmack. Im preußischen Kultusministerium, das von Konrad Hänisch (SPD) und Adolf Hoffmann (USPD) dirigiert wurde, war man gespalten. Einerseits wurden der Avantgarde Avancen gemacht, andererseits wurde der konservative Museumsdirektor Wilhelm von Bode ermutigt, auf seinem Posten zu bleiben.

Am Anfang der Weimarer Republik hat die Mehrzahl der progressiven Künstler für die USPD optiert, die eine *Räterepublik* als Regierungsform forderte. Als der erste Reichspräsident Ebert 1922 zu „Kunst und Wissenschaft" einlud, sind nur zwei Nebenfiguren des Arbeitsrats erschienen, *Max Pechstein* und *Emil Orlik* (Steneberg 1987: 21). In der Kunstszene überschlugen sich die Deklarationen. *Meidners* (1991 II: 293; Schneede 1979: 41ff) Aufruf an alle Künstler von 1919 war ein Dokument des Pessimismus, das „Gottes Ordnung in der Welt" beschwor, in dem Pechstein noch optimistisch in die Zukunft dieser Republik sah. Meidner hat 1919 im Kunstblatt III gutwillig alle Gruppen zu einen versucht. Als höchste sozialistische Tugend pries er die *„Menschenbrüderlichkeit"*, die im Einklang mit „Gottes Ordnung in der Welt" stehe. Künstler wurden aufgefordert, in eine entschiedene Arbeiterpartei einzutreten. Die SPD war damit sicher nicht gemeint. Aber noch schienen die Differenzen der linken Künstlerfraktionen überbrückbar. Das sollte sich rasch ändern. Meidner gehörte zu den seltenen Künstlern, die schon 1912/13 auch in einem Bild vom „Barrikadenkampf" träumten.

Walter Gropius hat in einem Brief an Karl Ernst Osthaus vom Februar 1919 die Skepsis der Vernünftigen artikuliert (Dok. in: Arbeitsrat 1980: 117): „Hier ist man ganz von kniegebeugten Bürgern umgeben, unter denen aufrecht zu bleiben fast über die Kraft geht ... Denn auch der Sozialismus ist durch diese gemeine Zeit so beschmutzt und bis auf die Knochen blamiert, dass er lange brauchen wird, ehe er sein Schild wieder reinwäscht." Opportunismus gegenüber den Radikalen und „Einknicken" der Gemäßigten, die sich nicht einfach in die Arme der Reichswehr werfen wollten, war an der Tagesordnung.

Ein positives Engagement für die Republik gab es nur in Teilen der *Novembergruppe* (Dez. 1918) und im *„Arbeitsrat für Kunst"* (Nov. 1919) mit vielfach identischen Mitgliedschaften. Hier wurden „Expressionisten, Kubisten und Futuristen" zum Zusammenschluss aufgerufen – mit allen Künstlern, „welche die alten Formen in der Kunst zerbrochen haben". Die Traditionalisten hingegen schienen ausgeschlossen, auch wenn sie die Republik akzeptierten. Aber gerade sie hätten nationale Schlenker unterschreiben können wie den pathetischen Satz: „Unsere fleckenlose Liebe gehört dem jungen freien Deutschland." Im „Arbeitsrat für Kunst" (Liste in: Arbeitsrat 1980: 16; Steneberg 1987: 30) waren jedoch auch so konservative Künstler wie *Leo von König, Bernhard Hoetger, Kolbe, Nolde* und der Architekt *Paul Schmitthenner* bei den Unterzeichnern des Programms. Die letzten drei Künstler gerieten später in den Dunstkreis der Kollaboration mit dem Nationalsozialismus.

In der *„Novembergruppe"* schien die Zusammensetzung radikaler als im „Arbeitsrat". Aber es waren auch Künstler Mitglieder, die sich nur vorübergehend für Politik interessierten wie *Klee* und *Kandinsky*. Die Novembergruppe deklarierte sich in ihren Richtlinien als „Vereinigung der radikalen bildenden Künstler" und legte Wert darauf, dass sie „kein wirtschaftlicher Schutzverband, kein (bloßer) Ausstellungsverein" sei (Dok. in: Kliemann 1969: 50ff, 57). Die Novembergruppe zielte nicht auf *„exit"*, wie die Dadaisten, sondern auf *„voice"*, auf Anteilnahme und Partizipation an der Neugestaltung der Gesellschaft und vor allem der Kunstszene. Es wurde die Baukunst zu einer öffentlichen Angelegenheit erklärt. Die Gruppe verlangte Mitwirkung an der Umgestaltung der Kunstschulen, der Museen und der Kunstgesetzgebung.

Der *Arbeitsrat* – in Anlehnung an die Rätebewegung gegründet – gerierte sich wenigstens verbal anti-etatistischer als die Novembergruppe und forderte die Trennung von Kultur und Staat. Andererseits war die Ideologie des Arbeitsrats noch verquaster, trotz der Forderung nach Sozialismus. Die Gruppe verstand sich als *„Orden"*, was nicht recht zum Sozialismus passen wollte und forderte, dass „die Kunst als die Offenbarung Gottes wieder im Mittelpunkt der heiligen Hingabe des Lebens stehe" (Text in: Arbeitsrat 1980: 18f, 20). Behne vertiefte diese Richtung, indem er den Staat als seinem Wesen nach „kunstfeindlich", das Volk aber für „kunsttragend" erklärte. Andere Sympathisanten forderten die staatliche Garantie des Existenzminimums. Das war weiter reichend als ein deutscher Staat vor dem Künstlerversicherungsgesetz 1981 je in Aussicht genommen hat. Am extremen Ende des Spektrums standen seltsame Verirrungen wie die Forderung nach einer *„Schönheitspolizei"* bei *Richard Scheibe,* oder die Hoffnung, den Arbeitsrat in eine Kontrollinstanz über künstlerische Aktivitäten im Reich aufzuwerten, bei *César Klein* (Arbeitsrat 1980: 8).

Der aktivistische Charakter der beiden politischen Gruppen ließ sich angesichts der Heterogenität der Mitgliedschaft nicht durchhalten. Der Traum von einer Verbrüderung in der klassenlosen Gesellschaft war bei der Mehrzahl Ausfluss einer idealistischen Gesinnung, nicht eine marxistische Überzeugung. Spöttisch ist der Novemberrat in seinem politischen Gehalt als typische *„O-Mensch-Bewegung"* charakterisiert worden (Kliemann 1969: 15). So manche Unterschrift geriet unter Aufrufe, die von den betroffenen Künstlern nicht autorisiert war. Parteipolitisch festlegen ließen sich die Künstler in ihrer Mehrheit ohnehin nicht.

Verunglimpfung der Republik und die Kriminalisierung von Künstlern

Das „Weimarer System" bekämpfte die „dadaistischen Schandmäuler" mit allen Mitteln, notfalls mit juristischen. Aber Künstler wurden meist nicht wegen *„Verunglimpfung der Republik"* vor Gericht gestellt, sondern wegen Beschimpfung ihrer konservativen Einrichtungen wie der *Reichswehr oder der Kirchen.* Das lässt sich gut an *George Grosz* zeigen. Sein Bild, das die Weimarer Republikaner als Automaten darstellte, blieb mangels justiziabler Fakten unbeanstandet. Nicht hingegen seine Satiren gegen den Militarismus oder die „nackten Tatsachen" bei *Dix.*

Neben den Porno-Prozessen, die es auch nach dem Weltkrieg noch immer gegen *Corinth* und andere gab, sind in diesem Zusammenhang die politisch motivierten Verfahren gegen Künstler von Belang. Der Reichskunstwart Redslob hatte schon 1921 Klage geführt, dass auch in Fällen wie *Masereel* und *Corinth* die Justiz in kleinlicher Weise künstlerisches Schaffen behindere (Dok. in: Leiss 1971: 304). Politisch am bedeutsamsten und für die ungefestigte Weimarer Demokratie entlarvend waren die *Dadaisten-Prozesse.* Eine graphische Mappe von *Grosz* „Gott mit uns" gegen den Krieg und eine antimilitaristische Plastik von *Heartfield* und *Schlichter* „Der preußische Erzengel", der als Puppe in Soldatenuniform mit einem Schweinekopf aufgehängt war, führte zu einem gerichtlichen Nachspiel. Der selbsternannte Oberdada Baader erklärte im Prozess, der Dadaismus habe sich zur Aufgabe gemacht, „kulturell schädlichen Sedimentbildungen entgegenzuwirken". Dies geschehe am besten durch Humor, denn der fehle uns Deutschen am meisten. Grosz und Herzfelde bestritten, die Reichswehr verunglimpfen zu wollen. Es handele sich nur um eine Satire auf militärische Auswüchse.

Sachverständige sprachen sich für die Angeklagten aus. Grosz und Herzfelde wurden zu Geldstrafen verurteilt.

1923 wurde *Otto Dix* in einem Verfahren freigesprochen. Die beeidigten Sachverständigen, *Max Slevogt* und *Karl Hofer,* empfanden das beanstandete Dirnen-Bild nicht als Pornographie, und erklärten es zu einem Bild, das vom lasterhaften Lebenswandel abschrecke. Bei *Grosz* hingegen fand das Gericht, der Künstler verletzte religiöse Tabus. Er wurde 1923 wegen der Bildfolge „Ecce Homo" zu 6000 Reichsmark verurteilt.

2. Der angepasste Demokratiebegriff in der Zeit des Kalten Krieges

Nie zuvor – außer im ersten Weltkrieg und in den Diktaturen – war der Einfluss politischer Ereignisse auf die Entwicklung der Malerei so stark, wie in der Zeit des Kalten Krieges. Eine seltsame Konstellation entstand: Die Sowjetunion hatte ihre klassische Moderne in Acht und Bann getan und propagierte den *„sozialistischen Realismus"*, den der Kulturexperte der Partei Shdanow (o.J.: 6) mit seinen Thesen zur Parteilichkeit ideologisch zementiert hatte. Die USA als die erste Supermacht hatte Frankreich befreit, erntete aber in der Kunst eher Undank. Mit dem „abstrakten Expressionismus" übernahm Amerika eine Führungsrolle. Anfangs hatte sie diesen vielfach als „unamerikanisch" diskreditiert und seine Exponenten, vor allem *Newman,* als Krypto-Kommunisten verdächtigt. Die Ideologen der neuen Richtung sahen den Vorteil, dass die Künstler-Elite politisch-moralisches Engagement ohne Propaganda erbringen konnte. Bald entdeckten die Politiker der neuen Weltmacht, die ihre kulturelle Identität herausstellen wollten, dass die neue Richtung hervorragend für die Kulturpropaganda in Europa zur Zeit des Kalten Krieges geeignet war.

Frankreich war mit Waffen befreit worden, aber um die kulturelle Seele des Landes musste noch gerungen werden. Der amerikanische Maler *Marc Tansey* als Historienmaler der Postmoderne hat in Anlehnung an Velázquez` „Übergabe von Breda" (1636) in dem Bild „The Triumph of the New York School" (1984) den Sieg über die französische Avantgarde kolportiert: Breton muss vor dem Chefkritiker Clement Greenberg die Kapitulation erklären. Matisse schaut mürrisch zu Pollock hinüber. Die Amerikaner kamen in Panzerwagen, die Franzosen noch zu Pferde, um die technische Differenz zu plakatieren.

Die französischen Kommunisten, die bis 1947 in der Regierung waren, haben aus allen Rohren anti-amerikanische Propaganda geschossen. Als sie 1947 aus dem Kabinett entlassen wurden, hat sich die Partei noch stärker auf den „sozialistischen Realismus" festgelegt als zuvor. Weltberühmte Künstler wie *Picasso, Léger* oder *Magritte* wurden Parteimitglieder. Viele Künstler und Intellektuelle – auch Picasso – waren aktiv in der Friedensbewegung, die zunehmend gegen Amerikas roll-back-Politik Stellung nahm. Frankreichs Künstler gingen politisch nach links, Amerikas Künstler, die einst libertäre Linke gewesen waren, entwickelten sich in die liberale Mitte. Die USA schafften sich eine gut geölte „kulturelle Maschine", während Paris – wie oft seit der großen Revolution – in die Lager der „zwei Frankreichs" gespalten war. Die *„Kulturmarxisten"*, die unter Frankreichs Linksintellektuellen zahlreich waren, glaubten, dass die Kulturhegemonie im Sinne von *Gramsci* einer geschlossenen politischen Front bedurfte. Aber die Kultur spielte im zerstörten und verarmten Frankreich für die Regierungen der vierten Republik (1944-1958) keine entscheidende Rolle. Ein Vorwurf lautete, dass in New York die neuen Richtungen wirtschaftlich so hoch gepuscht würden, dass moderne Kunst nur noch von großen Korporationen gekauft werden konnte. Die Entwicklung der Avantgarde-Kunst im Kalten Krieg verlief in der westlichen Welt nicht einheitlich. New York hatte Paris als Bannerträger der Moderne abgelöst. Die Moderne wurde in Paris sogar „gestohlen", wie der französische Kunsthistoriker Guilbaut wähnte. Es war eine ziemlich demagogische Vorstellung, dass man die Führung in der Kunst „stehlen" könne. Der Autor unterstellte auch nicht, dass der Boom des „abstrakten Expressionismus" nur ein Produkt des amerikanischen Marketings gewesen sei. Guilbaut (1990: 30ff), der in Amerika Kunstgeschichte lehrte, war in diesem Konflikt zweier Führungsmächte nicht so undifferenziert wie der Titel seines Buches. Er sah, dass Frankreich in traditionellem Starrsinn auf seine Führungsposition pochte und kein Verständnis für die amerikanische Kunst entwickelte. Auch bekannte Intellektuelle wie *Cocteau* und *Sartre* haben die amerikanische Moderne als „brutale Simplizität" abgewertet. Manchmal wurde im „abstrakten Expressionismus" gar die Fortsetzung deutscher Violenz mit dem Pinsel gewittert. Tief betroffen waren französische Künstler und Denker wie *Raymond Aron*, als herauskam, dass der CIA die abstrakte Weltsprache der demokratischen Kunst finanziell gefördert hatte (Saunders 2001). Ein Produkt des CIA war sie gleichwohl nicht, da die Künstler selbst keine Ahnung von diesen Machenschaften hatten.

Das Unverständnis der Politik führte zu einer paradoxen Situation: Die Abstrakten wurden im McCarthyismus als kommunistische Verschwörung „ausländischer Ismen" und in der sowjetischen Propaganda als „bürgerlicher Schwachsinn" angeprangert. In den Anfängen des Kalten Krieges konnte man bei Präsident Truman nicht auf die gleiche Toleranz gegenüber der Moderne hoffen, die sein Vorgänger Roosevelt hatte walten lassen. Truman wird der Entsetzensschrei angesichts abstrakter Bilder zugeschrieben: „If this is art then I'm a Hottentot." (zit. Checkland/Nicholson 2000: 292) Das war kaum freundlicher als das Echo der Sowjetunion auf die Moderne. Die sowjetische Kritik machte auch vor kommunistischen Parteimitgliedern wie *Picasso* nicht halt. Picasso, so argumentierte Vladimir Kemenov in Moskau 1947, habe zwar in der „Blauen Periode" Empathie mit den Armen gehabt, aber inzwischen sei er degeneriert, so dass allenfalls die Bourgeoisie ihn schätze, aber das einfache Volk ihn ablehne. Er gab Picasso keine persönliche Schuld. Der Fall zeige nur, wie der Imperialismus große Talente „verkrüppele" (VOKS, Dok. in Chipp 1996: 494).

Kultureller Imperialismus wurde auf beiden Seiten gepflegt (Lindey 1990: 11). Der Ausstellungsort Kassel – einer relativ bedeutungslosen Stadt am Ostrand der Bundesrepublik – für die „Documenta" war ein Produkt des Kalten Krieges. Nahe der „Zonengrenze" sollte ein Schaufenster der modernen Kunst der freien Welt errichtet werden (Kimpel 1997: 131). Figurative Realisten hatten es in der westlichen Kunstszene schwer, obwohl „non-aligned" Realisten wie *Edward Hopper* in Amerika, *Balthus* in Frankreich oder *Stanley Spencer* in England ihre Haltung konsequent durchhalten konnten und dennoch Erfolg hatten. Die Engländer schienen abseits zu stehen. Von *Julian*

Freund bis zu *Francis Bacon* wurde ihnen das „Beharren auf überholten krypto-surrealistischen Tendenzen" vorgeworfen.

Nachwehen einer politisierten Kunst

Der Sieg der Abstraktion schien das Ende der politischen Kunst, die sich für mehr Demokratie engagierte. Aber auch nach dem zweiten Weltkrieg gab es noch immer zahlreiche Gruppen und Strömungen. Sie atomisierten sich. Eine Studie (Ferrer 1990) hat für die Zeit von 1940 bis 1970 noch immer 39 Gruppen in Europa und in den USA gezählt. Die Entpolitisierung der modernen Kunst gelang keineswegs vollständig. Der französische Kunstkritiker *Michel Tapié*, der 1951 erstmals von *„Art Informel"* sprach, präsentierte Künstler wie *Dubuffet, Wols* oder *Hartung*, deren Kunst keineswegs frei von politischen Konnotationen war. „Informel" war keine Gruppe und Bewegung mehr, sondern eine „Stimmung" in Kunst umgesetzt, die sich aus dem Geist des damals vorherrschenden *„Existentialismus"* entwickelt hatte (Parmesani 2000: 56). Insofern schien das „Informel" die adäquate Ausdrucksform für eine entspannte Demokratie – keine hektischen ideologisierten Gruppen mehr, sondern unabhängige Individuen, die gelegentlich ihre Kräfte zu einer gemeinsamen Unternehmung vereinten. Nur in England hatte es schon länger ein normales Verhältnis zur Demokratie gegeben, und Künstler sahen Kunst als einen Job wie andere an, ohne Weltverbesserungsabsichten.

Der Stimmungsumschwung im Bereich Kunst und Politik war keineswegs total. Die Spätmodernisten der Cobra-Gruppe knüpften durchaus noch an die radikalen Zielsetzungen der 30er Jahre an. COBRA (als Abkürzung für Copenhagen-Brüssel-Amsterdam) umfasste Künstler der Spätmoderne wie *Asger Jorn, Karel Appel, Pierre Alechinsky, Constant, Corneille, Dotremont* – eine Gruppe enttäuschter Delegierter eines Surrealistenkongresses. Sie blieb von 1948 bis 1951 um eine Zeitschrift des Namens „Cobra" geschart. Trotz der Internationalität verlor sie sich bald wieder in nationalen Sonderwegen.

Politisches Engagement einte und entzweite zugleich. Die Einheit von Kunst und Politik wurde noch einmal beschworen – mit reichlich gewagtem Vokabular wie *„Guerilla"*. Das einzige deutsche Mitglied der Gruppe, *K. O. Goetz* (1994 II: 64), erinnerte sich an turbulente Szenen, weil aufgrund mangelnder Sprachkenntnisse der Holländer ein Vortrag des Gruppenideologen Dotremont als pro-kommunistisch empfunden wurde. In Manifesten, die *Constant* (Dok. in: Wetterleuchten 2000: 67) redigierte, waren noch so anachronistische Töne zu hören wie „die Befriedigung unserer elementaren Wünsche ist die Revolution". In Dänemark war es in der Zeit der deutschen Besatzung zu einer Entdeckung der skandinavischen Kunst gekommen, in der die Symbolwelt kollektive Erfahrungen der kleinen Länder widerspiegelte. Schon 1944 hat *Carl-Henning Pedersen* die Forderung aufgestellt, alle Menschen zu Künstlern zu machen, und nahm damit Gedanken von *Beuys* vorweg. Der Drang, *neue Mythen* zu schaffen, den *Asger Jorn* (1990: 159ff) vertrat, klingt heute anachronistisch. Damals war er ein Akt der Selbstbehauptung eines Volkes, das von der germanischen Ideologie der Besatzer vereinnahmt werden sollte und seine skandinavische Besonderheit betonte.

Die *„Situationistische Internationale“ Ende der 60er Jahre* wurde schließlich sogar als Wegbereiter der linken Studentenrebellion angesehen. 1960 wurde in Mailand das erste Manifest des *„neuen Realismus“* erlassen. Gegen die Mythologisierungen der älteren Generation der abstrakten Expressionisten in Amerika und des lyrischen Abstraktionismus in Frankreich wurde proklamiert, den Fuß wieder auf die Erde zu stellen. Man knüpfte an den Dadaismus an, legte aber Wert darauf, den Fuß „40 Grad unterhalb des Null-Dadas“ anzusetzen, direkt auf der Höhe, auf der der Mensch sich ins Reale einordnet (Restany 2000: 41). Bezeichnenderweise wurde weniger auf die Politik angespielt, als vielmehr die Hilfe einer bisher in Künstlermanifesten kaum bemühten Wissenschaft angerufen: der *Soziologie*. Die Bewegung, die sich auch gegen die Vorherrschaft von Paris richtete und so verschiedene Künstler wie *Yves Klein, Armand, Christo, Tinguely* und *Niki de Saint-Phalle* umfasste, war nur drei Jahre aktiv. Eine *„Schule von Nizza“* ist nicht wirklich entstanden. Ihr Bündnis mit der „Pop Art“ Amerikas wies schon darauf hin, dass keine politisierte Bewegung angestrebt wurde. Daher war es Ende der 60er Jahre ein leichtes, diesen Gruppierungsversuch durch neue politisierte Radikalismen unter den Künstlern ins Abseits zu drängen. Wenn schon Künstlerbewegungen in der französischen Provinz ihre *Provinzkunst* gegen die *Pariskunst* kaum durchsetzen konnten, um wie viel schwerer dürfte es die *Weltkunst* gegen die *Westkunst* haben!

3. Der revoltierende Demokratiebegriff in der Kunst der 68er

Die Mehrheit der Künstler ist nach 1945 nicht mehr radikalisiert worden wie 1918, aber die ideologisch verwaschenen Volksparteien wurden keineswegs begrüßt. In der weltweiten *Studentenrevolte* kam es zu einer Repolitisierung. Das Wort *„Demokratisierung“* wurde inflationär eingesetzt, aber es war schwerlich die repräsentative Demokratie der Verfassungen gemeint. Die deutsche Sektion der Situationisten, die sich unter Führung und Finanzierung von *Asger Jorn* bildete, hat im Gegensatz zu den Parisern keine Ablehnung der Kunst enthalten, sondern nur bestimmte Richtungen wie die Abstraktion wurden verteufelt. In Deutschland wurde der Konflikt trotzdem sofort „verrechtlicht“. Die Zeitschrift „Spur“ wurde wegen Pornographie beschlagnahmt, und Weihbischof Neuhäuser stellte gegen *Dieter Kunzelmann* einen Strafantrag wegen Gotteslästerung aufgrund seines Textes „Der Kardinal, der Film und die Orgie“, in dem der Autor hoffte, dass in Kirchen künftig „neue orgiastische Feste“ gefeiert werden könnten (in: Böckelmann/Nagel 1976: 42f). Kunzelmann war einer der wenigen Künstler, die in einer Gruppe wie „Spur“, im SDS und in der Kommune 1 aktiv waren und zugleich eine Rolle als Theoretiker spielte. In einem Manifest distanzierte er sich vom orthodoxen Marxismus: „Die sozialistische Revolution missbrauchte die Künstler. Die Einseitigkeit dieser Umstürze beruhte auf der Trennung von Arbeit und Gaudi. Eine Revolution ohne Gaudi ist keine Revolution“ (zit. Hoffmann 1995: 173).

Zur Organisation „Subversive Aktion“ stießen auch *Rudi Dutschke* und *Bernd Rabehl*. Sie haben im SDS versucht, die Aktion auf eine Massenbasis zu stellen. Eine Verengung trat mit der Gründung von K1 und anderen Kommunen ein. Der Slogan

„Brenn, Kaufhaus brenn!" wurde am 3. April 1968 von *Ensslin, Baader* und *Astrid Proll* von der metaphorischen Phrase in die politische Tat umgesetzt, und der theoretische Destruktionismus ging in den Terrorismus über. Eine andere Form des politischen Engagements, das kunstnah blieb, wurde bei *Joseph Beuys* entwickelt. Seine inspirierenden Zeichnungen wurden begrifflicher, seine Skulpturen drängten zu Materialität und Räumlichkeit. Die Aufführungskünste schienen sich als weitere Steigerungsmöglichkeit anzubieten. Dreißig große Aktionen seit 1963 machten ihn bekannt. Die Teilnehmer waren verstört und fasziniert zugleich (Schneede 2001: 238f). Beuys hat bei *Fluxus* mitgewirkt, aber zum Ärger einiger „Fluxus-Aristokraten" die Konzepte neu und politischer definiert (Ermen 2007: 90). Sein erweiterter Kunstbegriff war von *Rudolf Steiners* „anschauender Ästhetik" geprägt. Mit der „sozialen Plastik" ging er über Vorbilder wie Marcel Duchamp hinaus. Beuys (1989: 21) sprach auch von „anthropologischer Kunst", von Kunst als „Freiheitswissenschaft" oder vom „Gesamtkunstwerk". Der erweiterte Kunstbegriff sollte nicht heißen, zur Kunst solle nun auch noch die Politik kommen, „nein, dass sich aus der Kunst heraus der Begriff der Politik so wandelt, dass sich alles zum Gestaltungsbegriff wandelt" (Kelly/Beuys 1994:42).

Beuys hat sich ebenfalls mit der Vaterfigur Duchamp auseinander gesetzt. 1964 hat Beuys „Das Schweigen von Marcel Duchamp wird überbewertet" im ZDF mit *Vostell* und *Bazon Brock* veranstaltet. Beuys agierte mit Filz und Fett in allerlei Bewegungsabläufen und konnte seine Enttäuschung kaum verbergen, dass Duchamp der Fluxus-Bewegung keine neuen Ideen abgewinnen konnte. Duchamps Anti-Kunst-Begriff wurde zum Angriffsziel. Beuys wollte beide Pole umfassen: „Kunst und Antikunst". Im Gegensatz zu reinen Klamauk-Happenings dachte Beuys ständig über politische Veränderungsmöglichkeiten nach. Er rief den freien demokratischen sozialistischen Staat *„Eurasia"* aus. Eurasia – in Russland nach der Revolution eher eine nostalgische Emigranten-Ideologie – war zur Überwindung des Ost-West-Gegensatzes gedacht. Nach der Erschießung von *Benno Ohnesorg* gründete Beuys die „Deutsche Studentenpartei". Drei Jahre später glaubte Beuys nicht mehr an die Veränderung durch Parteien. Ein Aufruf zur Wahlverweigerung hat Selbstregierung und Gewaltlosigkeit propagiert (Dok. in: Um 1968: 138). 1972 kam es in Düsseldorf zur Aktion „Überwindet die Parteiendiktatur". Das hinderte ihn nicht, sich später bei den Grünen zu engagieren.

Die Studentenbewegung mündete zu einem Teil in die Grüne Bewegung ein. Mit der Transformation der maoistisch gesonnenen Revolutionäre in spontaneistische Ökologen verlor sich das *Kreator-Prinzip* von *Josef Beuys* endgültig in autopoietischen Zirkelschlüssen – blieb aber so politisch, dass ausgerechnet der alles verstehende „Gutmensch" Rau als Kultusminister Beuys als Düsseldorfer Professor mit Entlassung bestrafen musste, weil dieser zum Ärger seiner Kollegen den Numerus clausus unterlief und jeden Bewerber zuließ. Rau hat damit den härtesten Konflikt zwischen Demokratie und Kunst provoziert, den die Bundesrepublik erlebte. Beuys hatte im Vertrauen auf seine internationale Reputation alle Warnungen und Kündigungsdrohungen des Ministers in den Wind geschlagen. Nach einer 100-Tage-Sitzung auf der Documenta 5 besetzte er mit 54 abgewiesenen Bewerbern das Sekretariat (Stachelhaus 1991: 127).

Auch Immendorff erhielt wegen seiner autonomen mobilen Kunstakademie Hausverbot in der Düsseldorfer Akademie. *Jörg Immendorffs* Bild „Hört auf zu malen!"

wurde zum Fanal einer Abkehr von der „abstrakten Beliebigkeit". Er hielt sich freilich selbst nicht daran. Die „*Lidl-Aktionen*" Ende der 60er Jahre endeten jedoch rasch in einer neuen linkssektiererischen Beliebigkeit. Künstlerische Produktivität verschliss sich in Hausbesetzungen, „Roten Zellen Kunst" und „Vietnam-Ausschüssen". Einer der Hauptsünder bekannte im Rückblick bei einer hochnotpeinlichen Befragung: „Heute habe ich nicht mehr diese politische Auffassung, ich käme gar nicht auf die Idee, meine Arbeit als Propagandawerkzeug für irgendeine politische Richtung einzusetzen" (Immendorff 1993: 58). Die Aktionskunst endete in hermetischen Performance-Veranstaltungen, die häufig ohne Publikum und nur noch vor der Video-Kamera stattfanden (Thomas 1985: 209, 228). Die Bewegung verlor sich in den 70er Jahren in den maoistischen und Sponti-Gruppen.

Noch aber gab es auch Solidarität unter ernstzunehmenden Künstlern. Im April 1973 wurde ein Institut gegründet, das die „Freie Internationale Hochschule für Kreativität und Interdisziplinäre Forschung" auf ihre Fahnen schrieb. *Klaus Staeck* wurde Vorsitzender, Künstler wie *Gerhard Richter und Georg Meistermann* und nicht zuletzt *Heinrich Böll* standen ihm zur Seite. Fast wäre es zu einem städtischen Zuschuss gekommen, aber die Hochschule realisierte sich allenfalls in Eigenintiativen (Ermen 2007: 93f). Kunstnah blieben auch die Aktionen von *Wolf Vostell*. Er sah sich in der Tradition von *Schwitters* und des Dadaismus, löste sich aber in der „*dé-collage*" als Herstellungsprinzip von der älteren Collage-Kunst. Er bestand darauf, dass er die Methode unabhängig von Paris entwickelt habe, obwohl die Parallelen frappierend sind (Hoffmann 1995: 105). Seine „Miss Vietnam", die als Happening im Mai 1967 aufgeführt wurde, führte zur rituellen Aufschlitzung von drei Schaufensterpuppen als Protest gegen den Krieg in Vietnam. Grüne Themen wie die Verkehrsumzingelung des Kölner Doms als Protest gegen die Vernichtung von Lebensraum erregten Aufsehen. Vostells immer wieder verwendeter Werkstoff war Beton, als Sinnbild für die Verkrustung der westdeutschen Gesellschaft. In einer Ausstellung von 1970 „*happening & fluxus*" wurde er heftig angegriffen. Er formulierte lapidar: „Eine Gesellschaft, in der es stinkt, verträgt eine stinkende Ausstellung nicht" (Wedewer/Vostell 1992: 78; Vostell 1970). Den Fluxus-Künstler empfand er als „Berater der Gesellschaft".

Relativ bürgerlich wirkte in den 60er Jahren die Herstellung von revolutionären Ikonen wie Vostells Dutschke-Bild von 1967. *Andy Warhol* hatte mit seinen Mao-Konterfeis 1972 eine Masche begonnen, die er zur Serie ausbaute. Sein Urteil über den „denkbar größten Star" klang eher mediengerecht als politisch. Deutsche Künstler schlossen sich an, wenn auch zum Glück ohne Serienwahn. Nicht nur *Immendorff*, der jeden linksmodischen Blödsinn mitgemacht hat und als „kunstästhetischer Trittbrettfahrer" eingestuft wurde (S. D. Sauerbier in: Um 1968: 187), – längst ehe er als Goldlack-Portraitist von Gerhard Schröder endete. Auch *Gerhard Richter* und *Sigmar Polke* – mit entsprechender Qualitätsverbesserung des Heiligenbildes – reihten sich ein. Bei Richter wurde die verschwommene Kontur Maos eher entrückt als politisch-aktivistisch dargestellt. Bei Polke wird der taoistische Bezug durch die umgebenden Figuren hergestellt und exotisch verklärt (Um 1968, 1990: 140ff, 145). Das Publikum hat diese Versuche eher als beiläufige Fingerübungen von ansonsten respektablen Künstlern gewertet. Dem durch plebejisches Revoluzzertum der Frankfurter Studenten zutiefst verschreckten *Adorno* schrieb *Marcuse* einen mitfühlenden Brief, in dem er sich von einigen Umtrieben der Bewegung distanzierte. Aber er fand es nötig, diese weiter gegen maßlose rechte Angriffe zu verteidigen: „Hier ist wohl die tiefste Divergenz zwischen uns. Von den ‚Chinesen' am Rhein zu sprechen, solange die Amerikaner am Rhein stehen, ist mir einfach unmöglich" (Brief vom 4. 6.1969 zit. Wiggershaus 1988: 704). Marcuse in seinem Kunstgeschmack wurde von damaligen Aktivisten wie *Bazon Brock* (in: Um 1968, 1990: 183) auf die Schippe genommen, weil er nicht gemerkt habe, dass Pop „affirmativ" sei. Einige Künstler nahmen den „Traum von der herrschaftslosen Sprache" wörtlich und stellten die Produktion von Kunst vorübergehend ein, weil sie nicht die gleiche Sprache mit den Herrschenden und ihren Medien sprechen wollten (M. L. Syring in: Um 1968: 65).

Die 68er und ihre Rechtsbrüche

Auch nach dem zweiten Weltkrieg kam es noch zu Konflikten von Kunst und Justiz. Meist betrafen sie weniger bekannte Künstler, die nackte Frauen als Kruzifix und andere Blasphemien boten. *Paul Wunderlich* wurde verurteilt. Er verzichtete auf Berufung und machte eine bezaubernde Farblithographie: „Rosen für den Staatsanwalt". Zur Sühne wurde Wunderlich vom Kultursenator Hamburgs zum Dozenten an der Hochschule für bildende Kunst ernannt. Heftiger noch war der Streit um das Bild von *Baselitz* „Der nackte Mann". Das Landgericht Berlin verurteilte den Künstler, aber der BGH hob die Entscheidung auf mit der Begründung: „Sie (es ging um zwei Bilder) stellten jeweils eine männliche Person mit ... erigiertem Penis dar...Die Strafkammer selbst ... erkennt mit Recht an, der anstößige abgebildete Gegenstand oder Vorgang könne durch die Art und Weise der künstlerischen Darstellung weitergehend sublimiert wirken, so dass der abstrakte Symbolgehalt vorherrscht" (zit. Leiss 1971: 431f).

Artikel 142 der Weimarer Reichsverfassung und Art. 5, Abs. 3 des Grundgesetzes erklärten lapidar: „*Kunst ist frei*". Die Weite der Formulierung hat schon die Kommentatoren der Weimarer Verfassung erschreckt (Ridder 1963: 9). Knies (1967: 21) hat in der Zeit der Studentenrevolte die Ausweitung der „*Raubtierfreiheit der Kunst*" beschrieben: „Satire und Karikatur, einst mehr als politische Waffe und sozialkritisches Agens denn als eine spezifische Kunstform verstanden und gehandhabt, haben viel von ihrer früheren Schärfe und Radikalität verloren. Politisches, soziales und gesellschaftskritisches Engagement des Künstlers gilt vielfach als illegitime Verfolgung eines außerkünstlerischen Zwecks, die eine Minderung der ästhetischen Qualität zur Folge hat". Letztere Einschränkung wurde von den radikalen Künstlern der 60er nicht mehr akzeptiert. Wahlplakate von *Deventer, Hachfeld, Staeck* und *Volland* wurden per einstweiliger Verfügung untersagt, vor allem Strauss-Plakate. Staeck musste den Werbespruch der FAZ „Dahinter steckt immer ein kluger Kopf" zurücknehmen (Volland, 1979, o.S.). Grundrechte sind Abwehrrechte gegen den Staat. Wenn ein Künstler in die Rechte Dritter eingreift, kann er sich nicht unmittelbar auf Artikel 5.3 berufen. Immer wieder wurde versucht Kunst und Nichtkunst, Kunst und bloße politische Meinung zu unterscheiden. Aber die Ausgrenzung der engagierten politischen Kunst stieß auf Widerstand, beim Bundesverwaltungsgericht und beim Bundesverfassungsgericht, denn von Aischylos bis Brecht, von Phidias bis Calder birst die Kunst von Meinungen (Arndt 1966: 28). Abgrenzungen von „anstößiger und jugendgefährdender Kunst, mangelnder Form und Hässlichkeit oder fehlender Gestaltungswille“ (Erbel 1969) ergaben keine konsensfähigen Maßstäbe. Schon die NS-Vergangenheit Deutschlands machte die Juristen vorsichtig, auch wenn sie die politische Kunst noch so abscheulich fanden, wie eine Verfassungsgerichtsentscheidung im sog. Mephisto-Urteil vom 24. 2. 1971 zeigte (BVerfGE 30: 173, 191ff). Auch ein Künstler wie *Staeck* (1982: 97), der theoretisch die Unterscheidung von Kunst und Nichtkunst nicht akzeptierte, freute sich diebisch, als er auf eine „Documenta“ eingeladen wurde. „Dadurch ist wieder einmal formal der Beweis erbracht, dass das, was ich mache, auch Kunst ist“. Diese formalen Beweise brauchte der Künstler nicht, aber in Rechtsstreitigkeiten ließen sie sich trefflich einsetzen.

Aber die Kunstfreiheit wurde nicht als schrankenlos angesehen. Schranken waren durch gleichrangige Grundrechte und durch die grundgesetzliche Wertordnung gegeben. Eingriffe in die Persönlichkeitsrechte konnte nach dieser Ansicht nur im Einzelfall geprüft werden (Heinz 1982: 55). Mit wachsenden Umtrieben von Organisationen, die den wabernden APO-Mief verließen und politisch gefährlich erschienen hat das Bundesverfassungsgericht am 25. 4. 1972 (BVerfGE 33: 52, 71) auch die Gefährdung der demokratischen Grundordnung Bundesrepublik Deutschland unter die Schranken der Kunstfreiheit aufgenommen. Anlass war die Einfuhr eines als verfassungsfeindlich angesehenen Films. Die Schranken blieben in der Bundesrepublik enger als in der Weimarer Republik, weil damals eine Vorbehalt des Gesetzes galt, was zur Verschärfung der Kontrolle über die Kunst benutzt werden konnte (Heinz 1982: 57). Grenzfälle waren die „Verunglimpfung des Staates und seiner Symbole“ (etwa in einem Fall vor dem OLG Köln, wo es um einen Bundesadler hinter Gefängnisgittern ging, OLG Köln, AfP 1977: 25). Ein Jurist hat gegen die Kölner Urteile erhebliche rechtliche Bedenken vorgebracht, weil sie der Mephisto-Entscheidung des Bundesverfassungsgerichts widersprächen (Württenberger, 1979: 309ff). Die juristische Diskussion versuchte zwischen der Scylla der Ehrverletzung durch Kunst und der Charybdis der Erhaltung einer lebendigen kritischen Demokratie im Kulturbereich hindurchzusteuern. Das Reichsgericht hatte im Urteil gegen George Grosz noch zwischen dem kunstverständigen und dem flüchtigen Betrachter, der in seinen religiösen Gefühlen geschützt werden muss, unterschieden (RGSt 64: 121, 125f). Der Bundesgerichtshof hat diesen Auslegungsmaßstab im „Döhl-Urteil“ 1961 aufgegeben: Das Wesen der zeitgenössischen Kunst sollte mit berücksichtigt werden: „Es genügt indessen, mit dem LG von dem Eindruck auszugehen, den ein künstlerisch aufgeschlossener Mensch oder zumindest um Verständnis bemühter, wenn auch literarisch nicht besonders vorgebildeter Mensch von dem Kunstwerk hat. Wie dieses auf eine solche gedachte Person wirkt, hat der Richter selbst zu beurteilen“ (BGH GA 1961: 241). Schon *Tucholsky* (1960 I: 363) hatte festgestellt: „Die Satire muss übertreiben und ist ihrem tiefsten Wesen nach ungerecht. Sie bläst die Wahrheit auf, damit sie deutlicher wird, und sie kann gar nicht anders arbeiten als nach dem Bibelwort: Es leiden die Gerechten mit den Ungerechten“. Die Entscheidungen verlangen ein großes Fingerspitzengefühl des Richters. Autoritative Entscheidungen sind einerseits gefährlich. Andererseits birgt die Überforderung der

Gerichte durch immer mehr Fälle, dass im Namen der Gewaltenteilung die Richter zu politischen Entscheidungsträgern werden (Heinz 1982: 65).

Klaus Staeck (1982: 79) als häufig von Prozessen bedrohter Künstler hat die Variationsbreite der Gerichtsentscheidungen angeprangert. Am Anfang hat die FAZ seine Plakate noch gelobt: „Gäbe es mehr solche Sachen, dann wären doch die Wahlkämpfe nicht so stur, so trocken und so schrecklich langweilig. – Heute werden nun die gleichen Plakate, nur weniger Jahre später, auf einmal von der einen Seite als faschistisch, von der anderen als kommunistisch, von der nächsten als hemmungslose Hetze usw. eingestuft". 1982 bekannte Staeck (1982: 85), dass er inzwischen 32 Prozesse gewonnen und nur einen verloren habe. Diesen einen hatte er selbst angestrengt, weil er jemandem verbieten wollte, ihn einen Nazi zu nennen. Kein weises Unterfangen für einen Künstler, der auch Anwalt ist, da der Vorwurf des Nazismus bei einem Linken offensichtlich absurd war. Ein viel besprochenes Beispiel war die „Dürermutter" mit der Unterschrift: „Würden Sie dieser Frau ein Zimmer vermieten?" Er wollte damit ein ausgelutschtes Thema der Wohnungsnot in Heidelberg hochspielen, und zwar nicht mit dem „indoktrinierenden Zeigefinger, den leider viele Linke haben, Zugang zu Menschen zu finden, die zunächst einmal nicht unbedingt als die Politischsten gelten" (ebd.: 86). Der Versuch, satirische Plakate durch Kunstbezüge als Kunst auszuweisen, war in politischen Kontexten riskanter. Dürers Mutter konnte sich nicht wehren, aber der Marinerichter a. D. Filbinger konnte es, als Staeck einen bigotten Politiker vor Caspar David Friedrichs „Kreuz im Gebirge" mit gefalteten Händen darstellte mit der Unterschrift: „Seit 33 pausenlos in Sorge um Deine innere Sicherheit, Hans Filbinger!" Da wurde Blasphemie gewittert. Selbst der fromme linke Parteigenosse Staecks, Erhard Eppler, nahm Anstoß (ebd.: 110f).

Staeck hat als Jurist vor Gericht immer sehr geschickt operiert. Nie hat er argumentiert: „Das ist große Kunst", sondern sich juristisch auf den Rahmen der Gesetze berufen. Welcher Künstler aber geht in die Archive? Als Staeck vier Jahre nach seinem Plakat mit Strauss „Juso beißt wehrloses Kind" vom Springer-Konzern eine Unterlassungsklage angedroht bekam, konnte er nachweisen, dass Springer von diesem Werk seit Jahren Kenntnis hatte. Ein recht konservativer Richter hat für ihn entschieden. Weit mehr Betroffene intervenierten nicht mit rechtlichen Mitteln – schon wegen der drohenden Prozesskosten, die bei Springer auf 10000 DM geschätzt wurden. Aber es gibt subtile Sanktionen gegen aufmüpfige Künstler wie die *„Zensur durch Subventionsentzug"*. Politische Diskriminierung war trotz gewonnener Prozesse nicht ausgeschlossen. Staeck durfte eine Weile in CDU-geführten Städten Niedersachsen nicht ausstellen. In Eutin wurde das mit Ausreden verbrämt: „Der Hausmeister sei gestorben". Ein Jahr später war er immer noch gestorben, da fühlte sich selbst das zuständige Gericht auf den Arm genommen (ebd.: 90, 108).

Die politische Kritik ist in der Polemik gegen den „Regierungs- und Pepsi-Cola-Komplex" der Kunstförderung im New Deal untergegangen. Die Kritik an der Kommerzialisierung des modernen Kunstbetriebs hat aber noch zugenommen, und die „neue Beliebigkeit" wurde angeprangert. Eine 1968 angestrebte Einheit von künstlerischen und neuen sozialen Bewegungen hat nirgends mehr als Strohfeuer entfacht. Die alten Linken der Kunstkritik wie Jost Hermand (2004: 173) polemisierten zwar weiter gegen die hoffnungslos affirmative Kunstentwicklung. Aber sie können die Beschwörung der normativen Alternative, welche die Kunst zu fördern habe, nicht mehr konkretisieren. Es bleibt bei der Forderung nach einer „besseren Gesellschaftsform", die nicht weniger abstrakt ist als die verurteilte formalistisch-affirmative abstrakte Kunst, die sich auf keine gesellschaftlichen Probleme mehr einlasse.

Die These ist zudem falsch. Die Kunst repolitisierte sich in periodischen Abständen, aber nicht mehr in dem Sinn, den die Theorien zur Gesellschaftsveränderung *der* klassischen Moderne goutierten. Es gab auch politische Künstler wie *Klaus Staeck,* der seine Objekte, Siebdrucke, Postkarten und Plakate in einer kleinen Unternehmung vermarktete, aber trotzdem politisch wirkte, wie Dutzende von Prozessdrohungen und Prozesse zeigten. Welch ein Glück, wenn ein guter politischer Künstler zugleich noch Anwalt ist und permanent künstlerisch arbeitet, ohne seine „Aktion mehr Demokratie wagen" nach dem ersten Misserfolg wieder einzustellen! In der internationalen Literatur wird auf ältere Vorbilder wie *John Heartfield* hingewiesen (Archer 2002: 115). Aber was Heartfield gefehlt hatte, war die alternative Marktmacht, die Staeck (1982: 86f) sich mit Umsicht aufbaute, um unabhängig zu bleiben: „Insofern bin ich ja mit meiner winzigen Produktion als Kleingewerbetreibender ein hübsches Produkt ihrer Gesellschaft, auch als Geschäftsmann".

Eine Umfrage unter zeitgenössischen Künstlern zeigte, dass die Berührungsängste mit politischen und religiösen Botschaften in der Kunst geringer sind als erwartet. 17 Künstler – darunter bekannte Namen wie *Karl Otto Goetz, Penk, Rosemarie Trockel* und, nicht verwunderlich, *Tübke* – fanden politische Botschaften eine „Bereicherung", 8 lehnten sie ab, 9 weitere konnten sie nur unter Kautelen akzeptieren (Fragebögen in: Pues 2002: 561ff). Der politische Impetus in der Kunst litt jedoch zunehmend darunter, dass diese Botschaften im Namen von *„political correctness"* mit Anliegen immer neuer Gruppen – von ethnischen Minderheiten über Straßenkinder in Brasilien oder Frauenbeschneidung in Afrika – sich hoffnungslos verzettelten.

Was bleibt von den 68ern? Ist immer wieder gefragt worden. Wenig, wenn man prächtige Werke mit Museumsrang sucht. Pathetisch wurde gesagt: „Die Kultur der sechziger Jahre lebt in dem fort, was wir als unerträglich, unverbindlich und überfordernd gegenwärtig empfinden". Der einstige Mit-Akteur *Bazon Brock* (in: Um 1968, 1990: 185) schrieb das 1990, als schon sichtbar wurde, dass einiges geblieben war – nicht nur ein Steinewerfer der APO als Minister in Turnschuhen. Im Bildungssystem, in den Gender-Beziehungen und vielen anderen Bereichen hat sich einiges verändert. Nur in der Kunst wären zahlreiche Innovationen, die ab 1960 durchgesetzt wurden, auch ohne 1968 denkbar gewesen. Die *Graffiti-Szene* wurde von der Hausbesetzer-Bewegung berühmt gemacht und setzte sich schrittweise als Kunst durch. Die Heidelberger Karzer-Graffiti – sonst nur eine touristische Kuriosität – gewannen plötzlich Vorbildcharakter (Treeck 1993: 78).

Die rebellierende Kunstszene hatte vor allem im Vergleich zur Literatur und zum Theater schlechte Karten, da das „syndikalistische Modell" der „Demokratisierung der literarischen Produktionsverhältnisse" nicht nachgeahmt werden konnte. Im September 1968 waren auf der Frankfurter Buchmesse durch Polizeieinsatz Demonstrationen verhindert worden, um die Verleihung des Friedenspreises des Deutschen Buchhandels an den Präsidenten Senghor zu verhindern, der als „neokoloniale Marionette" verschrien wurde. In der Folge kam es zum Aufstand der Lektoren bei Suhrkamp und Luchterhand. Für Luchterhand hatte *Günter Grass* ein „Mitarbeiterstatut" und einen „Autorenbeirat" lanciert. Die Vokabel „Sozialisierung" brachte die Gemäßigten auf, und auf die Dauer haben die Mitbestimmungsmodelle nicht einmal in eilends gegründeten alternativen Verlagen überlebt. Weder die Lektoren, noch die Autoren waren sich als die *„spezifischen Intellektuellen"* im Sinne von *Bourdieu und Foucault* einig. *Enzensberger* setzte auf die *„revolutionären Intellektuellen"* im Bund mit der Dritten Welt – *Grass* auf die „reformatorischen Intellektuellen", die noch an „Es-Pe-De"-Aktionen teilnahmen (Gilcher-Holtey 2006: 232). In den bildenden Künsten gab es keine permanenten Einrichtungen wie Verlage. Die Galerien boten wenig Ansatzpunkte, und die Syndikalisierungsversuche der klassischen Avantgarde, mit den schon der Kubist *Albert Gleizes* das Geld seiner reichen Künstlerfrau verplemperte, sind gescheitert (v. Beyme 2005:181). Eine Demokratisierung der künstlerischen Produktionsverhältnisse blieb weit stärker als in Literatur und Theater auf Einzelinitiativen beschränkt. Immerhin haben die Berliner Realisten sich in der *Selbsthilfegalerie „Großgörschen 35"* in einer Hinterhof-Fabriketage sammeln und 1966/67 ihr kritisches Programm entwickeln können, um dem Wohlstandsbürgertum ihr fratzenhaftes Spiegelbild entgegen zu halten (Thomas, 1985: 165). Das Plakat von *Dieter Hacker* (1917) „Tötet Euren Galeristen", „Gründet eine Produzentengalerie" wurde nur im zweiten Teil befolgt und war auch dort nur temporär erfolgreich. Inzwischen sind die Galeristen zwar immer noch präsent, werden aber von ganz neuen Formen des *Art-Managing* marginalisiert. Die kritischen Avantgarden zwischen Medien, Theater-Szene und Performance haben für die Publizistik nichts Bedrohliches mehr: Sie werden liebevoll *„Bobos – Bourgeois Bohemians"* – genannt.

Kunst und Recht sind antagonistisch geblieben. Der Sieg der Abstraktion im Informel hat nur vorübergehend Entwarnung gebracht. Wie Linke wähnten, ist die Abstraktion nicht umsonst vom CIA finanziert worden, um die aufmüpfige Kunst zu entpolitisieren und der Propagandakunst des sozialistischen Realismus das Wasser abzugraben. Aber sowohl Politisierung und damit vielfach realistische Kunst sind in den 60er Jahren wieder erstanden. Selbst die politische Toleranz des Rechtssystems ist gewachsen, weil keine linke Bedrohung der Republik in Sicht ist und weil die Säkularisierung die Empfindlichkeiten hinsichtlich von Blasphemie gesenkt haben.

Zur Provokation gehört ein gewisser Puritanismus des Bürgertums und seiner Gesellschaft. Diese aber wurde zur Minderheitenkultur. *Marcel Duchamp* konnte noch mit dem „Pissoir" (1917) schockieren. Spätere Skandale mussten mehr Tabus verletzten wie *Andres Serranos* „Piss Christ", in dem der Gekreuzigte in einem Urinbad gezeigt wurde (Mèredieu 1004: 615). Die individualisierte Ekel-Schwelle musste das kollektive Rechtsbewußtsein als Abwehrgrenze ersetzen.

Der spät-avangardistische Traum vom Verschwinden der Kunst wurde durch die Mediatisierung der Künste durch die Medien auf ganz andere Weise wahr, als es die 68er geträumt hatten (Reck in: Wilhelm 1996: 76). „Gott ist tot" – aber postmoderne Philosophen wie Vattimo haben gezeigt, dass man diese Botschaft anders als der Pastorensohn Nietzsche heute ohne Neurosen ertragen kann. Die „Vergottung der Kunst" als Ersatzgott ist mit den Avantgarden der klassischen Moderne ebenfalls gestorben.

Das erfreulich Neue an den radikalen Künstlergruppen – im Vergleich zu den K-Gruppen – war, dass sie überwiegend keine eschatologischen Visionen für die Dauer mehr propagierten. Beispielhaft scheint die „Situationistische Internationale". Ihr Manifest von 1961 hatte ein Verfallsdatum schon angepeilt und Ibsen zitiert: „Eine Wahrheit wird nur zehn Jahre alt" (Dok. in Wetterleuchten, 2000: 83).

4. Die globalisierte und kreolisierte Demokratiekonzeption im Zeitalter der Postmoderne

Das Ende der Kunst – der Triumph der Ästhetik? Die Versprachlichung der Kunst

Politische Botschaften waren seit der Durchsetzung von Abstraktion und Montage schwer unterzubringen. Daher versuchte mancher Künstler, das schwer Ausdrückbare mit Begleittexten nachzuholen. Überall wurden *postkoloniale Dialoge* in der Kunst entdeckt. Die Avantgarde der klassischen Moderne hatte einige Schwierigkeiten, ihren Drang nach schriftlicher Erörterung ihrer künstlerischen Prinzipien zu rechtfertigen (v. Beyme 2005: 221ff). *„Bilde Künstler, rede nicht!"* hatte *Goethe* einst gesagt, und *Beckmann* (1984: 5), ein Künster, der selbst gern und gut schrieb, variierte: „Maler, male, rede nicht!". Von *Platon* bis *Gadamer* reichten die Verdikte der Philosophen gegen Künstlerschriften. Aber das 20. Jahrhundert wurde nach *Richard Rorty* (1979: 263) das „Jahrhundert des Wortes", das Ontologien und Ideologien früherer Epochen ablöste. Worte schienen die größte Plausibilität zu haben. Die *Versprachlichung der Kunstproduktion* wurde damit zugespitzt. Es wurde in der Entwicklung der modernen Kunst ein Paradoxon entdeckt: Die Handlungssphären drifteten weiter auseinander. Kunst wurde autonom gegenüber dem Kognitiven, dem Politischen und dem Ethischen. Die Moderne wurde aber – gegen ihre ursprüngliche Intention – in die Warengesellschaft integriert und wurde angeblich zu einer „marginalen Angelegenheit".

Postkolonialismus und globale Demokratie

Der neue Wissenszweig der *„Postcolonial Studies"* versuchte die nordatlantische Begrifflichkeit auf die neue globale Weltsicht umzustellen (Ashcroft u.a. 1998). Auch die gesamte Kunstgeschichte musste neu geschrieben werden, und in Museen und Ausstellungen sollte nach den postkolonialen Erkenntnissen gehandelt werden (Below 2005: 54ff). Dies geschah immer seltener im Stil der älteren linken Kapitalismuskritik, in der selbst die Roten Khmer nicht ein „Fall exotischer Barbarei", sondern Frucht von Antagonismen im heutigen Kapitalismus waren (Žižek in: Weibel/Steinle 1992: 572).

Diesem Ziel haben sich seit Ende der 1990er Jahre zahlreiche Ausstellungen gewidmet: in Paris (*„Magiciens"* 1989), in Köln und Graz (*„Inklusion"*, 1996), in Köln (*„Kunstwelten"*, 2000) oder auf der *Biennale zeitgenössischer Kunst* in Lyon (2000). Eine erste Pioniertat im deutschen Sprachraum war die Ausstellung *„Weltkulturen und Moderne Kunst"* anlässlich der olympischen Spiele in München, welche die Begegnungen der Moderne mit den orientalischen Kulturen dokumentierte (Wichmann 1972: 43). Es ging in allen diesen Ausstellungen nicht mehr nur darum, Wissen und Verständnis für die Dritte Welt zu verbreiten, sondern die Künstler ferner Regionen gleichberechtigt zu vertreten. In der Ausstellung *„Magiciens de la terre"* im Centre Pompidou (1989: 8) galten als das Auswahlkriterium noch Objekte mit einer *„Aura"*, obwohl das *„postauratische Zeitalter"* längst ausgerufen worden war. Jeder Künstler wurde in seinem Atelier besucht, um Scharlatane auszuschließen. Es ging auch nicht um bloße „Fundobjekte", die einem praktischen Zweck dienten. Den Werken sollten Ideen und metaphysische Werte zugrunde liegen. Diese Ziele scheinen am ehesten erreichbar zu sein, wenn ein Künstler aus der afrikanischen Provinz wie *Dossou Amidou* aus Coué, Bénin mit dem Werk „Masque" ausgewählt wurde. Der Künstler stand in der traditionellen der Fabrikation von Masken und bekannte „ich arbeite nur, ich kann nicht definieren, was ihr Kunst nennt" (Magiciens 1989: 81). Bei der Kombination von traditionellem Ritualismus mit einer fast manieristischen Superstruktur ist die Frage erlaubt, ob es sich um echte oder gespielte Naivität des Künstlers handelte? Wenn die Naivität echt war, schließt sich die Frage an, ob das Kunstprodukt „Masque" in diesem Fall nicht dem nahe kommt, was „nordatlantische" Künstler um die Zeit mit der Übernahme einzelner exotischer Motive an *Pop Art* praktizierten.

Ob schließlich die sehr heterogene Schau in Paris den aufgestellten strengen Kriterien genügte, ist weniger interessant als die Tatsache, das spätere postkoloniale Ausstellungen gar nicht mehr so rigide Kriterien verlangten. Auf der *„Biennale der zeitgenössischen Kunst"* in Lyon (2000) wurde die Gleichrangigkeit der Kulturen in den Slogan umgesetzt: *„Jeder der Exot des Anderen"*. „Exotica" wurde eine Installation von *Anne und Patrick Poirier* betitelt: Im Halbdunkel einer Koje wird ein herunter gekommenes Stadtpanorama als Demokratiekritik gezeigt. Aus Industrieabfällen zusammengestoppelt, werden zerfallene Häuser, stillgelegte Bahnhöfe oder ausrangierte Gaskessel gezeigt. Die Erde ist zum unbewohnbaren Abfallhaufen geworden (Schlocker 2000: 2). Die Distanz zu anderen Kulturen ist zur Radikalkritik der eigenen Zivilisation in einer Archäologie des Zerfalls mutiert.

In der Ausstellung *„Blut. Kunst, Macht, Politik, Pathologie"* (2002: 205) gingen Aktionisten und Performance-Künstler noch einen Schritt weiter, um die kathartische Funktion von Aktionen in die Kunst einzubringen und den alten Slogan der Aufhebung der Grenzen zwischen Kunst und Leben endlich in die Realität umzusetzen. Man berief sich auf *Duchamp, Yves Klein und Piero Manzoni,* ging aber in der Radikalität in der Überschreitung der Ekelgrenze über alle Vorbilder hinaus. Die Fett-Teile in *Beuys*-Installationen waren mit diesen Werken verglichen geradezu appetitlich! Blut wurde in metaphorischen Handlungen zur Aufklärung gegen Unfreiheit und Gewalt eingesetzt. Feministische Künstlerinnen gingen bis zur *Selbstverletzung*, um die bloße Darstellung von Blutszenen zu überwinden, wie sie selbst bei *Francis Bacon* noch überwogen. In einer Gesellschaft, in der Teile der Jugend sich mit *Tatoos und Nasenringen* selbst Wunden zufügen, ist größere Toleranz für diese Art der postmodernen Kunst zu erwarten. Eine aggressive Benetton-Werbung hat blutige Symbole ohne Kommentar eingesetzt, um die Bilder für sich selbst sprechen zu lassen. Die Kommerzialisierung hat inzwischen die Scham- und Ekelgrenze für viele postmoderne Menschen weiter gesenkt. Ob die massenhaften Blutszenen einen Aufklärungswert gegen Gewalt oder eher eine Abstumpfung des öffentlichen Bewusstseins entwickeln, ist umstritten. Die Versprachlichung der bildenden Kunst, die von der Romantik bis zur klassischen Moderne ständig zugenommen hatte, demonstrierte immer stärker ihre Schattenseiten: Die Ausgefeiltheit der verbalen Kommentare in Katalogen und Feuilletons stand wachsendem Kontrast zur oft schwachen handwerklichen Ausführung von Montagen und Installationen gegenüber.

Der *Multikulturalismus* wurde zum Sammelbegriff für alle *Minderheitendiskurse vom Postkolonialismus bis zur Homosexuellenbewegung*. Aber das Konzept geriet in die Kritik, weil es neue Apartheid von Gruppen zu fördern schien und dem Anliegen der Annäherung des Eigenen und des Anderen nicht hinreichend diente. Das Fremde und Exotische war in der Kunst schon immer ein Teil der europäischen Kultur, wie die Darstellungen vom „*Satyr*" und „*Wilden Mann*", von „*Barbaren*" und „*Exoten*" zeigten. Vor allem in den erotischen Aspekten wurden geheime Sehnsüchte ausgelebt, wie Dürer es unter dem Vorwand eines Wappens für seinen Freund Pirckheimer tat, wo ein „wilder Mann" sich einer züchtigen Frau nähert. Schon *Walter Benjamin* behauptete, dass jedes Dokument der Zivilisation auch ein Dokument der Barbarei sei. Postkoloniale Kunst sollte daher laut ihren Kündern erkennen, dass es nicht reicht, das Andere zuzulassen, sondern nach Freud, dass das Andere unser verdrängtes Unbewusstes darstelle (Kristeva 1988: 200f). Seit *Foucault* in Machtdiskursen Unterdrücker und Unterdrückte eng verwoben sah, wurde die Wahrnehmung des Fremden nicht mehr als Einbahnstrasse beschrieben. In *Sigmund Freuds* Termini wurde sogar eine „Identifikation mit dem Angreifer" in dieser Philosophie vermutet. Die „emanzipatorische Gegenmacht der Verzweiflung" schlug um in die „melancholische Preisgabe des Ichs angesichts objektiver Übermacht". Die *Kunst der Installation* hat seit *Marcel Duchamp* schon lange gegen objektivistische Illusionen ästhetischer Erfahrung als *„mitvollziehendes Dabeisein"* vorangetrieben. Diese Kunst hat versucht, das Publikum in die rezipierenden Subjekte zu verwandeln, ob sie sich als feministisch, queer, postkolonial, sozialistisch oder subkulturell verstehen (Rebentisch 2003: 283). Duchamp hat freilich in der Nachkriegszeit mit den Nachfolgern der Installationskunst wenig anfangen können.

Das *„Projekt der Moderne"*, das die Ausläufer der Kritischen Theorie der Frankfurter Schule noch nicht für vollendet hielten, kam auch in der neueren Kunstpublizistik in Verruf. Es wurde für naiv gehalten, das Projekt der Moderne unkritisch fortzuschreiben. Kann es „kritisch" fortgeschrieben werden? Die Moderne wurde mit dem Modernisierungsprozess identifiziert, und dieser hat vor allem die Logik der Beherrschung von Natur und Menschen und damit indirekt den Kolonialismus vorangetrieben. Inzwischen ist sogar die Universalität der Menschenrechte in die Kritik geraten, weil sie zur „Globalisierung von oben" führen könnte. Die eurozentrischen „Menschenrechtsspießer" wurden zunehmend kritisiert (FAZ 30.4.2007: 35). *Boaventura de Sousa Santos* hat daher eine *„mestizische Konzeption der Menschenrechte"* im Geist des Multikulturalismus propagiert, die auch in Europa aufgenommen worden ist. Einerseits wird an den gemeinsamen Prinzipien der nationalen Verfassung festgehalten. In ihr kann es keine Koexistenz widerstreitender Legitimitätsprinzipien geben. Andererseits werden die Menschenrechte nicht in toto relativiert, aber sie werden pluralisiert, um eine westliche kulturelle Hegemonie zu verhindern. Das heißt, dass funktionale Äquivalente von Menschenrechten in verschiedenen Kulturen anerkannt werden müssen (Mouffe 2007: 164f, 160).

Documenta und Kontextkunst: eine neue demokratische Kunst?

Enwezor (2002: 49) – der erste nicht-europäische Kurator einer Documenta – kam in seiner umfassenden Analyse zugute, dass er unter anderem auch Politikwissenschaft studiert hatte. Plattform 1 war daher der Demokratie als unvollendetem Prozess gewidmet. Das war nicht ganz neu. Der *Kontext* als Schlüsselbegriff hatte schon auf der *10. Documenta* (Politics – Poetics 1997: 24f, 803) zu einer Wiederentdeckung des politischen Kontextes geführt, um die „postmoderne Bequemlichkeitsästhetik" aufzubrechen. Schon 1997 geriet die *„Postdemokratie"* – eine Pseudodemokratie, die ohne Subjekt auszukommen glaubte und die Demokratie auf „Konsens" reduzierte – ins Visier. *Antonio Gramsci* wurde beschworen, der angesichts der kulturellen Hegemonie im Konsens den Konflikt einschloss. Wiederum wurde das „Ich" mit Foucault dekonstruiert. Aber immer wieder schlichen sich in die autopoetische Selbstreferentialität der Systeme aktionistische Vokabeln ein. Kunst sollt nicht nur Kritik am System üben. *Kontextkunst* wurde zur neuen Form, um die Kunst zur Teilhabe an der sozialen Konstruktion von Wirklichkeit werden zu lassen: „Die KünstlerInnen werden zu autonomen Agenten sozialer Prozesse, zu Partisanen des Realen" (Weibel 1994: 57).

In der 11. Documenta wurde die Demokratiekritik handfester. Man beklagte, dass das Ende des Kalten Krieges und der Zerfall des Kommunismus die Demokratie zum Exportartikel transformierte, ohne dass überall volle Demokratie entstand. *„Defekte Demokratie"* wurde in der *„Transformationsforschung"* zu einem wichtigen Arbeitsbereich der Sozialwissenschaften. Der Terminus unterstellt nicht, dass es „perfekte Demokratien" gebe. Jedenfalls zeigte sich, dass die Defekte nicht nur bei den neuen Demokratien auftreten, sondern auch bei den *„konsolidierten Demokratien"* noch nicht ganz überwunden sind. Plattform 1 sollte keine neue Demokratietheorie entwickeln, sondern die gängigen Konzepte der Demokratie im Hinblick auf die Bildung nationaler und kultureller Identität kritischer hinterfragen. Der sozialwissenschaftliche Ansatz bei Enwezor (2002: 50) war auf der Höhe des sozialwissenschaftlichen Forschungsstandes und verdienstvoll, da er sich nicht auf die Rituale der Demokratisierung durch Wahlen beschränkt. Es zeigte sich, dass zur Konsolidierung neben Demokratie auch der Rechtsstaat gehört. Die Rechtsstaatlichkeit ist in neuen Demokratien meist noch defekt und im internationalen Bereich unvollkommen, obwohl es mit den „Wahrheitskommissionen" in postdiktatorischen Systemen und mit dem Beginn einer internationalen Gerichtsbarkeit hoffnungsvolle Ansätze gibt. Aber diese werden durch eine selektive und überpolitisierte Inszenierung noch immer stark in ihrem Wert gemindert.

In Plattform 3 kam es zu einer Befruchtung der neuesten Debatte um die Aneignung des Eigenen und des Fremden. „Das Lob der Kreolisierung", das drei Theoretiker aus Martinique gesungen hatten (Bernabé u.a. 1993: 75), wurde auf die Kunst angewandt. War Kreolisierung anfangs das Produkt des Imperialismus mit einer machtgenerierten Homogenisierung, so wurde sie zu seinem Gegenpol: Fragmentierung und Durchmischung wurden zur vorherrschenden Lebenspraxis – weit über die Ursprungsregion in der Karibik hinaus. Das Konzept der Kreolisierung wurde in der Publizistik viel diskutiert. Ganz neu war es – wie so viele Innovationen der Postmoderne – nicht. Verschwiegen wurde in diesem Diskurs, dass schon die Surrealisten *André Breton* und *André Masson* einen *„Kreolischen Dialog"* geführt hatten, in dem sie sich gegen Vorwürfe des Exotismus wehrten und erklärten, dass die Welt ihnen ganz gehöre (Masson 1976: 228). Der *postkoloniale Diskurs* sollte nicht nur in den fünf Plattformen – dezentralisiert – geführt werden. Man hoffte auf eine imaginäre sechste Plattform der Kunstkritik, welche die Ergebnisse dieses vierteljährigen Events auf Dauer stellen (Lüddemann 2004: 298). Die Medien der ersten Welt übten sich hinsichtlich der Documentas X und XI in *„political correctness"* und wagten nur selten Kritik im Grundsätzlichen. Empirische Studien haben anhand des Presseechos aufgezeigt, in welchem Maße die hehren Ziele Enwezors, der „kein Diktat des Kurators", sondern einen „transparenten Prozess" anstrebte, durchgesetzt werden konnten (Hellinger 2005: 118ff). Die Arbeit am Komplex „Kunst und Demokratie" wurde zunächst relativ positiv aufgenommen. Aber es zeigten sich bald Grenzen der Strapazierfähigkeit von Kunstkritikern: Der Politikwissenschaftler war bei diesem Konzept von postkolonialen Studien mit dem Kunstpublizisten durchgegangen. Es wurde moniert, dass zu wenig von Kunst die Rede war. Die Umsetzung der gesellschaftstheoretischen Positionen in die Kunst wurde als nicht ausreichend empfunden. Die gestelzte Sprache, zusammengesetzt aus autopoietischer Systemtheorie, Poststrukturalismus und postkolonialen Positionen, führte zu einem Vokabular, das kaum verstanden und noch weniger goutiert wurde. Positiv war das Echo auf die ausgelagerten Foren in Indien und Nigeria. Aber der Geist des globalisierten Exotismus war noch nicht gebannt: Die westlichen Medien haben die Erörterungen in der Ferne kaum zur Kenntnis genommen. Das Verständnis, das Enwezor (2004: 47f) dem radikalen Islam und den Theorien von *Frantz Fanon* entgegen brachte, hat dem Projekt geschadet. Ein Satz über „ground zero", das uns eine Metapher geliefert habe, „von dem aus die Kultur – qua zeitgenössischer Kunst – eine Epistemologie des nichtintegrativen Diskurses entfalten könnte", wurde als penetrant antiamerikanisch empfunden.

Aber gerade die zahlreichen Probleme in fünf Plattformen gebündelt ergaben noch keine schlüssiges Konzept. Die Auswahl der Künstler hat noch nie eine einheitliche Meinung erzeugen können. Es waren viele neue Namen präsent. Die Hälfte stammte nicht aus dem nordatlantischen Raum. Hierarchie sollte überwunden werden, aber die Auswahl in der Dritten Welt bevorzugte dann doch wieder ganz hierarchisch die umtriebigsten Künstler der jeweiligen Hauptstädte oder gar der in westlichen Hauptstädten sozialisierten Künstler. Enwezor versuchte der Kritik den Wind aus den Segeln zu nehmen, als er sie „eklektisch und transnational" nannte. (zit. Hellinger 2005: 66). Die mildere Form der Kritik richtete sich mit sanftem Spott gegen Enwezors Anspruch, als eine Art „Generalsekretär globaler kritischer Netzwerke" seine „kulturelle Weltzuständigkeit" zu erklären (Gregor Wedekind, NZZ 31.8./1.9.2002). Da der Kurator die Rechtslage im UNO-System ebenso wie die verbleibenden Hoheitsrechte der Nationalstaaten – die gerade von den Ländern der Dritten Welt betont wurden – vernachlässigte, blieb seine Position seltsam unpolitisch.

Kreolisierung und Hybridisierung im Postkolonialismus

Der Imperialismus hat die Mischung von Kulturen und Identitäten zementiert, am krassesten in der Karibik. Er hat jedoch Wirkungen mit dem „*Imperialismus in uns*", weil er dazu führte, dass jede Gruppe sich für einzigartig hielt. Der Exotismus neigte dazu, das Fremde und das Eigene zu verdinglichen und für klar abgrenzbar zu halten. Das zeigte sich noch in den besten Absichten postkolonialer Gesellschaften. Die USA haben im *Civil Rights Act* von 1964 rassische und ethnische Diskriminierung verboten. American Indians, Alaskan Natives, Asian, Pacific Islanders, Afro-Amerikaner und Whites wurden als Gruppen anerkannt. Die Hispanics werden gelegentlich abgetrennt und als eine Gruppe behandelt, ob es sich um einen hellen Abkömmling eines Spaniers oder einen indianischen Mexikaner handelte. Aber auch bei anderen Gruppen ist fraglich, ob sie ein einheitliches Bewusstsein entwickeln können. Daher sind inzwischen „*bi-racials*" und „*multiracials*" entdeckt worden, denn nur etwa ein Viertel der amerikanischen Schwarzen gilt als rein afrikanischer Abstammung (v. Beyme 2007: 156). Dass die Mischung jedoch zu größerer Toleranz führt, müsste noch bewiesen werden. Häufig kommt es auch zu umso heftigeren Anpassungen an die Identität der gewählten Gruppe. Während die postkolonialen Ideologen positive Resultate von der Hybridisierung erwarteten, haben Sozialwissenschaftler nicht übersehen, dass es häufig zu „*purified suburbs*" und zu Eskapismus in relativ homogenen Wohneinheiten kam. Als einzigen Vorteil sah man, dass diese Vorstädte immerhin ein Refugium für transkulturelle Exzentriker werden konnten (Sibley 1995: 39).

Im Postkolonialismus wird angestrebt, die Verdinglichung der Gruppeneinordnung aufzubrechen. Angesichts der Kreolisierung werden „*Leitkulturen*" in Frage gestellt, auch wenn sie durch Staatsbürgerschaften noch zementiert sind. Aber es mehren sich die *Doppelstaatsbürgerschaften,* die von einigen Autorinnen sogar als des Rätsels Lösung gepriesen werden (Kristeva, 1990: 212). Nur in der Europäischen Union wird diese Lösung gerade nicht angestrebt, weil eine Unionsbürgerschaft inzwischen nicht nur eine Deklaration auf dem Papier darstellt. Die doppelte Loyalität der Migranten, die ihre Wurzeln in der Dritten Welt nicht verleugnen, aber in Paris, London oder New York leben, sowie die Zwischengruppen von „Geduldeten mit Aufenthaltsrecht" und Asylanten zeigt jedoch, dass mit gleichen Rechten erst ein kleiner Schritt in Richtung Integration erreicht ist. Integration wird aber von vielen Autoren gar nicht angestrebt, es sei denn die Gastnation hybridisiert sich ebenfalls – was sie in kleinen Schritten ja meist auch tut. Der Wedding in Berlin ist kein deutsch-proletarisches Viertel mehr!

Transkulturalität stiftet keinen festen Bezugsrahmen für Identitätsbildung mehr. Afrikanische Autoren wie *Homi K. Bhaba* (1994: 236ff) forderten einen wirklich internationalen Begriff von Kultur, der den Exotismus und den *Multikulturalismus* überwunden hat. In der Zeit der nationalen Befreiungskämpfe glaubten Theoretiker wie *Frantz Fanon* (1966) noch daran, dass die Revolutionäre eine neue hybride Kultur schaffen könnten. Nach der Unabhängigkeit waren die einheimischen Intellektuellen jedoch vielfach enttäuscht, weil sich das Volk eine Identität schuf, die sich an der Moderne der Exkolonialmächte orientierte (Bhaba in: Magiciens 1989: 26). Der indische Dichter *Adil Jussawalla* (1976: 15) hat die neue Desorientierung in einem Gedicht ausgedrückt:

„Wiped out" they say.
Turn left or right,
there's millions like you up here,
picking their way through refuse,
looking for words they lost.
You're your country's lost property
With no office to claim you back."

Kulturelle Praxis entwickelt sich laut Bhaba *„inbetween"*. Das Konzept versucht die Quadratur des Kreises: Gefordert wird die Enzyklopädie einer Weltgesellschaft, die fragmentiert ist wie „Babel". Kanon und Hierarchie sollen vermieden werden. Das Resultat ist freilich auch mit einem Habermas-Begriff zu charakterisieren: *„neue Unübersichtlichkeit"*. Obwohl der karnevaleske Ansatz im ersten Jahrzehnt des 21. Jahrhunderts von einem mörderischen Terrorismus überlagert wurde, werden die Folgen der Globalisierung, die Müllberge und Ödland in der Welt produzieren, in einer *„Metaphysik der Scheiße"* in karnevalesker Wahrheitssuche drastisch benannt. Dabei wurde versucht, die postmoderne Beliebigkeit zu überwinden. Die Erfahrungen einer oppositionellen Kunst des Dadaismus und einiger Nachkriegsbewegungen der klassischen Avantgarde zeigten, dass das System die Kritik absorbieren kann, solange zentrale Begriffe nur umgedreht werden, der zentrale Code des Systems jedoch unangetastet bleibt. Eine hoffnungsvolle Figur wurde im *„Trickster"* andeckt, einer Figur mit einer Moral, die vom Codex der Gesellschaft abweicht. Der Trickster ist Lügner, Wahrsager, Erotomane, Humorist, Verwandlungskünstler, *„bricoleur" und „agent provocateur"*, der die Sprache manipuliert und im „Zwischenraum der Andersheit" operiert. Alle Kulturen haben große Vorbilder dafür wie Hermes im alten Griechenland, der Kojote in Nordamerika, der Affenkönig in China, Genesha in Indien, Loki in Skandinavien oder Pulcinella in Italien. Empfohlen wird ein befreiendes Lachen das „Hinübergleiten in den regenerativen Zeit-Raum des Anderswerden" – im Gegensatz zum herkömmlich abgeschlossenen Kunstwerk oder einer propagandistischen Botschaft (Jean Fisher in: Documenta 11, 2002: 63, 67f).

Postkolonialismus – das Ende des Exotischen?

Der *Poststrukturalismus und Postmodernismus*, die glaubten, die „Differenz" gegen die „Einheitsvorstellung" der Moderne wieder entdeckt zu haben, sind bald der *Relikte von versteckten essentialistischen Prämissen* in der Subjektpolitik verdächtigt worden. Der Verdacht machte auch vor den Propheten von gestern nicht halt wie dem vehementen Orientalismus-Kritiker *Edward Said*. Hat sich der klassische postkoloniale Intellektuelle nicht in der Heimatlosigkeit werbeträchtig eingehaust? Wird die ubiquitäre Verdächtigung von Kultur als Ideologie (Varadharajan 1995: 114, 136) nicht selbst zur Auflagen steigernden Ideologie? Die Postmoderne schien sich für radikalen Postkolonialisten nicht hinreichend mit dem Postkolonialismus verbündet zu haben, obwohl beide etwa zur gleichen Zeit entstanden. Es wurde unterstellt, dass die Postmoderne „dem Anderen" Raum gibt, aber dadurch verweigert, „der Gleiche" zu sein. Ferner wurde der Postmoderne eine solche hegemoniale Stellung vorgeworfen, dass sie – gegen ihre ursprüngliche Intention – einen neuen internationalen Stil hervorbrachte.

Die Globalisierung sollte die Dichotomie Zentrum – Peripherie aufbrechen, hat aber die Zentren nur verlagert, und selten hat die Peripherie davon profitiert. Dass die nordatlantische Presse über die Documenta-Plattformen in Indien und Nigeria so wenig berichtet hat, zeigt das Dilemma auch bei besten postkolonialen Intentionen von Ausstellungsmachern. *Edward Said* (1997: 44) hat eine neues Dilemma der Postmoderne angedeutet: Da die euro-zentrische Kultur sich in der ganzen Welt „bedient hat", ist sie für den Rest der Welt umso interessanter geworden. Said schien zahm geworden und den Postkolonialismus und das neue „Empire" ohne Machtzentrum noch nicht internalisiert zu haben. Die nordatlantische Kultur droht zunehmend die Standards zu setzen für die hybriden Formen der Kultur die „in" sind. Ein Erdteil- und Länderproporz, wie die 11. Documenta ihn realisierte, reicht nicht aus. Die Künstler der Dritten Welt verfügen nicht über die Medien, die Verlage, die Ausstellungszentren der Metropolen im Norden. Angesichts überhöhter Erwartungen, die im postkolonialen Diskurs geschürt werden, ist die Enttäuschung vorprogrammiert. Selbst das aufgeklärteste Konzept der multikulturellen Repräsentation von Künstlern kann den globalisierten Kunstmarkt nicht ändern. Aufklärer, die speziell afrikanische Kunst förderten, erlebten die Enttäuschung, dass die Kunden zweitrangige „Schildermaler" bevorzugten (Olu Oguibe in: Weibel 1997: 96). Dieses Phänomen ist inzwischen als *„glomanticism"* bezeichnet worden, eine irreführende Verbindung von Globalität und Romantik (Marchart 2004: 99).

Die einst linke Theorie des Westens, wie sie Hardt und Negri (2002: 48) vertreten, ist dabei wenig hilfreich. Sie ist inzwischen selbstreferentiell geworden. Die imperiale Maschine lässt einen externen Standpunkt nicht mehr zu. Kommunikative Produktion und imperative Legitimation können nicht mehr von einander getrennt werden. Trost gibt es nur in der Form der Thesen von *Foucault*: Macht enthält immer schon Gegenmacht. Für die Kunst besteht jedoch weiterhin die Gefahr, dass weder Exotismus noch Weltkunst, sondern „exotische Parodien" entstehen. Wo die nachexotische Kunst noch authentisch wirkt, droht ein neuer theoretischer Essentialismus. Vor allem Feministinnen haben sich gelegentlich wenigstens zum „strategischen Gebrauch des Essentialismus" bekannt, um die Anliegen der von ihren vertretenen Minderheiten zu fördern *(Spivak* 1990: 109). Aber auch ein postkolonialer Kryptoessentialismus im Namen der Hybridisierung entkommt dem Dilemma nicht, dass die Kunst der Dritten Welt zwar das Ende des Exotismus bedeutet, aber vielfach ihre eigene Tradition mit den Standards der Metropolen vermengt. Bei wohlmeinenden Neo-Essentialisten im Namen bisher vernachlässigter Minderheiten verstärkt sich zudem die Gefahr, dass die konservativen Rechten ihren nordatlantischen Universalismus aufgegeben haben und sich ihrerseits auf das „Eigene" im Meer des Fremden berufen (Kahn 1995: 6).

Fazit

Das Verhältnis von Demokratie und Kunst ist immer asymmetrisch gewesen. Kunst unterliegt rascheren Innovationen als das Institutionengefüge der Demokratie. War Demokratie bis zur französischen Revolution vielfach nur ein Schulbuchtyp in der Tradition des Aristoteles und galt allenfalls für kleine Gesellschaften wie die Schweiz für realisierbar, so wurde sie seit 1789 schrittweise durchgesetzt: als Repräsentativsystem und schließlich als parlamentarisches System mit Herrschaft der Mehrheit. Künstler waren in der Regel ihrer Zeit auch hinsichtlich ihrer politischen Wünsche voraus – und hatten mit Utopien weniger Berührungsängste.

Das Verhältnis von Kunst und Demokratie war nicht stabil über die Epochen:

- In der vordemokratischen Epoche des Kaiserreichs standen die meisten Avantgardekünstler in Opposition zum Regime. Ihre demokratischen Vorstellungen waren aber überwiegend anarcho-syndikalistisch gestimmt.
- Nach der Parlamentarisierung und Demokratisierung Deutschlands in der Weimarer Republik hat ein großer Teil der Künstler der klassischen Moderne links von der SPD gestanden und hatte rätedemokratische Vorstellungen. Nur wenige Künstler stellten sich in den Dienst des neuen Systems. In Frankreich kam es zu einer Orientierung von Teilen des Surrealismus auf die Kommunistische Partei. In der Zeit der Résistance traten bekannte Künstler wie Picasso, Léger oder Magritte in die Kommunistische Partei ein.
- Nach 1945 haben die meisten Avantgardisten einen inneren Burgfrieden mit der parlamentarischen Demokratie und der Marktwirtschaft geschlossen und fanden zu einem „angepassten Demokratiebegriff". Aber Konflikte brachen bei vielen Gruppen – wie „Cobra" – immer wieder auf.
- Es kam zu neuen Wellen der Basisdemokratisierung in den 60er und 70er Jahren. Viele Künstler vertraten einen revoltierenden Demokratiebegriff, und nicht wenige gerieten mit der Rechtsordnung in Konflikt. Aber auch als diese Bewegungen abklangen, konnten sich Künstler nicht mit dem Status quo der Demokratie zufrieden geben. Sie waren nur allzu bereit, überall „defekte Demokratien" zu entdecken.
- In der Postmoderne seit den 80er Jahren verlagerte sich die Frontlinie zwischen Kunst und Demokratie erneut. Viele Künstler im internationalen Ausstellungsbetrieb kämpften für eine postkoloniale Auffassung von Demokratie, die den traditionellen parlamentarischen Betrieb als „defekte Demokratie" einstufte – vor allem bei den Ausstellungskuratoren, die selbst sozialwissenschaftlich orientiert waren wie die Leiter von Documenta 11 und 12. „Hybridisierung" und „Kreolisierung" wurden zu Grundbegriffen in einem Kampf, um die Dritte Welt endgültig in die „Weltkunst" aufzunehmen.

Ein Rezept für eine in sich ausgewogene Weltkunst ist nicht in Sicht. Es bleibt in der Kunstkritik der Dritten Welt vielfach bei dem Appell, die „Entfremdung des Nichtwestens" durch eine eigene Kritik des Eurozentrismus zu überwinden und ein neues

Selbstverständnis von Formen und Teilnahmebedingungen an einem globalisierten kulturellen Austausch zu gewinnen. Nicht Erhaltung, sondern offensives Arbeiten mit den eigenen Traditionen erscheint als das Gebot der Stunde (Volkenandt 2004: 21). Für die westliche Kunst hingegen gilt, dass sie sich der Widersprüchlichkeit ihres zivilisatorischen Prozesses bewusst bleiben muss, um nach dem Prinzip der „*Ungleichzeitigkeit des Gleichzeitigen*" das Fortbestehen des Exotisch-Barbarischen in sich selbst zu erkennen (Ette 2006: 380). Das bedeutet für die großen Events der Kunst, dass Kunst wieder Kunst sein können sollte und Distanz vom Marktrummel der Inszenatoren gewinnen muss. Nachdem die Verknüpfungen von Kunst und Politik sich von Jahr zu Jahr in kühnere Theoreme flüchteten, wird es Zeit für eine Schau, die kein „Exerzierplatz" der neuesten postkolonialen Demokratietheorien mehr sein will.

Literatur

Arbeitsrat für Kunst. Berlin 1918-1921. Ausstellung mit Dokumentation. Berlin, Akademie der Künste, 1980.

Archer, Michael: Art since 1960. London, Thames & Hudson, 1997, 2002.

Arndt, Adolf: Die Kunst im Recht. NJW 1966: 25-28.

Ashcroft, Bill, u. a.: Key Concepts of Post-Colonial Studies. London, Routledge, 1998.

Beckmann, Max: Die Realität der Träume in den Bildern. Aus Tagebüchern, Briefen, Gesprächen 1903-1950. München, Piper/Leipzig, Reclam, (1984), 1987, 2. Aufl.

Below, Irene/v. Bismarck, Beatrice (Hrsg.) : Globalisierung/Hierarchisierung. Kulturelle Dominanzen in Kunst und Kunstgeschichte. Marburg, Jonas, 2005.

Bernabé, Jean u. a.: Éloge de la Créolité. Paris, Gallimard, 1990, 1993.

Belting, Hans: Hybride Kunst? Ein Blick hinter die globale Fassade. In: Scheps, Marc u.a. (Hrsg.) Kunstwelten im Dialog. Von Gauguin zur globalen Gegenwart. Kat. Museum Ludwig Köln, 1999: 324-329.

v. Beyme, Klaus: Das Zeitalter der Avantgarden. Kunst und Gesellschaft 1905-1955. München, Beck, 2005.

v. Beyme, Klaus : Föderalismus und regionales Bewusstsein. Ein internationaler Vergleich. München, Beck, 2007.

v. Beyme, Klaus: Die Faszination des Exotischen. Exotismus, Rassismus und Sexismus in der Kunst. München, Fink, 2008.

Bhaba, Homi: The location of culture. London, Routledge, 1994.

Böckelmann, Frank/Nagel, Herbert (Hrsg): Subversive Aktion. Der Sinn der Organisation ist ihr Scheitern. Frankfurt, 1976.

Bradburne, James M. u.a.(Hrsg.) : Blut. Kunst, Macht, Politik, Pathologie. München, Prestel, 2002.

Checkland, S. J.: Ben Nicolson. London, John Murray, 2000.

Chipp, H. B.: Theories of Modern Art. A Source Book by Artists and Critics. Berkeley, University of California Press, 1968, 1996.

Enwezor: Die Blackbox. In: Documenta 11 – Plattform 5. Ostfildern, Hatje/Kantz, 2002: 42- 55.

Erbel: Ein „Definitionsverbot" für den verfassungsrechtlichen Begriff „Kunst". DVBl, 1969: 863-867.

Ermen, Reinhard: Joseph Beuys. Reinbek, Rowohlt, 2007.

Ette, Ottmar: Die Ordnung der Weltkulturen. In: Bay, Hansjörg/Merten, Kai (Hrsg): Die Ordnung der Weltkulturen. Würzburg, Königshausen & Neumann, 2006: 357-380.

Fanon, Frantz: Die Verdammten dieser Erde. Frankfurt, Suhrkamp, 1966.

Documenta 11 (Hrsg. Enwezor): Ausstellung. Katalog. Ostfildern, Hatje Cantz, 2002.
Ferrer, M.: Groupes, mouvements, tendances de l'art contemporain depuis 1945. Paris, École nationale supérieure des Beaux-Arts, 1990.
Fouchet, M.-P. : Wilfredo Lam. Barcelona, Edición polígrafa, 1983.
Geertz, Clifford : Welt in Stücken. Kultur und Politik am Ende des 20. Jahrhunderts. Wien, Passagen, 1996.
Gilcher-Holtey, Ingrid: Transformation durch Partizipation? Die 68er Bewegung und die Demokratisierung der literarischen Produktionsverhältnisse. In: Diess. u. a. (Hrsg.): Politisches Theater nach 1968. Frankfurt, Campus, 2006: 205-233.
Gilcher-Holtey, Ingrid: Eingreifendes Denken: die Wirkungschancen von Intellektuellen. Weilerswist, Velbrück, 2007.
Goetz, Karl Otto: Im Nebel zweier Äxte. Gedichte. Aachen, Rimbaud Verlagsgesellschaft, 1994.
Groys, Gesamtkunstwerk Stalin. München, Hanser, 1988, 1996.
Grützke, Johannes: Misch Du Dich nicht auch noch ein. Gemälde, Pastelle, Zeichnungen, Grafik und Text 1964-1979. Frankfurt, Zweitausendundeins, 1979.
Guilbaut, Serge (Hrsg.): Reconstructing Modernism: Art in New York, Paris and Montreal, 1945-1964. Cambridge/Mass., MIT Press, 1990.
Hardt, A./Negri, Antonio: Empire. Die neue Weltordnung. Frankfurt, Campus, 2002.
Heinz, Wolfgang: Kunst und Strafrecht – Aktuelle Fragen politischer Kunst. In: Mühleisen, Hans Otto (Hrsg.). Grenzen politischer Kunst. München, Schnell & Steiner, 1982: 17-43.
Heller, R. (Hrsg.): Vom Expressionismus zum Widerstand. Kunst in Deutschland. 1909-1936. München, Prestel, 1991.
Hellinger, Ariane : Die Bewertung der documenta 11 in der Kunstkritik. Zwischen „politischer Überfrachtung" und „neuem Kunstbegriff" – die postkoloniale Weltkunstausstellung im Spiegel der internationalen Tagespresse. Mag. Diss., Heidelberg, 2006.
Hermand, J.: Avantgarde und Regression. 200 Jahre deutsche Kunst. Leipzig, Edition Leipzig, 2004.
Hoffmann, Justin: Dekonstruktionskunst. München, Silke Schreiber, 1995.
Immendorff: Jörg Immendorff im Gespräch mit Pamela Kort. Köln, Kiepenheuer&Witsch, 1993.
Inklusion : Exklusion. Versuch einer neuen Kartografie der Kunst im Zeitalter von Postkolonialismus und globaler Migration (Hrsg. Weibel, Peter), Köln, DuMont, 1996.
Jorn, Asger: Plädoyer für die Form. München, Klaus Boer, 1990, 1997.
Jussawalla, Adil: Missing Person. Bombay, Clearing House, 1976.
Kahn, Joel: Culture, Multiculture, Postculture. London, Sage, 1995.
Khan-Magomedov, S.: Vhutemas. Moscou 1920-1930. Paris, Éditions du regard, 1990, 2 Bde.
Kelly, Petra/Beuys, Joseph: „Diese Nacht in die die Menschen…". Wangen/Allgäu, FIU-Verlag, 1994.
Kimpel, H.: Documenta: Mythos und Wirklichkeit. Köln, DuMont, 1997.
Kliemann, H. : Die Novembergruppe. Berlin, Gebr. Mann, 1969.
Knies, Wolfgang.: Schranken der Kunstfreiheit als verfassungsrechtliches Problem. München, Beck, 1967.
Kollwitz, Käthe: Ich sah die Welt mit liebevollen Blicken. Ein Leben in Selbstzeugnissen (Hrsg.: H. Kollwitz). Hannover, Fackelträger Verlag, 1968; Wiesbaden, Fourier Verlag, 2001, 12. Aufl.
Kraushaar, W.: 1968. Das Jahr, das alles verändert hat. München, Piper, 1998.
Kristeva, Julia: Fremde sind wir uns selbst. Frankfurt, Suhrkamp, 1988, 1990.
Kunstwelten im Dialog – von Gauguin bis zur globalen Gegenwart. Köln, Museum Ludwig, 2000.

Leiss, K. : Kunst im Konflikt. Kunst und Künstler im Widerstreit mit der „Obrigkeit“. Berlin, de Gruyter, 1971.
Lindey, C. H. : Art in the Cold War. London, Herbert Press, 1990.
Lüddemann, Stefan: Kunstkritik als Kommunikation. Vom Richteramt zur Evaluationsagentur. Wiesbaden, Deutscher Universitäts-Verlag, 2004.
Magiciens de la terre. Paris, Centre Georges Pompidou, 1989.
Marchart, Oliver : Die Politik, die Theorie und der Westen. Der Bruch der Documenta 11 im Biennalekontext und ihre Vermittlungsstrategie. In: Volkenandt, Claus (Hrsg.): Kunstgeschichte und Weltgegenwartskunst. Berlin, Reimer, 2004: 95-119.
Masson, André: Le rebelle du surréalisme. Écrits. Paris, Collection Savoir Hermann, 1976.
(Meidner, Ludwig) Breuer, G./Wagemann I. (Hrsg.): Ludwig Meidner. Zeichner, Maler, Literat. 1884-1966, Stuttgart, Hatje, 1991, 2 Bde.
Mèredieu, F. de: Histoire matérielle et immatérielle de l'art moderne. Paris, Larousse, 2004.
Mouffe, Chantal : Über das Politische. Wider die kosmopolische Illusion. Frankfurt, Suhrkamp, 2007.
Mühleisen, H.-O. (Hrsg.): Grenzen der politischen Kunst. München, Schnell & Steiner, 1982.
Parmesani, L.: Art of the Twentieth Century. Movements, Theories, Schools and Tendencies 1900-2000. Mailand, Skira, Marconi, 2000.
Picasso, Pablo: Wort und Bekenntnis. Die gesammelten Dichtungen und Zeugnisse (Hrsg. P. Schifferli). Zürich, Die Arche, 1954, 1960, 2. Aufl./Berlin, Ullstein, 1957.
Politics – Poetics das Buch zur Documenta X. Ostfildern, Cantz, 1997.
Pues, L. u. a. (Hrsg.): Art-Investor. Handbuch für Kunst und Investment. München, Finanzbuch-Verlag, 2002.
Rebentisch, Juliane : Ästhetik der Installation. Frankfurt, Suhrkamp, 2003.
Restany, Pierre: Avec le nouveau réalisme sur l'autre face de l'art. Nimes, CNAP/Éditions Jacqueline Chambon, 2000.
Ridder, Helmut: Freiheit der Kunst anch dem Grundgesetz. Berlin, Vahlen, 1963.
Rorty, Richard: Philosophy and the Mirror of Nature. Princeton, Princeton University Press, 1979.
Said, Edward W.: Kultur, Identität und Geschichte. In: Peter Weibel (Hrsg.) Inklusion : Exklusion. Köln, DuMont, 1997: 37-46.
Saunders, Frances St.: Wer die Zeche zahlt… Der CIA und die Kultur im Kalten Krieg. Berlin, Siedler, 2001.
Schlocker, Georges: Jeder der Exot des Anderen. Gleichrangigkeit der Kulturen. Die Biennale zeitgenössischer Kunst in Lyon demonstriert die Ausweitung schöpferischer Erfindung. http://www.freitag.de/2000/35/00351501.html
Schmied, Wieland (Hrsg.): Matta. Tübingen, Wasmuth, 1991.
Schneede, Uwe. M. (Hrsg.): Die zwanziger Jahre: Manifeste und Dokumente deutscher Künstler. Köln, DuMont, 1979.
Schneede, Uwe M.: Die Geschichte der Kunst im 20. Jahrhundert. München, Beck, 2001.
Shdanow, A.: Über Kunst und Wissenschaft. Kiel, Rotfront Verlag, o. J.
Spivak, Gayatri Chakravorty. The Post-Colonial Critic. Interviews, Strategies, Dialogues (Hrsg.: Sarah Harasym). London, Routledge, 1990.
Stachelhaus, Heiner: Joseph Beuys. München Heyne, 1987, 1991, 3. Aufl.
Staeck, Klaus: Kunst und Öffentlichkeit. In: Mühleisen 1982: 77-113.
Steneberg, E.: Arbeitsrat für Kunst. Berlin 1918-1921. Düsseldorf, Marzona, 1987.

Stokes Sims, L.: Lam and the International Avantgarde 1923-1982. Austin, Univesity of Texas Press, 2002.

Thomas, Karin: Zweimal deutsche Kunst nach 1945. Köln, DuMont, 1985.

Treeck, Bernhard van: Graffiti Lexikon. Moers, Aragon, 1993.

Tucholsky, Kurt: Gesammelte Werke. Reinbek, Rowohlt, 1960.

Um 1968. konkrete utopien in kunst und gesellschaft (Hrsg. Marie Luise Sying). Städtische Kunsthalle Düsseldorf, Köln, DuMont 1990.

Varadharajan, Asha: Exotic Parodies. Subjectivity in Adorno, Said and Spivak. Minneapolis, University of Minnesota Press, 1995.

H. Vogeler: Proletkult. Kunst und Kultur in der Kommunistischen Gesellschaft. Hannover, Steegemann, 1920.

H. Vogeler: Das Neue Leben. Ausgewählte Schriften zur proletarischen Revolution und Kunst (Hrsg.: D. Pforte).Darmstadt, Luchterhand, 1973.

Volkenandt, Claus (Hrsg.): Kunstgeschichte und Weltgegenwartskunst. Konzepte – Methoden – Perspektiven. Berlin, Reimer, 2004.

Volland: Plakate, Montagen, Zeichnungen, Karikaturen 1964-1979. Berlin, 1979.

Vostell, Wolf: Happening und Leben. Neuwied, Luchterhand, 1970.

Vostell, Wolf: Fluxus Zug. Eine mobile Kunstakademie. 1.5- 29. 9. 1981. Berlin, 1981.

Wedewer, Rolf (Hrsg.): Vostell. Ausstellung Bonn etc., Heidelberg, Braus, 1992.

Wetterleuchten! Künstler-Manifeste des 20. Jahrhunderts. Hamburg, Nautilus, 2000.

Weibel, Peter/Steinle, Christa (Hrsg.): Identität : Differenz. Tribüne Trikon 1940-1990. Eine Topografie der Moderne. Wien, Böhlau, 1992: 593-599.

Weibel, Peter (Hrsg.): Kontext Kunst. Köln, DuMont, 1994.

Weibel, Peter (Hrsg.): Inklusion : Exklusion. Versuch einer neuen Kartografie der Kunst im Zeitalter von Postkolonialismus und globaler Migration. Ausstellung in Graz. 1996. Köln, DuMont, 1997.

Weinstein, J.: The End of Expressionism. Art and the November Revolution in Germany. 1918-1919. Chicago, Chicago University Press, 1990.

Wetterleuchten! Künstler-Manifeste des 20. Jahrhunderts. Hamburg, Nautilus, 2000.

Wichmann, Siegfried (Hrsg.): Weltkulturen und moderne Kunst. München, Dokumentation, 1972.

Wiggershaus, Rolf: Die Frankfurter Schule. München, Hanser, 1986, DTV, 1988.

Wilhelm, Karin (Hrsg.): Kunst als Revolte? Von der Fähigkeit der Künste, Nein zu sagen. Giessen, Anabas, 1996.

Wischin, F.: Egon Schiele. „Ich Gefangener." Kunst oder Kinderpornographie: Die Affaire von Neulengbach 1912. Wien, Christian Brandstätter, 1998 (Faksimile von Arthus Roesslers in Ich-Form des Künstlers geschriebenen Erinnerungen: „Egon Schiele im Gefängnis, 1922: 87-92 und andere Quellen).

Württenberger: Kunst, Kunstfreiheit und Staatsverunglimpfung (§ 90a StGB) JR 1979: 309-314.

Drucknachweise

1) Historische Entwicklung der vergleichenden Politikwissenschaft. In. Zeitschrift der vergleichenden Politikwissenschaft. Nr. 1, 2007: 21-45.
2) Die antagonistische Partnerschaft: Geschichtswissenschaft und Politikwissenschaft. In: Jürgen Osterhammel u. a. (Hrsg.): Wege der Gesellschaftsgeschichte. Göttingen, Vandenhoeck & Ruprecht, 2006: 33-44.
3) Kooperation und Konflikt. Synergien zwischen Sozial- und Naturwissenschaften. Vortrag im Januar 2009 in der Reihe „Kooperation" der Fakultät für Biologie, Universität Heidelberg.
4) Zivilgesellschaft – von der vorbürgerlichen zur nachbürgerlichen Gesellschaft? In: Wolfgang Merkel (Hrsg.): Zivilgesellschaft und Transformation. Opladen, Leske & Budrich, 2000: 478-491.
5) Gemeinwohl und politische Parteien. In: Martin Morlok u. a. (Hrsg.): Gemeinwohl und politische Parteien. Baden-Baden- Nomos, 2008: 48-68.
6) Von der Sowjetologie zur Transitologie. Methodenprobleme der Osteuropaforschung in zwei Regimen. In: Aron Buzogány/Rolf Frankenberger (Hrsg.): Osteuropa. Politik, Wirtschaft und Gesellschaft, Baden-Baden, Nomos, 2007: 21-45.
7) Totalitarismus. Zur Renaissance eines Begriffes am Ende der Kommunistischen Regime. In: Achim Siegel (Hrsg.): Totalitarismustheorien nach dem Ende des Kommunismus. Köln, Böhlau, 1998: 23-36.
8) Joschka Fischer Griff nach einer Europäischen Verfassung. Christian Joerges u.a. (Hrsg.): What Kind of Constitution for What Kind of Polity? Florenz, Robert Schuman Centre for Advanced Studies at the European University Institute/Harvard Law School, 2000: 61-84.
9) Vergleichende Parlamentsforschung. In: Hans-Joachim Lauth (Hrsg.): Vergleichende Regierungslehre. Wiesbaden, Westdeutscher Verlag, 2002: 270-291.
10) Implementation: Ein Paradigma der Synergieeffekte zwischen Verwaltungswissenschaft und Politikwissenschaft. In: Hans-Heinrich Trute u. a. (Hrsg.): Allgemeines Verwaltungsrecht – zur Tragfähigkeit eines Konzepts. Tübingen, Mohr Siebeck, 2008: 3-16.
11) Die Vorbildrolle des Bundesverfassungsgerichts. Modell für neue Demokratien? In: Robert Chr. van Ooyen/Martin H. W. Möllers (Hrsg.): Das Bundesverfassungsgericht im politischen System. Wiesbaden, VS, 2006: 516-531.
12) Spätpluralismus? Paradigmawandel der Interessengruppen-Forschung. In: Politik und Verwaltung auf dem Weg in die transindustrielle Gesellschaft. Carl Böhret zum 65. Geburtstag. Baden-Baden, Nomos, 1998: 45-60.
13) Politische Klasse, Parteienstaat und Korruption. In: Hans-Herbert von Arnim (Hrsg.): Politische Klasse und Verfassung. Berlin, Duncker & Humblot, 2001: 37-49.
14) Föderalismus und Identitätspolitik. In: Jahrbuch des Föderalismus 2008. Baden-Baden, Nomos, 2008: 31-50.
15) Vorläufer der Politikfeldanalyse. In: Klaus Schubert/Nils C. Bandelow (Hrsg.): Lehrbuch der Politikfeldanalyse. München, Oldenbourg, 2008, 2. Aufl.: 25-36.
16) Gesundheitspolitik und Good governance. Vortrag vor der „Gesundheitspolitischen Gesellschaft" in Berlin, Februar 2008.

17) Verkehrspolitik als Politikfeld der Staatstätigkeit. In: Olliver Schöller u. a. (Hrsg.): Handbuch Verkehrspolitik. Wiesbaden, VS, 2007: 125-137.
18) Wohnungsbaupolitik nach der Wiedervereinigung. In: Eckhardt Schröter (Hrsg.): Empirische Policy- und Verwaltungsforschung. Opladen, Leske & Budrich, 2001: 155-166.
19) Kulturpolitik: Von der staatlichen Förderungspolitik zur „Kreativwirtschaft". In: Manfred G. Schmidt/R. Zohlnhöfer (Hrsg.): Regieren in der Bundesrepublik Deutschland. Wiesbaden, VS, 2006: 243-263.
20) Die Kulturenquete und ihre politische Umsetzung. Vortrag vor der „Kulturpolitischen Gesellschaft" in Loccum, Februar 2009.
21) Demokratie und Kunstpolitik. Vortrag WZB in Berlin, 2007.